utb 6132

Eine Arbeitsgemeinschaft der Verlage

Brill | Schöningh – Fink · Paderborn
Brill | Vandenhoeck & Ruprecht · Göttingen – Böhlau · Wien · Köln
Verlag Barbara Budrich · Opladen · Toronto
facultas · Wien
Haupt Verlag · Bern
Verlag Julius Klinkhardt · Bad Heilbrunn
Mohr Siebeck · Tübingen
Narr Francke Attempto Verlag – expert verlag · Tübingen
Psychiatrie Verlag · Köln
Ernst Reinhardt Verlag · München
transcript Verlag · Bielefeld
Verlag Eugen Ulmer · Stuttgart
UVK Verlag · München
Waxmann · Münster · New York
wbv Publikation · Bielefeld
Wochenschau Verlag · Frankfurt am Main

Julia Affolderbach (Prof. Dr.), geb. 1975, lehrt und forscht seit 2020 an der Universität Trier im Bereich der Nachhaltigkeitstransitionen und Regionalentwicklung. Zuvor war sie an Universitäten in England, Luxemburg, den USA und Kanada tätig, wo sie sich u.a. mit Ressourcenkonflikten, klimafreundlichen Städten und Umweltgerechtigkeit befasste.

Christian Schulz (Prof. Dr.), geb. 1967, ist Wirtschaftsgeograph und lehrt und forscht seit 2006 an der Université du Luxembourg. Zuvor war er an der Universität des Saarlandes, der Université de Metz sowie der Universität zu Köln tätig, wo er sich bereits in den 1990er Jahren mit Fragen des industriellen Umweltschutzes befasste.

Julia Affolderbach, Christian Schulz

Wirtschaftsgeographien der Nachhaltigkeit

transcript Verlag, Bielefeld

Die Verfassenden danken den Universitäten Trier und Luxemburg für die Finanzierung der Zeichnungen sowie die Bezuschussung der Druckkosten.

Bibliografische Information der Deutschen Nationalbibliothek
Die Deutsche Nationalbibliothek verzeichnet diese Publikation in der Deutschen Nationalbibliografie; detaillierte bibliografische Daten sind im Internet über https://dnb.dnb.de abrufbar.

utb-Bandnr. 6132
Print-ISBN 978-3-8252-6132-0
PDF-ISBN 978-3-8385-6132-5

Einbandgestaltung: siegel konzeption | gestaltung
Umschlagabbildung: Emma Tchung-Ming
Zeichnungen: Emma Tchung-Ming
Karten: Cyrille Médard de Chardon
Lektorat: Antonia Wind
Satz: Michael Rauscher, Bielefeld
Druck: Elanders Waiblingen GmbH, Waiblingen

Gedruckt auf alterungsbeständigem Papier mit chlorfrei gebleichtem Zellstoff.

Für Gaëlle, Finn, Noëllie
und alle Weltverbesserer sowie die, die es werden möchten

Inhalt

Teil 2 - Die Rolle verschiedener Akteursgruppen

Hinweise zum Buch und den digitalen Inhalten

Dieses Buch beinhaltet interaktive Tests und Lernvideos, die Sie online abrufen können. Sie finden im Fließtext jeweils einen QR-Code in der Randspalte, der Sie direkt zu den interaktiven Inhalten führt. Die Tests können online direkt bearbeitet und überprüft, die Videos direkt angesehen werden. Den Zugang zu den digitalen Inhalten erhalten Sie wie folgt:

1. Registrieren Sie sich kostenlos auf https://elibrary.utb.de/action/registration.
2. Gehen Sie auf »Mein Profil« → »Zugangscode aktivieren«.
3. Geben Sie dort den Code NACHHALTIGKEIT6132 ein und klicken Sie auf »Abschicken«.

Legende der Icons

Zum besseren Auffinden relevanter Informationen wird im Text mit Icons gearbeitet:

Themen

Über diese Lerneinheit

Was Sie hier lernen

Begriffserklärungen

Beispiele

Weiterführende Aufgaben

Literatur- und Webtipps

Teil 1

Theoretische Konzepte und Erklärungsansätze

Kapitel 1

Einführung: Wirtschaftsgeographien der Nachhaltigkeit

Themen

Krisen, Wirtschaftsgeographie, Wirtschaftsverständnis, Nachhaltigkeit, Umdenken

Über diese Lerneinheit

In Zeiten sich überlagernder und verdichtender Krisen im ökologischen und sozialen Bereich mehren sich Zweifel an der Zukunftsfähigkeit kapitalistischer und wachstumsorientierter Wirtschaftsweisen. Es ist somit ein Anliegen dieses Buchs, nicht nur etablierte und unterschiedlich zielführende Konzepte und Lösungsansätze vorzustellen, sondern auch aktuelle Debatten, um disruptivere bzw. tiefgreifendere Veränderungsmöglichkeiten und deren räumliche Implikationen zu diskutieren. Dies geschieht im ersten Teil des Buchs anhand von Konzepten und Perspektiven in chronologischer Reihenfolge ihrer Berücksichtigung bzw. Sichtbarkeit in der Wirtschaftsgeographie. Der zweite Teil beschäftigt sich mit der Rolle verschiedener Akteursgruppen und ihren Handlungsrahmen.

1.1 Warum dieses Buch?

Die gegenwärtige Zeit ist von Krisen geprägt. Der **Klimawandel** bzw. die **Klimakrise** ist allgegenwärtig. Wetterextreme wie Überflutungen, so im Sommer 2021 im Ahrtal, sowie Hitzewellen und Waldbrände machen die Folgen des Klimawandels direkt spürbar. Die Auswirkungen sind räumlich sehr unterschiedlich und erfordern schnelles, aber auch differenziertes Handeln. Verbunden mit der Klimakrise kämpfen wir weltweit mit Umweltverschmutzung (z. B. durch Mikroplastik), Verlust der Biodiversität, Desertifikation und zunehmendem Flächenverbrauch, um nur einige Beispiele zu nennen. Zusätzlich stehen wir vor großen gesellschaftlichen Herausforderungen bzw. **Krisen** hinsichtlich u. a. Armut, Hunger, Arbeitslosigkeit oder der Sicherstellung einer ausreichenden gesundheitlichen Versorgung. Sie alle sind eng mit den **ökologischen Herausforderungen** verwoben. Die globale Finanzkrise von 2008/2009 (s. Kapitel 7) hat abgesehen von ökologischen Auswirkungen kapitalistischer Wirtschaftsformen auch besonders deren soziale und ökonomische Probleme in den Fokus gerückt. Denn auch wenn Unterschiede zwischen einkommensschwachen und einkommensstarken Ländern in den letzten Jahrzehnten auf globaler Ebene abgenommen haben, so wächst die Kluft zwischen den ärmsten und reichsten Bevölkerungsteilen. Innerhalb vieler Länder kommt es zu einer zunehmenden Polarisierung von Reichtum (Addison et al., 2019; Chancel et al., 2022). Die Corona-Pandemie hat nicht nur die Anfälligkeit unserer Umwelt und des Wirtschaftssystems sichtbarer gemacht, sondern auch **soziale Ungleichheiten und Ungerechtigkeiten.** Diese umfassen zum Beispiel Unterschiede in der Einkommenssicherheit verschiedener Berufsgruppen, aber auch den Zugang zu bezahlbarem Wohnraum oder zu ausreichenden Grünflächen.

Begriffserklärung

Klimawandel, Klimakrise, Klimanotstand und Klimakatastrophe: Das Verständnis hinsichtlich der anthropogen verursachten Veränderungen des globalen Klimas hat sich im Laufe der Zeit verändert. Dies zeigt sich auch in der Wortwahl, also in der Art und Weise, wie über die Problematik gesprochen wird. Lange dominierte der Begriff des ›**Klimawandels**‹. Der Begriff ›Wandel‹ beschreibt einen über einen häufig längeren Zeitraum ablaufenden Prozess, der Handelnde nicht direkt miteinschließt. Dies ist in Bezug auf den Klimawandel wissenschaftlich richtig, da er neben einer Erhöhung der globalen Temperatur auch andere u. a. klimatische Veränderungen umfasst (z. B. Windverhältnisse, Zunahme von Wetterextremen, Veränderung von Niederschlagsmengen und Anstieg des Meeresspiegels). Vielen Kritikern[1]

1 Aus Gründen der Geschlechtergerechtigkeit und Lesbarkeit verwenden wir in diesem Buch grammatisches Maskulinum und Femininum alternierend zu gleichen Teilen; nicht-binäre Geschlechtsidentitäten beziehen wir ausdrücklich mit ein.

und Aktivisten ist der Begriff jedoch zu neutral und passiv. Zwar beschreibt er Veränderungen, jedoch beinhaltet er weder die Notwendigkeit, Einfluss zu nehmen noch die Dringlichkeit zu handeln. Entsprechend haben sich inzwischen die Begriffe der **›Klimakrise‹** und des **›Klimanotstands‹** etabliert. Diese implizieren die Notwendigkeit zu handeln und schließen somit die aktive Rolle des Menschen als Handelnden mit ein. So haben viele Kommunen zum Beispiel den Klimanotstand ausgerufen und auch in den internationalen Medien ist der Begriff der ›Klimakrise‹ immer häufiger zu finden.
Wie über Probleme gesprochen und welche Begrifflichkeiten verwendet werden, ist durchaus wichtig, da die Problemrahmung und Darstellung Menschen sensibilisiert und Handlungsbereitschaft beeinflusst. Im Gegensatz zum Begriff des ›Wandels‹ vermittelt ›Krise‹ eine schwierige Situation, in der Entscheidungen getroffen werden müssen. Der Begriff der **›Klimakatastrophe‹** wird auch in einigen Kreisen verwendet. Jedoch warnen Experten vor dem Begriff, da die Darstellung einer Katastrophe die Öffentlichkeit häufig abschreckt und laut Studien die Bereitschaft, sich mit dem Thema auseinanderzusetzen, deutlich senkt. So spricht Eva Horn (2020) in diesem Zusammenhang von »Katastrophe ohne Ereignis«.

Die beschriebenen Entwicklungen zeigen, dass das gegenwärtige Wirtschaftssystem offenkundig nicht nachhaltig ist. Im Gegenteil, viele der Herausforderungen und Krisen müssen den auf Wirtschaftswachstum ausgerichteten Logiken kapitalistischer Wirtschaftsweisen zugeschrieben werden. Auch wenn uns hier der Raum für eine differenzierende Kapitalismuskritik fehlt – siehe einführend z. B. Hickel (2022) sowie Herrmann (2022) – sei auf zwei wesentliche und teils miteinander verwobene Entwicklungsstränge hingewiesen. Die vergangenen Jahrzehnte haben gezeigt, dass rein marktwirtschaftliche Mechanismen trotz begleitender staatlicher Regulierung und Intervention nicht in der Lage waren, **negative Umweltauswirkungen und steigende Ressourcenverbräuche** einzudämmen (s. Kapitel 2). Im Gegenteil, diese Entwicklungen korrelieren positiv mit dem globalen Wirtschaftswachstum (s. Kapitel 3 und 10). Zudem hat es Letzteres nicht vermocht, Verteilungsungerechtigkeiten zu mindern. Vielmehr wächst sowohl die soziale Polarisierung im globalen Maßstab als auch innerhalb der meisten Volkswirtschaften.

Wirtschaftssysteme als gesellschaftliche Konstrukte

Wirtschaftssysteme können jedoch nicht losgelöst von gesellschaftlichen und ökologischen Prozessen und Herausforderungen verstanden werden. Zum einen basiert die Wirtschaft auf **Wertschöpfungsprozessen**, die natürliche Ressourcen verwenden. Diese umfassen fossile und erneuerbare Energiequellen, organische Rohstoffe, Mineralien, saubere Luft und Wasser, aber auch ganze Ökosysteme (z. B. in Form von Naturparks, Wasserspeichern). Zum anderen sind kapitalistische Wirtschaftssysteme ein **gesellschaftliches Konstrukt**, das weitläufig akzeptiert ist und gesellschaftlich reproduziert wird. Die Regeln der Marktwirtschaft, Wertschöpfung und

Profitsteigerung werden durch – häufig mächtige – Akteursgruppen auf- und umgesetzt. Hierzu zählt zum Beispiel, wie die Wirtschaft, der Markt und Nachhaltigkeit definiert, problematisiert und verstanden werden. In der Wirtschaftsgeographie wie auch in den Wirtschaftswissenschaften dominieren enge **kapitalistische Modelle und Theorien**, die Wirtschaft oft losgelöst von anderen gesellschaftlichen Prozessen betrachten und Wirtschaftswachstum und Profitorientierung in den Mittelpunkt stellen. Es gibt aber auch kritischere Perspektiven, die etablierte Grundannahmen und Erklärungsmodelle sowie die zugrundeliegenden Strukturen hinterfragen. Mit diesem Buch möchten wir diesen Ansätzen in der wirtschaftsgeographischen Lehre und Forschung mehr Sichtbarkeit verleihen und zu einem transformativen Umdenken anregen.

Stand der Nachhaltigkeitsforschung

Um die vielfachen Krisen lösen zu können, benötigt es eines fundamentalen Wandels, der nicht nur wirtschaftliche, sondern auch politische, technologische, institutionelle und soziale Veränderungen umfasst. Aufgrund des fächerübergreifenden Charakters, der die Natur- mit den Human- und Sozialwissenschaften verbindet, und basierend auf der langen Forschungstradition hinsichtlich der Beziehungen zwischen Gesellschaft und ihrer Umwelt, wird die Geographie häufig als strategisch **wichtige Disziplin in der Nachhaltigkeitsforschung** angesehen. Auch ist die Geographie durch Schnittstellen mit der Raumplanung und Regionalentwicklung eng mit der Praxis verwoben und kann damit aktiv zu Lösungsansätzen beitragen. Die Zahl der Wirtschaftsgeographen, die sich in Forschung und Lehre mit Nachhaltigkeitsthemen beschäftigen, ist in den vergangenen Jahren stetig gestiegen. Frühe Auseinandersetzungen in der Wirtschaftsgeographie beziehen sich vor allem auf Fragen hinsichtlich des Umgangs mit natürlichen Ressourcen und der ökologischen Tragfähigkeit (O'Riordan, 1976; Wagner, 1960). So hat Zimmermann (1933) sich schon früh mit Fragen in Bezug auf die Beziehungen zwischen gesellschaftlichen (Re-) Produktionsprozessen und negativen Auswirkungen auf die Umwelt beschäftigt. In der Wirtschaftsgeographie hat sich in den 1990er Jahren langsam eine Gruppe von Wissenschaftlerinnen zusammengefunden, die sich mit **umweltbezogenen Thematiken** beschäftigte. Hierzu zählen Arbeiten zu veränderten Wahrnehmungen und gesellschaftlichen Verständnissen zu Umwelteinflüssen (Soyez, 1996; Oßenbrügge, 1993b) sowie zu nachhaltigeren Unternehmensformen und Produktionsprozessen (Florida, 1996; Eden, 1996; Gibbs & Healey, 1997). Die umweltbezogene Wirtschaftsgeographie (Environmental Economic Geography) hat sich explizit für eine stärkere Integration von ökologischen bzw. Umweltaspekten eingesetzt (z. B. Soyez & Schulz, 2008; Hayter, 2008; Angel, 2000).

Wirtschaftsgeographische Lehrbücher nehmen Nachhaltigkeitsthemen vor allem in einzelnen Kapiteln und Unterkapiteln auf (u. a. Braun & Schulz, 2012; Suwala,

2023). Daneben hat die umweltorientierte Wirtschaftsgeographie auch Eingang in Grundlagenwerke der **Humangeographie** gefunden, etwa die ›Humangeographie kompakt‹ (Springer Spektrum, s. Zademach & Schulz [2015]) oder die ›Humangeographie‹ (Westermann, s. Schulz & Schmitt [2021]). Mit dem Werk ›Nachhaltige Wirtschaftsgeographie‹ (Liefner & Losacker, 2023) ist im deutschsprachigen Raum ein erstes Lehrbuch erschienen, das sich der Nachhaltigkeit verschreibt, wenngleich aus einer spezifisch raumwirtschaftlichen Perspektive.

Perspektiven

Wir möchten mit diesem Buch eine breitere Perspektive bieten, welche sich kritisch mit etablierten Grundannahmen auseinandersetzt, diese hinterfragt und auch zu ergänzen und ersetzen versucht. Das Buch soll Raum für **plurale Stimmen** und vor allem auch **alternative Wirtschaftsverständnisse** schaffen, die Studierende in die Lage versetzen sollen, Prozesse und Lösungsansätze aus verschiedenen Perspektiven heraus zu diskutieren. Hierzu zählt auch eine kritische Auseinandersetzung mit Kernkonzepten und Annahmen hinsichtlich des Grundverständnisses von Wohlstand, Markt, Wirtschaft, Wachstum, Arbeit und Wertschöpfung, die wir für zentral im Umgang mit den eingangs genannten Krisen und Herausforderungen ansehen.

Forschungsgrundlage

Das Lehrbuch basiert auf den Ergebnissen unserer Forschungs- und Lehrerfahrung während der letzten zwanzig bis dreißig Jahre unter anderem in Deutschland, Luxemburg, Frankreich, Kanada, Australien und Großbritannien. Diese umfasst **Studien und mehrjährige Forschungsprojekte** zu Perspektiven der Ökologischen Modernisierung, Green Economy, Zirkulären Ökonomie, Umweltgerechtigkeit, Transitionsstudien, Postwachstum und Diverse Economies. Im ersten Teil des Buches werden diese und andere Konzepte vorgestellt. Unsere **thematischen Schwerpunkte** umfassen unter anderem den Dienstleistungssektor (inkl. Finanzwirtschaft), die Solidarwirtschaft, den gemeinnützigen Sektor, den nachhaltigen Bausektor und die Forst- und Holzwirtschaft. Zusätzlich zu unserer eigenen Forschung profitiert das Buch von der Expertise und den Erfahrungen unserer Kollegen in Wissenschaft und Praxis, die sich Zeit für Gespräche und Austausch mit uns genommen haben. Wir verwenden im Folgenden bewusst die Form ›wir‹, da wir damit anerkennen und zum Ausdruck bringen möchten, dass alle Perspektiven und Verständnisse in der Wissenschaft und damit auch Wirtschaftsgeographie durch situierte Positionierungen und Interpretationen beeinflusst werden. Konzepte, Erklärungsansätze und Theorien sind immer das Ergebnis gesellschaftlicher Aushandlungsprozesse und entsprechend durch räumliche, zeitliche und persönliche Kontexte geprägt (s. auch Kapitel 17).

1.2 Intention des Buchs

Dieses Buch richtet sich an **Studierende** in der Geographie und Wirtschaftsgeographie im Besonderen, aber auch an Studierende in Nachbardisziplinen sowie Kolleginnen in der Praxis, die im Bereich der Nachhaltigkeitsforschung und -anwendung aktiv sind oder aktiv werden wollen. Das Buch bietet keine Einführung in die Wirtschaftsgeographie. Für eine fundierte Auseinandersetzung mit wirtschaftsgeographischen Grundkonzepten empfehlen wir unter anderem Suwala (2023), Bathelt & Glückler (2018), Kulke (2017) und Braun & Schulz (2012). Unser Buch möchte vielmehr einen Beitrag zu einem kritischen und räumlichen Verständnis unseres Wirtschaftssystems leisten, in dem es verschiedene **Denkrichtungen und Perspektiven in Bezug auf Nachhaltigkeit** in der Wirtschaftsgeographie darlegt. Diese Ansätze unterscheiden sich je nach Problemwahrnehmung und Grundannahmen und reichen von wachstumsorientierten Ansätzen, die Lösungen vor allem in marktorientierten und technologischen Innovationen sehen bis hin zu wachstumskritischen Ansätzen, die sich mit grundsätzlicheren Fragen zu den Grenzen des Kapitalismus und unseren Lebensstilen befassen. Manche Perspektiven stellen die soziale Nachhaltigkeit in den Mittelpunkt wohingegen andere diese allenfalls randlich betrachten. Entsprechend propagieren die verschiedenen Denkrichtungen unterschiedliche Lösungsansätze, wie wir sie auch in der Politik, Planung und Praxis wiederfinden. Ein Verständnis der verschiedenen nachhaltigkeitsorientierten Perspektiven fördert somit die **kritische Auseinandersetzung und Zuordnung** verschiedener Nachhaltigkeitsstrategien in der Anwendung. Der zweite Teil des Buches stellt zudem Ausprägungen und Umsetzungen anhand von drei übergeordneten Akteursgruppen (Staat bzw. Politik, Unternehmen, Zivilgesellschaft) und ausgesuchten Beispielen vor.

Darüber hinaus soll das Buch die Lesenden anregen, selbst aktiv zu werden und in ihrem Lebens- und Berufsalltag bestehende Strukturen, Prozesse und Praktiken kritisch zu hinterfragen, Lösungsansätze zu entwickeln, zu diskutieren und zu testen. Dazu verwendet das Buch die folgenden Elemente. Zu Beginn jedes Kapitels (Teil 1) bzw. Unterkapitels (Teil 2) findet sich ein **Beispiel,** welches die zentralen Aspekte der Kapitel bzw. Unterkapitel mithilfe eines konkreten Falls aufgreift und räumliche sowie zeitliche Bezüge herstellt. Zusätzlich enthalten die Kapitel (Teil 1) bzw. größeren Unterkapitel (Teil 2) jeweils am Ende ein **Interview,** das sich mit der Anwendung und Umsetzung der theoretischen Konzepte und thematischen Inhalte beschäftigt. Wir nehmen die angesprochenen Ansätze **»Raus ins Feld«** und fragen im Gespräch mit Praktikern z. B. in der Planung oder der Kommunalpolitik, aber auch Studierenden und Wissenschaftlerinnen, welche Erfahrungen sie konkret in ausgesuchten Vorhaben, Regionen, Standorten, Unternehmen oder auch in anderen Kontexten gesammelt haben. Über die einführenden Beispiele und Interviews hinaus werden Fachbegriffe, die im Text erläutert werden, zur Orientierung **fett** hervorgehoben. Zentrale Ideen, Konzepte und Beispiele werden in einigen Kapiteln vertiefend in **didaktischen Einschüben mit Icons** dargestellt. Am Ende des Kapitels finden sich **weiterführende Fragen,** welche die Lesenden zur Auseinandersetzung mit und Übertragung der Inhalte anregen sollen. Zusätzlich werden **Leseempfehlungen** zur Vertiefung mit einer kurzen Zusammenfassung vorgestellt, wobei wir uns bemüht haben, möglichst deutschsprachige und frei zugängliche (Open Access) Werke anzuführen. **Interaktive Testfragen** zu den einzelnen Kapiteln sowie ergänzenden Projektpräsentationen, Videos und Websites sind online verfügbar und über **QR-Codes** aus dem Buch zugänglich.

1.3 Thematischer Aufbau

Das Buch ist in zwei Hauptteile gegliedert. Der erste Teil stellt theoretische Konzepte und Erklärungsansätze vor, die für die Wirtschaftsgeographie Bedeutung haben bzw. durch Wirtschaftsgeographinnen aufgenommen und auch weiterentwickelt wurden. Die unterschiedlichen **theoretischen Perspektiven** sind im Laufe der Zeit als Antwort auf verschiedene Ereignisse und Krisen entstanden und müssen in ihrem jeweiligen zeitlichen und auch räumlichen Kontext verstanden werden. Die Beispiele zu Beginn der einzelnen Kapitel stellen dabei zentrale Problemwahrnehmungen und Lösungsansätze dar, welche die Theorien illustrieren. Die Kapitel enthalten **vielzählige Beispiele** und erklären, welche Bedeutung die Theorien in gegenwärtigen Entwicklungsprozessen haben und wie sie die Praxis beeinflussen, so zum Beispiel wie sie in der wirtschaftsgeographischen Forschung, aber auch in der Stadtplanung und Regionalentwicklung aufgenommen und umgesetzt werden. Dabei sind vor allem auch die **Grundannahmen** und der jeweilige Entstehungskontext wichtig, um die verschiedenen Perspektiven unterscheiden zu können. Denn wie im Laufe des Buches erläutert wird, sind die verschiedenen Erklärungsansätze und Lösungen auf den ersten Blick nicht immer leicht zu unterscheiden.

Erster Teil des Lehrbuchs

Die Kapitel des ersten Teils sind chronologisch nach der Entstehung der Erklärungsansätze angeordnet. Kapitel 2 stellt dabei zunächst den Kontext der letzten 80 Jahre hinsichtlich der Wahrnehmung und dem **Umgang von Umweltproblemen** dar, in dem es auf die Problematiken der Ressourcenverknappung, der Umweltverschmutzung, das Paradigma der nachhaltigen Entwicklung und auf die gegenwärtig dominante Klimakrise eingeht. Die folgenden acht Kapitel widmen sich verschiedenen konzeptionellen Perspektiven. Kapitel 3 stellt das Konzept der **ökologischen Modernisierung** vor, das als Antwort auf Ressourcenverknappung und Umweltverschmutzung zu verstehen ist. Aus umweltökonomischer Perspektive sind Umweltprobleme aufgrund von schlechten bzw. falschen Produktions- und Konsumprozessen entstanden, die vor allem durch technologische Innovationen korrigiert werden können bzw. müssen. Dabei bietet eine Umstellung zu umweltfreundlichen und ressourcenschonenden Produktions- und Konsummustern Potenzial für neue Wirtschaftszweige und Wachstumssektoren.

Während die ökologische Modernisierung im europäischen Kontext als Antwort auf zunehmende Umweltprobleme entstand, wurde der Ansatz der **Politischen Ökologie** (Kapitel 4) zum verbesserten Verständnis von Umweltdegradation in Ländern des Globalen Südens entwickelt. Umweltprobleme werden dabei als Produkte politischer bzw. gesellschaftlicher Prozesse verstanden, die durch ungleiche Macht- und Abhängigkeitsverhältnisse bestimmt werden. Diese kritische Mensch-Umwelt-Forschung wurde auch als Erklärungsansatz für Umweltproblematiken im Globalen Norden und urbanen Räumen weiterentwickelt. Ähnlich der politischen Ökologie beschäftigt sich die **Umweltgerechtigkeit** (Kapitel 5) ebenfalls mit Ungerechtigkeit und Machtasymmetrien. Die Umweltgerechtigkeit entstand zunächst als soziale Bewegung im nordamerikanischen Kontext, um die bewusste Benachteiligung marginalisierter Gruppen – vor allem nicht-*weißer* Menschen – durch erhöhte ökologische Schäden (Luft- und Wasserverschmutzung, Fluglärm etc.) sowie geringeren Zugang zu ökologischen Mehrwerten (z. B. Grünflächen) zu bekämpfen. Im europäischen Kontext befasst sich die Umweltgerechtigkeit vor allem mit der Benachteiligung einkommensschwächerer Gruppen.

Kapitel 6 beschäftigt sich mit dem Konzept des **Zirkulären Wirtschaftens,** das auch unter den Bezeichnungen Kreislaufwirtschaft oder Circular Economy firmiert und jüngst großen Widerhall in der Wirtschaftsgeographie gefunden hat. Dabei geht es um die Frage, wie Produktionsprozesse und Konsummuster so umgestaltet werden können, dass Ressourcen- und Energieströme im jeweiligen System erhalten bzw. langfristig weitergenutzt werden können. Dies gilt sowohl für einzelne Produkte oder Betriebsstätten als auch für überbetriebliche Stoffkreisläufe zum Beispiel innerhalb einer Region.

Zu Beginn des 21. Jahrhunderts im Rahmen der globalen Wirtschaftskrise kam es zu einer Weiterentwicklung der ökologischen Modernisierung, welche als **Green Economy** (Kapitel 7) in internationalen bis regionalen Entwicklungsstrategien umgesetzt wurde und auch die zentrale Logik des Grünen Deals der EU bildet. Die Grundannahme der Green Economy ist es, dass nachhaltige Innovationen, vor allem technologische Fortschritte, aber auch institutioneller und struktureller Wandel, nicht nur eine Notwendigkeit zur Lösung ökologischer und sozialer Probleme darstellen, sondern auch wettbewerbs- und wachstumsfördernd sind.

Mit den **Transitionsstudien** (Kapitel 8) greifen wir einen Ansatz auf, der sich vor allem mit technologischem Wandel und Innovationsprozessen befasst. Dies erfolgt aus einer ko-evolutionären Perspektive, das heißt wesentliche Transformationsprozesse werden als ein notwendiges Zusammenspiel von gesellschaftlichen und technologischen Entwicklungen erklärt. Über die nachhaltigkeitsorientierte Transitionsforschung und ihre Erweiterung um räumliche Aspekte hinaus werden auch angewandt-normative Ansätze des Transition Managements angesprochen.

Beim Konzept der sogenannten **Diverse Economies** (Kapitel 9) geht es um die Rolle von Organisationen und Tätigkeiten, die in der Regel nicht als zur Wirtschaft gehörig angesehen werden, die aber große gesellschaftliche Relevanz haben. Dazu gehört Sorgearbeit im Privaten ebenso wie zivilgesellschaftliche Initiativen (Community Economies), die gemeinwohlorientierte Wirtschaftspraktiken hervorbringen. Schließlich beschäftigt sich Kapitel 10 mit der in der Wirtschaftsgeographie noch recht jungen, aber dynamischer werdenden Debatte über **Postwachstum.** Damit sind Ansätze gemeint, die die Wachstumsfixiertheit des vorherrschenden Wirtschaftssystems und deren sozial-ökologischen Folgen kritisch hinterfragen. Sie befassen sich mit postwachstumsorientierten Zielen, Bewertungsmaßstäben und Praktiken von Unternehmen und öffentlichen Trägern und schätzen deren transformatives Potenzial ein. Teil 1 dieses Buches schließt mit einer **Synthese** (Kapitel 11), die wesentliche konzeptionelle Stränge der wirtschaftsgeographischen Forschung einordnet und auf komplementäre Perspektiven – etwa postkoloniale Ansätze – verweist.

Zweiter Teil des Lehrbuchs

Der zweite Teil des Buches geht auf die Rolle verschiedener Akteursgruppen ein und stellt anhand ausgesuchter Beispiele deren Handlungsrahmen und Transformationspotenziale dar. Ziel ist es, transformative Entwicklungen und konkrete Nachhaltigkeitsbeispiele vorzustellen und zu diskutieren. Gerade die Frage, wer zu einem tiefgreifenden Wandel beitragen kann und soll, ist stark diskutiert. Hierbei geht es sowohl um verschiedene räumliche Ebenen als auch um verschiedene Akteursgruppen. Kapitel 12 bietet eine allgemeine Heranführung an **Akteursverständnisse und Handlungstheorien** und betont verschiedene Wissens- und Wertesysteme.

Die folgenden Kapitel unterscheiden zwischen drei zentralen Akteursgruppen: staatliche, private und zivilgesellschaftliche Akteure. **Staatlichen Akteuren** werden in der Regel eine zentrale Rolle in der Steuerung eines Wandels hin zu nachhaltigeren Wirtschaftssystemen zugedacht. Kapitel 13 diskutiert diese anhand drei verschiedener räumlicher Ebenen: internationale Organisationen und Staatenbünden, Nationalstaaten sowie Regionen und Gemeinden. Die Privatwirtschaft spielt ebenfalls eine wichtige Rolle. Kapitel 14 stellt Entwicklungen und Veränderungen am Beispiel von nachhaltigem Unternehmertum, ausgesuchter Sektoren, aber auch neuer **Organisationsformen** vor. Kapitel 15 diskutiert **Handlungsrahmen und Einflussvermögen** von Individuen und der Zivilgesellschaft. Hierzu zählen die Thematiken des nachhaltigen Konsums, aber auch von Formen des Widerstands gegen bestehende, nicht-nachhaltige Strukturen und Systeme durch soziale Bewegungen und Aktivismus. Aufmerksamkeit verdienen dabei auch gemeinschaftliche Initiativen, die gesellschaftliche und wirtschaftliche Reproduktionsprozesse neu denken und umsetzen.

Neben den bereits genannten Akteursgruppen kommt der **Wissenschaft und Bildung** eine zentrale Rolle im Rahmen gesellschaftlicher Transformationsprozesse zu. Entsprechend stellt Kapitel 16 die Thematik der Bildung für nachhaltige Entwicklung und die Rolle von Hochschulen dar. Das Buch schließt mit einer Positionierung ab, die sich für eine Öffnung und ein Umdenken der Wirtschaftsgeographie in Lehre und Forschung ausspricht, hin zu einem wertebasierten Referenzrahmen und einer gesellschaftlich engagierten Praxis.

Literatur- und Webtipps

Hermann, Ulrike (2022): *Das Ende des Kapitalismus*, Köln: Kiepenheuer & Witsch.

» In einem zugänglichen Format stellt Ulrike Herrmann die Entstehung des Kapitalismus dar und zeigt dabei grundsätzliche Widersprüche zwischen Wachstum und Klimaschutz auf. Eine spannende Lektüre, die mithilfe vieler Beispiele, Daten und Fakten verschiedener Interpretationen nachhaltigen Wirtschaftens diskutiert und wachstumsorientierte Lösungsansätze dekonstruiert.

Kapitel 2

Problemrahmungen und konzeptionelle Entwicklung

Themen

Gesellschaft-Umwelt-Beziehungen, Paradigmen, Problemrahmungen, Ressourcenverknappung, Umweltverschmutzung, Umweltschutz, nachhaltige Entwicklung, Klimakrise

Über diese Lerneinheit

Die Wahrnehmungen von ökonomischen, ökologischen und sozialen Herausforderungen sind stark durch die jeweiligen historischen, räumlichen und gesellschaftlichen Kontexte geprägt. Entsprechend hat sich das Verständnis von Umwelt und Nachhaltigkeit in der Wirtschaftsgeographie im Laufe der letzten Jahrzehnte verändert. Während zunächst eine recht enge Fokussierung auf den gesicherten Zugriff auf Rohstoffen bestand, kam es mit zunehmend sichtbaren Umweltproblemen zu umweltschutzorientierten Ansätzen. Transformative Nachhaltigkeitsverständnisse betonen die Wechselwirkungen zwischen ökonomischen, ökologischen und sozialen Dimensionen und fordern ein tiefgreifenderes Umdenken bestehender Wirtschaftsstrukturen und -systeme.

Was Sie hier lernen

1. Verschiedene wirtschaftsgeographische Verständnisse von Mensch-Umwelt-Verhältnissen im Zeitverlauf benennen können.
2. Verschiedene Formen von Nachhaltigkeitsdenken in Bezug auf bestehende Wirtschaftsformen differenzieren und erläutern können.
3. Veränderte räumliche Betrachtungsrahmen und Beziehungen in Nachhaltigkeitsdebatten erklären können.

2.1 Beispiel: Wandel von Naturverständnissen am Beispiel der Emscher

Flüsse haben in der Entwicklungs- und Siedlungsgeschichte des Menschen eine zentrale Bedeutung. Grundsätzlich bieten sie als schiffbare Transportrouten eine strategische Verkehrsanbindung und sind somit Standorte für wirtschaftliche Tätigkeiten. Zudem stellen sie als wichtige Naturhabitate wertvolle Ressourcen wie Wasser, das als Produktionsinput oder auch zur Energiegewinnung genutzt werden kann. Auch ließen sich über Fließgewässer ungewollte Abfälle bzw. Abwässer ›entsorgen‹. Das **Verhältnis von Mensch und Fluss** hat sich im Laufe der Zeit aufgrund wirtschaftlicher Entwicklungen, aber auch veränderter Wahrnehmungen gewandelt. Dieser Wandel lässt sich beispielhaft an der Emscher im Ruhrgebiet nachvollziehen. Bis zum Beginn der Industrialisierung floss die Emscher durch eine artenreiche Auenlandschaft. Im Zuge der Industrialisierung im 19. Jahrhundert gelangten jedoch immer mehr schädliche Abwässer aus Industrie und Bergbau in den Fluss und verwandelten ihn in einen Seuchenherd. 1899 wurde die Emschergenossenschaft als **erster Wasserwirtschaftsverband in Deutschland** gegründet. Er hatte zur Aufgabe, den Zustand des Flusses zu verbessern und die Region unter Berücksichtigung der wirtschaftlichen Interessen vor Hochwasser und anderen Gefahren zu schützen. Mit Beginn des 20. Jahrhunderts wurde die Emscher mithilfe von Betonrinnen begradigt (Abb. 2.1 rechts) und lange Zeit als Abwasserkanal genutzt. Pumpwerke leiteten die Abwässer zu nahegelegenen Kläranlagen. 1949 erforderten Bergbau-bedingte Absenkungen eine Umbettung der Emscher, im Zuge derer die Flussmündung in den Rhein um 15 Kilometer nach Norden verlegt wurde.

Mit dem Rückgang des Bergbaus in den 1980er Jahren, kam es zu einem erneuten Umdenken: Statt Abwasserentsorgung wurden nun Ideen der **Renaturierung des Flusses** diskutiert. Abwässer sollten fortan in eine unterirdische Kanalisation geleitet werden. Im Rahmen der Internationalen Bauausstellung Emscher Park (1989–1999) sowie der Bundesgartenschau (1991) wurde zunächst ein kurzer Abschnitt des Flusses renaturiert und damit in einen naturnahen Zustand umgewandelt. Das Pilotprojekt leitete das Renaturierungsvorhaben entlang des gesamten Emscher-Systems ein. Hierzu zählt unter anderem eine Auenlandschaft an der Rheinmündung (Abb. 2.1 links). Wichtig für die Renaturierung ist auch das 2021 fertiggestellte **Pump- und Klärwerk** in Oberhausen, welches das Gewässer reinigt und Ab- und Schmutzwässer herausfiltert. In der Zukunft soll die Emscher-Region durch ihre Auenlandschaft mit großem Wasseraufnahmepotenzial eine wichtige Rolle im Hochwasserschutz spielen, einen wichtigen Lebensraum für Flora und Fauna sowie Lebensqualität für den Menschen bieten.

Weitere Informationen: Regionalverband Ruhr (2022), Metropole Ruhr (Online: https://metropole.ruhr)

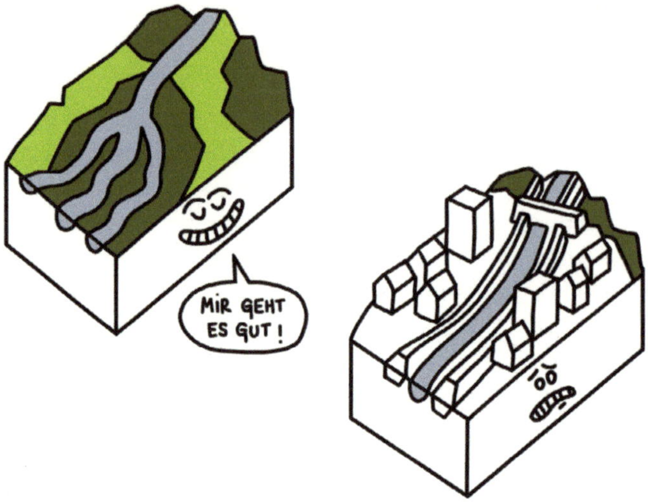

Abb. 2.1: Naturnahes Gewässersystem als Lebensraum und Wasserspeicher.

2.2 Einführung

Das Beispiel der Emscher soll die sich im Laufe der Zeit ändernden Naturverständnisse und den Wandel im Umgang mit der Natur bzw. natürlichen Ressourcen aufzeigen. Über die letzten Jahrzehnte haben sich verschiedene Verständnisse hinsichtlich der **negativen Folgen menschlichen Handelns** für die Umwelt etabliert. Im Fall der Emscher reichten diese von einer fehlenden Berücksichtigung und Degradation des Ökosystems hin zu zunehmendem Umweltschutz und Renaturierungsmaßnahmen. Die Identifikation der jeweiligen Bedarfe und Problemlagen erfolgte aus verschiedenen gesellschaftlichen und historischen Kontexten heraus. Wie die folgenden Kapitel zeigen, gibt es verschiedene Untersuchungsrahmen und Theorien, mit denen Umweltprobleme und Nachhaltigkeitsdilemmata angegangen werden können.

Paradigmen in der Nachhaltigkeitsforschung

Manche Untersuchungsrahmen und daraus resultierende Erklärungs- und Lösungsansätze werden nur von bestimmten Interessengruppen vertreten, wohingegen andere von einer großen Mehrheit akzeptiert werden. Diese weit verbreiteten Denkweisen werden als **Paradigmen** bezeichnet. In der Wissenschaft verstehen wir unter einem Paradigma in der Regel ein breit akzeptiertes und somit etabliertes Bündel aus theoretischen Leitsätzen, Fragestellungen und Methoden, das von einem Großteil der Forschenden eingesetzt wird. Ein Paradigma steht somit für einen gewissen Konsens in der Wissenschaft, wobei dieser jedoch durch hegemoniale Diskurse, das heißt mächtige Gruppen und Institutionen, bestimmt sein kann, der Perspektiven marginalisierter Gruppen unberücksichtigt lässt. **Deutungshoheit** oder **-macht** beschreibt das von bestimmten Gruppen oder Individuen beanspruchte Recht, die eigene Deutung bzw. Sichtweise in Diskursen als akzeptierten Standard durchzusetzen.

Ein **Paradigmenwechsel** beschreibt einen Umbruch, bei dem bestehende dominante Denkweisen und etablierte Verständnisse durch neue Ansätze abgelöst werden. Häufig verschwinden bestehende **Theorien** und Denkweisen nicht einfach, sondern bestehen weiter – entweder im Hintergrund oder in direkter Konkurrenz zu neuen Paradigmen. In beiden Fällen werden sie auch weiterhin von Forschenden vertreten und weiterentwickelt. Vergleichbar können wir in der Gesellschaft verschiedene dominante Grundannahmen und Werteverständnisse identifizieren, die sich im Laufe der Zeit verändert haben.

Ein Beispiel ist die Rolle der Frau in der Gesellschaft, die sich im Zuge der Frauenrechtsbewegung über Jahrzehnte hinweg stark verändert hat. So haben sich die Rechte und Rolle der Frau gewandelt, doch bestehen nach wie vor verschiedene Standpunkte (z. B. hinsichtlich Arbeitstätigkeit und Karriere). Das Rollenverständnis der Frau ist kontextuell geprägt und weist somit räumliche Unterschiede auf. So kommt es zwischen Ländern und Regionen zu deutlichen Unterschieden.

Begriffserklärung

Theorie: Eine Theorie erlaubt es, komplexe und ungeordnete Aspekte der Realität, die z. B. als Erfahrungen und Fakten vorliegen, zu ordnen und generelle Aussagen zu formulieren (Cresswell, 2013). In den Naturwissenschaften sind Theorien meist wesentlich konkreter (z. B. Hypothesen, die sich testen lassen – ggf. im Labor) als in den Human- und Sozialwissenschaften. Hier versteht man unter einer Theorie oft abstrakte Aussagen über breite Aspekte des sozialen Lebens. Eine Theorie beinhaltet auch oft eine nicht intuitive Erklärung, die über das Offensichtliche hinausgeht. Seit den 1970er Jahren hat sich die **Humangeographie** zunehmend mit Gesellschaftstheorien beschäftigt, welche die Art und Weise, wie die Gesellschaft strukturiert ist und sich verändert, zu erklären versuchen. Entsprechend wird der Begriff der Theorie je nach Kontext unterschiedlich verwendet. Zum einen kann er konkrete Erklärungskonzepte (z. B. die Theorie der zentralen Orte) beschreiben, zum anderen verweist er auf Arbeiten und Diskussionen in der Wissenschaft, die sich mit bestimmten Perspektiven beschäftigt und somit verschiedene Aspekte aufgreift (z. B. feministische Perspektiven in der Wirtschaftsgeographie).
Grundsätzlich gilt die **Wirtschaftsgeographie** als eine ausgesprochen pluralistische Disziplin, d. h., dass zeitgleich eine Reihe von teils konkurrierenden, teils komplementären Theorieansätzen diskutiert und empirisch eingesetzt werden. Und auch die Forschungsgegenstände und **Ontologien** variieren stark. Ontologien sind verschiedene Verständnisse

davon, was Untersuchungsgegenstände sind bzw. wie diese konstituiert sind (Ontologie = Lehre vom Seienden). In der Wirtschaftsgeographie könnte dies z. B. durch verschiedene Verständnisse davon, was wir unter Wirtschaft, Unternehmen oder Innovation fassen, zum Ausdruck kommen. Diesen Variationen wohnt einerseits die Gefahr einer Fragmentierung des Fachs in Sub-Sub-Disziplinen inne, zugleich aber auch die Chance des voneinander Lernens und sich wechselseitig Inspirierens (s. »Engaged Pluralism« in Barnes & Sheppard [2009]). In diesem Sinne verortet sich dieses Lehrbuch nicht in einem spezifischen Theoriegebäude, sondern versucht einen ausgewogenen Überblick über die aus unserer Sicht für die wirtschaftsgeographische Beschäftigung mit Nachhaltigkeitsfragen besonders relevanten Theorieansätze zu vermitteln.

Verschiedene Verständnisse und Paradigmen bestimmen auch, wie Mensch-Umwelt-Beziehungen und so auch gesellschaftliche und wirtschaftliche Entwicklungsprozesse aus (wirtschafts-)geographischer Perspektive verstanden werden. Nachhaltigkeitsdenken hat sich dabei nicht isoliert in der Geographie entwickelt, sondern wurde durch Arbeiten in anderen Disziplinen, wie zum Beispiel den Politikwissenschaften, der Biologie und der Anthropologie beeinflusst. Im Folgenden stellen wir die wichtigsten **Nachhaltigkeitsschwerpunkte**, welche die Wirtschaftsgeographie und benachbarte Disziplinen bestimmt haben, im jeweiligen Entstehungskontext dar. Dieser macht unterschiedliche Problemwahrnehmungen deutlich und zeigt einen Wandel im Verlauf der Zeit auf – von Problemen der Ressourcenknappheit (2.3) und Umweltverschmutzung (2.4) über das Paradigma der nachhaltigen Entwicklung (2.5) zur Klimakrise (2.6). Diese zeichnen eine Entwicklung des Nachhaltigkeitsverständnisses nach, das sich von Umweltschutz und Armutsbekämpfung hin zu einem transformativeren Nachhaltigkeitsverständnis entwickelt hat, welches auch systemische Veränderungen des Wirtschaftssystems miteinschließt.

Zu betonen ist, dass **transformativere Perspektiven** schon lange Zeit durch verschiedene Initiativen propagiert und vertreten werden, jedoch durch dominante Diskurse, die an bestehenden kapitalistischen Denkweisen inkl. Wirtschaftswachstum festhalten, verdrängt werden. Umwelt und ökologische Faktoren wurden zunächst als reine Wirtschaftsfaktoren gesehen, die der Entwicklung des Wirtschaftssystems (Wirtschaftswachstum) dienen. Der räumliche Betrachtungsrahmen liegt hier vor allem auf der lokalen, regionalen und nationalen Ebene, auch wenn internationale Verflechtungen hinsichtlich der Sicherung von Rohstoffen eine Rolle spielen. Mit zunehmenden Evidenzen zum globalen Ausmaß ökologischer und sozialer Krisen kam es zu einer Fokussierung auf lokal-globale Beziehungen und Abhängigkeiten. Vor allem im Kontext der Klimakrise werden transformative Nachhaltigkeitsverständnisse sichtbarer, welche Wirtschaftssysteme als Teil gesellschaftlicher und ökologischer Systeme verstehen und entsprechend systemisches Umdenken von bestehenden Wirtschafts- und Gesellschaftsstrukturen propagieren.

2.3 Ressourcenverknappung

Ein früher Ansatz, der sich mit ökologischen Problematiken ökonomischer bzw. gesellschaftlicher Systeme beschäftigt, ist der des hohen Ressourcenverbrauchs und der damit verbundenen Tragfähigkeit natürlicher Systeme. Unter natürlichen Ressourcen verstehen wir in der Regel **Rohstoffe,** die aus der Natur gewonnen und in Wertschöpfungsprozessen benötigt werden. Hierzu zählen organische (pflanzliche und tierische = nachwachsende) und anorganische (mineralische = nicht nachwachsende) Rohstoffe. **Ressourcen** umfassen in der Regel die absolute Menge aller nachgewiesenen, aber nicht zwangsläufig technisch oder wirtschaftlich gewinnbaren Rohstoffe. **Reserven** hingegen umfassen die im gegenwärtigen Kontext gewinnbare Menge der Ressourcen. Natürliche Ressourcen werden durch den menschlichen Bedarf bzw. Nutzen bestimmt, der diesen wiederum einen Wert zuschreibt (Zimmerman, 1933). Ressourcen werden somit erst durch ihren gesellschaftlichen Ertrag als solche anerkannt.

Ressourcennutzung

Der Nutzen von Rohstoffen kann räumlich variieren, so zum Beispiel durch kulturelle Unterschiede in den Essgewohnheiten, besonders offenkundig bei ›ethnischen‹ Nahrungsmitteln (z. B. Haifischflossen, Insekten, Frösche). Auch kann sich ihr Wert im Verlauf der Zeit verändern, so beispielsweise durch technologische Innovationen, die bestimmte Rohstoffe erst nutzbar machen. Hierzu zählen horizontale Bohrtechnologie und dampfgestützte Schwerkraft-Drainage für die in situ Förderung von Ölsanden, dem sogenannten Fracking-Verfahren. Veränderungen werden auch durch sich wandelnde Lebensstile und Nachfragebedingungen angetrieben (z. B. Holzpelletheizungen). Rohstoffe, vor allem auch Energierohstoffe, werden häufig in **erneuerbare bzw. nachwachsende** und **nichterneuerbare Rohstoffe** unterschieden. Unabhängig davon sind Ressourcen in ihrem Vorkommen und ihrer Verfügbarkeit immer auch räumlich begrenzt. Dies gilt auch für **ubiquitäre Rohstoffe** wie Wasser und Luft. So ist der Zugang zu Trinkwasser und sauberer Luft für viele Menschen nicht gewährleistet und deshalb auch Teil der Nachhaltigkeitsziele der Vereinten Nationen (siehe Kapitel 2.5).

Die **Tragfähigkeit** einer Region, eines Landes oder auch der Erde bestimmt die Anzahl von Menschen, die basierend auf den verfügbaren Ressourcen und gegenwärtigen Lebensstilen in dem Untersuchungsraum leben können, ohne die natürliche Umwelt zu gefährden. Ein bekannter Ansatz, der die Tragfähigkeit verdeutlicht, ist der des **ökologischen Fußabdruckes** (Wackernagel & Rees, 2013). Abhängig von unterschiedlichen Lebensstilen variiert der ökologische Fußabdruck stark (siehe Abb. 2.2). So verbrauchen die Menschen in Deutschland im Durchschnitt drei- bis viermal mehr Ressourcen als ihnen rechnerisch zur Verfügung stehen. Dank seiner eingängigen Kommunikationsform hat der ökologische Fußabdruck eine starke Wirkmächtigkeit entfaltet. Allerdings wurde der Ansatz unter anderem von Ölkonzernen ›gekapert‹, um Verantwortung auf Konsumentinnen abzuwälzen (Augustin, 2022).

Erste theoretische Ansätze

Die Sorge hinsichtlich des an landwirtschaftliche und industrielle Produktionsprozesse gekoppelten hohen Rohstoffverbrauchs, der die Tragfähigkeit überschreitet, bestand schon bevor sie Mitte des 20. Jahrhunderts breitere Beachtung erlangte. Wissenschaftler wie Thomas Malthus (1766–1834), William Jevons (1835–1882) und Garett Hardin (1915–2003) beschäftigten sich mit Fragen der begrenzten Verfügbarkeit von Rohstoffen. So argumentierte Malthus in einem Beitrag von 1798, dass das weltweite Bevölkerungswachstum durch Nahrungsmittelverfügbarkeit begrenzt ist, unterschätzte in seinen Szenarien aber technologischen Wandel und gesellschaftlichen Fortschritt (Malthus, 1986). Jevons beschäftigte sich als erster Wissenschaftler mit dem **Rebound-Effekt** (auch **Jevons-Paradox**), der den zunehmenden Ressourcenverbrauch der Gesellschaft, trotz erhöhter Energie- und Ressourceneffizienz neuer Technologien, belegt (Alcott, 2005) (s. Kapitel 10).

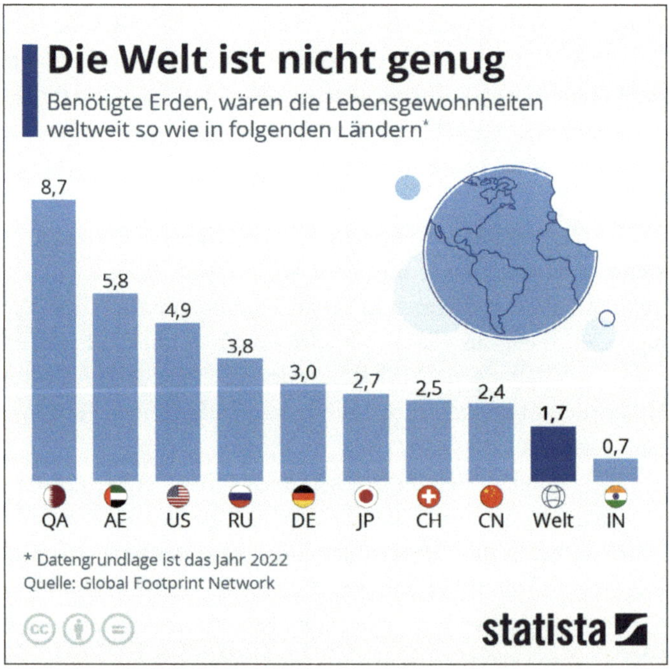

Abb. 2.2: Ökologischer Fußabdruck für ausgesuchte Länder gemessen in globalen Hektar pro Jahr (gha), hier für 2022 (statista, 2023).

Ressourcenknappheit als Paradigma zum Verständnis der Beziehung zwischen Natur und Wirtschaft (bzw. Gesellschaft) gewann in den frühen 1950er Jahren vor allem auch im Kontext des Kalten Krieges an Bedeutung. Zusätzlich zu der Sorge um die **absolute Verfügbarkeit** bzw. das Schwinden von Rohstoffreserven aufgrund schnell wachsender Nachfrage und gesteigerter Produktion, rückte der Kalte Krieg geopolitische Fragen der **relativen Verfügbarkeit,** also der Sicherung des Zugangs zu Rohstoffen in den Mittelpunkt. Diese Problematik der relativen Verfügbarkeit vor allem in Bezug auf Öl und Gas ist auch im Kontext von Russlands Krieg gegen die Ukraine deutlich spürbar und bestimmt die Politik.

Erdölförderung

Fossile Brennstoffe spielen als Treiber der Wirtschaft eine zentrale Rolle. Marion King Hubbert, Geowissenschaftler am Shell-Forschungszentrum in Houston, USA, beschäftigte sich schon in den 1950er Jahren mit der Verfügbarkeit fossiler Brennstoffe angesichts begrenzter natürlicher Lagerstätten. Mit seiner **Peak Oil-These** beschrieb Hubbert den Punkt, an dem die tatsächliche Erdölförderung die maximale Fördermenge (für nationalen Verbrauch und Export) erreichen und danach zurückgehen würde (Hubbert, 1949). Damit bestimmte Hubbert den Zeitpunkt, ab dem ein Zuwachs in der Erdölförderung aufgrund schrumpfender Lagerstätten nicht mehr möglich ist. In der Tat sagte Hubbert in etwa die richtige Menge der Ölproduktion für die USA voraus (Abb. 2.3), wenngleich dieser Verlauf nicht generell auf die weltweite Förderung übertragen werden kann.

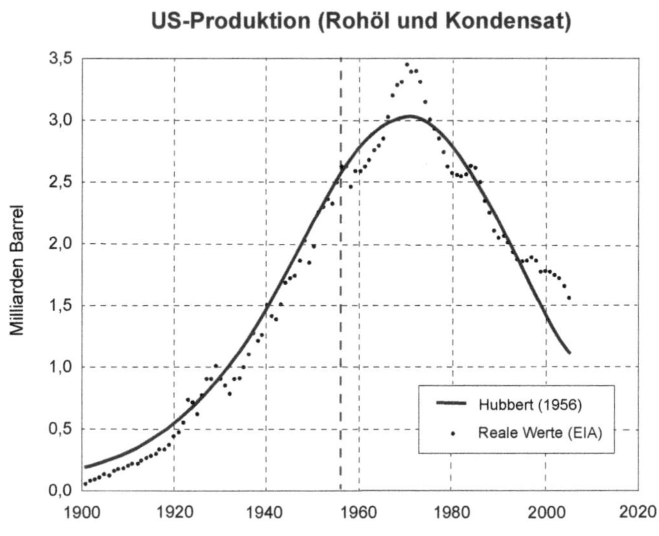

Abb. 2.3: Hubberts Kalkulation verglichen mit der tatsächlichen Erdölförderung der USA. Eigene Darstellung leicht verändert und übersetzt nach Wikimedia Commons (2007).

Technologische Fortschritte (z. B. Fracking) haben über die letzten Jahrzehnte zur Entdeckung zusätzlicher Lagerstätten und Zugang zu unkonventionellen Lagerstätten, so zum Beispiel ölreiche Schieferformationen (auch Teersande) und Tiefwasserlagen, ermöglicht. Diese bieten laut Internationaler Energieagentur zusätzliche Erdölreserven. Der globale Klimawandel und die damit verbundene Notwendigkeit, Treibhausgasemissionen zu reduzieren, lassen eine abnehmende Nachfrage von Erdöl für die Energiegewinnung vermuten (s. Kapitel 2.6). Jedoch geht die Internationale Energieagentur (2018) davon aus, dass die Nachfrage der **Petrochemie**, unter anderem zur Herstellung von Kunststoffen, in den nächsten Jahren deutlich zunehmen und bis 2050 die Hälfte der Erdölnachfrage ausmachen wird.

Grenzen des Wachstums

Eine weitere zentrale Studie ist die **Club of Rome-Studie** zu den **»Grenzen des Wachstums«** aus dem Jahr 1972 (Meadows et al., 1972). Die von Donnella und Dennis Meadows sowie Jørgen Randers geleitete Studie besteht aus einer Systemanalyse, die verschiedene globale Entwicklungen in einer Computer-basierten Simulation zusammenbrachte, um verschiedene Zukunftsszenarien zu ermitteln. Das Computer-Modell schrieb den Variablen, so zum Beispiel für landwirtschaftliche Produktivität, Geburtenraten und Umweltschutz, je nach Szenario verschiedene Werte zu. Insgesamt wurden zwölf verschiedene **Zukunftsszenarien** für den Zeitraum von 1972 bis 2100 berechnet. Die meisten Szenarien resultierten in einem anhaltenden Bevölkerungs- und Wirtschaftswachstum bis 2030 gefolgt von einem Zusammenbruch des Systems und schnellen Kollaps einer Anzahl von Variablen (Abb. 2.4). Die Studie ergab, dass der menschliche Einfluss auf die Umwelt zunächst rapide ansteigen würde. Der prognostizierte Anstieg wäre aber nicht dauerhaft, da er die Tragfähigkeit der natürlichen Systeme überschreiten und folglich innerhalb der kommenden hundert Jahre zu einem Rückgang führen müsste. Die zentrale Empfehlung der Studie war schnelles politisches Handeln, um eine Überschreitung der globalen Tragfähigkeit zu verhindern, was vor allem in der Öffentlichkeit zu einem verbesserten Verständnis und der Auseinandersetzung mit der Problematik des Ressourcenverbrauchs führte. Eine Reduzierung des Rohstoffverbrauchs und der Abhängigkeit von natürlichen Ressourcen wurde dadurch auch politisch als zentrales Handlungsfeld identifiziert, jedoch ohne das weitakzeptierte Wachstumsparadigma des kapitalistischen Wirtschaftsmodells zu hinterfragen.

Auch wenn die Studie nicht davon ausging, dass natürliche Ressourcen bis zum Ende des 20. Jahrhunderts erschöpft werden würden, wurde diese Vorhersage oft mit der Studie assoziiert und vielseitig kritisiert. Die meisten Interpretationen der Studie bezogen sich auf die Schlussfolgerungen hinsichtlich der Beziehungen zwischen natürlichen Grenzen bzw. der ökologischen Tragfähigkeit und wirtschaftlichem Wachstum. Über 40 Jahre nach dem Bericht veröffentlichte Jørgen Randers eine Prognose für die kommenden 40 Jahre, welche auf gewaltige Veränderungen und Herausforderungen hinweist, so auch soziale Unruhen und Umbrüche innerhalb der internationalen Gemeinschaft (Randers, 2014).

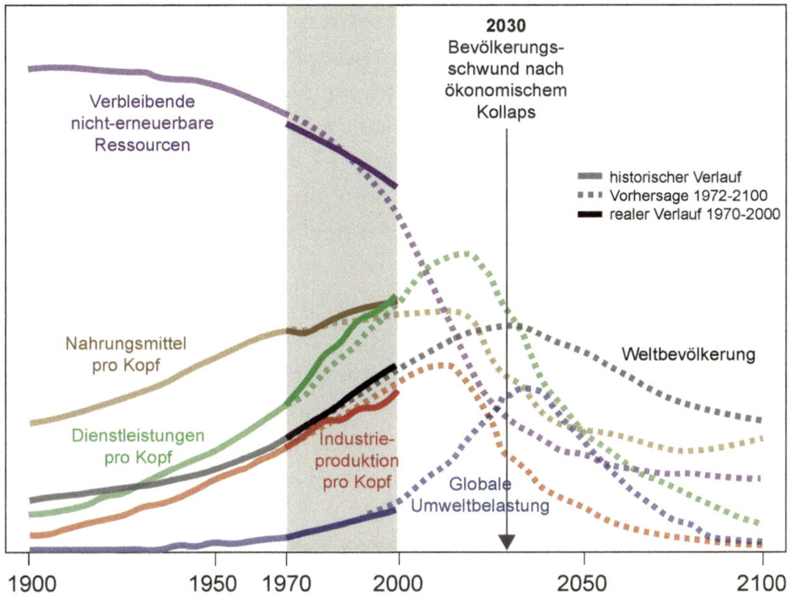

Abb. 2.4: Berechnungen der Club of Rome-Studie und tatsächliche Entwicklungswerte für ausgesuchte Variablen. Eigene Darstellung leicht verändert und übersetzt nach Strauss (2012).

Entwicklungsstrategien

Das zentrale Problem der Ressourcenverknappung und des hohen Ressourcenverbrauchs führte vor allem zu zwei Entwicklungsstrategien. Zum einen resultierte sie in einer **Substitution** von begrenzten Rohstoffen durch alternative Materialien, zum anderen in der **Sicherung neuer Rohstoffquellen.** Daraus resultierte der Versuch, neue Rohstoffquellen oft über nationale Grenzen hinweg zu identifizieren und deren Zugang zu sichern. Dies erfolgte unter anderem durch entwicklungspolitische Maßnahmen (z. B. der **Weltbank)**, welche Hilfszahlungen an den Globalen Süden an die Öffnung von Rohstoffmärkten koppelte. Geographische und wirtschaftsgeographische Arbeiten beschäftigten sich mit der technologischen Modernisierung und Innovationsforschung, aber auch mit den daraus resultierenden neuen räumlichen und politischen Abhängigkeitsbeziehungen in Form von globalen Wertschöpfungsketten und Standortverlagerungen. Dies kann sowohl mineralische Rohstoffe (z. B. Kupfererze aus Chile) als auch land- und forstwirtschaftliche Produkte (z. B. Tropenhölzer aus Westafrika, Palmöl aus Malaysia) umfassen. Ein weiterer Arbeitsschwerpunkt ist im Bereich der Innovationsforschung zu sehen.

2.4 Umweltverschmutzung und Artensterben

Über die wachsende Sorge in Bezug auf den hohen Ressourcenverbrauch und der begrenzten Verfügbarkeit natürlicher Rohstoffe hinaus gewann das Problem der **Umweltverschmutzung** und des **Artensterbens** in der Nachkriegszeit vermehrt an Bedeutung. Negative Auswirkungen industrieller Prozesse waren schon um die vorletzte Jahrhundertwende vor allem in rasch wachsenden Industriestädten identifiziert und unter anderem in der Stadtplanung aufgegriffen worden. So erhielt zum Beispiel der Siedlungsverband Ruhrkohlenbezirk durch die planerische Sicherung regionaler Grünzüge zwischen den größten Ruhrgebietsstädten wichtige Freiräume und griff auch sonst steuernd in die Stadtentwicklung ein. Jedoch kam es vor allem ab den 1960er Jahren zu weitreichenden Auswirkungen, wie dem Rückgang von Arten, Verschmutzung von Gewässern, Böden und Luft. Diese wurden zunehmend durch Studien belegt und in die Öffentlichkeit getragen. Ein zentrales Werk dieser Zeit ist **Rachel Carsons Buch ›Der stumme Frühling‹**, welches im Original 1962 erschien und die Auswirkungen des zunehmenden Pestizideinsatzes auf Flora und Fauna belegte (Carson, 1965). Ein besonderer Fokus liegt auf dem daraus resultierenden und im Titel angesprochenen Vogelsterben. Durch den zunehmenden Einsatz von Herbiziden und Insektiziden in der Landwirtschaft kommt es zu einer Ansammlung von Schadstoffen entlang der Nahrungskette, die vor allem zu tödlichen Anreicherungen bei Vögeln führte. Die Problematik verdeutlicht auch die Komplexität von Umweltproblemen, die zu unwiderrufbaren Veränderungen komplexer Systeme führen kann. Carsons Buch wird häufig als zentrales Werk für die Entstehung der neuen Umweltbewegung angesehen, die sich in den 1960er und 1970er Jahren formierte und das anthropogen verursachte Artensterben aufgriff (siehe Kapitel 15.3).

Umweltschutz

Das wachsende Bewusstsein hinsichtlich negativer Umweltauswirkungen führte schrittweise zu verschiedenen Maßnahmen des Umweltschutzes (Abb. 2.5) und auch zu der in Kapitel 3 beschriebenen zunehmenden **Institutionalisierung der Umwelt** bzw. des Umweltschutzes durch die Gründung von Ämtern und Ministerien sowie der Verabschiedung von ersten Umweltschutzgesetzen (s. Kapitel 3.3).

Im Deutschen werden meist die Begriffe des nachsorgenden und vorsorgenden Umweltschutzes verwendet, die jedoch nicht immer trennscharf sind. Während zunächst, wie auch im vorgestellten Beispiel der Emscher, keinerlei Maßnahmen in Bezug auf den Umweltschutz unternommen wurden (Abb. 2.5 links), kam es in einem ersten Schritt zu Maßnahmen des **nachsorgenden Umweltschutzes** (Abb. 2.5 Mitte). Hierzu zählen all die Mechanismen, die die Umweltverschmutzung nicht zu verhindern suchen, sondern erst nach erfolgter Kontaminierung oder Verschmutzung ansetzen. Eine solch reaktive Maßnahme besteht in der Verdünnung und Streuung schädlicher Stoffe. So zielte die in Deutschland in den 1960er Jahren verbreitete ›Politik der hohen Schornsteine‹ durch den Bau hoher industrieller Schornsteine auf eine weite Streuung von ausgestoßenen Schadstoffen bei unveränderten Ausstoßmengen und damit eine Reduzierung des Schadstoffgehalts in Bodennähe ab. Unter **End-of-Pipe-Maßnahmen** fallen unter anderem der Bau von Klärwerken oder der Einbau von Filteranlagen, welche die Verbreitung von Schadstoffen verhindern oder reduzieren sollen. **Vorsorgender Umweltschutz** (Abb. 2.5 rechts) zielt dagegen auf die Behebung des Ursprungs der Umweltverschmutzung ab und stellt somit die proaktivste Form des Umweltschutzes dar. Hierunter fällt unter anderem die Substitution von schädlichen Substanzen durch harmlose Stoffe im Produktionsprozess bzw. durch nachhaltiges Produktdesign. Die Einführung von vorsorgenden Umweltschutzmaßnahmen wurde vor allem durch die Ausweitung von Umweltgesetzen und Normen, die Luft- und Wasserqualität sowie Abfallmanagement regulieren, angetrieben (s. Kapitel 3.3).

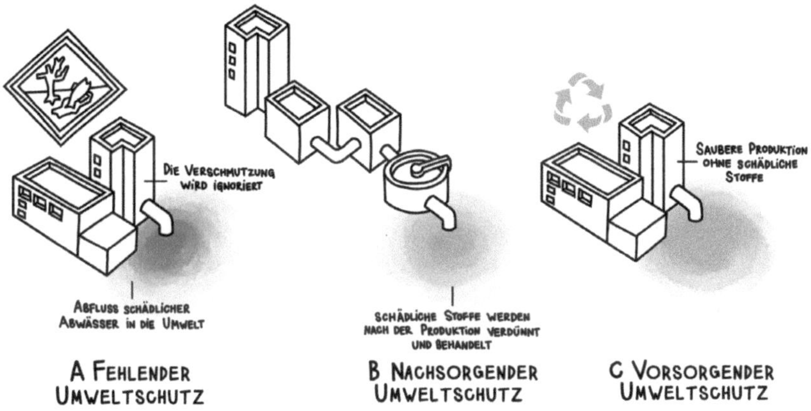

Abb. 2.5: Nachsorgender (B) und vorsorgender Umweltschutz (C).

Viele Lösungsansätze bauten stark auf technologischen Innovationen auf, die darauf abzielen, den Schadstoffausstoß in Produktionsprozessen zu reduzieren bzw. zu vermeiden, schädliche Substanzen zu eliminieren oder zu substituieren und im Sinne einer schonenderen Wirtschaftsform natürliche Ressourcen effizienter zu nutzen. Die Einführung der **Umweltgesetzgebung und Schadstoffrichtlinien** vor allem in westlichen Industrienationen führte auf der einen Seite zu einer Verbesserung von Produktionsprozessen in den betroffenen Rechtsräumen. Jedoch kam es auch zu Standortverlagerung von ›umweltschädlicheren‹ Produktionsprozessen in Regionen mit schwächerer oder fehlender Umweltgesetzgebung. Hierzu zählten häufig Länder im Globalen Süden, die außer billigen Arbeitskräften auch laxere oder keine Umweltauflagen vorwiesen und somit zusätzliche Produktionskosten durch die Einführung neuer Technologien, Reinigungsprozesse oder sonstiger Auflagen entfallen ließen. Ob die sogenannte Pollution Haven-Hypothese (s. Kapitel 6) jedoch die Mehrzahl solcher Standortverlagerungen erklärt, ist durchaus umstritten. Wirtschaftsgeographische Forschungsarbeiten liefern differenzierte Einblicke in Funktionsweise und Machtverhältnisse globaler Wertschöpfungs- und Lieferketten, in Prozesse großräumiger Standortverlagerungen und in den Einfluss von Umweltpolitik und Innovationsprozessen (s. auch Kapitel 14).

2.5 Globale Umweltpolitik: Nachhaltige Entwicklung

Eines der dominantesten Paradigmen der letzten Jahrzehnte, welches das Nachhaltigkeitsdenken beeinflusst hat, ist das der nachhaltigen Entwicklung. Der Begriff der nachhaltigen Entwicklung und die daran geknüpften Handlungsempfehlungen gehen auf die Arbeiten der UN-Weltkommission für Umwelt und Entwicklung zurück. Die Kommission wurde 1983 einberufen und beauftragt, eine gemeinsame Vorgehensweise hinsichtlich globaler Umweltprobleme zu entwickeln. Dies geschah angesichts zunehmender Umweltprobleme, die global-lokale Verflechtungen sichtbar machten. Der durch die Kommission erarbeitete Bericht, der nach der Kommissionsvorsitzenden Gro Harlem Brundtland häufig **Brundtland-Bericht** genannt wird, hat seitdem viele Entwicklungsstrategien und politischen Entscheidungen von der lokalen bis hin zur globalen Ebene beeinflusst. Der unter dem Titel »Unsere gemeinsame Zukunft« im Jahr 1987 veröffentlichte Bericht legt dar, dass die globalen Umweltprobleme durch Ungleichheiten bedingt sind: große Armut in Ländern des globalen Südens und nicht nachhaltige Konsum- und Produktionssysteme des globalen Nordens (Hauff & Brundtland, 1987). Damit rückte die Kommission soziale Fragestellungen und Aspekte von Gerechtigkeit in den Mittelpunkt, die zuvor wenig Berücksichtigung fanden. Der Bericht führte den Begriff der **nachhaltigen Entwicklung** (Sustainable Development) als Leitziel ein. Eine Entwicklung ist nachhaltig, wenn sie »die Bedürfnisse der Gegenwart befriedigt, ohne zu riskieren, dass künftige Generationen ihre eigenen Bedürfnisse nicht befriedigen können« (Hauff & Brundtland, 1987: 46). Aus geographischer Perspektive verknüpft die Idee der nachhaltigen Entwicklung durch die Betonung sozialer Gerechtigkeit räumliche Betrachtungs- und Handlungsebenen.

Nachhaltige Entwicklung wird häufig in Form von drei überlappenden Ringen dargestellt, welche die drei Ziele von **ökologischer, ökonomischer und sozialer Nachhaltigkeit** repräsentieren. Nur in dem Bereich, in dem sich alle drei Ringe überdecken (Abb. 2.6 links), ist eine nachhaltige Entwicklung gewährleistet. Alternativ wird zunehmend die Darstellung von ineinander eingebetteten Ringen verwendet (Abb. 2.6 rechts), wodurch die ökologische Dimension als existentielle Grundlage für soziale und ökonomische Nachhaltigkeit betont werden soll. Diese Hierarchisierung verdeutlicht auch, dass ökologische und soziale Ziele (in dieser Reihenfolge) als prioritär vor ökonomischen Zielen verstanden werden. Der Schutz des ökologischen Gleichgewichts und die Erfüllung der Grundbedürfnisse aller werden somit als notwendige Grundlage für die Wirtschaft gesehen. Gleichwohl werden soziale und ökologische Ziele in der Umsetzung häufig vernachlässig (schwache Nachhaltigkeit), wie es in der ökologischen Modernisierung (Kapitel 3), der Green Economy (Kapitel 7), aber auch der Zirkulären Wirtschaft (Kapitel 6) und den Transitionsstudien (Kapitel 8) deutlich wird.

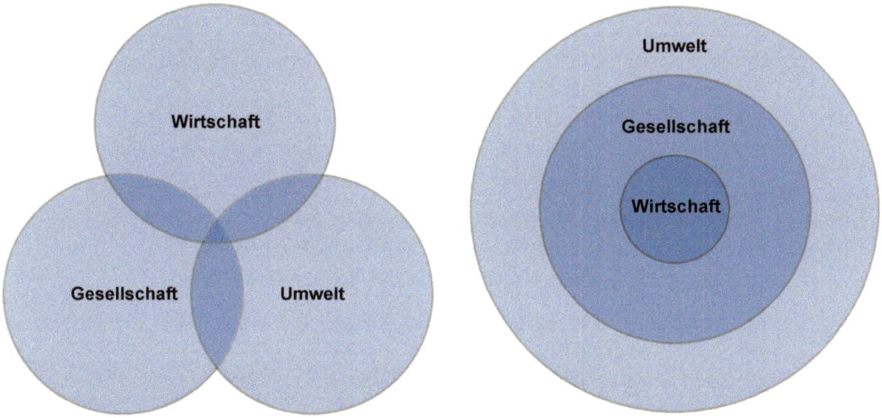

Abb. 2.6: Unterschiedliche Visualisierungen der drei Dimensionen der Nachhaltigkeit. Eigene Darstellung.

Agenda 21

Seit dem Erscheinen des Brundtland-Berichts gilt nachhaltige Entwicklung als international anerkanntes und zentrales Leitbild, welches über die folgenden Jahrzehnte wichtiger Bestandteil internationaler Gipfel und Thema von zentralen Berichten und Strategiepapieren geworden ist (Tab. 2.2). Zu wichtigen handlungsweisenden Ergebnissen internationaler Verhandlungen zählen zum Beispiel die **Agenda 21,** die im Rahmen der UN-Konferenz für Umwelt und Entwicklung 1992 in Rio de Janeiro verabschiedet wurde (s. Kapitel 13). Die Agenda 21 ist ein entwicklungs- und umweltpolitisches Aktionsprogramm, welches Nachhaltigkeit als übergreifendes politisches Ziel festsetzt und konkrete Handlungsempfehlungen für das 21. Jahrhundert definiert. Hierzu zählt unter anderem die Zusammenarbeit zwischen Ländern des Globalen Nordens und Südens sowie die Beteiligung von regierungsunabhängigen Institutionen an politischen Entscheidungsprozessen. Die Agenda 21 hat hohe politische Verbindlichkeit, wobei die Verantwortung bei den Vertragsstaaten liegt. Sie ist jedoch kein rechtsbindendes Instrument. Zur Umsetzung der Agenda 21 sollten Kommunen weltweit bis 1996 eine **Lokale Agenda 21** entwickeln (s. Kapitel 13). Das

Ziel wurde in vielen Fällen nicht erreicht, so auch in Deutschland, wo bis Ende 1996 weniger als 2 % der Städte und Gemeinden entsprechende Schritte eingeleitet hatten (Born & Kreuzer, 2002). Zehn Jahre nach dem Weltgipfel in Rio stieg die Zahl auf 16 % deutscher Städte und Gemeinden.

Jahr	Gipfel bzw. Bericht
1972	Konferenz der Vereinten Nationen über die Umwelt des Menschen in Stockholm. Ergebnis: Gründung des Umweltprogramms der Vereinten Nationen
1987	Weltkommission für Umwelt und Entwicklung Ergebnis: Einführung des Konzepts der nachhaltigen Entwicklung
1992	Konferenz der Vereinten Nationen über Umwelt und Entwicklung in Rio de Janeiro (auch ›Weltgipfel‹ oder ›Rio-Konferenz‹ genannt) Ergebnis: (1) Deklaration von Rio zu Umwelt und Entwicklung, (2) Agenda 21, (3) Wald-Grundsatzerklärung. Zudem wurden zwei multilaterale Abkommen für die Unterzeichnung aufgesetzt, die Rahmenkonvention zum Klimawandel sowie die Konvention zur Biodiversität.
1995	1. Konferenz der Vertragsstaaten der Klimarahmenkonferenz der Vereinten Nationen in Berlin (auch unter dem Namen COP für ›Conference of the Parties‹ bekannt) Ergebnis: Entscheidung zur Vorgehensweise zur Umsetzung der Konvention.
1997	Sondersitzung der Generalversammlung zum Thema Umwelt in New York (auch bekannt unter dem Namen ›Weltgipfel +5‹) Ergebnis: Prüfung der Umsetzung der Agenda 21 und weitere Umsetzung
1997	Kyoto-Protokoll zum Rahmenübereinkommen der Vereinten Nationen über Klimaänderungen
2000	Millennium-Konferenz der Vereinten Nationen in New York Ergebnis: Festsetzung der acht Milleniumsentwicklungsziele (auf Englisch: Millenium Development Goals, MDGs), die bis zum Jahr 2015 erreicht werden sollten.
2002	Weltgipfel für nachhaltige Entwicklung in Johannesburg (auch unter dem Namen ›Rio +10‹ bekannt) Ergebnis: Johannesburg Deklaration zur nachhaltigen Entwicklung
2012	Konferenz der Vereinten Nationen über nachhaltige Entwicklung in Rio de Janeiro (auch bekannt als »Rio +20«) Ergebnis: Festsetzung von 17 universellen Zielsetzungen, welche als ›Ziele für nachhaltige Entwicklung‹ (Sustainable Development Goals) bekannt sind und bis 2030 umgesetzt werden sollen.
2015	Klimakonferenz der Vereinten Nationen in Paris (auch COP 21) Ergebnis: Abkommen von Paris, mit dem sich die Vertragsstaaten dazu verpflichten, die Erderwärmung auf unter 2° C zu beschränken.
2018	Spezialbericht des Weltklimarates der Vereinten Nationen »Global Warming of 1,5° C«, welcher die dringende Empfehlung ausspricht, die Erderwärmung auf 1,5° C zu beschränken.
2021	6. Sachstandsbericht (Teil 1) des Weltklimarates der Vereinten Nationen zu den naturwissenschaftlichen Grundlagen des Klimawandels, welcher die Ergebnisse der Arbeitgruppe I und damit den aktuellen Stand der Klimaforschung darstellt.

Jahr	Gipfel bzw. Bericht
2022	6. Sachstandsbericht (Teil 2) des Weltklimarates der Vereinten Nationen zu Folgen, Anpassung und Vulnerabilitäten der Arbeitsgruppe II sowie Teil 3 zu Minderung des Klimawandels der Arbeitsgruppe III
2023	Synthesebericht des 6. Sachstandsbericht des Weltklimarates, welcher die Notwendigkeit sofortigen Handelns des Spezialberichts von 2018 unterstreicht und Klimaschutz als Chance für eine lebenswerte und nachhaltige Zukunft propagiert.

Tab. 2.1: Wegweisende internationale Gipfel und Berichte der Vereinten Nationen.

Nachhaltigkeitsziele

Wegweisend waren auch die Ergebnisse der Millennium-Konferenz in New York im Jahr 2000, auf der die **Millenniumentwicklungsziele** der Vereinten Nationen angenommen wurden, die bis 2015 umgesetzt werden sollten. Hierzu zählten die Bekämpfung von Armut und Hunger, die Sicherstellung einer Grundbildung, Geschlechtergerechtigkeit, Verringerung der Kindersterblichkeit, verbesserte Gesundheit von Müttern, die Bekämpfung von Infektionskrankheiten, die Sicherstellung ökologischer Nachhaltigkeit und die Entwicklung von globalen Entwicklungspartnerschaften. Die Millenniumentwicklungsziele (Millenium Development Goals, MDGs) wurden 2012 auf der Rio +20 Konferenz durch die 17 **Ziele für nachhaltige Entwicklung** oder auch **UN-Nachhaltigkeitsziele** (Sustainable Development Goals, SDGs) abgelöst, welche von 193 Mitgliedsstaaten angenommen wurden. Die 17 ambitionierten Ziele werden weiter in 169 Zielvorgaben unterteilt, womit sie wesentlich konkretere Handlungsrahmen bereitstellen als die MDGs (Abb. 2.7). Die SDGs sind global einheitlich gültig. Während die Millenniumentwicklungsziele Fortschritte in verschiedenen Bereichen anstrebten, setzen die Nachhaltigkeitsziele auf eine Null-Strategie, die Hunger, Armut und Ungerechtigkeiten nicht nur reduzieren, sondern ganz abschaffen soll.

Abb. 2.7: Sustainable Development Goals – Die 17 Ziele für nachhaltige Entwicklung der Vereinten Nationen (UNRIC, 2022) https://www.unesco.de/bildung/agenda-bildung-2030/bildung-und-die-sdgs

Das Konzept der nachhaltigen Entwicklung kann entsprechend als zentrales Paradigma unserer Zeit verstanden werden. Aufgrund seines allumfassenden Charakters, der ökologische, soziale und ökonomische Aspekte umfasst, hat es weite Zustimmung erhalten. So illustrierte Eric Swyngedouw (2007: 20), Professor der Geographie an der Universität Manchester, in einem Beitrag über Nachhaltigkeit die einstimmige Unterstützung, indem er vielfältige Befürworter des Konzepts aufzählte: »Everybody is in favour of sustainability. Greenpeace is in favour, George Bush Jr. and Sr. are, the World Bank and its chairman are, the Pope is, my son Arno is, the rubber tappers are ...«. Die Aufzählung verdeutlicht, dass das Konzept aufgrund seiner Breite eine starke Unterstützung in vielen politischen und sozialen Lagern findet. Gleichzeitig unterstreicht es auch direkt die Herausforderungen und Schwächen des Konzeptes: Es bleibt für viele sehr vage und lässt zu viel Spielraum für unterschiedliche Auslegungen und Interpretationen. Entsprechend wird das Konzept von vielen als zu elastisch oder auch schwer zu fassen bezeichnet (Eden, 2000), weshalb es an Bedeutung verloren hat (Bolis et al., 2014). Die große Breite an Interpretationen lässt sich anhand des Nachhaltigkeitskontinuum aufzeigen (Abb. 2.8) (Schulz & Affolderbach, 2015). Das Kontinuum verdeutlicht von links (schwache Nachhaltigkeit) nach rechts (starke Nachhaltigkeit) eine zunehmend engere Interpretation und Umsetzung des Nachhaltigkeitsdiktums. So bietet das Konzept an sich keine klaren Lösungen, die in Politik und Praxis übertragen werden können. Umsetzungsmaßnahmen und Strategien sind immer Ergebnisse gesellschaftlicher Verhandlungsprozesse, welche durch bestehende Machtstrukturen und Vorherrschaften beeinflusst werden (Kenis & Lievens, 2015). So kommt es häufig zu Interpretationen und Umsetzungen ›nachhaltiger‹ Initiativen, welche bestimmte Interessen vernachlässigen.

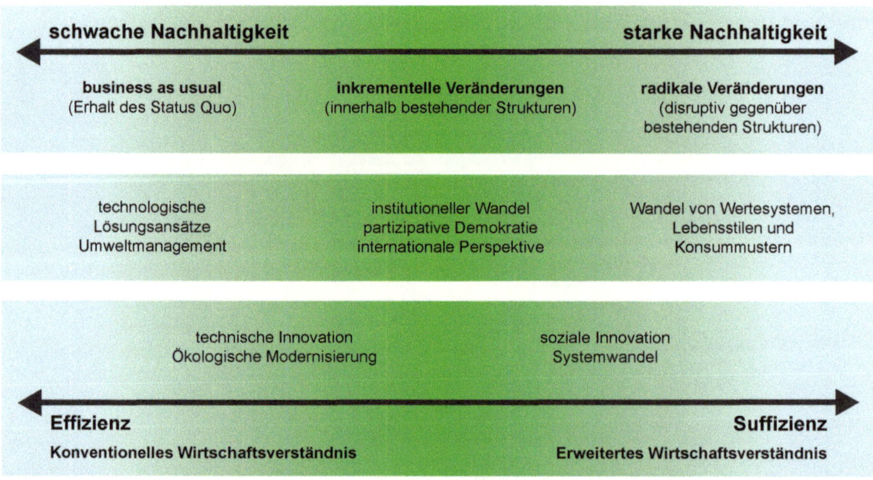

Abb. 2.8: Nachhaltigkeitskontinuum. Eigene Darstellung.

Schwache Nachhaltigkeit

Schwache Nachhaltigkeit umfasst Interpretationen und daraus resultierende Maßnahmen, welche die drei Dimensionen ökologischer, sozialer und ökonomischer Zielsetzungen freier definieren und bewerten (Ott, 2020). Hierbei, so die Annahme, ist es nicht wichtig, dass alle Dimensionen der nachhaltigen Entwicklung gleichwertig berücksichtig werden. Solange zumindest ein oder mehrere Ziele angesprochen werden, wird in diesem Sinne Nachhaltigkeit erfüllt. Häufig kommt es hier zu Fokussierungen, die sich in erster Linie mit negativen **Umweltauswirkungen durch Produktionsprozesse** beschäftigen und versuchen diese durch technologische Innovationen zu beheben. Beispiele hierfür sind die Vermeidung von Schadstoffausstößen in industriellen Prozessen durch Filteranlagen (s. Abb. 2.3) oder die Elektrifizierung der Automobilbranche. Elektroautos reduzieren die Verbrennung von fossilen Brennstoffen, jedoch werden hierbei weder zugrundeliegende Strukturen des Individualverkehrs hinterfragt noch soziale Ungleichheiten mitgedacht (s. Kapitel 9). So sind Elektroautos im Niedrigpreissegment nach wie vor kaum zu finden, wohingegen das Angebot hybrider und elektrischer Fahrzeuge im hochpreisigen Segment deutlich zugenommen hat. Mit steigenden Benzinpreisen und zunehmender CO_2-Bepreisung kann es so zu einer Belastung von niedrigverdienenden Haushalten kommen, die sich die Umstellung auf neue Technologien nicht leisten können. Schwache Nachhaltigkeit beschäftigt sich entsprechend selten mit den zugrundeliegenden Strukturen (in diesem Fall der Autoabhängigkeit) und wird eher als eine **Fortführung des Ist-Zustands** (Business-as-usual) verstanden. Dieses Phänomen findet sich in der Wirtschaft und Wirtschaftspolitik, aber zum Beispiel auch im Bereich der räumlichen Planung, wenn die Art Infrastrukturen zu planen, Flächennutzungen festzulegen oder Gebäudekomplexe zu konfigurieren, stärker bestehende Muster perpetuiert als Wandel ermöglicht.

Häufig werden bestehende Strukturen der Machtasymmetrien, Marginalisierungen und Ungleichheiten durch technologische Fortschritte sogar verstärkt, wenn diese nicht bewusst von anderen Maßnahmen (z. B. staatliche Gesetzgebung, Ausgleichszahlungen etc.) begleitet werden. Finden diese Berücksichtigung, können wir von **inkrementellem** oder **schrittweisem Wandel** sprechen. Hierzu zählen Innovationen, die nicht nur technologischer Natur sind, sondern Veränderungen von Entscheidungsprozessen, Organisationsformen und Perspektiven beinhalten. So können partizipative Planungs- und Entscheidungsprozesse die Bedürfnisse diverser Bevölkerungsgruppen zu verstehen helfen, die dann berücksichtigt werden können. Internationale Perspektiven, wie sie ja gerade auch in der nachhaltigen Entwicklung betont werden, erlauben Abhängigkeitsverhältnisse und Auswirkungen über die Grenzen des eigenen Entscheidungsraums hinaus zu berücksichtigen. So ist die Elektrifizierung der Automobilbranche von neuen Rohstoffen, beispielsweise Lithium für Autobatterien, abhängig, deren Abbau und Handel nicht unproblematisch ist. Konzepte, die vor allem auch diese sozialen Aspekte und internationalen Abhängigkeiten ansprechen, werden im Detail am Beispiel der Politischen Ökologie (Kapitel 4) und der Umweltgerechtigkeit (Kapitel 5) vorgestellt.

Starke Nachhaltigkeit

Anspruchsvollere Verständnisse von Nachhaltigkeit müssen diese Zusammenhänge nicht nur hinsichtlich sozialer Dimensionen, sondern auch verschiedener räumlicher Ebenen, mitdenken. Von **starker Nachhaltigkeit** spricht man, wenn alle Dimensionen nachhaltiger Entwicklung in ihrer jeweiligen Wichtigkeit (d. h. ökologische und soziale Ziele werden als Voraussetzung für die Umsetzung ökonomischer Ziele angesehen, Abb. 2.5 rechts) berücksichtigt werden (Ott, 2015). Dies umfasst auch die kritische Auseinandersetzung mit bestehenden gesellschaftlichen Strukturen (u. a. Massenkonsum, profitorientierte Unternehmensführung, postkoloniale Strukturen, zunehmende Ungerechtigkeit), die selbst Kern des Problems sind (Schneidewind & Zahrnt, 2013). Starke Nachhaltigkeit umfasst entsprechend auch eine **Auseinandersetzung mit bestehenden Werten und Normen** und damit verbundenen Lebensstilen. Wie Studien zur Tragfähigkeit zeigen, ist nachhaltige Entwicklung nur durch Reduzierung bzw. Veränderung ressourcenintensiver Lebensstile im Globalen Norden zu realisieren. Das dies nicht mit einer Reduzierung der Lebensqualität gleichgesetzt werden sollte, wird am Beispiel der Postwachstumsdebatte (Kapitel 10) deutlich.

2.6 Anthropogener Klimawandel: Die Klimakrise

Seit den 1990er Jahren kam es mit zunehmenden Fortschritten in der Klimaforschung und der Entwicklung der Erdsystemwissenschaften zu einer Verlagerung der Problemwahrnehmung. In den Mittelpunkt rücken nun die anthropogen verursachten Veränderungen natürlicher Systeme, und zwar auf globaler Ebene, hier vor allem der durch zunehmenden Ausstoß von Treibhausgasen ausgelöste globale Klimawandel. Der anthropogene **Klimawandel** wird durch fortschreitenden Temperaturanstieg und die Zunahme von extremen Wetterereignissen (Dürren, Starkregen, Überschwemmungen, Schmelzen der Eiskappen und Gletscher etc.) immer spürbarer und sichtbarer. Das Ausmaß des Klimawandels und die damit bestehende Bedrohung, das natürliche planetare System aus dem Gleichgewicht zu bringen, erfordert dringende und umfassende Anpassungs- und Bekämpfungsmaßnahmen (s. Kapitel 1).

Menschen als Akteur

Der Einfluss des Menschen auf das planetare System ist inzwischen so eindeutig, dass der dänische Meteorologe Paul Crutzen und sein Kollege Eugene Stoermer im Jahr 2000 ein neues Erdzeitalter, das **Anthropozän,** proklamierten (Crutzen &

Stoermer, 2013). Ihre Hypothese besteht auf dem Argument, dass die Menschheit spätestens seit Beginn der industriell geprägten wirtschaftlichen Entwicklung in der ersten Hälfte des 18. Jahrhunderts auf dem Planeten ebenso tiefe und sichtbare Spuren hinterlassen hat, wie es zuvor nur Ereignisse wie Eiszeiten oder Meteoriteneinschläge vermochten (Zalasiewicz et al., 2011). Die Auswirkungen menschlichen Handelns sind räumlich wie zeitlich ebenso gravierend wie die den Planeten prägenden geophysikalischen Kräfte (Steffen et al., 2007) und lassen sich anhand von erdgeschichtlichen Spuren (stratigraphische Evidenzen) in der Zukunft empirisch festmachen. Der Begriff des Anthropozäns stellt somit den **Menschen als Akteur** in den Mittelpunkt und ist ein wichtiges sprachliches Werkzeug, das die Rolle der Menschheit als treibende und verändernde Kraft auf globaler Ebene betont.

Erkenntnisse aus den Erdsystemwissenschaften stützen diese Hypothese und liefern wichtige Daten. Diese wurden vor allem durch Fortschritte in der Wissenschaft ermöglicht (z. B. innovative Messmethoden, Entnahme von Eiskernen als Klimaarchive). Die Erdsystemwissenschaften betrachten Zusammenhänge und Wechselwirkungen anthropogenen Handelns aufgrund der globalen Auswirkungen auf planetarer Ebene. Die Erde wird als ein einheitliches, komplexes System, das über die Summe der einzelnen Bestandteile (d. h. physikalische, chemische, biologische und soziale Komponenten) hinausgeht, verstanden. Gerade in den letzten Jahren ist außer den vor allem naturwissenschaftlich ausgerichteten Erdsystemwissenschaften ebenso die Rolle der kritischen gesellschaftswissenschaftlichen Klimawandelforschung und damit auch der Humangeographie immer deutlicher geworden.

Konzept der planetaren Grenzen

Das **Konzept der planetaren Grenzen** beschreibt den Rahmen, innerhalb dessen Systemstabilität bestehend auf physikalischen, chemischen, biologischen und sozialen Komponenten sichergestellt werden kann (Rockström et al., 2009; Steffen et al., 2015b). Steffen et al. (2015b) definieren neun planetare Grenzen, welche die Stabilität und **Resilienz** des Erdsystems regulieren (Abb. 2.9). Wenn diese Grenzen überschritten werden, so das Argument, erhöht sich das Risiko abrupter und unwiderruflicher Umweltveränderungen. Sieben der in Abb. 2.9 dargestellten Grenzen basieren auf wissenschaftlichen Datensätzen und werden durch klar bestimmte, quantifizierbare Grenzwerte definiert, so zum Beispiel für die drei großen Problematiken der Versauerung der Meere (Sicherstellung von mind. 80 % des vorindustriellen Wertes der Aragonitsättigung an der Oberfläche), des Ozongehalts in der Atmosphäre (max. Reduktion von 5 % des vorindustriellen Wertes von 290 Dobson Einheiten) und des Klimawandels gemessen am CO_2-Gehalt in der Atmosphäre (Grenzwert von 350 ppm).

Biogeochemische Stoffflüsse, Süßwasserverbrauch, Landsystemwechsel und Verlust der Biodiversität werden zusätzlich als zentral für die Sicherheit und das Gleichgewicht des Erdsystems angesehen. Die Grenzen der Partikelverschmutzung der Atmosphäre und die Einbringung neuartiger Substanzen und Organismen wurden bisher kaum quantifiziert. Werden die sogenannten planetaren Grenzen überschritten, schlagen wir einen unumkehrbaren Weg ein, der durch biogeophysische Rückkopplungsprozesse nicht mehr auszugleichen ist. Im September 2023 wurden erstmals Berechnungen zu den tatsächlichen Belastungen in allen neun Sektoren vorgelegt (Richardson et al. 2023). Die Zahlen belegen, dass bereits in sechs der neun Bereiche die planetaren Grenzen teils deutlich überschritten werden (Abb. 2.9). Neben den physikalischen Grenzen nehmen andere Ansätze auch sozioökonomische Perspektiven mit auf (z. B. Donut-Ökonomie), die in Kapitel 11 angesprochen werden.

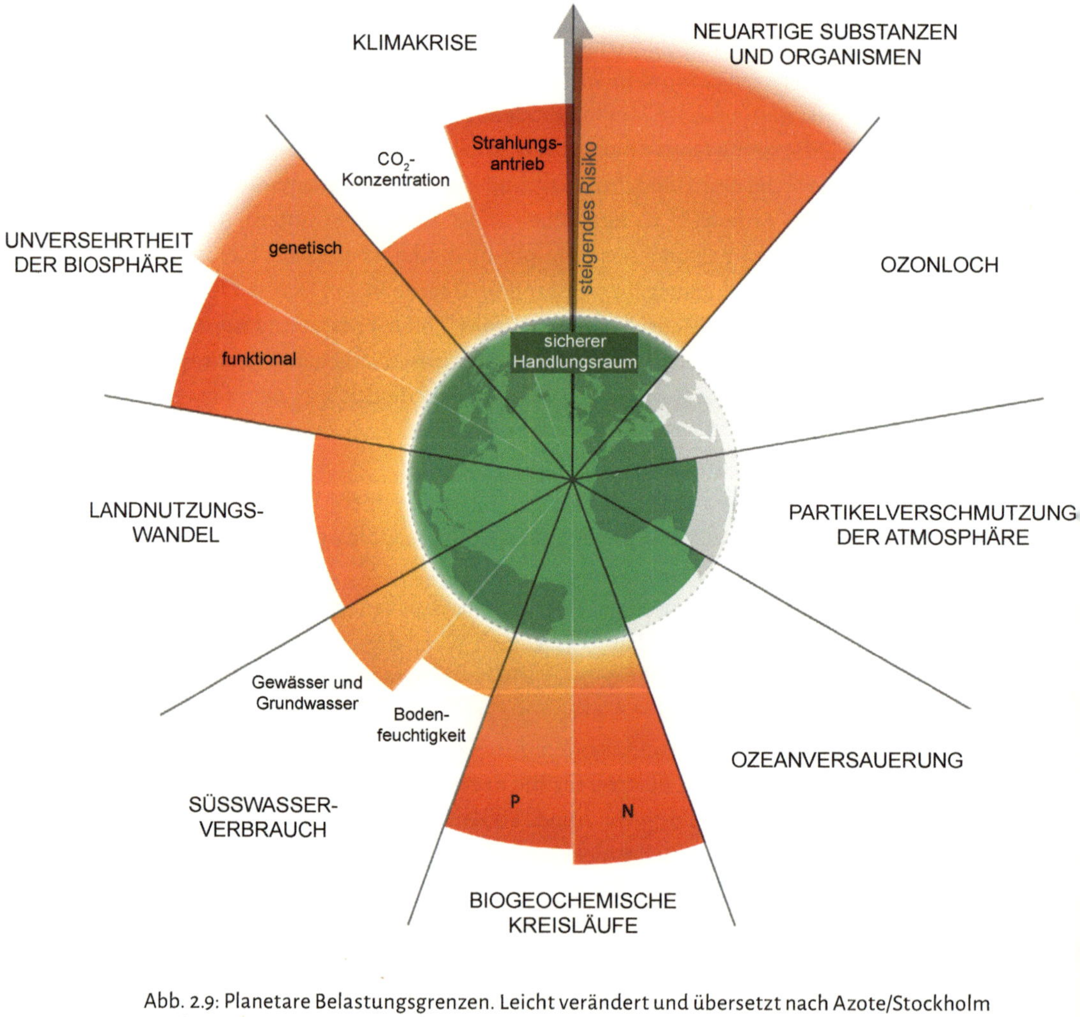

Abb. 2.9: Planetare Belastungsgrenzen. Leicht verändert und übersetzt nach Azote/Stockholm Resilience Centre, basierend auf Analysen in Richardson et al (2023).

Begriffserklärung

Vulnerabilität, Resilienz und Anpassung: Vulnerabilität, Resilienz und Anpassung spielen im Zusammenhang mit Naturgefahren und der Katastrophenforschung und dem Katastrophenmanagement eine zentrale Rolle. Im Kontext globaler Umweltveränderungen haben die Begriffe auch in der Ökologie, Gesundheit, Entwicklungshilfe, Nachhaltigkeit und Klimafolgenforschung an Bedeutung gewonnen.
Unter **Vulnerabilität** versteht man in der Regel die Anfälligkeit eines Bezugsraums (z. B. die ostfriesische Küstenlandschaft), einer Gruppe (z. B. Kinder), eines Objektes (z. B. Gebäude), eines Systems (z. B. das Great Barrier Reef, das deutsche Stromversorgungsnetz) in Folge eines Schock-Ereignisses.
Resilienz beschreibt hingegen die Fähigkeit der jeweiligen Bezugseinheit (z. B. System, Gemeinschaft, Gesellschaft) einer Gefahr zu widerstehen und sich von den Folgen in überschaubarer Zeit und effizienter Weise zu erholen. Während Vulnerabilität die Verwundbarkeit in den Mittelpunkt stellt, betont die Resilienzforschung Stärken und fokussiert auf vorhandenes Kapital.
Die **Klimaanpassung** bzw. **-adaptation** (oder -adaption) beschreibt den Prozess, durch den Schäden durch negative Auswirkungen des Klimawandels reduziert und mögliche Mehrwerte genutzt werden können.
Zum Begriff der **Resilienz**, der sich in politischen und medialen Debatten wachsender Beliebtheit erfreut, regt sich zunehmend Kritik: Die biologistische Analogie, dass ein resilientes System zu einem Vorkrisenzustand zurückkehren könne (Bouncing Back), wird mitunter übertrieben bzw. übersieht den adaptiven Aspekt der Resilienz. Schock-Ereignisse können langfristige, positive wie negative Folgen haben, und ggf. zu wesentlichen Veränderungen führen (anders, als es etwa Post-Corona-Diskurse um die ›Rückkehr zur Normalität‹ suggerieren wollen).
Quelle: BMUV (2023) und UN (2022)

Klimapolitik

Der Klimawandel bzw. die Klimakrise ist eine der politisch am meisten diskutierten Grenzen. Dank umfassender wissenschaftlicher Studien, so auch den Arbeiten des Weltklimarats, dem zwischenstaatlichen Ausschuss für Klimaänderungen (Intergovernmental Panel on Climate Change IPCC), wurden die Grenzwerte des CO_2-Gehalts in international anerkannte und akzeptierte Grenzwerte definiert. So hatte sich die internationale Weltgemeinschaft im Rahmen des Pariser Klimaabkommens auf möglichst 1,5°C, maximal aber 2°C Erderwärmung gegenüber 1990 geeinigt (Tab. 2.1). Um das Ziel zu erreichen, muss bis zum Jahr 2050 **Klimaneutralität** erreicht werden. Konkret heißt das, dass nicht mehr Treibhausgase ausgestoßen werden dürfen, als der Atmosphäre durch sogenannte Kohlenstoffsenken (z. B. Wälder) entzogen werden. Das Pariser Abkommen bindet alle Länder weltweit ein. Diese haben sich verpflichtet, einen **nationalen Klimabeitrag** (Nationally Determined Contribution, NDC) zu erreichen, der durch konkrete Strategien umgesetzt wird. Fortschritte und Handlungsmaßnahmen werden jährlich auf der Weltklimakonferenz

(Conference of the Parties, COP) dargelegt und überprüft. Deutschland hat sich mit der Verabschiedung des Klimaschutzgesetzes im Jahr 2021 dazu verpflichtet, das Ziel der Treibhausgasneutralität bis 2045 zu erreichen. Um dies umzusetzen, sollen bis 2030 die nationalen Emissionen um 65 % gegenüber 1990 gesenkt werden.

Begriffserklärung

Weltklimarat (IPCC): Der Weltklimarat (Intergovernmental Panel on Climate Change, IPCC) ist eine Einrichtung der Vereinten Nationen. Er beauftragt regelmäßig wissenschaftliche Expertinnen aus der ganzen Welt, den gegenwärtigen Kenntnisstand basierend auf Evidenzen und Fortschritten in den Wissenschaften zusammenzufassen und zu bewerten. Diese Arbeiten stellen unterschiedliche Handlungsoptionen und deren Implikationen dar (so z. B. zu den verschiedenen Szenarien zur Erderwärmung, dem 1,5 Grad- und 2 Grad-Ziel) und bieten somit eine wichtige Grundlage für politische Entscheidungen.

Weltklimakonferenz (COP): Die **UN-Klimakonferenz** oder auch Weltklimakonferenz bringt die unterzeichnenden Mitgliedsstatten der UN-Klimarahmenkonvention zusammen und dient als zentrales Organ, um Handlungsmaßnahmen und Ziele zu vereinbaren und Fortschritte zu messen. Auch unter dem Namen COP für Conference of the Parties bekannt, tagte die Konferenz seit 1995 jährlich (mit Ausnahme des Pandemie-Jahres 2020).

Systemische Transformation

Trotz großer Ungewissheiten hinsichtlich der Auswirkungen des Klimawandels steht fest, dass sich das auf Externalisierung beruhende kapitalistische Wirtschaftssystem grundlegend verändern muss. Weit diskutierte und auch in der Praxis angewandte Lösungsansätze umfassen die sogenannte Green Economy (Kapitel 7) und das Transitionsmanagement (Kapitel 8), die nicht nur die ökologische Notwendigkeit klimafreundlichen Wirtschaftens betonen, sondern auch Wachstumspotenziale und Wettbewerbsfähigkeit durch klimafreundliche Technologien und Wirtschaftszweige aufzeigen. Postwachstumsansätze (Kapitel 10) haben ebenfalls in den letzten Jahren an Bedeutung gewonnen und werden zunehmend von der Klimabewegung gefordert. Sie gehen von einer Unvereinbarkeit von wirtschaftlichem Wachstum und nachhaltiger Entwicklung aus und betonen die Notwendigkeit eines tiefgründigeren gesellschaftlichen Wandels, der reduzierten Ressourcenverbrauch und Ausstoß klimaschädlicher Substanzen durch veränderte Lebensweisen propagiert. Postwachstumsansätze sind bisher nur sehr selten in politischen Maßnahmenkatalogen enthalten. Ausnahmen bilden etwa Neuseeland mit seinem nationalen Well-Being-Budget, das seit 2019 soziales Wohlergehen über kurzfristiges Wirtschaftswachstum stellt (https://budget.govt.nz/), oder die spanische Regierung, deren Verbraucherschutzminister sich in einem vielbeachteten Diskussionsbeitrag gegen wachstumsorientierte Politik aussprach (Garzón, 2022).

2.7 Zusammenfassung

Die in diesem Kapitel vorgestellten Problemrahmungen und Paradigmen bieten die Grundlage für die folgenden Kapitel. Sie bieten den jeweiligen Entstehungskontext und helfen zu verdeutlichen, wie **Problemwahrnehmungen** und daraus resultierende Erklärungs- und Lösungsansätze durch den Zeitgeist geprägt werden. So hat seit 2020 die Corona-Pandemie unsere Wahrnehmungen stark beeinflusst, globale Abhängigkeitsverhältnisse (z. B. Warenströme) sichtbar gemacht, aber auch neue Probleme verursacht bzw. Problemlagen verschoben. Russlands Krieg gegen die Ukraine hat außer der humanitären Situation durch Flüchtlingsströme auch die Auswirkungen auf die Energieversorgung in Deutschland deutlich gemacht. Ob und wie sich die jüngsten Ereignisse auf unser Verständnis von Gesellschaft-Umwelt-Beziehungen auswirken, ist bisher noch nicht absehbar. Sicher ist, dass die Klimakrise auch zunehmend dringlicheres und weitumfassendes Handeln erfordert.

Die folgenden Kapitel stellen ausgesuchte konzeptionelle Perspektiven zum Verständnis von Wirtschaft-Umwelt-Beziehungen dar, die in der Geographie und Wirtschaftsgeographie an Bedeutung gewonnen haben. Dabei handelt es sich nicht zwingend um Theorien oder Modelle im engeren Sinne, sondern um unterschiedliche konzeptionelle Perspektiven und Forschungsrahmen. Die Kapitel folgen einer chronologischen Logik, basierend auf den Zeiträumen ihrer Entstehung bzw. weiterer Verbreitung in der Wissenschaft, aber auch Politik und Praxis (Abb. 2.10). Der **historische Entstehungskontext** ist insofern relevant, als dass er Problemwahrnehmungen und daran gekoppelte Grundannahmen bestimmt. Daraus resultieren auch die jeweils propagierten Lösungsansätze, die entweder stärker auf technokratisch und ökonomische oder auf soziale bzw. gerechtigkeitsorientierte Ziele ausgerichtet sind (siehe Abb. 2.9). Viele konzeptionelle Ansätze werden jedoch mit der Zeit weiterentwickelt bzw. erlauben Spielraum hinsichtlich Interpretationen, so wie auch das Beispiel der nachhaltigen Entwicklung zeigt. Somit kommt es je nach Interpretation und Weiterentwicklung zu verschiedenen Schwerpunktsetzungen. Entsprechend können Lösungsansätze und Umsetzungsstrategien in der Praxis recht ähnlich erscheinen, auch wenn sie verschiedenen konzeptionellen Logiken und Problemwahrnehmungen entstammen.

Beispiel für Entstehungskontexte

Der Ursprung ist jedoch insofern wichtig, als dass er Grundannahmen und Werte bestimmt. Dies lässt sich im übertragenen Sinne am Beispiel verschiedener Musikrichtungen verdeutlichen. So haben sich gegenwärtige Genres der Pop- und Rockmusik aus verschiedenen Kontexten entwickelt (z. B. Soul, Beat und Rock). Hip-Hop, Pop, Reggae und Metal werden als sehr unterschiedliche Musikgenres dargestellt und haben sich in bestimmten Kreisen und Gruppen gebildet und weiterentwickelt. So entstand der Hip-Hop zum Beispiel aus einer Bewegung und Kultur, deren Ursprünge vor allem in New York in den 1970er Jahren zu finden sind. Hierbei kamen vier Dimensionen zusammen: der visuelle Ausdruck durch Graffitis, mit dem verschiedene Banden ihre Revieransprüche zum Ausdruck brachten; die physische Ausdrucksform des Breakdance; das Djing (inklusive Scratching) als Klanggerüst und zuletzt das Rappen oder Mcing (kurz für Mistress oder Master of Ceremonies), das ursprünglich in erster Linie eine Moderatorenrolle zur Ansage des nächsten Titels durch DJs und zum Anheizen des Publikums war. Daraus entwickelten sich vielzählige **Interpretationen**, wodurch mit der Zeit die DJs in den Hintergrund und die Rapperinnen in den Vordergrund rückten. In Deutschland breitete sich der Hip-Hop ab den 1990er Jahren unter anderem durch Gruppen wie Die Fantastischen Vier, Freundeskreis, Fettes Brot und Absolute Beginner aus, die den Stil auch für sozialkritische Themen nutzen oder wie Sabrina Setlur Soul-Dimensionen mit einbrachten. Deutlich bekannter sind heute Künstler wie Capital Bra oder Apache 207. Die verschiedenen Rapperinnen entwickelten ihre eigenen Stile, die zum Teil deutliche Unterschiede und Interpretationen aufweisen. Trotz der großen Diversität besteht ein starkes Zugehörigkeitsgefühl zum Hip-Hop, welches die Identität bestimmt und als prägend angesehen werden kann.

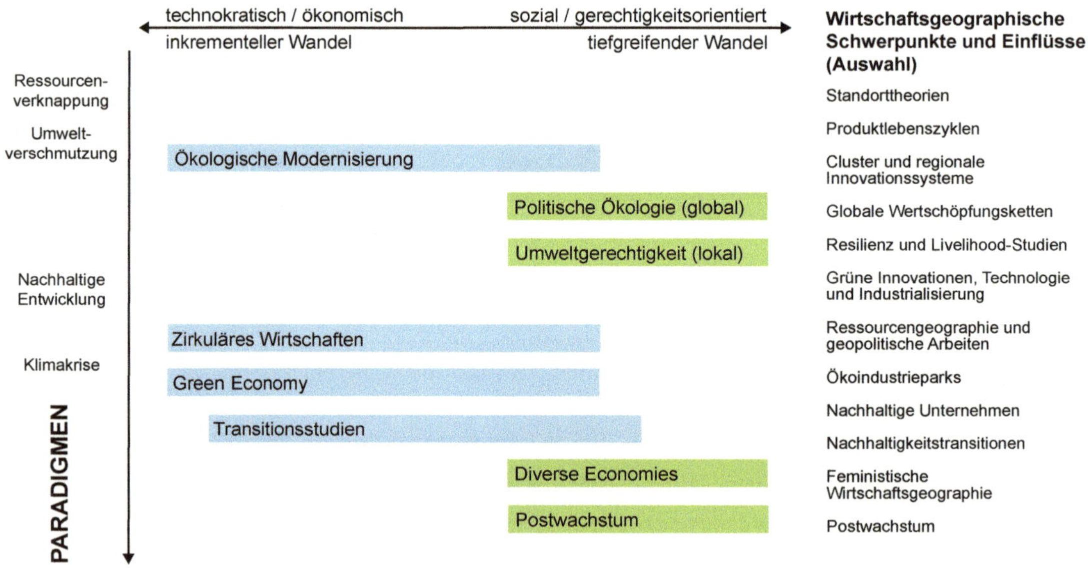

Abb. 2.10: Wirtschaftsgeographische Perspektiven auf Nachhaltigkeit und ausgesuchte Schwerpunkte und Einflüsse. Eigene Darstellung.

Einordnung von konzeptionellen Perspektiven

Auch der jeweilige **geographische Entstehungskontext** ist wichtig für die Einordnung der konzeptionellen Perspektiven. Kapitel 3 stellt das Konzept der ökologischen

Modernisierung vor, das im Kontext zunehmender Umweltprobleme in europäischen Industrieländern entstand. Die politische Ökologie (Kapitel 4) hingegen entwickelte sich aus einer explizit politischen wissenschaftlichen Bearbeitung zunehmender Umweltprobleme in Ländern des globalen Südens, ausgelöst durch globale Wirtschaftsverflechtungen und Machtasymmetrien, wohingegen die Umweltgerechtigkeit (Kapitel 5) als zivilgesellschaftliche Antwort auf lokale negative Umwelteinflüsse im US-amerikanischen Kontext entstand. Ansätze Zirkulären Wirtschaftens (Kapitel 6) beschäftigen sich in erster Linie mit der Notwendigkeit, Stoffkreisläufe zu schließen und negative Umwelteinflüsse zu vermeiden. Auch diese Denkrichtung ist vor allem im Kontext westlicher Industrieländer entstanden, wie auch die Green Economy (Kapitel 7) als Lösungsansatz zur Bewältigung der globalen Wirtschaftskrise 2008/2009 und die Transitionsstudien (Kapitel 8). Die Diverse Economies (Kapitel 9) und Postwachstumsperspektiven (Kapitel 10) bauen vor allem auf wissenschaftliche und aktivistische Arbeiten aus Europa und Australien auf.

Postkoloniale Perspektiven

Die meisten der hier vorgestellten Konzepte beruhen auf Perspektiven und wissenschaftlichen Arbeiten aus dem Globalen Norden, wobei die gerechtigkeitsorientierten Perspektiven alle auch Macht- und Herrschaftsfragen berücksichtigen und damit auch Bezüge zu post- und dekolonialen Arbeiten herstellen. Dennoch überwiegen eurozentrische bzw. **westliche Perspektiven und Denkweisen**. Dies lässt sich damit erklären, dass die Wissenschaft durch Institutionen und Forschende in Ländern des Globalen Nordens dominiert wird. Daher stellt sich zunehmend die Frage, wie wir in einem Zeitalter der globalen Umweltveränderungen vielfältigere und diverse Perspektiven aufnehmen können. Denn die Auswirkungen des Klimawandels und damit verbundene Lebenswelten und Realitäten sind vielfältig. Trotzdem dominieren Lösungsansätze und Theorien aus Industrienationen basierend auf der Annahme, dass diese auch in Ländern des Globalen Südens Gültigkeit haben. Erklärungs- und Lösungsansätze aus diesen Ländern werden jedoch nur sehr selten in der Wissenschaft repliziert (so z. B. indigenes Wissen oder verschiedene soziale Innovationen, s. Kapitel 12). Einblicke hierzu bieten **postkoloniale Studien**, die auf die Dominanz westlicher Denkweisen und Diskurse hinweisen und Machtasymmetrien nicht nur hinsichtlich weltwirtschaftlicher Produktions- und Konsumprozesse, sondern auch hinsichtlich Wissenskonstruktionen kritisieren (s. Interview mit Ottavia Cima). Die Geographie und Wirtschaftsgeographie wurde durch die Kolonialgeschichte stark beeinflusst. Heutige Wirtschaftsweisen und Beziehungsverflechtungen sind wesentlich durch historisch bedingte Ungleichheiten geprägt. Postkoloniale Perspektiven haben vor allem in den letzten Jahren in der Humangeographie an Bedeutung gewonnen. Die Zusammenfassung des ersten Buchteils (Kapitel 11) greift diese Perspektiven auf, um entsprechende Entwicklungen und Handlungsbedarfe in der Wirtschaftsgeographie aufzuzeigen.

2.8 »Raus ins Feld« mit Dr. Ottavia Cima, Universität Bern

Abb. 2.11: Ottavia Cima. Foto: Universität Luxemburg.

Ottavia Cima arbeitet seit 2022 als Post-Doktorandin in der Arbeitsgruppe Wirtschaftsgeographie an der Universität Bern. Im Rahmen ihrer Doktorarbeit hat sie sich mit landwirtschaftlichen Genossenschaften in Kirgisistan und dabei auch mit postkolonialen Perspektiven beschäftigt. Das Gespräch fand im Dezember 2022 statt.

Warum brauchen wir postkoloniale Theorien in der Forschung?

Die Perspektiven, die in diesem Kapitel vorgestellt wurden, stammen alle aus dem Kontext westlicher Industrieländer und sind durch diesen geprägt. Eine postkoloniale Einstellung kann hier zu einer größeren Vielfalt an Perspektiven und Erklärungsansätzen beitragen und wichtige, interessante und auch radikale Ansätze, welche in nicht-westlichen Kontexten entstanden sind, für die Wissenschaft sicht- und nutzbar machen. Dies schließt nicht nur ehemalige Kolonialstaaten ein, sondern fordert die Inklusion von allen Regionen und sozialen Gruppen, die durch Abhängigkeits- und Machtverhältnisse global und lokal marginalisiert sind. Zum anderen ist die Anwendung und Umsetzung postkolonialer Theorien eine Frage der Gerechtigkeit. Wissen, Erkenntnisse und Erfahrungen, welche außerhalb westlicher Industrieländer entstanden, wurden jahrhundertelang ignoriert und unsichtbar gemacht. Daher ist es wichtig zu hinterfragen, woher unser Wissen kommt, und welches Wissen als wichtig und richtig erachtet wird. Wissen ist ja auch immer handlungsleitend: Die daraus resultierenden Handlungen spiegeln nur bestimmte Weltanschauungen und Interessen wider. Und dies hat auch direkten Einfluss auf Lebensrealitäten durch vergangene und gegenwärtige ungleiche und ungerechte Verteilung von Ressourcen sowie Vulnerabilitäten, Resilienz und Anpassungsfähigkeiten von Bevölkerungsgruppen. Ungerechtigkeiten des Wissens haben also auch eine materielle Dimension.

Welchen Beitrag können postkoloniale Theorien in der Wirtschaftsgeographie leisten?

Hier sehe ich zwei wichtige Beiträge. Erstens können postkoloniale Perspektiven nicht nur helfen Ungerechtigkeiten sichtbar zu machen, sondern auch diese aufzuheben. Sie befähigen uns, zu verstehen, welche Interessen Beachtung finden und wertgeschätzt werden, machen Machtbeziehungen sichtbar und gehen noch einen Schritt weiter, indem sie die Aufmerksamkeit auf Akteure und Räumlichkeiten lenken, die bisher nicht in den Blickpunkt geraten sind. Der zweite Beitrag bezieht sich auf die diskursive bzw. ontologische Ebene, indem wir unser Wirtschaftsverständnis hinterfragen. Konzeptionell hat sich die Wirtschaftsgeographie mit einem sehr engen westlichen Verständnis von Wirtschaft beschäftigt, welches auf marktwirtschaftliche Beziehungen beschränkt bleibt. Richtet man den Blick auf den Globalen Süden oder auf traditionell marginalisierte Gruppen im Globalen Norden, werden andere Formen der wirtschaftlichen Interaktion sichtbar und es kommt zu einem grundsätzlich anderen Verständnis dessen, was wir unter Wirtschaft verstehen. Wirtschaft umfasst dann vielzählige Praktiken, durch die Menschen ihre Bedürfnisse erfüllen.

Wie hast Du postkoloniale Ansätze in Deiner eigenen Arbeit umgesetzt?
In meiner Arbeit zu landwirtschaftlichen Genossenschaften in Kirgisistan habe ich vor allem das dominante Verständnis von ›Wirtschaft‹ hinterfragt und Praktiken beobachtet, die normalerweise nicht als Teil der Wirtschaft gesehen werden. Auf den ersten Blick erschien es mir, als ob die Genossenschaften nicht funktionierten. Formelle Interaktionen innerhalb der Genossenschaften gab es dort so gut wie gar nicht. Aber nach genauerer Untersuchung ist mir aufgefallen, dass sehr viele nicht formalisierte Beziehungen mit den Genossenschaften verbunden sind. Aus westlicher Sicht sind diese Beziehungen informell und unstrukturiert: Es handelt sich jedoch im Gegenteil um stabile und verlässliche, jedoch nicht rechtlich oder monetär gestützte Strukturen. Hierzu zählen zum Beispiel die gemeinsam organisierte und unbezahlte manuelle Heuernte oder auch der Tausch von Saatgut unterschiedlicher Qualität, um allen Mitgliedern Zugang zu gutem Saatgut zu garantieren. So tauschen Mitglieder gute Samen (z. B. Kartoffeln, Getreide) für die Aussaat untereinander gegen schlechtere Samen, die jedoch als Viehfutter oder für die eigene Ernährung ausreichen. Obwohl diese Praktiken unentbehrlich sind, erscheinen viele als trivial oder selbstverständlich und werden in Analysen von Landwirtschafts- und Ernährungssystemen oft übersehen. Aufgrund meiner Forschung in Kirgisistan werden mir diese alternativen wirtschaftlichen Verflechtungen auch in anderen Kontexten zunehmend bewusst. Das Wissen und Verständnis von kirgisischen Bauern sind also durchaus übertragbar und nützlich, um auch zum Beispiel im schweizerischen Landwirtschaftssektor nicht formalisierte Praktiken zu identifizieren, zu verstehen und wertzuschätzen lernen.

Welche besonderen Herausforderungen siehst Du hinsichtlich der Umsetzung postkolonialer Perspektiven auf methodologischer Ebene?
Wenn wir Machtverhältnisse in der Produktion von Wissen hinterfragen, müssen wir uns zwingend fragen, wie wir mit unserer Forschung diese Machtverhältnisse verändern können – oder wenigstens wie wir ihre Reproduktion vermeiden. Es besteht die Gefahr, dass Forschung selbst zu einer Form der Ausbeutung (z. B. durch

Aneignung und Verteilung von Wissen, Erkenntnissen und Erfahrungen) führen kann. Entsprechend müssen wir bei der Übersetzung und Weitertragung von Wissen auch immer aufpassen, wie diese außerhalb des eigenen Kontexts aufgefasst, popularisiert und reproduziert werden. Hier können partizipatorische oder transdisziplinäre Ansätze beitragen, dieses Risiko zu vermindern. Eine andere große Herausforderung ist jedoch ausreichend Zeit zu haben, um sich mit den jeweiligen Kontexten und Akteuren auseinanderzusetzen.

2.9 Zur Vertiefung

Test zu Kapitel 2

https://www.utb.de/do/10.36198/9783838561325-e01/disclaimer

Weiterführende Aufgaben

1. Benennen Sie Umweltproblematiken und ökologische Herausforderungen, die gegenwärtig die Medien beherrschen. Wie werden Ursachen und Lösungsansätze dargestellt? Diskutieren Sie ggf. Unterschiede.
2. Erläutern Sie, wie Sie in Ihrer eigenen Arbeit (z. B. Forschungs- oder Abschlussarbeiten) eurozentrische Perspektiven reflektieren und postkoloniale Kritik berücksichtigen können.

Literatur- und Webtipps

Göpel, Maja (2022): Wir können auch anders: Aufbruch in die Welt von morgen. Berlin: Ullstein.

» Eine gute Darstellung wissenschaftlicher Erkenntnisse zur komplexen Klimathematik, die leicht zugänglich und mit einem Aufruf zum Wandel verknüpft ist.

Club of Rome (Hrsg., 2022): Earth for all: Ein Survivalguide für unseren Planeten. München: oekom.

» Renommierte Wissenschaftlerinnen des Club of Rome-Thinktanks stellen in dem Buch Erkenntnisse und Handlungsempfehlungen hinsichtlich der größten Herausforderungen dar. Themen umfassen die Armut im globalen Süden, grassierende Ungleichheiten, regenerative und naturverträgliche Landwirtschaft, die Energiewende und die Gleichstellung der Frauen.

Kapitel 3

Ökologische Modernisierung

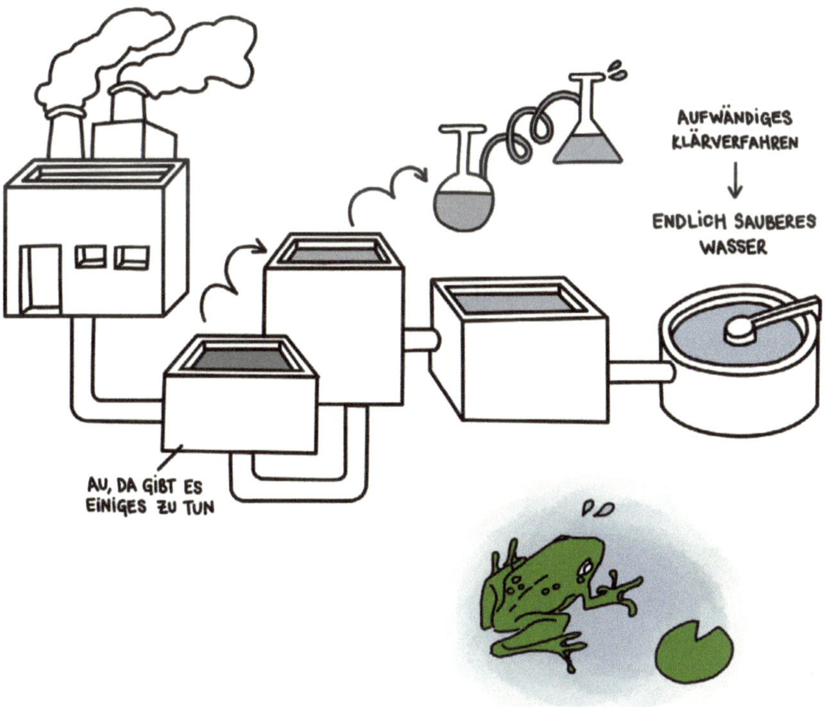

Themen

Umweltverschmutzung, Umweltprobleme, Institutionalisierung der Umwelt, Umweltmanagement, Umweltschutz, technologische Innovationen, Effizienzdenken

Über diese Lerneinheit

Der Ansatz der Ökologischen Modernisierung entwickelte sich im Kontext steigenden Umweltbewusstseins als Antwort auf zunehmende Umweltprobleme in den 1970er und 1980er Jahren. Mit dem wachsenden Druck durch Umweltorganisationen kam es zugleich auch zu technologischen Fortschritten, die Lösungen zu bestehenden Problemen anboten. Diese ermöglichten, den Ausstoß von Schadstoffen oder den Materialverbrauch in Produktionsprozessen drastisch zu senken. Entsprechend geht Ökologisches Modernisierungsdenken davon aus, dass Produktionsprozesse nicht schlecht für die Umwelt sein müssen, sondern im Gegenteil nicht nur wirtschaftliche, sondern auch ökologische Mehrwerte schaffen können.

Was Sie hier lernen

1. Den Kontext der Entstehung der Ökologischen Modernisierung anhand der Institutionalisierung des Umweltschutzes und des Effizienzdenkens erklären können.
2. Verschiedene Auslegungen der Ökologischen Modernisierung erläutern können.
3. Limitationen des Ansatzes der Ökologischen Modernisierung benennen können.

3.1 Beispiel: Saurer Regen

Anfang der 1980er Jahre gerieten Deutschlands Wälder zunehmend in die Schlagzeilen und lösten große Besorgnis in der Bevölkerung aus. Immer mehr Bäume starben ab, sodass die Presse im Februar 1983 medienwirksam von »einem ökologischen Hiroshima« und dem »Beginn eines gigantischen Natur-Niedergangs« sprach (Der Spiegel, 1983). Wissenschaftliche Studien identifizierten die zunehmende Luftverschmutzung als Ursache, vor allem durch säurebildende Abgaspartikel von Kraftwerken und anderen Verbrennungsanlagen (v. a. Schwefeldioxid), die als sogenannter **saurer Regen** auf die Erde fallen (Abb. 3.1). Der saure Regen stellte nicht nur eine Bedrohung für Deutschlands Wälder dar, sondern griff auch Bauwerke an. Reparaturkosten von Großbauten beliefen sich in den 1980er Jahren auf jährlich schätzungsweise über zwei Milliarden Euro (damals vier Milliarden Mark) und belasteten somit die Staatskassen. Das Thema gewann schnell an Relevanz und bestimmte den damaligen Wahlkampf. Das 1974 eingeführte Bundes-Immissionsschutzgesetz zielte darauf ab, Emissionsbegrenzungen vor allem durch vorgeschriebene Technikstandards für Anlagen zu erzielen. Aufgrund der immer stärker sichtbaren Auswirkungen und damit verbundenen Kosten der Luftverschmutzung kam es in den 1980er Jahren zu umfassenden Sanierungsprogrammen für alle Kraftwerke und größere Industrieanlagen.

Eine weitere Strategie zur Luftreinhaltung war die 1984 eingeführte Vorschrift von Katalysatoren (Kat) für Neuwagen. Der sogenannte Dreiwege-Kat wandelt mithilfe von Edelmetallen bis zu 100 Prozent der Schadstoffe, so auch Stickoxide, in schadlose Substanzen um. Zwar wurden Kats zum Teil schon von Herstellern eingebaut, da diese von manchen Ländern (z. B. USA, Japan) durch Abgas-Grenzwerte gefordert wurden, doch erfolgte die Einführung in Deutschland bzw. Europa eher schleppend. Die Bundesregierung entschied sich für eine Übergangszeit der Kat-Pflicht für Neuwagen von vier Jahren. Um den Prozess in Gang zu setzen, bot die Bundesregierung Autobesitzern beachtliche Steuergeschenke, wenn sie schneller als vorgeschrieben auf einen Wagen mit Kat wechselten oder ihr Fahrzeug nachrüsteten. Wie Messungen des Umweltbundesamtes belegen, ist die Konzentration von Schadstoffen im Niederschlag seit den 1980er Jahren zurückgegangen, neben den Katalysatoren vor allem auch durch Maßnahmen zur Rauchgasentschwefelung in Kraftwerken.

Abb. 3.1: Die Entstehung ›saurer‹ Niederschläge.

3.2 Einführung

Ökologisches Modernisierungsdenken entstand als Antwort auf das steigende Umweltbewusstsein im Kontext wachsender Umweltproblematiken, wie sie im Rahmen der Umweltverschmutzung und dem Artensterben (s. Kapitel 2.4) schon angesprochen wurden. Wohingegen der Umweltaktivismus der 1970er und 1980er Jahre durchaus radikale und transformative Nachhaltigkeitsverständnisse propagierte (s. Kapitel 15.3), stellt die Ökologische Modernisierung ein recht enges Verständnis von Umweltpolitik und Umweltschutz dar, das nicht mit bestehenden neoliberalen und wachstumsorientierten Wirtschaftsverständnissen bricht und einem schwachen Nachhaltigkeitsverständnis entspricht (s. Kapitel 2). Der Ansatz der Ökologischen Modernisierung basiert auf der Überzeugung, dass wirtschaftliche Prozesse nicht der Umwelt schaden müssen, sondern positiv auf diese wirken können. Durch wirtschaftliches Wachstum und gezielte Modernisierungsprozesse, so die These, können negative Umwelteinflüsse verhindert und diese sogar rückgängig gemacht werden (Angel, 2000).

Modernisierung

Unter **Modernisierung** verstehen wir eine paradigmatische Veränderung von bestehenden Zuständen oder Prozessen hin zu etwas Neuem, wie zum Beispiel die Moderne in der Kunst für eine Abwendung von traditionellen Aspekten der bildenden Kunst hin zu neuen Inhalten und Zielsetzungen steht. Dies kann unter anderem durch den Einsatz von energieeffizienteren Technologien oder neue Produktdesigns erreicht werden, umfasst bzw. bedingt aber auch politische und soziale Veränderungen. Modernisierung wird in der Regel als positiver Wandel verstanden – sie ist inhärent gut und stellt eine positive Veränderung dar. Der Begriff Modernisierung beschreibt somit **Veränderungen**, die als Fortschritt empfunden werden, erstrebenswert sind und selten hinterfragt werden. Auf internationaler Ebene und vor allem im Zusammenhang mit globalen Entwicklungsprozessen wird unter Modernisierung häufig die Diffusion von Technologien, Systemen und Strukturen aus dem globalen Norden (also westlichen Industrieländern) in den globalen Süden (also in Entwicklungsländer) verstanden. Diese gesteuerte Entwicklungsstrategie basiert auf der Annahme, dass es diesen Ländern durch die Übernahme ausgesuchter (Erfolgs-)Technologien und Praktiken besser geht.

Ökologische Modernisierung

Der Begriff **ökologisch** bezieht sich in diesem Zusammenhang auf die natürliche Umwelt, die in wirtschaftliche bzw. gesellschaftliche Prozesse als Betrachtungsebene aufgenommen wird. Hierbei geht es sowohl um die Vermeidung negativer Auswirkungen gesellschaftlicher Praktiken (Gewerbe, Transport, Abfall, Wohnen etc.) als auch um reduzierten Rohstoffverbrauch. Im Kontext der 1970er und 1980er Jahre ging es dabei vor allem um die Reduzierung sogenannter **negativer Externalitäten** (s. Kapitel 2) (Huber, 1985). Diese beschreiben negative Effekte, die nicht von den Verursachenden getragen werden (hierzu z. B. Liefner & Losacker, 2023). Die Kosten der Auswirkungen industrieller Produktionsprozesse und die Behebung entstehender Schäden werden entsprechend von Dritten getragen. Verschmutzt eine Papierfabrik mit ihren Abwässern umliegende Gewässer, ohne dafür verantwortlich gemacht zu werden, so leiden andere Nutzende des Gewässers.

Beispiel

Fischereibetriebe können zum Beispiel einen Einkommensausfall erleiden oder eine flussabwärts gelegene Fischzucht muss für die Reinigung des Wassers sorgen, bevor dieses für die Fischzucht verwendet werden kann.

Grundsätzlich werden viele externalisierte Kosten von der Allgemeinheit getragen, ob durch öffentliche Haushalte, zum Beispiel indirekt über erhöhte Kosten im Gesundheitssektor und Ausgaben von Steuergeldern für die Gewässernutzung, oder auch durch private Haushalte, an die zusätzliche Kosten in der Lebensmittelherstellung (z. B. Fischfang, Fischzucht) weitergereicht werden. Die Einbindung ökologischer Aspekte zielt darauf ab, negative Externalitäten in die Handlungsprozesse der Verursachenden zu internalisieren und somit in die Kostenbilanz aufzunehmen. Es kommt also zu einer in der Regel monetären Bewertung negativer Umwelteinflüsse. Das ultimative Ziel ist hierbei, negative Auswirkungen zu verhindern bzw. aufzuheben und somit Ökosysteme und Arten zu schützen. Auf diese Form der Bilanzierung kommen wir in Kapitel 7 am Beispiel der Ökosystemleistungen zurück.

Begriffserklärung

Wie viel ist die Natur wert? Oder: Was kostet ein Papagei? Der Schutz natürlicher Ressourcen lässt sich, so argumentieren viele, am besten durch monetäre Wertschätzung in ökonomische Kostenmodelle integrieren. Aber die Berechnung, wie viel eine Schildkröte, ein Papagei oder ein Feuchtgebiet wert sind, ist nicht einfach. Wissenschaftler und Institutionen verwenden verschiedene Methoden, um einen monetären Wert zu bestimmen oder Kosten zum Erhalt festzulegen. Eine Methode besteht in der Abfrage der **Zahlungsbereitschaft** der Öffentlichkeit oder ausgesuchter Nutzergruppen (Willingness to Pay), um bestimmte Arten, Ökosysteme und Gebiete zu schützen (z. B. in Form eines Eintrittsgeldes für ein Naturschutzgebiet). Eine weitere Methode besteht in der Erfassung des Beitrags zur Wirtschaft. So berechnet der **Living Planet Index** des WWF den Wert des Great Barrier Reefs mit 5,7 Mrd. US Dollar jährlich für die australische Wirtschaft und daran gekoppelt 69.000 Arbeitsplätze. Hinsichtlich bedrohter Tierarten kann der Preis durch Jagdprämien und Strafgebühren bei Tötung bestimmt werden. Wie schwierig dies ist, zeigen verschiedene Beispiele aus den USA für Meeresschildkröten, bei denen die Summen zwischen dem Bundesstaat Florida von 500 US Dollar und dem nationalen Artenschutzgesetz mit 25.000 US Dollar variieren (Engeman et al., 2004). Weitere Schätzungen basieren auf Kostenberechnungen des Züchtens und der Aufzucht von Arten. Im Falle des bedrohten Puerto Rico Papageis berechneten Engeman et al. (2004) einen Preis von 2.415 bis zu 100.000 US Dollar pro Papagei mit einem Durchschnittswert von 25.500 US Dollar pro Tier.
Neben den methodischen Herausforderungen der Preisfindung ist das Unterfangen, einzelne Arten oder Biotoptypen mit einem monetären Wert zu belegen, grundsätzlich zu hinterfragen. Dies vor allem angesichts unklarer Referenzsysteme (Für wen gelten diese Werte?) und der moralisch schwierigen Frage der mit der Bepreisung einhergehenden Hierarchisierung (Ist ein Papagei mehr ›wert‹ als ein Sperling?). Vielleicht noch kritischer zu sehen ist das hier mitschwingende, anthropozentrische und marktgläubige Weltbild (ausführlicher s. Kapitel 7.6.1).

Abb. 3.2: Der Wert von Natur ist nicht nur der Marktpreis.

Das **Konzept der Ökologischen Modernisierung** entstand in den 1980er Jahren in den Sozial- und Politikwissenschaften in Deutschland und den Niederlanden. Die Theoriebildung wurde durch zwei Leitfiguren, dem Ökonom und Sozialwissenschaftler Joseph Huber und dem Politikwissenschaftler Martin Jänicke vorangetrieben, die sich mit dem Wandel hin zu einer sogenannten ökologisch-rationalen Organisation des Wirtschaftssystems beschäftigten (Jänicke, 1993). Huber (1985) beschrieb diesen Wandel ausdrucksstark als eine Verwandlung der gefräßigen und hässlichen Industrieraupe in einen ökologischen Schmetterling. Hierbei ging es in erster Linie um geeignete Mechanismen und Strategien, die eine solche Transformation bewirken und beschleunigen können. Dabei lag der Schwerpunkt auf umweltpolitischer Normsetzung für die industrielle Produktion. Im Laufe der Zeit veränderte sich die Schwerpunktsetzung von marktwirtschaftlicher und technologiegesteuerter Modernisierung zu einer Betonung **staatlicher Interventionen und Dezentralisierung** (Mol, 2002; Buttel, 2000). Die ersten Maßnahmen, vor allem regulative Maßnahmen zur Bekämpfung negativer Externalitäten, nahmen hauptsächlich die Form von nachsorgendem Umweltschutz bzw. eine nach der Verschmutzung oder dem zugesetzten Schaden einsetzende Problembekämpfung (End-of-Pipe-Technologien) (s. Kapitel 2.4). Dies wurde zunehmend als unzureichend angesehen und durch präventive bzw. vorsorgende Maßnahmen ersetzt. Die Ökologische Modernisierung kann somit sowohl als Theorie als auch als **politisches Handlungskonzept** und Antwort auf die zunehmend sichtbaren Umweltproblematiken verstanden werden, die in erster Linie als lokale und regionale Herausforderungen wahrgenommen wurden. Im Gegensatz zu den globalen Verknüpfungen der nachhaltigen Entwicklung und im Kontext der Klimakrise ist sie jedoch eine Sichtweise, die eindeutig auf die nationale Ebene begrenzt blieb und entsprechende nationalstaatliche Handlungsmöglichkeiten postulierte (v. a. im europäischen Kontext).

3.3 Kontext und Grundannahmen

Wie auch die in den folgenden Kapiteln eingeführten konzeptionellen Ansätze spiegelt die Ökologische Modernisierung den gesellschaftlichen Kontext ihrer Zeit wider. Hierbei spielten zwei Prozesse bzw. Beobachtungen eine wichtige Rolle, welche im Folgenden erläutert werden. Erstens wurden Umweltprobleme sichtbarer und als wichtige politische Handlungsfelder identifiziert, jedoch blieben Lösungsansätze stark im Bereich der schwachen Nachhaltigkeit (s. Kapitel 2.4). Zweitens kam es zu einer scheinbaren Entkopplung wirtschaftlicher Tätigkeiten von ihrer Rohstoffabhängigkeit.

Institutionalisierung

Seit den 1960er Jahren mehrten sich Studien über die zunehmenden schädlichen Auswirkungen der Industrialisierung und des gesellschaftlichen Wandels in Form von **Umweltproblemen** bzw. **-belastungen**. Hierzu zählten Luft- und Wasserverschmutzung genauso wie Lärmbelästigung und Artensterben. Die damit verbundenen gesundheitlichen und ökologischen Probleme führten zu einem (Wieder-)Aufleben der **neuen Umweltbewegung** (s. Kapitel 15.3) und der Gründung von neuen Umweltorganisationen sowie zu einer fortschreitenden Aufnahme von Umweltproblemen in die Politik (Tab. 3.1). So forderte der damalige SPD-Kanzlerkandidat Willy Brandt 1961: »Der Himmel über dem Ruhrgebiet muss wieder blau werden.« (Friedrich Ebert Stiftung, 2022) Hierzu zählten internationale Initiativen, wie das erste Umweltaktionsprogramm der Europäischen Gemeinschaft (EG) (1973 bis 1976), das darauf abzielte, »die Lebensumstände und -qualität sowie die Umgebung und Lebensbedingungen der Völker der Gemeinschaft« durch Umweltverbesserungen und der Erfüllung des »zunehmend dringenden Bedürfnis[ses] nach Erhaltung der natürlichen Umwelt« sicherzustellen (EU-Kommission, 2000). Die wachsende Bedeutung der Umweltproblematik wurde auch in der Entstehung nationaler Umweltministerien und regulativer Maßnahmen sichtbar. So verabschiedete die Bundesregierung 1971 ihr erstes Umweltprogramm. Diese Entwicklungen veranschaulichen eine **Institutionalisierung der Umwelt** bzw. von Umweltproblemen, wobei verschiedene Organisationen als Fürsprecher der Umwelt agieren. Dabei divergieren Grundannahmen, Zielsetzungen und Strategien häufig, wie auch in den Programmen der verschiedenen politischen Parteien sichtbar wird (s. Kapitel 13.3).

Jahr/Zeitrahmen	Institution/Programm
1961	Gründung WWF (World Wildlife Fund, heute World Wide Fund for Nature)
1971	Gründung Greenpeace
1971	1. Umweltschutzprogramm der Bundesregierung
1971	Fluglärmschutzgesetz (erstes deutsches Umweltschutzgesetz)
1972	Konferenz der UN über die Umwelt des Menschen in Stockholm
1972	Übereinkommen zur Verhütung der Meeresverschmutzung durch das Einbringen von Abfällen und anderen Stoffen
1973	Gründung der Generaldirektion für Umwelt der Europäischen Kommission
1973–1976	1. Umweltaktionsprogramm der EG
1974	1. Bundes-Immissionsschutzgesetz
1975	Gründung Bund für Umwelt und Naturschutz Deutschland (BUND)
1975	1. Bundesnaturschutzgesetz

Jahr/Zeitrahmen	Institution/Programm
1975	EU-Abfallrahmenrichtlinie
1983	Einzug der Grünen in den Bundestag
1986	Gründung Bundesministerium für Umwelt, Naturschutz und Reaktorsicherheit

Tabelle 3.1: Ausgesuchte Beispiele der fortschreitenden Institutionalisierung des Umweltschutzes in den 1960er bis 1980er Jahren.

Entkopplung

Der zweite Prozess bezieht sich auf Beobachtungen in westlichen Industrieländern hinsichtlich einer **Entkopplung** (Decoupling) der Produktion und des Wirtschaftswachstums von ihrer Rohstoffabhängigkeit (ausführlicher in Kapitel 10). Die Entkopplung soll erreicht werden durch eine gesteigerte (Öko-)Effizienz von wirtschaftlicher Produktion, also Produkten und Dienstleistungen, die mit reduziertem Input an Materialien und Energiezufuhr sowie reduziertem (bzw. ohne) Output von Schadstoffen hergestellt und erbracht werden können. In westlichen Industrienationen war die anhaltende wirtschaftliche Entwicklung seit den 1970er Jahren mit umweltbezogenen Verbesserungen verbunden. Dies schloss die Verbesserung der Luftqualität durch die Einführung von Luftreinhaltungsgesetzen und daran gebundenen Emissionswerten ein, wie am Beispiel des sauren Regens illustriert. Zudem führten Umweltsteuern und Umweltmanagementsysteme, die Schadstoffe kontrollierten und Standards (z. B. im Abfallmanagement) setzten, zu deutlichen Verbesserungen.

In Deutschland wurde dieses **Effizienzdenken** auch in den Arbeiten von von Weizsäcker et al. (1995) aufgegriffen, die mit den sogenannten Faktor 4-, Faktor 5- und Faktor 10-Studien wirtschaftliches Wachstum mit entsprechend gesteigerten Energie- und Materialeffizienzen voraussagten. Grundsätzlich lassen sich zwar gesteigerte Material- und Energieeffizienzen in Produktionsprozessen ausmachen, jedoch werden diese durch ein deutlich stärkeres absolutes Wirtschaftswachstum mit steigendem absoluten Rohstoff- bzw. Materialbedarfs überlagert. Entkopplungsprozesse vor allem in westlichen Industrienationen werden zudem von steigender absoluter Materialnachfrage in schnell wachsenden Staaten entkräftet. Abb. 3.3 veranschaulicht, dass das Wirtschaftswachstum (in gelb) im Vergleich zur globalen Rohstoffgewinnung (in grün) über den Zeitraum von 50 Jahren stärker angestiegen ist und somit eine **relative Entkopplung** erreicht wurde. Für die wirtschaftliche Wertschöpfung ist pro Einheit weniger Ressourceninput vonnöten, was sich auch an der leicht steigenden Materialproduktivität (in lila) zeigt. Eine **absolute Entkopplung,** bei der die absolute Menge des Rohstoffverbrauchs abnimmt, ist jedoch langfristig unwahrscheinlich bzw. nicht möglich (s. Kapitel 10). So kam es seit 1970 zu einem dreifachen Zuwachs der Rohstoffgewinnung. Diese Entwicklungen stellen aus heutiger und globaler Sicht die Grundannahmen der Ökologischen Modernisierung deutlich in Frage.

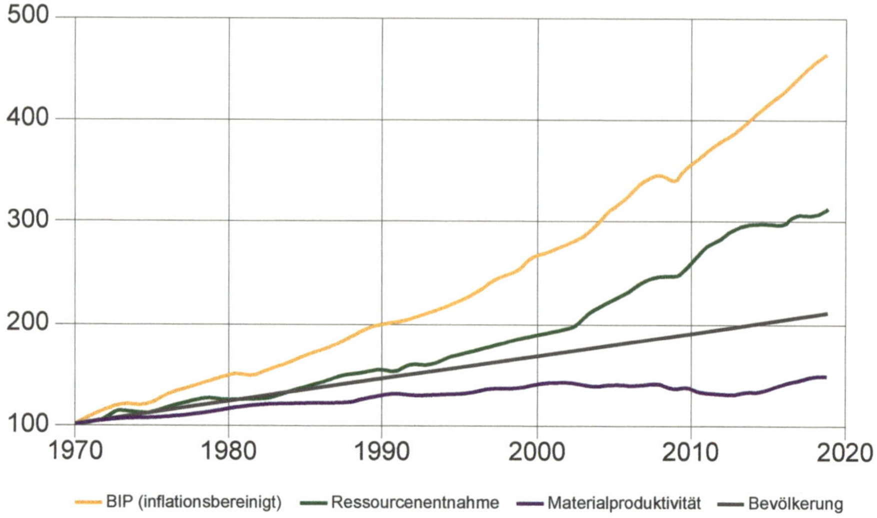

Abb. 3.3: Globale Entkopplungstrends von 1970 bis 2020. Index 1970 = 100. Eigene Darstellung leicht verändert basierend auf WU Wien (2022).

Entsprechend der beschriebenen Entwicklungen der damaligen Zeit gingen bzw. gehen Verfechter der Ökologischen Modernisierung von folgenden **Grundannahmen** aus:

(1) Ökologische Modernisierungsprozesse

Wirtschaftswachstum und eine gesunde Umwelt sind kein Widerspruch, sondern Wirtschaftswachstum und Wohlstand können durch ökologische Modernisierungsprozesse die Umwelt verbessern (Angel, 2000; Jänicke, 1993; Huber, 1985). Dies wird vor allem durch die Entkopplung von industriellen Produktionsprozessen und Rohstoffnutzung erreicht, womit Produktion und Konsum auf ökologische Ziele ausgerichtet werden. Diese Entwicklung wird als Lösung zum beiderseitigen Vorteil (oder **Win-Win-Lösung**) verstanden, welche sowohl Wirtschaftswachstum als auch ökologische Nachhaltigkeit fördert (Hajer, 1996).

(2) Technologische Innovationen

Moderne Institutionen und Innovationen sind ein fundamentaler Bestandteil des Kapitalismus und damit der wirtschaftlichen Entwicklung (Mol, 2000). Betont werden hier in erster Linie **technologische Innovationen,** die sich auf zwei Ebenen vollziehen. Zum einen ist ein gesamtwirtschaftlicher Wandel im Sinne eines **Strukturwandels** weg von ›umweltschädlich(er)en‹ hin zu ›umweltfreundlich(er)en‹ Industrien und Sektoren gemeint (Jänicke, 1985). Zum anderen umfasst die Ökologische Modernisierung auch einen mikroökonomischen Wandel durch neue und umweltfreundliche Technologien und Ansätze innerhalb bestehender Produktionsprozesse und Branchen, also auf Unternehmens- und Haushaltsebene. Daran gebunden ist ein institutioneller Wandel, der je nach Auslegung des Ansatzes entweder stärkere staatliche Kontrolle oder stärkere marktgesteuerte Mechanismen vorsieht.

(3) Internalisierung von Umweltkosten

Umweltbezogene Innovationen bieten finanzielle Vorteile. Die Integration von ökologischen Zielen führt zu einer Ökonomisierung und **Internalisierung** der Umwelt. Der Natur wird ein ökonomischer Wert zugeteilt, der in die Kostenberechnung und somit Entscheidungsprozesse mitaufgenommen wird. Die Umsetzung erfolgt häufig durch Richtlinien und staatliche Interventionen, aber auch durch Steuerreformen und Anreizmechanismen. Durch gesteigerte Nachhaltigkeit und Umweltfreundlichkeit, so die Annahme, können Unternehmen und Wirtschaftssektoren wettbewerbsfähiger und profitabler auf dem Markt agieren, da sie durch die Reduktion von Input (Rohstoffe) und Schadstoffen, Kosten reduzieren. Einer der bekannteren Verfechter dieser These ist Michael Porter. Porter argumentiert, dass innovative umweltschutzorientierte Strategien aus betriebswirtschaftlicher Perspektive für Unternehmen nicht nur langfristig kostengünstiger sind, sondern auch neue Marktchancen eröffnen (die sogenannte **Porter-Hypothese**) (Porter & Van der Linde, 1991). Hierbei wird häufig auf bestimmte Sektoren, Produkte und Dienstleistungen gesetzt (s. Kapitel 7). Dabei werden vor allem sogenannte **Pioniervorteile** (Early Mover Advantages) betont, die Unternehmen, die frühzeitig bestimmte grüne technologische oder andere Innovationen entwickeln, umsetzen und vermarkten, durch entsprechendes Know-how, wachsende Marktanteile und Exportmöglichkeiten einen Vorsprung verschaffen und wettbewerbsfähiger machen (s. auch Kapitel 14).

Anhänger der Ökologischen Modernisierung argumentieren also, dass in einer weiteren wirtschaftlichen Entwicklung die Lösung zu Umweltproblemen liegt. Durch Wirtschaftswachstum und vor allem neue Technologien können negative Umwelteinflüsse verhindert werden bzw. ökologische Mehrwerte geschaffen werden.

3.4 Schwerpunkte und Anwendungsfelder

Wie bei allen Theorien und Erklärungsansätzen gibt es verschiedene Interpretationen des Ansatzes (Weale, 1992). Christoff (1996) unterscheidet zwischen schwachen und starken Verständnissen Ökologischer Modernisierung (Tab. 3.2). Im Folgenden gehen wir kurz auf **drei Phasen der Ökologischen Modernisierung** ein, die durch verschiedene Interpretationsmerkmale charakterisiert sind und sich von einer schwachen hin zu einer stärkeren Interpretation entwickelt haben. Alle Interpretationen teilen jedoch die Schlüsselrolle, die neuen Technologien und Innovationen zukommt.

Schwache Ökologische Modernisierung		Starke Ökologische Modernisierung
Technologisch-zentrierte Lösungsansätze		Weitreichende Veränderungen von institutionellen und wirtschaftlichen Gesellschaftsstrukturen
Technokratisch/korporatistischer Stil der Politikgestaltung durch wissenschaftliche, wirtschaftliche und politische Führungsschichten		Offene, demokratische Politikgestaltung durch Partizipation und Beteiligung
Auf Industrienationen beschränkt, welche ihren globalen wirtschaftlichen Vorteil ausbauen		Bezieht internationale Dimensionen von Umwelt und Entwicklung mit ein
Singulärer, geschlossener Rahmen für politische und wirtschaftliche Entwicklung		Offener Ansatz mit nicht nur einem Standpunkt, sondern vielen Möglichkeiten, ÖM bietet Orientierung für Handlungsoptionen
Konzeptionelle Weiterentwicklung		
>>> Phase 1 >>>	>>> Phase 2 >>>	>>> Phase 3 >>>

Tabelle 3.2 Ausprägungen schwacher und starker Interpretationen einer Ökologischen Modernisierung (basierend auf Christoff, 1996).

3.4.1 Marktwirtschaftliche und technologiegesteuerte Modernisierung (Phase 1)

Die erste und frühe Phase der Ökologischen Modernisierung war durch technokratisches und neoliberales Denken charakterisiert (Tab. 3.2 links) (Christoff, 1996). Technologische Innovationen, so die Annahme, machen soziale und wirtschaftliche Reformen überflüssig. Man setzte also zunächst auf eine stark technologiegesteuerte Modernisierung, die durch die Kräfte der freien Marktwirtschaft gelenkt werden sollte. Dem Staat wurde hierbei keine zentrale Rolle zugeteilt. Im Gegenteil, staatliches Eingreifen wurde als ineffizient und hinderlich für die angestrebte Ökologische Modernisierung angesehen. Sogenannte **Befehls- und Kontrollvorschriften (Command-and-Control Instruments),** die regulative Instrumente vorsehen, wurden für die Wirtschaft als schädlich deklariert, da sie den Wettbewerb einschränken. Ausnahmen bildeten Gesetzgebungen, die versuchten, gefährliche Schadstoffe zu kontrollieren, so zum Beispiel Einschränkungen zum Gebrauch von Quecksilber und Schwefeldioxid, wie am Beispiel des sauren Regens erläutert.

Ökologische Umstellung

Die **Ökologische Umstellung der Industrie** wurde sowohl als logisch, also selbsterklärend, als auch notwendig angesehen. Diese Annahme erwies sich jedoch als problematisch, da nicht jede Investition in den betrieblichen Umweltschutz sich positiv auf den Unternehmenserfolg auswirken muss. So zeigen Braun et al. (2003) im folgenden Schaubild (Abb. 3.4) idealisierend, dass nur bestimmte **Umweltschutzausgaben** (diejenigen links des Wendepunkts A) sich unmittelbar positiv in den Betriebsergebnissen niederschlagen (z. B. Einsparungen des Wasser- und Energieverbrauchs durch Einsatz effizienterer Maschinen und Werkstoffe). Jenseits des Wendepunkts haben Umweltschutzausgaben zunächst einen negativen betriebswirtschaftlichen Effekt (Abb. 3.4). Dieser lässt sich ausgleichen, wenn langfristig ausgerichteter Umweltschutz einhergeht mit staatlichen Anreizinstrumenten (z. B. Steuernachlässe, Kaufprämien) und Fördermaßnahmen (z. B. Finanzhilfen für die biologische Landwirtschaft) oder wenn veränderte Konsumpräferenzen und erhöhte Zahlungsbereitschaft zuvor unrentable Produkte interessant machen (z. B. wachsende Nachfrage nach fleischlosen oder veganen Nahrungsmitteln). In anderen Fällen können bestimmte **Innovationen** und deren frühe Anwendung zu Pioniervorteilen in einzelnen Unternehmen oder Regionen führen (s. auch Kapitel 7 und 8). Der Wendepunkt kann sich dementsprechend verschieben.

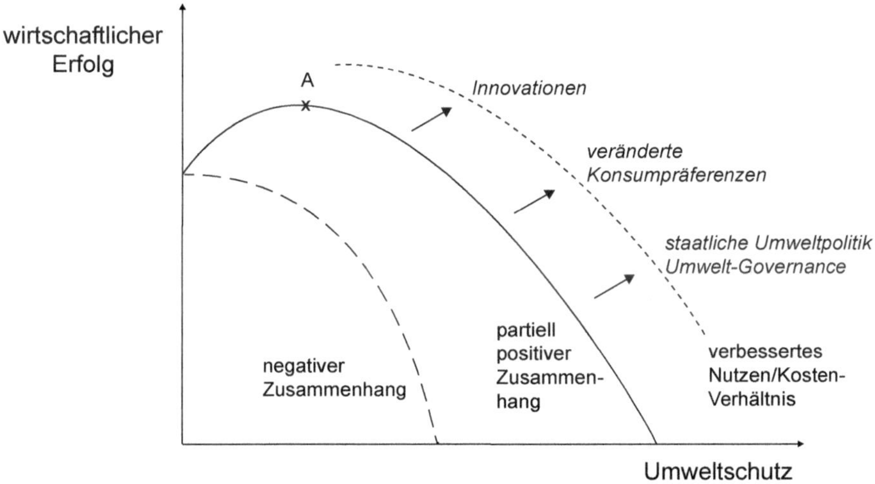

Abb. 3.4: Zusammenhang zwischen Umweltschutz und wirtschaftlichem Erfolg aus Sicht des Unternehmens. Eigene Darstellung leicht verändert nach Braun et al. (2003: 241).

Entsprechend wurde die marktorientierte Perspektive der Ökologischen Modernisierung besonders hinsichtlich ihres naiven Verständnisses der Wirtschaft bzw. privatwirtschaftlicher Akteure und der selbstregulierenden Steuerung des Marktes kritisiert. Verbesserte Umweltbilanzen, so Kritikerinnen, können irreführend und missverständlich sein, da sie nicht zwangsläufig veränderte Produktionsprozesse widerspiegeln, sondern unter anderem durch **Verlagerungen von umweltbelastenden Produktionstätigkeiten** ins Ausland herrührten, die in den räumlich begrenzten Betrachtungsrahmen der Bilanzen keine Berücksichtigung fanden.

3.4.2 Staatliche Interventionen (Phase 2)

Als Antwort auf die Kritikpunkte entwickelte sich schnell eine neue Interpretation des Ansatzes, die staatliche Interventionen in den Mittelpunkt rückte. **Staatliche Interventionen** werden nun als notwendig erachtet, um das Wirtschaftssystem nachhaltiger zu gestalten. Dabei wird häufig von ›guten‹ Interventionen bzw. Lenkung gesprochen, die auf eine Förderung der Innovationsfähigkeit ausgerichtet ist, jedoch nicht zwangsläufig zu Lösungen führt (Gouldson & Murphy, 1996; Murphy, 2000; Gibbs, 2000). Wichtig hierbei ist die Zusammenarbeit zwischen privatwirtschaftlichen und staatlichen Akteuren, um realistische Ziele zu formulieren. Längerfristige Ziele sollen durch kurz- und mittelfristige Zielsetzungen komplementiert werden, um Transformationsprozesse anzuleiten. Die schrittweise Definition von Zielsetzungen kennen wir auch aus gegenwärtigen Zielen zur Erreichung der Klimaneutralität. Flexible Gesetzgebungen erlauben Akteuren selbst zu entscheiden, in welchen Bereichen und wie Ziele erreicht werden können. Hierbei kommen häufig bindende Vorschriften (**›harte Steuerung‹**) und Anreizmechanismen (**›weiche Steuerung‹**) zum Einsatz. So kann Abfallvermeidung durch Subventionen belohnt oder durch steigende Abfallgebühren angeregt werden, während ein Verbot bestimmter Schadstoffe gegebenenfalls eine Umstellung der Produktionsprozesse oder Rohstoffe mit sich bringt.

Belohnungsmechanismen und Gebühren entsprechen dem unternehmerischen Denken und bieten der Privatwirtschaft einen Handlungsrahmen. Dabei liegt der Schwerpunkt auf **Vorsorgestrategien,** welche die Vermeidung von Umweltproblemen in den Mittelpunkt stellen (im Gegensatz zum Nachsorgeprinzip oder End-of-Pipe-Strategien). Staatliche Interventionen zur Umsetzung einer ökologischen Modernisierung basieren immer auf den oben genannten Grundannahmen, die Wirtschaftswachstum und Umweltschutz als sich gegenseitig positiv beeinflussend sehen.

3.4.3 Berücksichtigung räumlicher Prozesse (Phase 3)

Eine zusätzliche Erweiterung des Konzeptes der Ökologischen Modernisierung schließt sowohl Handlungsräume als auch neue Akteure mit ein (Tab. 3.2). Diese befasst sich nicht nur mit der Industrie bzw. der Angebotsseite, sondern auch mit der Nachfrageseite (Mol, 1996). Die kritische Betrachtung und Veränderung von Nachfragemustern sind hier zentraler Bestandteil einer erfolgreichen ökologischen Veränderung, die auch in der Wirtschaftsgeographie auf Interesse stieß. Hinzu kommt eine **holistische Betrachtungsweise** von Produkten und Produktionsprozessen durch die Einbindung von Liefer- und Versorgungsketten bzw. Netzwerken über nationale Grenzen hinweg (Dietsche, 2011). Entwickelte sich die Ökologische Modernisierung zunächst aus einem eurozentrischen Kontext heraus, der internationale

Beziehungsgeflechte ignorierte, so kommt es nun zu einer Auseinandersetzung mit **Abhängigkeitsbeziehungen und Machverhältnissen**. Hieran gekoppelt sind Fragen der Entscheidungsmacht, internationale Versorgungsketten zu regulieren. Wie aus der Textilindustrie bekannt, sind Strukturen und Beziehungen in Produktions- und Zulieferketten häufig schwer nachvollziehbar und komplex (z. B. durch mehrfach verschachtelte Unterlieferantenverträge).

Auf Akteursebene kommt es zu einer zunehmenden Einbindung von Nicht-Regierungsakteuren und Zivilgesellschaft durch partizipative Entscheidungsprozesse (Tab. 3.2 rechts) (Oßenbrügge, 1993a). Auch kommt es zu einer Betonung von räumlich differenzierten Ansätzen. Auf wissenschaftlicher Ebene wurde vor allem die eurozentrische Ausrichtung des Ansatzes kritisiert und durch Forschungsprojekte und Studien in verschiedenen nationalen Kontexten erweitert.

Die Kritik an der Ökologischen Modernisierung ist jedoch nach wie vor vielfältig (Gibbs, 2000; Dryzek, 1997). Trotz des starken Fokus auf staatliche Interventionen und der Erweiterung von Akteuren und räumlichen Betrachtungsrahmen, beschäftigt sich die Ökologische Modernisierung Kritikern zufolge unzureichend mit Fragen der Macht und der Rolle des Staates. Hierzu zählen Fragen bezüglich der Institutionen und Institutionalisierungen, die eine Ökologische Modernisierung fördern und realisieren können. While et al. (2010) kritisieren auch die fehlende Berücksichtigung der Reformfähigkeit von Regierungen selbst. Hinzu kommen Aspekte der Macht, die für die Entwicklung politischer Programme und Umsetzung von regulativen Maßnahmen zentral sind und zum Teil im Ländervergleich schwer zu übertragen sind. Weitere Kritikpunkte beziehen sich auf eine häufig wirtschaftlich ausgerichtete Erfolgsmessung, die in erster Linie auf die Öffnung neuer Märkte, Wettbewerbsfähigkeit und die Sicherung von Marktanteilen abzielt. Striktere Umweltstandards können auch als Schutzstrategien westlicher Industrienationen auf internationaler Ebene interpretiert werden. Zusätzlich besteht eine starke Fixierung auf technologische Lösungen und Exportmärkte, welche die Anforderungen an technologischem Know-how steigern und den Zugang in Wachstumsbranchen erschwert (s. Kapitel 12). Basierend auf diesen Argumenten sehen Kritiker die Ökologische Modernisierung als neue Form des Protektionismus oder als **Umweltimperialismus,** der bestehende internationale Abhängigkeitsverhältnisse zwischen Ländern des Globalen Nordens und des Globalen Südens verstärkt (s. auch ›Grüne Mauer‹ in Kapitel 13).

3.5 Relevanz für die Wirtschaftsgeographie

Die Ökologische Modernisierung bietet einen konzeptionellen Rahmen zur Analyse und zum Verständnis von wirtschaftlichem und gesellschaftlichem Wandel in Bezug auf Umweltschutz und Klimawandel (Bailey & Wilson, 2009; Bailey et al., 2011).

Obwohl sie einen starken Fokus auf nationale und regionale Steuerungsprozesse setzt, wurde das Konzept nur verhalten und langsam in der Geographie und Wirtschaftsgeographie aufgenommen (Braun et al., 2003). Von Interesse sind hier vor allem ein verbessertes Verständnis von staatlichen Steuerungsmechanismen und Governanceprozessen sowie deren kritische Analyse, die anhand von zwei Beispielen aufgezeigt werden kann.

OECD

Die Organisation für wirtschaftliche Zusammenarbeit und Entwicklung (OECD) ist eine internationale Organisation, die **Wirtschaftsentwicklung** und **Freihandelsinteressen** fördert. Aufgrund ihrer Mitgliederzusammensetzung vertritt sie vor allem die Interessen reicherer Industrienationen. Als Teil ihrer Umweltagenda hat sich die OECD mit **nationalen Umweltrichtlinien** auseinandergesetzt, um den Einfluss verschiedener staatlicher Steuermechanismen und Gesetzgebungen auf den Handel zu modellieren und zu messen (Kozluk & Garsous, 2016). Dabei hat die OECD eine Skala zur Messung der Auswirkungen und des Erfolgs von Umweltrichtlinien eingeführt. Auch wenn ein Ländervergleich aufgrund vieler verschiedener Kontexte immer problematisch ist, zeigt der Bericht einige klare Problematiken auf. So sind Länder mit einer umweltbelastenderen Wirtschaftsstruktur in der Umsetzung von Umweltpolitik benachteiligt, da sie größeren Herausforderungen hinsichtlich der Reduzierung von Schadstoffen und anderen negativen Externalitäten gegenüberstehen als Länder mit fortgeschrittener **Tertiärisierung,** also einem hohen Anteil des Dienstleistungssektors.

Die OECD zieht in ihrer Studie dementsprechend den Schluss, dass striktere nationale Gesetzgebungen keinen starken Einfluss auf den Handel im verarbeitenden bzw. produzierenden Gewerbe haben (Kozluk & Garsous, 2016). Stattdessen wird der internationale Handel stark von der Art der Industrie und deren Umweltbilanz beeinflusst. Nachteile entstehen durch **›dreckige‹ Industrie** und Sektoren wohingegen Länder mit **›sauberer‹ Industrie** deutliche Vorteile genießen (Holzinger et al., 2011; Kozluk & Garsous, 2016). Dementsprechend erscheinen europäische und vor allem skandinavische Länder als solche mit striktester Umweltgesetzgebung, wohingegen sich Länder des Globalen Südens in der unteren Hälfte des OECD-Rankings wiederfinden. Die OECD-Studie weist auf die bereits angesprochene Problematik hin, dass im Rahmen einer Ökologischen Modernisierung und mit zunehmend stringenterer Umweltgesetzgebung Verlagerungsprozesse umweltschädlicher Produktionsprozesse vorangetrieben werden können, welche in einem schwachen Ökologischen Modernisierungsverständnis keine Berücksichtigung finden. Dies zeigt auch die Grenzen der Ökologischen Modernisierung hinsichtlich fehlender Gerechtigkeitsdimensionen auf (s. Kapitel 7).

Wirtschaftsentwicklung in China

Während die Ökologische Modernisierung in Europa in den 1990er und 2000er Jahren in der Wissenschaft und Politik aufgegriffen wurde (Gouldson & Murphy, 1996), fand sie außerhalb Europas weniger Anwendung. Eine Ausnahme bildet China, das im Rahmen der angestrebten großen Transformation Ideen der Ökologischen Modernisierung verwendet hat (Zhang et al., 2017). Mit den Öffnungsreformen der 1980er Jahre, welche die chinesische Planwirtschaft beendeten und den chinesischen Markt für internationale Geschäfte öffneten, begann eine beispiellose Wirtschaftsentwicklung. Chinas Wirtschaftspolitik und Entwicklungsstrategie basierte auf einer **rasanten Industrialisierung** mit daran gekoppelter Urbanisierung, wobei Stadtentwicklungsstrategien weitestgehend fehlten (Deng et al., 2020; Ang, 2018). Die rasante Entwicklung resultierte in zunehmenden Umweltproblemen und steigenden Treibhausgasemissionen – China emittiert gegenwärtig knapp 30 % der globalen CO_2-Emissionen. Eine Studie der Chinesischen Akademie der Wissenschaften zeigte den **Mangel von Umwelt- und Klimaschutz** auf und attestierte Chinas Versagen in Bezug auf Umweltbelange belegt durch den bedenklichen Zustand der Umwelt – Luft- und Wasserverschmutzung vor allem in Städten erreichten besorgniserregende Werte – sowie fehlende Ansätze ökologischen Wirtschaftens und Nachhaltigkeit im Allgemeinen.

2011 verabschiedete die chinesische Regierung ihren zwölften Fünf-Jahres-Plan, welcher die politischen Schwerpunkte für den Zeitraum von 2011–2015 setzte und als Beginn einer ›**grünen Ära**‹ gefeiert wurde (Piovani, 2017). Die Ziele des Plans beinhalteten eine Reduzierung der CO_2-Intensität des BIPs um 17 % für 2015 gegenüber Werten von 2005. Aber auch zunehmende Kontrolle über den Ausstoß von Schadstoffen, die Förderung nicht-fossiler Energiequellen, Aufforstungsmaßnahmen sowie Pilotprojekte zum Emissionshandel in ausgesuchten Regionen und Kommunen standen mit auf dem Programm. Die der Politik inhärente Logik entspricht der der Ökologischen Modernisierung, wobei China eine Entkopplung und Effizienzsteigerung sowie erhöhte Wettbewerbsfähigkeit auf dem internationalen Markt anstrebt. Ein chinesisches Regierungsdokument im Zusammenhang mit dem 13. 5-Jahres Plan argumentiert entsprechend, dass eine **ökologische Transformation** die nationale Wirtschaft stärken und damit auch gesellschaftliche Zustimmung erhöhen, das internationale Ansehen verbessern und die nationale Energiesicherheit gewährleisten könnte (Gibbs, 2020). Das Chinesische Zentrum für Modernisierungsforschung hat sich mit möglichen Entwicklungspfaden für China befasst, die basierend auf der Erfahrung westlicher Industrienationen verschiedene Entwicklungsstufen, von der Agrargesellschaft über eine industrielle Gesellschaft hin zu einer Wissens- und ökologischen Gesellschaft, enthalten (Abb. 3.5) (Zhang et al., 2017).

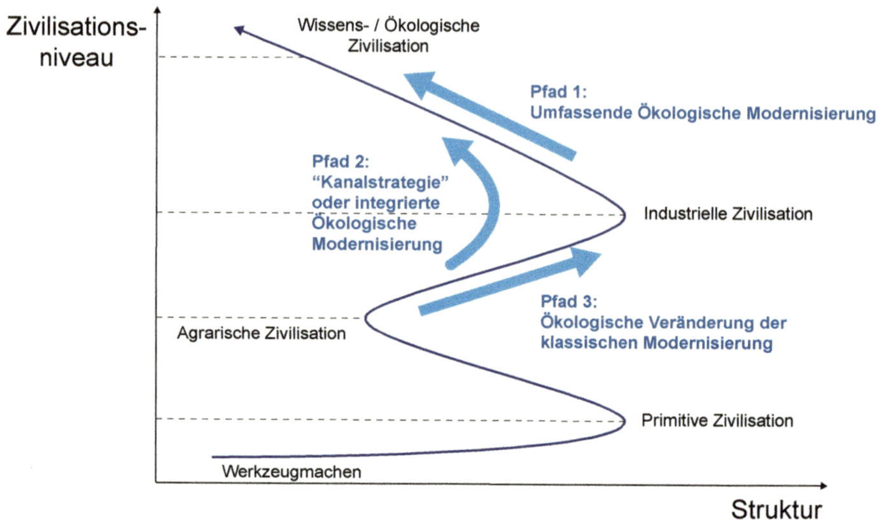

Abb. 3.5: Chinas gesellschaftliche Entwicklungsstrategie von einer Industrie- zu einer grünen Wissensgesellschaft. Eigene Darstellung verändert nach Zhang et al. (2017: 663).

Ökologische Modernisierung in China

Wie auch bei anderen linearen oder zyklischen Modellen suggeriert der dargestellte Entwicklungsverlauf eine vorgegebene Richtung und eine Phasenhaftigkeit, die in der Realität nicht unbedingt so anzutreffen ist. Die angestrebte **Transition Chinas** hin zu einer Wissensgesellschaft soll im Rahmen der Globalisierung von einer rohstoffintensiven und umweltbelastenden Gesellschaft in eine grüne und vom tertiären Sektor geprägte Wirtschaftsstruktur führen, die technische und wissensbasierte Berufe, Rechts- und Wirtschaftsdienste sowie die Finanz- und Versicherungsbranche umfasst (Zhang et al., 2017). Für Länder wie China stellt sich die Frage, ob und wie gewisse Stadien der Industrialisierung übersprungen bzw. beschleunigt werden können **(›Leapfrogging‹)**, um die vorgesehene grüne Wissensgesellschaft zu realisieren. Die Empfehlung des Berichtes war eine umfassende Ökologische Modernisierung mit Fokus auf wirtschaftlich-technologischen Strategien, welche eben eine solche Beschleunigung veranlassen sollten, wohingegen Änderungen der Governance-Strukturen kaum vorgesehen waren. Bislang wurden Aspekte wie zivilgesellschaftliche Mitbestimmung und Themen der Demokratie und Gerechtigkeit weitestgehend zurückgestellt. Eine der entscheidenden Herausforderungen besteht sicherlich darin, wie sich zukünftige Interpretationen der Ökologischen Modernisierung auf Umwelt-Governance und institutionelle Reformen auswirken und in zivilgesellschaftliche Diskurse einbinden.

Empfohlene Strategien, welche auch in einem chinesischen Kontext effektiv und anwendbar sein könnten, umfassen Dematerialisierung und Entkopplung, die stark von westlichen Erfahrungen beeinflusst, aber nicht zwangsläufig übertragbar sind. Ein Sektor, in dem China eine führende Rolle eingenommen hat, ist der der **erneuerbaren Energien**. Auch wenn China weltweit die größten Investitionen im Bereich erneuerbarer Energien tätigt und damit mehr als alle europäischen Länder zusammen investiert, relativiert die steigende absolute Energieproduktion und -nachfrage in China (aber auch Länder wie Indien) den ersten Eindruck einer Energiewende (Abb. 3.6). Während in Deutschland im Zeitraum von 2010 bis 2019 die Stromerzeugung absolut zurückging und der Anteil erneuerbarer Energien von 17% auf 40% anstieg, so führte der Zuwachs in absoluter Stromerzeugung, zusammen mit dem anhaltenden Ausbau der Kohlekraftwerke, in China zu einem weitaus geringeren Anstieg von 17% auf 27% der erneuerbaren Stromerzeugung (Abb. 3.6).

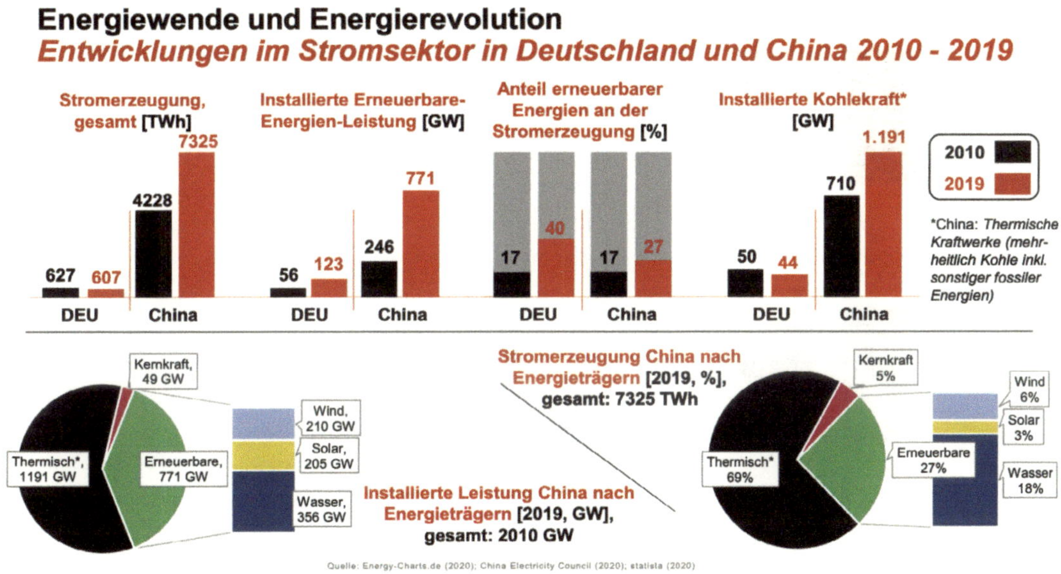

Abb. 3.6: Chinas »Energierevolution« und Deutschlands Energiewende im Vergleich (oben), installierte Leistung und Stromerzeugung nach Energieträgern in China 2019 (unten). Quelle: Ryssel & Delfs (2020).

3.6 Zusammenfassung

Die **Ökologische Modernisierung** entstand aus einem klaren historischen und geographischen Kontext heraus, in dem zunehmende Umweltprobleme nicht länger ignoriert werden konnten. Zwar umfasst sie ein Spektrum an Interpretationen, wie Umweltprobleme gelöst werden sollten, jedoch stellt sie grundsätzlich ein moderates

Verständnis des benötigten Transformationsbedarfs dar, der das bestehende Wirtschaftssystem nicht in Frage stellt. Im Zentrum steht die Annahme, dass Probleme innerhalb existierender Machtgefüge und durch bestehende Institutionen gelöst werden können. Zentrale Elemente umfassen die Betonung von technologischen Lösungsansätzen, die Vereinbarkeit von Wirtschaftswachstum mit Umweltzielen und die positive Beziehung zwischen Wirtschaft und Umwelt. Entsprechend wurde die Ökologische Modernisierung positiv von politischen Entscheidungsträgern rezipiert und war bzw. ist ein einflussreicher wissenschaftlicher Erklärungsansatz und ein zentrales **politisches Entwicklungsprogramm**.

Sie wird häufig als eine Theorie kritisiert, die eine nur schwache Form der Nachhaltigkeit propagiert. Zum einen beschäftigt sie sich nicht ausdrücklich mit sozialen und gerechtigkeitsorientierten Zielsetzungen, zum anderen besteht für viele Kritiker die Gefahr eines Greenwashings, das Wirtschaftswachstum unter dem Deckmantel des Umweltschutzes propagiert. Kritiker argumentieren, dass eine Ökologische Modernisierung basierend auf technologischen Innovationen nicht weitreichend genug ist und zudem die Möglichkeit bzw. die Notwendigkeit radikalerer Ansätze untergräbt. Während der Ansatz und die Grundannahmen der Ökologischen Modernisierung ein fundamentaler Bestandteil der Umweltpolitik darstellen, so hat sie als theoretischer Ansatz in der Wissenschaft an Bedeutung verloren und wurde Ende der 2000er Jahre durch die **Green Economy** (s. Kapitel 7) ersetzt.

3.7 »Raus ins Feld« mit Prof. Dr. David Gibbs, Universität Hull

Abb. 3.7: David Gibbs. Foto: Universität Hull.

David Gibbs ist emeritierter Professor an der Universität Hull in England. Er war einer der ersten Wirtschaftsgeographen, der sich explizit und intensiv mit den Beziehungen zwischen der Umwelt und wirtschaftlichen Entwicklungsprozessen im Sinne einer nachhaltigen Wirtschaftsgeographie befasst hat. Das Gespräch fand im Januar 2023 statt.

Wie haben Ansätze der ökologischen Modernisierung wirtschaftsgeographisches Denken beeinflusst?

Meiner Meinung nach haben sich Wirtschaftsgeographen nie wirklich mit dem Konzept der Ökologischen Modernisierung auseinandergesetzt. Sicherlich nicht damals in den 1990er Jahren und auch heute nehmen Umweltthemen keine zentrale Rolle in der wirtschaftsgeographischen Forschung ein. Einzelne Personen haben sich gezielt in ihren Arbeiten mit der Ökologischen Modernisierung beschäftigt, so z. B. Dietrich Soyez an der Universität Köln, Ian Bailey an der Universität Plymouth und andere, welche das Konzept als Perspektive in Bezug auf Klimawandel verwendet haben. Hinsichtlich einer expliziten Auseinandersetzung mit dem Konzept war der Einfluss sehr begrenzt. Aber wenn wir uns vergangene und gegenwärtige Arbeiten zu nachhaltigem Wirtschaften anschauen, können wir die Kernideen des Ansatzes dort wiederfinden. Der Begriff der Ökologischen Modernisierung wird zwar selbst nicht verwendet, stattdessen finden wir Begriffe oder Label wie Green Economy (s. Kapitel 7) oder Nachhaltigkeitstransitionen (s. Kapitel 8). Theorien kommen auf und verschwinden häufig wieder. Mit der Weiterentwicklung der Wissenschaft greifen wir oft nicht mehr auf ältere Theorien zurück. Aber wenn wir uns die Arbeiten genauer anschauen, können wir feststellen, dass die Grundannahmen vieler gegenwärtiger Arbeiten sich nicht wirklich von denen der Ökologischen Modernisierung unterscheiden. Dabei geht es im Kern immer um technologische Innovationen. Technologische Innovationen werden als Lösung für Umweltprobleme gesehen, sie schaffen neue Industriezweige, neue Arbeitsplätze und fördern die Regionalentwicklung. In ihrem ursprünglichen Sinn stellt die Ökologische Modernisierung eine Zukunftsvision bestehend aus Umweltschutz, neuen Technologien und einer daran gebundenen Wirtschaftsstruktur dar.

Anhand welcher Themen bzw. konkreter Beispiele hast Du Dich in Deiner Forschung mit Perspektiven der ökologischen Modernisierung befasst?
Ich fing aus zwei Gründen an, mich aus wirtschaftsgeographischer Perspektive mit Umweltthematiken zu beschäftigen. Beide Gründe waren sehr pragmatisch. Ich arbeitete damals in England an einem Institut für Geographie und Umweltwissenschaften. Unser Institutsleiter war Ökologe und sah die Humangeographie nicht als eigene Disziplin an. Für meine rein wirtschaftsgeographische Forschung konnte ich entsprechend keine Unterstützung bekommen und so fing ich an mit einem Kollegen zusammenzuarbeiten, der sich mit Fragen der Luftqualität beschäftigte, und wirtschaftsgeographische Perspektiven auf diese umweltwissenschaftliche Thematik anzuwenden. Entsprechend entwickelte ich ein erstes Forschungsfeld in Bezug auf Umweltverschmutzung und -management. Ein zweites Forschungsfeld zu nachhaltiger Wirtschaft und Unternehmen entstand durch die Anfrage des Zentrums für Lokale Wirtschaftsstrategien, einem in Manchester ansässigen linken Think Tanks, einen Bericht zu schreiben über die Potenziale einer nachhaltigen Wirtschaft für die lokale und regionale Wirtschaftsentwicklung. Die Ökologische Modernisierung war dabei eine sehr nützliche Perspektive, weil sie mir erlaubte, mit lokalen und regionalen Behörden ins Gespräch zu kommen und sie davon zu überzeugen, dass sie sich für Umweltbelange einsetzen müssen. Das erforderte natürlich einige Überzeugungsarbeit. Damals in den 1990er Jahren ermöglichte es die Ökologische Modernisierung überhaupt erst die-

se Gespräche zu führen und zu sagen: »Wenn Ihr Euch für die Umwelt einsetzt, ist das nicht nur gut für die Umwelt, sondern die Maßnahmen schaffen auch Arbeitsplätze. Sie helfen, neue Industriezweige zu etablieren. Sie erlauben eine neue Entwicklungsrichtung einzuschlagen.« Für mich war das extrem hilfreich, denn so konnte ich einen Dialog mit Entscheidungsträgerinnen basierend auf ihren Prioritäten und Handlungsräumen führen. Das war damals ein positiver Ansatz. Dass die Umsetzung wesentlich schwieriger ist als es sich anhört, war uns da noch nicht bewusst.

Was waren die zentralen Erkenntnisse und Empfehlungen?
Die wirklich zentrale Erkenntnis aus all den Arbeiten war, dass wenn wir wirklich etwas für die Umwelt tun wollen, ob wir es nun Ökologische Modernisierung nennen oder nicht, dann müssen wir es zentral in der jeweiligen Politik oder Strategie verankern. Es muss den Kern aller Bemühungen darstellen. Lokale Behörden arbeiteten damals wirklich in Silos, verschiedene Zuständigkeitsbereiche und Einheiten haben sich nicht getroffen und ausgetauscht. Die Wirtschaftsförderung arbeitete auf der einen Seite, der Umweltschutz oder Soziales auf der anderen. Die Ergebnisse zeigten eindeutig, dass alle Bereiche zusammenkommen müssen, wenn Umweltprobleme wirklich ernstgenommen werden sollen. Umweltbelange müssen also im Zentrum der übergeordneten Zielsetzung liegen. Es funktioniert nicht, wenn wir sie nur als zusätzliche Zielsetzung hinzufügen. Im Sinne von »wir haben einige Personen dort drüben, die sich um Nachhaltigkeit kümmern, und der Rest von uns braucht sich deshalb nicht damit auseinanderzusetzen.« Und das gilt heute noch genauso wie damals. Wir sehen sogenannte Modellregionen oder Städte, die eine nachhaltige oder eine kohlenstoffarme bzw. -neutrale Wirtschaft umsetzen wollen. Gleichzeitig haben sie aber gegensätzliche Entwicklungspläne, so zum Beispiel den Ausbau des Straßennetzes oder den Bau eines Atomkraftwerks. Wie soll das zusammenpassen? Die größte Herausforderung ist es, die verschiedenen Bereiche zusammenzuführen.

Welche Rolle nimmt die Ökologische Modernisierung als Untersuchungskonzept gegenwärtig in der Forschung und Anwendung ein?
Die Grundannahmen und Logik der Ökologischen Modernisierung sind nach wie vor präsent, aber politische Entscheidungsträger sprechen nicht von Ökologischer Modernisierung. Wir sehen Publikationen und Empfehlungen zur Dekarbonisierung und für große kohlenstoffneutrale Projekte, so zum Beispiel hier im Nordosten Englands (s. »Raus ins Feld« mit Martin Budd in Kapitel 7). Der Schwerpunkt liegt dabei immer auf der Grundannahme, dass Technologien all unsere Probleme lösen werden. Es geht um die Einführung von Wasserstoff als alternativen Treibstoff, um CO_2-Abscheidung und -Speicherung. Dabei handelt es sich häufig um noch nicht getestete Technologien, die auf zauberhafte Weise Lösungen bringen sollen. Und genau diese Verständnisse und Annahmen sehen wir in politischen Strategien auf nationaler Ebene in Großbri-

tannien wie auch auf EU-Ebene. Sie zielen auf die Förderung von Technologien ab und auf die Schaffung von Arbeitsplätzen. Das ist Ökologisches Modernisierungsdenken, auch wenn wir es nicht so nennen. Es scheint, als ob wir noch immer nichts aus den Erfahrungen hinsichtlich der Grenzen der Ökologischen Modernisierung gelernt haben. Ökologische Modernisierung ist in Politiken und Entwicklungsstrategien enthalten: Umwelt und Wirtschaft kommen zusammen, schaffen Arbeitsplätze, Wohlstand etc. Ein Schwerpunkt liegt zum Beispiel darauf, E-Mobilität umzusetzen anstelle von tiefgreifenderen strukturellen Veränderungen zur Reduzierung des Individualverkehrs und dem Ausbau von öffentlichen Verkehrsangeboten.

3.8 Zur Vertiefung

Test zu Kapitel 3

https://www.utb.de/do/10.36198/9783838561325-e02/disclaimer

Weiterführende Aufgaben

1. Identifizieren Sie ausgesuchte Sektoren und/oder Unternehmenszweige und argumentieren Sie im Sinne einer Ökologischen Modernisierung, warum diese durch staatliche Interventionen gefördert werden sollten.
2. Die Ökologische Modernisierung entstand in einem ganz spezifischen Kontext. Diskutieren Sie inwieweit die Idee einer ökologischen Modernisierung auf die Herausforderungen des Klimawandels übertragbar und als Lösungsansatz anwendbar ist.

Literatur- und Webtipps

Braun, Boris, Schulz, Christian & Soyez, Dietrich (2003): Konzepte und Leitthemen einer ökologischen Modernisierung der Wirtschaftsgeographie. *Zeitschrift für Wirtschaftsgeographie* 47(3-4): 231–248.

» Einer der ersten wirtschaftsgeographischen Aufsätze in der deutschsprachigen Literatur, der sich explizit mit umweltbezogenen Thematiken und möglichen Analyserahmen in der wirtschaftsgeographischen Forschung auseinandersetzt.

Von Weizsäcker, Ernst Ulrich, Lovins, Amory B. & Lovins, L. Hunter (1995): *Faktor vier.* München: Droemer Knaur.

» Das Buch stellt ein Entwicklungskonzept basierend auf Effizienzdenken ganz im Sinne der Ökologischen Modernisierung vor. Der Titel verspricht mit einem um die Hälfte reduzierten Ressourcenverbrauch (bzw. Natur) doppelt so viel Wachstum und Wohlstand zu schaffen, basierend auf technologischen Innovationen und Fortschritt.

Kapitel 4

Politische Ökologie

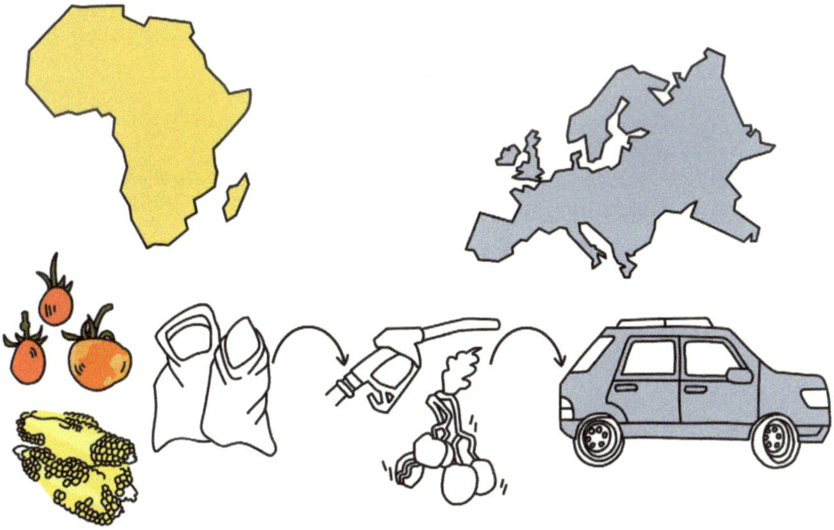

Themen

Umweltdegradation, Ressourcennutzung, soziale Konflikte, Machtungleichheiten, multiskalare Beziehungsverflechtungen, Enteignungen, Akteursgruppen

Über diese Lerneinheit

Die Politische Ökologie entstand im Kontext der Umweltdegradation in Ländern des Globalen Südens, die als Folge lokal-globaler Beziehungsverflechtungen verstanden wird. Umweltprobleme resultieren aus gesellschaftlichen Verhältnissen, die durch Machtungleichheiten und Enteignungsprozesse charakterisiert sind (z. B. Land- und Ressourcennutzung). Inzwischen bietet die Politische Ökologie einen kritischen Erklärungsansatz, der soziale Beziehungen und Handlungsräume unter anderem in Bezug auf Ressourcennutzung (z. B. Nachfrage, Landnahme), Infrastrukturentwicklung (z. B. Energie-, Wasser-, Abfallsektor) und Klimaschutzpolitik (z. B. Naturschutz, Emissionshandel) in den Mittelpunkt stellt.

Was Sie hier lernen

1. Ungleiche Verteilung bzw. Benachteiligung hinsichtlich verschiedener Akteursgruppen identifizieren können.
2. Multiskalare Beziehungsverflechtungen in Bezug auf Produktions- und Konsumprozesse benennen können.

4.1 Beispiel: Tesla Gigafactory Berlin-Brandenburg

Die Gigafactory Berlin-Brandenburg in Grünheide südöstlich von Berlin ist der erste Tesla-Produktionsstandort in Europa. Firmenchef Elon Musk gab 2019 erstmals die Pläne zum neuen Standort bekannt. Der Großproduktionsstandort, an dem bis zu 500.000 Fahrzeuge pro Jahr hergestellt werden sollen, wurde im März 2022 in Betrieb genommen. Laut Tesla ist die Produktionsstätte die modernste, nachhaltigste und effizienteste Fabrik des Unternehmens. Befürworter sehen vor allem Vorteile in der Schaffung von neuen Arbeitsplätzen in der Region sowie der strategischen Platzierung im Bereich einer Zukunftsbranche. Doch die Ansiedlung der Gigafactory ist nicht unumstritten. So kam es schon im Vorfeld zu Bedenken und Widerstand vor allem hinsichtlich der **Wasserversorgung**. Zum einen befindet sich die Fabrik in einem Wasserschutzgebiet, zum anderen liegt der Standort in einer der trockensten Regionen Deutschlands. Die Wasserknappheit in der Region wird durch den Klimawandel zunehmend verschärft. Tesla meldete in den Genehmigungsunterlagen einen maximalen jährlichen Wasserbedarf von 1,4 Millionen Kubikmeter Wasser während Hochbetriebs. Dies entspricht einem Jahresbedarf einer 40.000-Einwohner-Stadt. Die Problematik wird deutlich, wenn man die verfügbaren Wassermengen betrachtet. Der für die Region zuständige Wasserverband Strausberg-Erkner darf jährlich nur rund 3,8 Millionen Kubikmeter Wasser fördern. Das Landesamt für Umwelt wollte die Wasserentnahme sogar auf 2,5 Millionen Kubikmeter beschränken. Damit wäre jedoch die Wasserversorgung für die Produktionsstätte und die Bevölkerung nicht mehr sichergestellt.

2021 kam es zu zwei Klagen durch Umweltverbände gegen das Landesamt für Umwelt, welche sich auf die Erhöhung der Fördermengen sowie die fehlende umweltrechtliche Prüfung beziehen. Der Verband wies im Frühjahr 2022 alle Bebauungspläne sowie Gewerbe- und Industrieansiedlungen aufgrund fehlender Grundwasserversorgung ab. Entsprechend besorgt gibt sich die lokale Bevölkerung, die um die langfristige Sicherstellung der Wasserversorgung bangt. Die Medien, so auch das Radio Berlin-Brandenburg, berichteten im Frühjahr 2022, dass der Wasserverband Strausberg-Erkner in neu abgeschlossenen Verträgen mit Privathaushalten eine Klausel zur Deckelung der Wasserversorgung aufgenommen hat. Diese sieht eine **Begrenzung des Verbrauchs** auf 105 Liter pro Person und Tag vor (gegenwärtig liegt der statistische Verbrauch bei 175 Litern pro Person und Tag). Zunächst soll die Regelung nur für Neukunden gelten, ab 2025 soll sie für alle Haushalte im Versorgungsgebiet greifen. Verträge zur Deckelung der Wasserlieferung mit anderen Industrieunternehmen wurden ebenfalls abgeschlossen. Die gegenwärtige Situation lässt vermuten, dass die Kosten der Wasserknappheit vor allem durch private Haushalte getragen werden. Mit einer möglichen zunehmenden Wasserknappheit wird auch das Konfliktpotenzial steigen (s. auch Freund & Bruns, 2023).

Abb. 4.1: Hoher Frischwasserverbrauch im Produktionsprozess.

4.2 Einführung

Das Beispiel der Tesla-Gigafactory illustriert, wie Umweltdegradation, in Form von Grundwasserverknappung, durch menschliches Handeln ausgelöst wird und mit verschiedenen räumlichen Auswirkungen und Verflechtungen verbunden ist. Die Politische Ökologie entstand im Kontext der bereits beschriebenen und zunehmend sichtbaren Umweltprobleme in den 1970er und 1980er Jahren (s. Kapitel 2 und 3) und beschäftigt sich konkret mit an diese geknüpften Verflechtungen. Hierzu zählen zum einen die Degradation von Naturräumen und Ausbeutung von natürlichen Ressourcen, zum anderen ein wachsendes Bewusstsein und eine damit verbundene Problemidentifizierung globaler Zusammenhänge und Abhängigkeiten unter anderem durch internationale Wertschöpfungsketten und Arbeitsteilung (s. Kapitel 2). Im Zentrum der Untersuchung liegen lokale Umweltproblematiken und -veränderungen im Kontext dieser globalen Beziehungen.

Politische Ökologie

Die **Politische Ökologie** basiert auf dem Verständnis, dass Umweltdegradation und -wandel immer in Zusammenhang mit menschlichem Handeln als multiskalare Prozesse zu verstehen sind (Robbins, 2019). Dieses Handeln ist je nach Akteursgruppe durch unterschiedliche und zum Teil auch gegensätzliche Interessen und daraus resultierenden Aktivitäten auf verschiedenen räumlichen Ebenen geprägt. Entsprechend kommt es zu scheinbar überwiegend lokal auftretenden und ausgefochtenen Konflikten, die jedoch nicht losgelöst von supraregionalen Prozessen verstanden werden können (Schmidt, 2020). So können Konsumpraktiken und Wirtschaftszweige im Globalen Norden zu veränderter Ressourcennachfrage im peripheren und ländlichen Räumen unter anderem im Globalen Süden führen. Das Beispiel der Tesla Gigafactory verdeutlicht den Konflikt um lokale Ressourcenverknappung, in diesem Fall von Grundwasser, zwischen Bevölkerung und internationalem Unternehmen. Umweltveränderungen werden aus einer politökologischen Perspektive entsprechend als politisch verstanden, da sie durch verschiedene, meist konvergierende Interessen und Handlungsrahmen bestimmt werden. Dabei können Handlungs- und Entscheidungsfähigkeit von Interessengruppen aufgrund ungleicher Machtverhältnisse stark variieren. Die Politische Ökologie verbindet somit Perspektiven einer apolitischen Ökologie mit weit gefassten Ansätzen der **Politischen Ökonomie,** die sich mit der wechselseitigen Abhängigkeit politischer (bzw. gesellschaftlicher) und wirtschaftlicher Systeme, vor allem auch in Bezug auf natürliche Ressourcen, befasst. Sie lehnt traditionell dominierende monokausale Erklärungsansätze ab.

Politische Ökologie in der deutschsprachigen Forschung

Im Gegensatz zur englischsprachigen Wissenschaft, in der die Politische Ökologie eine eigene Teildisziplin in der Geographie darstellt (Peet et al., 2011; Robbins, 2019; Bailey & Bryant, 1997; Peet & Watts, 2004; Perreault et al., 2015), ist sie in der deutschsprachigen Geographie traditionell stark mit der **Vulnerabilitäts-, Risiko- und Hazardforschung** verbunden (Bauriedl, 2016b). In den letzten Jahren hat die Politische Ökologie im deutschsprachigen Raum mehr und mehr an Bedeutung gewonnen, was sich auch in wissenschaftlichen Arbeiten und Beiträgen widerspiegelt (Gottschlich et al., 2022). In der deutschen Wirtschaftsgeographie hat der Ansatz bisher jedoch kaum Berücksichtigung gefunden. Dies ist überraschend, da zentrale Arbeitsfelder der Politischen Ökologie den primären Sektor mit Rohstoff-, Forst-, Agrar- und Fischereisektor, den Energiesektor, die Auswirkungen fortschreitender Digitalisierung und Technologisierung sowie globale (Wirtschafts-)Beziehungen durch Produktions- und Lieferketten umfassen, die wichtige Thematiken in der Wirtschaftsgeographie darstellen. Hierzu zählen zum Beispiel Arbeiten zum Ressourcenmanagement und -schutz (Schmidt, 2005; Bakker & Bridge, 2006), Zugang und Nutzung von Ressourcen sowie Infrastrukturversorgung (z. B. Wasser, Energie) (Bartels et al., 2020; Bauriedl, 2021; Schmitt, 2022; Bakker, 2000).

4.3 Grundannahmen

Die zentrale Grundannahme der Politischen Ökologie ist es, dass Umweltveränderungen immer durch soziale Verhältnisse bestimmt sind. Die folgenden Dimensionen sind dabei wichtige Elemente politökologischer Untersuchungen (Bauriedl, 2016b; Schmidt, 2020).

1. Enteignung

Umweltwandel und -konflikte sind eng mit Prozessen der **Enteignung** verknüpft. In der Regel bezieht sich Enteignung auf eine Änderung hinsichtlich des Zugangs und der Nutzung von **materiellen Gütern** wie Land, Wasser, Wald und anderen Ressourcen und daran gekoppelte rechtliche und institutionelle Strukturen (Rocheleau et al., 2013). Hierbei geht es häufig um Veränderungen, durch die bestehende (machtlosere) Nutzungen oder Nutzungsansprüche aufgrund neuer, mächtigerer Ansprüche nicht mehr bzw. nicht im gleichen Maße wie zuvor realisierbar sind. So haben beispielsweise Kleinbauern weniger oder keinen Zugang zu Ackerflächen mehr oder Gemeinden und Anwohnerinnen stehen geringere Wassermengen zur Verfügung (Sturgeon, 2004). Entsprechend kann es zu umweltschädlichen Praktiken dieser Nutzergruppen kommen, wie die Rodung von Wäldern für Ackerland oder die Senkung des Grundwasserspiegels zur Sicherung der Wasserversorgung. Brand und Wissen (2022: 393) sprechen von imperialen Lebensweisen, um die ungleichen Abhängigkeits- und Machtverhältnisse vor allem zwischen Ländern des Globalen Südens und Nordens aber auch innerhalb dieser basierend auf »einer herrschaftlichen Aneignung von Natur« durch kapitalistische Produktions- und Konsumformen zu unterstreichen. Enteignungen können aber auch **immaterielle Aspekte** wie Wissen, Verständnisse und daran gebundene Rhetorik umfassen (s. unten) (West, 2016).

2. Neoliberalisierung der Natur

Enteignungen sind häufig an eine fortschreitende **Neoliberalisierung der Natur** gekoppelt (Castree, 2010). Diese beschreibt die Vermarktlichung von natürlichen Ressourcen häufig durch **Privatisierung**. Dabei werden bislang frei nutzbare Güter (z. B. Wasser, Feuerholz, Nahrungsmittel, Fischbestände) in privatem Besitz – häufig an große internationale Konzerne – übergeben und entsprechend veräußert bzw. reguliert (zu Ökosystemleistungen s. Kapitel 7). Im Rahmen des Klimawandels kommt es auch zunehmend zu der Vermarktlichung von CO_2-Emissionen durch den staatlich regulierten Kohlenstoff- bzw. Emissionshandel (s. auch Kapitel 7 und unten).

3. Macht

Macht (bzw. Herrschaft) beschreibt die Fähigkeit, eigene Interaktionen und die Interaktionen anderer machtloserer Akteure zu steuern und zu kontrollieren. Umweltveränderungen sind als Prozesse des Zusammenwirkens von verschiedenen Akteurinnen und ungleicher Machtverhältnisse zu verstehen, welche individuelle (z. B. der Existenzsicherung oder Gewinnmaximierung) und kollektive Nutzungsziele (z. B. durch Interessengruppen) umfassen können (von Winterfeld, 2022). Hierzu zählen zum Beispiel landwirtschaftliche Kleinbetriebe, Privatunternehmen, staatliche Akteure, NGOs und internationale Organisationen. Verschiedene Personen(-gruppen) verfügen über **ungleiche Handlungs- und Entscheidungsfähigkeiten.** Konflikte werden entsprechend durch divergierende und konkurrierende Interessen ausgelöst, die bestehende oder neue einschränken oder ausschließen.

4. Lokal-globale Beziehungsverflechtungen

Lokal-globale Beziehungsverflechtungen: Akteure können zudem verschiedenen räumlichen Ebenen zugeordnet werden (Bauriedl, 2016b). So ist Tesla im Beispiel zu Beginn des Kapitels trotz des Standorts in Brandenburg als internationaler Akteur zu verstehen. Zusätzlich werden die Handlungsspielräume der Akteurinnen durch verschiedene Ebenen bestimmt, so zum Beispiel durch die Klima- und Energiepolitik der EU und Deutschlands, die sich der Förderung der Elektromobilität verschrieben hat. Hierbei spielen wissenschaftliche Diskurse und Verlautbarungen, Gesetze, Verordnungen, administrative Vorgänge aber auch gesellschaftliche Wertevorstellungen eine Rolle. Diese spiegeln häufig bestimmte Positionen und Interessenlagen wider. So können internationale Gesetzgebungen oder wirtschaftliche Handels- und Produktionsbeziehungen Entscheidungen auf der lokalen Ebene beeinflussen.

Mehrebenenansatz

Dementsprechend versteht die Politische Ökologie Umweltveränderungen und -krisen als durch gesellschaftliche Prozesse produziert (Brand & Görg, 2022). Es kommt somit zu einer Politisierung der Umwelt, die durch verschiedene Interessen- und Akteursgruppen bestimmt werden. Um die komplexen Kontexte zu erfassen, verwenden politökologische Untersuchungen häufig einen sogenannten **Mehrebenenansatz,** der Einflussfaktoren und Akteursgruppen auf verschiedenen Ebenen identifiziert und analysiert (Abb. 4.2, z. B. Mattissek & Sakdapolrak, 2016). Dieser veranschaulicht die lokalen Handlungsrahmen und Akteurskonstellationen unter Berücksichtigung politökonomischer (Governanceformen, Wirtschaftsstrukturen etc.) sowie sozialer (Armut, Marginalität, Verwundbarkeit etc.) Dimensionen im Kontext multiskalarer Wechselwirkungen und Abhängigkeiten. Häufig werden auch **Erklärungsketten** (Abb. 4.3) mit einer Bottom-Up-Perspektive verwendet, um Umweltdegradierung und -konflikte aus Sicht der Betroffenen zu verstehen. Dabei geht es in erster Linie darum, Handlungsspielräume lokaler Akteure zu identifizieren, um Entscheidungs- und Verhaltensweisen nachvollziehen zu können. Dies betrifft brandrodende Bäuerinnen in Lateinamerika genauso wie sozialschwache Haushalte in Berlin.

Auf lokaler Ebene gilt es, ortsspezifische Faktoren wie soziale Beziehungsgeflechte der Personen selbst, Wertevorstellungen und Machtverhältnisse in den jeweiligen Haushalten etc. zu untersuchen.

Hier ist es wichtig zu unterscheiden zwischen menschlichen Beziehungen zur bzw. Nutzen der Umwelt und zwischenmenschlichen Beziehungen, welche die Umwelt beeinflussen. Der Blick nach außen zieht die weitere Umgebung einschließlich institutioneller **Rahmenbedingungen** auf lokaler Ebene mit ein. Die Berücksichtigung höherer Ebenen schließt nicht direkt am Standort verankerte Faktoren mit ein, so zum Beispiel die Rolle des Staates durch politische Richtlinien, wirtschaftliche Fördermaßnahmen, Handelsabkommen, wirtschaftliche Struktur, Migrationsmuster etc. Zusätzlich ist ein Blick zurück auf die historische Entwicklung hilfreich, um vergangene Strukturen, Konflikte und Beziehungen zu identifizieren, die gegenwärtige Prozesse beeinflussen.

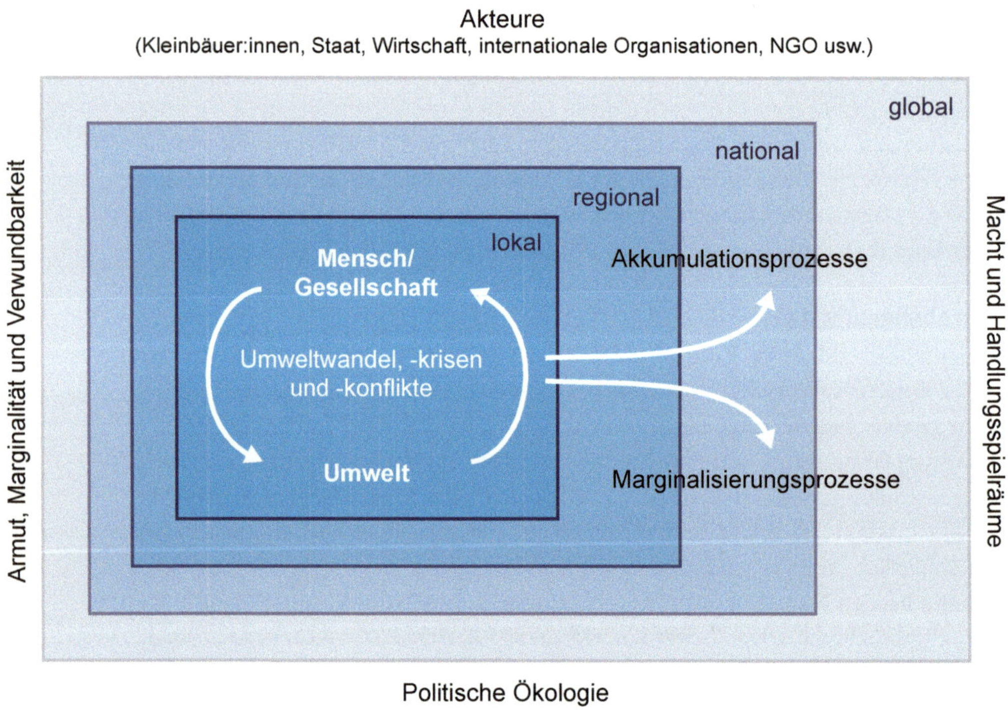

Abb. 4.2: Der Mehrebenenansatz. Eigene Darstellung verändert nach Mattissek & Sakdapolrak (2016: 21).

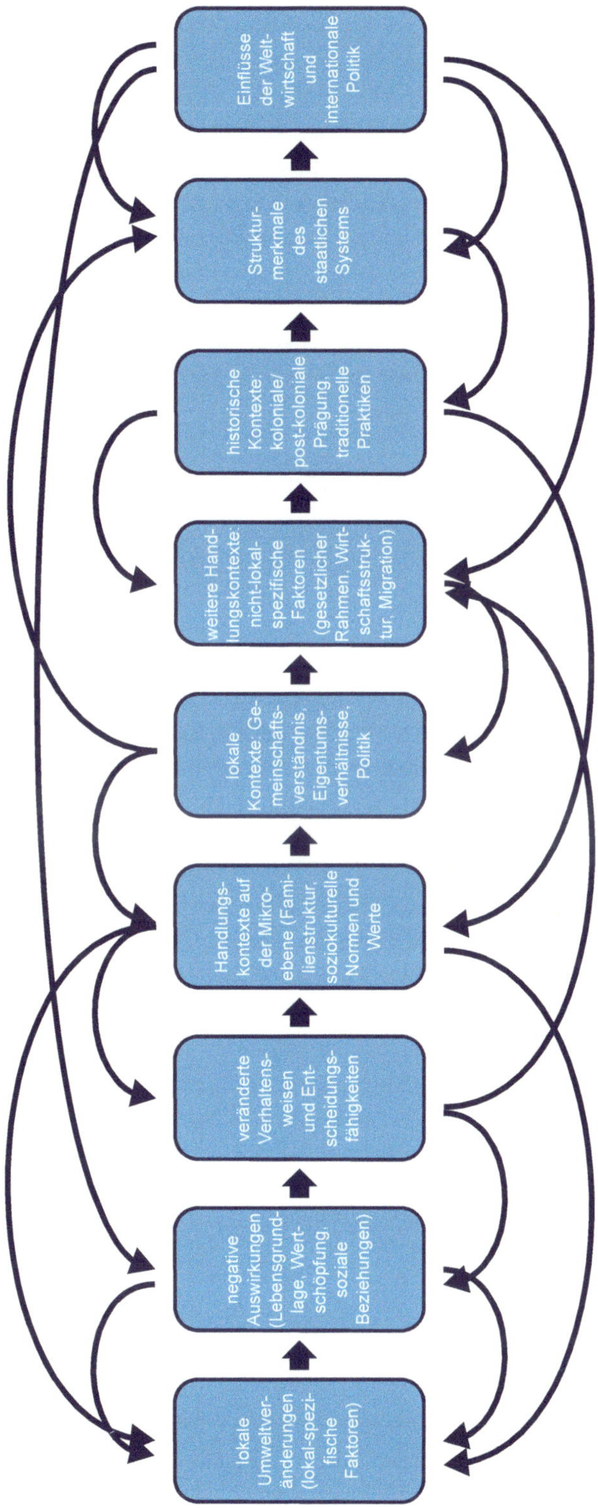

Pfeile aus Darstellungsgründen nur exemplarisch; Verschränkungen in der Regel komplexer und variabel

Abb. 4.3: Schematisches Beispiel einer möglichen Erklärungskette. Eigene Darstellung.

4.4 Schwerpunkte und Anwendungsfelder

Die Politische Ökologie wird inzwischen auf vielzählige und sehr unterschiedliche Aspekte des Umweltwandels und damit verknüpfte Konflikte angewandt. Dabei wird Umwelt in einem weiten Verständnis verwendet, das auch durch Produktionsprozesse und menschliches Handeln ver- und bearbeitete natürliche Ressourcen umfasst (Gebäude aus Sand, Stein und Lehm; Energie aus verschiedenen Energieträgern etc.). Wir unterscheiden im Folgenden zunächst zwischen den ursprünglichen und nach wie vor sehr zentralen Anwendungsbereichen, die sich mit **Umweltdegradation** und **Umweltkonflikten** im Globalen Süden, und dort vor allem in ländlichen Räumen, beschäftigen, bevor wir auf die Anwendung des Ansatzes im Globalen Norden und urbanen Räumen eingehen.

4.4.1 Politische Ökologie im Globalen Süden

Die Politische Ökologie entstand im Kontext fortschreitender Umweltprobleme als interdisziplinäre und kritische Mensch-Umwelt-Forschung im englischsprachigen Raum unter anderem in der Anthropologie, Ethnologie, Humangeographie und den Politikwissenschaften (Bauriedl, 2016b). Sie war zunächst auf die Erklärung von Umweltproblemen im Globalen Süden mit einem Schwerpunkt auf die Agrarwirtschaft ausgerichtet, um globale Abhängigkeitsverhältnisse und Machtungleichheiten sichtbar zu machen (Bailey & Bryant, 1997; Blaikie, 1985; Blaikie & Brookfield, 1987). Sie blieb bis in die 1990er Jahre sehr stark auf **lokale Umweltkrisen** fokussiert, die sich mit den Lebensrealitäten vor allem von Kleinbauern beschäftigte. Hierzu zählten Probleme der Bodendegradation, Erosion sowie Ressourcenextraktion in Asien, Afrika und Südamerika, die nicht allein Ergebnis biophysikalischer Phänomene waren (siehe Kapitel 2.4 und 2.5) (Blaikie, 1985; Blaikie & Brookfield, 1987). Gängige Erklärungsansätze der Zeit, so auch in der Entwicklungsforschung, sahen die Ursache dieser Prozesse in der Mikropolitik lokaler Akteurinnen, in Konflikten und lokalen Kämpfen um knappe Ressourcen und deren Übernutzung (z. B. Überfischung, Brandrodung), aber auch dem ungleichen Zugang zu relevanten Produktionsmitteln, Bildung und Wissen vor Ort. Die Politische Ökologie entstand aus **Protest** zu diesen Erklärungsansätzen und widersetzt sich dieser Logik und der damit verbundenen Schuldzuschreibung, welche die ärmsten Länder und Menschen für Umweltgradierung und damit eine Verschlechterung der eigenen Lebensbedingungen verantwortlich macht (Bauriedl, 2016b).

Beispiel

Ein klassisches Beispiel ist die **Brandrodung des tropischen Regenwalds in Brasilien**, die unter anderem durch Agrarkolonisation, Rinderweiden, Holzwirtschaft und Bergbau angetrieben wurde bzw. wird und zu zahlreichen Interessens- und Nutzungskonflikten führt. Diese resultieren häufig in veränderten Nutzungs- und Besitzstrukturen vor Ort. Vor allem flächenhafte **Brandrodung** für Rinderfarmen, die nicht ohne globale Produktions- und Konsumverflechtung verstanden werden können, sind als zentraler Treiber für den Verlust natürlicher Ökosysteme in die Kritik geraten (Kohlhepp & Coy, 2010). Aus politökologischer Perspektive gilt es entsprechend, die vielzähligen Veränderungen und Wirkungsgefüge verstehen zu lernen, um Handlungsmöglichkeiten und Verhalten verschiedener Akteursgruppen im Kontext erklären zu können.

Ursachen für Umweltveränderungen

Der schottische Geograph Piers Blaikie (1985), der aufgrund seiner frühen Forschungsbeiträge als Begründer der Politischen Ökologie angesehen wird, untersuchte in den 1980er Jahren Bodenerosionsprozesse unter anderem in Nepal. Er argumentierte als einer der ersten, dass die Degradation von Land immer als **multiskalarer Prozess** verstanden werden muss. Besondere Bedeutung haben hierbei internationale Wirtschaftsverflechtungen, Macht(ungleich)verhältnisse und Abhängigkeiten. Damit sind die Ursachen nicht nur auf lokaler, sondern auch auf nationaler und internationaler Ebene und damit auch in Ländern des Globalen Nordens zu suchen (hierzu auch frühe Arbeiten von Blaikie & Brookfield, 1987; Peluso, 1988).

Politökologische Arbeiten zum Globalen Süden haben verschiedene Schwerpunkte zur Erklärung von Umweltveränderungen im Kontext von Unterentwicklung und Marginalität gesetzt. Umweltveränderungen wie Rohstoffverknappung und Umweltverschmutzung werden dabei als Ausdrücke ungleicher Kontrolle über und Verteilung von natürlichen Ressourcen verstanden (Elbers, 2002). Diese **materiellen Enteignungen** resultieren häufig in veränderten Zugangs- und Nutzungsrechten von Land und Ressourcen (Wald, Wasser, Mineralien, verschiedene Formen von Nahrungsmitteln etc.). Diese werden zum Beispiel durch Neoliberalisierungsprozesse in Form von Privatisierungen und Expansion durch internationale Unternehmen vorangetrieben, die diverse und kleine Nutzungsformen durch große bis sehr große Anbau-, Abbau- und Produktionsstätten ersetzen.

Marginalisierte Gruppen

Wissenschaftliche Arbeiten haben sich dabei mit den Dimensionen von Geschlecht, Klasse und Ethnizität beschäftigt, um die überdurchschnittliche Belastung von marginalisierten Gruppen aufzuzeigen (Rocheleau et al., 2013). So sind verschiedene Landnutzungspraktiken häufig an **traditionelle Geschlechterrollen** geknüpft, die unterschiedlich sichtbar und anerkannt sind. Veränderungen von Landnutzungsformen, zum Beispiel in Afrika, können unterschiedliche Auswirkungen auf Frauen und Männer haben. Die Konversion von bewaldeten Flächen in Ackerland führt zu einer verringerten Verfügbarkeit von Feuerholz, dessen Sammeln in den Aufgabenbereich von Frauen fällt und somit einen deutlich erhöhten Arbeitsaufwand für die Suche von Feuerholz bedeuten kann. Die Aktivität findet in Diskussionen hinsichtlich der Erwerbstätigkeit lokaler Haushalte wenig Berücksichtigung, obwohl der zusätzliche Arbeitsaufwand den Lebensalltag der Frauen deutlich erschweren kann. Auch Veränderungen durch fortschreitenden Umwelt- und Naturschutz, so die Einrichtung von Schutzzonen und Naturparks, kann zu Veränderungen von **Zugangs- und Nutzungsrechten** führen (s. unten). Dabei können bestehende Nutzungsformen von lokalen, häufig auch indigenen Bevölkerungsgruppen übersehen oder auch bewusst ignoriert werden, die durch neue Nutzungsrechte ausgeschlossen werden und betroffene Gruppen zwingen, Alternativen zu finden, die zu ökologischen und sozialen Problemen führen können.

Immaterielle Dimensionen

Neben diesen materiellen Formen der Enteignung und Marginalisierung beschäftigt sich die Politische Ökologie aber auch mit **immateriellen Dimensionen** ungleicher Machtbeziehungen und Enteignungen. Die Anthropologin Paige West beschäftigt sich in ihren Arbeiten zu Papua-Neuguinea mit der Enteignung von Souveränität im Sinne von Entscheidungsmacht hinsichtlich nicht-materieller Dimensionen, die eng mit materiellen Dimensionen verwoben sind (West, 2016). Unter **Souveränität** versteht sie die Autonomität einer jeden, über das eigene Leben und die dazugehörenden Bestandteile bestimmen zu können. Hierzu zählen auch Prozesse der Wissensproduktion bezogen auf Umweltprobleme und -konflikte (s. Kapitel 12). Veranschaulichen lässt sich dies durch verschiedene Verständnisse der Beziehung zwischen Natur und Gesellschaft auf einer zunächst allgemeinen Ebene. In einem westlich wissenschaftlichen Verständnis wird häufig von einer gewissen Trennung zwischen Natur und Gesellschaft ausgegangen, wobei der Wert der Natur durch den Nutzen für den Menschen bestimmt wird (z. B. der Marktwert zu entnehmender Rohstoffe, der Erholungswert eines Naherholungsgebietes). Indigene bzw. traditionelle Verständnisse weichen davon ab, da sie den Menschen als nur einen Teil des natürlichen Systems verstehen, welcher von der Natur abhängig ist und sich im Einklang mit dieser verhalten muss. Daraus ergeben sich **unterschiedliche Werteverständnisse** und daran gebundene Handlungsmaximen. Wissen zu Umweltproblemen wird in Papua-Neuguinea auch heute noch überwiegend durch westliche und somit externe Wissenschaftlerinnen bestimmt, da in Papua-Neuguinea die nötigen Ausbildungssysteme und -kompetenzen fehlen, und indigenes Wissen über ökologische Zusammenhänge unberücksichtigt bleibt. Daraus resultiert ein **Ungleichgewicht von Wissen** und Macht zwischen westlichen Forschenden und Experten auf der einen und Einheimischen auf der anderen Seite. Ähnliche machtsensitive Analysen werden auch in postkolonialen Theorien (s. Kapitel 2) vertreten.

4.4.2 Politische Ökologie im Globalen Norden und urbanen Räumen

Mit der Zeit wurde die Perspektive der Politischen Ökologie auch auf Konflikte und Thematiken im Globalen Norden angewendet. Unter dem Begriff der **First World Political Ecology** (Politische Ökologie entwickelter Länder) argumentierten Geographinnen, dass die in der Politischen Ökologie angegangenen Problemstellungen nicht nur auf Länder des Globalen Südens beschränkt, sondern auch im Kontext höher entwickelter Länder des Globalen Nordens relevant sind (Castree, 2007; McCarthy, 2002). Zudem sehen kritische Geographen die Möglichkeit, eine solche **machtsensitive Perspektive** traditionell ökonomisch ausgerichteten und relativ apolitischen Perspektiven entgegenzustellen, wie der bereits vorgestellten Ökologischen Modernisierung (s. Kapitel 3), und diese somit herauszufordern. Hierzu zählen Studien zu Ressourcenkonflikten im Bergbau und der Forstwirtschaft in Australien und Nordamerika (z. B. Prudham, 2012), zur Privatisierung von Wasserressourcen in Nordamerika und Großbritannien (Bakker, 2003) und Überfischung auf globaler Ebene (Mansfield, 2010). Wie am Beispiel der Tesla Gigafactory aufgezeigt, geht es im Kontext industrialisierter Länder ebenfalls um Fragen der Benachteiligung bestimmter Individuen und Gruppen im Kontext ungleicher Verteilung, die häufig durch Prozesse der Neoliberalisierung und damit verbundener Privatisierung verschärft bzw. ausgelöst werden können. Dabei spielen materielle Enteignungen und Ungleichheiten vor allem auch im Bereich der Rohstoffgeographien eine zentrale Rolle. Sie betreffen die ungleiche Teilhabe an Entscheidungsprozessen und Nutzungsformen sowie die ungleiche Verteilung von daraus resultierenden Kosten und Nutzen.

Urbane Politische Ökologie

Neben einer Übertragung der Perspektive in den Globalen Norden kam es auch zu einer Anwendung politökologischer Perspektiven außerhalb peripherer und ländlicher Räume. Die sogenannte **urbane Politische Ökologie** wurde vor allem von anglophonen kritischen Stadtgeographen vorangetrieben (Swyngedouw & Heynen, 2003). Der Untersuchungsschwerpunkt liegt hierbei auf den sozialen Auswirkungen von Umweltveränderungen und Umweltschäden in Großstädten und Ballungsräumen, wobei auch hier Umweltwandel (in diesem Fall die städtische Natur, Ressourcen) als sozialer Wandel verstanden wird (Heynen, 2014). Dieser ist durch politische Aushandlungsprozesse bestimmt, die durch verschiedene Ideologien, Interessen und Weltbilder gesteuert werden (Rice, 2014). Im Kontext von Städten gehört hierzu auch eine Öffnung unseres **Naturverständnisses**. Aus politökologischer Perspektive sind urbane Räume nicht frei von Natur, sondern bestehen aus unzähligen natürlichen Dimensionen. Natur tritt hier in vielen verschiedenen Ausprägungen auf. So bestehen Gebäude und Verkehrsmittel aus bearbeiteten natürlichen Rohstoffen, die durch menschliches Handeln und Arbeit verändert und transformiert werden (Kaika,

2018). Entsprechend ist eine asphaltierte Straße nicht ›unnatürlicher‹ als eine städtische Grünfläche oder ein Stadtpark. Urbane Grünflächen werden von uns häufig als natürlicher Teil des Stadtbilds verstanden. Jedoch sind Grünanlagen genauso wie Gebäude durch menschliches Handeln geprägt und werden durch planerische und andere Expertisen beeinflusst. So sind Grünflächen und andere städtische Elemente durch Ideale, Wertevorstellungen und politische Entscheidungsprozesse geprägt.

Überträgt man die Mehrebenenanalyse oder Erklärungskette auf den urbanen Raum, so lassen sich Zusammenhänge am Beispiel eines Glas Leitungswassers, das wir in unserer Wohnung aus dem Wasserhahn füllen können und trinken, nachvollziehen (Kaika, 2018). Das Leitungswasser fließt durch die Rohre eines bereitgestellten Infrastrukturnetzwerkes, welches sich in vielen Fällen über die Stadtgrenze hinaus verfolgen lässt. Oft kommt das städtische Trinkwasser vielleicht aus weiter entfernt liegenden Wasserspeichern. Entsprechend kann die **Trinkwasserversorgung** nur durch kritische Berücksichtigung von Einflussfaktoren auf mehreren Maßstabsebenen (in den Leitungssystemen der Stadt, in den Wasserreservoirs außerhalb der Stadt) verstanden werden. Diese Abhängigkeiten werden besonders bei der Betrachtung von Wüstenstädten deutlich.

Urbaner Metabolismus

Das Beispiel verdeutlicht den Ansatz des **gesellschaftlichen** bzw. im Kontext von Städten **urbanen Metabolismus,** welcher häufig in der urbanen Politischen Ökologie Anwendung findet (s. auch Kapitel 6) (Keil, 2005; Newell & Cousins, 2015). Er überträgt das biologische Verständnis des Metabolismus eines Organismus oder Systems (z. B. Wald, See) auf Städte. Entsprechend umfasst urbaner Metabolismus die Beziehungen zwischen einer städtischen Gesellschaft und der Natur unter Berücksichtigung aller Inputs (Energie, Nahrungsmittel etc.), Transformationsprozesse (Kraftstoffverbrennung, Stromverbrauch, Nahrungsmittelaufnahme etc.) und Outputs (Müll, Schadstoffe etc.). Wie auch bei Organismen sind die Beziehungen und Prozesse nicht starr, sondern befinden sich in einem ständigen Wandel. So führen technologische und andere Fortschritte zu **neuen Infrastruktursystemen** und daran gebundene **Lebensstilveränderungen**, die wiederum Ansprüche und Verständnisse urbaner Räume neu definieren. Auch können bautechnische Projekte zu unvorhergesehenen Formen von Risiken und Vulnerabilitäten führen, so beispielsweise durch die Erschließung von ehemaligen Feuchtgebieten (z. B. Flussauen). Gleichzeitig werden städtische Entwicklungsprozesse durch vergangene und gegenwärtige Entscheidungen langfristig festgelegt und determinieren zukünftige Handlungsrahmen. So ist die städtische Infrastruktur in fast allen Städten auf individuelle motorisierte Mobilitätsformen (v. a. Pkw) ausgerichtet und durch Straßen und Gebäude materiell fixiert.

4.5 Relevanz für die Wirtschaftsgeographie

Die Anwendbarkeit der Politischen Ökologie in der Wirtschaftsgeographie ist mit Schwerpunkten von der Ressourcengeographie bis hin zur Stadtentwicklung vielfältig. Für eine nachhaltigkeitsorientierte Wirtschaftsgeographie bietet die Politische Ökologie einen kritischen Analyserahmen, der vor allem Eigentums-, Verfügungs- und Nutzungsrechte in Bezug auf Umwelt(-wandel) und Ressourcennutzung ins Visier nimmt. Im Kontext des Klimawandels und fortschreitender Umweltdegradation gewinnen der Zugang und die Kontrolle über Ressourcen zunehmend an Bedeutung. So spielt unter anderem die Sicherung von bzw. der **Zugang zu Rohstoffen** als Teil von staatlichen Entwicklungsstrategien eine wichtige Rolle (so auch der Grüne Deal der EU, s. Kapitel 13). Auch bringen die Entwicklung und Verbreitung **neuer Technologien** veränderte Bedarfe an Rohstoffen mit sich. Hierzu zählt die Nachfrage nach Lithium (s. u.). Im Folgenden gehen wir auf einige ausgesuchte Entwicklungen und Themen ein, die in den letzten Jahren an Bedeutung gewonnen haben, so Nutzungsänderungen von Landfläche am Beispiel von Land Grabbing und Naturschutzgebieten sowie die mit dem Klimawandel verbundenen Herausforderungen der Infrastrukturentwicklung am Beispiel der Energieversorgung.

Land Grabbing

Land Grabbing (Landnahme) beschreibt den großflächigen Erwerb von Agrarflächen durch private Investorinnen, Agrarkonzerne und staatliche Akteure mittels langfristiger Pacht- oder Kaufverträge. Seit den 2000er Jahren hat Land Grabbing durch den schnellen Anstieg der betroffenen Flächen und der Zahl der Landinvestitionen zunehmende Aufmerksamkeit erhalten. Laut der Monitoring-Plattform Land Matrix (2023) wurden seit dem Jahr 2000 Landgeschäfte im Ausmaß von über 97,4 Mio. Hektar geplant, was in etwa der Fläche Ägyptens entspricht. Von diesen wurden bisher 67 Prozent abgeschlossen (64,8 Mio. Hektar). Betroffen sind vor allem Agrarflächen in Afrika, Asien und Lateinamerika, aber auch in osteuropäischen Transformationsländern, in denen als Teil postsozialistischer Umstrukturierungen ehemals kommunale Güter privatisiert wurden und werden (Plank, 2022). Der Prozess des Land Grabbings wird durch eine **zunehmende Nachfrage** nach Agrarflächen angetrieben, unter anderem durch steigende Nahrungsmittelpreise, den Verlust bisheriger landwirtschaftlicher Flächen (z. B. Umnutzung durch Verstädterungsprozesse, Degradation von Ackerland) sowie einer steigenden Nachfrage nach Biomasse zur Energiegewinnung. Durch die gesteigerte Nachfrage wird Land zu einem lukrativen Finanz- und Investitionsobjekt für private (internationale) Unternehmen. Staatliche Landkäufe gehen überwiegend von asiatischen Ländern (z. B. China, Malaysia, Südkorea) und Ländern aus dem arabischen Raum (z. B. Saudi-Arabien, Kuwait) aus und zielen auf die Sicherung der eigenen nationalen Lebensmittelversorgung bzw. wirtschaftlichen Sicherheit ab (s. Abb. 4.4).

Mit der Landnahme kommt es zu einer Änderung bestehender **Rechte und Nutzungsmöglichkeiten**, häufig ohne oder mit nur unzureichender Kompensation bisheriger Nutzender. Land Grabbing ist entsprechend negativ konnotiert, da Betroffene, meist lokale und/oder indigene Gruppen, für ihren Lebensunterhalt zumindest teilweise auf die Nutzung der betroffenen Flächen angewiesen sind (z. B. Kleinbäuerinnen). Es kann somit neben **Enteignungen und Vertreibungen** zur Zerstörung von bestehenden Lebensgrundlagen kommen. Staatliche und internationale Akteure sehen hingegen positive Effekte durch Schaffung von Arbeitsplätzen, Armutsbekämpfung und Ernährungssicherheit. Jedoch werden diese Erwartungen häufig enttäuscht. Die Perspektive der Politischen Ökologie betont, dass Prozesse des Land Grabbings als Teil komplexer Beziehungsgeflechte verstanden werden müssen, die auch immer den historischen Kontext mitberücksichtigen. In Bezug auf Landnutzungsrechte und -praktiken ist dieser durch verschiedene Werte- und Wissenskomplexe geprägt und vor allem in Ländern des Globalen Südens durch koloniale und postkoloniale Verständnisse von Macht und Herrschaft bestimmt (Engels & Dietz, 2011).

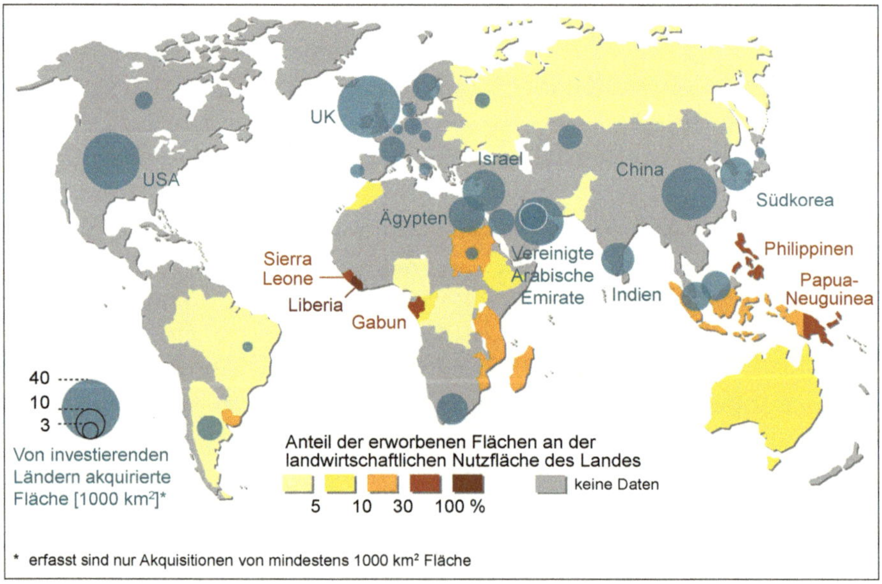

Abb. 4.4: Umfang transnationaler Landnahme nach Ausgangs- und Zielland. Eigene Darstellung leicht verändert und übersetzt nach EEA (2016).

Natur- und Artenschutz

Ein zweiter Bereich, in dem es zu umfassenden Veränderungen bestehender Landnutzungsformen und damit verbundenen Eigentums- und Zugangsrechten kommt, steht im Zusammenhang mit internationalen Bemühungen des **Natur- und Artenschutzes**. So wurde auf dem UN-Biodiversitätsgipfel in Montreal im Dezember 2022 ein globaler Rahmenvertrag beschlossen, der unter anderem zum Ziel hat, 30 Prozent der Erdoberfläche bis zum Jahr 2030 unter Schutz zu stellen. Dieses durchaus ambitionierte Ziel betont die zentrale Rolle von Naturschutzgebieten und Parks, die in der Regel Landnutzungsformen einschränken oder auch ganz unterbinden und damit auch unser Verständnis von **Mensch-Umwelt-Beziehungen** definieren (Adams & Hutton, 2007).

Einschränkungen wurden auch in Bezug auf indigene Nutzungspraktiken diskutiert, beispielsweise den traditionellen Walfang oder die Bisonjagd im nordamerikanischen Kontext, da diese durch die Einführung von marinen und terrestrischen Schutzgebieten hinterfragt werden. Weniger kontrovers diskutierte **Nutzungspraktiken** umfassen das Sammeln bzw. die Entnahme von Rinde und Pflanzenfasern sowie anderen forstwirtschaftlichen Erzeugnissen außer Holz. Diese Veränderung von Nutzungspraktiken und -rechten gehen über die materielle Dimension hinaus, da sie durch bestimmte hegemoniale Naturverständnisse und somit Werteverständnisse und Handlungsrahmen geprägt werden (s. Kapitel 12). Das international anerkannte Verständnis von Naturschutz basiert auf einer (zumindest gewissen) Trennung menschlichen Handelns von der Natur, das durch die angestrebte Reduzierung, Kontrolle und/oder Unterbindung menschlichen Einflusses (Ressourcenentnahme, Verschmutzung, Bewirtschaftung etc.) deutlich wird. Dieses ist stark durch westliches, wissenschaftliches Denken bzw. Wissen bestimmt, das im Widerspruch zu indigenen **Naturverständnissen** steht (Wiegleb & Bruns, 2022; Gadgil et al., 1993). Dieses ist durch Erfahrungs-Wissens-Glaubens-Komplexe geprägt und versteht den Menschen als einen inhärenten Teil der Natur (Gadgil et al., 1993) (s. Kapitel 12.2). Entsprechend lassen sich auch hier immaterielle Dimensionen der Enteignung anhand hegemonialen Wissens festmachen, das politische Entscheidungsprozesse dominiert (s. Kapitel 4.4.1).

Strategien der Vermarktlichung

Eine weitere Dimension des Natur- und Artenschutzes betrifft Strategien der Vermarktlichung, die sich mit der **Inwertsetzung** bzw. **Wertschätzung von natürlichen Ressourcen** und Systemen beschäftigen (s. Kapitel 7). Hierzu zählen Programme wie REDD+ (kurz für Reducing Emissions from Deforestation and Forest Degradation), das als Teil der internationalen Klimarahmenkonvention seit 2005 umgesetzt wird (Mattissek, 2014). Ziel von **REDD+** ist es, den Schutz von Wäldern als Kohlenstoffspeicher finanziell attraktiv zu machen, indem nachweisbare Emissionsreduzierungen durch Waldschutzmaßnahmen in Ländern des Globalen Südens durch Zahlungen belohnt werden. Klimaschutzprojekte (z. B. durch die Bereitstellung von Kohlenstoffspeichern) sind auch Teil des Emissionshandels (z. B. als CO_2-Kompensation oder Carbon Offsetting) (s. Kapitel 7). Dabei sollen Treibhausgasemissionen durch entsprechende Investitionen in Klimaschutzprojekte (z. B. Aufforstungsmaßnahmen) oft in Ländern des Globalen Südens ausgeglichen werden. Kritik an diesen Maßnahmen und Programmen besteht zum einen aus dem bisher begrenzten Erfolg, der Möglichkeit hochemittierender Länder und Gruppen, sich freikaufen zu können, zum anderen auch an einer Verstärkung globaler Ungleichheiten und Abhängigkeiten durch Geber- und Nehmerländer (McAfee, 2016).

Energiepolitik

Anhand von **Infrastruktursystemen** der **Energieversorgung** werden Konflikte und Ungleichheiten im Kontext des Klimawandels deutlich. Infrastruktur wird dabei als materiell-gebaute Kopplung zwischen Gesellschaft und Natur verstanden (s. auch urbaner Metabolismus) (Bruns et al., 2022). Hinsichtlich der Energieversorgung ist es neben einem kontinuierlichen Anstieg des Energieverbrauchs in den letzten Jahren und Jahrzehnten vor allem durch die international verabschiedeten Klimaziele (Dekarbonisierung) zu der Verpflichtung gekommen, den Verbrauch fossiler Brennstoffe zu reduzieren und durch erneuerbare Energiequellen zu ersetzen. **Energiepolitik** wird, kritisch betrachtet, durch bestimmte hegemoniale Verständnisse und Interessengruppen geprägt (Bridge et al., 2018). In Deutschland wird die Dekarbonisierung im Energiesektor durch die sogenannte **Energiewende** umgesetzt. Hierzu zählt der viel diskutierte Ausstieg aus der Braunkohle und der Ausbau erneuerbarer Energiequellen. Wie am Beispiel des Land Grabbings bzw. sogenannter grüner Landnahme (Bauriedl, 2021) aufgezeigt, können hierzu auch Landaneignungen für den Anbau von Biomasse für die Energieerzeugung gehören. Der Krieg Russlands gegen die Ukraine hat zeitweise zu Energieversorgungsengpässen geführt und stärker als die Klimakrise bisher Diskussionen hinsichtlich der Sicherstellung der Versorgung ausgelöst. Hierzu zählt die Frage, welche Nutzende Vorrang in der Versorgung haben sollten (z. B. Privathaushalte gegenüber Produktionsbetrieben). Viele Haushalte leiden unter den mit der Verknappung verbundenen steigenden Energiepreisen und fürchten darum, nicht in der Lage zu sein, für Heizkosten aufkommen zu können. Die 2022 durch die Bundesregierung eingeführte Energiepauschale als einmalig ausgezahlter Zuschuss für alle in Deutschland Ansässigen hat viel Kritik ausgelöst, da Höherverdienende trotz vergleichsweise höherem Energieverbrauch deutlich weniger durch die Energiemehrkosten betroffen sind (z. B. Abb. 4.5).

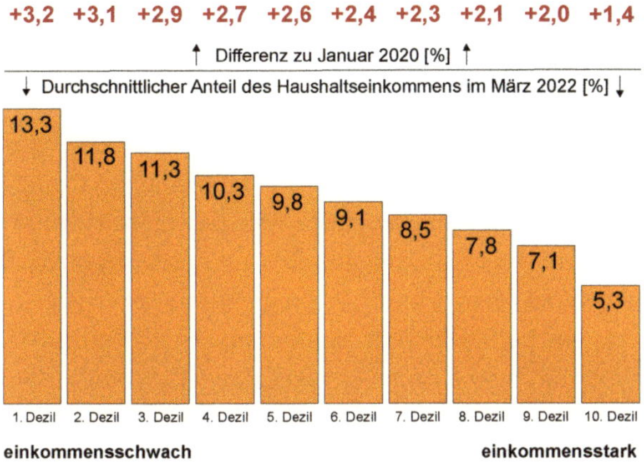

Abb. 4.5: Unterschiedliche Belastung durch Energiemehrkosten nach Haushaltseinkommen. Eigene Darstellung leicht verändert nach statista (2022).

Eine weitere mit der Transformation des Energiesektors verbundene Entwicklung ist die schnell wachsende Nachfrage von seltenen Erden. Daneben werden kritische Rohstoffe wie Kobalt und Lithium für die Herstellung von Batterien unter anderem für die Elektromobilität benötigt. Die Nachfrage nach Lithium ist in den letzten Jahren deutlich angestiegen und Prognosen für die nächsten Jahre lassen eine anhaltende Steigerung vermuten (Abb. 4.6). Über die Auswirkungen des Lithiumabbaus und damit verbundene Umweltkonflikte vor allem in Lateinamerika sind in den letzten Jahren vielzählige Studien erschienen (z. B. Jerez et al., 2021), die zunehmende Ungleichheiten und Marginalisierungen, zum Beispiel hinsichtlich der Wasserversorgung lokaler Bevölkerungsgruppen, dokumentieren (s. Kapitel 7).

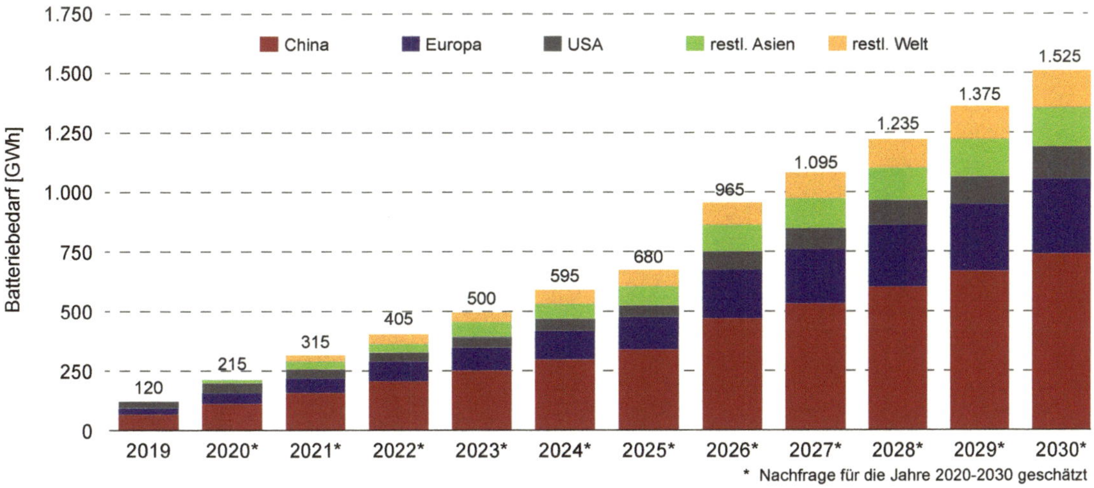

Abb. 4.6: Globale Nachfrage 2019 und geschätzte globale Nachfrage von 2020–2030 nach Lithiumbatterien für Elektrofahrzeuge nach Region. Eigene Darstellung leicht verändert nach statista (2021).

4.6 Zusammenfassung

Die Politische Ökologie stellt ein vielfältiges und diverses Forschungsfeld dar, welches gesellschaftliche Dimensionen betont. Was alle Arbeiten vereint, ist die Grundannahme, dass Umweltkonflikte immer als soziale Krise verstanden werden, die durch ungleiche Machtverhältnisse und daran gekoppelte Verteilungs- bzw. Umverteilungsprozesse bedingt sind. Ein Schwerpunkt liegt dabei auf der Analyse **multiskalarer Beziehungsverflechtungen**. Entwicklungsstrategien und Lebensweisen in westlichen Industrieländern, wie politische Entscheidungen zur Förderung der Digitalisierung und Elektromobilität oder unser Reiseverhalten (Fernreisen, Ökotourismus), gehen mit Umweltveränderungen in anderen Regionen der Welt einher. Abhängigkeitsverhältnisse bestehen aber auch innerhalb urbaner Räume und darüber hinaus mit deren Umland. Neben materiellen Veränderungen beschäftigt sich die Politische Ökologie auch mit **immateriellen Ungleichheiten**. So ist (Umwelt-) Wissen selbst immer gesellschaftlich konstruiert und politische umkämpft (s. Kapitel 12). Die in Kapitel 2 vorgestellten verschiedenen Umwelt-Wirtschaft-Verständnisse entstanden im jeweils spezifischen historischen Kontext. Diese schließen jedoch viele Wahrnehmungen und Perspektiven aus, vor allem die bereits marginalisierter und machtloserer Gruppen, wohingegen bestimmte Stimmen und Perspektiven dominieren und Diskurse bestimmen (z. B. Klimapolitik, Energiewende, Stadtentwicklung).

Durch die auf Macht und Ungleichheiten fokussierte multiskalare Perspektive bietet die Politische Ökologie innerhalb der Nachhaltigkeitsforschung und -politik einen wichtigen Zugang zur Identifizierung verschiedener, oft vernachlässigter Bedürfnisse, Interessen und Handlungsrahmen. Hierbei ist vor allem im Hinblick auf bestehende Nachhaltigkeitsdiskurse zu betonen, dass die Politische Ökologie nicht nur Gesellschaft-Umwelt-Dichotomien überwindet, sondern auch das Potenzial hat, die bestehende Kluft zwischen Physischer und Humangeographie zu schließen. Mit dem **Mehrebenenansatz** und **Erklärungsketten** liefert sie hilfreiche Analyserahmen, die aber keine fest etablierten Modelle oder methodischen Vorgaben darstellen. Damit kann sie, wie auch der im folgenden Kapitel besprochene Ansatz der Umweltgerechtigkeit, wichtige Beiträge zu sozial und ökologisch nachhaltigen Lösungsansätzen beitragen.

4.7 »Raus ins Feld« mit Dr. Jörg Elbers, Fachreferent bei Misereor

Abb. 4.7: Jörg Elbers. Foto: privat.

Jörg Elbers ist Physischer Geograph und hat schon früh in Deutschland die Perspektive der Politischen Ökologie in seinen Arbeiten angewandt. Wir haben Jörg zu seinen Erfahrungen damals befragt. Heute arbeitet er für Misereor als Fachreferent für ländliche Entwicklung für die Regionen Lateinamerika und Karibik. Das Gespräch fand im Februar 2023 statt.

Mit welchen Themen hast Du Dich in Deinen frühen Arbeiten beschäftigt?

Ich war in den 1990er Jahren (1992–1997) in einem Projekt der Entwicklungszusammenarbeit tätig, welches von der Welthungerhilfe finanziert wurde. Das Projekt zielte darauf ab, agrarökologische und forstliche Landnutzungsformen im Alto Beni, einer tropischen Region im Subandin Boliviens, zu stärken. Das Ziel war, land- und forstwirtschaftlich genutzte Flächen effizienter zu nutzten und die Nutzung hinsichtlich der Erträge zu optimieren. Das Besondere daran war, es war nicht ein Projekt allein von einem Forschungsinstitut oder einer Kakaogenossenschaft, wie es im Normalfall gewesen wäre, sondern wurde als gemeinsames Projekt initiiert, in dem die zwei Akteursgruppen zusammenarbeiteten. Im Ansatz ging es darum, anstelle auf Versuchsparzellen zu experimentieren, mit den innovativsten Kakaobäuerinnen des Alto Beni zusammenzuarbeiten und deren Praktiken zu verstehen. Im Teilprojekt Landwirtschaft-Agroforst haben wir detaillierte Landnutzungsanalysen durchgeführt. Dazu gehörten Bodenanalysen, Landnutzungskartierungen und im Nachhinein photogrammetrische Analysen. Es war ein rein naturwissenschaftlicher Ansatz, den wir verfolgt haben. Entsprechend habe ich die im Rahmen des Projekts ausgeführte Feldforschung, also die gesammelten Daten, für meine Doktorarbeit aus Bolivien nach Düsseldorf mitgebracht. Die Datenerhebung war abgeschlossen als ich nach Deutschland zurückkam, sie bestand aus rein physisch-geographischen Methoden und Datensätzen.

Wieso hast Du Dich dann als Physischer Geograph mit der Politischen Ökologie auseinandergesetzt?

Wichtig wäre zunächst zu sagen, dass ich mich schon immer für integrale und systemische Zusammenhänge interessierte. Ein weiterer Punkt ist, dass das gemeinsame Entwicklungsprojekt zweier sehr unterschiedlicher Institutionen scheiterte. Die naturwissenschaftlichen und die technischen Ansätze waren gut, aber das Zwischenmenschliche fand keine Berücksichtigung. Die Wissenschaftlerinnen und Techniker, insbesondere auf der Leitungsebene, schafften es nicht, eine gemeinsame Sprache zu finden und zusammenzuarbeiten. Keine weitere Bodenanalyse oder photogrammetrische Ausarbeitung hätte das Scheitern des gemeinsamen Projektes verhindert.

Und so steckte ich mit meiner Doktorarbeit und den rein physisch geographischen Datensätzen in einer tiefen Sinnkrise. Ich steckte mit der Arbeit in einer Sackgasse. Ich weiß noch, wie ich einem Kollegen meine Gliederung der Doktorarbeit vorgelegt habe und er mir die entscheidende Frage stellte: »Was ist denn eigentlich das Thema Deiner Arbeit?« Und dann ist mir nachts im Bett eingefallen, dass die Menschen nicht Teil der Arbeit waren, und das bei einem Thema, das hochpolitisch war. Ich weiß gar nicht mehr genau, wie ich die Literatur zur Politischen Ökologie gefunden habe. Irgendwie bin ich auf die Arbeiten von Piers Blaikie, Raymond L. Bryant und Sinéad Bailey gestoßen und habe sofort gemerkt, dass sie mir systemische Ansätze bieten, die meinen Interessen entsprechen. Ich habe die Texte damals verschlungen, das war genau das, was ich brauchte. Für mich war es genial, diese Beispiele zu haben.

Wo siehst Du die Stärken des Ansatzes?

Für mich war die Politische Ökologie ein erster Schritt in die richtige Richtung. Die Politische Ökologie bot mir das, was ich nicht hatte. Sie erlaubte mir, aus dem Rahmen des rein naturwissenschaftlichen Arbeitens auszubrechen, in dem das Agieren der Menschen keine Rolle spielte. Aber für mich waren die Mensch-Umwelt-Beziehungen wichtig und alles ganz einleuchtend. Für mich ist es inzwischen zentral, dass wir einen radikalen systemischen Wandel brauchen, wenn wir uns den großen planetarischen Herausforderungen, wie zum Beispiel dem Klimanotstand stellen wollen. Rückblickend würde ich es wieder genauso machen. Nach wie vor tendieren wir als Gesellschaft dazu, Veränderungen nur innerhalb unseres mechanistisch-reduktionistischen Weltbildes zu denken. Und was wir benötigen, ist ein Paradigmenwechsel hin zu einem organischen, ganzheitlichen Weltbild.

Es gibt keine einfachen Probleme oder Herausforderungen. Jede Herausforderung ist komplex, wenn man versucht, sie in ihrer Ganzheit zu erfassen. Es gibt viele gute Bücher zum ganzheitlichen systemischen Denken. Es ist wichtig, dass wir lernen, die Komplexität immer miteinzubeziehen. Jede Feldforschung ist kontextuell. Ziel sollte es immer sein, dass man versucht, in einer Studie die Komplexität eines Themas so weit wie möglich zu erfassen. Und eine ganz wichtige Rolle spielt die Demut. Wir sollten an jede Studie mit der nötigen Demut herangehen, da wir niemals die Komplexität organischer Systeme in ihrer Gänze durchdringen können.

Wie bist Du methodisch vorgegangen?

Für mich war die Integration der Politischen Ökologie eine ex-post-Umsetzung hinsichtlich der Methoden. Ich habe die Mehrebenenanalyse der Politischen Ökologie in meine Promotion integriert. Wirklich wichtig für mich war die Erkenntnis, dass unterschiedliche Akteure, wenn sie auf die Landschaft schauen, diese anders sehen und verstehen. So haben Landwirte eine andere Sichtweise als Ökonominnen, Naturschützer, Försterinnen oder Geographen. Meine Erfahrung im Projekt habe ich vor allem in Form einer teilnehmenden Beobachtung retroaktiv ausgewertet. Ich hatte damals schon sechs Jahre in dieser Region Boliviens gelebt und entsprechend war die Kontextualisierung und die Einordnung der Akteure und verschiedenen Ebenen kein Problem. In dem Sinne hatte ich viele und detaillierte Einblicke in lokale Entscheidungsprozesse und Akteurskonstellationen, die ich basierend auf meiner Erfahrung in die Arbeit einbringen konnte.

Wie lässt sich die Politische Ökologie in der Entwicklungszusammenarbeit einsetzen?

Die Themen der Politischen Ökologie sind auf jeden Fall relevant. Sie bietet einen systemischen Ansatz zum Verständnis von Mensch-Umwelt-Beziehungen. Dies ist von großer Bedeutung, da lineare, mechanische Ansätze diese niemals erfassen können. Systemische Ansätze sind nach wie vor in der Minderheit. Ihnen geht es darum, die künstliche Trennung von Mensch und Natur (s. Mensch-Umwelt-Beziehungen) zu überwinden und in systemischen Zusammenhängen zu denken. Dies tun etwa die Agrarökologie oder die dynamische Agroforstwirtschaft, die ich in meiner Arbeit fördere.

Mehr über Jörg Elbers' systemische Perspektive:

- Elbers, Jörg (2020): Holistic science for living well: an introduction. https://www.almanaquedelfuturo.com/en/environment-and-development/ciencia-holistica-para-el-buen-vivir-joerg-elbers/

4.8 Zur Vertiefung

Test zu Kapitel 4

https://www.utb.de/do/10.36198/9783838561325-e03/disclaimer

Weiterführende Aufgaben

1. Sind Ihnen Veränderung hinsichtlich der Verteilung, des Zugangs und der Nutzung von (Umwelt-)Gütern in Ihrer Gemeinde oder Region bewusst? Benennen Sie beteiligte Akteure und zeigen Sie auf, wo Konflikte und Ungleichheiten bestehen bzw. entstehen könnten.

2. Suchen Sie einen konkreten Konsumgegenstand aus Ihrem Alltag aus (Lebensmittel, Elektrogerät, Kleidungsstück). Skizzieren Sie multiskalare Verflechtungen zwischen verschiedenen Orten und Personengruppen, die in der Herstellung und Bereitstellung des Gegenstandes involviert sind.

Literatur- und Webtipps

Schmidt, Matthias (2020): Politische Ökologie. *Natur und Landschaft* 95: 9–10.

» Der Aufsatz bietet einen zugänglichen und knappen Überblick über die Entstehung und verschiedenen Anwendungen der Politischen Ökologie. Am Beispiel des Naturschutzes in Deutschland wird die Bedeutung der Politischen Ökologie als Analyserahmen für gegenwärtige Entwicklungsprozesse und Transformationen aufgezeigt.

Gottschlich, Daniela, Hackfort, Sarah, Schmitt, Tobias, et al. (Hrsg., 2022): *Handbuch politische Ökologie: Theorien, Konflikte, Begriffe, Methoden*. Bielefeld: transcript.

» Das digitale Buchformat steht kostenfrei zum Download zur Verfügung. Der 2022 erschienene umfassende Sammelband besteht aus Beiträgen zu konzeptionellen Zugängen, konkreten Handlungs- und Konfliktfeldern (z. B. Biodiversität, Müll, Palmöl, Automobilität), zentralen Begriffen (die u. a. mit Beiträgen zu Commons, Degrowth und Gerechtigkeit auch Relevanz für die folgenden Kapitel haben) sowie Beiträgen zu Methoden und Arbeitsweisen politökologischer Forschung. Das Handbuch kann über die Webseite des Verlags kostenfrei heruntergeladen werden.

Die **Webseite Followthethings** (https://www.followthethings.com) verfolgt viele unserer Alltagsprodukte, um komplexe Produktionsprozesse und damit verbundene internationale Verflechtungen sichtbar zu machen. Hierzu zählen neben den verschiedenen Rohstoffen auch die Arbeitsbedingungen, unter denen die Produkte hergestellt werden. Dabei geht es darum, die Lebensumstände verschiedener im Prozess betroffenen Personen an unterschiedlichen, durch das Produkt miteinander verbundenen, Standorten verstehen zu lernen. Beiträge umfassen Arbeiten von Studierenden, Zeitungsartikel, Bücher und Filme.

Kapitel 5

Umweltgerechtigkeit

Themen

Benachteiligung, Klimagerechtigkeit, Kostenverteilung, Umweltverschmutzung, Umweltrassismus, Anerkennung, Gesundheit

Über diese Lerneinheit

Umweltgerechtigkeit kann sowohl als soziale Bewegung als auch als konzeptioneller Untersuchungs- bzw. Erklärungsrahmen verstanden werden. Sie beschäftigt sich mit Benachteiligungen von marginalisierten Gruppen, welche die Kosten negativer Umweltauswirkungen wie Umweltverschmutzung und Ressourcenverknappung tragen, aber auch weniger von positiven Umweltauswirkungen, so zum Beispiel Zugang zu Grünflächen, sauberem Wasser und reiner Luft, profitieren. Im Kontext des Klimawandels nimmt die Klimagerechtigkeit zunehmend an Relevanz zu, beispielsweise hinsichtlich zu tragender Kosten und möglicher Mehrwerte einer grünen Transformation.

Was Sie hier lernen

1. Benachteiligte bzw. moarginalisierte Gruppen im Kontext von Umweltveränderungen benennen können.
2. Verschiedene Formen der Gerechtigkeit anhand von Beispielen erläutern können.
3. Anwendungsbereiche der Umweltgerechtigkeit am Beispiel urbaner Entwicklungsprozesse oder der räumlichen Planung identifizieren können.

5.1 Beispiel: Meeresspiegelanstieg durch den Klimawandel

Seit 1995 kommt die Konferenz der Vereinten Nationen über Klimaänderungen, die sogenannte COP (Conference of the Parties), jährlich zusammen, um internationale Klimaziele zu beschließen (s. Kapitel 2). Die **Klimakonferenz** ist somit das zentrale Entscheidungsorgan bezüglich der Klimakonvention der Vereinten Nationen. Eine der zentralen Aufgaben der Konferenz besteht in der Überprüfung nationaler Strategien und Fortschritte.

Klimakonferenz – COP 26

Die 26. Konferenz der Vereinten Nationen über Klimaänderungen, die COP 26, fand im November 2021 in Glasgow statt. Eines der eindringlichsten Bilder der COP 26, das weltweit in Medien und Netzwerken zu sehen war, dokumentierte die Videoansprache von Simon Kofe, Außenminister von Tuvalu, der virtuell an der Konferenz teilnahm. Zunächst erschien es so, als hielte Kofe seine Ansprache aus einem Büro vor einem neutralen blauen Hintergrund. Erst mit größer werdendem Kameraausschnitt sah das Publikum, dass Kofe knietief im Wasser stehend seinen Appell an die Entscheidungsträger in Glasgow richtete. Mit den Worten: »Wir gehen unter!« wies Kofe auf die Existenzbedrohung durch den **steigenden Meeresspiegel** hin, der vor allem kleine Inselstaaten wie Tuvalu betrifft.

Auswirkungen

Das Beispiel verdeutlicht nicht nur, wie spürbar und lebensbedrohlich die **Auswirkungen des Klimawandels** schon heute sind, sondern auch, wie ungleich die Auswirkungen durch global-lokale Wirkungsgefüge verteilt sind. Die betroffenen Inselstaaten wie Tuvalu tragen selbst aufgrund des relativ niedrigen Lebensstandards der Bevölkerung nur geringfügig zum globalen CO_2-Ausstoß bei, sind in ihrer Existenz aber stärker als andere Länder von negativen Folgen des Klimawandels betroffen. Dieses Beispiel regt auch an, über Mitbestimmung und Entscheidungsmacht verschiedener Länder und Akteursgruppen nachzudenken. Kleinststaaten und wirtschaftlich schwachen Ländern fällt es häufig schwer, sich auf dem internationalen Parkett Gehör zu verschaffen. Zusammen mit indigenen Gruppen, Nichtregierungsorganisationen und Aktivisten kritisieren sie die Dominanz und Vorherrschaft mächtiger Wirtschaftsallianzen, die Jahr für Jahr Klimaziele aufweichen und Verhandlungen verzögern. So verhinderten beispielsweise China und Indien im Rahmen der COP 26 aufgrund nationaler Interessen einen angestrebten Kohleausstieg.

Abb. 5.1: Tuvalu – ein Inselstaat droht bald zu verschwinden.

5.2 Einführung

Das angeführte Beispiel stellt Fragen hinsichtlich einer gerechten Verteilung von Kosten und Mehrwerten von Umweltveränderungen und Entwicklungsprozessen in den Mittelpunkt. Dieser Blickwinkel ist stark mit der Idee der sozialen Nachhaltigkeit verwoben (s. Kapitel 2), welche nicht nur die Verteilung, sondern auch Entscheidungsprozesse umfasst. Viele Ansätze nachhaltigen Wirtschaftens (siehe z. B. Kapitel 3 und 7) sind dafür kritisiert worden, dass sie soziale Aspekte vernachlässigen. Das Konzept der **Umweltgerechtigkeit** bietet einen Zugang, der diese Aspekte in den Fokus rückt. Es stellt sowohl politische Handlungsmaximen als auch einen Analyserahmen zur Untersuchung von Ungleichheiten und Ungerechtigkeiten. Die meisten Definitionen von Umweltgerechtigkeit beziehen sich auf den Schutz vor negativen Umwelteinflüssen und die gerechte Verteilung des Nutzens der Umwelt für den Menschen (Walker, 2012). Wenn nicht-menschliche Organismen miteinbezogen werden, spricht man in der Regel von **ökologischer Gerechtigkeit** (Baxter, 2004).

Umweltgerechtigkeit

Die Perspektive der Umweltgerechtigkeit **(Environmental Justice)** entstand im US-amerikanischen Kontext der späten 1970er und frühen 1980er Jahre als politische Widerstandsbewegung, die sich gegen rassistische Ungerechtigkeiten durch ungewollte und schädliche Landnutzung auflehnte (Affolderbach & Krueger,

2017). Zentral waren hierbei die auf Bevölkerungsgruppen ungleich verteilten negativen gesundheitlichen Auswirkungen von Schad- und Giftstoffen, die vor allem durch Mülldeponien und industrielle Produktionsanlagen freigesetzt wurden (Bullard, 2008). Im Laufe der Zeit wurde die Idee der Umweltgerechtigkeit auf weitere marginalisierte Gruppen erweitert, auf andere Regionen übertragen und schließlich auch in der Wissenschaft als Analyserahmen eingesetzt (Walker, 2012; Schlosberg, 2013). Im europäischen Raum beschäftigt sich die Umweltgerechtigkeitsbewegung und -forschung in erster Linie mit sozioökonomisch benachteiligten Gruppen.

Beispiel

Zu betonen ist hier zum Beispiel das **EnJust Netzwerk**, das Umweltgerechtigkeitsperspektiven in der Geographie mehr Sichtbarkeit verliehen hat.

Im Kontext der Klimakrise beschäftigt sich Umweltgerechtigkeit zunehmend mit Fragen der ungleichen Verteilung positiver und negativer Auswirkungen des Klimaschutzes und der Klimaanpassung sowie damit verbundener Entscheidungsprozesse. So ist es für einkommensschwache Personen schwieriger, steigende Heiz- oder Benzinkosten aufzufangen, da ein schon höherer Anteil des Einkommens in Mietkosten fließt und das verfügbare Einkommen geringer ist (hierzu z. B. Bouzarovski & Simcock, 2017). In Deutschland sehen Experten eine Mietbelastung von 30 % des Haushaltseinkommens, insbesondere bei einkommensschwachen Haushalten als problematisch an. Die Umweltgerechtigkeit ist entsprechend politisch und wird je nach Kontext unterschiedlich ausgelegt.

Video: Warum ist das Konzept der Umweltgerechtigkeit wichtig?
https://www.utb.de/do/10.36198/9783838561325-m01

5.3 Der Konflikt um die Giftmülldeponie in Warren County, USA

Einer der ersten Fälle, mit dem die Entstehung der Umweltgerechtigkeitsbewegung in Zusammenhang gebracht wird, ist der **Konflikt** um die Einrichtung einer Sondermülldeponie im Warren County in North Carolina, USA (McGurty, 2009). Ende der 1970er Jahre wurden illegal mehr als 30.000 Gallonen (umgerechnet ungefähr 115.000 Liter) industrieller Abfälle entlang eines 243 Meilen langen Autobahnabschnittes in North Carolina entsorgt, welche hochgradig toxische polychlorierte Biphenyle (PCB) enthielten (McGurty, 1997). PCB sind giftige, krebsauslösende chlororganische Verbindungen, die zu der Zeit unter anderem in Transformatoren, als Hydraulikflüssigkeiten in entsprechenden Anlagen sowie als Weichmacher (z. B. in Kunststoffen) verwendet wurden. Dies stellte die Behörden vor die Aufgabe, den Sondermüll den Sicherheits- und Umweltvorgaben entsprechend zu entsorgen. Aufgrund der großen Menge mit PCBs verunreinigter Böden und der relativ großen Entfernung zu bereits bestehenden Mülldeponien entschied sich der US-Staat dafür, eine neue Deponie für den Sondermüll einzurichten. Als Standort für die neue Mülldeponie wurde eine 57 Hektar große Fläche östlich der kleinen Kommune Afton im Warren County ausgewählt (s. Abb. 5.2).

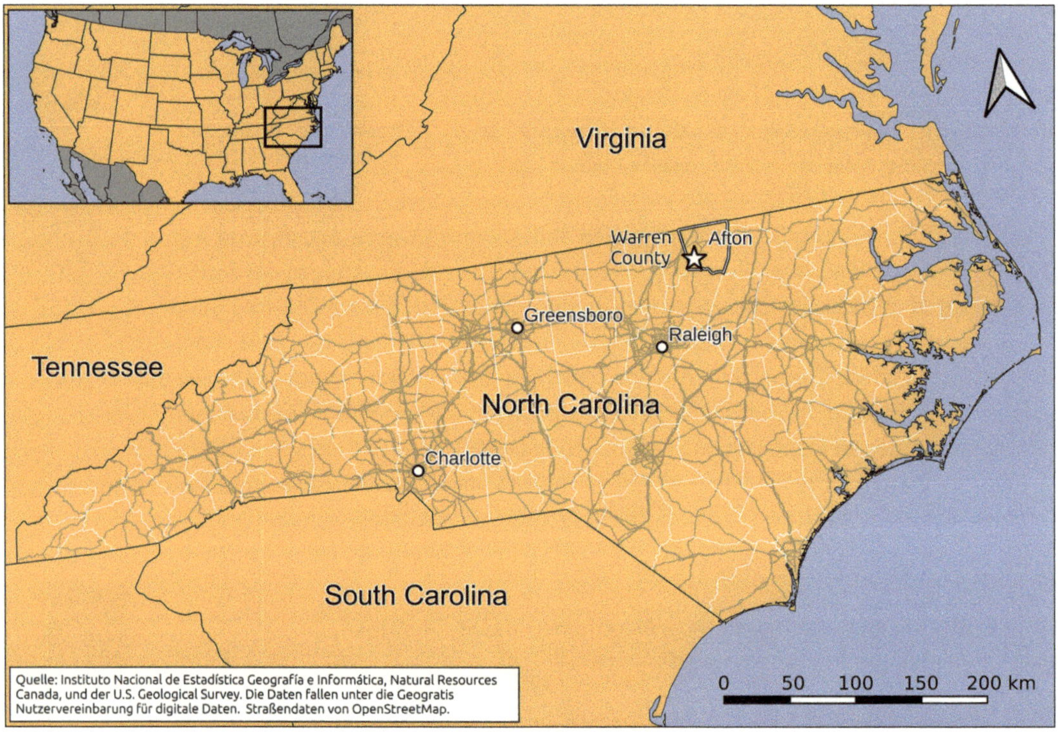

Abb. 5.2: Karte von Warren County mit Afton. Kartographie : Cyrille Médard de Chardon.

Dort sollten die 60.000 Tonnen kontaminierten Bodens nach Richtlinien der nationalen Umweltschutzbehörde endgelagert werden. Für die Errichtung der Sondermülldeponie erlies die US-amerikanische Umweltbehörde Vorschriften, um die Ablagerung an dem ausgesuchten Standort zu ermöglichen. So musste die Deponie nicht den Sicherheitsabstand von 15 Metern zum Grundwasser einhalten und brauchte keine künstlichen Schutzlagen sowie kein Auffangsystem für Deponiesickerwasser.

Abb. 5.3: Protestaktion gegen die geplante Sondermülldeponie in Warren County. Quelle: Jerome Friar Photographic Collection and Related Materials, Wilson Special Collections Library, University of North Carolina at Chapel Hill. Black and White 35 mm Roll Film 0384. Warren County: Afton: PCB landfill.

Widerstand

Entsprechend wenig überraschend war der Widerstand der lokalen Bevölkerung der Gemeinde Aftons, die zu diesem Zeitpunkt ungefähr 1300 Einwohner zählte. **Proteste** von Anwohnerinnen gegen Mülldeponien, Verbrennungsanlagen, Autobahnen, Gefängnisse, Industrieanlagen oder andere ungewollte Landnutzungen in ihrer unmittelbaren Nähe tauchen immer wieder in den Medien auf (s. Abb. 5.3). Widerstand gegen als negativ wahrgenommene Landnutzungen in unmittelbarer Nähe des eigenen Wohnorts wird oft auch als **NIMBYismus** bezeichnet (s. Kapitel 15). NIMBYismus leitet sich aus dem Englischen ab und steht für ›Not In My Backyard‹, was in etwa der deutschen Redewendung ›nicht vor meiner Haustür‹ entspricht. Widerstand bei dieser Form des Protests richtet sich nicht gegen die Entwicklung an sich, sondern gegen den spezifischen Standort und die daraus resultierende geographische Nähe zum eigenen Lebensumfeld (Devine-Wright, 2013) (s. Kapitel 15.3.4). So sind Gegner einer Mülldeponie nicht zwangsläufig gegen die bestehende Abfallpolitik, sondern gegen mögliche negative Auswirkungen auf ihr unmittelbares Lebensumfeld.

Diskriminierung

Der Widerstand in Afton unterschied sich jedoch von NIMBYismus dadurch, dass die lokale Bevölkerung davon überzeugt war, dass der Standort aufgrund der sozialen und ethnischen Merkmale der Gemeinde von den Entscheidungsträgerinnen (u. a. staatliche Akteure) gezielt ausgesucht worden war (McGurty, 1997). Über zwei Drittel der Einwohner Aftons waren Afroamerikaner und 20 % der Bevölkerung lebten unterhalb der nationalen Armutsgrenze. Damit stellt das Beispiel einen von vielen Fällen einer gezielten **Diskriminierung** benachteiligter Bevölkerungsgruppen dar, welche durch staatliche Behörden sanktioniert wurde. Die Gemeinde Afton erhielt Unterstützung von Menschenrechtsgruppen in den USA und es kam zu Klagen, Gerichtsprozessen und wissenschaftlichen Studien (McGurty, 2009). Im Jahr 1982 kam es schließlich zu einem Kompromiss. Das Ergebnis des Widerstandes war, dass die Sondermülldeponie nur unter zusätzlichen Auflagen umgesetzt werden durfte, die allerdings, wie spätere Studien zeigten, nicht alle eingehalten wurden.

5.4 Entwicklung der Umweltgerechtigkeitsbewegungen

Umweltrassismus

Der Konflikt um die Sondermülldeponie in Warren County war einer der ersten Fälle, die in die Öffentlichkeit drangen und in den Medien sichtbar wurden. Er trug zu einer schnell wachsenden Umweltbewegung bei. Der 1987 durch die United Church of Christ veröffentlichte Bericht zu »Toxic waste and race« (Sondermüll und Hautfarbe) lieferte Daten, die die Annahmen der Gemeinde Afton stützten (United Church of Christ, 1987).

Wer nicht-weiß und/oder wirtschaftlich benachteiligt war, lebte näher an schädlichen Mülldeponien oder Verbrennungsanlagen als weiße Einwohner. Der Bericht führte dafür den Begriff des **Umweltrassismus** ein, der die Rolle von Hautfarbe bei gezielter Diskriminierung identifiziert. Robert Bullards Buch ›Dumping in Dixie‹, das erstmals 1990 erschien, untermauerte diesen Punkt und stellte die erste Publikation dar, die Umweltgerechtigkeit umfassend analysierte (Bullard, 2008). Bullards Studie zeigt auf, wie Entscheidungsträgerinnen, in der Regel Unternehmen und Regierungsakteure, gezielt benachteiligte Viertel und Gemeinden für die Ansiedlung von lokal unerwünschten Landnutzungen (auch **›LULUs‹** für ›Locally Unwanted Land Uses‹) wie Mülldeponien identifizierten, da deren Einwohnerinnen über weniger Ressourcen und Möglichkeiten verfügten, sich gegen eine Ansiedlung zu wehren. Bullard (2008) deckte nicht nur Ungerechtigkeiten hinsichtlich der Landnutzung auf, sondern belegte auch deren bewusste und gewollt diskriminierende Planung und Umsetzung oftmals durch staatliche Akteure. Seit den 1990er Jahren erschienen vielzählige Studien (z. B. Dudley Street in Boston, Gawanas Canal in New York, Port of Los Angeles), die sich alle mit der bewussten und staatlich sanktionierten Benachteiligung (z. B. durch Giftstoffe in der Umwelt) von Menschen aufgrund ihrer Hautfarbe oder ihres sozialen Status beschäftigten. Umweltgerechtigkeitsperspektiven versuchen somit bestehende Prozesse der Diskriminierung und Benachteiligung aufzudecken, zu erklären und aktiv zu ändern (Walker, 2012).

Die **Umweltgerechtigkeitsbewegung** unterschied sich damit grundsätzlich von der »neuen« Umweltbewegung der 1970er und 1980er Jahre (s. Kapitel 15), die sich für den Schutz der Natur, zum Beispiel durch die Erweiterung des Nationalparksystems einsetzte, und die vor allem von der weißen, städtischen Mittelschicht getragen wurde (Affolderbach & Krueger, 2017; McGurty, 2009). Die Umweltgerechtigkeitsbewegung beschäftigt sich hingegen mit dem Schutz der Menschen und deren Umwelt in ihrem direkten Lebensumfeld. Mitte der 1990er Jahre kam es zu einer präsidentiellen Verfügung, welche die US-amerikanischen Behörden verpflichtete, unverhältnismäßig hohe und schädliche negative Umweltauswirkungen auf bestimmte Bevölkerungsgruppen zu identifizieren und zu bekämpfen. In den 2000ern etablierte sich die Umweltgerechtigkeit von einer marginalen Bewegung zu einer institutionalisierten, weitläufig anerkannten sozialen Bewegung (Schlosberg, 2007). In diesem Zeitraum kam es auch zu einem Umdenken innerhalb der Bewegung, die fortan statt an Widerstand gegen negative Entwicklungen vor allem auch an **aktiver Zukunftsgestaltung** interessiert war. Damit kam es zu aktiven Steuerungsprozessen und Formulierungen von Zielsetzungen, wie sie auch die heutige Umweltgerechtigkeitsbewegung bestimmen. Heute ist Umweltgerechtigkeit in den USA fest in Gesetzen und Richtlinien von 42 ihrer Staaten verankert und wird auf nationaler Ebene durch die nationale Umweltschutzbehörde vertreten.

Umweltgerechtigkeit in der deutschsprachigen Forschung

Die Debatte um Umweltgerechtigkeit hat sich von den USA weltweit ausgebreitet. In Europa stehen dabei vor allem sozioökonomisch benachteiligte Gruppen im Untersuchungsmittelpunkt. In Deutschland wurde der Begriff der Umweltgerechtigkeit Anfang der 2000er Jahre zunächst über wissenschaftliche Arbeiten aufgenommen (Flitner, 2018; Grafe, 2020). In den letzten Jahren wurde Umweltgerechtigkeit auch immer mehr in der deutschen Politik und der räumlichen Planung thematisiert. Vor allem das **Umweltbundesamt**, das Deutsche Institut für Urbanistik (z. B. Böhme et al., 2014) sowie kommunale Akteurinnen bemühen sich hierbei um anwendungsorientierte Ansätze. Gesundheitsaspekte sind dabei nach wie vor zentrale Bestandteile. Das deutsche Umweltbundesamt sieht das Ziel der Umweltgerechtigkeit darin, gesunde Umwelt- und Lebensverhältnisse für alle zu schaffen. Dabei betont es vor allem Menschen mit geringem Einkommen und niedriger Bildung. Das **Deutsche Institut für Urbanistik** (2021: o. S.) definiert als Ziele der Umweltgerechtigkeit, die »Konzentration gesundheitsrelevanter Umweltbelastungen wie Lärm oder Schadstoffe in der Luft in sozial benachteiligten Quartieren und Wohnlagen zu vermeiden oder abzubauen sowie ihren Bewohnerinnen und Bewohnern den Zugang zu gesundheitsbezogenen Umweltressourcen – dazu gehören Grün- und Freiflächen – zu ermöglichen.« Dabei wird die Umweltgerechtigkeit häufig als normatives Leitbild (vergleichbar mit sozialen Dimensionen der Nachhaltigkeit) umgesetzt.

5.5 Umweltgerechtigkeit als wissenschaftlicher Diskurs

Die wissenschaftliche Diskussion zu Umweltgerechtigkeit entwickelte sich aus der sozialen Bewegung heraus und beschäftigt sich in erster Linie mit methodischen und konzeptionellen Fragen hinsichtlich der ungleichen Verteilung von negativen Umweltauswirkungen sowie von umweltbezogenen Mehrwerten (Schlosberg, 2007; Walker, 2012). Wissenschaftliche Diskurse befassen sich unter anderem mit dem Verständnis von Umwelt (Schlosberg, 2013). Hierbei kam es zur Ablehnung von einem Umweltverständnis im Sinne von Wildnis, was dem Fokus der Umweltbewegung der Zeit entsprach (s. auch Kapitel 12 zur Rolle verschiedener Weltbilder). Stattdessen wurde Umwelt als alltägliche **Lebensumwelt der Menschen** verstanden, in der wir arbeiten, wohnen und leben (Novotny, 2000). Dieses Verständnis schließt Aspekte wie bedrohte Tierarten oder Natur- und Umweltschutz nicht aus, sondern beschäftigt sich mit der Beziehung zwischen Natur und Kultur.

Just Sustainability

Julian Agyeman hat sich in seinen Arbeiten mit Umweltgerechtigkeit in Bezug auf Politiken und Praktiken vor allem in urbanen Räumen beschäftigt. Mit dem normativen Begriff einer **gerechten Nachhaltigkeit (Just Sustainability)** setzt er sich für die Betonung von sozialen Zielen ein, unter anderem in Bezug auf Klimawandel, Ernährungs-, Transport- und Energiesysteme (Agyeman et al., 2016; Agyeman, 2013). Wie viele Beiträge, die in der Umweltgerechtigkeit verankert sind, argumentiert er, dass gerade die soziale Dimension in Nachhaltigkeits- und Klimastrategien vernachlässigt wird und stärkere Berücksichtigung erhalten muss. Hierbei betont er nicht nur Fragen von Wohlbefinden, Wohlstand und sozialen Aspekten in der Nachhaltigkeitsdebatte, sondern weist auch auf die Beziehungen zwischen sozialen und natürlichen Gemeinschaften (über den Menschen hinaus) hin. Dies umfasst zum Beispiel auch Degradation von Ökosystemen und damit verbundene zunehmende Vulnerabilität von menschlichen und nicht-menschlichen Gemeinschaften.

Gleichheit und Gerechtigkeit

Ein weiterer Fokus wissenschaftlicher Arbeiten bezieht sich auf die Fragen, was wir unter gerechter Verteilung oder Berücksichtigung verstehen und wie wir Ungleichverteilungen beziehungsweise Ungerechtigkeiten erfassen und messen können. Arbeiten setzten sich dabei vor allem für ein erweitertes Verständnis von **Gerechtigkeit** ein, welches sich von **Gleichheit** als Handlungsmaxime unterscheidet (Abb. 5.4 links). Gleiche Unterstützung beziehungsweise Berücksichtigung verschiedener Bevölkerungsgruppen oder Individuen resultiert nicht zwangsläufig in einen gleichen Zugang oder Nutzen von Ressourcen und schützen entsprechend auch nicht gleich wirkungsvoll vor negativen Umwelteinflüssen. Dies ist dann der Fall, wenn Ungleichheiten bestehen. Verfechter der Umweltgerechtigkeit haben sich entsprechend für ein Umdenken hin zu gerechter Berücksichtigung eingesetzt, die gleichwertigen Nutzen für verschiedene Bevölkerungsgruppen schaffen kann (Abb. 5.4 rechts). Es geht dabei darum, die entsprechenden Mittel zur Verfügung zu stellen. In Diskursen zu Umweltgerechtigkeit werden vor allem auch die **Ursachen** thematisiert, um Ungerechtigkeiten zu beheben. Dies rückt Fragen zu den Gründen und Umständen von Ungleichverteilungen in den Mittelpunkt. Wie oben erläutert, bestand die Hauptursache der Ungerechtigkeit in den USA im historisch und institutionell stark verankerten Rassismus. Entsprechend beschäftigt sich der wissenschaftliche Diskurs nicht nur mit den Resultaten, sondern vor allem auch mit den Prozessen selbst (Agyeman et al., 2016; Schlosberg, 2013). Wichtige Fragen beziehen sich hierbei darauf, *wer* Entscheidungen fällt und in Entscheidungsprozesse eingebunden ist und *wie* und durch *wen* Entscheidungsprozesse beeinflusst werden. Analysiert werden soll also, warum benachteiligte Gemeinden oder Gruppen überhaupt zu solchen werden. Hierbei geht es um Prozesse wie Exklusion, Wahrnehmung und Repräsentationen, die zur Konstruktion von Ungleichheiten beitragen.

Abb. 5.4: Gleichheit (links) und Gerechtigkeit (rechts).

Ein weiterer Themenbereich in der Literatur bezieht sich auf das Verständnis von Gerechtigkeit. Häufig wird zwischen mehreren Dimensionen der Umweltgerechtigkeit unterschieden (Walker, 2012).

Verteilungsgerechtigkeit bezieht sich auf die gleiche Verteilung von und den gerechten Zugang zu Gütern und Leistungen. Letztere wird manchmal auch als **Zugangsgerechtigkeit** differenziert aufgeführt. Hierzu zählen zum Beispiel Zugang und Nähe zu städtischen Grünflächen, Naherholungsgebieten, sauberem Wasser und reiner Luft sowie gleichwertige infrastrukturelle Versorgung wie im Bereich der Bildung, des öffentlichen Transportnetzes und der Energieversorgung. Zudem geht es, wie zu Beginn des Kapitels am Beispiel der Kommune Afton aufgezeigt, auch um den Schutz vor negativen Umwelteinflüssen und damit verbundenen Kosten, ob durch den Ausstoß von Schadstoffen in Luft und Wasser, Hochwasser oder steigende Heizkostenpreise.

Die **prozedurale Gerechtigkeit** beschäftigt sich mit den Prozessen, die zu Ungleichheiten führen. Im Fokus steht nicht nur die gerechte Verteilung als Ergebnis, sondern auch inwiefern verschiedene Gruppen in Entscheidungsprozesse eingebunden werden (z. B. Stokes-Ramos, 2023). Dies wird häufig in Form von partizipativen Planungs- und Entscheidungsprozessen und kollaborativer Wissensproduktion umgesetzt (s. Interview mit Agnes Feil unten). Aber auch wenn die Öffentlichkeit und eine Vielfalt an Interessensvertretungen in Entscheidungsprozesse eingebunden werden, so kommt es in den seltensten Fällen zu einer gleichwertigen Rolle aller Beteiligten bzw. Betroffenen. Zumindest erlauben partizipative Ansätze verschiedene Perspektiven sichtbar zu machen und möglichen negativen Folgen oder ungleichen Ergebnissen vorzubeugen.

Bei der **Anerkennungsgerechtigkeit** geht es grundsätzlicher darum, dass verschiedenen Akteursgruppen und Personen überhaupt ein Anspruch an den jeweiligen Entwicklungen oder Problematiken zugesprochen werden (Walker, 2012). Dieser Anspruch ist die Grundlage dafür, die Interessen und Meinungen der Personen und Gruppen überhaupt erst zu berücksichtigen. So kann zwar ein Stadtentwicklungsprojekt partizipativ ausgerichtet sein und verschiedene Gruppen konsultieren und in den Prozess integrieren, gleichzeitig können aber unberücksichtigte Gruppen dadurch weiter marginalisiert werden. Über diese Dimensionen hinaus haben sich verschiedene Gruppierungen auch für Grundbedürfnisse und die Funktionsfähigkeit von Individuen und Gemeinschaften ausgesprochen, indem sie Fragen der Befähigung zur Erfüllung von Grundbedürfnissen, sozialer Anerkennung und ökonomischer und politischer Rechte ansprechen. Zusätzlich beschreibt **epistemische Gerechtigkeit** die Möglichkeit, im gleichen Maße an Diskursen teilzunehmen, freisprechen zu können und gehört zu werden (s. hierzu auch das Beispiel in Kapitel 12) (Temper & Del Bene, 2016).

Trotz dieser Übereinstimmungen hinsichtlich wichtiger Gerechtigkeitsdimensionen, bestehen verschiedene Standpunkte und Perspektiven bezüglich der Schwerpunkte und Umsetzung. So spiegelt Umweltgerechtigkeit immer auch räumlich spezifische Kontexte wider. Deshalb sprechen Anne-Marie Debbané und Roger Keil (2004) auch von einem **lokal verankerten Verständnis**. Es handelt sich entsprechend nicht einfach um die Übertragung und Annahme des ursprünglichen US-amerikanischen Verständnisses von Umweltgerechtigkeit, sondern jeweils um eine von lokalen Kontexten abhängige Interpretation und Adaptation, eine Kontextualisierung. Diese bietet verschiedene Betrachtungs- bzw. Analyserahmen (**Frames** bzw. Framings), die es erlauben, unterschiedliche Prozesse in den Fokus zu nehmen. Der Betrachtungsrahmen der Umweltgerechtigkeit betont dabei immer Aspekte der Beteiligung und Berücksichtigung sowie der Exklusion und Ignoranz.

5.6 Relevanz für die Wirtschaftsgeographie

Seit der Entstehung des Konzepts der Umweltgerechtigkeit kam es zu verschiedenen Erweiterungen hinsichtlich **Handlungsfeldern und -ebenen**. Dabei spielen auch verschiedene räumliche Ebenen von lokalen bis zu globalen Wirkungsfeldern eine Rolle. Lokale Bewegungen hinsichtlich der Nahrungsgerechtigkeit oder der Slow-Food-Bewegung, die sich für die Wertschätzung und Bewusstseinsförderung von regionalen Lebensmitteln einsetzen, indigene Gruppen und Arbeiterbewegungen sind dabei genauso Teil der Untersuchungen wie der globale Klimawandel und die Klimagerechtigkeit (hierzu z. B. Alba et al., 2020) (s. Kapitel 15). Diese Erweiterung des Konzepts kann sowohl als horizontale Diffusion von Umweltgerechtigkeitsideen, -verständnissen und -rahmungen im Raum auf unterschiedliche Kontexte und Aspekte wie auch als vertikale Erweiterung über Grenzen hinweg auf unterschiedlichen räumlichen Ebenen von lokalen Gemeinschaften hin zu internationalen und globalen Bewegungen und Themen verstanden werden.

Dimensionen

Für die Wirtschaftsgeographie rückt Umweltgerechtigkeit zum einen **soziale Nachhaltigkeitsdimensionen** in den Fokus, die bisher viel zu wenig Beachtung finden. Zum anderen erfordern fortschreitende Ungleichheiten in Kontext von **Energie-, Gesundheits-, Migrations- und Klimakrisen** immer dringlicheres Handeln. Umweltdegradation und Ressourcenverknappung, aber auch die Auswirkungen wachsender ›grüner‹ Sektoren wie E-Mobilität (s. Kapitel 7), führen zu neuen Abhängigkeitsverhältnissen (s. Kapitel 4) und wachsenden Debatten zu Infrastrukturversorgung, so zum Beispiel Energiegerechtigkeit (Bickerstaff et al., 2013; Jenkins et al., 2016) und Wassergerechtigkeit (Jerez et al., 2021; Buckingham et al., 2005). Im Folgenden stellen wir zunächst Diskurse zur Klimagerechtigkeit mit internationalen Beispielen vor, anschließend gehen wir auf die Rolle der Umweltgerechtigkeitsperspektive in der deutschen Raumplanung und Entwicklung ein.

5.6.1 Von Umweltgerechtigkeit zu Klimagerechtigkeit

Das Ausgangsbeispiel von Tuvalu zu Beginn des Kapitels zeigt, dass verschiedene Regionen und Gruppen unterschiedlich stark durch die Auswirkungen des Klimawandels betroffen sind. Die Betroffenheit ist dabei unverhältnismäßig zur Verantwortlichkeit, die verschiedenen Regionen und Gruppen zugeschrieben werden kann (Sultana, 2022). So haben westliche Industrieländer den größten Anteil der in den letzten Jahrzehnten ausgestoßenen CO_2-Emissionen zu verantworten. Laut der Internationalen Energie Agentur liegt der durchschnittliche globale Emissionswert bei ca. 4,9 t CO_2 pro Kopf und Jahr (Cozzi et al., 2023). Nationale Emissionswerte variierten jedoch stark mit durchschnittlich unter 0,5 t CO_2 pro Kopf und Jahr in vielen Ländern des Globalen Südens gegenüber 9 bis 10 t CO_2 pro Kopf und Jahr in vielen Industrieländern (s. Kapitel 15). Auch wenn es sich bei diesen Daten häufig um Schätz- und Annäherungswerte handelt und **Kohlenstoffbilanzierungen** zur Berechnung von Emissionen nicht unproblematisch sind (s. Kapitel 7), illustrieren die Daten deutliche Ungleichheiten.

Klimagerechtigkeit

Gleichzeitig sind die Kosten der Auswirkungen und der Bekämpfung des Klimawandels sehr unterschiedlich verteilt, weshalb eine internationale Abstimmung zu Klimastrategien dringend notwendig ist (s. auch Kapitel 10 zu **Pro-Poor Growth**) (Burnham et al., 2013a). Viele wirtschaftlich schwache und marginale Länder und Gruppen fühlen sich bei internationalen Verhandlungen jedoch oft überhört (Newell & Taylor, 2020). Der globale Klimawandel hat während der letzten zwei Jahrzehnte das Verständnis der Umweltgerechtigkeit verändert und erweitert. Vor allem frühere Arbeiten zur Klimagerechtigkeit haben sich mit Fragen der Verteilungsgerechtigkeit in Bezug auf Verantwortlichkeiten und Emissionsanteilen beschäftigt. **Umweltgerechtigkeitsprinzipien** werden somit auf die Auswirkungen, Kosten und auch mögliche Gewinne des Klimawandels angewandt.

Klimagerechtigkeit adressiert diese politischen und ethischen Dimensionen, die sich mit Gleichheit, individuellen und gemeinschaftlichen Rechten befassen. Aus Perspektive der Umwelt- und sozialen Gerechtigkeit argumentieren Verfechterinnen, dass diejenigen, die systemisch für den anthropogen verursachten Klimawandel verantwortlich sind (v. a. westliche Industrieländer), den Schaden derer, die geringere Verantwortung tragen (v. a. Länder des Globalen Südens, geringer Verdienende und Minderheiten), ausgleichen und beheben sollten (Burnham et al., 2013a; Sultana, 2022). Zu den Auswirkungen zählen unter anderem Veränderungen des unmittelbaren Lebensumfeldes durch zunehmende Hitze und Trockenheit, Extremwetterereignisse und damit verbundene Beeinträchtigung der Wohnungssicherheit, Infrastrukturversorgung und Ernährungssicherheit. Damit beschäftigt sich die Umweltgerechtigkeit immer auch mit materiellen Aspekten des Lebens, von den Stoffen, die wir aufnehmen und denen unser Organismus ausgesetzt ist, über die Praktiken, mit denen wir unsere Umwelt verändern, bis hin zu gesellschaftlichen Institutionen. Auch hier geht es nicht nur um die Ungleichheiten selbst, sondern auch immer um die Ursachen und Konstruktionen dieser Ungleichheiten bzw. benachteiligten Gruppen einschließlich Fragen der Anerkennung.

Präventions- und Adaptionsstrategien

Ein wichtiger Ansatz zur Umsetzung der Verpflichtung im Rahmen der Klimagerechtigkeit besteht in der gezielten Ausrichtung und Schaffung von Mehrwerten durch

Präventions- und Adaptationsstrategien (Burnham et al., 2013b). Hierzu zählen unter anderem die Umrüstung des Wohnungsbestandes, Sicherstellung von Arbeitsplätzen beim Ausbau sauberer Industriezweige und Rückbau klimaschädlicher Sektoren sowie die Gewährleistung stabilerer Energiepreise von erneuerbaren Quellen.

Grüne Arbeitsplätze

Der US-Amerikaner Van Jones, ein Verfechter der Umweltgerechtigkeit, hat sich aktiv für die Umsetzung von Präventions- und Adaptationsstrategien für betroffene Regionen und Gruppen eingesetzt. Als Gründer verschiedener US-amerikanischer Organisationen und Berater der Regierung unter Präsident Barack Obama (im Jahr 2009) argumentiert er, dass benachteiligte Gruppen auch eine zentrale Rolle in der Transformation zu einer nachhaltigen Wirtschaft einnehmen sollten (Jones, 2009). Der zentrale Ansatzpunkt in seinen Arbeiten ist, durch ›grüne Arbeitsplätze‹ nötiges Verständnis und Wissen, Ausbildung und Werkzeuge in benachteiligten Gruppen, Stadtteilen und Kommunen zu fördern und zu etablieren. Personen sollen beispielsweise im Bereich nachhaltiger Energien und grünen Wirtschaftens gezielt geschult und ermächtigt werden, selbst nachhaltigen Wandel zum Beispiel durch Unternehmensgründungen voranzutreiben (Jones, 2009). Diese Arbeitsplätze werden auch als sogenannte **Green Collar Jobs** bezeichnet, in Anspielung auf die traditionelle Unterscheidung zwischen White Collar Jobs (Bürobeschäftigte mit ›weißem Hemdkragen‹) und Blue Collar Jobs (in der Produktion oder im Handwerk Beschäftigte mit ›blauem Arbeitskittel‹).

Der Begriff der **grünen Arbeitsplätze** ist international zu einem stehenden Begriff für die Veränderung in der Arbeitswelt im Rahmen des ökologischen Wandels geworden. Nach der Definition der Internationalen Arbeitsorganisation (ILO) sind Arbeitsplätze grün, wenn sie Arbeit mit Umweltschutz verbinden und alle Sektoren umfassen, nicht nur neue Branchen (z. B. erneuerbare Energien) oder hochqualifizierte Berufe. Die Schaffung nachhaltiger Arbeitsplätze und Unternehmen bieten laut Jones einen Weg aus der Armut und somit auch eine Strategie der Green Economy (s. Kapitel 7). Als Einstiegsjobs verwendete Jones das Beispiel der Nach- und Umrüstung von renovierungsbedürftigen Gebäuden, die aufgrund der geringeren Mieten unverhältnismäßig oft von einkommens- und sozial schwachen Haushalten bewohnt werden. Neben der Weiterbildung und Schulung von Arbeitskräften geht es auch darum, benachteiligte Kommunen und Quartiere in die Umsetzung einer klimafreundlichen bzw. klimaneutralen Wirtschaft einzubinden, um direkt vor Ort Mehrwerte zu schaffen (z. B. durch verbesserte Wärmeisolation von Wohngebäuden). Aus einer Klimagerechtigkeitsperspektive sind die Unternehmen wichtig, die benachteiligte oder sozialschwache Bevölkerungsgruppen miteinbinden oder die Verankerung von Umwelt und sozialen Belangen nach oben und unten entlang der Lieferkette mitberücksichtigen (Affolderbach & Krueger, 2017).

Just Transition

Der Fokus auf grüne Arbeitsplätze und nachhaltige Unternehmen unterstreicht auch die Notwendigkeit eines durch den Klimawandel bedingten Strukturwandels weg von klimaschädlichen Produktionsweisen, Konsumverhalten und Industriezweigen hin zu klimaneutralen bzw. klimafreundlichen Wirtschaftsformen (s. Kapitel 7). In diesem Zusammenhang finden wir oft den Begriff des **gerechten Wandels (Just Transition),** der auf die Spannungsfelder zwischen Energie- und Materialnachfrage und Wachstum, Kohlenstoff(-emissionen) und Lebenssicherung hinweist (Newell & Mulvaney, 2013). Ein Rückzug und der bewusste Abbau von umweltschädlichen Sektoren, wie zum Beispiel dem Bergbau, ist immer auch an den Verlust von Arbeitsplätzen gekoppelt. Selten entstehen dort gleichwertige berufliche Möglichkeiten. Häufig kommt es so zu einer Gegenüberstellung von Arbeitsplätzen und Umweltbelangen. Der Begriff der Just Transition entstand genau in diesem Spannungsfeld als Antwort US-amerikanischer Gewerkschaften auf die Einführung neuer Richtlinien für Luft- und Wasserqualität, welche die Schließung umweltschädlicher Industrien mit sich brachte. Diese Position wurde auch vom Internationalen Bund freier Gewerkschaften aufgenommen und wird von verschiedenen Initiativen aufgegriffen, die sich mit der Bekämpfung negativer Umwelteinflüsse in Gemeinden und Regionen beschäftigen und zukunftsfähige Modelle für und mit strukturschwachen und unterprivilegierten Gruppen entwickeln.

Ein gerechter Wandel muss gegensätzliche Bedürfnisse und Interessen auf faire Weise ausbalancieren können. Hierbei sind Ansprüche auf einen gerechten Wandel meist an Nationalstaaten und staatliche Entscheidungsträger auf verschiedenen Ebenen gerichtet (s. Kapitel 13). Regierungen müssen gerechten Zugang zu Ressourcen und Schutz vor negativen Auswirkungen in einem Wandel hin zu nachhaltigem Wirtschaften und Gesellschaftsformen sicherstellen und dabei häufig gegensätzliche und auch mächtige Interessen gegeneinander abwägen. Dies umfasst neben Verteilungsgerechtigkeit auch Fragen der Entscheidungsgerechtigkeit (McCauley & Heffron, 2018). So enthält der **Grüne Deal** der Europäischen Union einen **Just Transition-Mechanismus,** um betroffenen Gruppen und Regionen finanzielle Unterstützung bieten zu können. Dieser wird jedoch zunehmend kritisch bewertet, da bisher unklar bleibt, welche Regionen, Sektoren und Gruppen durch den Mechanismus unterstützt werden sollen und wie der Prozess organisiert und abgestimmt wird.

Energiewende

Entsprechend der Ziele, bis 2045 beziehungsweise 2050 Klimaneutralität zu erreichen, nimmt der Energiesektor in Debatten zu einem gerechten Wandel eine zentrale Rolle ein. In Deutschland steht hierfür der Begriff der Energiewende, welche die Umstellung von fossilen auf erneuerbare Energiequellen nicht nur im Stromsektor, sondern auch bei Wärme und Verkehr umfasst. Neben einer Umstellung auf erneuerbare Energiequellen geht es auch zentral um Einsparungen und Effizienzen in der Energienutzung (Abb. 5.5). Ein zentrales Ziel der Bundesregierung ist hierbei auch, die Energieversorgung sicherzustellen und bezahlbar zu halten.

Ein wichtiges Thema, mit dem sich viele Studien im Bereich der **Energiegerechtigkeit** (Energy Justice) beschäftigen, ist die wachsende ›Energiearmut‹. Hierunter verstehen wir Haushalte, die aufgrund der damit verbundenen Kosten nicht in der Lage sind, ihren Wohnraum ausreichend zu beheizen. Laut dem Institut der deutschen Wirtschaft lag der Anteil von Personen, die 2022 in Deutschland durch Energiearmut gefährdet sind, bei 40 Prozent. Konkrete Fragestellungen zum Thema Energiegerechtigkeit umfassen sowohl Fragen und Aspekte der Energiegewinnung und damit verbundenen Entscheidungsprozessen wie auch deren Verteilung. Hier geht es wiederum sowohl um die Betrachtungsebene des Individuums als auch der Gemeinschaft und sozialen Zusammenhalts. So richten sich Subventionen für Fotovoltaikanlagen und andere Auf- und Umrüstungsmaßnahmen meist an Hauseigentümer, die unter anderem von festgelegten Einspeisetarifen profitieren. Gewinne und Einsparungen werden nicht automatisch an die eigentlichen Hausnutzenden weitergeleitet (Freytag et al., 2014). Andere Arbeiten beschäftigen sich mit Lösungsansätzen durch lokale alternative Energiegewinnung, häufig in Form gemeinschaftlicher und gemeinnütziger Initiativen.

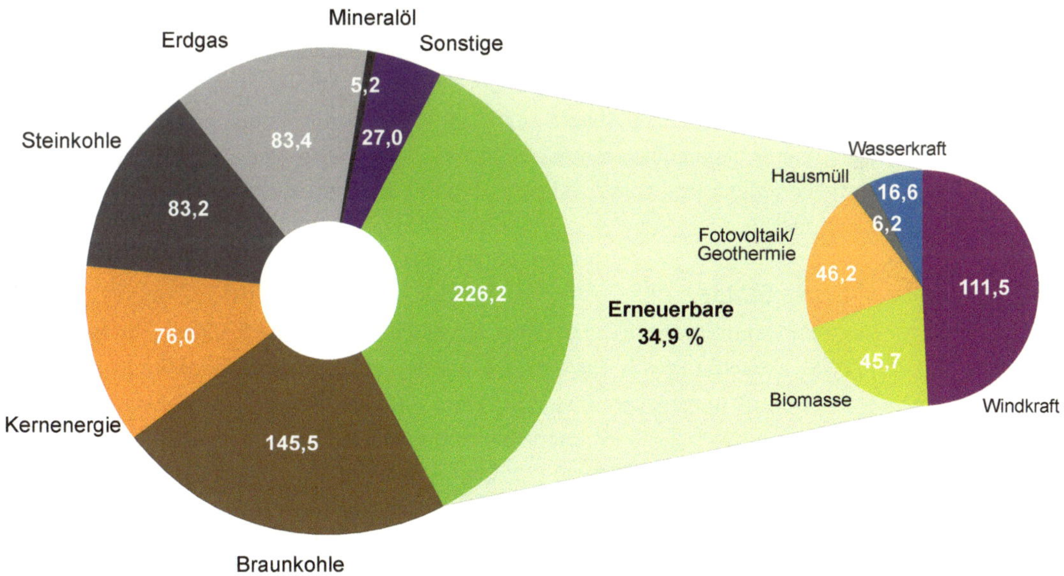

Abb. 5.5: Bruttostromerzeugung in Deutschland 2018 in TWh. Eigene Darstellung leicht verändert nach AG Energiebilanzen des BMWK (2018).

Neben Diskursen zu Energiegerechtigkeit entstehen in der Geographie auch immer mehr kritische Arbeiten in anderen Bereichen, die sich zum Beispiel mit Gerechtigkeitsaspekten von Mobilität und Transport (Mobilitätsgerechtigkeit), Wohnen bzw. bezahlbarer Wohnraum und Ernährung (Nahrungsgerechtigkeit) beschäftigen.

5.6.2 Umweltgerechtigkeit in der deutschen Raumplanung und Stadtentwicklung

Die **Raumplanung** stellt ein wichtiges Handlungsfeld zur Umsetzung von Umweltgerechtigkeit dar. Denn die Angleichung der Lebenschancen in unterschiedlichen Teilgebieten und die Sicherung der Daseinsvorsorge sind offensichtlich zentrale Ziele der deutschen Raumplanung (Flitner, 2018). Diese Zielsetzungen sind rechtlich im Raumordnungsgesetz verankert. Hierzu zählen Fragen der Daseinssicherung, Versorgung und damit verbundenen Raumnutzung. Als wichtige Planungsinstrumente identifizieren Böhme & Bunzel (2014) unter anderem die Bauleitplanung, die Umweltprüfung, den Immissionsschutz und die Luftreinhalte- und Lärmminderungsplanung sowie im informellen Bereich Konzepte des Klimaschutz und der Klimaanpassung.

Stadtentwicklungsplanung

In Deutschland hat der Ansatz der Umweltgerechtigkeit vor allem in urbanen Räumen und kommunaler Praxis an Bedeutung gewonnen und verbindet in erster Linie die Aspekte des sozialen Status mit Fragen der Umweltqualität und Gesundheit (Böhme & Bunzel, 2014; Böhme et al., 2014). Eine Umweltgerechtigkeitsperspektive kann dabei helfen, Zusammenhänge zwischen sozialer Lage und Gesundheitszustand von Menschen aufzudecken und in der **Stadtentwicklungsplanung** aktiv aufzunehmen.

»Soziale Stadt«

Das Bundesministerium für Umwelt, Naturschutz, Bau und Reaktorsicherheit (2016) hat die Umsetzung von Umweltgerechtigkeit im Städtebauförderungsprogramm Soziale Stadt untersucht. Das Programm **»Soziale Stadt«** zielt darauf ab, die Lebensbedingungen der Bewohnerschaft auf Quartiersebene, also in Stadtvierteln, zu verbessern. Benachteiligungen werden im Rahmen des Programms in erster Linie über sozialstrukturelle Indikatoren und städtebauliche Missstände identifiziert. Hinzukommen jedoch häufig nicht beachtete, zusätzliche Belastungen der Quartiere durch höhere Umweltbelastungen, wie zum Beispiel Lärm durch Flug- und Autoverkehr, Luftschadstoffe durch hohes Verkehrsaufkommen, höhere Hitzebelastung aufgrund des Versiegelungsgrades sowie mangelhafte grüne Infrastruktur durch Grünflächen. So weisen sozial benachteiligte Quartiere oft wesentlich schlechtere Ausstattung und Zugang zu Parks und offenen Flächen auf. Das Programm »Soziale Stadt« wird durch eine Kombination von Maßnahmen oft durch unterschiedliche Träger (Bund, Land, Kommune, NGOs) umgesetzt, die Bildungs-, Netzwerk- und Kooperationsarbeit umfassen und verschiedene Resorts verbinden. Somit bieten sich auch vielversprechende Ansatzpunkte für umweltgerechtes Handeln und Steuerungsmechanismen auf städtischer und kommunaler Ebene. Die Studie des Bundesministeriums für Umwelt, Naturschutz, Bau und Reaktorsicherheit (2016) zu Umweltgerechtigkeit in der sozialen Stadt zeigt auf, dass der Ansatz der Umweltgerechtigkeit nur in seltenen Fällen bewusst verwendet wurde und auch häufig Unklarheit hinsichtlich der Definition und Bedeutung bestand. Viele Kommunen setzen jedoch Maßnahmen um, die umweltgerechte Zielsetzungen verfolgen, ohne jedoch das Konzept bzw. die Begrifflichkeit zu verwenden.

Beispiel

Das Land Berlin ist ein Beispiel, das gezielt den Ansatz der Umweltgerechtigkeit in der Stadtentwicklung verwendet. Berlin sieht sich selbst als Vorreiter für die Umsetzung von Umweltgerechtigkeit in Deutschland und Europa (Senatsverwaltung für Mobilität, 2023; Senatsverwaltung für Umwelt, Verkehr und Klimaschutz Berlin, 2019). Im Rahmen der **Berliner Umweltgerechtigkeitskonzeption** wurde eine Ist-Analyse von kleinräumigen Ungleichheiten initiiert, welche die Grundlage für umweltgerechte Maßnahmen auf Quartiersebene darstellt (Senatsverwaltung für Umwelt, Verkehr und Klimaschutz Berlin, 2019). Die Ist-Analyse des Berliner Raums basiert auf fünf Kernindikatoren: (1) Lärmbelastung, (2) Luftschadstoffe, (3) bioklimatische Belastung wie Hitze, Kälte und Windverhältnisse, (4) Grün- und Freiflächenversorgung sowie (5) soziale Problematik, gemessen durch den ›Status-Index‹, der Veränderungen in der sozialstrukturellen und sozialräumlichen Entwicklung in Teilgebieten zeigt. Als zusätzliche Ergänzungsindikatoren dienen Daten im Bereich Gesundheit, Stadtstruktur und Soziales. Für die Ist-Analyse wurde der Raum Berlin in 447 Planungsräume unterteilt, um kleinräumige Unterschiede identifizieren zu können. Die Ergebnisse sind in verschiedenen Formaten, so auch einer Umweltgerechtigkeitskarte, zusammengefasst, die Schwerpunktbereiche vor allem im innerstädtischen Gebiet sichtbar macht (Abb. 5.6). Diese Erkenntnisse fließen nun konkret in Planungsprozesse und die Entwicklung von Modellprojekten auf Bezirksebene ein. Bezirke mit höheren Belastungszonen können basierend auf den Daten gezielt Strategien entwickeln, um Belastungen zu reduzieren. Hierzu zählen Mobilitätsstrategien in den Bezirken Pankow und Tempelhof-Schönefeld, beispielsweise durch Förderung der Radinfrastruktur, mit denen verkehrsbedingte Gesundheitsrisiken durch Unfälle und Schadstoffe reduziert werden sollen.

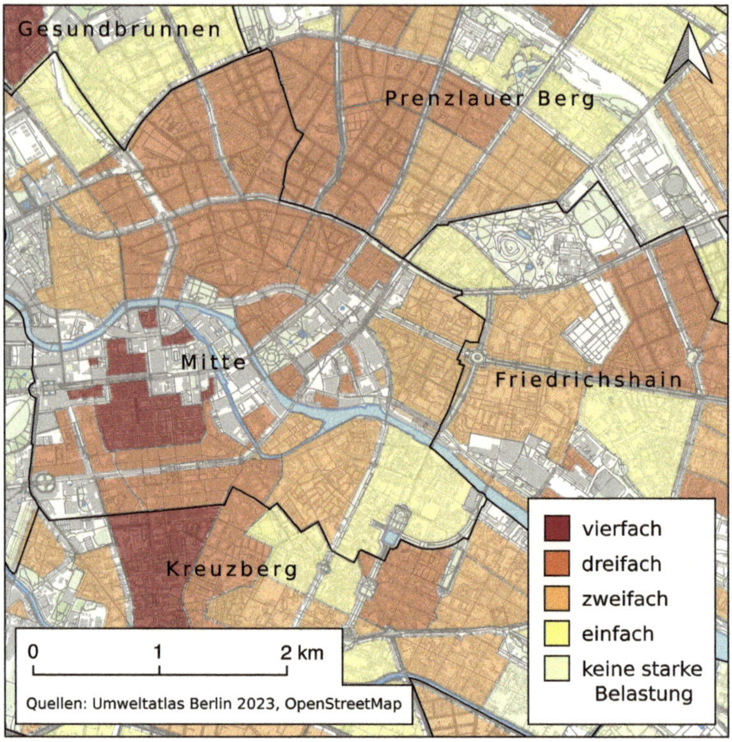

Abb. 5.6: Berliner Umweltgerechtigkeitskarte. Kartographie: Cyrille Médard de Chardon basierend auf Senatsverwaltung für Stadtentwicklung (2023).

5.7 Zusammenfassung

Wie auch **politökologische Ansätze** (s. Kapitel 4) stellen Ansätze der Umweltgerechtigkeit politische, soziale und ethische Fragen in Bezug auf Umweltveränderungen in den Vordergrund. Beide Ansätze entstanden in verschiedenen Kontexten – die Politische Ökologie als Antwort auf Umweltdegradation in ländlichen Räumen des Globalen Südens, die Umweltgerechtigkeit als Widerstand zu Landnutzungsentscheidungen in Nordamerika. Entsprechend sind die zwei Perspektiven durch diese spezifischen Kontexte und damit auch verschiedene wissenschaftliche Diskurse geprägt und weiterentwickelt worden.

Die **Umweltgerechtigkeit** befasst sich mit der ungleichen Verteilung von negativen und positiven Auswirkungen durch Umwelteinflüsse. Gesundheitsbezogene Aspekte spielen hierbei eine zentrale Rolle, so unter anderem erhöhte Gefahr durch Schadstoffe, Hitze oder Ernährungsunsicherheit. Dabei werden unterprivilegierte Bevölkerungsgruppen in der Regel stärker von negativen Umweltauswirkungen

(Environmental Bads) betroffen und profitieren in geringerem Maße von positiven Auswirkungen (Environmental Goods). Im Kontext des **Klimawandels** gewinnt der Ansatz der Umweltgerechtigkeit an Bedeutung. Zum einen bietet der Ansatz einen Analyserahmen, um Beweggründe und zugrunde liegende Prozesse von Benachteiligungen aufzudecken und zu verstehen. Zum anderen bieten gerechtigkeitsorientierte Perspektiven auch normative und aktivistische Ansatzpunkte, um Zukunftsvisionen zu definieren und Lösungsansätze zu entwickeln (s. Kapitel 15).

Entsprechend kann **Nachhaltigkeit** auf ganz verschiedene Weise umgesetzt werden. Hinsichtlich der Umsetzung bietet die Umweltgerechtigkeitsbewegung Handwerkszeug für einen nachhaltigen Wandel in Form von Bildung und Training (s. Kapitel 16), Problemlösungen, Vernetzung und Überzeugungen.

5.8 »Raus ins Feld« mit Agnes Feil, Masterstudentin der Geographie

Abb. 5.7 Agnes Feil. Foto: privat.

Agnes Feil studiert Humangeographie an der Universität Trier und verwendete in ihrer Abschlussarbeit im Bachelorstudiengang Angewandte Geographie Umweltgerechtigkeit als Analyserahmen. Wir haben Agnes gefragt, warum sie sich für das Thema entschieden und wie sie die Perspektive der Umweltgerechtigkeit in ihrer Untersuchung umgesetzt hat. Das Gespräch fand im Juli 2022 statt.

Welche Thematik hast Du in Deiner Abschlussarbeit untersucht und warum?

Ich habe mich in meiner Abschlussarbeit mit Umweltgerechtigkeit bzw. Verfahrensgerechtigkeit in der Grünraumplanung beschäftigt. Als empirisches Beispiel habe ich dazu Umweltprojekte im Ruhrgebiet analysiert. Das erste Mal hatte ich mit diesem Thema im Rahmen meiner Hiwi-Stelle zu tun. Es ging dabei um die Stadt Richmond in den USA, wo eine rassistisch geprägte Zonierung und Stadtplanung der Vergangenheit eine ungleiche Verteilung von urbanem Grün hinterlassen hat. Besonders Stadtviertel mit einem hohen Anteil an ethnischen Minderheiten weisen bis heute nur wenig Begrünung auf. Die dort lebenden Menschen sind dadurch deutlich vulnerabler gegenüber sommerlichen Hitzewellen, was ihre Gesundheit und sogar Lebenserwartung reduziert. Dieser andauernde Einfluss sozio-historischer Normen und Werte auf die Stadtstruktur und die dadurch fortbestehenden ungerechten Verhältnisse, fand ich dabei sehr spannend.

Wieso hast Du Dich für eine Untersuchungsperspektive der Umweltgerechtigkeit entschieden?

Meine Interessen lagen von vorneherein im Bereich nachhaltiger und klimaangepasster Stadt- und Regionalplanung. Für die Perspektive der Umweltgerechtigkeit habe ich mich dann letztlich entschieden, da die soziale Dimension von Nachhaltigkeit in der öffentlichen Diskussion und den nachhaltigen Planungsmaßnahmen aus meiner Sicht oft zu wenig berücksichtigt wird. Die Umweltgerechtigkeit dagegen beinhaltet Fragen nach sozialer Gerechtigkeit und ein Verständnis von Umwelt als Lebensraum – für Natur, aber auch für Menschen. Auch das Nachdenken über grundsätzliche Fragen, wie darüber, was eigentlich Gerechtigkeit bedeutet und wie sie wissenschaftlich beurteilt werden kann, hat mich persönlich an dieser Perspektive gereizt.

Worin siehst Du die Stärken einer solchen Perspektive? Einschränkungen?

Zu den Stärken der Perspektive zählt aus meiner Sicht besonders dessen Eignung als Werkzeug zur kritischen Analyse von räumlichen Strukturen einerseits und von Politik und Planung andererseits. Sie hilft dabei Maßnahmen, die häufig recht unhinterfragt implementiert werden, aus einem anderen Blickwinkel zu betrachten und mögliche negative, eventuell sogar ungerechte Folgen wahrzunehmen. Dass beispielsweise urbane Begrünung zu Gentrifizierung und Vertreibung führen kann, auch negativ bewertet werden kann oder durch zu geringe Beachtung von Bedürfnissen Menschen aktiv ausschließen kann, war mir zuvor nicht bewusst und schien auch in der Planung nur wenig präsent zu sein. Eine Einschränkung sehe ich in der teils recht normativen Ausrichtung der Perspektive. Politik und Planung unterliegen gewissen Einschränkungen, die bei der Anwendung des Konzepts in der Praxis nicht ausgeblendet werden dürfen.

Wie hast Du in Deiner Arbeit Dimensionen von Umweltgerechtigkeit methodisch erfasst?

Ich habe mich in meiner Arbeit dafür entschieden, das Themenfeld etwas einzugrenzen, indem ich mich auf die Dimension der Verfahrensgerechtigkeit beschränkt habe, entlang derer ich die Fragen meines Interviewleitfadens formuliert, die grundlegenden Kategorien der auswertenden qualitativen Inhaltsanalyse angelegt sowie die abschließende Diskussion und Bewertung strukturiert habe. Geplant waren Interviews mit Planerinnen und Planern vor Ort. Aufgrund der Maßnahmen zur Bekämpfung der Corona-Pandemie und auch des frühen Stadiums meines Projektes habe ich letztendlich nur ein virtuelles Gruppeninterview über Zoom durchführen können. Das Format stellte sich für diese Arbeit und Situation aber als geeignet heraus, da (1) auf diese Weise mehrere Meinungen, Positionen und Perspektiven aus unterschiedlichen Projekten mit unterschiedlichen Beteiligungsverfahren in die Untersuchung miteinfließen konnten, (2) die Ausarbeitung eines Projektes noch recht wenig Material für eine gründliche Analyse lieferte und somit ein einzelnes Interview schwierig gewesen wäre und (3) auch projektübergreifende Strukturen, Herangehensweisen und Herausforderungen in der Umwelt- und Grünraumplanung erfragt und diskutiert werden konnten.

5.9 Zur Vertiefung

Test zu Kapitel 5

https://www.utb.de/do/10.36198/9783838561325-e04/disclaimer

Weiterführende Aufgaben

1. Beschreiben Sie Ungleichheiten zwischen privilegierten und unterprivilegierten Gruppen in Ihrer Region bzw. Lebensumfeld.
2. Benennen Sie diesbezüglich besondere Herausforderungen, die in Ihrem Umfeld entstehen bzw. schon jetzt vorhanden sind.
3. Identifizieren Sie mögliche politische oder planerische Lösungsansätze für die Ungleichheiten.

Literatur- und Webtipps

Flitner, Michael (2008): Politische Ökologie und Umweltgerechtigkeit: Konflikte um Fluglärm. *Geographische Rundschau* 60: 50–56.

» Der Kurzbeitrag beschäftigt sich mit Fragen der sozialen Gerechtigkeit am Beispiel von Fluglärmkonflikten.

Global Atlas of Environmental Justice (https://ejatlas.org).

» Das kooperative Projekt dokumentiert Fälle und Konflikte von Ungerechtigkeit in der ganzen Welt in Form eines Online-Atlas.

Kapitel 6

Zirkuläre Wirtschaft (Circular Economy)

Themen

Circular Economy, zirkuläre Wirtschaftsweisen, Kreislaufwirtschaft, Industrielle Ökologie, Industrielle Symbiose, Permakultur, Ökoindustrieparks

Über diese Lerneinheit

Das Konzept der Circular Economy basiert auf den Prinzipien der Industriellen Ökologie. Es versucht, Material- und Energieströme innerhalb eines Produktionssystems so zu gestalten, dass bestenfalls keine Abfälle entstehen, sondern alle Komponenten weiterverwertet bzw. dem Rohstoffkreislauf wieder zugeführt werden können. In den letzten Jahren hat das Konzept in vielen Ländern starke politische Unterstützung erfahren. Das Streben nach Zirkularität hat Auswirkungen auf Ebene des Produktdesigns, der Produktionsverfahren und der funktionalen Beziehungen zwischen Unternehmen (z. B. Lieferketten). Verschiebungen in der räumlichen Produktionsorganisation sind die Folge und führen zu spezifischen regionalökonomischen Effekten.

Was Sie hier lernen

1. Die Grundprinzipien zirkulärer Wirtschaftsweisen nachvollziehen können.
2. Den Unterschied zwischen Zirkularität und Recycling erkennen können.
3. Die praktische Umsetzbarkeit zirkulärer Konzepte kritisch hinterfragen können.
4. Die räumlich-funktionalen Dimensionen zirkulären Wirtschaftens erfassen können.

6.1 Beispiel: Niederwaldwirtschaft

Als historisches Beispiel für eine **nachhaltige Form der Holzproduktion** gilt die Niederwaldwirtschaft (regional auch Haubergswirtschaft oder Lohheckenwirtschaft), deren Ursprünge vermutlich bis in die Keltenzeit reichen und die viele Mittelgebirgsregionen über Jahrhunderte geprägt hat (Milad et al., 2008). Die traditionelle Niederwaldwirtschaft nutzte junge Baumbestände (Laubhölzer, v. a. Eichen) sowie den Stockausschlag zurückgeschnittener Bäume zur Brennholz- und Holzkohlegewinnung. Die Rinde der im Frühjahr geschälten Eichen wurde zur Gewinnung von Gerbstoffen (Lohe) für die Lederverarbeitung genutzt. Restbestände wurden im Sommer abgebrannt und die so durch Asche gedüngten Flächen dienten für ein Jahr dem Getreideanbau (Henseling, 2008: 16). Der langfristig nachhaltige Ertrag wurde sowohl durch die Bewirtschaftungsweise als auch besondere Organisationsformen erreicht: Durch extensive Umtriebszeiten der zu erntenden Schläge wurde sichergestellt, dass dem Wald nur so viel Holz und Nährstoffe entnommen wurde, wie bis zum nächsten Einschlag natürlich regeneriert werden konnten.

Seit Einführung importierter bzw. synthetischer Gerbstoffe und mit dem Wandel der Landwirtschaft hat die Niederwaldwirtschaft im 20. Jahrhundert rapide an Bedeutung verloren. Regional wird sie meist nur noch zur Gewinnung von Brennholz bzw. Holzkohle betrieben, jedoch ohne Waldbeweidung und ackerbauliche Zwischennutzungen. Zunehmend lassen lokale Initiativen und Geschichtsvereine auch die Lohe-Gewinnung wieder aufleben. Geblieben ist vielerorts das **Prinzip der gemeinschaftlichen Organisationsform** und der auf Nachhaltigkeit ausgelegten Erntezyklen. So verteilen etwa die Gehöferschaften im Hunsrück jährlich Lose an ihre Mitglieder, die jedes Jahr an anderer Stelle die ihnen zugeteilte Holzmenge entnehmen. Da sie nicht wissen, ob ihnen im nächsten Jahr nicht zufällig dieselbe Fläche zugelost wird (sog. ›Losrisiko‹), liegt es in ihrem eigenen Interesse, die zugeteilte Entnahmemenge nicht zu überschreiten und die Regenerationsfähigkeit des Bestands nicht zu gefährden. Dieses rotierende Ernteprinzip garantiert somit den sorgsamen Umgang mit dem Waldbestand.

Zahlreiche lokale Initiativen und Geschichtsvereine praktizieren Niederwaldwirtschaft in kleinem Maßstab und dokumentieren ihre Arbeit für pädagogische Zwecke, zum Beispiel in Form von Videos (https://www.youtube.com/watch?v=o_YopmxNbzg).

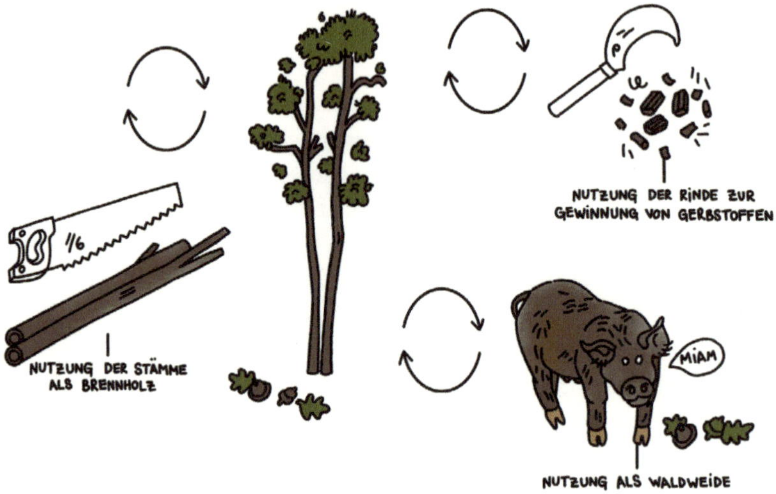

Abb. 6.1: Stoffkreisläufe in der traditionellen Niederwaldwirtschaft.

6.2 Einführung

Die traditionelle Niederwaldwirtschaft kann als Frühform eines Wirtschaftsprinzips gelten, das auf geschlossene Rohstoffkreisläufe setzt. Überhaupt finden sich in historischen Formen der Landwirtschaft sehr häufig solche auf Regenerationsfähigkeit zielende Prinzipien (etwa in der Maulbeer-Fisch-Teichwirtschaft in Südchina, in der Seidenraupen- und Fischzucht in einen effizienten Nährstoffkreislauf eingebunden waren). Wir benutzen in diesem Kapitel den Begriff **Zirkuläre Wirtschaft** sowie die im deutschen Sprachraum verbreitetere Bezeichnung **Circular Economy** (siehe auch Szabó-Müller & Angstmann, 2023). Dagegen verwenden wir den Begriff Kreislaufwirtschaft bewusst nicht, da er in Deutschland zu stark mit dem Kreislaufwirtschaftsgesetz von 1996 und dem Dualen System (›Grüner Punkt‹) zum Recycling von Verpackungsmüll assoziiert wird und damit irreführend sein könnte. Neben ›Zirkulärer Wirtschaft‹ wird häufig auch der Begriff ›Zirkuläre Wertschöpfung‹ verwendet, den wir jedoch für sprachlich zu sperrig sowie inhaltlich zu eng reduzierend auf monetäre Aspekte der Zirkularität halten.

Der Ansatz der Zirkulären Wirtschaft geht weit über die Ziele des Dualen Systems hinaus, das andere abfallpolitische Ziele verfolgte. Lange Zeit dominierte in der Debatte das Bild der **Abfallpyramide,** die unterschiedliche Ziele der Abfallwirtschaft definiert und hierarchisiert (Abb. 6.2). Es kursieren beide Darstellungsformen und trotz identischer Zielhierarchien – das obere Ende der Pyramide gilt jeweils als am erstrebenswertesten – entstehen unterschiedliche Eindrücke. Die rechte Grafik suggeriert, dass Vermeidung der breiteste Raum gegeben werde, während es sich bei der Beseitigung und sonstigen Verwertung um weniger relevante Umfänge handele. Die Praxis bestimmen jedoch allenfalls recyclingorientierte Ansätze, wenngleich deren Zielvorgaben selten erreicht wurden (z. B. durch das Problem der Trennung von Verbundmaterialien). So wird in Deutschland auch heute noch ein Großteil des Verpackungsmülls verbrannt (›thermisch verwertet‹) oder, wie die jüngeren Skandale um den Export von Plastikabfällen zeigen, in Ländern des Globalen Südens unsachgemäß deponiert. Wie das Beispiel der Kunststoffverpackungen in Deutschland verdeutlicht (s. Abb. 6.3), entspricht die aktuelle Situation eher den Proportionen der linken Grafik, das heißt, Beseitigung und thermische Verwertung dominieren weiterhin.

Abb. 6.2: Abfallhierarchie bzw. Abfallpyramide mit Vermeidung als höchstem Ziel. Eigene Darstellung.

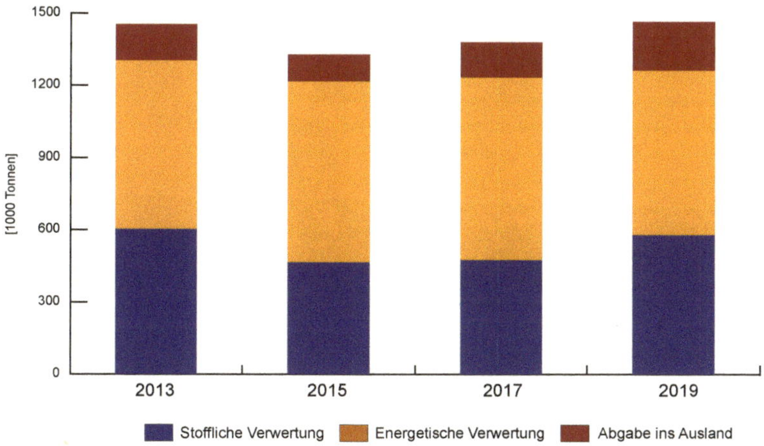

Abb. 6.3: In Deutschland eingesammelte gebrauchte Verkaufsverpackungen privater Endverbraucher und deren Verbleib [1000 t]. Eigene Darstellung; Datengrundlage: DESTATIS, 2022.

Industrielle Ökologie

Angesichts der überschaubaren Wirkung bisheriger Vermeidungs- und Verwertungskonzepte, geht die Zirkuläre Wirtschaft bewusst über diese abfallwirtschaftliche Perspektive hinaus und setzt viel früher im Planungs- und Produktionsprozess ein. Sie fußt insbesondere auf Ansätzen aus den 1980er Jahren, die mit Untersuchungen und Konzepten zur Industriellen Ökologie und zum Industriellen Metabolismus verknüpft sind (Ayres & Ayres, 1996; Ayres & Simonis, 1994). Die **Industrielle Ökologie** betrachtet menschliches Wirtschaften als Teil eines komplexen Systems von Material- und Energieflüssen, dem ökologische (Ressourcen-)Grenzen gesetzt sind. wirtschaftliche Produktion kann deshalb nur dann langfristig (bzw. nachhaltig) funktionieren, wenn sie – einem biologischen Organismus gleich – auf Fragen der Reproduzierbarkeit und Regenerierbarkeit Rücksicht nimmt. Das Konzept des **Industriellen Metabolismus** (Stoffwechsel) oder der **Industriellen Symbiose** sieht deshalb vor, dass Unternehmen – aber auch Energieversorger, Verkehrssysteme und nicht zuletzt private Haushalte – durch koordinierten Ressourcen- und Energieeinsatz ihre Verbräuche so minimieren, dass verbleibende Bedarfe sich im Rahmen der Regenerierbarkeit bewegen.

Konkret kann dies zum Beispiel heißen, dass ein produzierender Betrieb, der durch seine Fertigungsprozesse große Mengen an Wärme freisetzt (z. B. ein Walzwerk), diese an einen benachbarten Betrieb abgibt, der sie zum Betrieb seiner Anlagen benötigt (etwa Beheizung von Werkshallen oder zur Warmwasseraufbereitung für den Produktionsprozess). Gleichzeitig erzeugt dieser Betrieb beispielsweise Produktionsrückstände (z. B. Holzabfälle), die wiederum für ein anderes Unternehmen interessante Rohstoffe beinhalten (z. B. Holzkraftwerk, Produktion von Heizpellets), das so Energie(-träger) in den Kreislauf zurückgibt. Diese Form des **überbetrieblichen Stoffstrommanagements** wird lokal etwa in sogenannten Ökoindustrieparks angestrebt (s. u.).

Abb. 6.4: Idealtypisches Prinzip der Kreislaufwirtschaft (eigene Darstellung).

Lebenszyklusanalyse

Es geht also darum, Materialströme verschiedener Produktionsprozesse so zu optimieren und aufeinander abzustimmen, dass die eingesetzten Stoffe fortwährend im System verbleiben und weder Abfälle entstehen noch neue Ressourcen in Anspruch genommen werden müssen (idealtypisch s. Abb. 6.4). Dieses Prinzip gilt nicht nur für Produktionsverfahren und deren technischen und logistischen Prozesse, wie hier bisher dargestellt, sondern auch auf der Ebene einzelner Produkttypen. Betrachtet man deren gesamte Lebensspanne, so ist schon bei der Konzeption eines Guts (Produktdesign) darüber nachzudenken, ob und wie einzelne Komponenten später möglichst effizient einer neuen Verwertung zugeführt werden können. Dieses Prinzip wird als **›cradle-to-cradle‹** (von der Wiege zur Wiege, statt ›cradle-to-grave‹ – von der Wiege zur Bahre) oder auch ›C2C‹ bezeichnet (Braungart & McDonough, 2009). Die wissenschaftliche Beschäftigung mit den Material- und Energiebedarfen eines Produkts firmiert unter dem Namen **Lebenszyklusanalyse** (Life cycle assessment, LCA). Dabei werden nicht nur die im Produkt gebundenen Materialien erfasst, sondern alle entlang des Produktions- und Wiederverwertungsprozesses anfallenden Material- und Energiebedarfe. Letztere werden auch als ›graue Energie‹ bezeichnet, deren Anteil zum Beispiel bei vielen Baustoffen (v. a. Stahlbeton) sehr hoch ist.

Regenerative Wirtschaftsformen

Während es sich bei den vorgenannten Ansätzen der Industriellen Ökologie, des Industriellen Metabolismus und dem C2C-Produktdesign überwiegend um industrienahe Forschung handelt, die auf die vor allem technische Optimierung von Materialkreisläufen und damit Ressourceneffizienz abstellt, hat die heutige Debatte um Zirkuläres Wirtschaften auch Wurzeln in industriefernen Bereichen. So haben sich Umweltschutzgruppen und andere zivilgesellschaftliche Initiativen schon früh mit Alternativen zur materialintensiven Produktion und Konsumption befasst. Dazu zählt die Beschäftigung mit **Suffizienz-orientierten Lebensstilen** ebenso wie die Suche nach dauerhaft regenerativen Wirtschaftsformen. So ist etwa die Transition Town-Bewegung, ein weltweit wachsendes Netzwerk lokaler Nachhaltigkeits-Initiativen, sehr stark am Prinzip der **Permakultur** orientiert (Hopkins, 2008). Dieses verfolgt – wie der Name anzeigt – die Etablierung von langfristig nachhaltigen Produktionsverfahren, die sich ohne zunehmenden Ressourceneinsatz durch geschlossene Stoff- und Energiekreisläufe selbst regenerieren. Am augenfälligsten wird dieses Prinzip vielleicht in der Landbewirtschaftung – und hier sind Parallelen zu den am Anfang dieses Kapitels erläuterten historischen Beispielen erkennbar: Permakultur erzeugt pflanzliche Nahrungsmittel auf dem Land wie auch an innerstädtischen Standorten und berücksichtigt dabei natürliche Nährstoffkreisläufe, klimatische Aspekte, Wasserverfügbarkeit und andere Faktoren, die eine dezentrale und nachhaltige Produktion ermöglichen – Zirkuläres Wirtschaften in Reinkultur also. Produziert wird vornehmlich zur Selbstversorgung der Beteiligten, die nicht nur Permakulturtechniken lernen, sondern auch den sachgerechten und maßvollen Umgang mit Lebensmitteln.

Solchen alternativen Wirtschaftsformen werden wir in den Kapiteln 9 und 10 besondere Aufmerksamkeit schenken. Das Umstellen auf zirkuläre Wirtschaftsformen in den etablierten Wirtschaftszweigen zeigt sowohl auf Ebene einzelner Produktgruppen als auch hinsichtlich der zugrundeliegenden Herstellungsverfahren, der zugehörigen Lieferketten und der überbetrieblichen Zusammenarbeit vielfältige Folgen für räumliche Wirkungszusammenhänge und damit für die wirtschaftsgeographische Forschung. Bevor wir diese systematischer erläutern und mit Beispielen illustrieren, zunächst jedoch zu den Grundprinzipien der Zirkulären Wirtschaft.

6.3 Grundannahmen

Das **Prinzip der Zirkulären Wirtschaft,** wie sie unter anderem von der Europäischen Union gefördert wird (s. u.) zielt darauf ab, Stoffkreisläufe möglichst weitgehend zu schließen (s. Abb. 6.4), unter anderem durch:

- die **ressourcensparende Neukonzeption** von Produkten (dazu gehört die Wahl der eingesetzten Materialien und ihrer Recyclingfähigkeit, aber auch die Fragen der Lebensdauer, der Reparierbarkeit und der Zerlegbarkeit in wiederverwertbare Einzelkomponenten);
- die Unterstützung von Unternehmen bei der überbetrieblichen **Optimierung von Materialflüssen** (wie etwa in den o. g. Ökoindustrieparks);
- **neue Vertriebs-, Verteilungs- und Nutzungsformen** wie intelligente Mehrwegsysteme, Teil- und Mietkonzepte (z. B. sogenannte ›Product-to-service‹ Konzepte, bei denen Kundinnen/Nutzer ein Produkt nicht erwerben, sondern nur die von dem Produkt erwartete Leistung einkaufen – etwa eine Gemeinde, die keine Leuchten für die Straßenlaternen erwirbt, sondern vom Lampenhersteller die Dienstleistung ›Licht‹ bezieht; der Hersteller hat sodann ein Interesse, dass seine Leuchten möglichst lange und kostengünstig funktionieren) (s. Kapitel 10);
- **Förderung des Reparierens** und ggf. Wieder- bzw. Umnutzens von Produkten (inklusive des Erlernens von notwendigen handwerklichen Fertigkeiten, wie es zum Beispiel in Repair-Cafés, Hacker Spaces und Do-it-yourself-Workshops vermehrt ermöglicht wird);
- der Ausbau effizienter **Recycling- und Upcyclingstrategien** (wie teilweise schon im Bereich Textilien, Taschen, Möbel, Baumaterialien usw. praktiziert).

(aus: Schulz, 2019)

Circular-Economy-Aktionsplan

In jüngerer Zeit hat das Konzept der Zirkulären Wirtschaft eine hohe politische und mediale Aufmerksamkeit erfahren. Insbesondere das ›Circular Economy-Paket‹ der Europäischen Union, das seit 2015 eine Reihe von abfallbezogenen Regelwerken ordnet, hat in vielen Ländern eine neue Dynamik ausgelöst und zur Entwicklung von nationalen und regionalen Strategien geführt. Besonders wichtig ist hier der im März 2020 von der EU verabschiedete **Circular-Economy-Aktionsplan** (EU-Kommission, 2020a), der als wesentliche Komponente des sogenannten europäischen Green Deal (s. auch Kapitel 5) gilt. Aus ihm werden sukzessive konkrete Regelwerke hervorgehen, die neue Produkt- und Produktionsstandards für einzelne Wirtschaftszweige definieren, zum Beispiel für die Batterieherstellung.

6.4 Schwerpunkte und Anwendungsfelder

Das Streben nach Zirkularität kann auf verschiedenen Maßstabsebenen erfolgen: a) auf Ebene einzelner Produkte, b) aus der Perspektive eines einzelnen Betriebs oder Unternehmens, c) entlang der (mitunter globalen) Wertschöpfungsketten einer Produktgruppe, oder d) aus einer geographisch-territorialen Perspektive (z. B. Gemeinden oder Regionen, die zirkulär wirtschaften wollen).

6.4.1 Produkte

Wie oben bereits angedeutet, beginnt die Zirkularität eines Produktes mit einem entsprechend ausgerichteten **Produktdesign**. Die Auswahl der Einzelkomponenten, der Produktaufbau und der Verarbeitungsprozess entscheiden nicht nur über den ökologischen Fußabdruck eines Produkts, sondern bestimmen maßgeblich, ob dessen Lebensspanne durch Wartung und Reparatur verlängert werden kann, und ob es (bzw. seine Komponenten) später problemlos – das heißt ohne Abfälle zu erzeugen und hohen energetischen Aufwand zu erfordern – einer neuen Nutzung zugeführt werden kann. Verbundmaterialien und geklebte Verbindungen etwa lassen sich ungleich schwerer warten und wiederverwenden, als recyclingfähige Einzelkomponenten, die über Schraubverbindungen, Nähte oder Ähnliches miteinander verbunden sind. Dies gilt für Kleidung und Schuhe ebenso wie für Fahrzeugkomponenten (z. B. Innenraumverkleidungen eines Autos) oder Haushaltsgeräte und Produkte der Kommunikations-/Unterhaltungselektronik. Gerade bei Letzteren ist offenkundig, wie immer kürzer werdende Nutzungszyklen zum Beispiel von Smartphones nicht nur im technischen Fortschritt (Speicherleistung, Displayauflösung, Kameraeigenschaften u. ä.) begründet liegen, sondern auch in der faktischen Nicht-Reparierbarkeit. Das heißt, Reparaturen können oft nur vom Hersteller selbst durchgeführt werden und ihre Kosten überschreiten häufig den Preis für den Ersatz des Produktes. In diesem Zusammenhang mögen nicht-wechselbare Akkus von Mobiltelefonen, elektrischen Zahnbürsten und ähnliches als Beispiel für fehlleitendes Produktdesign gelten. Erste Alternativprodukte wie etwa das reparier- und erweiterbare ›Shiftphone‹ drängen jedoch auf den Markt (s. Kapitel 14.2).

Reparierbarkeit

Das Problem der kurzen Lebenszyklen wird oft verbunden mit dem Vorwurf der **›geplanten Obsoleszenz‹** (s. Kapitel 10). Herstellern wird unterstellt, ihre Produkte bewusst mit minderwertigen Einzelkomponenten oder gar vorsätzlich mit Sollbruchstellen zu versehen, damit sie früher ersetzt werden müssen als eigentlich nötig. Vor diesem Hintergrund gab es jüngst unter dem Motto **›Recht auf Reparatur‹** lauter werdende Stimmen aus Zivilgesellschaft, Verbraucherverbänden und Politik, regulierend einzugreifen und Hersteller und Handel zu einer stärkeren Berücksichtigung der Wartungs- und Reparaturfähigkeit zu verpflichten. So gilt seit dem 1. März 2021 in der Europäischen Union eine Ergänzung zur Ökodesign-Richtlinie von 2009, die Anbieter von Elektrogeräten dazu verpflichtet, mindestens über die ersten zehn Lebensjahre ihrer Produkte deren Reparierbarkeit zu gewährleisten. Diese Regelung ist mit der Hoffnung verbunden, dass sie nachhaltige Wirkung auf das Produktdesign haben wird. Die Sustainable Product Initiative (SPI) des EU Green Deal sieht eine Ausweitung der Regel auf andere Produktgruppen vor (s. Kapitel 13).

Aus wirtschaftsgeographischer Sicht wird dieser Paradigmenwechsel nicht nur kleinräumig sichtbare Folgen haben, etwa **neue Märkte für Reparaturbetriebe** und Serviceangebote sowie zugehörige dezentrale Infrastrukturen. Die Folgen werden deutlich darüber hinaus gehen, da das veränderte Produktdesign alle Stufen eines Produktionsprozesses beeinflussen und damit branchenübergreifende und geographisch mitunter weiträumige Effekte haben kann. Dies wird auf den drei weiteren hier betrachteten Ebenen deutlich.

6.4.2 Unternehmen und Betriebe

Auf der Ebene einzelner Unternehmen und Betriebe erfolgt die Suche nach zirkulären Konzepten aus unterschiedlichen **Motivlagen**. Während das eine Unternehmen versucht, bestehende Produktionsprozesse aus Kostengründen zu optimieren und den Material- und Energieverbrauch zu minimieren, ist möglicherweise ein anderes Unternehmen pionierhaft darum bemüht, neue Produkte oder Herstellungsverfahren zu entwickeln, die von vornherein den Prinzipien der Zirkulären Wirtschaft folgen und auf Nachhaltigkeit ausgerichtet sind (sogenannte Ecopreneurs, s. Kapitel 14.2 und Gibbs & O'Neill, 2014b). Und ein drittes Unternehmen mag sich eher reaktiv verhalten und lediglich passiv neue gesetzliche Vorgaben und Produktnormen aufgreifen. Häufig ist es auch eine Kombination mehrerer dieser Haltungen. Ihnen ist gemein, dass sie alle Bereiche der Produktion betreffen; neben dem oben beschriebenen Produktdesign auch den eigenen Herstellungsprozess (Materialien, Verfahren, Effizienz), damit zusammenhängend auch jede Form von Lieferbeziehungen (Rohmaterialien, Vorprodukte) und nicht zuletzt auch die Frage von Vertriebswegen und Wartungsdienstleistungen (s. o. Reparierbarkeit). Einzelbetriebliche Entscheidungen zum Beispiel eines Hochbauunternehmens, mit welchen Baumaterialien welcher Herkunft es künftig wie arbeiten möchte, hat unmittelbar auch eine überbetriebliche Dimension.

6.4.3 Produktionsketten

Häufig sind somit ganze **Produktions- oder Lieferketten** zu betrachten, wenn es um die Umsetzung zirkulärer Wirtschaftskonzepte geht. Das Endprodukt ist nur dann nachhaltig, wenn auch alle Komponenten, Vorprodukte und insbesondere auch die im Produktionsprozess nötigen Verbrauchsmaterialien sowie die verwendeten Energieträger den gleichen Prinzipien folgen. Zugespitzt formuliert könnte ein Produkt vollkommen aus zirkulär verwendbaren Einzelkomponenten bestehen, aber dennoch nicht als zirkulär gelten, weil zum Beispiel ein hoher Anteil fossiler Energie in den Produktionsprozess geflossen ist. Und diesen Gedanken kann man leicht auf Fragen der Transportlogistik, Verkehrsträger und Wegstrecken (›Produktkilometer‹) ausweiten. Dies bringt uns zu einer dritten wichtigen Perspektive neben der Ebene des Einzelbetriebs und der Betrachtung von Produktionsketten.

6.4.4 Regionen

Zunehmend wird das Prinzip der Zirkularität auch aus einer **geographisch-territorialen Perspektive** thematisiert, wenn sich etwa eine Gemeinde oder Region dem Prinzip der Zirkulären Wirtschaft verschreibt und versucht, sektorenübergreifend Material- und Energiekreisläufe zu schließen und gleichzeitig externe Abhängigkeiten und überregionale Effekte, zum Beispiel Rohstoffbezug, zu minimieren (Fromhold-Eisebith, 2023). Was im Bereich dezentraler Versorgung mit erneuerbaren Energien vielerorts schon weit fortgeschritten ist (s. energieautarke Gemeinden/Plusenergie-Gemeinden), gestaltet sich im Bereich der materiellen Produktion weitaus komplexer. Interessante Ansätze bieten hier sogenannte **Bioökonomie-Strategien**, in denen Regionen versuchen, die vorhandenen nachwachsenden Rohstoffe aus Forst- und Landwirtschaft möglichst effizient in regionale Stoffkreisläufe zu integrieren (z. B. Holz für die Bauwirtschaft; China-Schilf *[Miscanthus]* für die Biogasproduktion).

Aber auch jenseits des tatsächlichen Stoffstrommanagements können Kommunalverwaltungen und Lokalpolitik wichtige Hilfestellungen für die Zirkuläre Wirtschaft geben: in der öffentlichen Auftragsvergabe, die in Produktspezifikation (z. B. für neu anzuschaffende Schulmöbel) eng mit zirkulären Kriterien verknüpft werden kann; im Bereitstellen von Infrastrukturen und Orten, an denen z. B. Reparaturinitiativen tätig werden; oder in der Ausgestaltung von Gewerbehöfen und Gewerbegebieten, die **überbetriebliche Kooperation** und zirkuläres Wirtschaften fördern (s. Beispiel Energie- und Technikpark Trier weiter unten).

6.5 Relevanz für die Wirtschaftsgeographie

Die räumliche Dimension zirkulärer Wirtschaftsformen und ihre mitunter weitreichenden geographischen Effekte sind nun bereits mehrfach angeklungen. Im Folgenden wollen wir ausführen, mit welchen Fragestellungen sich die Wirtschaftsgeographie bereits befasst bzw. verstärkt befassen sollte. Wir konzentrieren uns hier auf vier Themenbereiche, die zum Teil ineinandergreifen. Erstens die Frage, wie die Prinzipien der Zirkulären Wirtschaft umgesetzt werden und zu welchen veränderten Praktiken in Produktion und Konsum sie führen können; zweitens daraus resultierende funktionsräumliche Aspekte (Produktionsorganisation, Lieferketten, Vertriebswege); drittens deren regionalökonomische Wirkungen (Betriebs- und Branchenstruktur, Arbeitsmärkte, Innovationsgeschehen, Regionalentwicklung und -planung); und viertens globale Effekte ökologischer, sozialer und ökonomischer Natur.

6.5.1 Umsetzung des Konzepts

Wie bei jedem anderen neuen Politikansatz so stellt sich auch bei der **Implementierung** des Leitbilds der Zirkulären Wirtschaft die Frage nach Möglichkeiten und Barrieren der praktischen Umsetzung. Neben technischen und finanziellen Aspekten der Machbarkeit geht es hier vor allem um die Fragen, welche Praktiken sich notwendigerweise verändern. Damit kann beispielsweise gemeint sein,

- dass einzelne Unternehmerinnen ihr **Geschäftsmodell anpassen** oder grundlegend neu ausrichten müssen (z. B. eine Schreinerei, die beschließt, statt industriell produzierten Spanplatten und synthetischen Verbundstoffen künftig ausschließlich Vollholz aus nachhaltiger Produktionsweise zu verwenden),
- dass die **Interaktion zwischen Unternehmen** sich verändert (etwa in der Suche nach Synergien und Effizienz in der gemeinsamen Ressourcennutzung),

- oder dass sich **Konsumpräferenzen** der Bevölkerung ändern oder die **Nachfrage** von Kundenunternehmen wandelt. Hier kann auch das öffentliche Beschaffungswesen und veränderte Kriterien für die Auftragsvergabe eine wichtige Rolle spielen, wenn etwa eine Gemeinde beschließt, ein neues Schulgebäude streng nach den Prinzipien der zirkulären Wirtschaft planen und errichten zu lassen.

Barrieren

Eine solche Ausschreibung verschiebt bzw. verengt nicht nur die Zahl der infrage kommenden Anbieter. Sie stellt diese auch vor besondere Herausforderungen, womit wir bei den **Barrieren** der Umsetzung wären, die nicht nur technischer und logistischer Natur sind. Dazu gehören auch **individuelle Haltungen** und **Selbstverständnisse** einzelner Akteure, die beharrende Wirkung haben können (»das haben wir in unserem Handwerk immer so gemacht…«) oder institutionelle Praktiken einer ganzen Branche, Routinen und Konventionen, die sich nicht kurzfristig verändern lassen. Dies betrifft etwa eingespielte Kooperations- und Lieferbeziehungen, deren Neuausrichtung mit vielen **Unsicherheiten** verbunden sein kann, aber auch handfeste Abhängigkeiten und **Machtaspekte,** wenn es um das Verteidigen von Märkten geht oder wenn kleine Zulieferunternehmen der Automobilindustrie sehr einseitig von der Produktpolitik großer Kundenunternehmen abhängen (Hjaltadóttir & Hild, 2021).

Viele (vor allem kleine und mittelgroße) Unternehmen stehen aber auch vor ganz praktischen Herausforderungen, wenn sie in ihrem Betrieb zirkuläre Wirtschaftsweisen zwar aufgreifen wollen, sich aber mit einem **Kapazitäts- und Ressourcenmangel** konfrontiert sehen, etwa personell (fehlende qualifizierte Mitarbeitende), zeitlich (Betriebsleitung zu sehr von Alltagsgeschäft und Terminzwängen absorbiert) und/oder finanziell (kostspielige Investitionen in Weiterbildung, Personal, Maschinen, Software). Eine weitere wichtige Barriere, die die aktuelle Implementationsforschung zeigt, kann man als ›regulatorische Widersprüche‹ bezeichnen. Diese sind etwa dann kontraproduktiv, wenn das eine Regelwerk die zirkuläre Orientierung der Bauwirtschaft vorschreibt, andere geltende Regeln (z. B. Materialnormen, Abfallrecht, Brandschutz) es aber in der Praxis nicht zulassen, bestimmte recyclingfähige Komponenten tatsächlich in Neubauten wiederzuverwenden (Hild & Schulz, 2022).

Für die Wirtschaftsgeographie ist das Zusammenwirken all dieser Faktoren besonders interessant, wenn sie versucht, aus einer institutionellen Perspektive den jeweiligen kontextuellen Rahmenbedingungen an einem Ort, in einer Region oder in einem Land zu ergründen.

6.5.2 Funktionsräumliche Aspekte

Aus eher funktionsräumlicher Sicht kann das Zirkuläre Wirtschaften zwangsläufig zu neuen **Kooperations- und Lieferbeziehungen führen,** die mit einem erhöhten Koordinierungsbedarf einhergehen, inklusive eines vorausschauenden **Stoffstrommanagements** (s. o.). Die Entscheidung eines Unternehmens, eine auf synthetischen Materialien fußende Komponente (z. B. Wärmedämmplatte aus Styropor) durch Produkte auf der Basis nachwachsender Rohstoffe (z. B. Lehm-Stroh-Gemisch) zu ersetzen, verändert nicht nur die Umweltbilanz eines Gebäudes, sondern führt zu Verschiebungen in Standortmustern und Lieferketten. Darüber hinaus entstehen **neue Märkte** nicht nur für Produktkomponenten, sondern insbesondere auch für begleitende Dienstleistungen im Bereich der Fertigungslogistik (z. B. Software für digitale Steuerung überbetrieblicher Stoffströme), der Produktionstechnologie (z. B. Entwicklung neuer Maschinen und Werkzeuge) und allgemeine Beratungsdienstleistungen für Unternehmen, Kommunen, öffentliche Energieversorger usw. (Achenbach et al., 2023). Insbesondere dem Handwerk bieten sich im Zusammenhang mit Wartungs- und Reparaturdienstleistungen (s. ›Recht auf Reparatur‹), aber auch im Hinblick auf neue Fertigungstechniken (z. B. die Verwendung alternativer Baustoffe) interessante Entwicklungsmöglichkeiten.

Hinzu kommt der Bedarf für **neue Infrastrukturen**, zum Beispiel Lagerflächen für wiederverwendbare Baustoffe, Hallen für die Produktaufbereitung, dezentrale Reparaturwerkstätten, aber auch die Entwicklung ganzheitlicher Konzepte für neue oder bestehende Gewerbegebiete (Angstmann et al., 2022). Die oben bereits genannten **Ökoindustrieparks**, die in vielen Teilen Asiens und vermehrt auch in Europa angelegt werden, versuchen die Voraussetzungen dafür zu schaffen, dass sich möglichst viele komplementäre Betriebe ansiedeln, die möglichst effizient Zwischen- und Abfallprodukte benachbarter Betriebe nutzen und insgesamt ein optimiertes Energie- und Rohstoffmanagement anstreben.

Beispiel

Ein gutes Beispiel ist der **Energie- und Technikpark Trier**, in dem die kommunalen Stadtwerke nachhaltige Formen der Energieerzeugung und Wärmenutzung mit dem Betrieb einer Kläranlage verknüpfen und gleichzeitig auf über vier Hektar einen Standort für Gewerbebetriebe schaffen (s. Abb. 6.5). Diese kommen vornehmlich in bestehenden Hallen und Bürogebäuden unter, die nach C2C-Prinzipien aus- bzw. aufgebaut werden. Die Betriebe werden mit überschüssiger Energie aus dem Klärwerk versorgt.

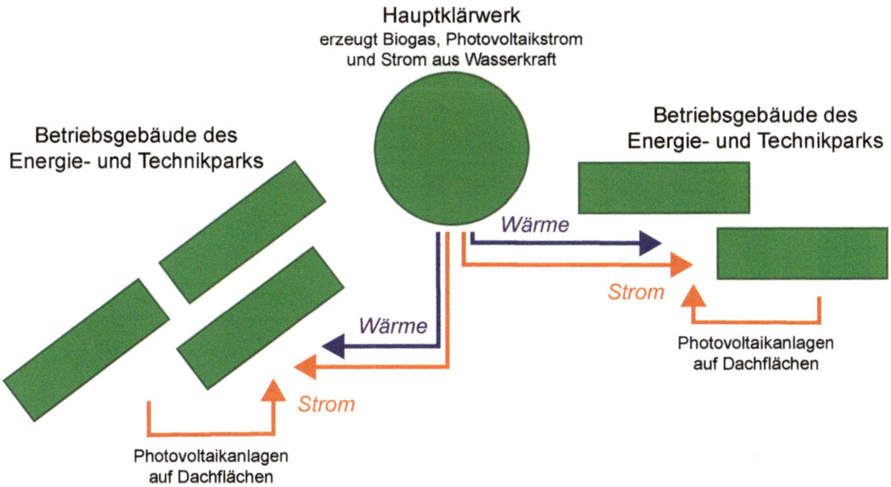

Abb. 6.5: Konzeption des Energie- und Technikparks Trier (eigene Darstellung).

6.5.3 Regionalökonomische Wirkungen

Die möglichen regionalökonomischen Wirkungen Zirkulären Wirtschaftens umfassen – neben den genannten funktionalen Aspekten der Produktionsorganisation und Standortmuster – zum Beispiel kurzfristig vor allem Auswirkungen auf Arbeitsmärkte, auf das Investitionsgeschehen und auf die regionale Wertschöpfung. Die Schaffung qualifizierter Arbeitsplätze im Handwerk kann ebenso ein unmittelbarer Effekt sein wie öffentliche und private Investitionen, die den **Strukturwandel** erst möglich machen (z. B. für Infrastrukturen, Forschung und Entwicklung sowie Aus- und Weiterbildungsprogramme). Da auch die mit dem Transport von Rohstoffen und (Vor-)Produkten einhergehenden Energieverbräuche Berücksichtigung finden, sind zirkuläre Konzepte häufig auch mit einer **Re-Regionalisierung** von Produktionssystemen und Lieferketten verbunden. Belege hierfür liefert die vermehrt praktizierte regionale Beschaffung (Regional Sourcing) im öffentlichen Bauwesen oder der stark nachfragegetriebene ›Boom‹ regional erzeugter Lebensmittel. Aber Vorsicht vor dem Umkehrschluss, alle regionalen Produkte seien per se nachhaltiger oder folgten dem Prinzip der Zirkulären Wirtschaft. Potenziell können diese Aspekte im Kontext einer Re-Regionalisierung jedoch durchaus produktiv zusammenfallen, wie etwa die Forschungen zu alternativen Ernährungsnetzwerken (Rosol, 2018) und zu Verwertungsstrategien in der Nahrungsmittelindustrie (Klein et al., 2023) zeigen.

6.5.4 Globale Effekte

Und schließlich widmet sich die Wirtschaftsgeographie den vielfältigen globalen Effekten und Wechselwirkungen, die veränderte Produktionsweisen in einer Region oder Branche auf andere Regionen haben können, teilweise auch interkontinental. Hier ist insbesondere die langjährige Beschäftigung mit **Globalen Produktionsnetzwerken** (GPN) anschlussfähig (Yeung & Coe, 2015), aber auch entwicklungsgeographische Arbeiten zu Interdependenzen zwischen dem sogenannten Globalen Norden und Süden (Peet et al., 2011). Fortschreitendes Zirkuläres Wirtschaften wird nicht nur Effekte auf internationale Rohstoffmärkte haben und insbesondere Herkunftsländer nicht erneuerbarer Rohstoffe betreffen, sondern auch die auf Vor- und Zwischenprodukte spezialisierten Regionen innerhalb globaler Wertschöpfungsketten herausfordern (Busch & Wiemann, 2023). Die zu erwartenden Folgen sind vielfältig und lassen sich nicht vollständig abschätzen. Es besteht die Hoffnung auf sogenannte **Upgrading-Effekte,** das heißt durch Anpassungsdruck entlang von Lieferketten sich global verbessernde Arbeits- und Umweltstandards. Regionen, die früher als andere das Prinzip der Zirkularität umsetzen, werden als **›Early Movers‹** voraussichtlich Pioniervorteile erzielen können. Neben Gewinnerregionen wird es vermutlich auch Verliererregionen geben. Insgesamt ist zu erwarten, dass sich globale Lieferketten erheblich umstrukturieren und Prozesse der Re-Regionalisierung (s. o.) durch zirkuläre Prinzipien verstärkt werden. Was es bei einer konsequenten Umsetzung der Zirkulären Wirtschaft global streng genommen nicht mehr geben dürfte, sind jene als **›Pollution Havens‹** bezeichneten Zufluchtsorte für stark verschmutzende Produktionsanlagen, die an diesen Standorten weniger strengen Umweltschutzbestimmungen ausgesetzt sind.

6.6 Zusammenfassung

In der flächendeckenden Umsetzung steht das Prinzip der Zirkulären Wirtschaft noch weit am Anfang und sieht sich mit sehr komplexen Herausforderungen konfrontiert. Neben den oben genannten allgemeinen Barrieren und Beharrungskräften ist auch offenkundig, dass in vielen Produktgruppen eine Umstellung auf modular zerlegbare und in Gänze wiederverwertbare Güter nur sehr schwer erreichbar sein wird. Dies betrifft zum Beispiel die technischen Schwierigkeiten, aus elektronischen Bauteilen bestimmte seltene Metalle wieder zu extrahieren. Hinzu kommt das Problem der wachsenden **Entropie**, durch die viele potenzielle Sekundärrohstoffe immer kleinteiliger vorliegen, sodass sie kaum noch verwendet werden können. Dazu gehört auch die ungewollte **Dissipation** von Abfallstoffen in die Umwelt (z. B. Gummiabrieb von Reifen auf Straßen oder Mikroplastik in Wasser- und Nahrungskreisläufen). Hier liegen sozusagen systemische Lecks in vermeintlich geschlossenen Kreisläufen vor. Sie zeigen, dass es bei der Umstellung auf Zirkuläres Wirtschaften nicht nur um die (technische) Machbarkeit geht, sondern auch um die übergeordnete und wertegeleitete Frage, welche Produkte aus ökologischer, sozialer und ethischer Sicht überhaupt (zirkulär) hergestellt werden sollten. Zugespitzt formuliert: Es finden sich bestimmt auch Wege, die Herstellung von Kriegswaffen oder von synthetischen Pestiziden zirkulär zu gestalten, was sie aus sozial-ökologischer Perspektive nicht besser macht. Und der hypothetische Fall eines perfekt nach den Prinzipien der Zirkulären Wirtschaft gefertigten SUV verhindert nicht, dass es sich weiterhin um ein überdimensioniertes Fahrzeug handelt, das überproportional viel Energie verbraucht und Rohstoffe bindet, das spezifische Infrastrukturen benötigt und schwächere Verkehrsteilnehmende unnötig gefährdet. Diese und verwandte Aspekte spricht vor allem Kapitel 10 unter dem Schlagwort ›Suffizienz‹ an.

Trotz der genannten Herausforderungen und vielen offenen Fragen ist der Ansatz der Zirkulären Wirtschaft gerade wegen seines ganzheitlicheren Blicks auf komplexe Wechselwirkungen so vielversprechend und – für eine systemisch denkende Disziplin wie die (Wirtschafts-)Geographie – besonders reizvoll.

6.7 »Raus ins Feld« mit Georges Kieffer, BENU Village

Abb. 6.6: Georges Kieffer. Foto: privat.

Das BENU Village (sprich: BiNiu, wie engl. ›be new‹) in Esch-sur-Alzette im Süden Luxemburgs ist eine private Initiative, die von der Öffentlichen Hand gefördert wird. Sie verfolgt einen sehr konsequenten Ansatz von Zirkularität, da ausschließlich gebrauchte bzw. erneuerbare Materialien Verwendung finden. Dies betrifft sowohl den Bau der ›Häuser‹ des Dorfs, bei dem ausrangierte Schiffscontainer mit einem Lehm-China-Schilf-Gemisch isoliert und mit gebrauchten Fenstern und Türen ausgestattet werden. Auch die Materialien für Elektro-, Wasser- und Heizungsinstallation stammen aus abgerissenen Gebäuden oder Baustellenabfällen. Zu den Aktivitäten des Dorfs gehören der Entwurf und das Anfertigen von hochwertigen Kleidungsstücken aus Second Hand-Materialien (BENU COUTURE), das Upcycling von Holzmöbeln aus massiven Altmöbeln in der Kreativwerkstatt BENU FORM sowie ein Restaurant (BENU SLOOW), das ausschließlich mit überschüssigen bzw. unverkäuflichen Nahrungsmitteln aus Landwirtschaft, Supermärkten und Kantinen arbeiten wird. Das Restaurant beherbergt auch eine Werkstatt zur Haltbarmachung von Lebensmitteln. Selbstredend besteht auch das Inventar des Restaurants und seiner

Küche aus wiederverwendeten Komponenten. Ab 2024 soll noch ein Ferienapartment (BENU BREAK) im Zentrum des Ökodorfs mietbar sein.
Wir haben mit Georges Kieffer, Ökonom und Initiator des Projekt BENU Village gesprochen, der als verantwortlicher Koordinator der verschiedenen Aktivitätsbereiche tätig ist. Das Gespräch fand im Dezember 2022 statt.

Wie kamst Du auf die Idee, BENU Village zu gründen?
Ausgangspunkt war die Beobachtung, dass die Antworten, die klassische Recycling-Ansätze und auch weite Teile der zirkulären Wirtschaft auf die drängenden Fragen unserer Zeit geben, falsch oder zumindest unzureichend sind. Sie reichen nicht aus, um dem fortschreitenden Ressourcenverbrauch und allen damit verbundenen sozialen und ökologischen Problemen zu begegnen. Wir haben das Projekt 2017 als Verein gegründet und begonnen, das Konzept zu entwickeln. Ich habe dafür meine damalige Anstellung aufgegeben und zusammen mit zwei weiteren Personen die Umsetzung unserer Ideen vorangebracht. Im Herbst 2018 konnten wir dann das »BENU Provisorium« eröffnen, ein zirkuläres ZeroWaste-Gebäude, das von Anfang an als Testlauf für das eigentliche ›Dorf‹ angelegt war, in das wir Ende 2022 umziehen konnten. Wir beschäftigen uns mit Themen, die im Zusammenhang mit Klimawandel und Nachhaltigkeitstransition zentral sind, und zu denen jede von uns alltäglich beitragen kann. Und wir versuchen hier alternative und auch ehrlichere Antworten zu geben.

Was meinst Du mit alternativen und ehrlichen Antworten genau?
Am offensichtlichsten ist dies im Bereich der Bekleidung, wo die Politik versucht, uns ein gutes Gefühl zu geben. Hier wird suggeriert, Textilien könnten vollständig recycelt werden und die Abgabe in die Altkleidersammlung würde auch noch sozial etwas Gutes tun. Beides stimmt so nicht, bzw. das Gegenteil ist oft der Fall. Besonders absurd ist es, wenn sogar das Verbrennen von Alttextilien, völlig legal übrigens, als Recycling verkauft wird. Oder wie cool finden wir es denn, dass lediglich 1,7 % der gesammelten Kleider reichen, um ärmeren Menschen in unseren Ländern in der Not zu helfen, gleichzeitig aber 36 % der gesammelten Kleider in ferne Länder exportiert werden, wo die lokale Industrie durch unsere Kleiderschwämme zerstört wird? Wir wollen einen anderen Weg gehen: Statt Bekleidungsartikel technisch komplizierter zu gestalten und die Komponenten damit weniger wiederverwertbar zu machen, setzen wir an der Vermeidung von Komplexität und Überkonsum an. Wir praktizieren Low-tech, um attraktive und langlebige Produkte herzustellen. Und indem wir es einfach anders machen, statt über fragwürdige grüne Standards und Label zu sprechen, hoffen wir mehr zu bewegen und zu einer echten Transition beizutragen. So zeigen wir etwa, dass man aus Möbeln, die sonst in der Verbrennung gelandet wären, wertvolle Hölzer wiedernutzen und für den Bau hochwertiger neuer Möbel verwenden kann, für die wir übrigens eine lebenslange Garantie geben. Wir wollen

bewusst aus der alternativen ›Öko-Ecke‹ raus und über das Design und die Qualität unserer Produkte auch Kundengruppen erschließen, die bisher weniger nach ökologischen oder sozialen Kriterien entschieden haben, was sie konsumieren.

Welchen besonderen Herausforderungen seid Ihr begegnet?
Das begann bei der Finanzierung, da keine Aussichten auf einen klassischen Bankkredit bestanden. Auch für ein erfolgreiches Crowdsourcing waren wir zu klein bzw. die Idee zu neu und vielleicht zu wenig spektakulär, ziemlich sicher aber zu wenig technisiert für viele. Private Investoren wollten wir aus Gründen der Unabhängigkeit nicht ins Boot holen, sodass neben Eigenmitteln, die in der Startphase eingesetzt wurden, nur die Öffentliche Hand blieb. Letztlich ist es zwei charismatischen Personen in einem Ministerium und einer Stadtverwaltung zu verdanken, dass wir loslegen konnten. Dann haben wir natürlich viel Pionierarbeit geleistet und ausprobieren müssen, etwa bei der Wahl des richtigen Lehm-China-Schilf-Gemischs. Und eine Baufirma zu finden, die diesen ungewöhnlichen Weg mit uns geht, war gar nicht so einfach, hat aber am Ende prima funktioniert. Wir, wie auch alle beteiligten Handwerker, sind in einem permanenten Lernprozess.

Gibt es bereits nachahmende Projekte, die von Euch lernen?
Wir werden geradezu überrannt mit Anfragen aus dem europäischen Ausland, vor allem zur Frage der Nutzung und Isolierung der Container. Ich bin dazu übergegangen, mich nur noch mit jenen Initiativen auszutauschen, die ähnliche Ziele verfolgen wie wir. Also mit denjenigen, die grundsätzlich anders bauen und kein Greenwashing betreiben wollen. Deren Zahl wächst erfreulicherweise stetig.

Weitere Informationen zu BENU gibt es hier: https://benu.lu/de

6.8 Zur Vertiefung

Test zu Kapitel 6
https://www.utb.de/do/10.36198/9783838561325-e05/disclaimer

Weiterführende Aufgaben

1. Diskutieren Sie, welche Produkte/Produktgruppen sich besonders gut für zirkuläre Wirtschaftsweisen eignen.
2. Identifizieren Sie in Ihrem Umfeld eine Gemeinde, ein Unternehmen oder eine Initiative, die die Prinzipien der Zirkulären Wirtschaft umsetzen möchte. Versuchen Sie herauszufinden, welchen Einfluss dieser Wandel auf räumliche Muster und Beziehungen hat.
3. Suchen Sie beim Einkaufen Hinweise auf zirkuläre Produktionsschritte.

Literatur- und Webtipps

STANDORT – Zeitschrift für angewandte Geographie, Themenheft Circular Economy (Heft 47-1, März 2023) https://link.springer.com/journal/548/volumes-and-issues/47-1

» Konzeptionelle Überlegungen aus Sicht der Geographie sowie mehrere sektorale und regionale Fallstudien. Die Mehrzahl der Beiträge ist frei zugänglich (Open Access).

EU-Kommission (2020): Ein neuer Aktionsplan für die Kreislaufwirtschaft. Für ein saubereres und wettbewerbsfähigeres Europa. COM(2020)98 final. https://eur-lex.europa.eu/legal-content/DE/TXT/PDF/?uri=CELEX:52020DC0098&from=EN

» Überblick über die geplanten Maßnahmen in sieben zentralen Wertschöpfungsketten sowie Sektoren übergreifende Ansätze, inkl. Der anzupassenden bzw. neu zu schaffenden Regulierungsinstrumente sowie Indikatoren für die Erfolgsmessung.

Kapitel 7

Green Economy

Themen

Innovationen, Wachstumsbranchen, Wettbewerbsfähigkeit, Dekarbonisierung, Vermarktlichung, Metrifizierung

Über diese Lerneinheit

Die Green Economy ist seit Ende der 2000er Jahre durch die globale Finanz- und fortschreitende Klimakrise zum weitverbreitetsten Ansatz in Klimastrategien auf allen räumlichen Ebenen geworden. Die Betonung liegt wie auch bei der Ökologischen Modernisierung auf technologischen Innovationen und Wettbewerbsfähigkeit, jedoch spricht das Konzept auch soziale Ungleichheiten und Probleme mit an. Häufige Umsetzungsstrategien sind mit Bepreisungen von Umweltgütern, Förderung spezifischer grüner Branchen und Digitalisierung verknüpft. Kritische Stimmen weisen jedoch darauf hin, dass der Ansatz nicht weit genug geht und die für den Klimawandel und andere Umweltprobleme verantwortlichen Strukturen nicht ausreichend hinterfragt.

Was Sie hier lernen

1. Die Grundannahmen der Green Economy erläutern können.
2. Einige typische Wachstumssektoren der Green Economy benennen können.
3. Prozesse der Kommodifizierung und Quantifizierung anhand eines Beispiels erklären können.

Video: Was ist die Grundidee der Green Economy?
https://www.utb.de/do/10.36198/9783838561325-m02

7.1 Beispiel: E-Mobilität in der Verkehrswende

Der Transportsektor ist aufgrund des hohen Anteils an Treibhausgasemissionen ein zentraler Handlungsbereich in der Klimapolitik, unter anderem da der Treibhausgasausstoß des Sektors in Deutschland seit 1990 laut Umweltbundesamt kaum gesunken ist (Umweltbundesamt, 2023). Um den Verkehr bis 2045 klimaneutral zu gestalten, sind tiefgreifende Änderungen unabwendbar. Die sogenannte **Verkehrs-** bzw. **Mobilitätswende** in Deutschland sieht eine Dekarbonisierung des Sektors vor. Eine klare Strategie besteht in der **Elektrifizierung** des Verkehrs, welche sowohl den Individualverkehr durch Pkws als auch den betrieblichen Bereich durch Lkws und ÖPNV umfasst. Durch die Elektrifizierung sollen Verkehrsmittel auf klimaneutrale Antriebsenergie (Sonne, Wind) umgestellt werden, was nicht nur in Deutschland als energieeffizienteste und volkswirtschaftlich günstigste Variante der Dekarbonisierung angesehen wird. Die Strategie wird durch technologische Fortschritte, wie sinkende Batteriekosten der Elektroautos und steigende Reichweiten für Fahrten, gestützt. Die Umsetzung der E-Mobilität basiert auf einem Wandel der Automobilindustrie weg von Verbrennungsmotoren hin zu E-Pkws, angetrieben durch technologische Innovationen und neue Marktakteure. Daran gekoppelt sind auch veränderte Zulieferstrukturen sowie die benötigte Infrastruktur, vor allem in Form eines auszubauenden Netzes von Ladestationen.

Der Wandel hin zur **E-Mobilität** lässt sich an der steigenden Zahl der produzierten E-Autos und abnehmenden Zahl der produzierten Autos mit Verbrennungsmotor festmachen – laut Statistischem Bundesamt nahm letztere im Jahr 2022 um 23 % gegenüber 2021 ab. Jedoch werden nach wie vor deutlich mehr Autos mit klassischem Verbrennungsmotor als E-Autos produziert. Zudem gilt zu bedenken, dass E-Mobilität zwar durchaus eine Verbesserung gegenüber herkömmlichen Verbrennungsmotoren bietet, jedoch umfasst sie neben neuen Antriebsystemen und der benötigten Energieträger keine grundlegende Veränderung bestehender Mobilitätsmuster und daran geknüpft die Bereitstellung ressourcenintensiver Verkehrsinfrastruktur.

E-Mobilität ist keineswegs klimaneutral. E-Mobilität bedeutet eine deutliche Steigerung der Stromnachfrage und ist somit direkt an die **Energiewende** gekoppelt. Die Infrastruktur zur Erzeugung erneuerbarer Energien muss jedoch erst noch bereitgestellt werden, da in Deutschlang gegenwärtig nicht ausreichend erneuerbarer Strom erzeugt wird. Zudem erfordert die Infrastruktur für die Energieerzeugung als auch die E-Pkws Ressourcen in der Produktion bzw. Bereitstellung. Bei E-Autos fällt bei der Rohstoffgewinnung und Produktion besonders die umweltschädliche Herstellung der Batterien und daran geknüpft die Nachfrage nach Lithium aber auch Kobalt ins Gewicht (s. Kapitel 4). Hinzu kommen Fragen der Umweltgerechtigkeit sowohl hinsichtlich der Auswirkungen der Rohstoffgewinnung als auch der Anschaffungskosten von E-Autos. In vielen Ländern wird der Kauf von E-Autos durch staatliche Kaufprämien und steuerliche Vergünstigungen gefördert. Kritiker warnen davor, dass vor allem einkommensschwache Haushalte von der Mobilitätswende ausgeschlossen bleiben, da viele Automobilhersteller wesentlich mehr Modelle im höherrangigen Preissegment auf den Markt bringen (Schwanen, 2021). So lagen die Zahlen der verfügbaren E-SUV laut Internationaler Energieagentur bei über 80 Modellen im Vergleich zu nur knapp 20 bzw. 40 angebotenen Modellen im Kleinwagen und mittleren Größensegment. Allgemein setzt sich der Trend hin zu SUVs auch in Deutschland fort. 2022 machten SUVs knapp 40 % aller Neuzulassungen in Deutschland aus.

Abb. 7.1: E-Autos sind nicht zwingend ressourcenschonender.

7.2 Einführung

Schlagwörter wie ›Green Economy‹, ›Nachhaltiges‹ und ›Grünes Wirtschaften‹ beherrschen schon seit einiger Zeit die Schlagzeilen in Politik und Wissenschaft. Zudem zählen sie zu zentralen Zielsetzungen in Entwicklungsstrategien von der internationalen bis zur lokalen Ebene (Simon & Dröge, 2011). Das Umweltprogramm der Vereinten Nationen definiert eine **Green Economy** als »kohlenstoffarm, ressourceneffizient und gesellschaftlich inklusiv« (UNEP, 2011: 16). Die Green Economy Koalition ist die weltweit größte Initiative zur Green Economy bestehend aus Unternehmen, Gewerkschaften, NGOs, Gremien der Vereinten Nationen und Bürgervertretungen. Sie versteht die Green Economy als resiliente Wirtschaft, die eine verbesserte Lebensqualität für alle im Rahmen der ökologischen Grenzen unseres Planeten anstrebt. Das Konzept der Green Economy beinhaltet nicht nur ökologische und ökonomische Zielsetzungen, sondern auch soziale Dimensionen und entspricht damit dem Konzept der nachhaltigen Entwicklung. Die globale Finanzkrise von 2008 stellt den Kontext für die Etablierung der Green Economy als zentrales **Entwicklungskonzept** dar. Das Konzept der Green Economy wird seit den späten 2000er Jahren in vielzähligen Entwicklungskonzepten umgesetzt, unter anderem in den sogenannten **Grünen Deals** oder Grünen New Deals. Der fortschreitende globale Klimawandel rückt dessen Bekämpfung in Form des Klimaschutzes (Climate Mitigation) und Anpassungsmaßnahmen (Climate Adaptation) in den Mittelpunkt (s. Kap. 2) und hat zu einer starken Fokussierung auf die Reduktion von Treibhausgasemissionen und einen daran gekoppelten Strukturwandel geführt (Braun & Schulz, 2023). Entsprechend ist eine Green Economy in ihrer Umsetzung deutlich auf die **Förderung nachhaltiger Branchen** und Sektoren ausgerichtet. Wirtschaftswachstum per se wird in den meisten Auslegungen einer Green Economy nicht in Frage gestellt, auch wenn manche Interpretationen tiefgreifenderes Umdenken fordern, das auch über grundsätzliche Veränderungen hinsichtlich Lebensstile und Strukturen umfasst (s. Kapitel 10).

7.3 Ursprünge und Kontext

Der Begriff der Green Economy tauchte erstmals 1989 in einem Bericht auf, den die britische Regierung in Auftrag gegeben hatte, und wurde in den folgenden Jahren als Basis für ein neues Denken der Wirtschaftsförderung und -entwicklung immer wieder aufgegriffen. Der Bericht **»Blueprint for a Green Economy«** der Ökonomen David Pearce, Anil Markandya und Edward Barbier (1989) stellte in erster Linie Kostenanalysen für natürliche Ressourcen und Umwelteinwirkungen dar und zeigte damit wichtigen Handlungsbedarf in drei Bereichen auf:

(1) das Bewerten und damit Sichtbarmachen von ökologischen Aspekten,
(2) das Berechnen ihres ökonomischen Werts sowie
(3) die Schaffung von Anreizen für ökologische Verbesserungen.

Diese könnten und sollten, so der Bericht, vor allem durch staatliche Besteuerungsmaßnahmen umgesetzt werden. Umweltschädigende Wirtschaftsprozesse sollen verteuert und somit unattraktiv, umweltförderndes Handeln attraktiver und wettbewerbsfähiger gemacht werden. Siebzehn Jahre nach der Veröffentlichung des Berichtes erschien 2006 eine weitere Auftragsarbeit der britischen Regierung, die sehr viel Aufmerksamkeit erhielt. Unter der Leitung des ehemaligen Chefökonomen der Weltbank Nicholas Stern erschien »The Economics of Climate Change: The Stern Report«, kurz Stern-Bericht (Stern, 2007).

Der **Stern-Bericht** untersuchte die wirtschaftlichen Folgen der globalen Erderwärmung und sprach sich für schnelles und global abgestimmtes politisches Handeln aus. Der Bericht kam zu dem Schluss, dass die Mehrwerte durch schnelle und weitreichende Bekämpfung des Klimawandels die wirtschaftlichen Kosten von Inaktivität in dieser Hinsicht bei weitem übersteigen. Beide Berichte stellen ein wegweisendes Umdenken hinsichtlich wirtschaftlicher Entwicklung dar. Sie zeigen nicht nur die **ökologische Notwendigkeit**, sondern auch die Unwirtschaftlichkeit des gegenwärtigen Wirtschaftssystems auf und veranschaulichen dies durch in den Wirtschaftswissenschaften etablierte Kostenberechnungen (s. hierzu u. a. Liefner &

Losacker, 2023). Die Verbreitung der Idee einer Green Economy und Aufnahme in nationale und internationale Entwicklungsstrategien erfolgte mit einiger Verzögerung in den 2000er Jahren im Kontext der Finanz- und Klimakrise und stellt bis heute eines der zentralen Konzepte bzw. Leitbilder der Umweltpolitik auf verschiedenen räumlichen Ebenen dar.

Globale Finanzkrise

Ausschlaggebend für die schnelle und weite Verbreitung der Idee einer Green Economy und die Aufnahme des Konzepts als politisches Leitbild waren nicht nur zunehmende Erkenntnisse zum fortschreitenden Klimawandel, sondern vor allem auch das Ereignis der **globalen Finanzkrise,** die die Schwächen des Wirtschaftssystems zusätzlich zu den ökologischen Grenzen sichtbar machte (Mann, 2013). Der Beginn der globalen Finanzkrise von 2008 wird mit dem Platzen der Immobilienblase in den USA im Sommer 2007 in Verbindung gebracht (eine wirtschaftsgeographische Perspektive bietet Schamp, 2011). Immobilienpreise waren dort durch einen steigenden und zunehmend ungesicherten, kreditfinanzierten Immobilienkauf in die Höhe getrieben worden. Dies hatte auch kreditschwachen Haushalten ermöglicht, durch niedrige Zinssätze und daran gekoppelt riskante Finanzprodukte Wohneigentum zu erstehen. Ein Anstieg der Kreditzinsen führte schnell zu weitreichender Zahlungsunfähigkeit von privaten Haushalten und verschiedenen Finanzdienstleistern. Die Zahl an Haushaltverschuldungen, Arbeitslosigkeit und Unternehmensbankrott stieg rasant an und erreichte 2008 ihren Höhepunkt. Schätzungen zufolge kam es im Zeitraum von 2007 bis 2010 zu 3,8 Millionen Zwangsvollstreckungen von Wohneigentum allein in den USA, die durch die Finanzkrise bedingt waren. Aufgrund der globalen Verflechtungen im Finanzsektor waren viele Länder von einer **Rezession** betroffen. Steigende Lebensmittel- und Benzinkosten führten dazu, dass sich die Krise auch in Ländern des Globalen Südens ausbreitete.

Die Weltfinanzkrise warf somit fundamentale Fragen zur Funktionsfähigkeit und Stabilität des bestehenden Wirtschaftssystems auf, und zwar nicht nur aus ökonomischer Sicht. Neben der Klimakrise, wie sie in den Berichten von Pearce et al. (1989) und Stern (2007) dargelegt wurde, machten zunehmende Arbeitslosigkeit, Haushaltsverschuldung und Verarmung die ungleiche Verteilung von Reichtum und Armut und damit sozialer Gerechtigkeit bzw. sozialer Nachhaltigkeit sichtbar. Benötigt wurden also Lösungsansätze, welche die Dimensionen Wirtschaft, Umwelt und Soziales umfassen: eine **Win-win-win-Lösung** (Triple Win). In diesem Kontext einer wahrgenommenen dreifachen Krise des bestehenden Wirtschaftssystems wurde das Konzept der Green Economy aufgegriffen und in vielfältigen Strategien der Krisenbewältigung, Konzeptpapieren und rechtlichen Rahmen auf verschiedenen räumlichen Ebenen aufgegriffen (s. Kapitel 7.5).

7.4 Grundannahmen und Kritik

Die Grundannahmen der Green Economy basieren auf dem Verständnis, dass wirtschaftliche, ökologische und soziale Zielsetzung miteinander in Einklang gebracht werden müssen und können. Die meisten Definitionen der Green Economy veranschaulichen dies durch die Betonung dieser drei Dimensionen. Dabei soll staatlichen Akteuren eine zentrale Rolle zukommen, um mit rechtlichen Rahmen sowie finanziellen Anreizmitteln Entwicklungsprozesse zu steuern. Diese basieren auf folgenden zentralen Elementen:

1. Strategische Wachstumssektoren

Die Finanz- und Klimakrise werden als Möglichkeit angesehen, die Wirtschaftsstruktur durch Identifikation und Förderung strategischer Wachstumssektoren zukunftsfähiger zu gestalten (UNEP, 2012). Schlagwörter wie ›grün‹ und ›kohlenstoffarm‹ oder ›kohlenstoffneutral‹ sind hierbei zentrale Zielsetzungen in **Steuerpaketen** und anderen finanziellen Strategien. Diese umfassen zum einen Fördermittel und Anreize für **neue Wachstumsbranchen** bzw. die Transformation bestehender Sektoren, wie zum Beispiel erneuerbare Energien, nachhaltiger Transport und energieeffizientes Bauen (Fastenrath, 2015). Zum anderen geht es um Desinvestition und Ausstieg bzw. die Umstrukturierung von kohlenstoffintensiven Branchen (z. B. Kohle), die durch neue, grüne Unternehmen abgelöst werden sollen. Ein solcher klimafreundlicher **Strukturwandel** bietet neue Arbeitsplätze und Wachstumspotenzial für innovative Unternehmensfelder und -strukturen, die ein grünes Wirtschaftswachstum ermöglichen (Bowen et al., 2009). Dieser Lösungsansatz ist in den sogenannten Grünen Deals widergespiegelt, die im nächsten Unterkapitel vorgestellt werden.

2. Innovationen

Innovationen und vor allem **technologischen Innovationen** (s. Kapitel 8) wird in der Transformation des Wirtschaftssystems eine Schlüsselrolle zugeschrieben (eine gute Übersicht bieten Revilla Diez & Breul, 2023). Dabei geht es sowohl um die Steigerung von Energie- und Materialeffizienz als auch um die Ablösung klimaschädlicher Produktionsprozesse, Produkte und Dienstleistungen durch klimafreundliche Alternativen, wie am Beispiel der E-Mobilität zu Beginn des Kapitels illustriert. So ermöglichen neue Technologien im Bereich der alternativen Energiegewinnung eine **Umstellung der Energieversorgung** von fossilen Brennstoffen auf nachhaltige, in der Regel erneuerbare, Energiequellen wie Solar, Wind und Wasser. Technologien in der Verfahrenstechnik ermöglichen es, Wertstoffkreisläufe im Sinne einer zirkulären Wirtschaft zu schließen (s. Kapitel 6). Neben technologischen Innovationen geht es auch um organisatorische, institutionelle und andere soziale Innovationen, doch stehen neue Technologien eindeutig im Mittelpunkt politischer Maßnahmen (Walker, 2022).

Ein Bereich, der in den letzten Jahren viel Aufmerksamkeit erhalten hat, umfasst das Potenzial von Informations- und Kommunikationstechnologien (IKT) und vor allem die fortschreitende **Digitalisierung** (Messner et al., 2019). Digitale Technologien werden vermehrt zur Verbesserung und Optimierung von Systemen und Funktionen eingesetzt, die auch als **›intelligente‹ Ansätze (›Smartness‹** bzw. **›Smart‹)** bezeichnet werden, da sie die Vernetzungsfähigkeit, den Informationsfluss und Informationsaustausch verbessern und Effizienzen und andere Mehrwerte schaffen können. Dies wird auch im Grünen Deal der EU durch eine sogenannte Duale Transition im Sinne einer Digitalisierung für den Klimaschutz angestrebt. Ein häufiges Argument ist hier auch die verbesserte Partizipation der Öffentlichkeit. Aus geographischer Perspektive sind vor allem Konzepte der Smart Cities von Interesse (Bauriedl & Strüver, 2018; Gibbs et al., 2013; Joss et al., 2019; Lange & Santarius, 2018).

3. Quantifizierung und Metrifizierung

Die Senkung von CO_2-Emissionen ist ein zentraler Bestandteil der Green Economy. Um die Erfüllung von Reduktionszielen überprüfen zu können, ist eine Erfassung des Ausstoßes von CO_2-Emissionen erforderlich. Dies erfolgt durch die Etablierung von ausgewählten Verfahren zur Messung von CO_2-Emissionen **(Quantifizierung)** sowie die Fokussierung auf messbare Eigenschaften **(Metrifizierung)**. Da die Messung von CO_2-Emissionen sehr kompliziert ist und Daten häufig nicht verfügbar sind, wird hier in der Regel mit Schätzwerten, stellvertretenden Variablen und Annäherungswerten gearbeitet (Affolderbach & Schulz, 2017). So wird die Fahrstrecke des individuellen Autoverkehrs und daran gebundene Emissionen in Deutschland zum Beispiel über Schätzungen basierend auf Daten ermittelt, welche im Rahmen von Kfz-Hauptuntersuchungen erhoben werden. Die Daten können anhand von Fahrzeugart, Fahrzeugalter, Kraftstoffart und Motorleistung weiter aufgegliedert werden, berücksichtigen jedoch nicht alle Variablen, wie Verkehrsfluss und Geschwindigkeit. Quantifizierung und Metrifizierung werden ebenfalls für ökologische und soziale Zielsetzungen umgesetzt, sind dort aber häufig noch schwieriger zu erfassen. Wie lässt sich zum Beispiel Lebensqualität quantitativ messen?

4. Vermarktlichung

Aus wirtschaftswissenschaftlicher Sicht können basierend auf der fortschreitenden Quantifizierung und Metrifizierung ökologische und auch soziale Mehrwerte (und Schäden) monetär erfasst werden. Eine **Vermarktlichung** (Commodification oder Marketization) beschreibt die Einführung von bisher nicht auf dem Markt gehandelten Gütern und Dienstleistungen, die nun zu monetären Preisen angeboten und nachgefragt werden können (Boeckler & Berndt, 2021). In Bezug auf die Natur kommt es neben traditionell gehandelten Gütern wie Rohstoffen und landwirtschaftlichen und Fischereiprodukten auch zur Wertschätzung von bisher nicht monetär erfassten natürlichen Ressourcen und Leistungen, die durch Ökosysteme oder bestimmte Arten bereitgestellt werden (s. **Ökosystemleistungen** unten) (Pütz, 2020). Hierzu zählen die luftreinigende Wirkung von Bäumen, Bestäubungsdienste durch Bienen, der Erholungswert von Wäldern und die Kapazität von Auenlandschaften, Wasser aufzunehmen. Belegen wir diese Mehrwerte mit einem Preis, so können diese auf dem Markt gehandelt bzw. in wirtschaftlichen Modellen berücksichtigt (internalisiert) werden. Sollen zum Beispiel im Rahmen von Landerschließungen ökologisch wertvolle Gebiete zerstört werden, so können diese als entstehende Kosten berechnet werden. Im Kampf gegen den Klimawandel spielt unter anderem die Vermarktlichung von Treibhausgasemissionen, also die Bepreisung und der Handel mit Emissionsäquivalenten eine zentrale Rolle.

Begriffserklärung

Umweltökonomie und Ökologische Ökonomie: Auch wenn die Bezeichnungen mitunter verwechselt oder fälschlicherweise synonym verwendet werden, handelt es sich um zwei grundverschieden ausgerichtete Teildisziplinen der Wirtschaftswissenschaften.
In der **Umweltökonomie** (auch Umweltökonomik) geht es primär darum, den **Wert der natürlichen Umwelt** bzw. die Kosten für die Behebung oder Vermeidung von Umweltschäden zu quantifizieren und für ökonomische Modelle und Analysen passfähig zu machen (s. Ökosystemleistungen weiter unten zur Bepreisung von Natur). Diesem Bestreben liegt die Annahme zu Grunde, dass es über eine Internalisierung externer (Umwelt-)Kosten gelingen kann, Umweltbelastungen über marktliche Mechanismen (Preiswirkung der Umweltgüter) zu reduzieren. Zur einführenden Lektüre: Cansier (1996); Ringel (2021).
Die **Ökologische Ökonomie** (auch Ökologische Ökonomik) verfolgt hingegen einen systemischeren Ansatz und lehnt die binäre Trennung der Umweltökonomie in menschliches Wirtschaften einerseits und Natur- und Umwelt (als Ressource) andererseits strikt ab. Stattdessen sieht sie die **Wirtschaft als Teilsystem von Gesellschaft**, die wiederum in ein globales Ökosystem eingebettet ist (s. Abb. 2.6 in Kapitel 2). Letzteres verfügt über endliche Ressourcen und eine beschränkte Tragfähigkeit, weshalb die Ökologische Ökonomie eine ›stationäre Wirtschaft‹ (Steady State Economy) propagiert, die langfristig nicht mehr Ressourcen verbraucht als natürlich regeneriert werden können. Zur einführenden Lektüre: Costanza (2001); Faber & Manstetten (2019).

Kritik

Die Grundannahmen der Green Economy entsprechen der – um eine soziale Dimension erweiterten – Logik der Ökologischen Modernisierung, die Wachstumspotenziale und Wettbewerbsfähigkeit durch grün und sozial ausgerichtete Steuerungsmechanismen als Lösungsansatz versteht. Grundsätzlich werden somit keine Widersprüche zwischen wirtschaftlichen auf der einen und sozialen und ökologischen Zielen auf der anderen Seite gesehen. Stattdessen befürworten Anhänger einer Green Economy eine Art **Strukturwandel** hin zu nachhaltigeren Wirtschaftsformen, wobei nachhaltig häufig mit klimafreundlich gleichgesetzt wird. Auch wenn die Kernidee einer Green Economy explizit Gerechtigkeitsaspekte und Soziales miteinschließt, so findet sich ein weites Spektrum an Interpretationen und Umsetzungsansätzen wie auch schon am Beispiel der Ökologischen Modernisierung erläutert (s. Tab. 3.2) (Bailey & Caprotti, 2014). Soziale Gerechtigkeit, Wohlbefinden und Lebensqualität sind zwar rhetorisch Teil einer Green Economy, doch viele Studien zeigen, dass soziale Dimensionen in Entwicklungsstrategien und Anwendungen vernachlässigt oder sogar vollständig vergessen werden (Bailey et al., 2011; Kenis & Lievens, 2015). So besteht die Gefahr, dass der Begriff der Green Economy auf eine diskursive Ebene reduziert wird, die **wirtschaftliche Interessen** bestimmter Akteursgruppen als grüne Entwicklungsstrategien propagiert (Bailey & Caprotti, 2014). Eine Auswertung von Green Economy Konzept- und Strategiepapieren, die von verschiedenen nationalen und internationalen Organisationen veröffentlicht wurden, zeigt deutlich, dass die propagierten Lösungsansätze im Sinne der Green Economy traditionellen Wirtschaftsverständnissen entsprechen, auf Wirtschaftswachstum, neue Investitionsmöglichkeiten und Innovationen setzen und häufig nur geringfügige systemische Veränderungen vorsehen (Bina, 2013).

7.5 Schwerpunkte und Anwendungsfelder

Das Konzept der Green Economy wird auf vielen verschiedenen räumlichen Ebenen in Entwicklungsstrategien, Gesetzgebungen und Vereinbarungen angewandt. Dabei geht es sowohl um die Stärkung bzw. **Wiederbelebung der Wirtschaft** als auch um daran gekoppelte soziale und ökologische Ziele, die in erster Linie durch die Bekämpfung des Klimawandels geprägt sind. Damit ist es auch ein zentrales Themenfeld für die Wirtschaftsgeographie, die sich unter anderem mit den Innovations- und Wachstumsprozessen klimafreundlicher Branchen und Produktionsprozesse, regionalen Entwicklungs- bzw. Wachstumsstrategien und neuen räumlichen Verflechtungen beschäftigt (Bailey & Caprotti, 2014; Caprotti & Bailey, 2014; Gibbs & O'Neill, 2014a; Jones et al., 2016; Klagge, 2021).

7.5.1 Grüne Deals

Die sogenannten **Grünen Deals** oder Grünen New Deals sind politische Umsetzungsstrategien, die eine klimafreundliche wirtschaftliche Umstrukturierung propagieren. Viele zentrale internationale Institutionen und Unternehmen reagierten auf die Finanzkrise mit der Entwicklung von Strategien, die bestimmte Sektoren durch spezielle Konjunkturprogramme finanziell fördern sollten (Tab. 7.1). Diese Sektoren werden als strategisch zur Bekämpfung der Umwelt- sowie auch der wirtschaftlichen Krise angesehen. Das **Umweltprogramm der Vereinten Nationen (UNEP)** sah bzw. sieht die Lösung zu der Klimakrise und der Finanzkrise in einer grünen industriellen Revolution durch gezielte Investitionen in saubere Technologien, nachhaltige Energie, Abfallmanagement, nachhaltige Landwirtschaft, grüne Städte und Ökosystemmanagement (UNEP, 2008a; Simon & Dröge, 2011). Die **Deutsche Bank** (2008) und **HSBC** (2009) propagierten ebenfalls ausgesuchte Bereiche für Energieeffizienz, Infrastruktur und Verkehr (Tab. 7.1). Die Listen der verschiedenen Institutionen spiegeln einen gewissen Konsens hinsichtlich der Hauptsektoren und damit Handlungsschwerpunkte der Nachhaltigkeitspolitik wider.

UNEP (2008)	Deutsche Bank (2008)	HSBC (2009)
• Saubere Technologien • Erneuerbare Energie • Abfallmanagement • Nachhaltige Landwirtschaft • Grüne Städte • Ökosystemmanagement	• Energieeffiziente Gebäude • Elektrisches Stromnetz • Erneuerbare Energie • Öffentlicher Verkehr	• CO_2-arme Energieproduktion • Energieeffizienz/-management • Gewässerschutz, Kontrolle der Abfallproduktion und Umweltverschmutzung • Finanzierung des Klimaschutzes (Carbon Finance)

Tabelle 7.1: Strategische Wachstums- bzw. Zukunftssektoren nach Entwicklungskonzepten als Antwort auf die Finanzkrise.

Mit dem Abklingen der Finanzkrise in der zweiten Hälfte des Jahres 2009 ließ auch das Interesse an nachhaltigen Anreizmaßnahmen zunächst etwas nach, zunehmende Evidenzen zu den Auswirkungen des Klimawandels unterstreichen jedoch weiterhin dringenden Handlungsbedarf. Viele Länder und Institutionen erkennen nachhaltiges Wirtschaften inzwischen nicht nur als ökologisch notwendig, sondern auch als wirtschaftlich sinnvolle Strategie an, die internationale Wettbewerbsvorteile mit sich bringen kann. Dieses Denken spiegelt sich in nationalen Entwicklungsstrategien wider, häufig unter der Bezeichnung **Green (New) Deal**. Die Bezeichnung verweist auf den vom damaligen US-Präsident Roosevelt initiierten New Deal, der die Wirtschaft und Gesellschaft der USA durch massive Infrastrukturinvestitionen sowie finanzielle Anreize für Unternehmen aus der Weltwirtschaftskrise der 1930er Jahre führen sollte. Ähnlich drastische Maßnahmen scheinen angesichts der aktuellen globalen Krisen geboten, weshalb in den Vereinigten Staaten seit 2018 zunächst vom klimaaktivistischen Sunrise Movement, inzwischen auch von der Demokratischen Partei ein neuer Gesellschaftsvertrag, ein Green New Deal, eingefordert wird (Löhle, 2019). Ende 2019 präsentierte die EU-Kommission ihr Konzept eines Green Deal für die Europäische Union, das in Kapitel 13.2 ausführlicher besprochen wird.

7.5.2 Steuerungsmechanismus: Vermarktlichung durch Emissionshandel

Ein zentraler Anwendungsbereich der Vermarktlichung als Strategie zur Bekämpfung des Klimawandels besteht im **Emissionshandel** und der **Kohlenstoffbepreisung** (Knight, 2010; Kama, 2014; Klagge & Reimer, 2016; Umweltbundesamt, 2022). Durch eine Bepreisung von Treibhausgasemissionen von Produktions- und Konsumprozessen sollen negative Auswirkungen als Kosten erfasst und reguliert werden. Hierzu gibt es verschiedene Ansätze.

Zum einen kann das Problem ›**upstream**‹ oder ›**downstream**‹, also beim Produzenten oder beim Konsumenten angegangen werden. Ersterer Ansatz ist wesentlich einfacher umzusetzen, da es weniger Produzenten als Konsumenten gibt. Des Weiteren besteht die Möglichkeit, eine Bepreisung durch Gesetze oder durch den freien Markt zu regulieren. Regulative Maßnahmen umfassen in der Regel die Einführung von Grenzwerten und Limits sowie die Besteuerung von Treibhausgasemissionen bzw. fossilen Brennstoffen. Der Emissionshandel stellt ein Beispiel eines marktwirtschaftlichen Steuerungsmechanismus dar, der auf international anerkannten Emissionsobergrenzen basiert, also auf dem Prinzip des Deckelns und Handelns **(Cap and Trade)**. Die ›Cap‹ bzw. Obergrenze definiert, wie viele Emissionen Kraftanlagen und Unternehmen zusammen ausstoßen dürfen. Um Emissionen ausstoßen zu dürfen, benötigen Unternehmen **Emissionszertifikate** in entsprechender Höhe. Wenn sie mehr Emissionen ausstoßen als ihnen erlaubt ist, müssen sie dementsprechend zusätzliche Zertifikate von Akteuren erwerben, die das ihnen zugesprochene Kontingent an Treibhausgasemissionen unterschreiten. Der Emissionshandel funktioniert gemäß der Logik, dass Emissionen dort verringert werden, wo dies die geringsten Kosten verursacht. Der Preis für CO_2-Emissionen soll auch Investitionen in saubere, kohlenstoffarme Technologien fördern und Anreize für einen klimafreundlichen Strukturwandel schaffen. Aufgrund der bisher gescheiterten internationalen Verhandlungen bleibt die Einführung eines internationalen bzw. globalen Emissionshandelssystem ungewiss.

EU-Emissionshandelssystem

Das 2005 eingeführte **EU-Emissionshandelssystem** ist das größte weltweit; mehr als Dreiviertel des internationalen Kohlenstoffhandels werden über dieses abgewickelt werden (Umweltbundesamt, 2022). Neben den EU-Mitgliedsstaaten beteiligen sich auch Norwegen, Island und Liechtenstein am EU-Emissionshandelssystem. Weitere nationale Emissionshandelssysteme bestehen bzw. werden zurzeit entwickelt in Kanada, China, Japan, Neuseeland, Südkorea, der Schweiz und den USA.

Die EU schreibt vor, in welchem Zeitraum und Ausmaß Emissionen reduziert werden müssen. Um bis zum Jahr 2050 Klimaneutralität erreichen zu können, wird die Grenze an erlaubten Emissionen schrittweise reduziert (s. Abb. 7.2). Entsprechend stehen im Verlauf der Zeit immer weniger Emissionsberechtigungen für den Handel zur Verfügung. Sinkt die Nachfrage nicht entsprechend, erhöht sich der Preis der Lizenzen.

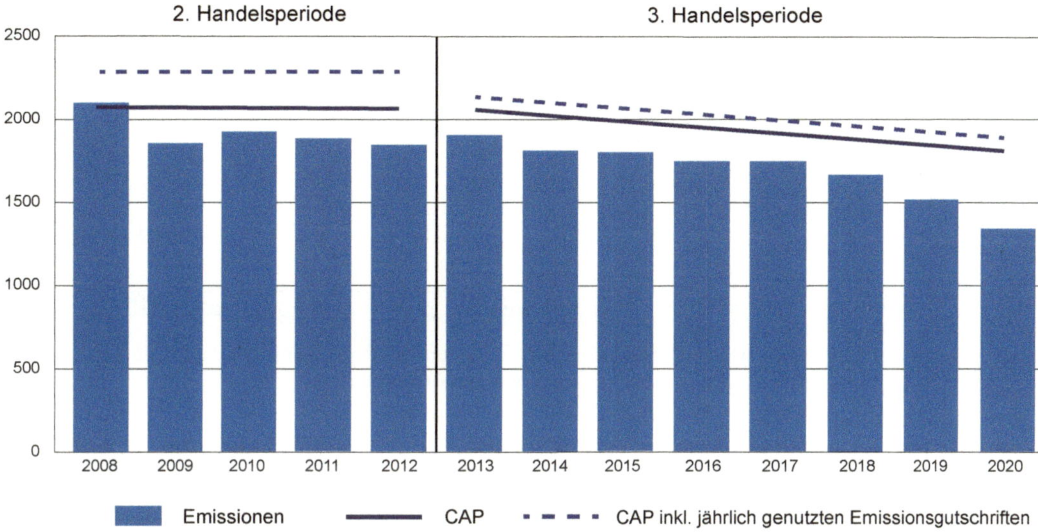

Abb. 7.2: Gesamt-Cap und -Emissionen im Europäischen Emissionshandel. Eigene Darstellung, leicht verändert nach Umweltbundesamt (2022).

Das EU-Emissionshandelssystem bietet deutliche **finanzielle Anreize**, allerdings wird von Kritikern bemängelt, dass es nicht die erwarteten Reduktionen von CO_2-Emissionen erbringt. Vor allem in den ersten beiden Handelsperioden bis 2017 galt das System als wirkungsarm, da es in den Anfangsjahren zu einer Überzuteilung kostenloser Zertifikate kam, und zudem besonders emissionsstarke Branchen, wie die Aluminiumindustrie oder Teile der chemischen Industrie, bis 2013 ausgeklammert blieben. Die EU ermittelte in der dritten Handelsperiode für das Jahr 2020 einen Emissionsrückgang von 12 % gegenüber dem Vorjahr (s. Abb. 7.3). Der Rückgang wird vor allem durch die Umstellung der Stromerzeugung erwirkt, wohingegen Emissionen durch Industrieanlagen kaum Einsparungen zeigen. Befürworter von Carbon Offset Märkten geben zu, dass die Umsetzung und eine daran gebundene Reduzierung von CO_2-Emissionen schwierig ist. Noch schwieriger ist es, soziale und ökologische Vorteile zu erzielen.

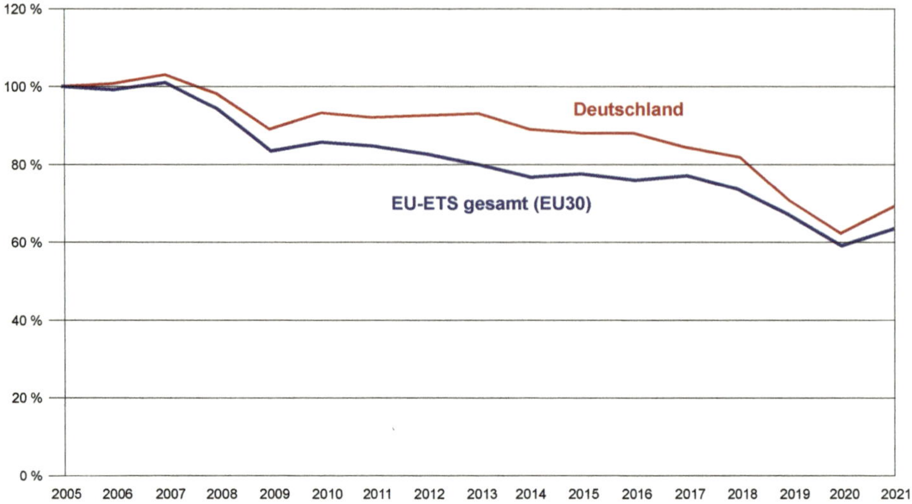

Abb. 7.3: Entwicklung der Emissionszertifikate von 2005 bis 2020 in der EU und Deutschland. Eigene Darstellung, verändert nach Umweltbundesamt (2022).

Carbon Offsetting

Der Ansatz der Vermarktlichung und vor allem der Emissionshandel wurden entsprechend vielseitig kritisiert. Der Kohlenstoffmarkt konstruiert ein Produkt, das handelbar ist: Kohlenstoffdioxidäquivalente für den Schaden, der durch Treibhausgasemissionen entsteht und der international in US-Dollar gemessen wird. Es ist auch möglich, internationale Gutschriften aus emissionsmindernden Projekten weltweit zu kaufen. Dies wird auch als **Carbon Offsetting** bezeichnet. Es besteht aus **Ausgleichszahlungen**, die häufig in Projekte für Kohlenstoffsenkung bzw. -speicher (z. B. Aufforstungsmaßnahmen) fließen, die vom eigentlichen Emissionsort ungebunden sind (Klagge & Reimer, 2016). Offsetting ist auch für Privatpersonen möglich, die zum Beispiel durch Flugreisen entstehende Emissionen ausgleichen möchten. Kritiker argumentieren, dass Offsets eine Auseinandersetzung mit anderen Formen der CO_2-Emissionsminderung verhindern und vor allem reichen Ländern, Personen und Unternehmen ermöglichen, sich von ihrer Verantwortung freizukaufen. Nicht zuletzt die jüngeren Enthüllungen (https://www.theguardian.com/environment/2023/jan/18/revealed-forest-carbon-offsets-biggest-provider-worthless-verra-aoe) um das Unternehmen VERRA, einen der weltweit führenden Anbieter von ›Klimazertifikaten‹, haben gezeigt, dass die tatsächliche Wirksamkeit der Klimaschutzmaßnahmen bezweifelt werden muss (Greenfield, 2023).

Durch die räumliche Entkopplung der Orte des Emissionsausstoßes und des Offsettings können Letztere in ärmeren Ländern kosteneffizienter umgesetzt werden. Dadurch besteht die Gefahr, **globale Ungleichheiten** zu verstärken und **neue**

Abhängigkeiten zu schaffen (McAfee, 2016; Rudolph, 2022). Was gemessen wird und wie die Äquivalenzwerte bestimmt werden, sind letztendlich politische Entscheidungen, die bestimmte Regionen und Räume sowie Aktivitäten über andere stellen. Diese Quantifizierung reflektiert keine kulturell-spezifischen Unterschiede und kann auch nicht erfassen, wie sich Leistungen und Werte mit der Zeit ändern könnten.

7.6 Relevanz für die Wirtschaftsgeographie

Die Green Economy ist ein zentraler Bestandteil gegenwärtiger Entwicklungsstrategien auf verschiedenen räumlichen Ebenen zur **Bekämpfung des Klimawandels**, die aus geographischer Perspektive viele interessante Fragen aufwerfen. Hierzu zählen die Analyse und Bewertung von regionalen und urbanen Initiativen, die versuchen, neue Wirtschaftszweige zu etablieren oder bestehende Systeme zu dekarbonisieren. Dies kann durch Clusterinitiativen zur Ansiedlung beispielsweise von erneuerbaren Energieproduzenten und damit verbundenen Unternehmen oder durch die Elektrifizierung von bestehenden Transportsystemen erfolgen. Aber auch auf unternehmerischer Seite gibt es vielzählige Initiativen, die der Green Economy zugerechnet werden können und in der Wirtschaftsgeographie bearbeitet werden. Hierzu zählen unter anderem nachhaltige Unternehmen und Unternehmensgründerinnen, sogenannte **Ökopreneure** (s. Kap. 14.1) (O'Neill & Gibbs, 2016), aber auch spezifische Sektoren wie die Bioökonomie, welche die Nutzung biologischer Ressourcen umfasst und in den letzten Jahren wachsende Aufmerksamkeit erhalten hat (Birch & Tyfield, 2015; Klein et al., 2021; Morales, 2021).

Beispiel

Beispiele sind neue **Nutzungspotenziale** von Pflanzen (z. B. Forstprodukte, Algen) und Tieren (z. B. Insekten als Eiweißquelle) als Produktkomponenten oder auch zur Verbesserung von Produktions- bzw. Dienstleistungsverfahren (z. B. in der Schädlingskontrolle oder natürlichen Zersetzungsverfahren) (s. auch Kapitel 14).

Wie bereits angesprochen, basieren viele Umsetzungskonzepte auf technologischen Innovationen sowie Prozessen der Vermarktlichung. Wir stellen im Folgenden beispielhaft zwei viel diskutierte Anwendungsfelder vor: den Ansatz der Ökosystemleistungen sowie die Idee der Smart Cities.

7.6.1 Ökosystemleistungen und Beiträge der Natur

Der Ansatz der Ökosystemleistungen versucht Rohstoffe und Natur bzw. natürliche Systeme umfassender zu verstehen und messbar zu machen. Der Geograph Walter Westman (1977) griff in einem Aufsatz in der Zeitschrift Nature erstmals den Begriff der **›Dienstleistungen‹** auf, mit dem er versucht, qualitative Werte der Natur zu erfassen. Dabei warnte er vor einfachen Kosten-Nutzen-Analysen in Entscheidungsprozessen. Seit Westmans Beitrag hat die Idee der Wertschätzung der Natur an Interesse gewonnen. Neben dem Verständnis von durch die Natur erbrachten Leistungen für den Menschen, stehen auch feministische Perspektiven, die sich wesentlich stärker mit den **Wechselbeziehungen zwischen Wirtschaft und natürlichen Systemen** und Fragen der Produktion, Reproduktion und Vorsorge beschäftigen (Seidl et al., 2003; Biesecker & Hofmeister, 2010; Biesecker et al., 2009). Ökosystemleistungen stellen einen Ansatz zum Management und Schutz von natürlichen Systemen dar, der es erlaubt, Kosten und Nutzen hinsichtlich des Schutzes oder der Degradation von Ökosystemen zu vergleichen (Costanza et al., 2017). Das **Millenium Ecosystem Assessment (MEA)** der Vereinten Nationen und der Weltbank definiert Ökosystem(dienst)leistungen (Ecosystem Services) als »die Vorteile, die Menschen aus Ökosystemen beziehen« (Millennium Ecosystem Assessment, 2005: 49). Das MEA verbindet diese somit direkt mit dem menschlichen Nutzen und Wohlergehen.

Ökosystemleistungen umfassen viele verschiedene Funktionen, ob gesellschaftliche, ökologische, kulturelle, institutionelle, physikalische, technologische oder wirtschaftliche. Einige werden von ökologischen Prozessen bestimmt (z. B. die Stickstoffbindung von Pflanzen), andere sind in erster Linie gesellschaftlich geprägt, so zum Beispiel ästhetische Werte oder Freizeitnutzen. In der heutigen Terminologie werden häufig **vier Formen von Leistungen** unterschieden, die auch so im Millenium Ecosystem Assessment festgelegt sind (Abb. 7.4): (1) bereitstellende oder versorgende Leistungen, die sich auf die durch das System direkt bereitgestellten materiellen Produkte beziehen (z. B. Nahrungsmittel wie Pilze und Beeren, Holz- und andere Forstprodukte), (2) regulierende Leistungen, die durch ökologische Prozesse bereitgestellt werden (z. B. Luft- und Wasserfilterung), (3) kulturelle Leistungen durch Erholung oder ästhetische Aspekte und (4) unterstützende Ökosystemleistungen, die zum Beispiel Prozesse der Bodenbildung und Primärproduktion umfassen. Eine zentrale Frage besteht darin, zu welchem Ausmaß die Struktur von Ökosystemen verändert werden kann bzw. geschützt werden muss, um die Erbringung von Leistungen zu gewährleisten.

Abb. 7.4: Verschiedene Ökosystemleistungen. Eigene Darstellung basierend auf Gebhardt et al. (2020: 572).

Bewertungsindikatoren

Als Grundlage zur Bewertung von Ökosystemleistungen wurden eine Reihe von **Klassifikationssystemen** entwickelt, die Modellierungen und Bewertung erlauben. Bereits die Identifikation und Aufnahme von verschiedenen Kategorien kann dazu führen, dass diese in der Politik sichtbar werden (Costanza et al., 2017). Dies benötigt nicht zwangsläufig eine monetäre Wertermittlung oder sonstige quantitative Bewertung. Bewertungen sind aber häufig hilfreich in der **Entscheidungsfindung**. Sie können in monetären Einheiten ausgedrückt werden, in Zeiteinheiten, Arbeitszeit oder relativ zu vielfältigen anderen Indikatoren. Indikatoren können zum Beispiel die Anzahl von Personen beinhalten, die die Ökosystemleistungen in Anspruch nehmen oder die Kosten, die damit verbunden sind, die Leistung zu erhalten bzw. die Substitutionskosten, wenn die Leistung nicht mehr erbracht werden kann.

Studien zufolge wurde der Wert von Ökosystemleistungen weltweit auf ein Mehrfaches des globalen Bruttoinlandproduktes geschätzt. Für die EU berechneten Vallecillo et al. (2019) einen Betrag von 124,87 Mrd. Euro pro Jahr basierend auf sechs ausgesuchten Leistungen: Ernteerträge, Holzproduktion, Klimaregulation, Überschwemmungsregulierung, Bestäubung und naturnahe Erholung. Letztere stellte mit 50,4 Mrd. Euro den höchsten Anteil. Wäldern und Feuchtgebieten wird der höchste monetäre Wert pro Flächeneinheit (44.000 Euro pro km^2 für Wälder und 27.000 Euro/km^2 für Feuchtgebiete), urbanen Ökosystemen der geringste Wert (810 Euro pro km^2) zugeschrieben. Grundsätzlich wird im Einklang mit dem Stern-Bericht von einer Wertsteigerung aller Ökosystemleistungen in den kommenden Jahren ausgegangen.

Ökosystemleistungen

Die Identifikation und Berücksichtigung von Ökosystemleistungen spielen für politische Entscheidungsprozesse, in der Planung und Landnutzung sowie der Klimapolitik eine zentrale Rolle. Die Befürworter des Ansatzes betonen dessen Nutzen als Werkzeug zur Entscheidungsfindung. Eine vielseitigere Wertschätzung, so die Verfechter der Ökosystemleistungen, erlaubt es, natürliches Kapital besser zu erkennen, sichtbar zu machen und entsprechend in Entscheidungsprozesse mit einzubinden. Die **(monetäre) Bewertung** erlaubt die Vermarktlichung und den Handel mit Ökosystemleistungen. Die ersten Märkte für Ökosystemleistungen entstanden bereits in den 1970er Jahren in den USA und waren an die Verabschiedung von Gesetzen gebunden, die Luftverschmutzung und Zerstörung von Feuchtgebieten einschränkten. Das System sieht vor, dass entstandener Schaden durch **Zahlungsleistungen für Naturschutz** oder andere umweltfreundliche Maßnahmen anderorts ausgeglichen werden kann. Hierzu zählt auch der oben angesprochene Emissionshandel. Zahlungsleistungen bzw. die Erlaubnis für einen solchen Ausgleich kann, wie auch beim Emissionshandel, auf dem Markt gehandelt werden. Diese Vermarktlichung bzw. **Kommodifizierung von Natur** ist auf internationaler Ebene als Teil der Umwelt-Governance etabliert. So unterstützen die Vereinten Nationen, Regierungs- und Nichtregierungsorganisationen, aber auch private Investoren den internationalen Handel. Nicht alle Initiativen gehen über nationale Staatsgrenzen hinaus. Hydrologische Aspekte und die Reduzierung lokaler Verschmutzung werden häufig auf nationaler Ebene gesteuert. Die Rolle des Staates wird dabei in der Regel auf die Erteilung von Lizenzen reduziert sowie die Regulierung von Eigentums- und Zugangsrechten für Ökosystemleistungen.

Kritik an Ökosystemleistungen

Kritiker des Ansatzes argumentieren, dass Natur nicht austauschbar ist. So kann der Verlust eines Feuchtgebiets in Deutschland (z. B. durch Landerschließungen für ein neues Gewerbegebiet) nicht durch Zahlungen für Aufforstungsmaßnahmen im Globalen Süden ausgeglichen bzw. verrechnet werden. Hinzu kommt die Kritik an der Vermarktlichung an sich, die unter anderem auch von Wirtschaftsgeographinnen vorangetrieben wurde (Dempsey & Robertson, 2012). Kritiker sehen eben dieses System der **Profitorientierung** als zentralen Auslöser der Klimakrise und globalen Ungerechtigkeit. Die Vermarktlichung von Ökosystemleistungen, so Kritikerinnen, stellt eine Verstetigung des Problems und nicht dessen Lösung dar. So haben Studien zu Ökosystemleistungen in Lateinamerika gezeigt, dass Zahlungen, wenn überhaupt nur minimale, in manchen Fällen sogar negative soziale und ökologische Auswirkungen haben. Neben der Kritik der **Neoliberalisierung der Natur** kommen Probleme wissenschaftlicher Ungewissheit, Unklarheiten hinsichtlich der Permanenz von Projekten sowie Fragen der Generationengerechtigkeit hinzu.

NCP-Ansatz

Eine Weiterentwicklung hinsichtlich der Wertschätzung von Natur besteht in dem durch den internationalen Wissenschaftsrat zu Biodiversität und Ökosystemleistungen (Intergovernmental Science Policy Platform on Biodiversity and Ecosystem Services) 2017 geprägten Konzept der **»Nature's contributions to people« (NCP)** (Díaz et al., 2018). NCP umfasst nicht nur positive, sondern auch schädliche Auswirkungen der Natur auf die Lebensqualität der Menschen und stellt somit zunächst ein übergeordnetes Verständnis dar (Kadykalo et al., 2019). Inwieweit NCP wirklich eine Erweiterung des Verständnisses bietet, wurde seit der Einführung des Konzepts vielseitig diskutiert. So argumentieren einige Beiträge, dass es die Rolle verschiedener Weltbilder, Wissenssysteme (z. B. indigenes Wissen, s. Kapitel 12) und Stakeholder berücksichtigt und betont. Viele Verfechter des NCP-Ansatzes argumentieren, dass er kulturellen Werten eine größere Rolle zuspricht und die Dominanz von westlichen geprägten Weltansichten reduziert (Díaz et al., 2018; Hill et al., 2021). Jedoch ist aufgrund verschiedener Auslegungen und Anwendungen von Ökosystemleistungen der Unterschied zwischen den beiden Ansätzen unklar. Kadykalo et al. (2019) argumentieren entsprechend, dass NCP das mit der Zeit erweiterte und diverse Verständnis der Beziehungen zwischen Mensch und Natur aufgreift und expliziter formuliert als das ursprüngliche Konzept der Ökosystemleistungen.

7.6.2 Smartness und Digitalisierung: Das Beispiel der Smart Cities

Ideen von smarter, also intelligenter, Entwicklung werden in raumbezogenen Arbeiten viel diskutiert, da sie vor allem auf regionaler und urbaner Ebene umgesetzt werden. Sogenannte **Smart Cities** oder intelligente Städte streben eine gesteigerte Nutzung von Informations- und Kommunikationstechnologien an, um besser mit Bürgerinnen zu interagieren und Infrastrukturnutzung zu optimieren. Technologische Innovationen ermöglichen die Erweiterung, Regulierung und Kommunikation von Systemen und Aufgaben zur **Optimierung** und Problemlösung (Bauriedl & Strüver, 2017). Ziele umfassen hierbei urbanes Leben durch effizientere bauliche Infrastruktur, Dienstleistungen und die Umwelt zu verbessern, die Lebensqualität zu erhöhen, Gesundheit zu fördern und Gemeinschaftsgefühl zu stärken. Diese Entwicklungen werden stark durch Regierungsakteure auf verschiedenen Ebenen gefördert, so zum Beispiel durch die wissenschaftlichen Förderprogramme der EU, aber auch durch Privatunternehmen.

Intelligente Systeme basieren dabei oft auf Echtzeiterfassung des urbanen Lebens (s. Tab. 7.2). Dies umfasst viele Aspekte von der Überwachung von Verkehrsaufkommen und Verkehrsflüssen bis hin zu Abwasser und Abfallsystemen, Kontrolle von Big-Data-Datenbanken zur **Überwachung und Kontrolle** hinsichtlich Risiken und Problemfällen. Häufig sind große Unternehmen beteiligt, die vor allem in der

IT-Branche angesiedelt sind (z. B. Firmen wie IBM, Cisco und Hitachi) und für die der politische Trend der Smart Cities als neues Planungsideal ein wachsender Absatzmarkt ist. Hierzu gibt es vielzählige kritische geographische Arbeiten (Carr & Hesse, 2020; Kitchin, 2016a; Bauriedl & Strüver, 2018).

Bereich	**Beispiele von Technologien**
Regierung/Verwaltung	Elektronische Behördendienste, elektronische Dienstleistungen, Online-Transaktionen, städtische Betriebssysteme, Leistungsmanagementsysteme, urbane Dashboards
Sicherheit und Notfalldienste	Zentrale Kontrollräume, digitale Überwachung, koordiniertes Krisenmanagement und Notfalleinsätze
Transport	Intelligente Transportsysteme, integrierte Fahrscheinsysteme, intelligente Netzkarten, Bike-Share, Echtzeitinformationen zu Reisenden, smarte Parksysteme, Logistikmanagement, Transport-Apps
Energie	Smart Grids, Smart Meter, Energieverbrauchs-Apps, intelligente Beleuchtung
Abfall	Müllpressen, dynamische Routenführung und Abholung
Umwelt	Sensornetzwerke (z. B. Schadstoffe, Lärm, Wetter, Hangrutschungen, Hochwasser)
Gebäude	Gebäudemanagementsysteme, Sensornetzwerke
Haushalt	Smart Meter, App-gesteuerte smarte Geräte
Zivilgesellschaft	Verschiedene Apps, offene Datenbanken (Open Data), freiwillig bereitgestellte Daten & Hacks

Tabelle 7.2: Beispiele Smarter Technologien. Zusammenstellung basierend auf Kitchin (2016b).

Urbanes Management

Smart Cities umfassen Initiativen und Technologien, die eine Vielzahl urbaner Management- und Koordinationsprozesse und -funktionen steuern. Sie werden meistens auf Initiative und Leitung von Kommunen und lokalen Regierungsakteuren initiiert und schließen häufig öffentlich-private Partnerschaften und öffentlich-öffentliche Partnerschaften mit ein.

Beispiel

Ein Beispiel hierfür ist die **Amsterdam Smart City,** eine Initiative, die sich der Förderung und des Testens verschiedener innovativer Produkte und Dienstleistungen verschreibt (Mora & Bolici, 2017). Dabei geht es auch darum, das Verhalten von Anwohnerinnen und Nutzenden sowie die Nachhaltigkeit von Investitionen zu verstehen. Unter der Leitung der mit der Stadt affiliierten Agentur Amsterdam Innovation Motor, testen mehr als 80 Partner, unter anderem Tech-Start-Ups, Beratungsfirmen, Universitäten, Versorgungsunternehmen und

Betreibergesellschaften, Vereine und andere gemeinschaftliche Initiativen, neue Technologien, die darauf abzielen, Bürger in die Dekarbonisierung miteinzubeziehen.

Den verschiedenen Ausprägungen oder Formen von Smartness wird von vielen Seiten, so auch Regierungsakteuren, großes **transformatives Potenzial** zugesprochen. Auch das Hauptgutachten zur Digitalisierung des Wissenschaftlichen Beirates der Bundesregierung Globale Umweltveränderungen (WBGU) argumentiert, dass Nachhaltigkeitsstrategien und -konzepte im Zeitalter der Digitalisierung grundlegend weiterentwickelt werden müssen und ruft zu einer Verzahnung von digitalem Wandel und Nachhaltigkeit auf (Messner et al., 2019). Das Hauptgutachten sieht die **Digitalisierung** als wichtiges Werkzeug für die nachhaltige Entwicklung. Klar ist jedoch auch, dass die Digitalisierung einen großen Marktwert darstellt, der auf über 500 Mrd. US Dollar geschätzt wird. Herstellerinnen und Akteure in der IT-Branche haben somit großes Interesse, neue gesellschaftliche Visionen und technologische Erwartungen mitzubestimmen. Potenzielle Nutzende versuchen hingegen zu verstehen, was smarte Systeme bieten können, welche Probleme sie ansprechen und wie sie im Vergleich zu anderen Alternativen abschneiden.

Wirtschaftliche Ungleichheiten

In Smart Cities und anderen smarten Ansätzen werden wirtschaftliche Gewinne in erster Linie Marktmechanismen überlassen. Freie Märkte tendieren jedoch dazu, **wirtschaftliche Ungleichheiten** zu verstärken, anstelle diese sozial gerecht umzuverteilen. Das mit Smartness verbundene Wachstum in der High-Tech-Industrie ist für bestimmte Sektoren, Investorinnen und gut ausgebildete Fachkräfte und Experten von Vorteil und bietet hinsichtlich der wirtschaftlichen und beruflichen Chancengleichheit nur wenig Potenzial. Kritiker fürchten, dass vor allem wohlhabende Bürgerinnen und bestimmte Gruppen von smarter Entwicklung profitieren. So sind nicht alle Haushalte in der Lage, in Technologie oder smarte Geräte zu investieren, die zum Beispiel zur erneuerbarer Energieerzeugung benötigt werden oder in Smart Grids integriert werden können. Dies wird auch mit dem Begriff der **digitalen Kluft (Digital Divide)** beschrieben (Bisky & Scheele, 2007). Graham & Marvin (2001) sprechen hinsichtlich der daraus entstehenden neuen räumlichen Muster von dem Risiko, dass smarte Entwicklung eine gespaltene Stadt **(Splintered Urbanism)** schafft.

Einer der zentralen Aspekte der Digitalisierung bezieht sich auf Governance und die Einbindung der Zivilgesellschaft. Eine Kernidee ist, dass Digitalisierung Bürgerinnen durch Informationsfluss, erhöhte Transparenz und Partizipation über digitale Plattformen ermächtigen kann. Bauriedl & Strüver (2017) kritisieren, dass sich Arbeiten zu Smart Cities bisher kaum mit der Rolle von Nutzenden auseinandergesetzt haben und die Gefahr besteht, dass Bürger zu Komponenten oder Teilen der digitalen Infrastruktur reduziert werden. Entsprechend plädieren sie für eine stärkere Auseinandersetzung mit den Potenzialen, die Digitalisierung für **E-Governance und Partizipation** bietet.

Kritik an Smart Cities

Hinsichtlich Umwelt- und Klimaschutz argumentieren Kritiker, dass digitale Technologien nicht zwangsläufig direkte, positive Effekt auf die Umwelt haben. Vor allem die Digitalisierung von grauer Infrastruktur (z. B. Beton und Stahl in der Transportinfrastruktur oder bei Gebäuden) bezieht sich in erster Linie auf **betriebliche Effizienz** und nimmt kaum Einfluss auf die Ressourcenabhängigkeit im Bau. Demensprechend fürchten Kritikerinnen, dass Smartness und Digitalisierung als neue Begriffe für **Greenwashing** vor allem von Unternehmen missbraucht werden könnten. Unbeantwortet bleiben bisher Fragen, wie materielle Abhängigkeiten und Kohlenstoffbilanzen weitreichender über die Stadtgrenze hinweg verbessert werden können (Lange & Santarius, 2018).

Ein letzter Kritikpunkt bezieht sich darauf, dass Smartness die vorherrschende **Konsumkultur** nicht in Frage stellt. Die Literatur und Debatten zu Smartness sprechen dies kaum an. So geht die häufig umgesetzte Einführung von Smart-Metern oder anderen Technologien davon aus, dass Konsumentinnen und Nutzende durch die neuen Technologien über ihr Verhalten nachdenken und dies ändern. Studien zu Nutzenden und Konsumentenverhalten zeigen allerdings, dass dies nur begrenzt der Fall ist (Büchs et al., 2018). Stattdessen kann es zu Rebound-Effekten kommen, bei denen Einsparungen (z. B. durch reduzierten Energieverbrauch) durch neue Konsumaktivitäten ausgeglichen oder sogar überschritten werden (s. Kapitel 10).

7.7 Zusammenfassung

Die Green Economy kann als das gegenwärtige Paradigma nachhaltigen Wirtschaftens verstanden werden. Entwicklungsstrategien und Klimapakete von der internationalen bis zur lokalen Ebene entsprechen der Logik einer klimafreundlichen und nachhaltigen Entwicklung durch Förderung strategischer Sektoren und technologischer Innovationen. Sie setzt in der Regel auf Wachstums- und Wettbewerbsfähigkeit und kann in vielerlei Hinsicht als Weiterentwicklung bzw. **Neuauflage der Ökologischen Modernisierung** verstanden werden. Emissionsreduktionsziele werden dabei sowohl durch staatliche Vorgaben als auch marktliche Instrumente angestrebt, wobei Prozesse der Metrifizierung, Quantifizierung und Kommodifizierung eine große Rolle spielen. Auch die Pläne, die durch die Corona-Pandemie geschädigte Wirtschaft wiederzubeleben, entspricht dieser Logik. Trotz der weiten Akzeptanz des Ansatzes bleiben die ökologischen und sozialen Erfolge weit hinter den Zielsetzungen zurück, was vor allem im Bereich der unzureichenden Reduktion von Treibhausgasemissionen deutlich wird (s. auch die Diskussion zum Rebound-Effekt in Kapitel 10). Es regen sich auch immer mehr kritische Stimmen, die tiefgreifendere gesellschaftlichen Wandel einfordern, der nicht unbedingt mit wettbewerbsorientiertem Wirtschaftswachstum in Einklang zu bringen ist (Fatheuer et al., 2015).

7.8 »Raus ins Feld« mit Martin Budd von der Stadt Hull

Abb. 7.5: Martin Budd, Klima-Manager der Stadt Hull in Großbritannien. Foto: Suzie Howell.

Die Hafenstadt Hull liegt im Nordosten Englands am Humber-Ästuar (Abb. 7.6). Die durch Schwerindustrie geprägte Region trägt einen bedeutenden Anteil zu den nationalen Treibhausgasemissionen bei. Hull ist auch die am zweithäufigsten von durch den Klimawandel ausgelösten Überschwemmungen betroffene Stadt in Großbritannien. Wir haben Martin Budd, Klima-Manager der Stadt Hull, gefragt, wie die Stadt mit den Herausforderungen umgeht und sich an den Klimawandel anpasst. Martin Budd ist seit über 25 Jahren in Hull tätig, unter anderem in den Bereichen Wohnen, Stadterneuerung, öffentlicher Gesundheit sowie Klimaschutz und -anpassung. Darüber hinaus sitzt er in verschiedenen Ausschüssen, so zum Beispiel dem Beratungsgremium für lokale Klimaanpassung von DEFRA, der federführenden Regierungsabteilung für Klimaanpassung. Das Gespräch mit Martin Budd fand im März 2023 statt.

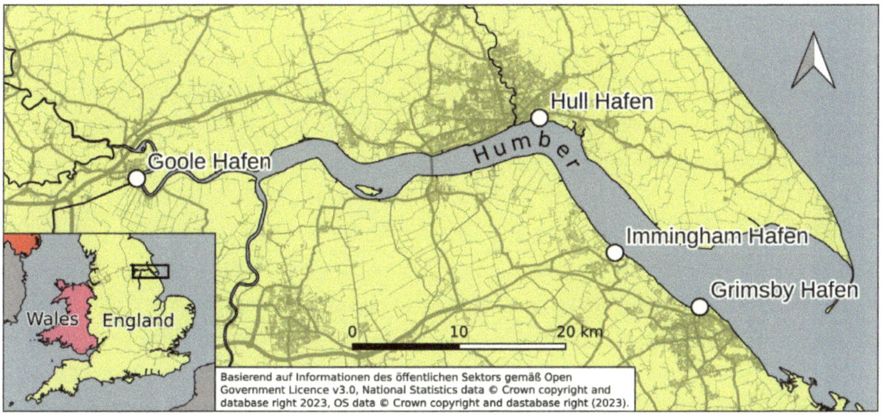

Abb. 7.6: Das Humber-Ästuar an der englischen Ostküste mit seinen vier Häfen in Hull, Immingham, Grimsby und Goole. Kartographie: Cyrille Médard de Chardon.

Was sind die zentralen klimapolitischen Ziele und Initiativen der Region?
Die Stadt Hull hat das Ziel bis 2030 CO_2-neutral zu werden, das Netto-Null-Ziel für die Kommune als Unternehmen bis 2040 und für die Stadt als Ganzes bis 2045 ausgegeben. Das ist ehrgeiziger als die Vorgaben des nationalen »Climate Change Acts«. Die größten Herausforderungen sind die Dekarbonisierung von Verkehr und Wärme. Wir sind hier, genau wie überall in Großbritannien, von Gas abhängig. Ein konkretes Projekt ist das geplante Fernwärmenetz, das die Abwärme einer Abfallanlage im Stadtgebiet und eines großen Chemieparks am Stadtrand nutzen soll, um das Stadtzentrum, einige Wohngebiete und das Krankenhaus zu beheizen. Wir planen auch eine Reihe von Nahwärmenetzen zu entwickeln, zum Beispiel für unsere Gemeindezentren: also Fernwärme auf Quartiersebene. Im Kern geht es darum, wie eine Dekarbonisierung stadtweit aussehen könnte, basierend auf verschiedenen Dekarbonisierungsszenarien, sei es durch die Nutzung von Fern- und Nahwärme, durch Wärmepumpen, aber auch die potenzielle Rolle von Wasserstoff. Das Unternehmen Equinor plant den Bau einer der größten Wasserstofferzeugungsanlagen Europas direkt hinter der Stadtgrenze von Hull. Das bietet Potenzial zur künftigen Einspeisung erneuerbarer Energie in das städtische Netz. Das andere große Projekt im Energiesektor zielt auf die Erzeugung erneuerbarer Energie im Stadtgebiet ab. Hull hat keinerlei suburbane Rand- bzw. Freiflächen. Entsprechend wollen wir die Energiegewinnung auf Dächern und mehrstöckigen Parkhäusern maximieren. Wir setzen uns auch mit Solarüberdachungen auseinander, zum Beispiel für Parkplätze oder Verkehrsanlagen.

Welche regional spezifischen Herausforderungen und Chancen gibt es?
Das Humber-Ästuar (Abb. 7.6) ist als Hafenregion für Großbritannien so wichtig wie Rotterdam für das europäische Festland. Hinsichtlich des Anteils an Kohlenstoffemissionen steht die Region an zweiter Stelle hinter dem Ruhrgebiet. Die Region stellt das größte industrielle Cluster im Land dar. Wenn wir in Großbritannien Klimaneutralität erreichen wollen, muss die Region mit ihren Raffinerien, Stahlwerken, Zementwerken, einer Glasfabrik und großen petrochemischen Industrien und vier Häfen CO_2-neutral werden. Zusätzlich sind wir ein Energie-Ästuar, das basierend auf der Nähe zu Öl- und Gasreserven in der Nordsee und dem Kohlenstoffmarkt aufgebaut wurde. Wir brauchen also einen fairen Übergang mit Blick auf Unternehmen, Angestellte und Lieferkettenunternehmen. Wir müssen erklären können, wie die Transition zu Netto-Null aussehen könnte und die Menschen dazu bringen, zu verstehen, welche Rolle sie übernehmen und welche Jobs und Fähigkeiten erforderlich sind, um CO_2-Emissionen, aber auch Vulnerabilitäten durch den Klimawandel reduzieren zu können. Wir kämpfen hier mit einer riesigen Qualifikationslücke. Wir haben nicht genug Leute, um das umzusetzen, was in dem erforderlichen Tempo und Umfang angegangen werden muss. Wir müssen Menschen in grünen Sektoren und grünen Industrien ausbilden.

Aus der Erfahrung mit der Windturbinenfabrik von Siemens Gamesa in der Stadt wissen wir, wie transformativ der Netto-Null-Sektor bei der Schaffung neuer grüner Arbeitsplätze sein kann. Eine Auftragsstudie zur Dekarbonisierung des Humber-Industrieclusters hat zu Equinors Investition in eine Wasserstoffproduktionsanlage geführt, aber auch die Kombination von Kohlenstoffabscheidung, -nutzung und -speicherung unter anderem im Zusammenhang mit erschöpften Öl- und Gasquellen als Speicher in der Nordsee. Das wird eine riesige Industrie werden. Die Regierung kündigte gestern ein 20-Milliarden-Pfund-Finanzpaket an, um die erste Phase dieser Entwicklungen in der Humber Region anzukurbeln. Das ist sehr aufregend, da es hilft, unsere Emissionen zu reduzieren. Und auch wenn die Stadt Hull selbst keinen dieser großen industriellen Emittenten im Stadtgebiet hat, so bietet die geplante Infrastruktur in der Nähe die Möglichkeit, einige andere größere Unternehmen in der Stadt zukünftig an diesen Kohlenstoffabscheidungsprozess anzuschließen. Zusätzlich bietet Wasserstoff die beste Dekarbonisierungslösung für die Industrie und für bestimmte Teile des Verkehrssektors.

Welche Rolle spielen Kommunen in diesen Transformationsprozessen?
Für die lokalen Behörden wird vieles durch die von der Regierung zur Verfügung gestellten Mittel und die Gesetzgebung bestimmt. Dabei gibt es eine klare Lücke zwischen Klimazielen und derzeitiger Gesetzgebung und Politik, wie auch vom nationalen Ausschuss für Klimawandel kritisiert wurde. Ein zentraler Bestandteil unserer Wirtschaftsentwicklungsstrategie und des Investitionsplans ist es, grüne Investitionen für die Region zu gewinnen und direkt mit Unternehmen zusammenzuarbeiten, wie sie ihre CO_2-Emissionen reduzieren können. Die Stadt Hull ist zum Beispiel einer der größten Vermieter von Sozialwohnungen in Großbritannien. Das stellt eine große Herausforderung in Bezug auf die Dekarbonisierung all dieser Häuser dar. Der wichtigste Ansatzpunkt diesbezüglich ist die Reduzierung unseres Energiebedarfs. Die Schwierigkeit, die ich jedoch auch sehe, ist, dass wir uns so sehr auf die Dekarbonisierungsseite konzentrieren, dass wir die Anpassungsseite und die Folgen des Klimawandels vergessen. Wir verstehen weder die tatsächlichen Wirkungsweisen unserer Netto-Null-Interventionen vollständig noch, wie sie durch den zukünftigen Klimawandel beeinflusst werden könnten.

Die andere Herausforderung, vor der wir als Behörde stehen, ist unsere Rolle in der Gestaltung und dem »Machen« von Räumen oder Orten. Wie können wir Eigentümer, Nutzer und private Vermieter befähigen und unterstützen, Veränderungen nicht nur in Bezug auf die Nachrüstung, sondern auch in Bezug auf die Erzeugung erneuerbarer Energien und die Anpassung an ein verändertes Klima vorzunehmen? Die Dekarbonisierung ist die Verantwortung aller. Sie liegt nicht nur in der Verantwortung der Behörden, und obwohl wir als Behörde eine Führungsrolle einnehmen, geht es auch darum, wie wir mit anderen zusammenarbeiten können. Eines der bedeutendsten Projekte, das wir hier haben, ist »Oh Yes Net Zero«, das von der lokalen Firma Reckitt initiiert wurde. Das Projekt ist eine Partnerschaft zwischen Reckitt, dem Stadtrat von Hull, der Universität Hull, der Confederation of British Industries (einer nationalen Unternehmensvertretung) und Inhabern von Humber Bonds (einer lokalen Unternehmensvertretung), die versucht, andere Unternehmen für das Thema zu gewinnen. Das Projekt ist im Frühjahr 2022 gestartet und wir haben inzwischen 147 teilnehmende Unternehmen.

Wie verändern Nachhaltigkeitsstrategien die Region?
Es ist wirklich interessant zu sehen, welche Auswirkungen das Ziel, Klimaneutralität zu erreichen, auf die Stadt haben kann und auch darauf, wie sich die Stadt selbst sieht. Unsere Vulnerabilität in Bezug auf Überschwemmungen ist groß. Entsprechend ist es wichtig, dass wir diese Herausforderung anerkennen, um ausländische Investitionen zu fördern. Wir müssen Menschen, die in die Stadt ziehen, Anwohnern, Investoren zeigen, dass das, was wir hier umsetzen, Hull zu einem attraktiven Wohnort und Investitionsziel macht, trotz der hohen Verwundbarkeit. Die zentrale Frage ist also, wie wir eine Transition umsetzen, ohne dass Investitionsmöglichkeiten beeinträchtigt werden.

7.9 Zur Vertiefung

Test zu Kapitel 7
https://www.utb.de/do/10.36198/9783838561325-e06/disclaimer

Weiterführende Aufgaben

1. Recherchieren Sie eine konkrete nachhaltige regionale und lokale Entwicklungsstrategie. Diskutieren Sie kritisch, inwieweit diese ökonomische, ökologische und soziale Zielesetzungen enthält und wie diese erreicht werden sollen.
2. Benennen Sie verschiedene Wirtschaftssektoren, die Ihrer Meinung nach besondere Beiträge zu einer Dekarbonisierung leisten können. Erläutern Sie, durch welche Veränderungen bzw. Innovationen die Beiträge erreicht werden können.
3. Erörtern Sie, inwieweit die fortschreitende Digitalisierung basierend auf Ihrer eigenen Erfahrung zu reduziertem Ressourcenverbrauch und Treibhausgasemissionen führen kann.

Literatur- und Webtipps

Messner, Dirk, Schlacke, Sabine, Fromhold-Eisebith, Martina, et al. (2019): *Unsere gemeinsame digitale Zukunft.* Berlin: Wissenschaftlicher Beirat der Bundesregierung Globale Umweltveränderungen (WBGU).

» Der wissenschaftliche Beirat der Bundesregierung Globale Umweltveränderungen besteht aus renommierten Wissenschaftlerinnen verschiedener Disziplinen. Der Beirat veröffentlicht jährlich ein Hauptgutachten. Das Hauptgutachten »Unsere gemeinsame digitale Zukunft« verweist auf die an die Digitalisierung gebundenen zusätzlichen Energie- und Ressourcenverbräuche, die eine große Herausforderung darstellen und wichtige Handlungsrahmen aufzeigt.

Bauriedl, Sybille & Strüver, Anke (2017): Smarte Städte. Digitalisierte urbane Infrastrukturen und ihre Subjekte als Themenfeld kritischer Stadtforschung. *Sub\urban. Zeitschrift für kritische stadtforschung* 5(1/2): 87–104.

» Der Fachartikel beschäftigt sich mit dem Trend der Digitalisierung in Städten als Nachhaltigkeitsstrategie und zeigt verschiedene Dimensionen und daran gekoppelte Herausforderungen auf.

Fatheuer, Thomas, Fuhr, Lili & Unmüßig, Barbara (2015): *Kritik der Grünen Ökonomie.* München: oekom.

» Das Buch bietet eine kritische Auseinandersetzung mit den Zielen und Instrumenten der Grünen Ökonomie und ihren ›blinden Flecken‹.

Kapitel 8

Sozio-technische Transitionen (Transition Studies)

Themen

Transition, sozio-technische Systeme, Social Studies of Technology, Transformation, Innovation, Multi-Level-Perspektive, Nische, Entwicklungspfade, Transitionsmanagement

Über diese Lerneinheit

Unter einem sozio-technischen System lässt sich in der Innovationsforschung der wechselseitige Zusammenhang zwischen gesellschaftlichem Wandel und technologischen Neuerungen fassen. Die Transitionsforschung beschäftigt sich mit der Frage, welche Innovationen unter welchen Kontextbedingungen zum Durchbruch gelangen und bestehende Regime nachhaltig verändern können, und welche Innovationen nicht über ein Nischendasein hinauskommen. Durch angepasstes Transitions- bzw. Nischenmanagement lassen sich Nachhaltigkeitstransitionen auch aktiv steuern bzw. beschleunigen. Daneben existieren weitere Verständnisse von Transition, etwa im Kontext der Just Transition-Debatte oder im Kontext alternativer Bewegungen (Transition Towns).

Was Sie hier lernen

1. Die Grundannahmen der Transitionsstudien nachvollziehen können.
2. Zwischen den Konzepten Transition und Transformation unterscheiden können.
3. Die räumliche Dimension sektoraler Transitionen erfassen können.
4. Die Grenzen des Ansatzes erkennen können.

8.1 Beispiel: Windenergienutzung in Dänemark

Im Jahr 2001 waren vier der sechs größten Windkraftanlagenhersteller dänische Unternehmen mit einem Weltmarktanteil von fast 50 % (Garud & Karnoe, 2003). Auch wenn sich dieses Bild inzwischen in Richtung chinesischer Anbieter verschoben hat, so behauptet der dänische Primus VESTAS mit 14,8 % der 2020 neu installierten Anlagen seine globale Marktführerschaft (Wood Mackenzie, 2021). Wie kam es zu dieser Entwicklung?

Wie in vielen anderen Ländern wurde Windkraft in Dänemark schon ab dem Mittelalter für den Betrieb von **Getreidemühlen** genutzt. Einen wichtigen Entwicklungsschritt stellte die Elektrifizierung des ländlichen Raums ausgangs des 19. Jahrhunderts dar, als systematisch und von staatlicher Seite gefördert, zahlreiche dezentrale **Windturbinen** errichtet wurden. Bereits im Jahr 1918 erzeugten 120 Anlagen etwa 3 % der damals verbrauchten Elektrizität (Johansen, 2021). Schon in dieser Zeit entstanden sowohl wichtige technische Neuentwicklungen wie auch die Verbreitung von (handwerklichem) Know-how zu Betrieb und Wartung der Anlagen.

Diversifizierung der Energiewirtschaft

Nach dem Zweiten Weltkrieg gewann Erdöl als Energieträger für Verkehr, Industrie und Gebäudeheizung rasant an Bedeutung. Erst mit der globalen Ölkrise 1973 verstärkte das Land wieder seine Bemühungen um eine Diversifizierung der Energiewirtschaft. Der 1976 vorgelegte nationale Energieplan nahm wichtige Weichenstellungen für die weitere Entwicklung vor. Hinzu kam eine starke Anti-Kernkraft-Bewegung, die in den 1970er/1980er Jahren zur politischen Schwerpunktsetzung auf erneuerbare Energieträger führte. In großer Zahl entstanden damals lokale Genossenschaften zum Betrieb von kleinen **Windkraftanlagen**. Als die nationale Regierung in den 1990er Jahren noch entschlossener auf die Windkraft setzte, führten Forschungsinvestitionen und Fördergelder nicht nur zu einer Modernisierung des bestehenden Anlagenparks (Ersatz alter Anlagen durch größere und effizientere Windräder), sondern auch zu einem rasanten Ausbau inklusive der zunehmenden Off-Shore-Anlagen. Heute zählt die Branche in Dänemark über 30.000 Vollzeit-Beschäftigte (Wind Denmark, 2020).

Neben der historischen Bedeutung der Windkraft in Dänemark gelten folgende Faktoren als entscheidend für den Erfolg der dortigen **Windanlagenindustrie**: (1) die zunächst kleinteilige Produktion und enge Zusammenarbeit zwischen Entwicklerinnen und Nutzenden, die durch Do-it-yourself-Lösungen selbst zur technischen Weiterentwicklung beitrugen; (2) der enge Austausch zwischen den Akteuren der Branche über Foren und Interessensverbände; (3) das eher schrittweise und dezentrale Wachstum der Branche; (4) der frühe Aufbau von Forschungszentren, selbst initiiert von Ingenieurinnen der Branche und (5) der schrittweise Ausbau staatlicher Anreizfinanzierungen für Hersteller und Betreiberinnen (Garud & Karnoe, 2003).

Konkurrenzdruck

Angesichts wachsenden Konkurrenzdrucks, vor allem von Windkraftanlagenherstellern aus China, verspricht sich die dänische Industrie weitere Entwicklungsschübe vom Hafen Esbjerg und seinem Windindustrie-Cluster (s. Abb. 8.1). An der Westküste Dänemarks gelegen, hat sich der ehemals größte Fischereihafen des Landes seit Anfang der 2000er Jahre zu dem zentralen Hub der europäischen **Offshore-Windindustrie** entwickelt. Seitdem haben sich etwa 200 Firmen der Branche hier angesiedelt mit etwa 10.000 Beschäftigten (2019). Das Hafenareal wurde auf 450 Hektar erweitert und bietet weiträumige Flächen für die Lagerung von großen Bauteilen, wie Rotorblättern, und die Vormontage von Windrädern, die von hier aus an die Offshore-Standorte verbracht werden. Ca. 4.000 bzw. 80 % aller Offshore-Windräder in Europa wurden hier vorbereitet und ausgeliefert (State of Green, 2022).

Abb. 8.1: Verladekai im Hafen von Esbjerg/Dänemark – im Vordergrund ein Jack-up-Schiff (spezielles Kranschiff) für die Errichtung von Off-Shore-Windkraftanlagen. Foto: Port of Esbjerg.

8.2 Einführung

So augenfällig und fast selbstverständlich das Beispiel Dänemark angesichts der klimatischen und topografischen Voraussetzungen sowie der energie-politischen Strategien auf den ersten Blick erscheinen mag, so wenig war dieser Weg vorgezeichnet. Anders formuliert: Warum gelang der Durchbruch der Windkraftbranche dort und nicht in anderen Industrieländern mit ähnlichen Ausgangsbedingungen hinsichtlich Topographie, Windverhältnissen und Siedlungsstruktur? Diese Frage, warum ein bestimmter Entwicklungspfad entsteht und wie sich eine neue Technologie oder ein neuer Wirtschaftszweig etabliert, steht im Zentrum des Interesses evolutorischer Konzepte (s. u.), zu denen auch die sogenannte **Transitionsforschung** zählt.

Begriffserklärung

Transition/Transformation: In großen Teilen der Nachhaltigkeitsforschung werden die Begriffe Transition und Transformation weitgehend synonym verwendet, d. h., entweder werden sie ohne weitere Unterscheidung im Wechsel benutzt, oder aber es wird je nach disziplinärem Zusammenhang einem der beiden Begriff der Vorrang gegeben, ohne ihn explizit von dem anderen abzugrenzen.
Eine eingängige Unterscheidung lässt sich auf dem etymologischen Ursprung der Begriffe begründen. Dabei meint **Transformation** im engeren Sinne eine Umformung, also die Veränderung der Gestalt z. B. eines Produkts, einer Technologie, einer Branche oder einer gesellschaftlichen Ordnung. Zunächst nicht enthalten sind Aussagen zur Art, zur Qualität oder zu einem möglichen Ziel der Transformation. Demgegenüber beinhaltet **Transition** (wörtlich: Übergang) sowohl die Idee einer gerichteten Entwicklung (z. B. hin zur Nachhaltigkeit) als auch mögliche Träger des Übergangs (ausführlich s. Schmid, 2020: 66ff.). Zumindest implizit hängt die Mehrzahl der Transitionsstudien letzterem Begriffsverständnis an. Auch wir verwenden in diesem Kapitel ausschließlich den Begriff der Transition. Eine Ausnahme bilden Bezüge zu Ansätzen (z. B. Große Transformation, transformative Forschung), die nur den Transformationsbegriff verwenden.

Die Transitionsforschung im engeren Sinne umfasst den inzwischen international etablierten Forschungsstrang der **Transitionsstudien (Transition Studies)**. Er hat seinen Ursprung in einer aus den Niederlanden stammenden Denkschule, die sich mit dem Wandel **sozio-technischer Systeme** (s. Abb. 8.2) beschäftigt. Ausgangspunkt des Ansatzes ist die Hypothese, dass technologischer Wandel immer nur im Zusammenhang mit wesentlichen gesellschaftlichen Veränderungen zu verstehen ist bzw. wesentliche technologische Innovationen nicht ohne Umbrüche in gesellschaftlichen Wertvorstellungen und Lebensstilen zustande kommen. Dies können Veränderungen im Konsumverhalten sein (siehe z. B. den gegenwärtigen Boom sogenannter Fleischersatzprodukte, der offenkundig mit dem Trend zur vegetarischen oder veganen Ernährung zusammenhängt), politische Reaktionen auf Krisensituationen (z. B. Förderung erneuerbarer Energieträger in Kombination mit Kohle- und Atomausstieg und zur Verringerung internationaler Abhängigkeiten), oder wesentliche regulatorische Veränderungen und Produktnormen (etwa im Bereich der Abfallgesetzgebung und der Substitution von Einwegverpackungen).

Abb. 8.2: Die Automobilindustrie als Beispiel für ein sozio-technisches System (STS). Eigene Darstellung nach Noel et al. (2020: 3).

8.3 Grundannahmen

Die Grundannahme des unmittelbaren Zusammenhangs zwischen gesellschaftlichem und technologischem Wandel belegen die Transition Studies, indem sie historische **Entwicklungspfade** einer Branche oder einer Technologie systematisch analysieren und hinsichtlich der entscheidenden Wegmarken und Richtungsentscheidungen rekonstruieren. Diese evolutorische Perspektive weist Ähnlichkeiten zu dem in der Wirtschaftsgeographie verbreiteten Ansatz der Evolutionary Economic Geography (Boschma & Martin, 2010) auf, indem sie historische **Pfadabhängigkeiten** identifiziert und dem Prinzip der Kontingenz Rechnung trägt. Pfadabhängigkeit betont die Rolle von vergangenen Entscheidungen und Kontexten in Entwicklungsprozessen, die diese verstärken können. Die Abfolge von solchen, unter anderem sehr kleinen, Ereignissen kann bewirken, dass ein System einem bestimmten evolutionären Pfad folgt und nur noch schwer zu verändern ist (z. B. im Hinblick auf die Entwicklung von Technologien und Etablierung bestimmter technologischer Systeme, die nicht-kompatible Innovationen ausschließen).

Begriffserklärung

Kontingenz: Das in allen evolutorischen Ansätzen identifizierte Prinzip der historischen **Kontingenz** weist darauf hin, die Wirkung von Pfadabhängigkeiten nicht als eindeutige Zwangsläufigkeiten misszuverstehen. Auf einem Entwicklungspfad vorgenommene Weichenstellungen entstanden in einem spezifischen Kontext und mögen von zurückliegenden Entscheidungen und Ereignissen beeinflusst worden sein. Sie bleiben jedoch kontingent in dem Sinne, dass sie nicht die einzige und damit vorhersehbare Option gewesen sind. In anderen Worten: Würde sich Geschichte wiederholen und unter gleichen Kontextbedingungen wieder eine entsprechende Entscheidung anstehen, könnte diese auch anders ausfallen. Damit ist keinesfalls gemeint, dass Zufälligkeit vorherrscht; aber es gibt auch keinen Determinismus, der nur eine Entwicklungsrichtung vorzeichnet. Kontingenz meint also Möglichkeit und Nicht-Notwendigkeit zugleich.

Auch wenn **kontingente Entscheidungen** nicht als zufällig gelten, so können historische Zufälligkeiten durchaus Einfluss auf bestimmte Entscheidungen gehabt haben. Diese reichen von biographischen Einflussfaktoren beispielsweise auf der Ebene individueller unternehmerischer Entscheidungen (z. B. Gründung und Verbleib eines Unternehmens am familiären Wohnstandort) über technologische Zufallsfunde (z. B. Entdeckung des Penicillins über ein zunächst gescheitertes Experiment) bis zu eher ungeplanten Marktopportunitäten (z. B. Entstehung des Versandhandels in Nordfrankreich nach Abverkauf überschüssiger Lagerbestände der Textilindustrie).

Bezogen auf **räumliche Entwicklungsprozesse** bedeutet Kontingenz auch, dass sich Regionen mit ähnlichen Merkmalen und vergleichbaren Rahmenbedingungen aufgrund der Komplexität der Einflussfaktoren (inkl. Der Irrationalität von Entscheidungsprozessen) durchaus unterschiedlich entwickeln können. Dies erschwert bzw. verhindert auch die Übertragbarkeit oder Replizierbarkeit von Erfolgsmodellen (s. die vielfachen Versuche regionaler Wirtschaftsförderer, weitere ›Silicon Valleys‹ zu schaffen).

Zentral für die evolutorische Forschung in der Wirtschaftsgeographie ist die Einsicht, dass kontingente Entscheidungen zu langfristigen Festlegungen (z. B. auf kostenintensive Infrastrukturen und Produktionsanlagen) und zu einem technologischen wie auch institutionellen **Lock-in** führen können. Dieser ist zunächst Voraussetzung für eine erfolgreiche Pfadentwicklung (Größenvorteile in der Produktion, etablierte Produktstandards, wachsende Nutzerzahlen), kann aber auch zu einem Hemmnis für die Anpassungsfähigkeit einer Branche oder gar Region werden (negativer Lock-in z. B. von monostrukturierten Altindustrieregionen). Ausführlicher zu regionalen Pfadentwicklungen siehe Fornahl et al. (2012).

Social Studies of Technology

Die Ursprünge der Transitionsforschung liegen in den **Social Studies of Technology (SST)**, einer gesellschaftswissenschaftlichen Technologieforschung. Arbeiten in diesem Bereich fokussierten ursprünglich gar nicht auf Nachhaltigkeitstransitionen. Frühe wegweisende Studien beschäftigten sich etwa mit dem Übergang der Handelsschifffahrt von Segelschiffen zu dampfbetriebenen Schiffen oder mit dem Aufbau von Abwassersystemen in niederländischen Städten. René Kemp von der Universität Maastricht legte 1994 in der Zeitschrift *futures* einen wegweisenden Artikel zur Konzeptualisierung von technologischen Regimeveränderungen und ökologischer Nachhaltigkeit vor (Kemp, 1994). Bald folgten weitere nachhaltigkeitsbezogene Studien etwa zum Aufkommen der Biogasnutzung in Dänemark und den Niederlanden (Raven & Geels, 2010) oder zur Nachhaltigkeit im Verkehrssektor (Köhler et al., 2009). Durch weitere Institutionalisierung (Gründung des Sustainability Transitions Research Network [STRN] im Jahr 2009, Herausgabe der Zeitschrift Environmental Innovation and Societal Transitions ab 2011) entstand mit den **Transition Studies** ein neuer Zweig der Nachhaltigkeitsforschung, der in der Wirtschaftsgeographie große Resonanz gefunden hat.

Multi-Level-Perspective

Auch waren die Transition Studies, die an der Schnittstelle zwischen Sozial- und Ingenieurswissenschaften entstanden, zunächst nicht unbedingt an räumlichen Prozessen interessiert. Geographinnen und andere Raumwissenschaftler haben jedoch früh die Zusammenhänge zwischen **regionalen und sozio-technischen Entwicklungspfaden** aufgezeigt und die Perspektive der Transition Studies in der Wirtschaftsgeographie etabliert (Coenen et al., 2012; Lawhon & Murphy, 2012). In den letzten Jahren wurde eine Vielzahl von regionalen und sektoralen Fallstudien vorgelegt, in denen vor allem die Mehrebenen-Perspektive **(Multi-Level-Perspective – MLP)** Einsatz fand. Diese maßgeblich vom bereits zitierten René Kemp sowie von Frank Geels von der Universität Utrecht begründete Heuristik (Geels, 2002) erfreut sich großer Beliebtheit – nicht zuletzt dank ihrer eingängigen Visualisierung (Abb. 8.3). Diese birgt jedoch auch die Gefahr der Fehlinterpretation, wie wir im Folgenden noch sehen werden (s. Kapitel 8.5.1).

Landschaften

Die MLP illustriert die Koevolution von sozialem und technologischem Wandel in einem Drei-Ebenen-Modell der sozio-technischen Landschaften, Regime und Nischen. Demnach stellen Landscapes **(Landschaften)** die übergeordneten Kontextentwicklungen für wirtschaftliche Aktivitäten dar, inklusive vorherrschender Normen, Wertvorstellungen, politischer Traditionen, Produktions- und Konsummuster. Etablierte Konventionen und Routinen verändern sich in der Regel nur langsam. Landschaften sind dennoch nie statisch – wie in Abb. 8.3 durch die Wellenform angedeutet – sondern unterliegen ständigem Wandel. Am Beispiel der klimapolitischen Bemühungen um eine Dekarbonisierung des Energiesektors lässt sich illustrieren, wie das Zusammenspiel aus politischen Entscheidungen und Vereinbarungen (z. B. Paris-Abkommen), technologischem Anpassungsdruck (Energieeffizienz) und zivilgesellschaftlichen Entwicklungen (z. B. Klimastreiks) die Rahmenbedingungen für eine Branche wesentlich verändern kann. Plötzliche Katastrophen (Fukushima) oder

Schockereignisse (Ukraine-Krieg) können Landschaften als Kontexte auch durchaus kurzfristig verändern.

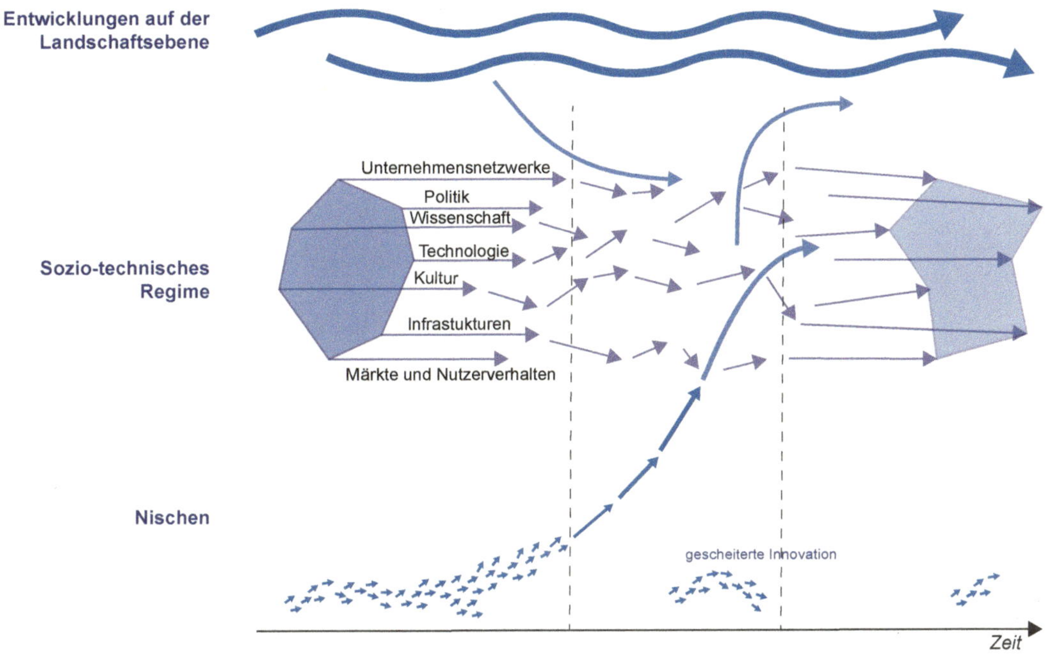

Abb. 8.3: Multi-Level-Perspective (MLP). Eigene Darstellung verändert nach Geels (2002, S. 1263).

Regime

Geprägt von den übergeordneten Landschaften existiert ein ›Patchwork‹ dominanter Regimes **(Regime)**, die die Arbeits- und Organisationsformen für einen bestimmten Wirtschaftszweig oder eine Produktgruppe determinieren. Regimekomponenten sind – neben etablierten Technologien, Märkten und Infrastrukturen – auch spezifisches technologisches Wissen, Unternehmensnetzwerke und informelle Kooperationsbeziehungen, zugehörige Fachpolitiken sowie kulturell-symbolische Bedeutungen. Sozio-technische Regime sind temporär relativ stabile Gefüge, die auf kleinere Kontextveränderungen auf der Landscape-Ebene durch Adaption reagieren. So waren etwa in Deutschland die Rahmenbedingungen für die Energiegewinnung aus fossilen Brennstoffen (Steinkohle, Braunkohle, Erdgas, Erdöl) über mehrere Jahrzehnte vergleichsweise stabil, sodass ein enges Geflecht aus Institutionen hinsichtlich Kooperations- und Zulieferbeziehungen, technologischer Standards, Subventionspolitik und Forschungsförderung entstehen konnte. Dieses verhalf einem spezifischen Regime der Energiewirtschaft zur Dominanz, das heißt, Wandel vollzog sich allenfalls inkrementell durch kleinere Anpassungs- und Modernisierungsprozesse.

Nischen

Die MLP postuliert, dass innerhalb der Regime eher **graduelle** bzw. schrittweise **Innovationen** stattfinden, während grundlegendere oder gar **disruptive Innovationen** auf die Entwicklung in regimeunabhängigen Niches **(Nischen)** und deren besondere Kontexte angewiesen sind. Im Erfolgsfalle halten **Nischeninnovationen** Einzug in das Regime und führen dort zu wesentlichen Veränderungen. Gleichzeitig können die übergeordneten Ebenen die Rahmenbedingungen für die Nischen beeinflussen, etwa wenn sich gesellschaftliche Muster ändern oder juristische Rahmenwerke oder förderpolitische Instrumente angepasst werden (s. Energiewende). Im Energiesektor führte die technologische Entwicklung im Bereich erneuerbarer Energiequellen lange Zeit ein Nischendasein. Kleinmaßstäbliche Produktentwicklungen entfalteten erst Relevanz, als sie über konkrete Anwendungen Sichtbarkeit gewannen und fortan breitere politische und gesellschaftliche Unterstützung erfuhren. So gilt Freiburg i.Br. mit seinen frühen Pionierbauten der Solararchitektur, einer regen Forschungslandschaft im Bereich Fotovoltaik und einem förderlichen politischen Milieu als ein spezifischer Kontext, in dem Nischenentwicklungen prägend für die Regimeentwicklung etwa des Bausektors wurden (Fastenrath & Braun, 2018b).

Wichtig ist zu berücksichtigen, dass viele Nischen nischenhaft bleiben oder gar verschwinden, etwa weil Innovationen technisch, kommerziell oder politisch scheitern. Oder Nischeninnovationen werden für andere Zwecke als ursprünglich gedacht im Regime etabliert und verlieren dadurch ihr Transformationspotenzial. Auch gibt es Technologien, die über lange Zeiträume Nischencharakter hatten, und erst durch Veränderungen auf der Landschaftsebene neue Entwicklungsoptionen erhalten.

Beispiel

Die jüngere Debatte um dezentral erzeugten **›Grünen Wasserstoff‹** als klimafreundlicher Energieträger ist hier ein gutes Beispiel.

Erst die klimapolitische Notwendigkeit zur Abkehr von fossilen Energieträgern mag dieser Nischentechnologie, also der Erzeugung von Wasserstoff mithilfe erneuerbarer Energiequellen, zum Durchbruch verhelfen. Ferner ist zu betonen, dass die drei Ebenen weder unabhängig voneinander betrachtet werden können, noch sollten ihre Effekte einseitig gerichtet verstanden werden. Vielmehr stehen sie in Wechselwirkung zueinander: Beispielsweise können Regime- und Landschaftswandel eng ineinandergreifen, wenn etwa Interessengruppen, wie Branchenverbände, auf beiden Ebenen beharrende (Lobby-)Kräfte freisetzen oder aktiv an Veränderungsprozessen (etwa in der Gesetzgebung) beteiligt werden.

8.4 Schwerpunkte und Anwendungsfelder

Die Arbeiten der Transition Studies lassen sich grob in drei große Felder einteilen. Sie betrachten entweder die Entwicklung einzelner Branchen oder Technologiezweige (sektoraler Fokus), die Transition auf lokaler oder regionaler Ebene (räumlicher Fokus) oder beschäftigen sich stark normativ-praxisorientiert mit Fragen des aktiven Transitions- oder Nischenmanagements (Praxis-Fokus). Alle drei Perspektiven seien hier kurz erläutert, bevor wir auf den räumlichen Fokus in Kapitel 8.5 noch ausführlicher eingehen.

Studien mit sektoralem Schwerpunkt

Wie an obigen Beispielen bereits illustriert, liegen die Ursprünge der Transition Studies in einer eher **sektoralen Betrachtung,** die sich auf bestimmte Produkte oder Infrastrukturen bzw. die ihnen zugrundeliegenden Industriezweige beziehen. Dies können einzelne Branchen (z. B. Windanlagenbau, Biogas), bestimmte Verkehrsträger (E-Mobilität) oder Infrastrukturen (Nahverkehr, Energie) sein (siehe auch das Beispiel des Windenergiesektors in Dänemark zu Beginn des Kapitels). Häufig wurden diese auf Ebene nationalstaatlicher Kontexte oder international vergleichend untersucht, eine weitere räumliche Differenzierung oder sektorenübergreifende Betrachtung blieb meist aus.

Studien mit geographischem Schwerpunkt

Demgegenüber legen Arbeiten mit **geographischem Schwerpunkt** das Hauptaugenmerk auf niedrigere Maßstabsebenen (v. a. Städte, Regionen) sowie auf höhere thematische Aggregationsniveaus. Das gesamte Energiesystem einer Stadtregion steht also eher im Vordergrund als eine spezifische Energiebranche im nationalen Gefüge. Wenngleich auch die rein sektoralen Betrachtungen ebenfalls Kontextspezifika und vielfältige Akteursverflechtungen berücksichtigen, so setzten die explizit geographisch ausgerichteten Transition Studies noch stärkere Akzente hinsichtlich des Zusammenspiels verschiedener **Maßstabsebenen und Akteursgruppen**, institutioneller Rahmenbedingungen und Aspekten von Agency (siehe Kapitel 8.5.1). Politischen, administrativen, wirtschaftlichen und zivilgesellschaftlichen Akteurinnen auf der lokalen und regionalen Ebene wird dabei insgesamt eine besondere Rolle in der Ko-Determinierung von Nischenentwicklung und Regimewandel zugestanden, woraus sich ortspezifische Kontextbedingungen und Entwicklungspfade ableiten lassen. Ein Schwerpunkt im Bereich der nachhaltigkeitsorientierten Transitionsforschung liegt auf regionalen Klima- bzw. Nachhaltigkeitsstrategien, um Entwicklungsprozesse und Erfolgsfaktoren besser verstehen und erklären zu können (siehe Kapitel 8.5).

Studien mit praxisnah-normativer Orientierung

Und schließlich sind Teile der Transition Studies von einer stark **praxisnah-normativen Orientierung** geprägt, das heißt, es geht nicht nur um das Erforschen und Verstehen von Transitionsprozessen sowie daraus abzuleitenden Politikempfehlungen, sondern vielmehr um das aktive Anstoßen und Mitgestalten von Nachhaltigkeitstransitionen. Wichtige Ansätze hierzu sind das **Transitions-Management** (TM) sowie das strategische Nischenmanagement bzw. **Strategic Niche Management** (SNM), die etwa in den Niederlanden als etablierte Politikansätze gelten. Sie sind dort – und zunehmend auch international – im Portfolio von Beratungsgesellschaften ebenso zu finden wie in den Lehrplänen einschlägiger (Weiter-)Bildungsprogramme.

Unter **Transitions-Management** versteht Derk Loorbach (2007), einer der Mitbegründer dieses Ansatzes, ein spezifisches **Governance-Instrument**, das es beispielsweise Gemeinden oder Regionen ermöglicht, erwünschte Transitionsprozesse gezielt anzustoßen und unterstützend zu betreiben. Er unterscheidet zwischen einer strategischen, einer taktischen, einer operationellen und einer reflexiven Governance-Dimension (s. Abb. 8.4). Neben der inhaltlichen Vor- und der reflexiven Nachbereitung liegt der Schwerpunkt hier auf taktischen und operationellen Aspekten der Verknüpfung von und Vermittlung zwischen relevanten Anspruchsgruppen bzw. *Stakeholdern* (Loorbach, 2010).

Abb. 8.4: Der Transition-Management-Zyklus. Eigene Darstellung nach Loorbach (2010:173).

Das **strategische Nischenmanagement** hat einen stärkeren Spezifizierungsgrad und beschäftigt sich vor allem damit, wie Nischen geschützt und gefördert werden können (Raven et al., 2016), etwa durch Subventionen, längerfristige Forschungsprojekte, Infrastrukturen (z. B. Labore und Gründerzentren) oder Ähnliches. Besonderes Augenmerk gilt der **Förderung von Lernprozessen** zwischen verschiedenen Akteursgruppen sowie Aspekten des ›Empowerments‹, das heißt, wie Nischenpraktiken in die Lage versetzt werden können, eine größere Wirkmächtigkeit zu erlangen. Dazu gehört etwa auch die **Wertschätzung** und **Sichtbarmachung** von nichttechnologischen Innovationen, wie sie etwa Gill Seyfang und Alex Haxeltine für den Bereich der Graswurzelbewegungen im Energiesektor herausarbeiten (Seyfang & Haxeltine, 2012). Am Beispiel von Netzwerkaktivitäten zwischen und Lernprozessen innerhalb von Transition Town-Initiativen zeigen sie das transformative Potenzial, aber auch die Grenzen sozialer Dynamiken solcher Organisationen.

8.5 Relevanz für die Wirtschaftsgeographie

Die Transition Studies bieten vielfältige Schnittstellen zur wirtschaftsgeographischen Innovations- und Regionalentwicklungsforschung. Schon früh wurde deshalb eine weitgehende ›räumliche Blindheit‹ des Konzepts kritisiert (Coenen et al., 2012). Seitdem haben Wirtschaftsgeographinnen wesentlich zur Weiterentwicklung der Transition Studies beigetragen – sowohl empirisch als auch durch eine robustere Konzeptualisierung des Räumlichen als kontextuellen Wirkfaktor (Schiller et al., 2018; Gibbs & O'Neill, 2014b).

8.5.1 Transitionen in räumlichem Kontext

Neben eher traditionellen Fragen, wo welche Nischeninnovationen ihren Ursprung hatten und wie die weitere räumliche Diffusion einer Technologie vonstattenging, interessiert sich die zeitgenössische Wirtschaftsgeographie vor allem für die Rolle lokaler oder regionaler Kontexte. Damit ist gemeint, wie generelle Tendenzen zu Wandel und Adaption innerhalb spezifischer **institutioneller Kontexte** eine Beschleunigung oder eine besondere Prägung erfahren. So zeigen etwa Philipp Späth und Harald Rohracher am Beispiel der Städte Freiburg i. Br. und Graz, wie energiepolitische Themen im jeweiligen kommunalen Kontext gerahmt und vorangetrieben wurden (Späth & Rohracher, 2011). Während Städte und ihre Nachhaltigkeitstransitionen im Mittelpunkt des Interesses der geographisch orientierten Transitionsforschung stehen (Bulkeley et al., 2011), werden auch regionale oder überregionale **Transitionsprozesse** aus der Perspektive der Transition Studies beforscht. Dies geschieht entweder am Beispiel einzelner ›Pionierregionen‹, wie dem Großraum Boston, der für die hohe Konzentration von Umwelttechnologie-Firmen bekannt ist (Gibbs & O'Neill, 2014a), oder allgemeiner in Bezug auf regionalen Strukturwandel im Zusammenhang eines Klimakrise-bedingtem Anpassungsdrucks (Chlebna et al., 2022).

Institutionelle Kontexte

Mit institutionellem Kontext sind hier **regulatorische und politische Dynamiken** im Zusammenspiel mit zum Teil historisch gewachsenen Werthaltungen, Einstellungen und Präferenzen gemeint. So gilt beispielsweise die starke Verwurzelung vieler Entscheidungsträger in der Umweltbewegung als eine Erklärung dafür, dass sich die Stadt Freiburg i.Br. zur Vorreiterin in Fragen der Solarenergieerzeugung und des nachhaltigen Bauens entwickeln konnte (Fastenrath, 2015). Die transformativen Kräfte gehen hier jedoch über die formalen Entscheiderinnen in Politik und Wirtschaft hinaus, und fußen auf einem überdurchschnittlich breiten Rückhalt in einer stark bürgerschaftlich engagierten Bevölkerung. Noel Longhurst spricht in diesem Zusammenhang auch von **›alternativen Milieus‹** (Longhurst, 2015), in denen historische und lokale Kontextfaktoren transformative Entwicklungen begünstigen, die andernorts nicht oder deutlich später vonstattengehen.

Bezogen auf die Kategorien der MLP-Heuristik sind lokale oder regionale Kontexte hier jedoch nicht etwa als zusätzliche Ebene zu verstehen. Ein generelles Missverständnis ist es, die MLP-Ebenen (Levels) mit räumlichen **Maßstabsebenen** (Scales) gleichzusetzen. Die hierarchisierende Darstellung in der MLP-Graphik (Abb. 8.3) mag dazu verleiten, hier auch in hierarchisierenden Maßstabskategorien zu denken. So wird die Nischen-Ebene gerne mit kleinräumigen bzw. lokalen Entwicklungen assoziiert, während bei Landschaft eher an etwas Großräumigeres gedacht wird. Und zugegeben, der Landschaftskontext geht, so wie er oben beschrieben und definiert wurde, eher mit einem großräumigeren Verständnis einher (z. B. gesellschaftliche Normen und Wertverständnisse, regulatorischer und sozio-ökonomischer Kontext der EU-Umweltpolitik), hat aber auch regionale und lokale Komponenten. Und Nischenentwicklungen müssen nicht zwingend lokaler Natur sein (ein Unternehmen, ein Forschungsinstitut, eine besonders innovative Region), sondern können auch sektoral verstanden werden (bislang marginale Entwicklungsstränge innerhalb einer Branche) und sind damit mindestens multilokal. Besonders problematisch wird es, wenn die Ebene des Regimes mit eher regionalen Kontexten gleichgesetzt wird. Auch hier gilt das primär sektorale Prinzip der STS, wie in Abb. 8.2 illustriert.

Agency

Grundsätzlich schenken die Arbeiten aus der Stadt- und Wirtschaftsgeographie der Rolle von **›Agency‹** zunehmende Beachtung, das heißt der tatsächlichen **Wirkmächtigkeit** einzelner **Einflussfaktoren**. Dies geschieht aus einer dynamischen Perspektive, so rücken politische und gesellschaftliche Aushandlungsprozesse, die Landschafts- und Regimeelemente verändern, stärker ins Blickfeld. Von Interesse ist hier beispielhaft die spezifische Rolle einzelner politischer Akteurinnen oder Akteurskonstellationen sowie ortsspezifischer informeller Institutionen wie zum Beispiel politische Leitbilder (Hansen & Coenen, 2015). Agency kann auch von materiellen Gütern wie Gebrauchsgegenständen, Produktionsanlagen oder Infrastrukturen ausgehen.

8.5.2 Thematische Beiträge

Wie bereits angedeutet, ist das thematische Spektrum der Transition Studies inzwischen sehr breit und geht über rein sozio-technische Entwicklungspfade hinaus. Dies gilt auch für die wirtschaftsgeographischen Arbeiten in diesem Feld.

Beispielhaft seien hier **sektorale Schwerpunkte** genannt, wie sie sich derzeit in der deutschsprachigen Forschung abzeichnen. Viele der Arbeiten sind im engeren oder weiteren Sinne im Kontext der Energiewende verortet. Dies umfasst zum einen die Beschäftigung mit der Energiewirtschaft selbst, also mit erneuerbaren Energietechniken und der Nutzung alternativer Energieträger, zum anderen die Betrachtung energiepolitisch motivierter Anpassungs- und Innovationsprozesse in energieintensiven Branchen.

Biogaserzeugung

Zu der ersten Gruppe zählen Arbeiten zur Fotovoltaik (Dewald & Fromhold-Eisebith, 2015), zur Windkraft (Bergek & Jacobsson, 2003; Fornahl et al., 2012) oder zur Biogaserzeugung (Faller, 2016a), aber auch zu Infrastruktursystemen. So betrachtet etwa Timothy Moss am Beispiel Berlins die historische Entwicklung der dortigen Energieinfrastruktur als sich wandelndes sozio-technisches System (Moss, 2021). Fabian Faller zeigt, wie die Hinwendung vieler Landwirtschaftsbetriebe zur **Biogaserzeugung** auch als Teil von Diversifizierungsprozessen (zusätzliche Einkünfte in Zeiten wachsenden Preisdrucks zum Beispiel auf Milch) sowie im Kontext eines Generationswechsels (Motivlagen der Hofnachfolger) zu verstehen ist.

Bauwirtschaft

In die zweite Gruppe, das heißt unter die energiepolitisch bedingten Adaptionen, fallen beispielsweise Forschungen zu ›grünem‹ Stahl (Kushnir et al., 2020), zur Zementindustrie (Dewald & Achternbosch, 2015) oder zur CO_2-Bindung (CCU – Carbon Capture Use) in der Plastikindustrie (Bauer et al., 2022). Rohracher thematisiert zudem die Rolle von Städten und Regionen in der Energiewende (Rohracher, 2021).

Nicht nur unter energetischen Gesichtspunkten ist die **Bauwirtschaft** ein wichtiger Gegenstand der Transition Studies (Fastenrath & Braun, 2018b; Affolderbach & Schulz, 2018; Gibbs & O'Neill, 2015). Dabei spielen Innovationsprozesse im Bereich der sogenannten **Bioökonomie** eine besondere Rolle, also in Bezug auf die Nutzung von pflanzlichen und tierischen Ressourcen zu Nicht-Ernährungszwecken. Neben Bau- und Dämmmaterialien sind die Biokraftstoffe, Textilien, Holzprodukte, Arzneimittel oder etwa die Kunststoffsubstituierung durch natürliche Materialien im Bereich Verpackungen und Gebrauchsgegenstände (z. B. Bambus, Hanf, verschiedene Verbundwerkstoffe) zu nennen. Auch nachhaltigkeitsbezogener Wandel in der konventionellen **Landwirtschaft** setzt Transitionsprozesse in Gang, die maßgebliche Veränderungen in regionalen Produktionssystemen zur Folge haben können (Klein & Tamásy, 2018; Bünger & Schiller, 2022). Neben Energieinfrastrukturen gelten auch andere städtische Infrastrukturen als wichtige Vektoren für Transitionsprozesse (Monstadt, 2009), eng damit verbunden auch Fragen von Verkehr und Mobilität (Hoogma, 2002; Köhler et al., 2020).

Tourismus und Bildung

Weniger an sozio-technischen, denn an organisatorisch-institutionellen Transitionen interessiert, ist die geographische **Tourismusforschung** (Strambach & Surmeier, 2017). Und nicht zuletzt kann auch die **Rolle von Hochschulen** in Prozessen regionaler Nachhaltigkeitstransitionen ausgeleuchtet werden, wie Schiller et al. (2020) in einem interdisziplinären Vorhaben zeigten (s. Kapitel 16).

8.6 Zusammenfassung

Aufgrund der engen Bezüge zur wirtschaftsgeographischen Innovationsforschung fokussierte sich dieses Kapitel auf die Transition Studies im engeren Sinne, also jene in den **Social Studies of Technology** verankerte Denkschule. Daneben, und zum Teil mit offenkundigen Überschneidungen, sind auch andere Ansätze der Transitionsforschung für die an Nachhaltigkeitsfragen interessierte Wirtschaftsgeographie relevant. Zum Teil werden sie in anderen Abschnitten dieses Buchs aufgegriffen. Genannt seien hier zwei Literaturstränge:

Gerechte Transition

Gerechte Transition (Just Transition) markiert das ursprünglich stark von gewerkschaftlichen Interessen geprägte Bemühen, **Aspekte ökologischer und sozialer Gerechtigkeit** zusammenzuführen und so Arbeitnehmerrechte ebenso zu sichern wie die natürlichen Lebensgrundlagen. Ein Beispiel hierfür ist die Forderung, energiepolitische Maßnahmen der Dekarbonisierung zu verknüpfen mit Fragen sowohl globaler als auch lokaler Gerechtigkeit (Newell & Mulvaney, 2013:, s. auch Kapitel 5). Erstere meint hier, dass Anpassungsmaßnahmen in einer Weltregion (z. B. E-Mobilität in Europa) nicht zu negativen sozialen oder ökologischen Auswirkungen andernorts (z. B. Grundwasserversalzung und Verdrängung von Kleinbauern in Lithium-Förderregionen) führen darf. Letztere spricht Fragen der Zugänglichkeit nachhaltiger Konzepte und Produkte an. Im baulich-energetischen Bereich etwa können technologisch-orientierte Lösungen mit aufwändigen Belüftungs-, Isolierungs- und Steuerungs-Elementen durch ihre hohen Investitionskosten sozial ausgrenzend wirken, während technische einfachere Lösungen (etwa Dämmung mit traditionellen Baustoffen, kleinere Wohnflächen) etc.

das Energiesparen ›erschwinglicher‹ machen. Inwiefern das im Green Deal der EU formulierte Ziel der dualen Transition (Digitalisierung und Nachhaltigkeit) vor allem den Aspekt der globalen Gerechtigkeit zu erfüllen vermag, bleibt zweifelhaft.

Transitionsbegriff

Die zivilgesellschaftlich getragene **Transitionsbewegung** (z. B. das inzwischen globale Netzwerk der ›Transition Towns‹) findet in den Transition Studies punktuell Eingang im Zusammenhang mit Landschafts- und Regime-beeinflussenden Faktoren. Im ursprünglichen Sinne geht es hier um die lokale bzw. regionale Sicherung von Lebensgrundlagen mittels **Re-Regionalisierung** (z. B. lokale Energie- und Lebensmittelversorgung) und vor allem die Reduzierung multiskalarer Abhängigkeiten und damit verbundenen lokalen Vulnerabilitäten zur Stärkung der lokalen Resilienz. Der Transitionsbegriff ist hier sehr viel normativer und lebensweltlicher zu verstehen und der Fokus liegt stärker auf der Umsetzung alternativer Lebensstile und Produktionsweisen, denn auf Innovationsprozessen per se. Gleichwohl sind ›Transition Towns‹ und ähnliche Initiativen häufig Reallabore für soziale Innovationen (etwa zu Methoden lokaler Demokratie und Partizipation), die in der nachhaltigkeitsorientierten Innovationsforschung zunehmend Berücksichtigung finden (Schmid et al., 2021).

Ferner findet der Transitionsbegriff im Kontext von **Dekarbonisierungs-Ansätzen** (Low Carbon Transitions) Verwendung, hier jedoch eher als breiter Sammelbegriff für urbane oder regionale Transitionen im Zusammenhang mit Klimakrise und Energiewende. Nur sporadisch wird der Transitionsbegriff dort auf eindeutige Konzepte wie die Transition Studies bezogen. Vielmehr spiegeln weite Teile der Literatur ein gerichtetes Verständnis (z. B. hin zur post-fossilen Stadt) wider und sind vor allem an politischen Umsetzungsprozessen und -strategien interessiert (Frantzeskaki et al., 2017).

Kritik

Innerhalb der Transition Studies selbst wird zunehmend Kritik dahingehend geäußert, dass sich die meisten Arbeiten innerhalb eines weitgehend akzeptierten marktkapitalistischen Systemzusammenhang artikulieren, ohne diesen in Frage zu stellen. So mahnt Giuseppe Feola an, kapitalistische Wirtschaftsweisen nicht länger als unverrückbare Komponente der Landscape-Ebene zu verstehen, sondern als durch gesellschaftlichen Wandel veränderbare Kontextbedingung (Feola, 2020). Damit geht die Forderung nach einer normativeren, gerichteten Transitionsforschung einher. In eine ähnliche Richtung geht die aus den Transition Studies kommende Debatte um disruptiven Wandel im Sinne grundlegender sogenannter ›Deep Transitions‹ (Schot & Kanger, 2018). Eine Analyse zu den bisherigen Erträgen der Transition Studies sowie eine detaillierte Forschungsagenda findet sich in Köhler et al. (2019: s. Leseempfehlung).

Neben den nachhaltigkeitsorientierten Transition Studies gibt es auch in der Geographie eine breitere und teilweise schon ältere Auseinandersetzung mit Transitions- und Transformationsprozessen (z. B. zu dem sozio-ökonomischen Wandel in post-sozialistischen ›Transformationsländern‹). Unter dem Schlagwort ›Große Transformation‹ beschäftigen sich sowohl Politik als auch Wissenschaft mit gesamtgesellschaftlichem Wandel aus sozial-ökologischer Perspektive (WBGU, 2011; Hofmeister et al., 2021; Dörre et al., 2019). Ferner hat in den letzten Jahren die Debatte um transformative Forschung an Bedeutung gewonnen, das heißt die Forderung, Wissenschaftlerinnen sollten sich selbst stärker aktiv in transformative Vorhaben einbringen (s. hierzu das nachstehende Interview mit Harald Rohracher sowie ausführlicher Kapitel 17).

8.7 »Raus ins Feld« mit Prof. Dr. Harald Rohracher, Universität Linköping

Abb. 8.5: Harald Rohracher. Foto: Universität Linköping.

Professor Harald Rohracher ist habilitiert im Bereich Science and Technology Studies und forscht seit 2012 an der Universität Linköping im Arbeitsbereich Technology and Social Change (TEMAT). Er war einer der ersten Forschenden, die das Konzept der Transition Studies auf räumliche Fragestellungen angewandt haben, vor allem im Zusammenhang mit städtischen Infrastrukturen und Energiepolitiken. Das Gespräch fand im Dezember 2022 statt.

Was hat Dich am Konzept der Science and Technology Studies so fasziniert und wie kamst Du dazu, es in städtischen Kontexten einzusetzen?

Ich habe zunächst in Graz ein Studium der Technischen Physik begonnen. Dort waren wir eine Gruppe von Studierenden in der Hochschülerschaft, die in den 1980ern recht politisch orientiert war. Wir haben versucht, die technischen Studienrichtungen zu reformieren und mehr sozialwissenschaftliche Perspektiven an die Technischen Universitäten zu bringen und auch das Thema Nachhaltigkeit zu forcieren. Einige von uns haben dann gleichzeitig auch begonnen Soziologie zu studieren und wollten die Uni dazu bringen, auch ein Institut einzurichten, das sich mit diesen Themen befasst. Das ist nicht geschehen, sodass wir im Endeffekt selber – noch als Studierende – im Jahr 1988 das Interuniversitäre Forschungszentrum für Technik, Arbeit und Kultur (IFZ) gegründet haben. Das Zentrum ist dann später anerkannt und mit Universitäten assoziiert worden, sodass es fester Teil der Hochschullandschaft wurde. Dort waren wir etwa 25 Forschende, und ein sehr wichtiges Thema war

Technik und Gesellschaft bzw. Umwelt. Von Beginn an gab es das Bestreben, nicht nur auf technische Innovationen fixiert zu sein – etwa im Energiebereich – sondern immer auch den sozialen Kontext zu betrachten. Es ging also darum, dass soziotechnische Systeme als Ganzes verändert werden müssen, und nicht jeweils isoliert der technische oder der gesellschaftliche Teil. Als erstes Projekt haben wir damals mit der Stadt Graz deren Klimaschutz- und Umweltprogramm entwickelt und dieses als interaktiven Prozess mit vielen Akteuren in der Stadt angelegt.

Womit beschäftigt sich Deine aktuelle Forschung?
Der Fokus auf Innovationsforschung im Bereich Energie, aber auch im Bausektor ist geblieben, immer an der Schnittstelle Technik-Gesellschaft-Umwelt. Heute arbeite ich sehr viel mit schwedischen Städten zusammen, aber zum Beispiel auch mit Energieregionen in Österreich. In Schweden betreibt auch die Energieagentur Forschungsförderung und finanziert derzeit zusammen mit der nationalen Forschungsbehörde ein strategisches Innovationsprogramm namens »Viable Cities«. Dort beschäftigen wir uns mit urbanen Nachhaltigkeitstransitionen und Klimawandel. Beispielsweise moderieren wir in diesem Rahmen eine Plattform zu transformativer Innovationspolitik, daneben wirken wir in dem Programm »Klimaneutrale Städte 2030« mit, das übrigens auch Vorbild war für ein entsprechendes EU-Programm.

Beforschst Du diese Governance-Prozesse nur oder wirkst Du als Forschender auch selbst an Transitionsprozessen mit?
In der Tat geht es in der Zusammenarbeit mit den Städten auch immer sehr stark um praktische Anwendungen. Das heißt, neben reinen Forschungsprojekten habe ich oft auch eine beratende Funktion, etwa wenn wir gemeinsam mit lokalen Stakeholdern mögliche Veränderungsprozesse gestalten und moderieren.

Gibt es besondere methodische Herausforderungen, die Dir in Deinen Projekten begegnen?
Diese doppelte Rolle als Forschender und Anwender erzeugt natürlich auch Reibung. Die Kooperationspartner haben verständlicherweise andere Erwartungen an den unmittelbaren Nutzen unserer Arbeit als etwa die wissenschaftliche Community. Am einfachsten lässt sich das lösen, indem man Projekte klar trennt, das heißt sowohl anwendungsbezogene Projekte betreibt als auch reine Forschungsvorhaben. Ich wechsle also oft die Rollen – wirklich gleichzeitig lässt sich das nur schwer praktizieren. In der Transitionsforschung insgesamt gibt es einerseits eher interventionsorientierte, normative Projektansätze, um Veränderungsprozesse auf lokaler, aber auch nationaler Ebene zu gestalten, und andererseits reine Forschungsvorhaben, die oft auch aus historischer Perspektive Prozesse analysieren.

Interessant ist, wie die Forschung zu Transdisziplinarität begonnen hat, beide Dimensionen und ihre jeweiligen Implikationen systematischer zu reflektieren, also auch die damit verbundene ›Boundary Work‹, damit Forschende nicht zu reinen Consultants ›verkommen‹. Aktuell versuchen wir zum Beispiel in der Vorbereitungsphase eines neuen Doktorandenkollegs, bei den beteiligten Gemeinden Verständnis dafür zu entwickeln, dass die künftigen Promovierenden auch Raum für akademische Reflektion brauchen. Dafür wollen wir einen klaren Rahmen abstecken.

Mehr zu Harald Rohrachers aktuellen Forschungen finden Sie hier:
- https://liu.se/en/employee/harro63

Das erwähnte IFZ in Graz ist weiterhin in den genannten Feldern aktiv:
- https://www.ifz.at/

8.8 Zur Vertiefung

Test zu Kapitel 8
https://www.utb.de/do/10.36198/9783838561325-e07/disclaimer

Weiterführende Aufgaben

1. Erörtern Sie das Verhältnis zwischen Nischen und Regimen an einem konkreten Beispiel.
2. Skizzieren Sie ein mögliches Forschungsdesign zur Untersuchung eines abgeschlossenen/gegenwärtigen Transitionsprozesses.
3. Diskutieren Sie verschiedene Innovationsverständnisse und mögliche Grenzen der Transition Studies.

Literatur- und Webtipps

Köhler, Jonathan, Geels, Frank W., Kern, Florian, et al. (2019): An agenda for sustainability transitions research: State of the art and future directions. *Environmental Innovation and Societal Transitions* 31: 1–32.

» Dieser englischsprachige Aufsatz, an dem über 30 Autorinnen aus den Transition Studies mitgewirkt haben, gibt einen sehr umfassenden Überblick über die verschiedenen thematischen und konzeptionellen Entwicklungsstränge dieses Forschungsfelds.

Rohracher, Harald (2021): Energiesysteme und Transitionen zur Nachhaltigkeit aus räumlicher Perspektive. In: Becker, Sören, Klagge, Britta & Naumann, Matthias (Hrsg.): *Energiegeographie: Konzepte und Herausforderungen*. Stuttgart: UTB-Ulmer: 45–53.

» Kompakte Einführung in die räumliche Dimension von Nachhaltigkeitstransitionen, illustriert am Beispiel der ›Energiewende‹.

Kapitel 9

Diverse Economies – erweiterte Verständnisse von Wirtschaft

Themen

Community Economies, Diverse Economies, gemeinschaftsbasierte Unternehmen, Zivilgesellschaft, Solidarische Landwirtschaft, Ordinary Economies, Sozial- und Solidarwirtschaft

Über diese Lerneinheit

In der internationalen Debatte um alternative Wirtschaftspraktiken und transformative Unternehmensformen nimmt das Konzept der Diverse Economies eine prominente Position ein. Der Ansatz plädiert für ein erweitertes Verständnis von Wirtschaft, indem er grundsätzlich alle Aktivitäten einbezieht, die essenziell für das Funktionieren sozialer Gemeinschaften sind bzw. dem gesellschaftlichen Wohlergehen dienen (z. B. Sorgearbeit oder Ehrenamt). Besonderes Augenmerk gilt den sogenannten Community Economies, das heißt gemeinschaftsbasierten Initiativen, die alternative Formen des Wirtschaftens praktizieren und sich dabei in unterschiedlichem Maß von einseitigen Profit- und Wachstumslogiken lösen.

Was Sie hier lernen

1. Ein erweitertes Verständnis von Wirtschaft und Unternehmen entwickeln können.
2. Spezifische Motivationslagen und Akteurskonstellationen erfassen können.
3. Das transformative Potenzial der Community Economies erkennen können.

9.1 Beispiel: Solidarische Landwirtschaft Köln

Seit 2014 produziert der Verein Solidarische Landwirtschaft Köln ökologisch angebaute Nahrungsmittel für nunmehr über 250 Haushalte. Auf gepachteten Flächen in Stommeln nordwestlich von Köln werden nach Demeter-Richtlinien derzeit über 40 verschiedene Gemüsesorten angebaut, die frisch und über kurze Wegstrecken ausgeliefert werden.

Organisation

Wie andere Betriebe der Solidarischen Landwirtschaft (kurz: SoLaWi), die es inzwischen in vielen Orten gibt, ist das Vorhaben von seinen Mitgliedern getragen, und dies in mehrfacher Hinsicht: Erstens können die Mitglieder über die Ausrichtung und Entwicklung des Betriebs mitbestimmen. Zweitens bringen sie sich im Rahmen sogenannter Aktionstage aktiv in die Arbeit auf dem Feld oder in andere Vereinstätigkeiten ein. Und drittens sichern sie durch ihren finanziellen Beitrag die Betriebskosten ab. Bei der Finanzierungsfrage kommt das Solidarprinzip besonders zum Tragen: Jeden Herbst werden die Aktivitäten für das kommende Wirtschaftsjahr veranschlagt (v. a. Pachtgebühren, Kosten für Saat- und Pflanzgut, Arbeitsmittel, Logistik sowie Personalkosten für festangestellte Mitarbeitende, die sich professionell um Anbauplan und Feldarbeit kümmern). Danach gibt jedes Mitglied anonym an, welchen Beitrag es leisten möchte. Diese ›Bieterrunde‹ wird so oft wiederholt, bis die Summe der Beiträge mindestens den Kosten des Wirtschaftsplans entspricht. Von April bis Februar beziehen die Mitglieder sodann Ernteanteile, die wöchentlich an dezentrale Ausgabestellen geliefert werden. Die Ernteanteile sind dabei nicht abhängig vom gezahlten Mitgliedsbeitrag, sondern variieren lediglich hinsichtlich der Haushaltsgröße mit einem vollen Anteil für Familien und WGs und einem halben Anteil für kleinere Haushalte.

Das Prinzip geht deutlich über herkömmliche Gemüsekisten-Abonnements und ähnliche Formen der Direktvermarktung hinaus, da die SoLaWi-Mitglieder selbst eine aktive und tragende Rolle in Planung und Betrieb spielen. Dadurch entsteht ein vollkommen anderer Bezug zu den konsumierten Nahrungsmitteln und den Bedingungen ihrer Erzeugung. Letztere können bei aktiver Mithilfe an der Feldarbeit auch selbst körperlich erfahren werden. Zugleich fühlen sich die Mitglieder befähigt, in demokratischen Prozessen direkt an konkreten Veränderungen mitzuwirken. Nicht zuletzt hilft die SoLaWi, die bäuerliche Landwirtschaft zu erhalten – in unserem Beispiel etwa dadurch, dass ein bestehender Demeter-Betrieb auf gesicherte Pachteinnahmen als zusätzliche Einnahmequelle vertrauen kann. In anderen Fällen haben SoLaWis auch schon ganze Höfe ohne Nachfolge übernommen und so deren Fortbestand ermöglicht.

Abb. 9.1: Gemüseacker der SoLaWi Köln. Foto: Hansen (2023).

Weitere Informationen zur SoLaWi Köln: https://solawi.koeln/
Netzwerk Solidarische Landwirtschaft: https://www.solidarische-landwirtschaft.org/

9.2 Einführung

Die Solidarische Landwirtschaft (SoLaWi) wird im Englischen als Community Supported Agriculture (CSA) bezeichnet, also als eine von der Gemeinschaft getragene Form der Landwirtschaft. Wie im genannten Kölner Beispiel sind es Einzelpersonen oder zivilgesellschaftliche Gruppen, die solche sozial- oder ökologisch orientierten Initiativen gründen und damit zu einer Diversifizierung des Wirtschaftsgeschehens beitragen. Diese **Community Economies** verfolgen vor allem gemeinwohlorientierte Ziele und unterscheiden sich auch in Arbeits- und Organisationsweisen von herkömmlichen Unternehmen.

Diverse Economies

Gemeinschaftsbasierte Aktivitäten und Wirkungen werden vor allem in Studien zu den sogenannten **Diverse Economies** beleuchtet. Dieser Forschungsrahmen wurde von Katherine Gibson und Julie Graham begründet, zwei Geographinnen aus Australien und den USA, deren Arbeiten einen vor allem feministischen Hintergrund haben. So zeigten sie eindrucksvoll, wie kapitalistische Wirtschaftsweisen zu einer systemischen Benachteiligung überwiegend von Frauen getragener Aktivitäten geführt haben. Plakativstes Beispiel ist das, was – zugegeben etwas technisch – auch als **Reproduktionsarbeit** bezeichnet wird (Biesecker & Hofmeister, 2013). Gemeint ist damit, dass die in den Familien oder auch anderen Gemeinschaftsverbänden geleistete Sorge- und Erziehungsarbeit sicherstellt, dass die Wirtschaft mit ausreichend jüngeren Arbeitskräften versorgt wird und stabile gesellschaftliche Strukturen erhalten bleiben, die eine wachsende Nachfrage und Konsum ermöglichen. Dabei ist augenfällig, dass diese Aktivitäten zwar für das Wohlergehen einer Gesellschaft grundlegend sind, aber nicht dieselbe Wertschätzung erfahren, wie viele Tätigkeiten, die vornehmlich von Männern ausgeübt werden. Damit sind nicht nur Fragen der Entlohnung gemeint (Erwerbsarbeit Vs. private Sorgearbeit), sondern auch andere Formen der faktischen Benachteiligung (z. B. berufliche Chancenungleichheit), der tendenziellen Ausgrenzung (z. B. von Leitungspositionen, Entscheidungsgremien) und damit zusammenhängende Machtasymmetrien und deren systembedingte Verstetigung. Diese gesellschaftliche Schieflage wird auch als Erklärung dafür angeführt, warum die vorherrschende Wirtschaftsweise so zahlreiche soziale und ökologische Missstände produziert (FES, 2009). Letztere sind Ausgangspunkt vieler sozialer Bewegungen, die sich für faire Produktionsweisen, veränderte Organisationsformen und alternative Zielvorstellungen der Wirtschaft einsetzen.

Unbezahlte Reproduktionsarbeit

Die Rolle unbezahlter Reproduktionsarbeit lässt sich durch sogenannte **Substitutionskosten** ermitteln. Diese beschreiben die Kosten, die durch Übertragung der Arbeit auf entlohntes Personal (z. B. professionelle Kinderbetreuung, Nachhilfe, Pflegepersonal, Gebäudereinigung, Wäscherei, Gärtnerbetrieb etc.) anfallen würden. Schätzungen zufolge entfallen 40 % aller täglichen Arbeitszeit in westlichen Industrienationen auf unbezahlte Tätigkeiten (Coe et al., 2019), wobei die Zahl der bezahlten und unbezahlten Stunden im Ländervergleich variiert. Davon übernehmen Frauen im Durchschnitt zwei- bis dreimal so viel Arbeit im Vergleich zu Männern. Basierend auf Berechnungen von Substitutionskosten dieser unbezahlten Reproduktionsarbeit ergibt sich damit ein Anteil an den nationalen Wirtschaftsleistungen von 24 % in den USA und 32 % in Großbritannien.

In ihren wegweisenden Publikationen – die auch noch nach Julie Grahams Tod 2010 unter dem gemeinsamen Autorinnennamen JK Gibson-Graham erscheinen – lenken die Autorinnen den Blick auf die enorme Vielfalt von wirtschaftlichen Aktivitäten und deren Organisationsformen – sowohl innerhalb als auch außerhalb kapitalistischer Wertschöpfungszusammenhänge (Gibson-Graham, 2008; Gibson-Graham, 1996). So versuchen sie einerseits, ein Bewusstsein für die Relevanz von Aktivitäten zu wecken, die in der öffentlichen Wahrnehmung und politischen Debatte eher übersehen oder unterbewertet werden. Damit verbunden ist auch eine veränderte Wahrnehmung und ein anderes Verständnis von Wirtschaft, weg von in der Regel sehr eng an marktwirtschaftliche Interaktionen geknüpfte Verständnisse hin zu einer inklusiveren Definition wirtschaftlicher Prozesse und Tätigkeiten (s. hierzu auch Interview mit Ottavia Cima in Kapitel 2). Gleichzeitig wollen Gibson-Graham nicht nur zu der Sichtbarkeit alternativer Wertschöpfungsformen beitragen, indem sie sie beschreiben und analysieren. Als bekennende **›Action Researchers‹** (etwa: transformative Wissenschaftlerinnen) wollen sie auch aktiv zu deren Entwicklung beitragen (s. Kapitel 17). Das von Gibson-Graham gegründete ›Community Economies Research Network‹ (CERN) versammelt heute etwa 300 Aktivistinnen, Praktiker und Wissenschaftlerinnen aus aller Welt. Viele von ihnen haben an dem 2020 erschienen ›Handbook of Diverse Economies‹ (Gibson-Graham & Dombroski, 2020) mitgewirkt (s. Leseempfehlungen am Ende dieses Kapitels).

9.3 Grundannahmen

Der Diverse Economies-Ansatz vermeidet bewusst eine kategorische bzw. binäre Unterscheidung in rein profitmaximierendes kapitalistisches Wirtschaften auf der einen Seite, und gemeinwohl- und nicht-profitorientierte Aktivitäten auf der anderen Seite. Er lehnt deshalb auch das pauschale Attribut ›alternativ‹ ab und verweist auf die Vielfalt innerhalb des Wirtschaftssystems. Diese **Diversität** siedelt Tabelle 9.1 vor allem in den ›mehr-als-marktlichen‹ bzw. den ›nicht-marktlichen‹ Wirtschaftsformen an. Diese Perspektive erlaubt ein erweitertes Verständnis von Wirtschaft oder auch von zentralen Begriffen wie Unternehmen oder Arbeit.

Transaktionen	Arbeit	Unternehmen	Eigentum	Finanzierung
Markt (z. B. Warenhandel, bezahlte Dienstleistungen)	*Erwerbsarbeit* (z. B. monetär entlohnte Angestellte oder Freiberufler)	*Kapitalistisch* (z. B. profitorientierte Aktiengesellschaft, GmbH)	*privat* (z. B. exklusives Immobilieneigentum)	*Markt* (z. B. Bankkredit)
mehr-als-marktlich (z. B. Sharing Economy)	*alternativ-entlohnt* (z. B. Naturalien)	*mehr-als-kapitalistisch* (z. B. Genossenschaften, öffentliche Unternehmen)	*mehr-als-privat* (z. B. Erbbaurecht, Genossenschaft)	*mehr-als-marktlich* (z. B. Crowdfunding)
nicht-marktlich (z. B. vertrauensbasierte Kooperation über Gegenleistungen)	*unbezahlt* (z. B. Betreuung von Kindern, Pflege von Nachbarn und Verwandten)	*nicht-kapitalistisch* (z. B. gemeinwohlorientierte Unternehmen der Solidarwirtschaft	*Open Access* (z. B. freier Zugang zu Wissen, öffentlicher Raum, Produkte der ›essbaren Stadt‹)	*nicht-marktlich* (z. B. Tausch von Produkten oder immaterielle Leistung wie unentgeltliche Mitarbeit)

Tab. 9.1: Spektrum der Diverse Economies. Quelle: übersetzt und verändert nach Gibson-Graham (2008:616) und Gibson-Graham et al. (2013:13).

›Mehr-als-marktliche‹ Transaktionsformen

Unter **Transaktionen** erfassen die Diverse Economies demnach nicht nur marktwirtschaftliche Mechanismen des Handels und Tausches, in denen Produkte und Dienstleistungen auf einem Markt angeboten und deren Kauf- oder Mietpreise in Geldwerten beglichen werden. Neben den marktlichen und nicht-marktlichen Transaktionen (z. B. Nachbarschaftshilfe) kommen andere, **›mehr-als-marktliche‹ Transaktionsformen** vor. Diese beruhen zwar teilweise auf Mechanismen und Institutionen des marktlichen Transfergeschehens, unterscheiden sich jedoch qualitativ hinsichtlich bestimmter Regeln, Wertschöpfungslogiken und Motivlagen. So suchen Komplementärwährungen nach Möglichkeiten, sozial- und umweltverträgliche Produktionsweisen mit kurzen, vorrangig regionalen Lieferketten sowie eine Reinvestition der erzielten Gewinne innerhalb der Region fördern zu können (Seyfang, 2001). Durch Zinslosigkeit und damit ›unnachgiebige‹ Abwertung der Regionalwährungen wird zudem Spekulation vermieden und ein stetiger Umlauf des Geldes gewährleistet. Ein weiteres Beispiel für mehr-als-marktliche Transaktionsformen stellen sogenannte Zeitbanken dar, in denen über im Tausch angebotene, unentgeltliche Tätigkeiten wie Reparaturarbeiten, Einkaufen, Kinderbeaufsichtigung, Gartenpflege oder Ähnliches ›Buch geführt‹ wird. Eine Stunde eingebrachter Hausaufgabenbetreuung kann so gegen eine Stunde einer anderen Tätigkeit (z. B. Steuerberatung) aufgerechnet werden.

Die Diversität von Transaktionen findet nicht nur Entsprechungen in der Organisation und Bewertung von Arbeit, sondern schlägt sich auch in der Organisationsform von Unternehmen nieder. Eng damit verbunden sind Fragen von Eigentum und Nutzungsrechten, die wir in Kapitel 10 am Beispiel der Allmende/Commons erläutern werden. Und schließlich geht es auch um die **Vielfalt der Finanzierungsmodi**, derer sich die Diverse Economies bedienen. Auch hier finden sich weit mehr Spielarten als die bekannten, herkömmlichen Kreditlogiken oder renditeorientierte Investorenbeteiligungen (z. B. Crowdfunding, Genossenschaftsanteile, Genussscheine u. ä.).

Begriffserklärung

Zentrale Begriffe der Wirtschaftsforschung und -politik sowie deren erweitertes Verständnis

Wirtschaft: In kapitalistischen Industrieländern versteht man unter Wirtschaft gemeinhin nur jenen Teil gesellschaftlichen Wirtschaftens, der von privaten oder öffentlichen Unternehmen betrieben und dessen Produkte und Dienstleistungen über marktlich-monetäre Transaktionen gehandelt werden. Demgegenüber umfasst ein erweitertes Verständnis von Wirtschaft auch jene Tätigkeiten, die von anderen Akteuren betrieben und über nichtmarktliche oder monetär fassbare Austauschbeziehungen abgewickelt werden. Hierzu zählen etwa die großen Bereiche der privaten Sorgearbeit (z. B. Kinderbetreuung und Betreuung älterer oder kranker Menschen), des Ehrenamts (Sport, Soziales, Natur- und Umweltschutz etc.), der Nachbarschaftshilfe oder sonstiger zivilgesellschaftlicher und nicht-gewinnorientierter Tätigkeiten (etwa Aufnahme von Geflüchteten). Diesen **nicht-marktlichen Tätigkeiten** ist gemein, dass sie essenzielle Pfeiler für das Funktionieren und Wohlergehen einer Gesellschaft sind, jedoch weitaus weniger Sichtbarkeit und politische Aufmerksamkeit genießen als das, was wir gemeinhin unter ›der‹ Wirtschaft verstehen. Ein gutes Zeichen hierfür ist die Nichtberücksichtigung in der Wirtschaftsstatistik (z. B. Bruttoinlandsprodukt) oder in der Bemessung von Rentenansprüchen (s. ausführlicher in Kapitel 10).

Unternehmen: Ähnlich verhält es sich mit dem herkömmlichen Verständnis von Unternehmen als formal verfassten, im Handelsregister eingetragenen und am geldbasierten Marktgeschehen teilnehmenden Organisationen. Auch hier wird der eigentliche Wortsinn von Gibson-Graham erweitert, um mehr als nur die formalen Firmen, sondern jegliche Art **gemeinschaftlicher Unternehmungen**, also auch Vereine, Bürgerinitiativen, Selbsthilfegruppen oder Ähnliches einzuschließen. So würde man zweifelsohne auch die Aktivitäten der SoLaWi Köln als unternehmerisch bezeichnen, wenngleich die Erntegemeinschaft nicht formal als Unternehmen gilt und nicht in die Wirtschaftsstatistik eingeht.

Arbeit: Derselben Logik folgend, herrscht in Politik, Wissenschaft und Gesellschaft ein verengtes Verständnis von Arbeit vor, welches in aller Regel auf **Erwerbsarbeit** reduziert bleibt. Dieses berücksichtigt nur jene Arbeit, die in **Geldwerten** entlohnt wird, nicht jedoch unentgeltliche Hilfe in Nachbarschaft, Verein, Familie etc. Auch stärker formalisierte Beziehungen über etwa Zeitbanken oder ähnliche Plattformen finden in der Regel keine Berücksichtigung, wenn von der Schaffung von Arbeitsplätzen (etwa als Erfolgsindikator für wirtschaftliche Entwicklung) die Rede ist. Auch bei dem Blick über die formale Erwerbsarbeit hinaus wird Gibson-Grahams ursprüngliches Anliegen besonders plausibel: So sind es zumeist Frauen, die eher mit den nicht entlohnten (Sorge-)Tätigkeiten betraut sind, womit nicht nur gesellschaftliche bzw. patriarchale Machtstrukturen und Abhängigkeiten fortgeschrieben werden (s. o.), sondern woraus auch handfeste materielle Nachteile (z. B. verringerte Rentenansprüche) für einen Großteil der weiblichen Bevölkerung resultieren.

Innovation: Ein weiterer zentraler Begriff in der wirtschaftsgeographischen Forschung ist jener der Innovation (s. auch Kapitel 8). Gemeint sind damit in aller Regel entweder Inventionen (Erfindungen), aus denen neue Produkte, Materialien oder Herstellungsverfahren hervorgehen, oder Innovationen im Sinne von **Weiterentwicklung** und **Optimierung** von Produkten, Produktionsprozessen, Vertriebskanälen oder Organisationsformen. Häufig überwiegen dabei technologische Aspekte, aber auch Rechts-, Finanz- oder Managementinnovationen können zu neuen Verfahren und Produkten bzw. Dienstleistungen führen. Ihr Nutzen ist meist **monetär** messbar (z. B. Materialeinsparung durch effizientere Produktionswerkzeuge, erhöhte Arbeitsproduktivität), und die Innovationsdynamik einer Branche oder Region wird gerne auch über die Zählung von Patentanmeldungen erfasst. Demgegenüber findet der Mehrwert sozialer Innovationen weniger Anerkennung und ist auch weitaus schwieriger einzuschätzen. Mit **sozialen Innovationen** sind etwa neue Formen gesellschaftlicher Interaktion und Koordination gemeint, etwa eine Quartiersinitiative, die einen demokratisch-partizipativen Rahmen für die Verhandlung städtebaulicher Themen oder die Förderung sozial benachteiligter Gruppen schafft. Auch gemeinschaftlich getragene Co-Working-Spaces und viele andere Formen der sogenannten Sharing Economy (s. Kapitel 10) fallen in diese Kategorie.

9.4 Schwerpunkte und Anwendungsfelder

Sehr eingängig verdeutlicht ist das Verständnis von Diversität in der weithin bekannten **Eisberg-Darstellung** (s. Abb. 9.2). Der sichtbare Teil des Eisbergs über der Wasseroberfläche versinnbildlicht den gemeinhin anerkannten, statistisch erfassten und von der Politik als relevant erachteten Teil der Wirtschaft. Ungleich größer und vielfältiger jedoch ist der unter dem Wasserspiegel treibende Teil des Eisbergs. Zugleich ist dieser Teil weniger sichtbar, was Gibson-Graham metaphorisch auch auf die mangelnde Aufmerksamkeit in Politik, Gesellschaft und Wissenschaft beziehen und mit ihrem performativen Anliegen (s. o.) ändern wollen.

Abb. 9.2: Der Diverse Economies-Eisberg. Eigene Darstellung leicht verändert und übersetzt auf der Grundlage von Community Economies Collective (2022).

Bei aller Eingängigkeit ist mit der Eisberg-Metaphorik jedoch auch die Gefahr eines Fehlschlusses verbunden. Zwar soll mit dem sichtbar gemachten unteren Teil auf die oft übersehene Bandbreite wirtschaftlicher Aktivitäten hingewiesen werden, nicht jedoch eine Dichotomie eingezogen werden zwischen zwei strikt abzugrenzenden Kategorien, etwa zwischen rein marktorientierten Wirtschaftsweisen auf der einen Seite, und sich davon unterscheidenden Praktiken auf der anderen Seite. Zugleich ist der Eisberg auch nicht als Kontinuum zu lesen – etwa dergestalt, dass weit unter der Wasseroberfläche platzierte Begriffe als weiter entfernt und damit verschiedener vom über Wasser sichtbaren Teil des Eisbergs zu verstehen wären. Die hier gewählte Darstellung ist vollkommen hierarchiefrei und als rein plakative Illustration im Sinne einer **Begriffswolke** zu sehen.

Ordinary Economies

Wie bereits oben ausgeführt, lehnen Gibson-Graham die Kategorie ›alternativ‹ bewusst ab, da sie zur Definition einer Gegenkategorie zwingen würde (Zademach & Hillebrand, 2013) und gleichzeitig der Offenheit und Vielfalt des Konzepts der Diverse Economies nicht gerecht werden würde. Ähnlich argumentiert der britische Geograph Roger Lee (2006) im Zusammenhang mit dem Konzept der **›Ordinary Economies‹**: Statt in der wissenschaftlichen Forschung zwischen ›der‹ Wirtschaft im engeren Sinne auf der einen und gesellschaftlichem Kontext auf der anderen Seite zu trennen, plädiert er für einen nicht-binären, systemischeren Blick auf die vielfältigen Wirkungszusammenhänge zwischen gesellschaftlichen Normen und Wertvorstellungen und wirtschaftlichen Praktiken, wie sie sich in unserem alltäglichen (ordinary) Leben mannigfaltig zeigen. Diese Blickweise hilft zu verstehen, warum eine Gesellschaft zu einem bestimmten Zeitpunkt bestimmten Aktivitäten mehr ökonomischen Wert beimisst als anderen (siehe z. B. das gegenwärtige Gehaltsgefüge in der Automobilindustrie gegenüber dem in Pflegeberufen), oder warum sie bestimmte Tätigkeiten als Erwerbsarbeit formal anerkennt, während andere (nicht minder relevante) Tätigkeiten etwa in der privaten Sorgearbeit keine materielle Anerkennung finden. Gleichzeitig verweist Lee darauf, dass diese Verhältnisse vorübergehend sind und gesellschaftlich gewollten Veränderungen unterliegen können. Die Wirtschaft als solche in all ihren Funktionsweisen ist nicht unverrückbar gegeben, sondern stets das Ergebnis sozialer und politischer Aushandlungsprozesse und Priorisierungen, die sich wandeln können.

Community Economies

Angesichts solch zugegeben grober Kategorien wie Diverse Economies oder Ordinary Economies besteht ein nachvollziehbares Verlangen, dem bisher weniger Beachteten einen Namen geben zu wollen, der qualifizierender ist, als das schlichte Attribut ›divers‹. Das CERN-Netzwerk tut dies über die Benennung der Träger der Praktiken, wenn sie von **Community Economies,** also zivilgesellschaftlich initiierten und über gemeinsame Ziele definierten Organisationsformen sprechen. Die Bedeutung des Begriffs Community kann, je nach Zusammenhang, die deutschen Entsprechungen Gemeinschaft, Gesellschaft oder auch Gemeinde meinen. Seine Verwendung im Kontext der Diverse Economies legt eine Übersetzung als Gemeinschaftsunternehmen nahe, jedoch ist der soziologische Begriff ›Gemeinschaft‹ enger gefasst als das englische ›Community‹.

Während im Deutschen oft Fragen des sozialen Zusammenhalts innerhalb und der Identifikation mit einer Gruppe im Vordergrund stehen (z. B. Einwohner, die sich in einer Interessensgemeinschaft für den Erhalt eines ökologisch wichtigen Baumbestands einsetzen), kann Community diese Aspekte zwar auch umfassen, ist aber meist weiter gefasst. Community Economies meinen im Wesentlichen Unternehmen, die von zivilgesellschaftlichen Akteurinnen getragen werden – in Abgrenzung von privatwirtschaftlichen Unternehmen einerseits, und rein öffentlichen Trägern andererseits – und denen eine gewisse Gemeinwohlorientierung unterstellt wird. Im Deutschen existieren die Begriffe **›gemeinschaftsbasierte Unternehmen‹** oder ›Solidarunternehmen‹. Vor allem letzterer wird jedoch in anderen Zusammenhängen enger gefasst, weshalb wir im Weiteren den englischen Originalbegriff der Community Economies benutzen werden.

Gemeinwohlökonomie

Weniger auf die Frage der Trägerschaft, sondern stärker auf die Wirkung blickt dagegen das Konzept der **Gemeinwohlökonomie** (s. Kapitel 11) und untersucht, inwieweit sich Unternehmen an sozialen und ökologischen Motiven ausrichten und von reinen Marktlogiken abweichen (s. ausführlich in Kapitel 10). Eine große Schnittmenge besteht hier mit dem schon älteren Konzept der **Sozial- und Solidarwirtschaft (SSW)**. Auch wenn sich der Ansatz aus dem Wortsinn der beiden Begrifflichkeiten erschließen lassen mag, sei er hier präziser eingeordnet. Nicht zuletzt deshalb, da das Konzept in verschiedenen Ländern unterschiedlich verstanden wird. So hat der Ansatz in Frankreich eine lange Tradition und eine gesellschaftlich und politisch große Sichtbarkeit, und ist seit 2014 per Gesetz als eigener Sektor anerkannt. Als **Économie Sociale et Solidaire (ESS)** werden dort all jene Aktivitäten verstanden, die von Genossenschaften, Verbänden, Stiftungen oder Versicherungsvereinen getragen werden, deren Funktionsweise auf dem Prinzip der Solidarität basiert und deren inhaltlichen Ziele sozialer Natur sind.

In anderen Ländern wird unter SSW vornehmlich der Bereich der Wohlfahrtsverbände als Träger von Krankenpflege und sozialen Einrichtungen verstanden. Im deutschsprachigen Raum scheint der Begriff der **Sozialwirtschaft** (z. B. als Studiengang/Ausbildungsberuf) verbreiteter als der der Solidarwirtschaft, auch wenn letzterer oft mitgemeint ist. Eingeschlossen sind dabei professionelle Dienstleistungen im Kranken- und Pflegebereich sowie im sozial-psychologischen Sektor, wie sie etwa in Krankenhäusern, Pflegeeinrichtungen und Beratungsstellen erbracht werden. Hinzu kommen solidarwirtschaftlich organisierte Formate, die nicht (ausreichend) von kommerziellen oder öffentlichen Trägern angeboten werden (z. B. ›Tafeln‹ zur Versorgung einkommensschwacher Haushalte oder für Wohnsitzlose, Hilfsinitiativen für Geflüchtete, Selbsthilfe in der Suchtprävention).

Sozialunternehmen

Die Europäische Union führt die Begriffe zusammen und definiert **Sozialunternehmen** anhand dreier Kriterien:

- Erstens orientieren sich die Unternehmen am Markt *(unternehmerische Dimension)* und generieren ihren Umsatz »aus dem direkten Vertrieb von Waren und Dienstleistungen an private Nutzer oder Mitglieder sowie aus öffentlichen Aufträgen« (EU-Kommission, 2020b: 8).
- Zweitens müssen die Unternehmen einen explizit sozialen Zweck verfolgen, das heißt primär am gesellschaftlichen Gemeinwohl orientiert sein *(soziale Dimension).*
- Und drittens wird erwartet, dass sie eine beteiligungsorientierte Unternehmensführung (Governance) praktizieren, das heißt gesellschaftliche Anspruchsgruppen (Stakeholder) an strategischen Entscheidungen des Unternehmens mitwirken können *(partizipative Dimension).*

Zugleich unterscheiden sich Sozialunternehmen von herkömmlichen Unternehmen durch ihre selbst auferlegte ›Ausschüttungsrestriktion‹, das heißt mögliche Gewinne werden dem Unternehmenszweck entsprechend reinvestiert und können nicht von privaten oder institutionellen Anteilseignern abgeschöpft werden. Neben sozialen Zielen haben sich viele etablierte Akteure des SSW in den letzten Jahren auch dem Themenfeld **ökologische Transition** zugewandt, etwa im Bereich der Jugendförderung und -ausbildung im Zusammenhang mit Zirkulärer Wertschöpfung (z. B. zum Erlernen handwerklicher Fertigkeiten im Re- und Upcycling oder in der urbanen Landwirtschaft).

Schwache Theorie

Bevor wir zur Relevanz des Ansatzes für die Wirtschaftsgeographie kommen, ist zu betonen, dass es sich beim Konzept der Diverse Economies nicht um eine Theorie oder ein geschlossenes Konzept im herkömmlichen Sinne handelt. Gibson-Graham selbst sprechen freimütig von einer schwachen Theorie **(weak theory),** die lediglich einen hilfreichen heuristischen Rahmen zur Ergründung einer unterforschten Ontologie biete, aber kein entwickeltes Modell darstelle. Für die theoriebildende geographische Forschung bedarf es daher einer Verknüpfung mit ›stärkeren‹ Theorien, etwa aus der Innovations-, der Netzwerks- oder der Governance-Forschung bzw. deren Adaptionen innerhalb der Wirtschaftsgeographie, wie wir am Ende dieses Kapitels zeigen werden.

9.5 Relevanz für die Wirtschaftsgeographie

Seit den ersten einschlägigen Veröffentlichungen von Gibson-Graham (v. a. 2008) hat das Konzept einen wachsenden Widerhall in der Wirtschaftsgeographie und ihren Nachbardisziplinen gefunden. Neben der Eingängigkeit der Heuristik mag dies am allgemein wachsenden Interesse an Nachhaltigkeitsthemen und Transformationsprozessen liegen sowie an der zunehmend kritischen Auseinandersetzung mit dem vorherrschenden Wirtschaftssystem, zuletzt beschleunigt durch die – auch in vielen Industrieländern – rasant wachsenden sozialen Ungleichheiten. Besonders reizvoll aus Sicht der Wirtschaftsgeographie sind zum einen die raumprägenden Interaktions- und Organisationsformen, zum anderen das transformative Innovationspotenzial der Community Economies. Hinzu kommen soziale Aspekte von Kohäsion und Partizipation, die in zahlreichen Community Economies-Praktiken augenfällig werden.

9.5.1 Neue raumprägende Akteure und Organisationsformen

Aus Sicht der Wirtschaftsgeographie ist es zunächst wichtig, die *Community Economies* als neue wirtschaftliche Subjekte zu verstehen und ihre raumprägende Rolle zu ergründen. Dies umfasst ihre formale Organisation (Genossenschaften, Vereine, gemeinnützige Gesellschaften, Stiftungen), ihr Gewicht (Mitglieder, Beschäftigte, Anteilseignerinnen, Umsatz/Vermögen), ihre räumliche Einbettung und ihr geographischer Aktionsradius. Letzterer kann von kleinen, sehr lokalen Initiativen auf Ebene einer Nachbarschaft bis hin zu internationalen, auf digitalen Plattformen basierenden Aktivitäten (z. B. Crowdsourcing) reichen. Hinsichtlich der Organisationsformen sind zunehmend auch **hybride Organisationen** (s. Kapitel 14.3) anzutreffen, die sich nicht eindeutig und exklusiv dem öffentlichen, privatwirtschaftlichen oder zivilgesellschaftlichen Sektor zuordnen lassen (Nicholls & Huybrechts, 2014). So finden sich zum Beispiel im Bereich des Fairtrade-Handels von Nahrungsmitteln aus dem Globalen Süden Partnerschaften zwischen Nichtregierungsorganisationen (NGO) und internationalen Unternehmen (etwa im Bereich der Kontrolle sozialer und ökologischer Standards). Ein weiteres Beispiel wären lokale Erzeuger erneuerbarer Energien in Deutschland, wo häufig kommunale Träger und zivilgesellschaftliche Akteurinnen bzw. Privatpersonen gemeinsam »Bürgerkraftwerke« oder Ähnliches. betreiben (Klagge & Meister, 2018).

Von Interesse ist hier auch die Interaktion mit weiteren Akteuren, sei es in der konkreten Zusammenarbeit mit anderen Community Economies, sei es im Zusammenspiel mit anderen gesellschaftlichen Akteurinnen und die Prägung bestimmter **institutioneller Kontexte** (s. Alternative Milieus im nächsten Abschnitt).

9.5.2 Transformative Innovationen und nachhaltige Raumentwicklung

Neben räumlich funktionalen Aspekten und Organisationsprinzipien setzt sich die Wirtschaftsgeographie auch deshalb zunehmend mit Community Economies auseinander, weil sie in **regionalen oder lokalen Transformationsprozessen** eine Rolle spielen. Sie können potenziell wichtige Beiträge zu einer nachhaltigkeitsorientierten Regionalentwicklung leisten.

Regionaler Kontext

Die französische Geographie hat in diesem Zusammenhang den Begriff der **›innovation territoriale‹** geprägt. Im Deutschen klingt der Begriff womöglich irreführend: Weder geht es darum, neue Territorien zu erfinden, noch darum, dass Territorien (z. B. eine Region) als Akteure Innovationen hervorbringen. Vielmehr ist gemeint, dass unterschiedliche geographische Kontexte durch spezifische institutionelle Rahmenbedingungen, Akteurskonstellationen und auch Pfadabhängigkeiten einen fruchtbaren Boden für transformative Lösungen bieten können. Zum Beispiel mag es in einer Gemeinde oder Region besonders gut gelungen sein, eine Regionalwährung zu etablieren, ein alternatives Ernährungsnetzwerk aufzubauen oder transparente Prozeduren und effiziente Plattformen für lokale demokratische Mitbestimmung zu entwickeln. Eine besondere Rolle kommt dabei den im jeweiligen lokalen oder regionalen Kontext verankerten Community Economies zu. Die von ihnen ausgehenden Innovationen sind dabei seltener technischer Natur, sondern es handelt sich eher um organisatorische oder **soziale Innovationen** (Moulaert et al., 2014).

Alternative Milieus

Hinsichtlich des transformativen Charakters vieler dieser Innovationen spricht Noel Longhurst, Wirtschaftsgeograph an der University of East Anglia, in diesem Zusammenhang auch von **alternativen Milieus** (Longhurst, 2013). Am Beispiel der englischen Stadt Totnes, die als Keimzelle der Transition Town-Bewegung gilt, konnte er zeigen, dass bestimmte Kontextbedingungen besonders förderlich sein können für die Institutionalisierung von transformativen Praktiken (s. auch Kapitel 8). Diese Milieus entstehen oft über längere Zeiträume (in Totnes z. B. seit den

1920er Jahren), sind orts- oder regionsspezifisch, und zudem **kontingent** in ihrer Entwicklung – das heißt nicht vorhersehbar oder planbar, und von komplexen Faktoren abhängig. Ebenfalls kontingent sind die von solch alternativen Milieus hervorgebrachten Aktivitäten, Veränderungen und Innovationen. In anderen Worten: Unter ähnlichen räumlichen und historischen Kontextbedingungen können durchaus sehr unterschiedliche Entwicklungsverläufe eingeschlagen werden. Der Begriff des alternativen Milieus bzw. seine Kontextbedingungen sind daher nicht als deterministisch zu verstehen.

9.5.3 Demokratie, Partizipation, Empowerment

Mehr als ein Nebeneffekt gemeinwohlorientierter Initiativen ist ihre verbreitete Fähigkeit, **sozial inkludierend** zu wirken. Dies erfolgt zum einen dadurch, dass über die Mitwirkung an einer zivilgesellschaftlichen Initiative unterschiedlichste Bevölkerungsgruppen miteinander in Kontakt treten können, die sich in ihren sonstigen Arbeits- und Lebenswelten womöglich nicht begegnen würden. Auch hierfür sind Zusammenschlüsse wie die eingangs beschriebene SoLaWi Köln ein gutes Beispiel. Vielmehr noch aber vermögen es manche Initiativen, bestimmte soziale Gruppen überhaupt erst zur Beteiligung zu ermächtigen. So berichtet etwa die soziologische Forschung zu Urban Gardening in Deutschland von der stark interkulturellen Dimension vieler Projekte und der Einbindung vieler Migranten. Den Anstoß für das erste Vorhaben dieser Art in Deutschland übrigens gaben in Göttingen in den 1990er Jahren vor dem Jugoslawienkrieg geflüchtete bosnische Migrantinnen (Müller, 2017).

Diese sozialen Aspekte lassen sich in vielen Formen der Community Economies finden: in offenen Werkstätten (Maker Spaces), in Tauschringen und anderen solidarischen Netzwerken (z. B. Food Saving) oder in lokalen Energie- oder Wohnungsbaukooperativen.

Beispiel

Beispiele wären die in vielen Städten etablierten ›**Fairteiler**‹ (s. Kapitel 15.2), die Anlaufstellen bzw. Onlineplattformen zum Teilen überschüssiger Lebensmittel anbieten (https://foodsharing.de/karte), Initiativen zum Teilen von Werkzeugen, Haushaltsgeräten und sonstigen Alltagsgegenständen (s. Kapitel 10), zum Beispiel die Schweizer Plattform PumpiPumpe (https://pumpipumpe.ch/) (s. Kapitel 15), oder die vielerorts angebotenen Repair-Cafés (Abb. 9.3) (https://www.repaircafe.org/de/).

Abb. 9.3: Offene Werkstätten und Repair Cafés – Hilfe zur Selbsthilfe.

Viele der Initiativen haben neben ihren thematischen Schwerpunkten auch explizit transformative Ansprüche hinsichtlich ihrer internen **Governance**. Sie suchen nach Möglichkeiten, auch strategische Entscheidungsprozesse **partizipativ** zu gestalten und größtmögliche Gemeinwohlorientierung zu erreichen.

9.6 Zusammenfassung

Da die Beschäftigung mit dem Konzept der **Diverse Economies** noch relativ jung ist, bleibt angesichts der dynamischen Entwicklung und fortschreitenden Ausdifferenzierung dieses Sektors zu erwarten, dass sich auch der konzeptionelle Rahmen konsolidieren und verfeinern wird. Ganz im Sinne des eingangs erwähnten und von Gibson-Graham angestoßenen ontologischen Projekts, befindet sich die Forschung noch weitgehend im Stadium des Explorierens der unterschiedlichen Spielarten der **Community Economies**, und wird erst in Zukunft substanziellere Typologisierungen und Regelhaftigkeiten von Wirkmechanismen vorlegen können. Gleichwohl bietet das hiernach zur vertiefenden Lektüre empfohlene Handbuch (Gibson-Graham & Dombroski, 2020) bereits eine beeindruckende Vielfalt von Zugängen und empirischen Befunden. Daneben gibt es unter dem Schlagwort ›Community Capitalism‹ (van Dyk, 2018) auch eine kritische Debatte über die problematische Rolle mancher Community Economies als **›Lückenfüller‹** in neoliberalen Wirtschaftssystemen. Auf diesen Aspekt werden wir in Kapitel 15.4 noch zu sprechen kommen.

Für etablierte Modelle und Theorien der Wirtschaftsgeographie stellt sich unmittelbar die Herausforderung, die Community Economies als relevantes wirtschaftliches Subjekt in ihre Konzeptionen einzubeziehen und ggf. mit einem erweiterten Unternehmensbegriff zu arbeiten. Untersuchungen zu sozio-ökonomischem Wandel und regionalen Transitionen – etwa in der evolutorisch-orientierten Cluster- oder Innovationsforschung – sind gefordert, diese Akteure nicht nur zu erfassen, sondern auch methodische Konsequenzen zu reflektieren (hierzu ausführlicher Kapitel 14).

9.7 »Raus ins Feld« mit der Sozialökonomin Michaela Hausdorf, MYZELIUM

Abb. 9.4: Michaela Hausdorf. Foto: privat.

Das MYZELIUM, ein Bildungs- und Kooperationsnetzwerk, unterstützt Gründerinnen und Unternehmer aus diversen Branchen (u. a. Mobilität, Bildung, Nahrungsmittel, Tourismus, Gesundheit, Coworking) seit einigen Jahren dabei, gemeinschaftsbasierte Geschäftsmodelle nach dem Vorbild der solidarischen Landwirtschaft umzusetzen. Die Initiativen sind in der Regel kleine und mittelgroße Unternehmen. Darüber hinaus bietet das MYZELIUM Ausbildungen für Menschen an, die selbst Beraterin für gemeinschaftsbasiertes Wirtschaften werden möchten. Wie bereits im Namen angedeutet, vertritt das MYZELIUM die Vision eines Wandels über die Vernetzung vieler solidarisch wirtschaftender Initiativen. Das MYZELIUM begleitet ebenfalls die gemeinschaftsbasierte Transformation einiger ländlicher und städtischer Regionen, z. B. mit dem Eifel Myzel bei Bitburg, dem Stadt Myzel Mainz oder auch mit dem Projekt ›10MAL10 für deine Stadt‹. Diese Regionen sollen Modellregionen des gemeinschaftsbasierten und nachhaltigen Wirtschaftens werden.
Wir haben mit Michaela Hausdorf über die Ziele und Arbeit des MYZELIUMS gesprochen, welches sie zusammen mit dem Soziologen Timo Wands 2018 gründete. Während ihres BWL-Studiums wurde Michaela klar, dass die im Studium vermittelten Theorien und Ansätze des Wirtschaftens in vielerlei Hinsicht problematisch sind. Neben ihrer Arbeit im MYZELIUM promoviert Michaela gegenwärtig an der Universität Hamburg zu nachhaltigem und gemeinschaftsbasiertem Wirtschaften. Das Gespräch fand im August 2022 statt.

Was bedeutet für Dich Wohlstand in Deiner Region?
Zunächst ist der Begriff rein subjektiv und für jeden Menschen anders. Manche Menschen verbinden ihn mit materiellen Dingen (z. B. Geld, Haus, Auto). Für andere hat er viel mehr eine immaterielle Bedeutung, so z. B. Gesundheit, inneres Wohlbefinden, Freiheit. Ich glaube, dass Wohlstand sowohl etwas mit dem Inneren als auch

mit äußeren Dingen zu tun hat. Unter dem Inneren verstehe ich, dass es Menschen gut geht und sie glücklich sind. Hierzu zählen auch Freiheit, Achtsamkeit, Gesundheit und Beziehungsfähigkeit. Das Äußere bezieht sich auf unsere Umwelt, die intakt bleiben muss, um unsere Lebensgrundlage zu gewährleisten. Ohne Natur und Nahrungsgrundlage können wir Wohlstand nicht erreichen. Hier geht es also um eine starke Verzahnung mit Nachhaltigkeit – sich innerhalb der planetaren Grenzen zu bewegen. Für mich umfasst Wohlstand somit Konsum, für den weder Mensch noch Tier, noch die Natur ausgebeutet werden, Sicherheit und ein gewisser Grad der Freiheit, soziales Miteinander, sich selbst verwirklichen zu können, gerne zu geben (also innerlich reich zu sein), Gesundheit, innere Achtsamkeit, und auch Bildung und Kultur genießen zu können.

Wie schafft es Eure Initiative, Alternativen in die Welt zu bringen?
Ich bin davon überzeugt, dass wir zur Schaffung von Wohlstand inneren und äußeren Wandel brauchen. Inneren Wandel können wir zum Beispiel durch Achtsamkeit, Meditation oder positives Denken erreichen. Für mich steht fest: Jeder Mensch kann das Gefühl von Glück, Dankbarkeit und letztendlich Wohlstand in sich aufkommen lassen, Bedürfnisse erkennen und kommunizieren. Durch den inneren Wandel wird auch ein bewusster Umgang mit der Umwelt möglich. Ein ›sich kümmern‹ – um andere Menschen und um die Natur.

Wir wollen ein ›anderes‹ Wirtschaften erreichen, zum Beispiel durch gemeinschaftsbasiertes Wirtschaften als Gegenentwurf zum marktwirtschaftlichen Wirtschaften. Gemeinschaftsbasiertes Wirtschaften heißt weg von Individualismus, Egoismus und Gewinnstreben und hin zu Verantwortungsübernahme, Gemeinschaft und Bedürfnisorientierung. Dabei ist der bewusste Umgang mit der Natur zentral. Das Konzept des gemeinschaftsbasierten Wirtschaftens und dem damit verbundenen Denken ist für viele von uns schwer verständlich. Dadurch wurde uns klar, dass wir die Menschen anders abholen müssen. Wir müssen nicht nur den ›äußeren Wandel‹, wie zum Beispiel die Strukturen des gemeinschaftsbasierten Wirtschaftens (z. B. Bieterrunden), vermitteln, sondern auch den ›inneren Wandel‹ fördern. Hierzu zählt vor allem Achtsamkeit, für ein besseres Verständnis der (eigenen) Bedürfnisse und für eine echte Kooperations- und Beziehungsfähigkeit. Entsprechend beschäftigen wir uns auch mit der Förderung des inneren Wandels und schaffen Räume und Möglichkeiten, Achtsamkeit zu erfahren.

Welche Alternativen haben sich daraus entwickelt?
Das Beratungs- und Kooperationsnetzwerk MYZELIUM hat in den vergangenen Jahren eine Vielzahl gemeinschaftsbasierter Gründungen begleitet. Dabei waren Organisationen aus den Bereichen Landwirtschaft, Gesundheit, Energieversorgung, Mobilität, und vielen mehr. Gerade während der Corona-Pandemie hat sich das ge-

meinschaftsbasierte Geschäftsmodell als attraktive Alternative bewiesen, da es den beteiligten Gründerinnen und Mitgliedern so viel Sicherheit und gleichzeitig Flexibilität bietet. Ich möchte an dieser Stelle nur drei Beispiele nennen: Nadine Stalpes und Dominik König riefen mitten in der Krise das Eifel Myzel in Südwestdeutschland ins Leben, welches Akteure des nachhaltigen Wandels unterstützt und verbindet, um die Transformation der kompletten Region voranzutreiben. Das Herzstück wird ein lebendiger Ort zum Leben und Arbeiten bilden, der Eifel Myzel Bauernhof. Neben Co-Living, Co-Working und solidarischer Landwirtschaft planen die beiden dort Renaturierungsprojekte, Outdoor-Abenteuer und vieles mehr. Wandern wir weiter nach Süden, finden wir in Tübingen das Franz!Werk – einen gemeinschaftsbasierten Co-Working Space. An diesem ganz besonderen Ort voller Energie begegnen sich Menschen, um gemeinsam Projekte, Initiativen und Unternehmungen verschiedenster Art zu verwirklichen. Wenn wir nun auf der Landkarte wieder weiter in die Mitte Deutschlands wandern, so finden wir in Kassel die wundervolle Initiative SoLocal Energy. Kerstin Lopau und Arvid Jasper treiben gemeinsam mit ihren Kolleginnen die Klimawende von unten voran. Sie verbinden Menschen aus Kassel und Nordhessen, um solidarisch Balkonkraftwerke einzukaufen und zu installieren, bilden Nachbarschaftskreise für die Klimawende, und ermutigen die Gründung von Solarselbstbaugemeinschaften.

Was waren bzw. sind die größten Herausforderungen?
Unsere marktwirtschaftliche Sozialisierung macht es uns als Gesellschaft wirklich schwer, nachhaltig zu wirtschaften. Die marktwirtschaftlichen Kampagnen, geprägt von Konkurrenz, Geiz und Misstrauen, führen zu einem kompetitiven Menschenbild, welches fest in der Gesellschaft verankert ist. So ist beispielsweise schon bei Gründerinnen eine Wachstumsorientierung vom Finanzamt vorgegeben. Diese Prägung ist meines Erachtens die größte Herausforderung für gemeinschaftsbasiertes Wirtschaften. Deshalb wollen wir Räume schaffen, um neue Erfahrungen zu sammeln und einen Wandel des Menschenbildes zu ermöglichen. Hier müssen wir schon bei Kindern anfangen und uns trauen, Dinge anders zu machen. Wenn Menschen solche neuen Erfahrungen machen, dann wird sich ihr Menschenbild auch wandeln und es wird Raum für neuen Wohlstand entstehen.

Mehr zum Myzelium: https://www.myzelium.com/

9.8 Zur Vertiefung

Test zu Kapitel 9
https://www.utb.de/do/10.36198/9783838561325-e08/disclaimer

Weiterführende Aufgaben

1. Suchen Sie Beispiele für gemeinschaftlich getragene Initiativen in Ihrer Region und erläutern sie Gemeinwohl-orientierte Mehrwerte.
2. Finden Sie Hinweise auf gemeinwohlorientierte Ziele, spezifische Organisationsformen und partizipative Entscheidungsstrukturen.
3. Identifizieren Sie mögliche Schnittstellen zwischen Community Economies und rein markt-orientierten Unternehmen.

Literatur- und Webtipps

Gibson-Graham, J. K. & Dombroski, Kelly (Hrsg., 2020): *The Handbook of Diverse Economies*. Cheltenham: Edward Elgar.

» Umfassendes Handbuch mit konzeptionellen Überblicksbeiträgen und zahlreichen internationalen Fallstudien aus den Bereichen Unternehmen, Arbeit, Eigentum, Transaktionen und Finanzierung. Auch methodische Herausforderungen sowie Fragen der Positionalität werden ausführlich behandelt.

Baier, Andrea, Hansing, Tom, Müller, Christa & Werner, Karin (2016): *Die Welt reparieren. Open Source und Selbermachen als postkapitalistische Praxis*. Bielefeld: transcript.

» Reichhaltig illustrierter Sammelband mit Einblicken in Praktiken des gemeinschaftlichen Produzierens und Reparierens. Open Access-Zugang über: https://www.transcript-verlag.de/978-3-8376-3377-1/die-welt-reparieren/?number=978-3-8394-3377-5

Kapitel 10

Postwachstumsökonomien

Themen

Postwachstum, Degrowth, Entkopplung(-smythos), Rebound-Effekt, Suffizienz, Dematerialisierung, Sharing Economy, alternative Finanzierung

Über diese Lerneinheit

Die begrenzte Verfügbarkeit von mineralischen Rohstoffen und regenerativer Ressourcen sowie die limitierte Belastbarkeit von natürlichen Ökosystemen stehen im Widerspruch zu einem auf kontinuierliches (materielles) Wachstum ausgerichteten Wirtschaftssystems. Unter dem Sammelbegriff der Postwachstumsökonomien werden Ansätze und Praktiken diskutiert, die systemische Wachstumszwänge überwinden wollen und auf eine absolute Reduktion von Ressourcenverbräuchen abzielen. Postwachstum meint nicht das Gegenteil von Wachstum (Schrumpfung, Rezession), sondern Wachstum dort, wo es unter ökologischen und sozialen Aspekten sinnvoll ist auch in Hinblick auf globale Verteilungs(un)gerechtigkeit.

Was Sie hier lernen

1. Die Konzepte Postwachstum und Degrowth definieren und einordnen können.
2. Zwischen relativer und absoluter Entkopplung unterscheiden und Rebound-Effekte erläutern können.
3. Beispiele für Postwachstumspraktiken erkennen und ihr transformatives Potenzial nachvollziehen können.
4. Die räumlichen Effekte postwachstumsorientierter Wirtschaftsformen identifizieren können.

Video: Warum Postwachstumsökonomien?
https://www.utb.de/do/10.36198/9783838561325-m03

10.1 Beispiel: Rechenexempel

Statt eines konkreten Fallbeispiels beginnen wir dieses Kapitel mit einem Rechenexempel, um uns die Dynamik quantitativen Wachstums zu verdeutlichen. Was heißt es eigentlich rechnerisch, wenn die Wirtschaftsnachrichten ein jährliches Wachstum des Bruttoinlandsprodukts von zwei Prozent vermelden, und wir uns dieses Wachstum über mehrere Jahre fortgesetzt vorstellen? Die aus der Zinsrechnung stammende **›70er Regel‹** erlaubt es mithilfe einer Faustformel, den Verdopplungszeitraum einer graduell wachsenden Variable abzuschätzen. Teilt man die Zahl 70 durch den jährlichen Wachstumswert erhält man die ungefähre Zahl an Jahren, die es dauert, bis sich der entsprechende Indikatorwert verdoppelt hat. Im Falle des hier angenommenen BIP-Wachstums von zwei Prozent würde es demnach etwa 35 Jahre dauern (70:2 = 35), bis sich die Wirtschaftsleistung eines Landes verdoppelt. Bei drei Prozent Wachstum betrüge der Verdopplungszeitraum analog etwas mehr als 23 Jahre, bei vier Prozent nur 17,5 Jahre usw. (Abb. 10.1).

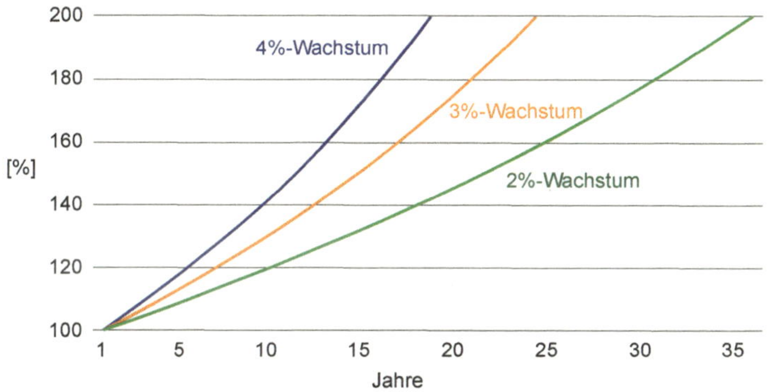

Abb. 10.1: Verdopplungszeiträume in Abhängigkeit von Wachstumsraten. Eigene Darstellung.

Wachstum

Auch wenn die Corona-Pandemie und die intensive Berichterstattung über Infektionszahlen das Bewusstsein für exponentielle Wachstumskurven etwas geschärft haben mögen, wird weithin unterschätzt bzw. bleibt abstrakt, was Wachstumsraten des BIPs langfristig bedeuten.

Natürlich ist ein stetiges **Wachstum** mit konstanten Zuwachsraten ein theoretisches Beispiel. Aber jährlich schwankende Raten haben – bei vergleichbarem langjährigem Mittel – denselben Effekt bzw. führen zu entsprechenden Verdopplungszeiträumen. Gleichwohl darf man aus einer Verdoppelung der Wirtschaftsleistung keinen linearen Zusammenhang zum Energie- oder Ressourcenverbrauch ableiten. Dass es aber einen direkten Zusammenhang gibt, erläutern wir in Abschnitt 10.2 anhand globaler Daten.

10.2 Einführung

Wie in den Kapiteln 3 und 7 schon angeklungen, waren bisherige Versuche der Effizienzsteigerung hinsichtlich Energie- und Materialverbräuchen nur bedingt erfolgreich. In anderen Worten: Trotz aller Bemühungen um eine **nachhaltigkeitsorientierte Umgestaltung** des Wirtschaftssystems steigen die globalen Ressourcenverbräuche weiter absolut an, verbunden mit zum Teil dramatischen Folgen des Klimawandels und fortschreitenden Biodiversitätsverlusten. Daraus lässt sich die Annahme ableiten, dass es weitaus grundlegenderer Veränderungen unserer Produktionsweisen und Konsummuster bedarf als etwa im Konzept der Green Economy (s. Kapitel 7) postuliert. Dabei werden die dem kapitalistischen Wirtschaftssystem inhärenten Wachstumszwänge – bedingt durch Kredit- und Zinslogik sowie fehlleitende Steueranreize und Subventionen – als zentrales Problem gesehen. Hier setzt die Debatte um **Postwachstum** an, womit nicht etwa das Gegenteil von Wachstum (Schrumpfung, Rezession) gemeint ist, sondern die Frage, wie sich solche Wachstumszwänge überwinden lassen und wie Wirtschaftspraktiken etabliert werden können, die nicht auf der Annahme fortwährenden materiellen Wachstums fußen (Abb. 10.2).

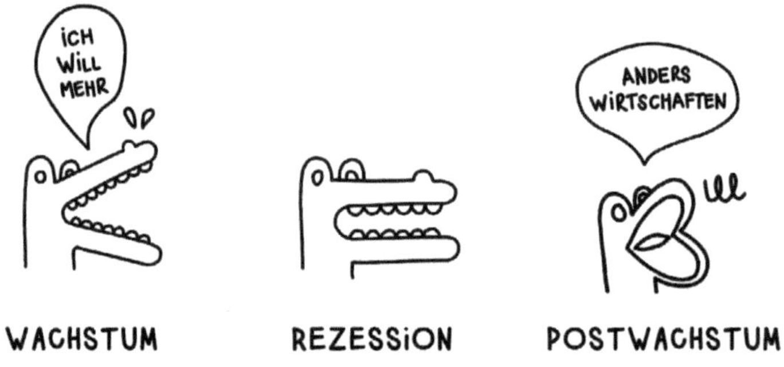

Abb. 10.2: Postwachstum ist nicht gleich negatives Wachstum.

Die Vorsilbe ›Post‹ deutet auf das junge Alter bzw. die Vorläufigkeit der Bezeichnung hin, die auch als Suchbegriff verstanden werden kann. International hat sich neben ›Post-Growth‹ eher der Begriff ›Degrowth‹ durchgesetzt, abgeleitet von der Herkunft des Konzepts aus der französischen Décroissance-Schule (s. u.). Eine direkte Entsprechung im Deutschen konnte sich bisher nicht etablieren, wenngleich der Begriff ›Entwachstum‹ die Grundidee von Post-Wachstum gut umreißt, wenn man sich etwa auf Analogien wie ›Entschleunigung‹ oder ›Entwöhnung‹ bezieht.

10.3 Grundannahmen

Wichtiger noch als die trivial anmutende Feststellung, dass auf einem Planeten mit endlichen Ressourcen kein unendliches Wachstum möglich sein kann, ist folgende Ausgangsposition der Wachstumskritik und damit der Postwachstumsüberlegungen: Bisher ist es in keinem Land der Erde gelungen, das Wirtschaftswachstum von den Ressourcenverbräuchen (Energie, Rohstoffe) zu entkoppeln (s. Kapitel 3). **Entkopplung** hieße hier, dass die Wirtschaftsleistung weiterwächst, während die absoluten Ressourcenverbräuche sinken (eher theoretisch wäre auch die umgekehrte Entkopplung denkbar, also eine sinkende Wirtschaftsleistung bei steigenden Ressourcenverbräuchen, zum Beispiel infolge technischer Ineffizienzen oder der Vernichtung von Überproduktion). Eine **absolute Entkopplung** konnte jedoch bisher nicht erreicht werden. Allenfalls lässt sich in manchen Volkswirtschaften eine **relative Entkopplung** beobachten, das heißt die Ressourcenverbräuche steigen nicht im gleichen Maße wie die Wirtschaftsleistung, die Wirtschaft wird also lediglich material- oder energieeffizienter. Die absoluten Ressourcenverbräuche steigen aber weiterhin und verlangsamen lediglich einen nicht nachhaltigen Prozess.

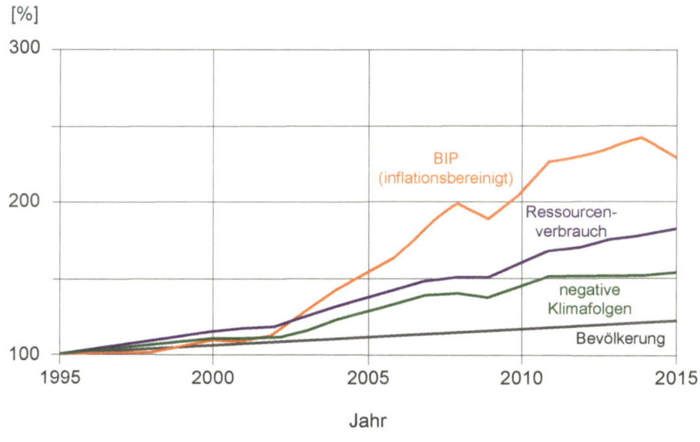

Abb. 10.3: Ressourcenverbräuche der G20-Staaten im Verhältnis zur Wirtschaftsleistung 1995–2015. Eigene Darstellung auf der Grundlage von UNEP/IRP (2019: 3).

Entkopplungsmythos

Basierend auf internationalen Handelsbilanzen der UN, betreibt die Wirtschaftsuniversität Wien das Portal materialflows.net. Die in Abb. 10.3 dargestellten Werte für die G20-Staaten zeigen einen engen Zusammenhang zwischen Wirtschaftsentwicklung (BIP) und dem Ressourcen- bzw. Materialkonsum und negativen Klimafolgen. Die Abbildung zeigt auch, dass das globale Bevölkerungswachstum – hier interpoliert zwischen 2015 und dem Bezugsjahr 1995 – den stetigen Zuwachs an Materialverbräuchen nicht allein erklären kann. Vielmehr gibt es weitere Faktoren, die den ›Entkopplungsmythos‹ (Paech, 2010) verständlich machen.

Rebound-Effekt

Dazu zählt der sogenannte **Rebound-Effekt,** der besagt, dass Effizienzgewinne häufig sofort durch Mehrverbräuche an anderer Stelle (über-)kompensiert werden. So mag der Einbau einer sparsameren Heizungsanlage die Hausbewohnerinnen dazu verleiten, die Raumtemperatur zu erhöhen. In einem anderen Fall wird ein verbrauchsärmeres Fahrzeug vielleicht häufiger genutzt als das Vorgängermodell. Beide Beispiele stehen für den direkten Rebound-Effekt. Auch kann eingespartes Geld (geringere Heizkosten) an anderer Stelle ressourcenintensiv ausgegeben werden, etwa für zusätzliche Flugreisen (indirekter Rebound-Effekt). Der Effekt wird auch als **Jevons-Paradox** bezeichnet (s. Kap. 2). Der Ökonom William Stanley Jevons beobachtete im 19. Jahrhundert in England nach Einführung der Dampfmaschine, dass diese, trotz der höheren Energieeffizienz, nicht zu einem Rückgang des Kohleverbrauchs führte, sondern das Gegenteil eintrat. Dank der Dampfmaschine als neuer Antriebstechnik wuchsen andere Wirtschaftszweige (z. B. Eisenbahn, Bergbau, Stahlindustrie) rasant, sodass es insgesamt zu stark wachsenden Verbräuchen von Kohle kam (Jevons, 1865).

Graue Energie

Eine weitere Erklärung für die unzureichende Entkopplung liegt im Ressourcen- und Energiebedarf neuer Technologien bzw. Materialien. So können synthetische, erdölbasierte Dämmstoffe sowie eine digitale Steuerungstechnik zwar Gebäude energetisch wesentlich verbessern, sie bergen selbst aber viel **graue Energie** und **seltene Materialien,** die zu ihrer Erzeugung verwendet wurden. Oder eine vermeintlich energieeffizientere oder emissionsärmere Technologie ersetzt eine etablierte Technologie, schafft aber ihrerseits neue Ressourcenbedarfe mit negativen ökologischen Auswirkungen und verlagert somit das Ressourcenproblem. Besonders augenfällig wird dies am Beispiel der Elektromobilität und dort insbesondere in der Batterietechnik. Die Herstellung der benötigten Stromspeicher bedarf großer Mengen Lithium (s. Kapitel 4), was zu einem globalen Wettbewerb um Fördermengen und zu teils massiven Auswirkungen auf das lokale Umfeld der Abbaustätten geführt hat, zum Beispiel Grundwasserverknappung und -versalzung sowie Landnutzungskonflikte in Argentinien, Bolivien oder Chile (Dorn, 2021).

Konsum

Stärker als das absolute Bevölkerungswachstum werden sich verändernde **Konsummuster** als weitere zentrale Ursache für global wachsende Ressourcenverbräuche ausgemacht. Neben fortwährend steigenden Verbräuchen in westlichen Industrieländern (v. a. im Bereich Mobilität, aber auch v. a. fleischbasierter Ernährung) gilt die sogenannte neue Mittelschicht in Schwellenländern wie Brasilien, Indien oder China als wichtiger Verursacher. Ein genauerer Blick beispielsweise auf die CO_2-Emissionen zeigt jedoch, dass

(a) weiterhin die **höchsten Pro-Kopf-Anteile** der Emissionen vor allem auf die Industrieländer (USA, Kanada, Australien, EU) entfallen (Abb. 10.4) und
(b) die individuelle CO_2-Bilanz sehr stark mit dem verfügbaren Einkommen/Vermögen korreliert (Chancel, 2021).

Anders formuliert, der wohlhabendste Teil der Bevölkerung verursacht überproportional viele Emissionen, und dies nicht nur in den Industrieländern. Wie Abb. 10.5 zeigt, verursachte das reichste Prozent der Weltbevölkerung 2019 allein 17 Prozent der globalen CO_2-Emissionen. Die reichsten zehn Prozent standen für fast die Hälfte (48 %) aller Emissionen. 40 Prozent der Emissionen entfielen auf die mittleren 40 Prozent der Einkommen und die Hälfte der Weltbevölkerung verursachte lediglich zwölf Prozent der Emissionen. Zudem ist der Wert für die wohlhabendste Gruppe seit 1990 am stärksten gestiegen (Chancel, 2021: 3).

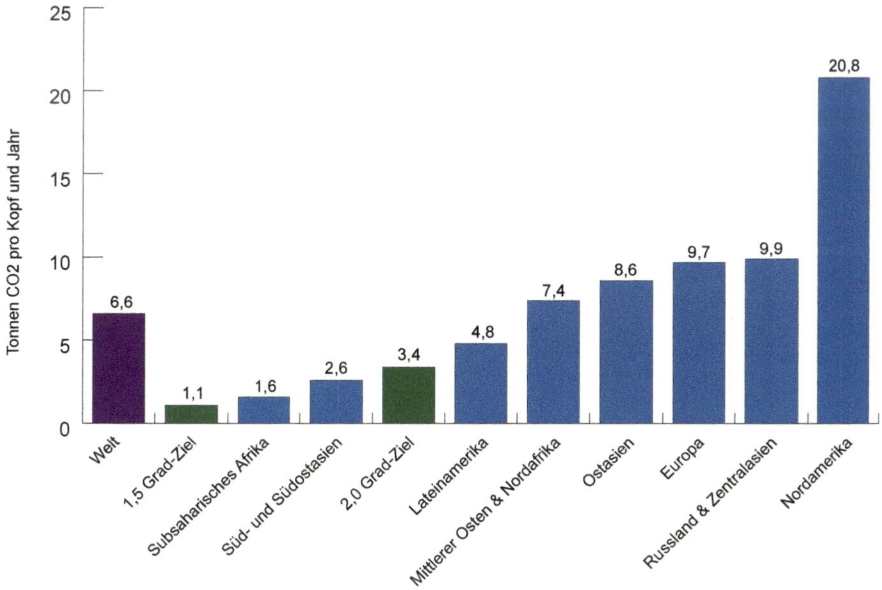

Abb. 10.4: Pro-Kopf-CO_2-Emissionen nach Ländergruppen. Eigene Darstellung auf der Grundlage von Chancel (2021:3); CO_2-Emissionen = alle Treibhausgasemissionen in CO_2-Äquivalenten.

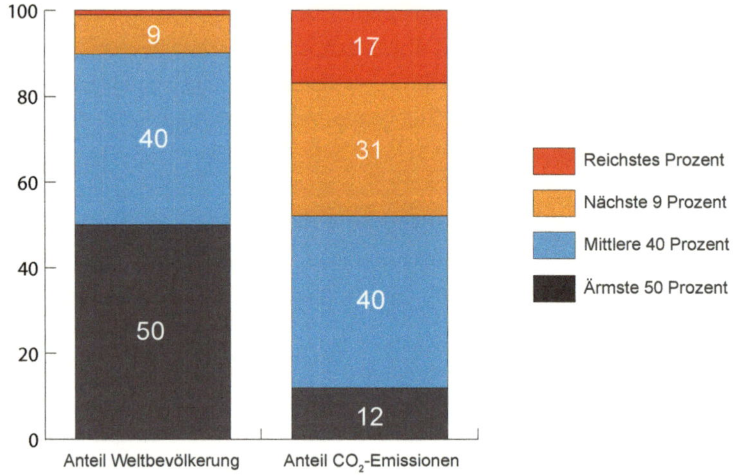

Abb. 10.5: Globale CO_2-Emissionen nach Einkommensgruppen. Eigene Darstellung auf der Grundlage von Chancel (2021:10); CO_2-Emissionen = alle Treibhausgasemissionen in CO_2-Äquivalenten.

Entropie

Neben der empirischen Beobachtung, dass über drei Dekaden der Ökologischen Modernisierung (s. Kapitel 3) und des nachhaltigen Wirtschaftens (s. Kapitel 7) auch in den westlichen Industrieländern nicht zu einer absoluten Entkopplung führten, gibt es eine naturwissenschaftliche Erklärung. So argumentierte Nikolai Georgescu-Roegen, einer der Vordenker der französischen Décroissance-Schule, dass eine **stationäre Wirtschaft** (Steady State Economy), in der die Wirtschaft nur so viele Ressourcen verbraucht, wie regeneriert oder wiederverwendet werden können, rein physikalisch nicht möglich sei (Georgescu-Roegen, 1971). Auch wenn es gelänge, die Summe der verfügbaren Energie und Stoffe in einem System konstant zu halten, würde dieses System gemäß dem 2. Hauptsatz der Thermodynamik nicht dauerhaft funktionieren. Dieser besagt, dass zwar die thermische Energiemenge konstant bleiben mag (1. Hauptsatz), jedoch nicht beliebig in andere Energieformen verwandelt werden kann. Erzeugt etwa ein Kraftwerk mit Erdgas Fernwärme, die zum Heizen von Wohnungen benutzt wird, bleibt zwar theoretisch die Summe der thermischen Energie gleich (inkl. der an die Atmosphäre abgegebenen Transportverluste). Es ist jedoch offensichtlich, dass diese Energieform nicht wieder in Arbeitsenergie zurückverwandelt werden kann, um etwa Turbinen anzutreiben. Die tatsächlich nutzbare Energie in einem System nimmt also kontinuierlich ab. Dieses auch als **Entropie** bezeichnete Prinzip lässt sich analog auf andere Ressourcen übertragen und findet sich etwa auch in der Unmöglichkeit des verlustfreien Recyclings von Metallen oder Kunststoffen.

Wachstumsziel

Neben der Frage der Entkopplung zielt die Wachstumskritik auch darauf ab, welches Wachstumsziel oder welches wirtschaftspolitische Leitbild zugrunde liegt. Diese Frage ist nicht zuletzt damit verbunden, was wir unter Wirtschaft verstehen (s. Kapitel 9) und wie wir die Wirtschaftsleistung bewerten und messen. Daher hat die Postwachstumsdebatte auch eine methodische Dimension, insbesondere im Zusammenhang mit der Bewertung wirtschaftlicher Entwicklung und hier vorwiegend mit der Rolle des **Bruttoinlandsprodukts.**

Begriffserklärung

Bruttoinlandsprodukt (BIP): Das Bruttoinlandsprodukt misst die wirtschaftliche Leistung einer Volkswirtschaft in einem bestimmten Zeitraum. Erfasst wird der Wert der im Inland hergestellten Waren und Dienstleistungen (Wertschöpfung), abzüglich der aus dem Ausland importierten Komponenten und Dienste (Vorleistungen). Es ist bis heute der zentrale Indikator in wirtschaftspolitischen Debatten und in der medialen Berichterstattung zur Konjunkturlage. Dabei ist die Kritik am BIP so alt wie der Indikator selbst: So bemerkt Simon Kuznets, der neben dem Briten Colin Clarke als Urheber des BIP gilt, bereits in seinem Bericht an den Senat der USA 1934, dass das von ihm erstmals gemessene Nationaleinkommen denkbar ungeeignet ist, Aussagen über das tatsächliche Wohlergehen einer Gesellschaft zu treffen oder gar anhand dieses Indikators den Wohlstand zweier Nationen miteinander zu vergleichen (Secretary of Commerce, 1934). Dennoch hat sich das BIP nach dem Zweiten Weltkrieg auch international als wichtigste Messgröße etablieren können, wenngleich die Kritik an seinen Schwächen nicht abriss. Zu den Hauptkritikpunkten zählen:

Erstens sagt das BIP nichts über die **Verteilung des Wohlstands** innerhalb einer Gesellschaft aus. Das heißt auch bei hohem durchschnittlichen BIP pro Einwohner kann es zu großen Ungleichheiten zwischen Arm und Reich kommen (z. B. in den USA).

Zweitens trifft das BIP keinerlei Aussage über das Zustandekommen der gemessenen Wirtschaftsleistung. Im BIP schlagen demnach auch viel gesellschaftlich unerwünschte Phänomene (sogenannte **Regrettables**) zu Buche, etwa Verkehrsunfälle, Unwetter, militärische Konflikte, wenn auf sie Reparatur- und Wiederaufbauarbeiten folgen. Auch vermeidbare Kosten für den Umweltschutz oder das Gesundheitswesen sind ›BIP-positiv‹.

Und drittens liegt dem BIP ein sehr **enges Wirtschaftsverständnis** zugrunde, das zahlreiche für das gesellschaftliche Wohlergehen relevante Aktivitäten nicht erfasst (z. B. Sorgearbeit, Ehrenamt – s. ausführlicher Kapitel 9).

Ferner zeigt eine zunehmende Zahl von Studien, dass ab einem gewissen Wohlstandsniveau BIP und individuelle Lebenszufriedenheit der Menschen nicht mehr positiv korrelieren. Dieses als **Easterlin-Paradox** bezeichnete Phänomen ist für die meisten Industrieländer und inzwischen auch in Staaten wie China nachweisbar (Easterlin et al., 2010).

Es wird daher zunehmend angezweifelt, ob das BIP das geeignete Instrument zur Wohlstandsmessung ist (zu BIP-Alternativen siehe weiter unten).

Kreditsystem

Neben der Systematik des BIP und seines zugrundeliegenden materiellen Wohlstandsbegriffs birgt das kapitalistische Wirtschaftssystem weitere Logiken und Treiber, die zu einem systemischen Wachstumszwang führen. Hier ist an erster Stelle das vorherrschende Finanz- und **Kreditsystem** zu nennen, dessen Geschäftsmodell auf der Idee fortwährenden Wachstums fußt. Dies beginnt bei den traditionellen Geschäftsbanken, die in Krediten an Unternehmen und Privathaushalte mehr Geld verleihen, als sie selbst durch ihren Kapitalbestand (Kundeneinlagen) abdecken können. Das heißt sie verschulden sich selbst bei öffentlichen Zentralbanken und müssen die dort anfallenden Verbindlichkeiten und Zinsen ihrerseits über Zinseinnahmen refinanzieren. Damit ist eine Spirale in Gang gesetzt, die sich auf die Kreditkunden überträgt. Firmen nehmen Kredite häufig deshalb auf, um Investitionen zu tätigen, die ein Unternehmenswachstum ermöglichen. Gleichzeitig steigt so der Umsatzdruck (höherer Personalbestand, höhere Betriebs- und Materialkosten, Abschreibungen, Zinslast) und damit langfristig die Notwendigkeit des Wachsens und meist der Aufnahme weiterer Kredite.

Renditeerwartungen

Komplexer werden diese Zusammenhänge auf den internationalen Finanzmärkten und vor allem in dem als **finanzialisierte Finanzwirtschaft** bezeichneten Segment. Damit ist gemeint, dass heute der überwiegende Teil der Wertschöpfung im Finanzsektor nicht mehr über klassische Bankgeschäfte (Verbraucher- und Unternehmenskredite, Kontoführung, Anlageberatung) erzeugt wird, sondern über den Handel mit Beteiligungen, Investmentfonds und einer Vielzahl von Derivaten. Diese zum Teil spekulativen Tätigkeiten – etwa der Handel mit Zukunftsoptionen (z. B. künftige Rohstoffpreise) oder das Wetten auf Kursverfälle – sind zunehmend abgekoppelt vom realwirtschaftlichen Geschehen (und möglicherweise auch von ethisch-moralischen Wertvorstellungen der Gesellschaft). Diesen Produkten liegen **Renditeerwartungen** zugrunde, die nur durch ein permanentes Wachstum der Gesamtkapitalmenge bei ungleicher Abschöpfung von Erträgen zu erfüllen sind. Manche Geschäftsmodelle weisen dabei durchaus zweifelhafte Ähnlichkeiten zu pyramidalen Schneeballsystemen auf und machen den Sektor anfällig für systemische Krisen wie die von der fragilen Immobilienkreditfinanzierung in den USA ausgehende weltweite ›Finanzkrise‹ 2008 (s. Kapitel 7).

Subventions- und Anreizinstrumente

Ein zweiter wichtiger Faktor für wachstumsorientiertes Wirtschaften findet sich in fehlleitenden **Subventions- und Anreizinstrumenten**. So lässt etwa die jüngere Preis- und Subventionspolitik der EU vielen konventionellen Milchbauern kaum eine andere Wahl als durch Vergrößerung ihrer Viehbestände kleine Gewinnmargen pro Einheit durch Größeneffekte zu kompensieren. Ein anderes Beispiel ist die Förderung verbrauchsstarker PKW in Deutschland durch die steuerliche Entlastung von Dienstwagen.

Gerechtes Wachstum

Vor dem Hintergrund der negativen Auswirkungen fortwährenden Wachstums und der systemimmanenten Zwänge setzt sich die Postwachstumsdebatte mit alternativen Wirtschaftsformen und Regulierungsinstrumenten auseinander. Dabei geht es nicht um eine Ablehnung oder gar »Verteufelung« von Wachstum per se, sondern vielmehr um die Frage, wo Wachstum in welchem Maße sinnvoll sein kann. Dies betrifft sowohl die explizit normative Frage, welches Wachstum eine Gesellschaft angesichts sozialer und ökologischer Problemlagen für sinnvoll erachtet (z. B. dezentrale erneuerbare Energieerzeugung Vs. fossile Energieträger; ökologische Landwirtschaft Vs. konventionelle Agrarindustrie) als auch räumliche Aspekte. Mit letzteren wird die globale Verteilungsgerechtigkeit adressiert und die Frage, welchen Weltregionen mehr materielles Wachstum zugestanden werden sollte als anderen. Dabei sollte dieser geographisch differenzierende Ansatz, der auch als **Pro-Poor-Growth** bezeichnet wird, nicht verwechselt werden mit einem Freibrief für alle Formen von Wachstum. Nicht ohne Grund hat die französische Décroissance-Schule ihre Ursprünge in der Debatte um Nord-Süd-Gerechtigkeit. Die Debatte geht über den produzierenden Sektor hinaus und betrifft andere Lebensbereiche wie etwa Arbeitszeitmodelle und Wohnformen, wie im Weiteren erläutert wird.

10.4 Schwerpunkte und Anwendungsfelder

Die Vielfalt an **postwachstumsorientierten Praktiken** ist groß und reicht von kleinen, lokalen Initiativen zum Tauschen (z. B. von unterschiedlichen Tätigkeiten über Zeitbanken) und Teilen (z. B. von Werkzeugen, Camping-Ausrüstung) über regionale Energiegenossenschaften bis hin zu größeren Unternehmen, die ihre Ziele und Arbeitsweisen neu ausrichten. Im Folgenden sollen fünf größere Themenkomplexe illustriert werden: Aspekte der Dematerialisierung von Konsum und Produktion zur Reduktion des Ressourceneinsatzes, Fragen der Suffizienzorientierung und der qualitativen Bewertung von Wachstum, neue Formen der Unternehmensorganisation und -demokratie sowie ferner die Bereiche Arbeit und Finanzierung.

10.4.1 Dematerialisierung

Ein Kernanliegen des Postwachstumsgedankens ist die absolute Verringerung des Ressourcenverbrauchs. Neben dem bewussten Verzicht auf den Einsatz bestimmter Materialien oder die Reduktion des Verbrauchs bzw. der Nutzung bestimmter Produkte und Dienstleistungen (s. nachfolgender Abschnitt zur Suffizienzorientierung) kommt dabei der Idee der **Dematerialisierung** eine besondere Bedeutung zu. Damit ist gemeint, dass ein Produkt (z. B. eine Maschine) über geänderte Nutzungsformen (z. B. geteilt von mehreren Kleinbetrieben) sowie längere Lebenszeiten (Design, Wartung, Reparatur), zwar nicht vollständig ersetzt, der Nutzwert des eingesetzten Materials jedoch erheblich erhöht wird. Diesen Zweck verfolgen sowohl bestimmte Formen der Teilwirtschaft oder Sharing Economy als auch sogenannte Produkt-Service-Systeme.

Sharing-Economy

Die Teilwirtschaft oder **Sharing-Economy** ist in den letzten Jahren zu einem schillernden Begriff geworden, der häufig über seine ursprüngliche Bedeutung hinaus verwendet wird, zunehmend auch für klassische Leih- und Leasingsysteme wie zum Beispiel das von kommerziellen Betreibern angebotene Bike-Sharing (Zademach & Musch, 2018) oder die in vielen Großstädten mietbaren Elektroroller. Letztere sind nicht nur in Verruf geraten, weil sie, achtlos abgestellt, Rad- und Fußwege blockieren oder durch das Fahrverhalten ihrer Nutzerinnen zu Gefährdungssituationen und Unfällen führen. Vielmehr gilt inzwischen als erwiesen, dass sie nicht den erhofften Entlastungseffekt im Verkehrssektor erbringen. Statt bestimmte Fahrten mit dem PKW überflüssig zu machen, substituieren sie in den meisten Fällen Wege, die zuvor mit öffentlichen Verkehrsmitteln oder zu Fuß zurückgelegt worden sind. Dies gilt auch für das Bike-Sharing (Médard de Chardon, 2019). Es ist zu beobachten, dass durch die E-Roller auch neue, vor allem spaßgetriebene Fahrten hinzukommen, also das Verkehrsaufkommen gesteigert und nicht gemindert wird. Hinzu kommt, dass die angebotenen Roller stark beansprucht werden und häufig Ziel von mutwilliger Beschädigung und Beseitigung (z. B. in Flüssen) sind, weshalb ihre durchschnittliche Lebensdauer nach Angaben der Verleiher bei einem bis zwölf Monaten liegt (Umweltbundesamt 2019).

Kollaborativer Konsum

Bei vielen dieser Praktiken des **kollaborativen Konsums** besteht die Gefahr der Kommerzialisierung bzw. Vermarktlichung. Kommodifizierung kann hier auf zwei Ebenen stattfinden, häufig zugleich: Einmal dadurch, dass das direkte Peer-to-Peer-Prinzip um einen kommerziellen Intermediär (z. B. eine Vermittlungsagentur oder -plattform) ergänzt wird, der für seine Dienstleistung eine Gebühr erhebt. Und zweitens dadurch, dass vormals kostenlose (z. B. internationales Couch-Surfing) oder lediglich kostendeckende (z. B. genossenschaftlich organisiertes lokales Car-Sharing) Formen des Teilens zur großmaßstäblich gehandelten Ware werden (z. B. Airbnb, Uber). Letztere Aktivitäten bezeichnet Belk (2017) daher auch als **Pseudo-Sharing,** und die Betreiberfirmen der provisionspflichtigen Vermittlungsportale werden auch dem **Plattform-Kapitalismus** zugeordnet. Von **Plattform-Kooperatismus** (Scholz, 2016) hingegen spricht man, wenn Vermittlung nicht profitorientiert angelegt ist.

›Teilen statt Haben‹

Sharing im engeren Sinne wird dann als **transformatives Sharing** eingestuft, wenn die Einsparung von Ressourcen zu den Hauptmotiven zählt (Affolderbach & Médard de Chardon, 2021). Dies trifft auf viele der Aktivitäten zu, die dem Prinzip des ›Teilens statt Habens‹ folgen. Dies beginnt bei nachbarschaftlich organisiertem Teilen von Werkzeugen, Gartengeräten oder Fahrzeugen und geht über offene Teil- und Vermittlungsplattformen (z. B. https://pumpipumpe.ch/) zu festen Einrichtungen wie zum Beispiel kommunalen oder genossenschaftlich betriebenen ›Bibliotheken‹ für die Leihe von Bekleidung, Sportartikeln, Campingausrüstung, Einrichtungsgegenständen und ähnlichem.

Industrielle Produkt-Service-Systeme

Mit integrierten bzw. **industriellen Produkt-Service-Systemen** (IPSS) ist gemeint, dass ein Produkt (Maschine, Werkzeug, Haushaltsgerät, Kopierer o. ä.) nicht alleinstehend verkauft und von einem Eigentümer betrieben wird, sondern dass das Produkt um weitreichende Serviceleistungen ergänzt wird. In vielen Fällen verbleibt das Produkt sogar im Eigentum des Anbieters. So können etwa Gemeinden – statt Lampen für die Straßenbeleuchtung zu erwerben – heute die ›Dienstleistung Beleuchtung‹ beziehen. Das heißt, eine Betreiberfirma sorgt für Errichtung, Betrieb und Wartung der Beleuchtungsanlagen, und hat – sofern ein Festpreis vereinbart wurde – sowohl ein Interesse am energiesparenden Betrieb als auch an der Langlebigkeit der Leuchtmittel. Die Gemeinde ihrerseits hat damit nicht nur finanzielle Planungssicherheit, sondern vertraut auch darauf, dass die Beleuchtung möglichst ressourcenschonend bereitgestellt wird.

Nicht alle IPSS sind per se nachhaltigkeitsorientiert, da die Energie- und Materialeinsparung zum Teil nur als willkommener Nebeneffekt eines anderweitig motivierten Geschäftsmodells (langfristige Kundenbindung, erhöhte Wertschöpfung) anfällt. Zunehmend werden jedoch auch explizit an Umweltschutzaspekten ausgerichtete IPSS eingesetzt (auch SPSS = Sustainable Product Service Systems). Auch verfolgen nicht alle Anbieter von IPSS zwangsläufig Postwachstumsziele. Das Prinzip stellt aber einen vielversprechenden Ansatz zur Überwindung materieller Wachstumszwänge einer zumeist auf kurze Lebenszyklen ausgerichteten Wirtschaft, die mitunter sogar das Prinzip der **geplanten Obsoleszenz** anwendet (s. Kapitel 6). Darunter ist zu verstehen, dass einzelne Produktkomponenten so konzipiert sind, dass sie eine kürzere Lebensdauer haben als technisch ohne größeren Mehraufwand möglich wäre. Diese ›**Sollbruchstellen**‹ führen dann im Extremfall dazu, dass ein Gerät sehr viel früher ersetzt werden muss. In diese Kategorie fallen auch Produktdesigns, die eine Reparatur nicht möglich oder wirtschaftlich unrentabel machen. Auch die mangelnde Bevorratung von Ersatzteilen vorhergehender Modelle einer Serie kann den Effekt haben, dass Neugeräte früher angeschafft werden als nötig.

Recht auf Reparatur

Unter dem Stichwort **Recht auf Reparatur** beschäftigt sich inzwischen auch die EU sowie einzelne Mitgliedsstaaten, mit der Frage, wie derartigen Praktiken Einhalt geboten und Lebenszeit verlängernde Reparaturen garantiert ermöglicht werden können (s. Kapitel 6.4.1). Frankreich gilt hier als einer der Vorreiter in Europa und hat über sein ›Anti-Verschwendungsgesetz‹ von 2020 unter anderem einen **Reparierbarkeits-Index** für elektrische und elektronische Geräte eingeführt. Ähnlich den bekannten Energielabels, kann man dem farblich abgestuften Symbol den jeweiligen Index auf einer Skala von 0 (niedrig) bis 10 (hoch) entnehmen. Seit Anfang 2021 wird der Index für Smartphones, Laptops, Waschmaschinen, Fernseher und Elektrorasenmäher verpflichtend eingefordert. Eine Erweiterung und methodische Verbesserung sind geplant. Das Ziel, den Anteil der reparierfähigen Elektroprodukte von 40 % (2020) binnen fünf Jahren auf 60 % zu steigern, klingt zugleich bescheiden und ambitioniert. Das Europäische Parlament hat im April 2022 für ein europaweites Regelwerk votiert, das über eine Richtlinie ein EU-weites Recht auf Reparatur und eine Verpflichtung des Handels etabliert.

10.4.2 Suffizienzorientierung

Neben den vorgenannten Beispielen zur Optimierung des Ressourceneinsatzes durch geteiltes oder verlängertes Nutzen steht in vielen Postwachstumsüberlegungen das Prinzip der **Suffizienz** im Vordergrund (Schneidewind & Zahrnt, 2013; Böcker et al., 2020; Hertweck & Miessen, 2022). Häufig mit Genügsamkeit oder Verzicht übersetzt, ist der Begriff leicht irreführend und verleitet politische und mediale Debatten dazu, ihn auf das Prinzip der persönlichen Selbstbeschränkung zu reduzieren – gerne auch assoziiert mit dem negativen Bild des ›schmerzhaften‹ **Konsum-Verzichts**. Dabei geht es im Suffizienz-Ansatz um viel mehr als individuelle Lebensstile und Konsummuster, nämlich um die Frage, was in welchem Umfang produziert werden sollte. In anderen Worten: Welches weitere materielle Wirtschaften ist überhaupt nötig, um sozialen Wohlstand zu gewährleisten? Welche Produkte und technischen

Entwicklungen sind unter Umständen verzichtbar oder durch alternative Angebote ersetzbar? Selbstverständlich sind diese Fragen auch mit individuellen Verhaltensweisen und Konsummustern verbunden, sie sind aber grundsätzlicher zu stellen. Und nicht etwa in Form einer Lifestyle-Debatte materiell saturierter Gruppen, sondern an erster Stelle vor dem Hintergrund globaler Ungleichverteilungen der negativen sozialen und ökologischen Auswüchse gegenwärtiger vorherrschender Wirtschaftsweisen.

Als Beispiel mag die Bekleidungsindustrie dienen, die weltweit zu einem der größten Verursacher von Treibhausgasemissionen, Pestizideinsatz, Gewässerbelastungen, Plastikabfällen und nicht zuletzt prekären Arbeitsverhältnissen gilt. Die immer kürzer werdenden Modezyklen und die entsprechend häufige Umstellung der Produktion auf neue Sortimente **(Fast Fashion)** haben die Menge der jährlich erworbenen Kleidungsstücke stetig ansteigen lassen. Im Durchschnitt erwerben EU-Bürger derzeit etwa 15 kg neue Kleidungsstücke (inkl. Schuhen) pro Jahr und Kopf (EEA, 2022). Der weitaus größte Teil dieser Textilien wurde außerhalb Europas produziert (v. a. Süd-Ost-Asien), über weite Strecken transportiert, und hat nicht nur aufgrund seiner Transportbilanz einen hohen ökologischen Fußabdruck. Genannt seien hier nur der Pestizid-Einsatz in der konventionellen Baumwollindustrie und die eingesetzten synthetischen Farbstoffe. Hinzu kommen die großen Mengen an Textilmüll – ca. 11 kg pro Kopf und Jahr laut EU-Kommission (2022) – die vor allem in afrikanische Länder exportiert und dort überwiegend deponiert oder verbrannt werden.

Suffizienzüberlegungen

Suffizienzüberlegungen könnten auf verschiedenen Ebenen ansetzen. Neben der individuellen Kaufentscheidung geht es hier sowohl um das **Produktdesign** (Materialien, Haltbarkeit) als auch um die Frage der zugrundeliegenden **Produktionskonzepte** und **Geschäftsmodelle** der Fast Fashion. Zugegeben, diese Überlegungen sind eindeutig normativ und durchaus heikel, betreffen sie doch persönliche Lebensstile und individuelle Ausdrucksmöglichkeiten, die eine sich verändernde Mode bietet. Dies gilt auch für andere Bereiche, in denen individuelle oder kollektive Konsumpräferenzen berührt sind (z. B. Ernährungsgewohnheiten, Mobilitätsverhalten, Urlaubsdestinationen und -formen). Suffizienzorientierte Ansätze gehen deshalb explizit über Fragen der individuellen Verantwortung hinaus und fragen nach gesellschaftlichen Aushandlungsprozessen und politischer Steuerung dessen, ›was‹ produziert bzw. zulässig sein sollte (Produktgröße, technische Auslegung, verwendete Materialien z. B. eines Autos). Suffizienzaspekte und staatliche Steuerungsansätze finden sich durchaus auch in klassischen Instrumenten der öffentlichen Daseinsvorsorge (s. hierzu auch den Abschnitt zu Fundamentalökonomien in Kapitel 11).

10.4.3 Organisationsformen und Mitbestimmung

Wie in Kapitel 9 zu den Diverse Economies bereits ausgeführt, gibt es ein großes Spektrum unterschiedlicher Betriebsformen, Geschäftsmodelle und unternehmerischer Motivlagen. Augenfällig ist, dass es vor allem spezifische **Organisations- und Mitbestimmungsformen**, die eine Reorientierung auf Postwachstumsaspekte begünstigen. So kann etwa eine von ihren Mitgliedern aufgebaute Genossenschaft oder ein von mehreren Gründerinnen selbstverwalteter Handwerksbetrieb eher wertebasierte und gemeinwohlorientierte Entscheidungen treffen, als beispielsweise eine börsennotierte Aktiengesellschaft angesichts der Renditeerwartungen ihrer Anteilseigner **(Shareholder)**. Wenn etwa eine lokale Energiegenossenschaft demokratisch darüber befindet, wie Strom oder Wärme produziert und wie etwaige Betriebsüberschüsse sinnvoll reinvestiert werden, ist davon auszugehen, dass die Entscheiderinnen die sozialen und ökologischen Belange vor Ort stärker berücksichtigen. Eine **Demokratisierung** kann hier auf zwei Ebenen stattfinden, nämlich erstens durch die formale Mitbestimmung der Mitglieder gemäß Genossenschaftsanteilen, zweitens aber auch durch den engeren Kontakt zu lokalen Anspruchsgruppen **(Stakeholder)**.

Hybride Organisationen

Zu beobachten sind auch **hybride Organisationen,** die von klassischen Unternehmenszuschnitten abweichen und von Anteilseignern aus unterschiedlichen Sphären getragen werden. So finden sich etwa im Bereich Fairtrade Konstellationen, in denen zivilgesellschaftliche Organisationen (etwa aus dem Bereich der Entwicklungszusammenarbeit) gemeinsam mit der Privatwirtschaft – das heißt lokalen Produzenten und internationalen Handelsfirmen – neue Vertriebsformen aufbauen (Nicholls & Huybrechts, 2014). Zu Zusammenschlüssen öffentlicher Akteure (z. B. Gemeinden) und zivilgesellschaftlichen Initiativen kommt es häufig im Bereich der Nutzung erneuerbarer Energien (Klagge & Meister, 2018). In Kapitel 14 gehen wir ausführlicher auf die Rolle unterschiedlicher Organisationsformen ein.

10.4.4 Arbeitswelten

Postwachstums- und Suffizienzaspekte betreffen nicht nur die Bereiche Produktion und Konsum, sondern auch andere wichtige Pfeiler des Wirtschaftsgeschehens. So nimmt die Diskussion über das Verständnis und die Organisation von **Arbeit** eine zentrale Position in der Postwachstumsdebatte ein (Seidl & Zahrnt, 2019). Dabei geht es zum einen darum, die Trennung zwischen Erwerbsarbeit und Nicht-Erwerbsarbeit neu zu denken, zum anderen aber auch um den notwendigen zeitlichen Umfang von Erwerbsarbeit, die mit anderen Tätigkeiten in ›Verwendungskonkurrenz‹ (Paech, 2014: 20) um die nicht vermehrbare Ressource Zeit steht. Beide Fragen sind eng miteinander verbunden und lassen sich am besten anhand eines Beispiels verdeutlichen, das auch die Postwachstumsdimension dieses Anliegens illustriert.

Beispiel

Eine klassische **Erwerbsbiographie** von Angestellten in westlichen Industriegesellschaften sieht in der Regel vor, dass mindestens eines der erwachsenen Haushaltsmitglieder über 40 oder mehr Jahre einer **Vollzeittätigkeit** nachgeht. Bei Paaren geht die zweite Person – vor allem wenn Kinder oder pflegebedürftige Menschen zum Haushalt gehören – häufig nur einer Teilzeittätigkeit und/oder einer schlechter bezahlten Tätigkeit nach.

Arbeitszeit

Wie in Kapitel 9 bereits ausgeführt, führt die Tatsache, dass zum Beispiel die private Sorgearbeit nicht nur nicht als BIP-relevant erachtet wird, sondern auch nicht monetär honoriert wird, zur systematischen Benachteiligung vor allem von Frauen. Aus Postwachstumssicht kommt ein weiterer Aspekt hinzu: Der Umfang, den die **Erwerbsarbeit** einnimmt, lässt wenig Spielraum für andere produktive und sinnstiftende Tätigkeiten. So fehlt etwa vielen Menschen Zeit und Muße zum Reparieren von Gebrauchsgegenständen oder das Anbauen eigener Lebensmittel oder deren Haltbarmachung. Gleichzeitig werden – häufig aus Zeitnot – nicht-nachhaltige **Konsumausgaben** getätigt (z. B. für Convenience-Food). Auch wenn dieses Beispiel plakativ und idealisierend sein mag, wirft es im Kern die Frage nach einer besseren Balance zwischen Selbst- und Fremdversorgung auf, verbunden mit einer geringeren Abhängigkeit von Geld und Wachstum (Paech, 2009). Nico Paech schlägt in diesem Zusammenhang ein **Arbeitszeitmodell** vor, in dem nur 20 von 40 Wochenstunden im ›monetären Bereich‹ (klassische Erwerbsarbeit) erbracht werden und die übrigen 20 Stunden im ›entkommerzialisierten Bereich‹ (Paech, 2012: 151). Davon entfielen etwa 15 Stunden auf Subsistenz (Eigenproduktion, Reparieren, Gemeinschaftsnutzung, Leistungstausch, Ehrenamt) und 5 Stunden auf individuelle Suffizienzbemühungen durch Entschleunigung und Entrümpelung von Lebensstilen.

Selbstverständlich können dieses oder ähnliche Modelle nicht mit dem vollständigen Verzicht auf 50 % der Einkünfte einhergehen, sondern bedarf flankierender Maßnahmen. Interessante Ansätze finden sich hierzu in der Debatte um das **bedingungslose Grundeinkommen** oder um mögliche **Entschädigungen für Ehrenamt** und Sorgearbeit.

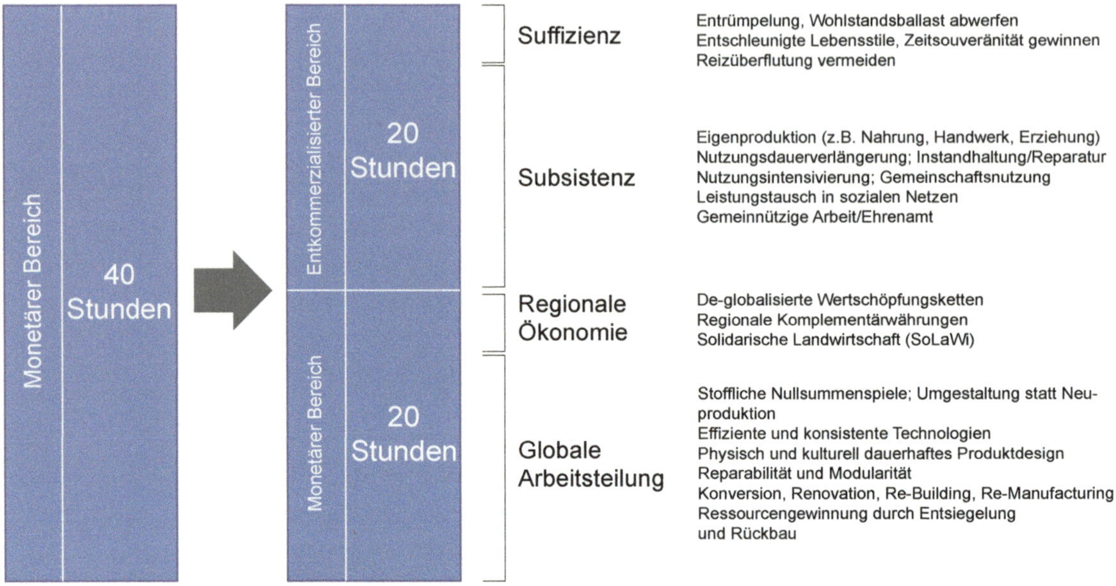

Abb. 10.6: Arbeitszeitmodell der Postwachstumsökonomie. Eigene Darstellung leicht verändert nach Paech (2012: 151).

10.4.5 Finanzierung

Und – last but not least – tragen die Logiken des kapitalistischen Finanzsystems erheblich zu den gegenwärtigen Wachstumszwängen bei. Dementsprechend kann der Wandel zu einer Postwachstumsökonomie nur gelingen, wenn auch die Finanzwirtschaft grundsätzliche Veränderungen durchläuft. Dazu gehört das kritische Hinterfragen heutiger Geschäftspraktiken ebenso wie die Suche nach **alternativen Finanzierungsinstrumenten**.

Der Versuch von Green Finance

Wie bereits zu Beginn dieses Kapitels angesprochen, führen die Zinslogik sowie die teils spekulativen Geschäftsmodelle der Finanzwirtschaft zu einem systemimmanenten Wachstumszwang. Dieser wird auch von den jüngeren Versuchen der Branche, den Finanzsektor nachhaltiger zu gestalten (Green Finance/Sustainable Finance), nicht durchbrochen. Zwar wird unter dem Stichwort **ESG** (Environmental, Social, Governance) versucht, neue Maßstäbe hinsichtlich ökologischer, sozialer und auf die Unternehmensführung bezogener Kriterien anzulegen. Vielen der ergriffenen Maßnahmen fehlt jedoch die erhoffte Wirkung, da Anforderungen verwässert **(Greenwashing)** oder gar branchenspezifische Ausnahmen gewährt werden (so etwa bei der EU-Taxonomie für nachhaltige Anlagen, die sowohl die Erdgaswirtschaft als auch die Atomenergie als nachhaltig einstuft).

Gemeinwohlorientiertes Wirtschaften

Aus Postwachstumssicht sind demgegenüber jene Finanzakteure interessant, die erkennbar über diese graduellen Verbesserungen hinausgehen und fundamental anders wirtschaften wollen. Dazu zählen etwa sogenannte **Soziale Banken,** deren Unternehmensziele grundsätzlich an anderen Werten und damit am Gemeinwohl orientiert sind. Beispiele sind Bürgerinnen-Banken, die von lokalen Interessensgemeinschaften gegründet werden. Sie vergeben Kredite ausschließlich nach Gemeinwohlkriterien, beteiligen sich nicht an spekulativen Finanzgeschäften, schütten in der Regel keine Dividenden aus und investieren etwaige Überschüsse in realwirtschaftliche Vorhaben mit sozialökologischer Ausrichtung. Ähnliche Prinzipien gelten für eine Vielzahl anderer Initiativen, zum Beispiel **Regionalwährungen, Crowd-Funding** und **Genossenschaftsbeteiligungen, Bieterrunden** der Solidarischen Landwirtschaft (s. Kapitel 9) oder **Regionalwert AGs** (s. Kapitel 14.4) (s. Überblicke in Dörry & Schulz [2020] und Zademach & Dichtl [2016]). Ihnen ist gemein, dass sie die Finanzwirtschaft nicht als eigenen Wirtschaftszweig bzw. als Selbstzweck sehen, sondern als Mittel der Ermöglichung gemeinwohlorientierten Wirtschaftens – von Safri & Madra (2020) auch als **»ethisches Werkzeug«** bezeichnet.

10.5 Relevanz für die Wirtschaftsgeographie

Die Geographie und ihre Nachbardisziplinen in den Planungswissenschaften, der Stadtforschung und der Architektur haben die Postwachstumsdebatte in den letzten 10 bis 15 Jahren nicht nur vermehrt aufgegriffen, sondern tragen inzwischen selbst empirisch und konzeptionell bei (Lange et al., 2020; Demaria et al., 2019; Kallis, 2018; Savini, 2021; Brokow-Loga & Eckardt, 2020). Für die Wirtschaftsgeographie waren und sind hier insbesondere folgende Fragestellungen relevant:

- Welche neuen Wirtschaftspraktiken und Organisationsformen entstehen im Postwachstumskontext und wie sind sie wirtschaftsgeographisch einzuordnen?
- Wie verschieben sich räumliche Standort- und Verflechtungsmuster, funktionale Bezüge und Abhängigkeiten sowie globale Ressourcen- und Energieverbräuche und deren sozial-ökologische Auswirkungen?

Die folgenden Abschnitte geben beispielhafte Einblicke in diese beiden Dimensionen und ihre zurzeit sehr dynamische Entwicklung.

10.5.1 Postwachstumspraktiken

Viele der empirischen Studien im deutschsprachigen wie auch im internationalen Raum beschäftigen sich zumeist mit postwachstumsorientierten Praktiken auf **lokaler Ebene**. Bisherige Schwerpunkte liegen in den Bereichen Landwirtschaft und Ernährung, Energieproduktion, Wohnungswesen, Tauschen und Teilen sowie Reparatur und Handwerk.

Urban Gardening und Food Sharing

Ausgehend von frühen Arbeiten (Davies et al., 2017; Wekerle & Classens, 2015; Goodman et al., 2014) zu ›Urban Gardening‹ und anderen Formen der alternativen **Nahrungsmittelproduktion und -verteilung** (Food Sharing), stellen die wirtschafts- und stadtgeographischen Studien zu diesem Sektor heute einen nicht zu übersehenden Anteil an der Postwachstumsliteratur und haben sich thematisch ausdifferenziert (Rosol, 2018). Dabei geht es zunehmend auch um das Verhältnis zwischen landwirtschaftlicher Produktion und sich wandelnden Lebensstilen und Ernährungspraktiken (Rosol & Strüver, 2018).

Erneuerbare Energie

Im Bereich der Energiewende haben sich schon früh Initiativen entwickelt, die nicht nur **erneuerbare Energien** erzeugen wollen, sondern auch gemeinwohlorientierte Wege in der Wertschöpfung sowie der unternehmerischen Mitbestimmung eingeschlagen haben. Lokale Energiegenossenschaften oder von Bürgerinnen finanzierte Kleinkraftwerke, Nahwärmesysteme, Solarparks oder Windkraftanlagen werden hinsichtlich der Frage betrachtet, inwiefern sie zur Umgestaltung des Energiesystems beitragen und neue Gestaltungsspielräume für lokale Umwelt- und Wirtschaftspolitik schaffen (Klagge & Meister, 2018; Bauriedl, 2016a).

Wohnraum

Vor dem Hintergrund finanzialisierter Immobilienmärkte und deren Wirkungen auf Preis- und Mietniveau des **Wohnungssektors** ist eine gewisse Renaissance von genossenschaftlichen Wohnungsbauträgern und anderen, nicht profitorientierten Formaten zu beobachten, häufig einhergehend mit der suffizienzorientierten Suche nach flexiblen und flächensparenden Wohnformen, die teils gemeinschaftlich genutzt werden können (Nelson & Schneider, 2019; Jarvis, 2017). Auch Fragen des **Bodeneigentums** stehen im Blickpunkt der Analysen (Schulz, 2020a; Hesse, 2018).

Teilen

Die weiter oben bereits ausführlicher angesprochene Sharing Economy ist Gegenstand vieler Betrachtungen, beispielsweise zu Fahrradleihsystemen (Médard de Chardon, 2019; Zademach & Musch, 2018), aber auch zu vielen anderen, über digitale Plattformen vermittelten Tausch- und Teilangeboten (Affolderbach & Médard de Chardon, 2021; McLaren & Agyeman, 2015). Eine spezifische Form des Teilens stellen gemeinschaftlich genutzte Infrastrukturen wie **Co-Working-Spaces** oder **Offene Werkstätten**. Letztere, die auch unter der Bezeichnung ›Maker Space‹ oder ›Hacker Space‹ firmieren, wurden im Kontext von ressourcenschonendem Do-it-yourself und Reparatur zu wichtigen Anlaufstellen wie auch zu Ausgangspunkten für postwachstumsorientierten Produkt- und Prozessinnovationen (Lange & Bürkner, 2018; Lange, 2015).

10.5.2 Funktionsräumliche Aspekte

Die vorgenannten Aktivitäten bringen offenkundig neue räumliche Funktionsmuster, Standortanforderungen und Verflechtungsbeziehungen mit sich. Die Wirtschaftsgeographie interessiert sich hier vor allem für Veränderungen in der lokalen bzw. regionalen Wertschöpfung, für neue bzw. sich verändernde Netzwerke, für die Entstehung neuer Märkte und Branchen, Verschiebungen in Lieferbeziehungen und (globalen) Produktionsketten sowie für Fragen regionsspezifischer Innovationen.

(Re-)Regionalisierung

Zahlreiche der weiter oben genannten Aktivitäten haben eine stark **lokale bzw. regionale Ausrichtung**, teils explizit (z. B. Vermarktung ausschließlich regionaler Produkte), teils implizit infolge von begrenzten Reichweiten und Kooperationsnotwendigkeiten (z. B. Netzwerk im Umfeld eines Maker Spaces). Derartige (Re-)Regionalisierungen gehen häufig mit dem Postulat regionaler **Wertschöpfung** einher, das heißt dem Verbleib der Erträge innerhalb der Region (kein Kapitalabfluss an überregionale Investoren/Teilhaberinnen) und eine allgemeine Stärkung der Wirtschaftskraft durch Einbeziehung lokaler/regionaler Produzentinnen und Dienstleister. Dieses Postulat bedarf im Einzelfall der kritischen Prüfung, so die Frage, welche Art von Werten erfasst wird (s. dazu methodische Implikationen in Kapitel 11).

Mit diesen Maßstabsverschiebungen gehen oft auch neue **Netzwerkbeziehungen** (zwischen Unternehmen) und veränderte **Akteurskonstellationen** einher (Schmid, 2020:, 3). Insbesondere die Beteiligung zivilgesellschaftlicher Initiativen (s. Kapitel 9) und öffentlicher Träger und deren spezifische Motivlagen verändern dabei nicht nur funktionale Beziehungen, sondern auch Macht- und Governance-Verhältnisse. In Kapitel 14.3 werden wir hierzu noch auf die Besonderheiten sogenannter hybrider Organisationen zu sprechen kommen.

Neue Märkte bzw. Teilbranchen im Zusammenhang mit Postwachstum entstehen nicht nur durch Nachfrageveränderungen (z. B. Ernährungspraktiken) oder Nutzungsformen (z. B. Sharing-Plattformen). Sie ergeben sich zum Beispiel auch aus veränderten Produktdesigns und der Suche nach Möglichkeiten zur Lebenszeitverlängerung. Das politisch eingeforderte Recht auf Reparatur und damit einhergehende regulatorische Änderungen (s. o.) lassen den Bedarf an Reparatur- und Servicedienstleistungen wachsen und können beispielsweise neue Arbeitsplätze im Handwerk schaffen. Gleiches gilt für die Abkehr von industriellen oder hochtechnisierten Lösungen, etwa bei der Verwendung traditioneller Baumaterialien regionaler Herkunft. Dabei kommen auch spezifische Formen des Wissens und handwerkliche Fertigkeiten zum Tragen.

Ein weiteres für die Wirtschaftsgeographie besonders reizvolles Themenfeld sind Veränderungen in globalen **Produktionssystemen** und **Lieferketten**. Diese sind im Zusammenhang mit Deglobalisierungs- und Resilienzstrategien (Corona-Pandemie, Ukraine-Krieg) einem dynamischen Wandel unterworfen und zeigen gewisse Ähnlichkeiten mit Postwachstums-Desiderata hinsichtlich kurzer Transportwege, Ressourcengerechtigkeit und regionaler Tragfähigkeit.

Und schließlich ergeben sich aus diesen veränderten Standortmustern und Akteurskonstellationen auch neue **Innovationsdynamiken,** die neben technischen und organisatorischen Innovationen vor allem auch soziale Innovationen einschließen. Diese werden in wirtschaftsgeographischen Modellen (z. B. regionale Innovationssysteme) zunehmend aufgegriffen.

10.6 Zusammenfassung

Von den in diesem Teil unseres Lehrbuchs vorgestellten Konzepten und Theorieansätzen ist die Postwachstumsperspektive zweifelsohne die jüngste und daher am wenigsten übersichtliche. Angesichts **globaler Wandlungsprozesse** und die Diskussion über notwendige fundamentale Veränderungen des vorherrschenden Wirtschaftssystems steht zu erwarten, dass die Relevanz **alternativer Wirtschaftspraktiken** für konzeptionelle und empirische Arbeiten der Wirtschaftsgeographie weiter zunehmen wird. Darauf deutet auch das nach unserer Wahrnehmung große studentische Interesse an diesem Thema hin, nicht zuletzt widergespiegelt in der hohen Zahl einschlägiger BA-/MA-Abschlussarbeiten und Dissertationen.

10.7 »Raus ins Feld« mit Dr. Benedikt Schmid, Universität Freiburg

Abb. 10.7: Dr. Benedikt Schmid. Foto: privat.

Ben Schmid arbeitet seit 2019 als Post-Doktorand in der Arbeitsgruppe Geographie des Globalen Wandels an der Universität Freiburg. Im Rahmen seiner Dissertation (Universität Luxemburg) hat er sich mit Postwachstumsinitiativen und ihrem transformativen Potenzial beschäftigt (s. Schmid 2020). Zentrale Fallstudie war eine Offene Werkstatt in Stuttgart, der »Hobbyhimmel«. Diese hat Ben nicht nur beforscht, sondern konnte während seiner mehrmonatigen ehrenamtlichen Mitarbeit tiefe Einblicke in die Besonderheiten der Initiative gewinnen. Weitere Informationen zum Hobbyhimmel gibt es hier: https://hobbyhimmel.de. Das Gespräch fand im Dezember 2022 statt.

Wie kamst Du auf die Idee, Dich in Deiner Doktorarbeit mit dem Thema Postwachstum zu befassen?
Für mich hat sich sehr schnell herauskristallisiert, dass, wenn es um Transformation und um Nachhaltigkeit geht, der Wachstumsbegriff sehr zentral ist. Vieles dreht sich um Wachstum – Stichwort: Planetare Grenzen, Stichwort: Entkopplung von Wirtschaftswachstum und Ressourcenverbrauch, Stichwort: soziale Ungleichheiten. Gleichzeitig gilt der Begriff in vielen Kontexten als tabuisiert, er wird nicht kritisch hinterfragt. Und da fand ich die Debatte um Postwachstum sehr erfrischend, da sie mir die Gelegenheit bot, Wachstumsdynamiken kritisch zu beleuchten. Postwachstum sozusagen als Kompass, als Orientierungshilfe. Das Konzept ist deshalb sehr spannend, weil es mir erlaubt hat, Fragen zu stellen, die ich nicht gestellt hätte, wenn ich ohne diesen Kompass ins Feld gegangen wäre.

Ins Feld gegangen heißt, Du hast Dir mögliche Fallbeispiele angesehen und bist schließlich beim Stuttgarter Hobbyhimmel gelandet. Was hat Dich an diesem Projekt besonders interessiert?
Ich muss vielleicht dazu sagen, wenn man nach Postwachstumsaktivitäten sucht, findet man diese nicht unmittelbar und in Reinform. Vielmehr sucht man nach Initiativen und Projekten, die insofern von einer Wachstumsorientierung abweichen, als sie nicht Profitinteressen in den Vordergrund stellen, sondern vor allem sozial-ökologische Zielsetzungen verfolgen. Dabei bin ich auf eine große Bandbreite von Organisationen gestoßen, unter denen der Hobbyhimmel als »Offene Werkstatt« besonders auffallend war. Vielleicht kurz zum Konzept der Offenen Werkstätten:

Dabei handelt es sich um Räume, die offen stehen für alle Personen, die ein Interesse haben »werkelnd« tätig zu werden. Klassisch mit Holz oder mit Metall, mit Näharbeiten, aber etwa auch durch Nutzung von 3D-Druckern. Das Besondere am Hobbyhimmel waren zwei Dinge: Erstens, dass die Werkstatt zu sehr unterschiedlichen Praktiken eingeladen hat, zum Beispiel Reparieren statt Wegwerfen – inspiriert durch ein Repair-Café als wiederkehrendes Event im Hobbyhimmel – oder Selbermachen statt Kaufen, damit verbunden die Wertschätzung von Produkten und ihrer Herkunft. Und zweitens, dass in dieser Offenen Werkstatt extrem viele unterschiedliche Personen und Organisationen zusammenkamen. Beispielsweise stand dort auch ein Kühlschrank der lokalen Foodsharing-Initiative, dann gibt es das schon erwähnte Repair-Café als unabhängige Initiative, die die Räumlichkeiten des Hobbyhimmel regelmäßig nutzt, aber auch verschiedene durchaus marktorientierte aber gleichzeitig sozial-ökologische Initiativen. Dazu zählt etwa ein Unternehmen, das versucht, möglichst nachhaltige Leuchtmittel herzustellen, das heißt modular aufgebaute und leicht reparierbare LED-Leuchten, die über eine lange Lebensdauer verfügen (die klassische Glühlampe steht ja inzwischen fast sinnbildlich für geplante Obsoleszenz). Bestimmte Komponenten dieser Leuchten konnten im Hobbyhimmel entwickelt und auch in kleiner Serie gefertigt werden.

Das heißt, der Hobbyhimmel war auch Ausgangspunkt nachhaltigkeitsorientierter Unternehmensgründungen?
Ja, genau. Eine ganze Reihe von Pionieren tüfteln hier teilweise gemeinsam an neuen Produkt- oder Verfahrensideen, etwa zum Bau von Lebensmittelautomaten, die frische regionale Produkte anbieten oder zur Konzeption eines energie- und wasserautarken Tiny-House. Um den Hobbyhimmel herum gibt es heute ein sehr lebendiges Netzwerk solcher und ähnlicher Initiativen, für die die Werkstatt sozusagen ein Katalysator war.

Während Deiner Studie hast Du selbst mehrere Monate ehrenamtlich im Hobbyhimmel mitgewirkt, um das Projekt und seinen Kontext besser zu verstehen. Was hast Du dabei gelernt und vielleicht besonders wertgeschätzt?
Natürlich fängt das mit der alltäglichen Praxis an, die mir Einblicke in sehr verschiedene Dimensionen des Vorhabens (Finanzen, Organisation, Integration neuer Mitglieder) ermöglicht hat. Spannend war es für mich auch, selbst handwerklich dazuzulernen und zum Beispiel auch eigene Sachen zu reparieren – und dabei auch die Anforderungen und Grenzen der Reparierbarkeit kennenzulernen. Und schließlich konnte ich auch erfahren, wie überhaupt so eine Gruppe funktioniert, also der Verein, der den Hobbyhimmel betreibt und weiterentwickelt. Da bekommt man sehr viel mit, angefangen von zwischenmenschlichen Konflikten, über Fragen von Zuständigkeiten und ungleicher Verteilung von Aufgaben, die Rolle von zentralen Einzelpersonen bis hin zu koordinierten Gruppenprozessen. Wir haben versucht, uns an Prinzipien

von hierarchiefreier Selbstorganisation zu halten mit all ihren Vor- und Nachteilen. Dabei war es für mich extrem bereichernd zu sehen, welche Elemente der Selbstorganisation, die wir im Hobbyhimmel ausprobieren konnten, besonders wichtig sind.

Rückblickend und mit anderen Initiativen vergleichend weiß ich heute auch, dass sich der Hobbyhimmel als besonders offen erwiesen hat, was Teil seines Erfolgs sein dürfte. Nicht alle Offenen Werkstätten verfügen über so niedrigschwellige Angebote (z. B. stundenweise Nutzungsgebühren ohne feste Mitgliedschaft), ausgedehnte Öffnungszeiten und große Vielfalt an Aktivitäten. Vielleicht wirkt der Hobbyhimmel deshalb so stark als ermöglichende Plattform für vielfältigste Vorhaben.

Abb. 10.8: Repair-Café im Hobbyhimmel Stuttgart. Foto: Hobbyhimmel.

10.8 Zur Vertiefung

Test zu Kapitel 10
https://www.utb.de/do/10.36198/9783838561325-e09/disclaimer

Weiterführende Aufgaben

1. Benennen Sie Beispiele für postwachstumsorientierte Praktiken in Betrieben, Haushalten, öffentlichen Einrichtungen oder zivilgesellschaftlichen Organisationen.
2. Diskutieren Sie geographische Aspekte des Suffizienz-Ansatzes an einem selbstgewählten Beispiel.
3. Erörtern Sie kritisch mögliche Zusammenhänge zwischen (Re-)Regionalisierungstendenzen und Postwachstumsbemühungen.

Literatur- und Webtipps

Schmelzer, Matthias & Vetter, Andrea (2019): *Degrowth/Postwachstum zur Einführung.* Hamburg: Junius.

» Eine zugleich kompakte und umfassende, sehr gut lesbare Darstellung der verschiedenen Ursprünge und Strömungen aktueller Postwachstumsdebatten und ihrer Hauptcharakteristika. Hervorragende Einstiegslektüre.

Lange, Bastian, Hülz, Martina, Schmid, Benedikt & Schulz, Christian (Hrsg., 2020): *Postwachstumsgeographien. Raumbezüge diverser und alternativer Ökonomien.* Bielefeld: transcript.

» Diese Anthologie illustriert die Relevanz des Themas Postwachstum für die Geographie. Neben der konzeptionellen Einführung finden sich zahlreiche empirische Beiträge sowie authentische Einblicke in raumrelevante Postwachstumspraktiken, z. T. in Form von Interviews mit Aktivistinnen, Planern und Künstlerinnen (Open Access zur elektronischen Version über https://www.transcript-verlag.de/978-3-8376-5180-5/postwachstumsgeographien/?number=978-3-8394-5180-9).

Kapitel 11

Synthese

Themen

Donut-Ökonomie, Gemeinwohlökonomie, Fundamentalökonomie, Methoden

Über diese Lerneinheit

Die im ersten Teil unseres Buchs ausgeführten Konzepte und Perspektiven weisen Berührungspunkte und Überschneidungen auf, die dieses Synthesekapitel einordnet und kommentiert. Die Donut-Ökonomie, das Konzept der Gemeinwohlökonomie sowie die Debatte um Foundational Economies (Fundamentalökonomie) stellen komplementäre Ansätze dar, die zunehmend Eingang in wirtschaftsgeographische Arbeiten finden. Alle vorgestellten Ansätze gehen mit spezifischen methodischen und konzeptionellen Herausforderungen für die Wirtschaftsgeographie einher.

Was Sie hier lernen

1. Die wichtigsten Konzepte hinsichtlich ihrer Perspektiven, Kontexte und Ausrichtung einordnen können.
2. Methodische Implikationen nachvollziehen können.
3. Konzeptionelle Herausforderungen für die Wirtschaftsgeographie erkennen können.

11.1 Einordnung

Ähnlich wie die in Kapitel 2 ausgeführten Paradigmen, so überlagern sich auch die in Kapitel 3 bis 10 vorgestellten **Konzepte** zeitlich sowie teilweise inhaltlich. Grundsätzlich gilt, dass auch die älteren der präsentierten Ansätze weiterhin Verwendung finden. Sie koexistieren mit den jüngeren Konzepten und lassen sich zum Teil miteinander verschränken. Auch haben wir es mit Konzepten unterschiedlicher Reichweite bzw. theoretischer Fundierung zu tun. Während es sich etwa bei der Politischen Ökologie oder den Transition Studies um weitgehend gefestigte Modelle handelt, verweisen andere Konzepte weniger auf Theoriegebäude, denn auf erweiterte Ontologien (z. B. Diverse Economies) oder auf wirtschaftspolitische Programmatiken (z. B. Green Economy). Bestimmte Facetten der Green Economy kann man zum Beispiel innovationstheoretisch mithilfe der Transition Studies ergründen. Und konzeptionelle Grundlagen der Circular Economy können herangezogen werden, um die Postwachstumspraktiken einer bestimmten Branche hinsichtlich ihres Ressourcenverbrauchs und -managements zu analysieren. Gleichwohl stehen einige der Ansätze auch in unmittelbarer Konkurrenz zueinander oder grenzen sich explizit voneinander ab, so etwa Postwachstum als Kritik an der Ökologischen Modernisierung oder der Green Economy.

Nachhaltigkeitsorientiertes Wirtschaften

Betrachtet man aus eher gegenständlicher Perspektive die konkreten Ausprägungen oder Umsetzungsformen **nachhaltigkeitsorientierten Wirtschaftens**, gibt es viele Ähnlichkeiten und Überschneidungen, und eine exklusive Zuordnung zu einem alleinigen theoretischen Konzept ist selten möglich. So kann etwa die Praktik eines nachhaltigen Produkt-Service-Systems sowohl aus Sicht der Zirkulären Wirtschaft oder der Green Economy gelesen werden, aber gegebenenfalls auch unter Postwachstumsaspekten. Dies heißt auch, dass verschiedene Perspektiven ähnliche oder gleiche Lösungsansätze und Handlungsempfehlungen formulieren. In manchen Bereichen lassen sich aber auch kategorischere Unterscheidungen treffen, zum Beispiel zwischen explizit sozial-ökologisch ausgerichteten Formen des Teilens oder kollaborativen Konsums einerseits, und den weiter oben auch als Pseudo-Sharing bezeichneten Aktivitäten andererseits.

Insgesamt ist die Auswahl der in diesem Buch eingeführten Konzepte Resultat unserer Wahrnehmung ihrer bisherigen Relevanz bzw. ihres erkennbaren **Potenzials** für die wirtschaftsgeographische Lehre und Forschung. Diese Einschätzung fußt auf langjährigen Beobachtungen der umweltorientierten Wirtschaftsgeographie und ihrer Nachbardisziplinen auf internationaler Ebene. Leider konnten wir nicht alle aus unserer Sicht wichtigen Literaturstränge und Debatten aufgreifen. So haben wir bisher nur sporadische Bezüge zu postkolonialen oder feministischen Perspektiven der Wirtschaftsgeographie herstellen können. Auch jüngere Forschungs-

und Politikansätze, wie etwa die Donut-Ökonomie oder die Gemeinwohlökonomie, konnten nicht eingehender präsentiert werden. Im folgenden Abschnitt seien sie jedoch zumindest kurz umrissen.

11.2 Ergänzende Perspektiven und Ansätze

Im Folgenden betrachten wir zunächst komplementäre Forschungsperspektiven genereller Natur, die auch von Teilen der Wirtschaftsgeographie herangezogen werden. Sodann werden wir auf eine Auswahl konkreter Konzepte zu sprechen kommen, die vermehrt Eingang in wirtschaftsgeographische Debatten finden.

Postkoloniale und dekoloniale Perspektive

Zwei sich teils ergänzende, teils konzeptionell überlappende **Perspektiven** halten wir für besonders relevant, nicht nur um den ontologischen Horizont der Wirtschaftsgeographie zu erweitern, sondern auch um die Nachhaltigkeitsperspektive substanziell zu ergänzen. Zum einen legen es die zuvor vielfach angesprochenen globalen Verflechtungen, Nord-Süd-Verhältnisse, Ungleichverteilungen und historischen Pfadabhängigkeiten nahe, einen kritischen Blick auf unser in westlichen Industrieländern geprägtes Wirtschaftsverständnis zu werfen. Hier leistet die **postkoloniale** bzw. **dekoloniale Forschung** einen wichtigen Beitrag (s. unten und das Interview mit Ottavia Cima in Kapitel 2). Sie hinterfragt Machtaspekte und Hegemonialität sowohl hinsichtlich der verzerrenden Dominanz vor allem angelsächsischer Autorinnen, Herausgebern, Fachzeitschriften und deren Begutachterinnen in der Produktion und Reproduktion von Wissen als auch bezogen auf westliche Modellvorstellungen und Werte, die das in der ›internationalen‹ Fachliteratur vorherrschende Wirtschaftsverständnis prägen. Beispielsweise kritisieren Pollard et al. (2009), dass weite Teile der westlichen Wirtschaftsgeographie – obwohl sie sich explizit mit Fragen der Wissensgenerierung und des Wissenstransfers beschäftigen – dem Entstehen von spezifischen Wissensformen in anderen, zum Beispiel indigenen Kontexten denkbar wenig Beachtung schenken. Die postkoloniale Kritik schließt hier nicht zuletzt auch unangepasste Erhebungsmethoden und Feldzugänge ein und verweist auf deren interkulturelle, sprachliche und forschungsethische Dimensionen (s. ausführlicher in Kap. 11.3).

Begriffserklärung

Postkoloniale Perspektiven: Postkoloniale Ansätze in den Sozial- und Kulturwissenschaften stehen für eine kritische Perspektive nicht nur auf die Folgen historischer Kolonisierung, sondern auch auf aktuelle Machtverhältnisse und Hegemonien im globalen Maßstab. Kritisch betrachtet werden beispielsweise eurozentrische Diskurse und Wahrnehmungen so-

wie ihre zugrundeliegenden Wertmaßstäbe und Referenzen, aber auch materielle Abhängigkeiten so zwischen rohstoffexportierenden Ländern und ihren Abnehmern.
Dekoloniale Perspektiven: Daraus abgeleitet versuchen dekoloniale Ansätze, sich von kolonialen Prägungen zu emanzipieren und den dominanten Deutungen der Industrieländer zu begegnen. Sie fordern zum Beispiel eurozentrisches Wissen und hiesige soziale Praktiken heraus, indem sie indigenes Wissen (s. Kapitel 12) und einen anderen Umgang mit Natur und Mitmenschen als mindestens gleichwertig einordnen.

Feministische Theorien

Nicht zufällig gibt es hier Überschneidungen mit Grundannahmen der **feministischen Wirtschaftsgeographie,** in der es ebenfalls um Fragen der Machtverhältnisse, Exklusion und Hegemonialität geht. Die feministische Kritik beginnt schon mit der Beobachtung, dass frauenspezifische lebensweltliche Realitäten und Kontextbedingungen in weiten Teilen der Wirtschaftsforschung ausgeblendet bleiben oder als nicht forschungsrelevant erachtet werden. Hierzu zählen Aspekte der systematischen Benachteiligung oder Unterrepräsentanz auf dem Arbeitsmarkt, in der politischen Mitbestimmung oder im unternehmerischen Gründungsgeschehen. Darüber hinaus können feministische Perspektiven (s. Kapitel 9) den Blick auf andere Wirtschaftspraktiken, divergierende Motivlagen und erweiterte Wertesysteme lenken. Feministische Theorien schließen auch zunehmend queere Perspektiven mit ein. Diese grundsätzlichen Fragen der eingenommenen Perspektive stehen nicht zuletzt auch im Zusammenhang mit dem Selbstverständnis der Forschenden und erfordern eine kritische Reflexion der eigenen **Positionalität** im Forschungsprozess (s. Kapitel 11.3).

Unter den jüngeren Konzepten, die in Politik, Planung und räumlicher Forschung einen gewissen Widerhall finden, erscheinen uns die drei folgenden **Ansätze** für die Wirtschaftsgeographie besonders anschlussfähig und zugleich inspirierend.

Donut-Ökonomie

Erstens das von der britischen Wirtschaftswissenschaftlerin Kate Raworth entwickelte Konzept der **Donut-Ökonomie** (Raworth, 2018), das in Form einer sehr eingängigen Darstellung die zu respektierenden ökologischen Grenzen und die zu erhaltenden gesellschaftlichen Fundamente visualisiert (s. Abb. 11.1). Der äußere Ring, auch als **ökologische Decke** bezeichnet, zeigt die natürlich begrenzten Ressourcen bzw. die Tragfähigkeit von Ökosystemen an. Rote Sektoren zeigen Bereiche, in denen die bereits in Kapitel 2 besprochenen neun Planetaren Grenzen überschritten werden. Analog weisen Unterschreitungen in den zwölf Sektoren des inneren Rings auf unzureichend bediente oder gefährdete Grundbedürfnisse des sozialen Wohlergehens **(soziales Fundament)** hin. Im mittleren Ring innerhalb der sozialen und ökologischen Grenzwerte für Mangel bzw. Exzess liegt der Bereich, den Raworth als »gerechten und sicheren Raum für die Menschheit« und als Spielraum für eine »regenerative und distributive Ökonomie« sieht.

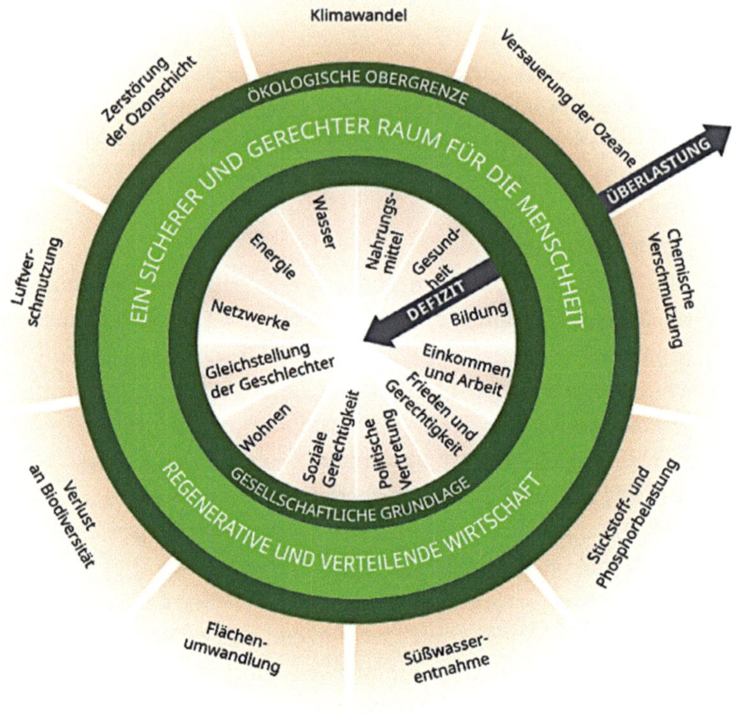

Abb. 11.1: Der Donut als Analyse- und Monitoring-Instrument. Quelle: Roelfes (2022) nach Raworth (2012).

Ursprünglich als analytisches Werkzeug für die Bestandsaufnahme auf Ebene von Volkswirtschaften gedacht, wird der Donut vermehrt auch auf **lokaler Ebene** und/oder im Zusammenhang mit bestimmten Sektoren und Politikfeldern eingesetzt. So beschäftigt sich etwa in Amsterdam die dortige Donut-Koalition mit der Frage, wie die auf Ressourcen-Zirkularität abstellende Wirtschaftsstrategie der Stadt mithilfe des Donuts strategisch ausgerichtet und langfristig begleitet werden kann (https://amsterdamdonutcoalitie.nl/). Einen besonders ambitionierten Weg hat die Initiative Brussels Donut eingeschlagen. Unterstützt von der Regierung der Hauptstadtregion Brüssel haben dort lokale Initiativen in einem partizipativen Vorgehen Indikatoren und Ziele formuliert, die es ermöglichen, die Donut-Methode für das Monitoring der Stadt- und Wirtschaftsentwicklung zu nutzen (https://donut.brussels/en/homepage/). Weitere Praxisanwendungen werden vom Doughnut Economics Action Lab ausgearbeitet (https://doughnuteconomics.org/).

Gemeinwohlökonomie

Ein ähnliches Anliegen verfolgt zweitens das von dem österreichischen Publizisten und Aktivisten Christian Felber propagierte Konzept der **Gemeinwohlökonomie** (Felber, 2018), aus dem das inzwischen internationale und rapide wachsende Netzwerk Gemeinwohlökonomie (GWÖ) hervorgegangen ist. Ziel der GWÖ ist es, wertebasierte Wirtschaftsweisen zu etablieren, die sich menschlicher Würde, Solidarität, sozialer Gerechtigkeit, ökologischer Nachhaltigkeit sowie Transparenz und Fragen der Demokratisierung verschreiben. Mit der GWÖ-Matrix (Abb. 11.2) existiert ein umfängliches Instrument zur Bilanzierung der gemeinwohlrelevanten Leistungen eines Unternehmens. Leicht angepasst wird sie auch für die Einstufung von Gebietskörperschaften (z. B. Gemeinden) sowie von Bildungseinrichtungen (z. B. Universitäten) benutzt.

GEMEINWOHL-MATRIX 5.0

GEMEINWOHL ÖKONOMIE Ein Wirtschaftsmodell mit Zukunft

WERT / BERÜHRUNGSGRUPPE	MENSCHENWÜRDE	SOLIDARITÄT UND GERECHTIGKEIT	ÖKOLOGISCHE NACHHALTIGKEIT	TRANSPARENZ UND MITENTSCHEIDUNG
A: LIEFERANT*INNEN	**A1** Menschenwürde in der Zulieferkette	**A2** Solidarität und Gerechtigkeit in der Zulieferkette	**A3** Ökologische Nachhaltigkeit in der Zulieferkette	**A4** Transparenz und Mitentscheidung in der Zulieferkette
B: EIGENTÜMER*INNEN & FINANZ-PARTNER*INNEN	**B1** Ethische Haltung im Umgang mit Geldmitteln	**B2** Soziale Haltung im Umgang mit Geldmitteln	**B3** Sozial-ökologische Investitionen und Mittelverwendung	**B4** Eigentum und Mitentscheidung
C: MITARBEITENDE	**C1** Menschenwürde am Arbeitsplatz	**C2** Ausgestaltung der Arbeitsverträge	**C3** Förderung des ökologischen Verhaltens der Mitarbeitenden	**C4** Innerbetriebliche Mitentscheidung und Transparenz
D: KUND*INNEN & MITUNTERNEHMEN	**D1** Ethische Kund*innenbeziehungen	**D2** Kooperation und Solidarität mit Mitunternehmen	**D3** Ökologische Auswirkung durch Nutzung und Entsorgung von Produkten und Dienstleistungen	**D4** Kund*innen-Mitwirkung und Produkttransparenz
E: GESELLSCHAFTLICHES UMFELD	**E1** Sinn und gesellschaftliche Wirkung der Produkte und Dienstleistungen	**E2** Beitrag zum Gemeinwesen	**E3** Reduktion ökologischer Auswirkungen	**E4** Transparenz und gesellschaftliche Mitentscheidung

Abb. 11.2: Bewertungsmatrix der Gemeinwohlökonomie – Version für Unternehmen. Quelle: GWÖ (2022).

Für jedes der Felder in der Matrix liegt jeweils ein differenziertes **Bewertungsraster** vor, das die Einstufung der bisherigen Leistungen auf einer zehnstufigen Skala (*0=Basislinie — 1=Erste Schritte — 2–3=Fortgeschritten — 4–6=Erfahren — 7–10=Vorbildlich*). Die Gesamtschau der Werte für alle Teilaspekte liefert den quantitativen

Kern der **Gemeinwohlbilanz** einer Organisation. Die Bilanz ist sowohl Grundlage für die Erteilung eines Gemeinwohlzertifikats als auch Instrument (›Dashboard‹) für die weitere Strategieentwicklung und Erfolgsmessung. Weitere Informationen zu den Zielen und Instrumenten der Gemeinwohlökonomie sind erhältlich unter https://web.ecogood.org/de/.

Ein wichtiger Zweck der GWÖ ist sowohl die Bewusstseinsmachung als auch die konkrete Orientierungshilfe bereitgestellt durch die Bewertungskriterien. Dies macht das Instrument nicht nur für den Einsatz in Unternehmen und anderen Organisationen (z. B. Hochschulen) interessant, sondern auch für die Reorientierung zum Beispiel von **lokal- und regionalpolitischen Leitbildern** und Referenzrahmen. So hat die Wirtschaftsförderungs- und Entwicklungsgesellschaft der Stadt Bornheim im Rheinland 2020 ihre Wirtschaftsförderung und Gewerbeflächenpolitik einer Gemeinwohlbilanzierung unterzogen, um eine Grundlage für ihre nachhaltigkeitsorientierte Unternehmens- und Flächenpolitik zu generieren (s. Kopatz [2021] sowie Kapitel 13).

Foundational Economy

Und drittens bietet das von einem Kollektiv anfangs vor allem britischer und niederländischer Wissenschaftler beworbene Konzept der **Foundational Economy** (Foundational Economy Collective, 2018) sehr wichtige Bezüge zu Fragestellungen und Konzepten der Wirtschaftsgeographie. Im Deutschen wahlweise auch als ›Ökonomie des Alltagslebens‹ oder ›Fundamentalökonomie‹ (FÖ) bezeichnet (Froud et al., 2019), umfasst diese Infrastrukturen und Dienstleistungen, die für das Wohlergehen und den sozialen Zusammenhalt einer Gesellschaft ›fundamental‹ sind.

Zu der sogenannten **materiellen** FÖ gehören Ver- und Entsorgungsinfrastrukturen (inkl. Energie und öffentlicher Transport), zu den **providentiellen** FÖ essenzielle soziale und kulturelle Dienstleistungen, zum Beispiel des Gesundheitswesens oder des Bildungssektors. Ihnen ist gemein, dass sie in vielen neoliberal geprägten Volkswirtschaften zunehmend privatisiert wurden und teils kontraproduktiven, teils Ungerechtigkeiten schaffenden Marktkräften unterliegen. Als Reaktion darauf fordert das Foundational Economy Collective (FEC), diese Güter und Dienste zu **Dekommodifizieren** und für alle Gesellschaftsschichten gleichermaßen zugänglich zu machen (also etwa einkommensunabhängiger Zugang zu Bildungseinrichtungen oder eine umfängliche Krankenversorgung in der Basisversicherung). Um dies zu erreichen, schlägt das FEC nicht etwa eine Verstaatlichung dieser Sektoren vor, sondern eine fundamentale Neuausrichtung des Verhältnisses zwischen kontrollierenden Institutionen (z. B. dem beauftragenden Staat) und den ausführenden Organisationen (z. B. Krankenhausträger, Nahverkehrsunternehmen, Energieversorger). Letztere können durchaus privatwirtschaftlich organisiert sein; die Auftragsvergabe soll jedoch mit einer **sozialen Lizenz** einhergehen, das heißt mit verbindlichen Auflagen hinsichtlich (a) sozialer und ökologischer Mindeststandards und (b) des Verbleibs von Gewinnen, die gemeinwohlorientiert reinvestiert werden sollen statt zu privater Kapitalakkumulation (z. B. von Anteilseignerinnen) beizutragen.

Wie in Abbildung 11.3 dargestellt, lag der Anteil aller Beschäftigten in Deutschland 2016/17 für die materielle FÖ bei etwa 17,2 %, für die providentielle FÖ bei 24,1 %. Mit anderen Worten, über 40 % der Erwerbspersonen üben Tätigkeiten im Bereich der Fundamentalökonomie aus.

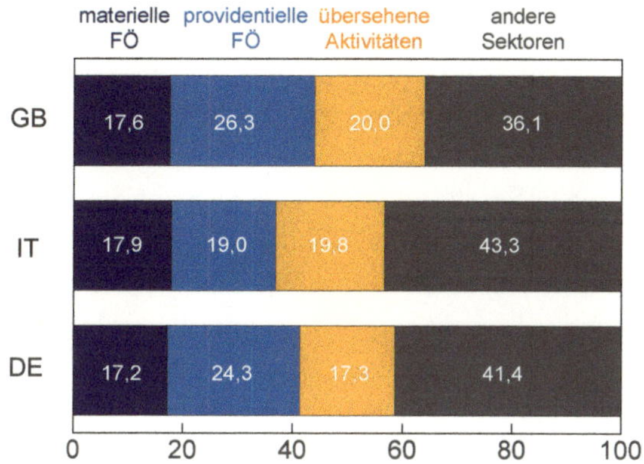

Abb. 11.3: Beschäftige in der Fundamentalökonomie und anderen Sektoren in Großbritannien, Italien und Deutschland 2016/17 in Prozent. Eigene Darstellung basierend auf Froud et al. (2019: 71).

Aktuelle Forschungen zur FÖ beschäftigen sich mit Fragen der Implementierung auf **regionaler Ebene**, beispielsweise in Wales oder Barcelona (Earle et al., 2018; Russell et al., 2022) oder mit ihrem Verhältnis zu anderen Konzepten und Politikansätzen. So diskutieren Wahlund & Hansen (2022) die Schnittstellen zur Donut-Ökonomie und die Frage, inwieweit diese zur weiteren Operationalisierung der FÖ beitragen könnte. Bärnthaler et al. (2021) erörtern, wie die Fundamentalökonomie als möglicher Baustein einer postwachstumsorientierten Transformation des Kapitalismus ›von innen heraus‹ verstanden werden kann. Die Grundprinzipien der Fundamentalökonomie sowie aktuelle Beiträge des FEC finden sich hier: https://foundationaleconomy.com/.

Nachhaltigkeitsbewertung der Wirtschaft

Trotz ihrer zahlreichen inhaltlichen **Berührungspunkte** legen die drei vorgenannten Ansätze sehr unterschiedliche **Perspektiven** an. Während die Donut-Ökonomie einen Bewertungsrahmen inklusive normativ begrenzender Leitlinien für die Einschätzung der sozial-ökologischen Situation eines Landes oder einer Region liefert, fokussiert die GWÖ auf die konkreten Praktiken einzelner Unternehmen, Organisationen oder Gebietskörperschaften. Beide Ansätze können sowohl als analytischer Rahmen als auch als Grundlage für strategische Veränderungsbemühungen genutzt werden. Die Fundamentalökonomie ist demgegenüber stärker sensibilisierend sowie zugleich politisch-programmatisch ausgerichtet und plädiert nicht nur für veränderte Klassifizierungsmerkmale bei der Betrachtung des Wirtschaftsgeschehens, sondern fordert konkret eine veränderte Rolle von Staat und Gemeinwesen. Dies betrifft auch die Rolle von kollektivem Eigentum für grundlegende Infrastrukturen.

Empirische und politische Operationalisierung

Bezogen auf die in den vorangehenden Kapiteln diskutierten Konzepte können die drei Ansätze vielversprechende Erweiterungen oder auch Wege zur empirischen und politischen **Operationalisierung** darstellen. So könnte mithilfe des Instrumentariums der Donut-Ökonomie differenziert ermittelt werden, inwieweit regionale oder nationale Konzepte, zum Beispiel der Zirkulären Wirtschaft oder der Green Economy, sich auf die ökologische und soziale Performanz des Untersuchungsraums auswirken. Gleiches kann die Gemeinwohlbilanzierung auf Ebene einzelner Unternehmen tun. Zugleich liefert die GWÖ eine Möglichkeit, Zielvorstellungen etwa der Postwachstumsökonomie in evaluierende Kriterien zu übersetzen. Hinsichtlich der Rolle der Community Economies und der Postwachstumsansätze bietet die Fundamentalökonomie ebenfalls eine interessante Konkretisierungsstufe.

Kritik

Wie viele andere metrische und zugleich multi-dimensionale Bewertungsverfahren, können auch die GWÖ- und die Donut-Bilanzierung methodisch kritisiert werden im Hinblick auf Gewichtung, Körnigkeit und Aussagekraft der verwendeten Variablen. Auch ist zu hinterfragen, inwieweit Felber und das GWÖ-Netzwerk einen ursprünglich breiteren und auch alltagssprachlichen Begriff des Gemeinwohls hier einseitig operationalisieren. Daran schließt die Sorge an, inwiefern erteilte Gemeinwohlzertifikate von Unternehmen nicht auch irreführend zu Marketingaspekten eingesetzt werden. Gleichwohl besteht der Reiz – auch aus wissenschaftlicher Sicht – sowohl in der Robustheit der Bewertungsgrundlagen als auch in der zunehmenden Verbreitung des Ansatzes in der unternehmerischen und politischen Praxis (Weck & Ritzinger, 2021). Ähnliches gilt für die Anwendung des Donuts als eingängiges Visualisierungs- und Sensibilisierungsinstruments, dessen pädagogischer Wert möglicherweise höher liegt als sein strategisch-analytisches Potenzial.

Allen drei Ansätzen ist gemein, dass sie stark durch die Sichtweise westlicher Industrieländer geprägt sind, wie zum Teil selbstkritisch eingeräumt wird (für die FÖ etwa Russell et al. 2022). Ihre Wertmaßstäbe, Grundannahmen und Leitvorstellungen bedürfen daher dringend einer Erweiterung. Dies sowohl hinsichtlich einer Adaption an Kontexte in anderen Weltregionen (s. postkoloniale Kritik) als auch bezüglich perspektivischer Erweiterung, etwa aus der Sicht feministischer Forschung.

11.3 Herausforderungen in der Anwendung

Die in den vorangehenden Kapiteln vorgestellten Konzepte sind in der Wirtschaftsgeographie unterschiedlich stark eingeführt. Zum Teil sind sie unmittelbar anschlussfähig an etablierte Modelle, wie zum Beispiel die Transition Studies, die auf zahlreichen Grundannahmen der evolutionären Wirtschaftsgeographie aufbauen. Sie können somit auf bekannte Terminologien zugreifen und sich auch methodisch etablierter Instrumente bedienen. Andere Konzepte (z. B. Diverse Economies, Postwachstum) fordern die Wirtschaftsgeographie auf, ihr begriffliches und methodisches Spektrum zu erweitern bzw. anzupassen (Abb. 11.4). Über das Verständnis zentraler Begriffe haben wir bereits in Kapitel 9 ausführlicher gesprochen. Daran anknüpfend sei im Folgenden illustriert, welche Auswirkungen sich verschiebende Perspektiven und begriffliche Rahmungen auf empirische **Bewertungsmaßstäbe** und die eingesetzten **Erhebungsmethoden** haben können.

Indikatorik

Dies beginnt ganz praktisch bei der Frage nach der geeigneten **Indikatorik,** das heißt, welche Variablen zur Analyse und Bewertung wirtschaftsgeographischer Phänomene und Prozesse herangezogen werden. Dies gilt sowohl für allgemeine makroökonomische Bewertungsmaßstäbe (z. B. BIP) und deren Alternativen (s. u.) als auch für spezifische regionalökonomische oder unternehmensbezogene Messgrößen hinsichtlich der Entwicklungsdynamik und Schaffung von Werten. Die Frage zum Beispiel, ob man die Innovativität einer Region anhand etablierter Indikatoren wie Patentanmeldungen oder Ausgaben in Forschung und Entwicklung misst oder spezifischer auf tatsächliche Veränderungsprozesse (inkl. sozialer Innovationen) und deren längerfristigen Wirkungen schaut, ist nicht nur erkenntnistheoretisch von Bedeutung, sondern hat unmittelbare Auswirkungen auf methodische Zugänge.

Begriffserklärung

Alternative Indikatoren der Wohlstandmessung

Index of Sustainable Economics Welfare (ISEW): Anders als das BIP, bezieht der ISEW auch Aspekte der **Verteilung von Wohlstand** innerhalb einer Gesellschaft ein. Ferner berücksichtigt er Fragen der Umweltbelastung (Luft, Gewässer, Lärm), Ressourcenverbrauch und Flächennutzung (Daly & Cobbs, 1989). Des Weiteren werden Fragen von gesellschaftlichem Wohlergehen mittels Pendlerstatistiken, Unfallzahlen, Stadtentwicklungsprozessen, Kosten der Umweltverschmutzung sowie dem (geschätzten) Wert unbezahlter Sorgearbeit erfasst (Costanza et al., 1997). Der ISEW wurde erstmals für die USA berechnet, bevor er auch in anderen, vornehmlich westeuropäischen Ländern Einsatz fand. Aufgrund seiner Komplexität ist er bis heute eher Gegenstand wissenschaftlicher Auseinandersetzungen und konnte sich nicht als alternativer, politikrelevanter Indikator etablieren.

Genuine Progress Indicator (GPI): Der GPI ist eine Weiterentwicklung des ISEW und teilt viele seiner Merkmale. Ziel ist es, ein verlässlicheres Bild **sozioökonomischer Entwicklungstrends** zu zeichnen. Dies geschieht unter expliziter Einbeziehung sogenannter ›Regrettables‹ (s. BIP-Kritik in Kapitel 10), die hier – anders als beim BIP – nicht als positiv für die Wirtschaft verbucht werden, sondern als negative Kosten. Ausgaben für die Sanierung von Umweltschäden oder Gesundheitskosten infolge von zum Beispiel schlechter Luftqualität werden vom BIP abgezogen, um den tatsächlichen sozialen Wohlstand besser zu erfassen (Kubiszewski et al., 2013).

Human Development Index (HDI): Als weitaus etablierter gilt der Human Development Index (HDI), der 1990 von den Vereinten Nationen (United Nations Development Programme – UNDP) eingeführt wurde. Zusätzlich zum BIP pro Kopf misst der HDI die **durchschnittliche Lebenserwartung** zum Zeitpunkt der Geburt (als Näherungswert für Gesundheitsversorgung und Ernährungssicherheit) sowie die Anzahl der Jahre, die eine Person in Schule und Berufsausbildung verbringt. Obwohl der HDI ergänzende Verfeinerungen erfuhr (z. B. Inequality-adjusted HDI, Gender Inequality Index), wird er oft als zu simplifizierend für die Erfassung gesellschaftlichen Wohlergehens kritisiert.

OECD Better Life Initiative: Im Nachgang zur globalen Finanzkrise 2008 erfuhr die Debatte um alternative Indikatoren eine besondere Dynamik, so durch Vorstöße der Europäischen Union (2009) oder durch den Bericht der vom Nobelpreisträger Joseph Stiglitz geleiteten Commission on the Measurement of Economic Performance and Social Progress (Stiglitz et al., 2009). Der Bericht lieferte eine wesentliche Grundlage für die »Better Life Initiative« der OECD. Diese schlägt eine Kombination aus über 22 Hauptindikatoren vor, etwa hälftig zu **sozialem Wohlstand bzw. Ungleichheiten** und zur Hälfte zu **Ressourcenaspekten**. Seit 2010 sind fünf »How's life?«-Berichte erschienen. Die letzte Ausgabe stellte vergleichbare Informationen aus 37 OECD-Mitgliedsstaaten sowie 4 Partnerländern bereit (OECD, 2020).

Happy Planet Index (HPI): Der seit 2006 existierende und heute für über 150 Länder berechnete Happy Planet Index ist ein Meta-Indikator, der sich auf existierende Indikatorensysteme stützt und dabei **soziale Messgrößen** mit **Nachhaltigkeitsindikatoren** kombiniert (WEAll, 2021). Konkret verknüpfte er Daten zur Lebenserwartung aus dem UN-HDI (s. o.) mit länderspezifischen Informationen zur Lebenszufriedenheit erfasst in der Gallup World Poll und mit ressourcenbezogenen Aussagen des jeweiligen nationalen Ökologischen Fußabdrucks (s. Kapitel 2).
Neben diesen internationalen Ansätzen gibt es eine wachsende Zahl von Ländern, die auf **nationaler Ebene** eigene Verfahren zur alternativen Wohlstandsmessung etablieren. Ge-

nannt sei hier so etwa der »Wohlstandsbericht der Arbeiterkammer Österreich« (AK, 2021) oder der »Luxembourg Index of Well-Being« (auch: PIBien-être, s. STATEC, 2022). Auch der »Lagebericht zur Schweizer Volkswirtschaft« geht deutlich über rein ökonomische Kennzahlen hinaus (Bundesrat, 2019). 2022 hat die deutsche Bundesregierung eine entsprechende Anpassung der Systematik des jährlichen Jahreswirtschaftsberichts angekündigt.
Für alle genannten Indikatoren gilt gleichwohl ein Vorsichtsgebot. Auch wenn sie differenzierter und komplexer angelegt sind als etwa das BIP, so drücken sie dennoch nur aus, was erfasst und gemessen werden kann. Quantitative Messgrößen haben eine gewisse performative Wirkung, da sie aufgrund ihrer vordergründigen Klarheit in politischen und medialen Diskursen tendenziell überbewertet werden. Fragen der Eignung und Aussagekraft der zugrundeliegenden Indikatoren und Datengrundlagen treten dabei in den Hintergrund bzw. werden kaum kritisch hinterfragt.

Vor allem die vorgenannten alternativen Indikatorensysteme werfen unmittelbar auch die Frage der **Datenverfügbarkeit** bzw. -zugänglichkeit auf. Die Komplexität mancher zusammengesetzter oder Sammel-Indikatoren **(Composite Indicators)** erschwert nicht nur deren Lesbarkeit und Kommunizierbarkeit, sondern setzt auch die Zugänglichkeit langfristige Nachführung aller zugrundeliegenden Einzelindikatoren voraus. Was für metrisch messbare statistische Indikatoren eher eine Frage der technischen Machbarkeit und eingesetzten Haushaltsmittel (z. B. in Statistischen Ämtern) ist, stellt sich für eher qualitativ zu erschließende Informationen weitaus vielschichtiger dar.

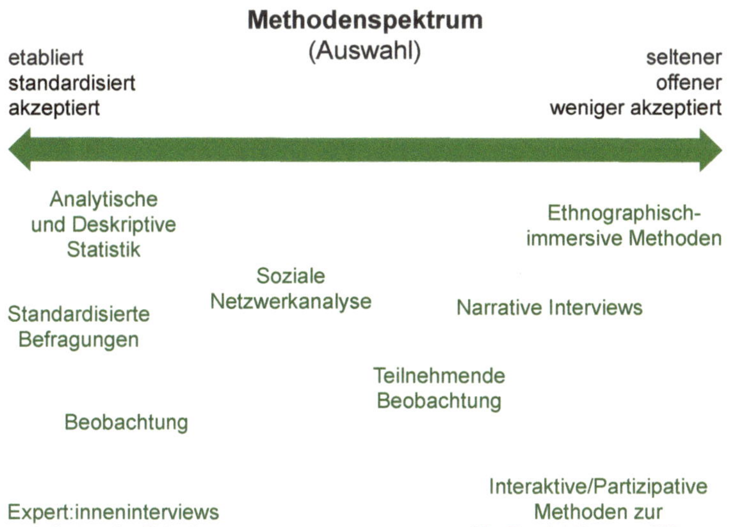

Abb. 11.4: Methodenpluralismus in der Wirtschaftsgeographie. Eigene Darstellung.

Methoden

Die Herausforderungen hinsichtlich Datenverfügbarkeit wie auch die sich wandelnden Forschungsgegenstände stellen somit auch veränderte Ansprüche an die empirischen **Methoden**. Einerseits bedarf es einer Erweiterung des methodischen Instrumentariums, wie etwa die zunehmende Verwendung ethnographischer und auch partizipativer Methoden in der Wirtschaftsgeographie zeigt (Abb. 11.4). Andererseits geht es um weitaus grundsätzlichere Fragen der **Zugänglichkeit** von empirischen Kontexten und der diesbezüglichen Kapazitäten auf Seiten der Forschenden. Alle Methoden der interaktiven Feldforschung sind voraussetzungsvoll und erfordern neben technischen Methodenkenntnissen (z. B. der Interviewführung) auch andere Fertigkeiten (z. B. Kommunikation und Moderation, Umgang mit unerwarteten oder konfliktären Situationen). Diesbezügliche Erfahrungswerte können jedoch milieuspezifisch sein und selten ohne weitere Lernprozesse übertragen werden.

Interviews

Hier ein plakatives Beispiel: So mag eine erfahrene Interviewerin, die seit vielen Jahren im Finanzsektor mit teils hochrangigen Branchenvertreterinnen qualitative Interviews geführt und Fokusgruppen moderiert hat, über reichhaltige Erfahrungen und Methodenkompetenz verfügen.

Wäre sie jedoch in einem deutlich anderen Kontext, etwa in der Erforschung zivilgesellschaftlich getragener Unternehmungen aufgefordert mit ähnlichen Methoden zu arbeiten, würde sie sich mit mindestens zwei Problemen konfrontiert sehen: Auf der eher methodischen Ebene müssten erlangte Methodenkenntnisse und erlernte Ausdrucksformen womöglich angepasst werden. Länge und Aufbau von Interviewleitfäden, Art der Fragestellung, Auftreten der Interviewerin sowie die im Gespräch verwendete Wortwahl müssen zielgruppengerecht sein. Ein Bankvorstand als Interviewpartner ist mit einem bestimmten Fachvokabular vertraut und an eine bestimmte Ausdrucksweise (Jargon) gewöhnt bzw. wird darüber erreichbar. Gleichermaßen mag ein Mitglied einer lokalen Foodsharing-Initiative sich in einem Kontext bewegen, der durch Sprache und Habitus auch ganz andere Werthaltungen zum Ausdruck bringt.

Glaubwürdigkeit

Neben der Notwendigkeit zur Anpassung von Methoden und Sprachwahl ergibt sich hieraus eine zweite Herausforderung für die Forschenden, nämlich die der **Glaubwürdigkeit und Akzeptanz** (Credibility). Damit ist gemeint, dass sich zum Beispiel Interviewende zunächst ein gewisses Vertrauen seitens der Interviewten erarbeiten müssen. Während bei herkömmlichen Unternehmensinterviews gewisse standardisierte Merkmale (Auftreten und Kleidung, institutioneller Hintergrund/Universitäts-Signatur) ausreichende Seriosität signalisieren mögen, kann es in anderen ›Szenen‹ weitaus aufwendiger sein, den gleichen Respekt zu erlangen. Umgekehrt mögen manche Forschende aufgrund von Beziehungen oder eigenem Hintergrund leichten Zugang zu Aktivistengruppen finden, während Vertreter einer bestimmten Branche besonders reserviert gegenüber Interviewanfragen sind.

Positionalität

Im Zusammenhang mit dem Feldzugang stellt sich auch die Frage der **Positionalität** der Forschenden. Gemeint ist hier die individuelle Perspektive und die den Kontext bildenden Annahmen, Referenzsysteme und Werthaltungen, die jeweils forschungsprägende und häufig verzerrende Auswirkungen haben können. Dazu gehören persönliche Standpunkte zu bestimmten Fragen ebenso wie bestehende Verbindungen zu oder biographische Erfahrungen in den untersuchten Sektoren. In Kapitel 16.2 werden wir auf diese Dimension zu sprechen kommen, wenn es um Fragen der Aktionsforschung oder der transformativen Forschung geht.

Mit diesen zugegeben knappen Ausführungen wollen wir zum einen sensibilisieren für **Methodenpluralismus** und -erweiterung sowie die umsichtige Anpassung an Forschungskontexte. Zum anderen bedarf es unseres Erachtens einer ernsthaften Auseinandersetzung mit den spezifischen Anforderungen ethnographischer Methoden (Zeitaufwand, interkulturelle Aspekte) und deren Reichweite. Dazu gehört auch die kritische Reflexion interkultureller Aspekte hinsichtlich Forschungsarbeiten in anderen Sprach- und Kulturräumen.

11.4 Zwischenfazit

Der erste Teil dieses Lehrbuchs sollte einen möglichst umfassenden Überblick über **Ursprünge und Merkmale** der aus unserer Sicht wichtigsten Konzepte und Perspektiven liefern. Gleichzeitig haben wir versucht, zugängliche Beispiele und eingängige Praxisberichte für deren Illustration zu nutzen. Dabei waren wir bestrebt, eine große Breite von Branchen und Sektoren abzudecken. Gleichwohl ist uns bewusst, dass einzelne Wirtschaftszweige nur randlich angesprochen wurden (z. B. Einzelhandel) oder nicht in einem angemessenen Verhältnis zu ihrer Nachhaltigkeitsrelevanz besprochen werden konnten (z. B. Bergbau, Chemische Industrie, Bauwirtschaft). Andere Sektoren wiederum (z. B. Ernährungswirtschaft, Energie) mögen überrepräsentiert erscheinen.

Wir haben uns bei der Konzeption des Buchs bewusst gegen eine sektorale Gliederung entschieden. Dies vor allem, weil die vorgestellten Konzepte zumeist branchenunabhängig, insbesondere aber auch **branchenübergreifend** zu verstehen sind. So sind Nachhaltigkeitsbestrebungen in der Wirtschaft oft nur mit Blick auf die Interaktion zwischen Branchen und mit anderen Akteursgruppen zu erfassen und zu verstehen. Nicht nur die Zirkuläre Wirtschaft und ihre Suche nach der überbetrieblichen Schließung von Material- und Energiekreisläufen liefert ein gutes Beispiel dafür, dass systemisches bzw. vernetztes Denken erforderlich ist.

Im folgenden **Teil 2** (Kapitel 12–16) wechseln wir die Perspektive. Statt der Konzepte und theoretischen Zugänge stehen nun verschiedene Maßstabsebenen (z. B. politisches Handeln), Aktivitätsfelder (z. B. Unternehmensgründungen, Konsum), Akteurstypen und Organisationsformen (Unternehmen, Zivilgesellschaft, hybride Organisationen) im Mittelpunkt. Obschon wir auch hier keiner sektoralen Logik folgen, werden an gegebener Stelle weitere, bisher weniger sichtbare Branchen und Tätigkeiten beispielhaft aufgegriffen.

11.5 Zur Vertiefung

Test zu Kapitel 11
https://www.utb.de/do/10.36198/9783838561325-e10/disclaimer

Weiterführende Aufgaben

1. Suchen Sie nach aktuellen Berechnungen für die Donut-Bilanz eines Landes, einer Region oder einer Stadt. Diskutieren Sie am Beispiel eines (oder mehrerer) ausgewählten Indikators spezifische methodische Herausforderungen und Aspekte globaler Wirkungszusammenhänge.
2. Machen Sie sich mit der Gemeinwohlmatrix für Unternehmen vertraut (https://germany.ecogood.org/tools/gemeinwohl-matrix/) und spielen Sie am Beispiel eines ausgesuchten Indikators die zugehörigen Bewertungskategorien durch. Achten Sie dabei auf Ermessensspielräume.
3. Diskutieren Sie Gemeinsamkeiten und Unterschiede zwischen dem traditionellen Wohlfahrtsstaat und dem Ansatz der Fundamentalökonomie.

Literatur- und Webtipps

Raworth, Kate (2018): Die Donut-Ökonomie. Endlich ein Wirtschaftsmodell, das den Planeten nicht zerstört. München: Carl Hanser Verlag.

» Deutsche Übersetzung des Standardwerks von Kate Raworth, das über das Donut-Konzept hinaus eine differenzierte und gut zugängliche Kritik an vorherrschenden Wirtschaftsweisen, -politiken und -wissenschaften darlegt.

Felber, Christian (2018): *Gemeinwohl-Ökonomie.* München: Piper.

» Grundlegende Einführung in die Prinzipien der Gemeinwohlökonomie, ihre Umsetzungsmöglichkeiten und Bewertungsmethoden. Das erste Kapitel ist frei zugänglich unter: https://www.hanser-elibrary.com/doi/epdf/10.3139/9783552062993.fm

Teil 2

Die Rolle verschiedener Akteursgruppen

Kapitel 12

Akteursverständnisse und Handlungskontexte

Themen

Wissen, Wissensformen, komplexe Probleme, Weltanschauung, Handlungstheorien, Werte, Normen, Praktiken

Über diese Lerneinheit

Herausforderungen wie Umweltprobleme oder Klimawandel sind extrem komplex. Lösungen hängen von dem Betrachtungswinkel ab und sollten verschiedene Interessen, Bedürfnisse und Meinungen berücksichtigen. Entscheidungsprozesse werden durch Akteurinnen, deren Wissen und Handlungskontext beeinflusst. Dabei spielen wissenschaftliche Erkenntnisse und Evidenzen eine zentrale Rolle. Wissen ist jedoch nicht frei von gesellschaftlichen Normen und Werten und wird entsprechend unterschiedlich in Entscheidungsprozessen anerkannt. Handlungstheorien und Praktiken bieten weitere Annäherungen, um Akteure und deren Handlungskontexte zu untersuchen.

Was Sie hier lernen

1. Unterschiedliche Formen und Verständnisse von Wissen (und Nicht-Wissen) benennen können.
2. Verschiedene Handlungstheorien und deren Relevanz in der Wirtschaftsgeographie erläutern können.
3. Anhand eines Beispiels erklären können, wie nicht nachhaltige gesellschaftliche Praktiken und Handlungsweisen gebrochen werden können.

12.1 Beispiel: Wissen und Nicht-Wissen am Beispiel des Northern Gateway Pipeline Projekts in Kanada

Mitte der 2000er Jahre kündigte das Unternehmen **Enbridge** den Bau der 1.150 km langen Northern Gateway Pipeline von den Ölfeldern der kanadischen Provinz Alberta zum Seehafen Kitimat in Britisch-Kolumbien an, wo das Öl auf Tanker verladen werden sollte (Abb. 12.1). Das Projekt stieß sowohl bei **Umweltorganisationen** als auch bei **First Nations**[1] auf großen Widerstand, nicht nur aufgrund des geplanten Verlaufs durch Naturschutzgebiete, sondern auch hinsichtlich möglicher negativer Auswirkungen durch den Tankerverkehr auf marine Ökosysteme.

Als Teil des Bewilligungsverfahrens reichte Enbridge einen achtbändigen technisch-wissenschaftlichen Bericht bei der Prüfungskommission ein und eröffnete damit den Prozess der Umweltverträglichkeitsprüfung. Die Kommission bemühte sich auch, Evidenzen von anderen Parteien wie den First Nations zusammenzustellen, die sowohl schriftlich als auch mündliche Erkenntnisse umfassen konnten. Letztere wurden durch quasi-juristische öffentliche **Anhörungen** erfasst, um auch traditionelle Formen der Wissensvermittlung berücksichtigen zu können. Trotz der Bemühungen, verschiedene Wissensformen und Kulturen zu berücksichtigen, unterband und diskreditierte das auf westlicher Weltanschauung basierende Verfahren indigene Perspektiven. So wurden Vortragende in den Anhörungen durch die Kommissionsvorsitzende unter- und abgebrochen, wenn sich Zeugen nach indigener Tradition statt an die Kommission an die anwesenden Chiefs wendeten. Auch wurden von First Nations eingeladene Expertinnen nicht immer anerkannt, wohingegen Evidenzen aus verschiedenen Quellen in Berichten nicht hinterfragt wurden. Die Frage, welches Wissen anerkannt und legitim ist, wurde durch die **Regeln und Strukturen** des Verfahrens bestimmt, auf welche die Kommission sich immer wieder berief. Somit setzte das durch westliche Strukturen bestimmte Verfahren klare Grenzen hinsichtlich dessen, was als Wissen (ermächtigend) und was nicht als Wissen (entmächtigend) anerkannt wurde (s. auch Galbraith, 2014).

Das geplante Pipeline-Projekt wurde 2014 von der kanadischen Regierung unter Auflage von vielzähligen Bedingungen genehmigt. Premierminister Justin Trudeau verbot kurz nach seinem Amtsantritt 2015 den Öltankerverkehr an der Nordküste Britisch-Kolumbiens, das nationale Berufungsgericht entzog 2016 die Bauerlaubnis.

---

1 First Nations beschreibt alle indigenen Gruppen Kanadas außer den Metis und Inuits.

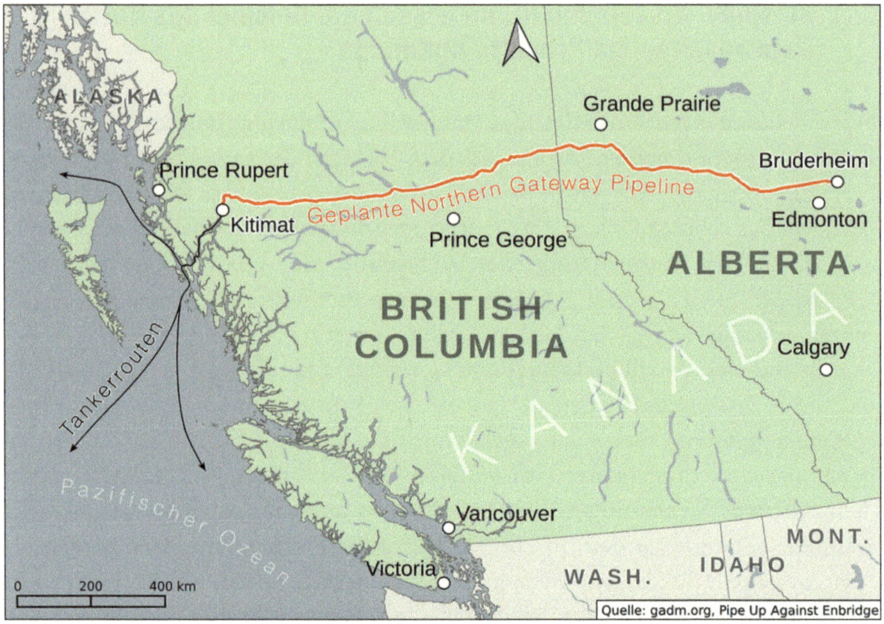

Abb. 12.1: Verlauf der geplanten Northern Gateway Pipeline und Schifffahrtsrouten für den Öltankerverkehr. Kartographie: Cyrille Médard de Chardon.

12.2 Einführung

Nachhaltigkeit und auch der Klimawandel stellen verzwickte Probleme **(Wicked Problems)** dar. Unter verzwickten oder auch komplexen Problemen versteht man soziale oder kulturelle Herausforderungen, die schwierig zu lösen sind. Sie betreffen in der Regel eine große Anzahl an Menschen mit verschiedenen Meinungen, Lebenssituationen und Bedürfnissen, wie das Beispiel der geplanten Northern Gateway Pipeline illustriert. Verzwickte Probleme erfordern die Berücksichtigung vieler verschiedener Perspektiven, Fachwissen und Kompetenzen. Jedoch sind zur Verfügung stehendes Wissen und Informationen oft unvollständig und widersprüchlich. Meist sind Lösungsansätze auch mit wirtschaftlichen Kosten verbunden oder mit anderen Problemen verflochten. Entsprechend erfordert die Lösung von solchen verzwickten Problemen eine umfassende Betrachtung. So ist die Umstellung des Energiesektors auf eine nachhaltigere Form der Energieerzeugung **(Energiewende)** nicht allein durch die Dekarbonisierung der Energiewirtschaft zu erreichen, sondern schließt auch Verbraucher, das produzierende Gewerbe, die Transportinfrastruktur sowie Forschung und Entwicklungsförderung mit ein. Politische Entscheidungsträgerinnen müssen dabei klare Zielsetzungen definieren und rechtliche Rahmen schaffen, die eine solche Transformation unterstützen. Hierzu zählt auch ein verändertes Verständnis hinsichtlich der Auswirkungen und Kosten energieintensiver Lebensstile.

›Super wicked Problems‹

Kelly et al. (2012) sprechen in Bezug auf den Klimawandel von einem hochkomplexen Problem **(›super wicked Problem‹)**, das durch folgende Dimensionen erschwert wird: (1) eine hohe Dringlichkeit, (2) die Verursachenden, versuchen es auch selbst zu lösen, (3) zentrale Entscheidungsinstanzen sind zu schwach und (4) politische Umsetzungsstrategien basieren auf einem irrationalen Zukunftsverständnis. Die Herausforderungen sind also entsprechend groß.

Lösungsansätze

Grundsätzlich gilt für alle Probleme, dass Problemidentifikation, Grundverständnisse und Kontexte **Lösungsfindungen** beeinflussen. Wie verschiedene Lösungsansätze aussehen können und welche Schwerpunkte und Handlungsrahmen daraus resultieren, wurde im ersten Teil dieses Buches anhand einer Reihe von konzeptionellen Ansätzen aufgezeigt. Es gibt eine Vielzahl an Konzepten und Betrachtungsrahmen, die von unterschiedlichen Gruppen verfochten werden und auf unterschiedlichen Grundannahmen basieren. So sehen die Ökologische Modernisierung und Green Economy keinen grundsätzlichen Widerspruch zwischen Wirtschaftswachstum und ökologischen Zielsetzungen, wohingegen Postwachstumsansätze diesen Widerspruch als Ausgangspunkt nehmen. Die Perspektiven wenden unterschiedliche Logiken basierend auf verschiedenen Positionierungen und Werteverständnissen an. Zudem verändern sich Bedingungen und Umstände im Verlauf der Zeit. Verständnisse, Ideen, Lösungsansätze und deren Umsetzung variieren aber auch räumlich.

Akteure und Handlungen

Der zweite Teil des Lehrbuchs beschäftigt sich mit der Rolle verschiedener **Akteursgruppen** und deren **Handlungsräumen** als Teil von Nachhaltigkeitsstrategien. Eine Frage, die häufig in Lehrveranstaltungen mit Studierenden aufkommt, bezieht sich darauf, wer Verantwortung trägt und zu Transformationsprozessen beitragen kann bzw. soll. Aus Sicht der Studierenden steht oft die Frage der eigenen Wirkmächtigkeit im Raum. Was können Individuen und Privathaushalte im Kontext des globalen Klimawandels bewirken, wenn man zum Beispiel steigende Treibhausgasemissionen in Ländern wie China berücksichtigt? In der Regel wird Regierungsakteuren auf verschiedenen Ebenen sowie internationalen Institutionen und Staatenbünden eine zentrale Rolle zugesprochen (Dauvergne, 2012). Ohne staatliche Steuerung ist ein tiefgreifender Wandel schlecht vorstellbar, aber auch Unternehmen können als Agenten des Wandels eine wichtige Funktion übernehmen. Aus geographischer Sicht ist auch die Frage der Rolle verschiedener **räumlicher Ebenen** von großem Interesse.

Inwieweit sind Regionen, Sektoren und Länder in der Lage, einen sinnvollen Beitrag zu leisten? Vor allem Städte haben in den letzten Jahren große Aufmerksamkeit im Klimaschutz erhalten (Long & Rice, 2019; Bulkeley et al., 2011). Fest steht, dass die ökologischen und sozialen Herausforderungen schnelles und tiefgreifendes Handeln auf allen Ebenen und durch alle Akteursgruppen erfordert.

Wir unterscheiden zwischen Regierungsakteurinnen (Kapitel 13), dem privaten Sektor bzw. Unternehmen (Kapitel 14) und der Zivilgesellschaft (Kapitel 15) und diskutieren, welche Entwicklungen sich abzeichnen und wie wir diese aus wirtschaftsgeographischer Perspektive erfassen und verstehen können. Kapitel 16 beschäftigt sich mit der Rolle von Bildung und Wissenschaft als wichtige Basis und Katalysator für einen Wandel hin zu einer nachhaltigeren Gesellschaft und damit auch Wirtschaft. Zunächst gehen wir aber in diesem Kapitel noch auf grundsätzliche Verständnisse und zentrale Begrifflichkeiten hinsichtlich der Handlungsräume und Möglichkeiten von Akteuren ein.

12.3 Wissen und Werte

Dem Wissen und der Wissenschaft kommen hinsichtlich der Identifizierung und Umsetzung von Lösungsansätzen eine zentrale Rolle zu, da Probleme eine gründliche Untersuchung erfordern, bevor sie gelöst werden können. So hat sich die Klimawandelforschung zunächst mit der Erforschung des Phänomens und dessen Ursachen beschäftigt, bevor Handlungsempfehlungen entwickelt wurden.

Wissen

Unter **Wissen** wird in der Regel eine gerechtfertigte Meinung verstanden, die durch einen hohen Grad an Gewissheit charakterisiert ist, basierend auf Fakten, Theorien und Regeln (hierzu z. B. auch Ibert & Schmidt, 2023). In vielen Disziplinen unterscheidet man verschiedene Formen von Wissen. Vor allem Polanyis (1966) Differenzierung zwischen implizitem und explizitem Wissen findet auch in vielen wirtschaftsgeographischen Arbeiten Verwendung. **Explizites Wissen** (auch kodifiziertes Wissen) ist das Wissen, über das ein Subjekt bewusst verfügt und das eindeutig kodiert und mittels Zeichen (z. B. Sprache, Schrift) kommunizierbar ist. Hierzu zählen viele wissenschaftliche Erkenntnisse, die in systematischer Sprache verfasst und über Publikationen kommuniziert werden oder auch technische Handbücher oder Gebrauchsanleitungen. **Implizites Wissen** zeichnet sich hingegen dadurch aus, dass es nicht auf die gleiche Weise abrufbar und übertragbar ist, sondern in bestimmten Tätigkeiten oder Können enthalten ist (z. B. die Fähigkeit, Fahrrad zu fahren oder ärztliche Diagnosen zu stellen). In der Wirtschaftsgeographie spricht man vor allem in der Innovationsforschung auch von **stillschweigendem Wissen** (Tacit Knowledge), das durch direkte Erfahrungen und Expertise geprägt ist (Ibert & Schmidt, 2023). Personen werden durch ihr praktisches Know-How, das meist über längeren Zeitraum akkumuliert wird (auch: **Erfahrungswissen**), zu Wissensträgern. Dieses implizite Wissen kann nicht einfach über Sprache oder Symbole übertragen werden, sondern der Transfer erfolgt meist innerhalb einer gewissen Zeitspanne über direkten Kontakt mit den Wissensträgerinnen. Entsprechend erfordert die Übertragung bzw. das Erlernen solcher Wissensbestände meist räumliche Nähe (Gertler, 2003; Malecki, 2010). Auch in der Wissenschaft spielt implizites bzw. stillschweigendes Wissen eine zunehmende Rolle.

Soziale Konstruktionen

Die Wissenschaft basiert auf einer Trennung von Fakten und Werten (im Sinne einer subjektiven Bewertung), um möglichst verlässliche und gewisse Aussagen zu tätigen. Vor allem in den Naturwissenschaften geht man von **unabhängigem und objektivem Wissen** aus. Hier kommt es auch zu einer klaren Trennung zwischen Mensch bzw. Gesellschaft und Natur. In den Gesellschaftswissenschaften hingegen ist das Verhältnis zwischen Gesellschaft und Natur undeutlicher. Auch wird von weiten Teilen der Sozialwissenschaften anerkannt, dass das Wissen über vermeintliche Wirklichkeiten das Ergebnis **sozialer Konstruktionen** sein kann, also von kulturellen, konzeptionellen oder methodologischen Grundannahmen, Perspektiven und Referenzsystemen beeinflusst wird.

Indigenes und traditionelles Wissen

Im Unterschied zu unserem westlichen Verständnis von Wissen und Wissenschaft setzt sich indigenes und traditionelles Wissen aus Erfahrungen, Handlungen und Glauben zusammen, welche über Generationen hinweg und durch Bräuche und kulturelle Überlieferung das Verständnis zur Beziehung zwischen Lebewesen und ihrer Umwelt definieren (Gadgil et al., 1993). **Indigenes Wissen** ist experimentelles Wissen, das durch die Achtung vor der natürlichen Umwelt, den spirituellen, kulturellen und wirtschaftlichen Verbindungen mit dem eigenen Land und indigenen Gewohnheitsrechten und Verantwortung für zukünftige Generationen geprägt ist. Es ist dieses Wissen, das im Beispiel zur geplanten Northern Gateway Pipeline als Teil der Umweltverträglichkeitsprüfung eingeholt werden sollte und dennoch nicht gleichwertig in den vorgeschriebenen Prozessen aufgenommen wurde (Galbraith, 2014) (s. Beispiel im Einstieg zu diesem Kapitel).

Das Verständnis von **Natur** und **Umwelt** ist von gesellschaftlichen Wissens- und Werteordnungen bestimmt. Dies wird deutlich, wenn man sich vor Augen führt, wie die Beziehung zwischen Mensch und Natur in verschiedenen Räumen und Kontexten konzeptualisiert und entsprechend politisch reguliert wird. In westlichen Industriegesellschaften wird Natur in erster Linie als ökonomisches Gut verstanden, wie es auch in umweltökonomischen Gutachten (z. B. Stern, 2007) oder dem Ansatz der Ökosystemleistungen (s. Kapitel 7) zugrunde liegt.

Herrschaftswissen

Diskurse und Wissensproduktionen werden auch auf globaler Ebene stark durch westliche Wissenskomplexe und Verständnisse bestimmt. So basieren internationale Institutionen wie der Weltklimarat (IPCC) oder die Zwischenstaatliche Plattform für Biodiversität und Ökosystem-Dienstleistungen der UN (IPBES) auf wissenschaftlichen Standards und Bewertungssystemen, die andere Wissens- und Wertesysteme marginalisieren (Wiegleb & Bruns, 2022). Das Beispiel der **Umweltverträglichkeitsprüfung** in Kanada illustriert, wie verschiedene Wissensformen unterschiedlich anerkannt und akzeptiert werden. Wissen ist nicht wertefrei, sondern eng an Fragen von Macht, Legitimität und Mitbestimmung geknüpft. So spricht man etwa von **Herrschaftswissen,** wenn bestimmte Informationen und Wissenszugänge einem beschränkten Kreis von Personen/Akteuren vorbehalten bleiben oder erst später auch für andere zugänglich werden (s. Kapitel 2). Erfährt etwa ein Lobbyverband früh von einer Gesetzesinitiative, hat er möglicherweise einen strategischen Vorteil gegenüber anderen Interessengruppen, die erst später reagieren können. Oder die Spitze einer Gemeindeverwaltung kann von vertraulichen Absprachen mit einem Investor wissen, ohne die gewählten Ratsmitglieder darüber zu informieren.

Definitionsmacht

Ähnlich gelagert bzw. damit verbunden ist der Begriff der **Definitionsmacht,** also die Fähigkeit, Themen in einer bestimmten Art und Weise zu rahmen und damit politisches Agenda-Setting zu betreiben. So macht es etwa einen Unterschied, ob die Folgen von Hochwasser als Resultat begradigter Flussläufe, zersiedelter Auenbereiche und fortschreitender Flächenversiegelung gedeutet werden oder als wiederkehrendes Phänomen, das es durch ingenieurtechnische Lösungen (z. B. Deichbau) zu kontrollieren gilt. Nicht nur die mediale Aufmerksamkeit und gesellschaftliche Debatte unterscheiden sich, sondern oft auch daraus resultierende Maßnahmen und Politiken (Ursachen- versus Symptombekämpfung).

Intellectual Property Rights

Wissen unterliegt, wie auch das nachstehende Interview mit Ndapewa Fenny Nakanyete zeigt, einer fortschreitenden Kommerzialisierung. Während Patente auf technische Entwicklungen, Produkt- und Verfahrensinnovationen schon eine lange Tradition haben, weitet sich die Debatte um **Urheberrechte (Intellectual Property Rights)** zunehmend auf andere Bereiche aus (Hayter, 2008). Dies umfasst zum Beispiel Kenntnisse über Naturheilverfahren und traditionelle Medizin, die von Pharma-Unternehmen mit exklusiven Eigentumsrechten belegt werden sollen, oder auch privatwirtschaftliche Verfügungsrechte über Wissen, das mit öffentlichen Geldern in universitären Forschungsprojekten entwickelt wurde. Als gegenläufigen Trend zu der fortschreitenden Kommerzialisierung von Wissen hat in den letzten Jahren die Debatte um **Open Source** bzw. **Open Access** eine besondere Dynamik erfahren. So schreibt beispielsweise die Europäische Kommission für die meisten der von ihr geförderten Forschungsprojekte vor, dass entstehende Datenbanken auch anderen Forschenden zugänglich, und dass darauf aufbauende wissenschaftliche Veröffentlichungen kostenfrei verfügbar sein müssen (Hess & Ostrom, 2007).

12.4 Handlungstheorien und -räume

In der Wirtschaftsgeographie stehen zur Erklärung von Entscheidungsprozessen **Handlungstheorien** aus den Wirtschaftswissenschaften, aber auch der Soziologie im Mittelpunkt. Diese unterscheiden sich anhand von Faktoren, durch die menschliche Tätigkeiten erklärt werden. Die Ansätze basierend auf jeweils verschiedenen Grundannahmen (Scheuplein, 2023). Gerade hinsichtlich nachhaltiger Wirtschaftsformen und Strategien beeinflussen Motivation und Entscheidungsfaktoren Zielsetzungen und Formen der Umsetzung (z. B. Affolderbach & Krueger [2017]; Abb. 12.2 sowie Kapitel 14.2).

Zweckrationale Ansätze

Vor allem die neoklassische Wirtschaftstheorie basiert auf **zweckrationalen Ansätzen,** in denen Handelnde versuchen, ihre Eigeninteressen zu optimieren. Handelnde werden entsprechend auch als ›homo oeconomicus‹ oder **Optimizer** bezeichnet, da dies aus wirtschaftswissenschaftlicher Perspektive in der Marktwirtschaft einem wettbewerbsorientierten und gewinnoptimierenden Handeln entspricht. In der wirtschaftsgeographischen Forschung wurde das Verständnis vor allem hinsichtlich der Kosten zur Distanzüberwindung in frühen Erklärungsansätzen aufgenommen, so in Standorttheorien von Industriebetrieben und landwirtschaftlicher Nutzung (Alfred Weber, Johann Heinrich von Thünen, Walter Christaller). In der Theorie geht Zweckrationalismus davon aus, dass Entscheidungstragende über alle notwendigen Informationen verfügen.

Bounded Rationality

In der Realität verfügen Entscheidungstragende nicht über das komplette Wissen, um den höchsten Eigennutzen realisieren zu können. Stattdessen leitet sich das Verhalten aus der besten Entscheidung, basierend auf selektivem Zugriff auf die soziale Wirklichkeit ab, beispielsweise hinsichtlich Marktpreise, Gewinnmargen etc. Hinzu kommt, dass Entscheidungsträger auch anderen Faktoren (Familienbindung, soziales Umfeld, Freizeitpräferenzen etc.) eine Bedeutung zusprechen und in die Entscheidungsfindung einfließen lassen. Aus wirtschaftswissenschaftlicher Perspektive sind Entscheidungen nur bedingt rational, aber nach wie vor durch Eigeninteressen geprägt (Scheuplein, 2023). Die evolutionäre Wirtschaftsgeographie (s. Kapitel 8) benutzt den Begriff der **Bounded Rationality,** wenn zum Beispiel Unternehmerinnen zwar über ausreichende Informationen verfügen, um die wirtschaftlich vorteilhafteste Entscheidung zu treffen, sich jedoch für eine suboptimale Option entscheiden. Sogenannte **Satisficer** werden entsprechend durch gesellschaftliche Werte und Normen beeinflusst. In der Wirtschaftsgeographie haben bestimmte räumliche Strukturen wie Cluster, industrielle Milieus und Innovationsräume viel Aufmerksamkeit erhalten (Kiese, 2023; Bathelt et al., 2004). Unternehmen suchen dabei die Nähe zu anderen Unternehmen in derselben Branche, aber auch zu wissenschaftlichen und anderen Institutionen (Delgado et al., 2010). Räumliche Nähe ist vor allem für Lernprozesse und Wissenstransfer von **Tacit Knowledge** zwischen Organisationen zentral (Bathelt et al., 2004), wird aber auch durch gezielte Förderung (z. B. für Nachhaltigkeits- oder Grüne Cluster) gefördert. Zugang zu Wissen und strategischen Netzwerken basiert auf Reziprozität (Gegenseitigkeit) und Kooperationswillen (Scheuplein, 2023).

Abb. 12.2: Akteurs- und Handlungsverständnisse. Eigene Darstellung.

Vertrauen und Kooperation spielen in alternativen Wirtschaftsverständnissen als Handlungsansätze eine besondere Rolle (s. Kapitel 9 und 10). Im Gegensatz zu den in erster Linie egoistischen Beweggründen des Optimizers und Satisficers kommt es hier zu altruistischen Motiven, die auf Gemeinwohl abzielen. Hierzu zählen etwa die spezifischen Motivlagen von Ökopreneuren (s. Kapitel 14.2) ebenso wie die Ausrichtung gemeinschaftsbasierter Wirtschaftsformen (s. Kapitel 9).

Verhaltensstandards

Grundsätzlich gilt, dass Entscheidungsprozesse nicht von gesellschaftlichen Kontexten getrennt werden können. Der Soziologe Mark Granovetter (1985) legte mit seinen Arbeiten dar, dass wirtschaftliche Beziehungen immer durch gesellschaftliche Normen und Institutionen geprägt sind. **Normen** sind in einer Gesellschaft oder Gruppe anerkannte Verhaltensstandards, die an Erwartungen bzw. Forderungen geknüpft sind, diesen zu entsprechen. Sie können formalisiert sein (z. B. durch gesetzliche Regelwerke oder verbindliche Standards) oder eher informell als etablierte Routinen und Gepflogenheiten. Solche Normen, Routinen oder Konventionen werden auch als **Institutionen** bezeichnet. Der Begriff der Institution geht also über das alltagssprachliche Verständnis als formale Organisation hinaus (z. B. die Institution Kirche) und umfasst alle formalen und informellen ›Spielregeln‹ (North, 1990), die gesellschaftliches Handeln beeinflussen. Entscheidungen können daher nicht losgelöst von diesen institutionellen Strukturen verstanden werden. Granovetter (1985) spricht hierbei auch von **Embeddedness** oder einer **Einbettung** in das soziale und kulturelle Umfeld (Glückler, 2001; Grabher, 1993).

Praktiken

Die aus den Entscheidungen resultierenden Handlungen werden im Allgemeinen auch als Praktiken bezeichnet. **Praktiken** beschreiben entsprechend nicht nur eine Aktion, sondern verweisen auf Arbeits- und Handlungsweisen bzw. Handhabungen. Davon unterscheidet sich die Perspektive der sozialen Praktiken (oder auch **Praxeologie**), welche die Aufmerksamkeit von Individuen als Handelnde zu den Verbindungen zwischen den Handelnden selbst und handlungsbestimmenden Strukturen lenkt (Hargreaves, 2011). Dies lässt sich in Bezug auf Nachhaltigkeit am Beispiel der Etablierung von Innovationen verdeutlichen. Technologische, aber auch prozedurale, organisatorische und soziale Innovationen sind ein zentrales Element der Transformationsforschung (s. Kapitel 8). Innovationen können jedoch nur erfolgreich etabliert werden, wenn sie im täglichen Leben verankert und gesellschaftlich akzeptiert sind. Der Fokus auf soziale Praktiken verlagert den Untersuchungsschwerpunkt vom Moment des Erwerbs oder der Einführung einer Veränderung hin zum tatsächlichen routinierten Einsatz der Innovation, die damit Teil des Alltäglichen und einer neuen Norm wird (Shove et al., 2005). Akteure sind entsprechend Trägerinnen von Praktiken.

Soziale Praktiken

Soziale Praktiken können als zusammenhängendes Bündel von Aktivitäten verstanden werden. Reckwitz (2003) spricht von routinierten Verhaltenstypen oder Formen mit rekursivem Charakter. Praktiken setzen sich aus einer Vielzahl von einzelnen und oft einzigartigen Handlungen zusammen, wie das Fahrrad- oder Autofahren.

Individuen handeln bewusst bzw. verfügen über relevantes Wissen, um die Aktivitäten auszuführen. Gleichzeitig werden viele der Handlungen unbewusst und wie von selbst durchgeführt. Bei den sozialen Praktikentheorien handelt es sich nicht um ein etabliertes Theoriegebäude, sondern um eine Reihe von ähnlichen, sich teils überschneidenden Ansätzen. In der (Wirtschafts-)Geographie haben diese in den letzten Jahren einen wachsenden Widerhall gefunden (Schäfer & Everts, 2019), da sie gesellschaftliche, aber auch regionale oder sektorale **Veränderungsprozesse** erfassen und erklären helfen.

In der Literatur wird meist zwischen drei Dimensionen unterschieden, die soziale Praktiken bestimmen und erhalten: (1) **›Doings‹**, die Aktivität selbst (Fähigkeiten, Wissen, Kompetenzen, Prozeduren), (2) **›Sayings‹**, die Bedeutungsebene im Sinne der sozialen oder symbolischen Signifikanz des Handelns und (3) **›Materialities‹**, die physische Dimension (z. B. Infrastruktur, technische Geräte) (Shove & Walker, 2010). Diese drei Dimensionen sind eng miteinander verwoben und stabilisieren die Praktiken, die wiederum bestehende Lebensweisen und -stile verfestigen.

Dimensionen	Artikulationen	Lineare Wirtschaft	Zirkuläre Wirtschaft
›Doings‹	Funktional	z. B. Kostenminimierung durch Outsourcing und globale Lieferketten	z. B. Koordinierung des überbetrieblichen Stoffstrommanagements
›Sayings‹	Diskursiv	z. B. Streben nach Effizienz	z. B. Streben nach Kontingenz
›Materialities‹	Physisch	z. B. Weltmarkt-Logistik, Transportinfrastruktur, Ressourcenabbau	z. B. Ökoindustrieparks (s. Kapitel 6), Materialbanken, Upcycling-Werkstätten

Tab. 12.1: Praktiken der linearen und der zirkulären Wirtschaft. Quelle: Eigene Darstellung, teilweise basierend auf (Schulz et al., 2019: 8).

Wandel von Praktiken

Hinsichtlich eines Wandels hin zu nachhaltigeren Praktiken müssen die etablierten und stabilen Verbindungen zwischen den drei Dimensionen aufgebrochen werden, damit sich neue Standards und Routinen entwickeln können (s. Tab. 12.1 und Abb. 12.3). Dies kann durch neue wissenschaftliche **Erkenntnisse** (z. B. Studien, Berichte), tiefgreifende **Ereignisse** (z. B. Überschwemmungen, Unfälle, Wirtschaftskrisen) aber auch den allgemeinen gesellschaftlichen **Wertewandel** gefördert werden, wodurch umweltschädliche und sozial problematische Praktiken hinterfragt und neu bewertet werden (s. auch Kapitel 15.2). So kann es dazu kommen, dass bisher akzeptierte Praktiken, wie die Nutzung von Plastiktüten beim Einkaufen, nicht mehr gesellschaftlich akzeptiert sind. Solche Standards oder Verständnisse werden häufig auch durch gesetzliche Rahmen oder klare Handlungsvorgaben (z. B. den Bann von FCKWs in Produkten und andere Emissionsstandards) gesetzt.

Neue Praktiken können auch durch die Einführung neuer physisch-materieller Komponenten wie grüne Technologien (z. B. solarbetriebene Ladestationen, Smartphone-Apps zur Erleichterung von Sharing-Aktivitäten), Infrastruktur oder Produkte entstehen. Die Bereitstellung von Car-Sharing Angeboten oder verbesserte Fahrradinfrastruktur ermöglicht ein verändertes Mobilitätsverhalten. Zudem können Handlungen selbst bewusst durch Akteure verändert werden (s. Kapitel 15.2). So haben vegetarische und vegane Ernährungsweisen in den letzten Jahren zugenommen. Aus wirtschaftsgeographischer Sicht ist die räumliche Dimension ein konstituierender Faktor (Jones & Murphy, 2010). Die Beziehungsverhältnisse zwischen der physisch-materiellen Dimension, subjektiver Sinnzuschreibungen und Bedeutungen und gesellschaftlichen Strukturen bilden bestimmte Räume ab.

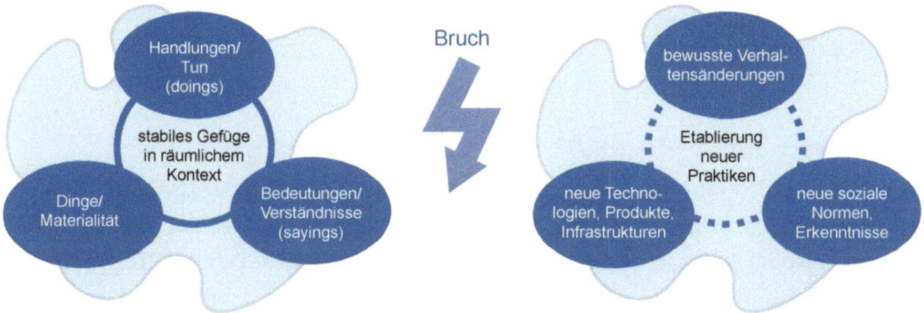

Abb. 12.3: Dimensionen und Veränderungen im Praktikengefüge. Eigene Darstellung, teilweise basierend auf Shove (2014).

12.5 Fazit

Problemidentifikationen und **Lösungsansätze** werden nicht nur durch historische und räumliche Kontexte (s. Kapitel 2), sondern auch durch gesellschaftliche und individuelle Normen und Werte geprägt. Das gleiche gilt für die daraus resultierenden **Handlungsrahmen** und **Praktiken**. Eine zentrale Rolle spielt dabei Wissen, das nicht frei von Macht und Bewertungen bzw. Wertschätzungen ist. Vorherrschend in Nachhaltigkeitsdiskursen ist wissenschaftliches Wissen, geprägt durch eine Wissenschaftskultur westlicher Industrieländer. Indigene und alternative Wissenskomplexe werden zunehmend als wichtig anerkannt, auch wenn sie in der Regel nicht gleichwertig berücksichtigt werden, wie das Beispiel zu Beginn des Kapitels illustriert.

12.6 »Raus ins Feld« mit Ndapewa Fenny Nakanyete, Wissenschaftlerin an der Universität von Namibia und der Universität zu Köln

Abb. 12.4: Ndapewa Fenny Nakanyete (links) an der Seite von Felistas Mbamba, Teufelskrallen-Ernterin im Bwabwata-Nationalpark. Foto: Patricia Dinyando.

Ndapewa Fenny Nakanyete arbeitet als Geographie-Dozentin an der Universität von Namibia. In ihrer Doktorarbeit beschäftigt sie sich mit nachhaltigen lokalen Wirtschafts- und Lebensformen der San[2] in Nord-Namibia. Dabei geht es um die Nutzung von Nicht-Holzprodukten aus den Wäldern, genauer um die Teufelskralle und deren Kommodifizierung in globalen Warenketten sowie um Bemühungen zur Dekolonisierung etablierter Wertschöpfungssysteme. Wir haben Fenny gefragt, welche Rolle traditionelles Wissen spielt und wie dieses anerkannt wird. Das Gespräch fand im März 2023 statt.

Wie kamst Du dazu, Dich mit diesem Forschungsthema zu befassen?
Ich glaube, es hat mit meiner eigenen Identität und Ethnizität zu tun, mit der ich in Namibia groß geworden bin. Die Ethnizität ist in meiner Heimat viel heterogener als hier in Europa. Ich war fasziniert von den San-Gemeinschaften, die in verschiedenen Teilen Namibias leben. Und ich habe gesehen, wie sie marginalisiert und ausgegrenzt wurden. Wenn ich die Lebensräume der San besucht habe, war ich unheimlich beeindruckt von deren traditionellem und ökologischem Wissen. Das steht in krassem Widerspruch zu der westlichen Perspektive, sie als ungebildet anzusehen.

Wie wird im Sektor für Nicht-Holzprodukte Wert geschaffen? Siehst Du besondere Machtverhältnisse im Markt für die Teufelskralle?
Die Teufelskralle ist eine im südlichen Afrika heimische Pflanze, die schon im frühen 20. Jahrhundert auf den europäischen Markt gelangte wegen ihrer medizinischen Wirkung als Schmerzmittel und Entzündungshemmer. Die San tragen nachweislich das Wissen über diese Pflanze. Sie sind deshalb zentral für die Bewahrung und die Nutzung der Ressource und damit auch für ihre kommerzielle Verwertung. Aber über die Ernte hinaus sind sie nur in der untersten Stufe der Wertschöpfungskette involviert. Ihr Verdienst für eine Ernte, die nur einmal jährlich stattfindet, liegt

2 Der Ausdruck »San« gilt als Sammelbezeichnung für die zahlreichen Untergruppen der indigenen Bevölkerung Namibias bzw. des südlichen Afrikas. Die Gemeinschaften selbst benutzen den Begriff nicht, sondern bevorzugen ihre individuellen Gruppenbezeichnungen.

bei etwa 2.000 Namibischen Dollar, das entspricht etwa 80 Euro. Die Handels- und Exportunternehmen streichen ungleich mehr ein, auch wenn es schwierig ist, hier verlässliche Zahlen zu ermitteln.

Auch ist die Zahl der spezialisierten Handelsfirmen in Frankreich, Deutschland oder anderen Ländern sehr klein. Deshalb ist es für neue Marktteilnehmende – zum Beispiel eine unabhängige Exporteurin aus einer lokalen Gemeinschaft in Namibia – fast unmöglich, in diesen oligopolistischen Strukturen mit ihren Gatekeepern und Machtasymmetrien überhaupt Fuß zu fassen.

Im November 2021 wurde jedoch in Namibia eine neue Rechtsgrundlage für das sogenannte »Access and Benefit Sharing« (ABS) geschaffen. Derzeit versuche ich, die Auswirkungen bzw. die absehbaren Auswirkungen dieses Gesetzes auf eine gerechte Gewinnverteilung bei den San und anderen indigenen und lokalen Gruppen zu erfassen. Dies ist im Vergleich zu den bislang auf Freiwilligkeit basierenden ABS-Regeln, die seit der Unabhängigkeit Namibias galten (z. B. BioTrade).

Welche Rolle spielen spezifische Wissensformen?

Die Handels- und Exportunternehmen tendieren dazu, das spezifische Wissen der San zu verkennen oder zu unterschätzen. Dieses Wissen geht weit über das Finden und Ernten der Wildpflanze hinaus. Die San sind die Wächter, wie ich es nennen würde, Wächterinnen über die Bewahrung, über die Nachhaltigkeit der Nutzung der Teufelskralle. Die Art und Weise, wie sie ernten und das Produkt nutzen, basiert auf indigenem Wissen darüber, wie viel und welche Teile der Wurzel man ernten kann, ohne die Pflanze zu schädigen, oder darüber, wie man sie trocknet, ohne dass sie verdirbt. Die San verbringen mitunter Wochen in der Natur um die Wurzeln sachgemäß auszuwählen, zu schneiden und zu sammeln.

All dieses Wissen spiegelt sich überhaupt nicht in ihrer Stellung in der Wertschöpfungskette wider. Zudem gibt es Vorurteile gegenüber den San. So werden sie beispielsweise von Privatunternehmen bezichtigt, sie seien nicht vertrauenswürdig und arbeitsscheu.

Wie wichtig sind Kenntnisse über den lokalen und kulturellen Kontext, um diese Zusammenhänge zu verstehen?

Ich habe viel Zeit mit den San-Gemeinschaften verbracht, um ihre Kultur, Werte und Praktiken zu verstehen, auch während meiner Erhebungsarbeiten. Beispielsweise habe ich sie bei den Erntearbeiten begleitet und habe gesehen, wie sorgsam sie nur bestimmte Teile der Wurzel ernten, wie sie die Pfahlwurzel erhielten, und wie gewissenhaft sie die gegrabenen Löcher wieder verfüllt haben, damit die Pflanze sich ausreichend erholen kann. So bleibt ihre Methode nachhaltig.

Was sagt Dein Projekt über »nördliche« Perspektiven und Arbeitsmethoden der Wirtschaftsgeographie?
Auf meinem persönlichen Weg sah ich mich nach meinem Umzug von Namibia nach Deutschland mit einigen Herausforderungen konfrontiert, etwa mit der Frage, wie man das Konzept der Globalen Wertschöpfungsketten einsetzen kann, um lokale Wirtschaftspraktiken und indigene Gemeinschaften zu verstehen. Manchmal glaube ich, im Globalen Norden betreibt man Forschung um der Forschung Willen, ohne realweltliche Probleme zu adressieren. Ich möchte Forschung zum Nutzen der Gemeinschaften betreiben.

Mehr über Fennys Feldforschung:
- Ndapewa Fenny Nakanyete, Kenneth Kamwi Matengu & Javier Revilla Diez (2023): The impact of commodified non-timber forest products on the livelihoods of San in Northern Namibia, Development Southern Africa, DOI: https://doi.org/10.1080/0376835X.2022.2162855
- Aktuelle Informationen über die Nutzung der Teufelskralle in Namibia bietet: https://www.nndfn.org/projects/devil-s-claw/16-devil-s-claw-harvesting-essential-for-wildlife-conservation.

12.7 Zur Vertiefung

Test zu Kapitel 12
https://www.utb.de/do/10.36198/9783838561325-e11/disclaimer

Weiterführende Aufgaben

1. Überlegen Sie, welche verschiedenen Formen des Wissens Sie sich während des letzten Jahres (z. B. im Studium, Beruf und privat) aneignen konnten. Erörtern Sie, inwieweit sich die Wissensformen unterscheiden.
2. Erläutern Sie Handlungsansätze der Reziprozität und des Altruismus anhand eines oder mehrerer konkreter Beispiele (z. B. ein Unternehmen, eine Organisation).
3. Benennen Sie mindestens eine etablierte Verhaltens- bzw. Handlungsform in Ihrem Umfeld, die Sie als nicht nachhaltig erachten (z. B. Verwendung von Einwegverpackungen). Diskutieren Sie, durch welche Maßnahmen nachhaltigere Praktiken etabliert werden könnten.

Literatur- und Webtipps

Faller, Fabian (2016): Räumliche Praktiken der Energiewende am Beispiel der Biogaserzeugung in Rheinland-Pfalz. *Raumforschung und Raumordnung | Spatial Research and Planning* 74(3): 199–211.

» Der Aufsatz fasst die Ergebnisse einer Doktorarbeit zusammen, die die Energiewende erstmals aus praktikentheoretischer Sicht beleuchtet. Empirisch geht es um die Verschiebung landwirtschaftlicher Praktiken in Richtung Energieerzeugung, illustriert am Beispiel der Produktion von Biogas.

Kapitel 13

Staat und Politik

Themen

Staat, Region, Gemeinde, Mehrebenen-System, Zwischenstaatliche Organisationen, Wirtschaftsförderung

Über diese Lerneinheit

Die Geographien des Wirtschaftens sind nicht ohne die Rolle staatlicher Akteure zu verstehen, sei es auf lokaler, regionaler, nationaler oder zwischenstaatlicher Ebene. Dabei handelt es sich um ein wechselseitiges Verhältnis: Staatliche Stellen ermöglichen (z. B. Wirtschaftsförderung, Forschungspolitik, Subventionen) und regulieren (z. B. Gesetze, Verordnungen, Produktstandards, Flächennutzungsplanung). Gleichzeitig haben Wirtschaftsakteure in vielfältiger Art Einfluss auf politische und administrative Entscheidungen, entweder durch direkte Interventionen (inkl. Lobbyismus) oder indirekt durch die langfristige Prägung von Standortpolitiken, Anforderungen an das Ausbildungswesen und durch die Bedeutung von Gewerbesteuereinnahmen und Arbeitsmarkteffekten.

Was Sie hier lernen

1. Die Rolle staatlicher und zwischenstaatlicher Politik und ihre Wechselwirkungen mit dem Wirtschaftsgeschehen verstehen können.
2. Das Zusammenspiel verschiedener Politikebenen und -maßstäbe nachvollziehen können.
3. Das transformative Potenzial umweltorientierter Wirtschaftspolitik und -förderung erkennen können.

13.1 Einführung

In diesem Kapitel adressieren wir die verschiedenen Ebenen **staatlichen bzw. politischen Handelns**, die den institutionellen Kontext wirtschaftlicher Aktivitäten prägen. Politik ist häufig mit Regierungen und Regierungsakteuren assoziiert, ist aber nicht auf diese beschränkt. Ein enges Verständnis von Politik ist auf die verfassungsrechtliche oder staatsrechtliche Struktur politischer Prozesse, institutionelle Ausprägungen und die Rolle von politischen Parteien begrenzt. Es umfasst somit alle Maßnahmen von Regierungen, Parlamenten und Parteien zusammen, die auf die Durchsetzung bestimmter Ziele im staatlichen Bereich und der Gestaltung des öffentlichen Lebens ausgerichtet sind. Weitergefasste Definitionen beziehen sich auch auf weniger formalisierte Formen von Interessen (z. B. Umweltinteressen in Form der Fridays For Future Bewegung) (s. Kapitel 15). Diese Interessensgruppen setzen sich in der Regel für Belange ein, die durch formale Strukturen und Prozesse nicht oder nur unzureichend erfasst werden.

›Neue‹ Nachhaltigkeitsbewegung

Die Verbreitung **grüner Politik** im engeren Sinne ist an die Entstehung der ›neuen‹ Umweltbewegungen in den 1960er und 1970er Jahren gebunden (s. Kapitel 15), durch die zum einen neue, grüne Parteien mit einem klaren Umweltinteresse entstanden und zum anderen Nachhaltigkeitsinteressen in bestehende Parteipolitik sowie zwischenstaatliche Organisationen aufgenommen wurden. Seit den 1980er Jahren sind Nachhaltigkeitsthemen vor allem durch die Arbeiten der Brundtland-Kommission (s. Kapitel 2) und den fortschreitenden und immer sichtbareren Umweltveränderungen auch in internationalen Organisationen und Staatenbünden ein wichtiges Thema. Seit den 1990er Jahren kam es vor allem auch im Rahmen der UN-Konferenz zu Umwelt und Entwicklung in Rio de Janeiro und der daraus resultierenden **Agenda 21** zu konkreteren internationalen Aktivitäten. Dazu gehörte auch die Auflage der Lokalen Agenda 21, die Nachhaltigkeitsstrategien auf kommunaler und regionaler Ebene entwickeln und umsetzen sollte. Diese half auch die zentrale Rolle von Kommunen und anderen lokalen Akteuren in der Realisierung von Nachhaltigkeitszielen zu betonen und voranzutreiben.

Wir beginnen im Folgenden mit der Rolle **zwischenstaatlicher Organisationen** wie den Vereinten Nationen oder der Europäischen Union, und illustrieren beispielhaft deren Wirkmächtigkeit (s. Kapitel 13.2). Ausgewählte Beispiele internationaler wirtschaftlicher und zivilgesellschaftlicher Netzwerke und Lobbyvereinigungen verdeutlichen das Einwirken gesellschaftlicher Kräfte auf überstaatlicher Ebene. Die Ebene der **Nationalstaaten** beleuchten wir in Kapitel 13.3 im Hinblick auf verschiedene Positionierungen und Handlungsrahmen. Schließlich widmet sich Kapitel 13.4 der Rolle von Regionen und **Gemeinden** in der Gestaltung von Regionalentwicklung, Standortbedingungen und eigenen wirtschaftlichen Aktivitäten. Dabei werden die Handlungsspielräume von Städten und Gemeinden hinsichtlich Nachhaltigkeitsthemen ebenso angesprochen wie ihre Kooperationen und Allianzen. Das Kapitel schließt zusammenfassend mit einer kurzen Diskussion Ebenen-übergreifender Zusammenhänge. Die Konzepte der ›**Politics of Scale**‹ sowie des ›**Policy Uploads**‹ werden in Bezug auf strategische Felder der Nachhaltigkeitspolitik erläutert.

13.2 Internationale Organisationen und Staatenbünde

Beispiel: Europäische ›Green Wall‹

Spätestens seit Einführung der EU-Richtlinie zum Vertrieb, zur Rücknahme und zur sachgemäßen Entsorgung von Elektro- und Elektronik-Altgeräten im Jahr 2002 – auch bekannt als WEEE-Richtlinie (für **Waste of Electrical and Electronic Equipment**) – werfen internationale Handelspartnerinnen der EU vor, sich mit einer ›Grünen Mauer‹ zu umgeben. Unterstellt wird damit, dass verschärfte Umweltschutzbestimmungen der EU genutzt würden, Produzenten von außerhalb der EU im Wettbewerb zu benachteiligen. Ihre Produkte konnten fortan nur in die EU importiert werden, wenn sie die in der Richtlinie definierten Anforderungen erfüllten. Insbesondere Südkorea und China als wichtigste Herstellerinnen von Elektro- und Elektronikgeräten für den europäischen Markt befürchteten Umsatzeinbußen (Herrmann, 2010). So entstand die Metapher der ›Green Wall‹[1] für eine Zugangsbarriere, die über umweltschutzorientierte Motive legitimiert bzw. kaschiert werde.

Es ist zu vermuten, dass rein nationale Bestimmungen einzelner EU-Mitgliedsstaaten längst nicht dieselbe Wirksamkeit gehabt hätten, wie die konzertierte Regelung für den gesamten EU-Raum. Sie hat zu einer Anhebung **internationaler Standards und Anpassungseffekte** in den nach Europa exportierenden Ländern geführt.

1 Nicht zu verwechseln mit der ›Great Green Wall‹, einem internationalen Aufforstungsprojekt am Südrand der Sahara, oder der gängigen Verwendung des Begriffs ›Green Wall‹/›Grüne Wand‹ für Fassadenbegrünung sowie vertikale Pflanzanlagen an/in Gebäuden.

Abb. 13.1: Importregulierung durch Produktstandards der EU.

13.2.1 Einleitung

»Globale Umweltprobleme kennen keine Staatsgrenzen« – so abgegriffen dieser Slogan auch klingen mag, er hat in Zeiten des rasanten Klimawandels, verknappender Trinkwasserressourcen, von Elektroschrott-, Plastik- und Textilmüllimporten mehr Berechtigung denn je. Und umso bedeutender ist die internationale Zusammenarbeit von Regierungen, Fachbehörden, Wirtschaftsverbänden und Umweltschutz- und Menschenrechtsorganisationen. Sie stehen zum Teil für rechtsverbindliche Regularien und Produktnormen oder haben als Interessensvertretungen mit ihrer politischen Arbeit Einfluss auf Entscheidungsträgerinnen in Politik und Wirtschaft. Im Folgenden illustrieren wir anhand ausgewählter Organisationen, welche Rolle sie in der **globalen Umwelt-Governance** spielen und für welche Themenbereiche sie besonders wirkmächtig sind. Wir beginnen mit **zwischenstaatlichen Organisationen** (mit Schwerpunkt auf der EU), bevor wir auf **internationale Netzwerke** der Wirtschaft und Zivilgesellschaft zu sprechen kommen.

13.2.2 Zwischenstaatliche Organisationen

UN

Die wohl bekannteste und auf globaler Ebene relevanteste zwischenstaatliche Organisation sind die **Vereinten Nationen** (United Nations, **UN**) mit derzeit 193 Mitgliedsstaaten. Sitz der Hauptverwaltung und der UN-Vollversammlung ist New

York. Wichtige Programme und Fonds der UN haben ihren Sitz in Nairobi (United Nations Environment Programme – UNEP; United Nations Human Settlements Programme – UN-HABITAT) und Rom (World Food Programme). Hinzu kommen spezialisierte Agenturen wie die Food and Agriculture Organisation (FAO) in Rom, die Weltgesundheitsorganisation (WHO) und die International Labor Organization (ILO), beide in Genf, die United Nations Industrial Development Organization (UNIDO) in Wien oder die United Nations Educational, Scientific and Cultural Organization (UNESCO) in Paris, ferner die Weltbank mit Sitz in Washington, D. C., mit ihren Investitions- und Strukturprogrammen. Von den UN eingesetzt wurde auch das bereits zitierte **Intergovernmental Panel on Climate Change (IPCC),** das mit seinen Syntheseberichten zum Stand der Klima(folgen)forschung zu einem sehr sichtbaren Gremium geworden ist (s. Kapitel 2.6).

Auch wenn die **UN** gelegentlich als formal schwach, zu heterogen, finanziell unterausgestattet und teilweise zerstritten (s. etwa Blockadehaltungen im UN-Sicherheitsrat) eingeschätzt werden, so waren und sind sie zentraler diplomatischer Wegbereiter für viele internationale Abkommen (z. B. Artenschutz, Klimapolitik, Wasser, Menschenrechte). Mit den 17 **Zielen für nachhaltige Entwicklung** (SDG, s. Kapitel 2.5) haben sie wichtige Leitlinien für viele Politikbereiche etabliert.

OECD

Die 1961 gegründete **Organisation for Economic Co-operation and Development (OECD)** zählt derzeit 38 Mitgliedsländer und hat ihren Sitz in Paris. Die beteiligten Länder (darunter 22 EU-Staaten) gehören ausnahmslos zu den wohlhabenderen Volkswirtschaften, während Schwellenländer wie Brasilien, China, Indien oder Südafrika als Schlüsselpartnerinnen bzw. Beitrittskandidaten angebunden sind. Die OECD ist an marktwirtschaftlichen und demokratischen Modellen orientiert und sieht sich als Wegbereiterin für steigenden Wohlstand und Ausweitung multilateraler Wirtschaftsbeziehungen. In Kapitel 11, der Synthese zum ersten Teil dieses Buches, haben wir bereits die **Better Life Initiative** der OECD vorgestellt, die unter anderem einen Wohlstandsindikator vorschlägt, der sich bewusst von der einseitigen Logik des BIP abgrenzt.

EU

Die **Europäische Union (EU)** unterscheidet sich von den vorgenannten Organisationen insbesondere dadurch, dass sich ihre Mitgliedsstaaten auf ein verbindliches Regelwerk verständigt haben und sie über ein demokratisch gewähltes Legislativ-Gremium (Europäisches Parlament – EP) sowie eine überstaatliche juristische Instanz (Europäischer Gerichtshof – EUGH) verfügt. Zudem haben Mitgliedsstaaten in verschiedenen Bereichen politisch-administrative Zuständigkeiten an die EU-Ebene abgetreten. Letzteres berührt viele Felder der Nachhaltigkeitspolitik, sei es im Bereich der Gemeinsamen Agrarpolitik, des Naturschutzes, des Arbeitsschutzes oder der Produkt- und Produktionsstandards. Grundsätzlich nimmt die EU auf mindestens vier Wegen Einfluss auf die **wirtschafts- und sozialräumliche Entwicklung** in ihren Mitgliedsstaaten: erstens durch politisch-programmatische Vorgaben und Anreize, zweitens durch verbindliche Rechtsakte, drittens durch Förderinstrumente und Investitionsprogramme, und viertens durch raumplanerische und regionalentwicklungspolitische Analysen und Impulse.

Programmatik

Auf Ebene der politischen **Programmatik** angesiedelt sind Rahmenwerke wie der EU Green Deal oder gebündelte Maßnahmen zum verbesserten Klimaschutz. Im Juli 2021 verabschiedete die Europäische Kommission das Paket **»Fit for 55«**, das umfangreiche Rechtssetzungen beinhaltet, um eine Reduktion der EU-Treibhausgasemissionen bis 2030 um 55 % gegenüber 1990 sicherzustellen. Diese umfasst unter anderem sektorale Aspekte (Abb. 13.2). So stellen die Dekarbonisierung des Energiesystems, der Transportsektor, der allein für 25 % aller Treibhausgasemissionen in der EU verantwortlich ist, der Bausektor und die Landwirtschaft zentrale Sektoren dar. Weitere **Kernziele** bestehen in zirkulären Strategien (Kreislaufwirtschaft – s. Kapitel 6), Schadstoffvermeidung sowie Schutz von Biodiversität und Ökosystemen. Zentrale **Mechanismen** zur Umsetzung umfassen eine strategische Finanzierung, einen sogenannten gerechten Übergang sowie Förderung für Innovationsforschung. Durch den Mechanismus für einen gerechten Übergang (Just Transition) sollen Inklusion und Gerechtigkeit der Umstellung und damit verbundenen Kosten und Vorteile sichergestellt werden (Klima-Sozialfonds). Angesprochen wird auch das Problem der Verlagerung von **CO_2-Emissionen** durch mögliche Standortverlagerung des produzierenden Gewerbes. Dabei sieht die EU die Schaffung eines Grenzausgleichssystems zur Reduzierung des Risikos der Verlagerung von CO_2-Emissionen vor. Preise von Einfuhren (Importen) sollen demnach den CO_2-Gehalt besser widerspiegeln und deshalb entsprechend besteuert werden. Hierbei ist allerdings zu bedenken, dass sich die Wirtschaftsstruktur international stark unterscheidet und Länder mit emissionsintensiven Branchen, häufig im Globalen Süden, hierdurch höhere Kosten tragen werden. Ein weiteres Politikinstrument zur Umsetzung der Ziele umfasst den **EU-Emissionshandel** (ETS) und dessen Erweiterung auf die Sektoren Gebäude und Straßenverkehr.

Begriffserklärung

Grüner Deal der EU: Der **europäische Grüne Deal** wurde Ende 2019 von der Präsidentin der Europäischen Union, Ursula von der Leyen, vorgestellt. Er ist, so die EU, »eine neue Wachstumsstrategie, mit der die EU zu einer fairen und wohlhabenden Gesellschaft mit einer modernen ressourceneffizienten und wettbewerbsfähigen Wirtschaft werden soll, in der im Jahr 2050 keine Netto-Treibhausgasemissionen mehr freigesetzt werden und das Wirtschaftswachstum von der Ressourcennutzung abgekoppelt ist.« (EU-Kommission, 2019: 2). Mit dem Grünen Deal will die EU **Klimaneutralität** bis zum Jahr 2050 zusammen mit anhaltendem Wirtschaftswachstum, aber auch Gerechtigkeitszielen realisieren. Damit ist der Grüne Deal wichtiger Bestandteil zur Umsetzung der **Agenda 2030** der UN. Zielsetzungen des Green Deals sind ein nachhaltiges und integratives Wachstum, welches die Kompatibilität von Wirtschaftswachstum, Umwelt- und sozialen Belangen propagiert und ökologische Ziele als wettbewerbsrelevant und wirtschaftlich förderlich versteht. Die EU sieht sich mit dem Grünen Deal als globaler Vorreiter und erhofft sich durch diese Position auch Wettbewerbsvorteile.

Der EU Green Deal ist sehr stark an das Konzept der Green Economy (s. Kapitel 7) angelehnt und basiert auf einem eher **technikorientierten Innovations- und Wachstumsverständnis**. Kritik regt sich auch an der Unausgewogenheit einzelner Sektoren, insbesondere hinsichtlich der starken Beharrungstendenzen im Bereich der Gemeinsamen Agrarpolitik (Schulz, 2020b). Zudem sind im Green Deal auch geopolitische Strategieelemente zu erkennen, etwa hinsichtlich der Sicherung von Energieressourcen jenseits der EU. Das Prinzip des gerechten Übergangs (Just Transition) fokussiert hingegen auf Ausgleichsmechanismen innerhalb der EU (z. B. zur Förderung des Strukturwandels ehemaliger Kohlereviere), weniger auf Nord-Süd-Zusammenhänge.

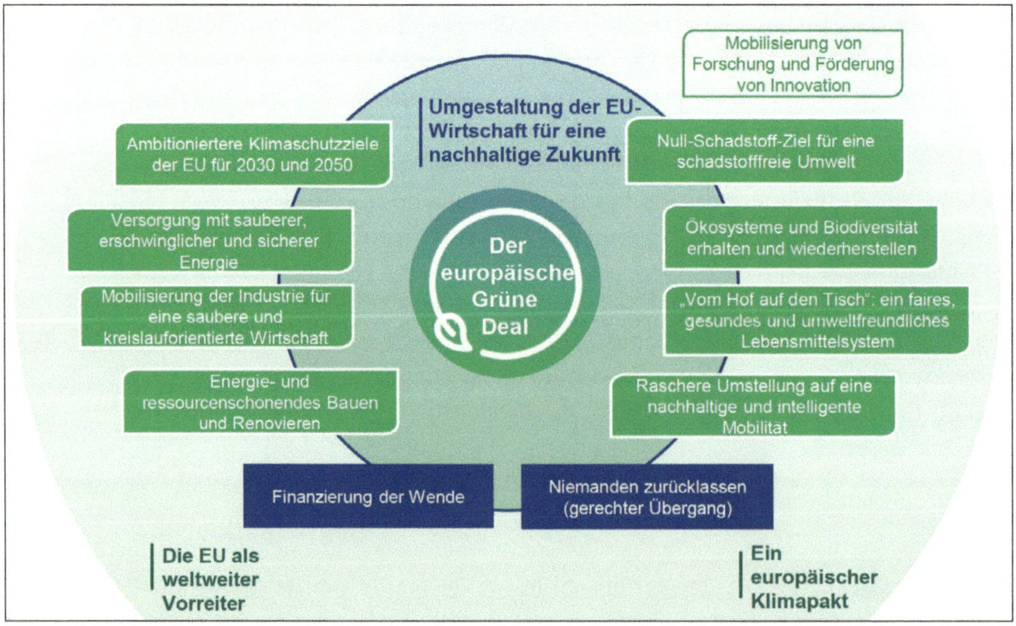

Abb. 13.2: Die zentralen Elemente des europäischen Green Deals (EU-Kommission, 2019: 4).

Richtlinien

Die politisch-programmatische Agenda erfährt ihre Umsetzung vor allem durch Förderinstrumente und **verbindliche Regelwerke**. Von der EU beschlossene **Verordnungen** gelten unmittelbar in den Mitgliedsstaaten, während **Richtlinien** noch der Umsetzung in jeweiliges nationales Recht bedürfen, bevor sie im entsprechenden Mitgliedsstaat Gültigkeit erlangen. Hierfür werden meist mehrjährige Übergangsfristen gewährt. Die im Einstieg dieses Kapitels erwähnte Richtlinie zum Elektroschrottrecycling wurde in Deutschland beispielsweise über das Abfallrecht der Länder umgesetzt, was im föderalen Rechtssystem der Bundesrepublik ein komplexeres Unterfangen sein kann als etwa im zentralistischen Frankreich. Verordnungen wie jene zur Zulässigkeit bestimmter Leuchtmittel (»Glühbirnenverbot«) hingegen entfalten zum Stichtag unmittelbare Wirkung (hier auf Einzelhandel und Kunden).

Steuerungs- und Anreiz-Instrumente

Über die **Regional- bzw. Kohäsionspolitik** verfügt die EU zudem über Steuerungs- und Anreiz-Instrumente, mit denen wirtschaftliche Unterschiede zwischen Teilregionen der EU ausgeglichen werden sollen. Über sogenannte **Strukturfonds** wie den Europäischen Fonds für Regionale Entwicklung (EFRE), den Europäischen Sozialfonds (ESF) oder den Europäischen Landwirtschaftsfonds für die Entwicklung des ländlichen Raums (ELER) werden Fördergelder gezielt in bestimmte Regionen (z. B. Strukturwandel in Altindustrieregionen) und Maßnahmen (z. B. der städtebaulichen Erneuerung, des Infrastrukturausbaus, der Unterstützung von Betriebsansiedlungen) investiert – in der Regel einhergehend mit einer Ko-Finanzierung aus den betreffenden Mitgliedsstaaten. Neben den Strukturfonds steht mit der **Europäischen Investitionsbank (EIB)** eine strategische Kreditgeberin für Projekte und Unternehmen innerhalb und außerhalb der EU zur Verfügung. Für kleine und mittelgroße Unternehmen (KMU) ist auch der zur EIB-Gruppe gehörige Europäische Investitionsfonds (EIF) besonders relevant.

Und schließlich engagiert sich die EU in raumordnungspolitischen Fragen. Auch wenn sie hierfür kein formales Mandat als Trägerin verbindlicher Pläne besitzt, so konnte auf EU-Ebene gemeinsam mit den Mitgliedsstaaten eine **Territoriale Agenda** entwickelt werden, die einen handlungsorientierten Rahmen zur Förderung des territorialen Zusammenhalts in Europa festschreibt (TA 2030, 2020). Daneben unterhält die EU-Kommission mit dem **ESPON-Programm** ein evidenzbasiertes Forschungsnetzwerk, das raumwissenschaftliche Forschungseinrichtungen und Träger der staatlichen Raumplanung – je nach Thematik in wechselnder Konstellation – zusammenbringt und politikrelevante Befunde produziert (mehr zu ESPON im Interview mit Michaela Gensheimer am Ende dieses Kapitels).

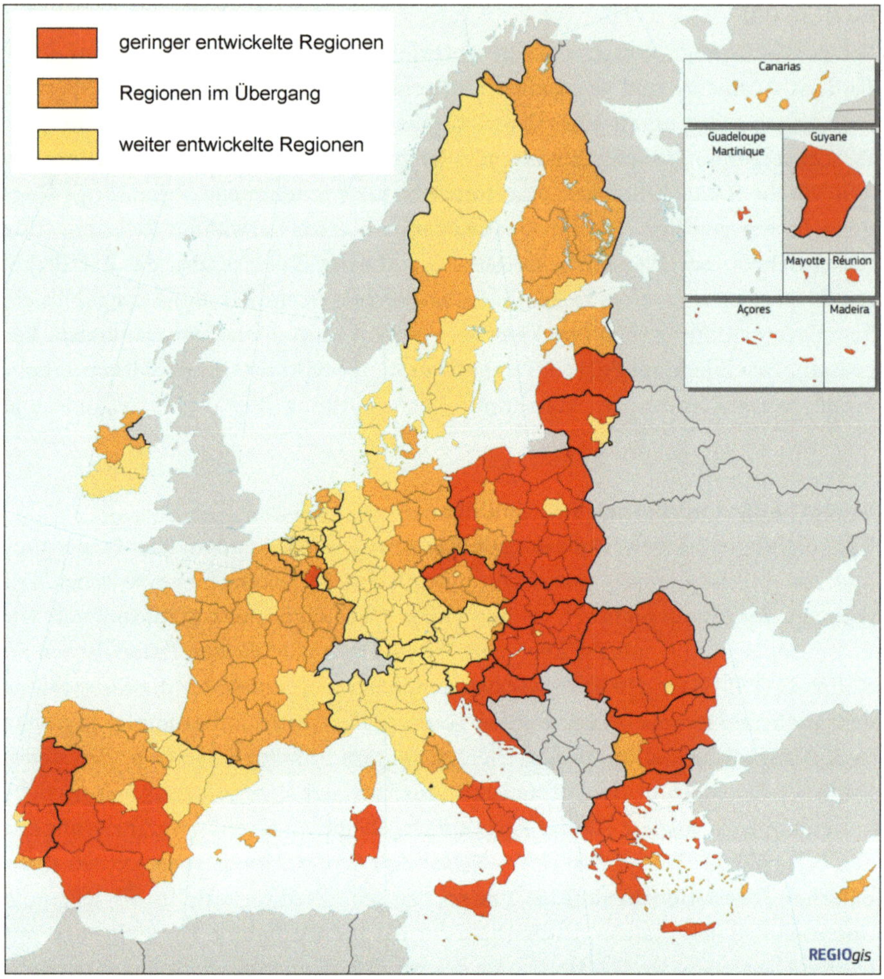

Abb. 13.3: Europäischer Fonds für regionale Entwicklung (EFRE) und Europäischer Sozialfonds Plus (ESF) – Förderfähige Gebiete 2021–2027. Eigene Darstellung leicht verändert nach EU-Kommission (2021).

13.2.3 Internationale Netzwerke der Wirtschaft und der Zivilgesellschaft

Weniger sichtbar und eher informeller agierend als die zwischenstaatlichen Institutionen UN oder EU sind die Zusammenschlüsse von **Interessens-** und **Lobbygruppen** im wirtschaftlichen und zivilgesellschaftlichen Bereich. Hinzu kommen internationale Netzwerke von Gebietskörperschaften (Gemeinden und Regionen) wie zum Beispiel die Climate Alliance, der Covenant of Mayors, oder die Energy Cities. Ihre politische Arbeit, die Ideen aus ihren Denkfabriken (Think Tanks) sowie die kapazitätsbildende Binnenarbeit zur Unterstützung ihrer Mitglieder haben diese und zahlreiche weitere Netzwerke zu wichtigen Akteuren der internationalen Nachhaltigkeits-Governance werden lassen.

Organisationen im wirtschaftlichen Bereich

Vergleichbare Organisationen im wirtschaftlichen Bereich sind meist nach **Branchen** organisiert und vertreten Interessen ihrer Mitglieder durch direkte Einwirkung auf politische Entscheidungsträgerinnen, verdeckte Mitarbeit an politischen und rechtlichen Dokumenten und Beeinflussung der öffentlichen Meinung durch Gutachten wirtschaftsnaher Forschungsinstitute und Stiftungen, durch Social Media-Kampagnen oder Auftragsjournalismus. Als besonders einflussreich gelten im nationalen wie im europäischen Zusammenhang jene Wirtschaftszweige, die durch **großindustrielle Strukturen** geprägt und seit langem als **systemrelevant** eingestuft werden (z. B. Chemie-, Energie-, Pharma-, Eisen- und Stahl-, Automobilindustrie). Auch so ist es zu erklären, warum bestimmte Branchen von EU-Regeln ausgenommen bleiben (z. B. energieintensive Cracker der chemischen Industrie während der ersten Phase des EU-Emissionshandels) oder massive Verzögerungen in der Umsetzung politischer Beschlüsse bewirken können (z. B. die deutsche Automobilindustrie mit ihrem Widerstand gegen die Einführung von Diesel-Rußfiltern). Mah (2022) zeigt, wie die internationale Plastik-Lobby bestehend aus Unternehmen der Petrochemie und Kunststoffverarbeitung sich immer wieder und auch sehr erfolgreich gegen die Einführung zirkulärer Lösungsansätze eingesetzt hat, um eine wachsende Nachfrage an Kunststoffen zu gewährleisten.

Organisationen im zivilgesellschaftlichen Bereich

Aus dem zivilgesellschaftlichen Bereich seien beispielhaft zwei Organisationen herausgegriffen, die in Europa eine gewisse Sichtbarkeit erlangt haben (s. ergänzend auch das Interview mit Generation Climate Europe in Kapitel 15.3). Das **European Environmental Bureau (EEB)** ist eine Dachorganisation mit Sitz in Brüssel, die 180 Mitgliedsorganisationen aus 38 Ländern vertritt. Als eine der wichtigsten umweltpolitischen Interessensorganisationen kommentiert das EEB politische Vorhaben und Gesetzesinitiativen, bewertet Programme und Investitionen der EU, und liefert Hintergrundstudien zu sozial-ökologischen Problemlagen auf globaler Ebene, so im Zusammenhang mit Textilabfallexporten (weitere Informationen: https://eeb.org/). Thematisch spezifischer ausgerichtet ist die Arbeit der ebenfalls in Brüssel ansässigen Nichtregierungsorganisation **Finance Watch** (https://www.finance-watch.org/), die im Nachgang der globalen Finanzkrise 2007/08 gegründet wurde. Finance Watch ist getragen von Mitgliedsorganisationen aus 20 europäischen Ländern, darunter gewerkschaftliche Gruppen, Verbraucherzentralen und andere finanzwirtschaftskritische Organisationen (z. B. ATTAC France). Die Initiative setzt sich vehement für einen grundsätzlichen Umbau des Finanzsektors ein, der sich von den Rentierlogiken der finanzialisierten Finanzwirtschaft entfernen und zu einer gemeinwohlorientierteren Ausrichtung finden solle. Mit ›finanzialisiert‹ ist hier jener Teil der Finanzwirtschaft gemeint, der – weitestgehend entkoppelt von realwirtschaftlichen Aktivitäten – Gewinne aus teils spekulativen Finanzprodukten (z. B. Derivate) erzielt (Zademach, 2014). Das Gewicht zivilgesellschaftlicher Interessengruppen in Brüssel ist gewachsen, nicht zuletzt aufgrund einer Professionalisierung ihrer Arbeit und einer Annäherung an bestimmte Methoden wirtschaftlicher Lobbygruppen (Klüver, 2013).

13.2.4 »Raus ins Feld« mit Michaela Gensheimer, Research and Policy Manager bei ESPON

Abb. 13.4: Michaela Gensheimer. Foto: privat.

ESPON ist ein von der EU sowie den EU-Mitglieds- und Partnerstaaten gefördertes Programm, das öffentliche Träger der Raumplanung und Regionalentwicklung in Europa mit räumlichen Daten und raumwissenschaftlichen Analysen versorgt. Neben den 27 EU-Mitgliedsstaaten sind auch Island, Liechtenstein, Norwegen und die Schweiz an dem Raumbeobachtungsnetzwerk beteiligt und unterhalten nationale Kontaktpunkte. Sitz der ESPON-Zentrale ist Luxemburg. Michaela Gensheimer ist Diplom-Geographin und war nach ihrem Abschluss für verschiedene Beratungsgesellschaften, für den Senator für Wirtschaft und Häfen Bremen sowie für universitäre Forschungsvorhaben tätig. Seit 2007 arbeitet sie für das ESPON-Programm, aktuell als Research and Policy Manager. Wir sprachen mit ihr über die Besonderheiten des Programms, seine Funktionsweise und die Bedeutung für die Politikberatung. Das Gespräch fand im April 2023 statt.

Wie muss man sich die Zusammenarbeit im ESPON-Netzwerk vorstellen?
In ESPON arbeiten wir im Prinzip an der Schnittstelle zwischen Politik, Planung und Wissenschaft. Wir beschäftigen uns mit vielfältigen Fragen der Raumplanung, zum Teil auch darüber hinaus, beispielsweise bei sektorspezifischen Themen. Im Grunde arbeiten wir immer mit der Ambition, Ergebnisse zu liefern, die dann von Planern und Entscheidungsträgerinnen direkt genutzt werden können, etwa im Rahmen von Entwicklungsstrategien für bestimmte Räume. Das kann auf nationaler Ebene sein, auf regionaler und (seltener) lokaler Ebene. Es geht immer um anwendungsbezogene Informationen, die Raumplanung unterstützen.

Dies erreichen wir dadurch, dass die Ideen für die Projekte, die wir ausschreiben und die dann von internationalen Forschungskonsortien bearbeitet werden, immer von Stakeholdern kommen. Das können nationale Ministerien sein, die im ESPON-Begleitausschuss vertreten sind, oder auch europäische Netzwerke und Interessensverbände (z. B. der Regionen oder Gemeinden), mit denen wir stetig in Kontakt sind und die aktuelle Forschungsbedarfe äußern. Daneben können auch sehr konkrete Ideen für bestimmte Räume initiativ bei uns eingereicht werden (sogenannte Targeted Analyses), mit denen wir dann arbeiten und sie als Vorhaben ausschreiben. Darauf können sich dann Forschungseinrichtungen oder Beratungsunternehmen einzeln oder in Konsortien bewerben. Die von ESPON finanzierten Vorhaben laufen meist über ein bis zwei Jahre, nur in Ausnahmefällen länger. Das heißt, es geht oft um kurzfristig drängende Fragestellungen, in denen die Politik Beratung braucht, aber auch um längerfristige Strategieentwicklung. Ein Beispiel dafür – und zudem mit außerordentlich guter Einbindung der regionalen Stakeholder – war das Alps2050-Projekt, in dem Entwicklungsszenarien für den Alpenraum erarbeitet wurden, unter Einbindung von Forschenden aus allen Alpenländern (s. https://www.espon.eu/Alps2050).

Inwiefern ist ESPON komplementär zu nationalen Stellen der Raumbeobachtung?
Wir sind da in der Tat komplementär, und zudem bringen wir dezidiert die europäische Ebene hinzu, so dass immer auch der Vergleich mit anderen Ländern und Regionen in Europa möglich ist. Das versuchen wir durchgängig auf NUTS3-Ebene[2] zu gewährleisten, was nicht unbedingt alle nationalen Raumbeobachtungsstellen so leisten können. Dabei nutzen wir so weit wie möglich europaweit verfügbare Daten (z. B. von EUROSTAT), aber erheben auch eigene Daten in den Studien, die wir vergeben. Dabei werden mitunter auch neue Methoden entwickelt, um die Vergleichbarkeit herzustellen. Datenlücken oder fehlende Zeitreihen in manchen Ländern bleiben aber eine generelle Herausforderung, ebenso die nicht immer vergleichbaren Gebietszuschnitte.

Welchen Anteil haben Wirtschafts- und Nachhaltigkeitsthemen?
Wir hatten schon früh ein Projekt zu den Auswirkungen des Klimawandels auf regionale Ökonomien. Dieses Projekt mit dem Namen ESPON Climate stieß auf sehr großes Interesse. Und deshalb haben wir die wichtigsten Daten und Karten, die im

---

2 NUTS steht für Nomenclature des Unités Territoriales Statistiques, ein europäisches Kategorisierungssystem von Gebietskörperschaften und Gebietseinheiten. Dem hier erwähnten NUTS3-Niveau entsprechen z. B. in Deutschland die Kreise, in Österreich Gruppen von Gemeinden, in der Schweiz die Kantone oder in Frankreich die Départements. (s. auch https://ec.europa.eu/eurostat/web/nuts/background).

Rahmen des Projekts gesammelt und erstellt wurden, seitdem mehrfach aktualisiert, zuletzt in 2022 (s. https://archive.espon.eu/climate).

In der aktuellen Programmphase (2021–2027) arbeiten wir mit thematischen Aktionsplänen (TAP), zu denen sich alle Projekte zuordnen lassen müssen. Einer der ersten Aktionspläne, der beraten und beschlossen wurde, heißt Climate Neutral Territories. Ein weiterer soll sich mit Nature Based Climate Adaptation beschäftigen, bei einem anderen thematischen Aktionsplan steht das Thema Resilienz im Mittelpunkt. Und gemeinsam mit der derzeitigen schwedischen Ratspräsidentschaft arbeiten wir an einem Policy Paper zum Thema Grüne Industrialisierung.

Wie können Studierende die Arbeiten von ESPON nutzen?

Da gibt es viele Möglichkeiten. Zunächst einmal ist alles, was wir erarbeiten, ausführlich dokumentiert und über die ESPON-Webseite frei zugänglich. Dazu zählen die einzelnen Projektberichte, die in der Regel sprachlich und inhaltlich nicht nur für Spezialisten lesbar sind. In der Regel wird auch ein wissenschaftlicher Anhang inklusive einer Darstellung der Methodik mitgeliefert. Auch die zugrundeliegenden Daten selbst sind zugänglich, und natürlich die erarbeiteten Karten. Und wenn mal etwas nicht gefunden wird, kann man uns auch gerne kontaktieren und wir stellen nach Möglichkeit ergänzende Dokumente oder Daten zur Verfügung.

Darüber hinaus bieten wir mehrmonatige Praktikumsstellen für Studierende an, die dann konkret in einzelnen Projekten auch inhaltlich mitwirken können. Das kann ein sehr guter Einstieg in europäische Zusammenhänge sein. Und für Nachwuchswissenschaftlerinnen haben wir zum Ende der letzten Programmperiode ein ›Young Researchers Scheme‹ aufgelegt, das Promovierende und Postdocs finanziell und inhaltlich dabei unterstützte, auf Basis von ESPON-Daten wissenschaftliche Artikel und/oder Konferenzbeiträge zu erarbeiten.

Mir ist bewusst, dass ESPON unter Studierenden nicht besonders bekannt ist. Es kann aber wirklich eine hervorragende Quelle sein, sei es für die Bachelor- oder Masterarbeit oder auch für ein Referat während des Studiums, insbesondere wenn es um innereuropäische Vergleiche geht.

Weitere Informationen zum ESPON-Programm: https://www.espon.eu/
Nationale ESPON-Kontaktpunkte (Auswahl):

- Deutschland: https://www.bbsr.bund.de/
- Luxemburg: https://amenagement-territoire.public.lu/
- Österreich: https://www.oerok.gv.at/
- Schweiz: https://www.are.admin.ch/

13.3 Nationalstaaten

Beispiel: Finnlands Netto-Null Klimaziel

Im Jahr 2022 verabschiedete Finnland ein Gesetz, das neben Südsudan die weltweit ambitioniertesten Klimaziele umfasst. Mit dem **Klimaplan** verpflichtet sich das Land bis 2035 Netto-Null und anschließend eine negative nationale CO_2-Bilanz zu erreichen. Die Zielsetzungen basieren auf den Empfehlungen des finnischen Klimarates (Ollikainen et al., 2019), der wissenschaftliche Kriterien und Gerechtigkeitsdenken berücksichtigte. Die unabhängigen Ökonomen berechneten in der Studie den gerechten Anteil (Fair Share) Finnlands CO_2-Emissionen zu senken, um die Einhaltung der Ziele des Pariser Klimaabkommens sicherzustellen. Dieser nationale Beitrag wurde basierend auf Finnlands Anteil an der Weltbevölkerung, der nationalen Zahlungsfähigkeit für die Reduzierung von Treibhausgasemissionen und der historischen Verantwortung für die Verursachung des Klimawandels bestimmt. Bei der Umsetzung der ambitionierten Ziele setzt Finnland auf Kohlenstoffsenken, so unter anderem auf seinen hohen Waldanteil, der drei Viertel der Landesfläche ausmacht. Jedoch zeichnet sich in den letzten Jahren ein Rückgang von Finnlands Waldbestand ab. Die Nutzung von internationalen Ausgleichszahlungen zur Einhaltung der Reduktionsziele schließt die Regierung aus. Das Gesetz verpflichtet alle Kommunen bis März 2023, einen Klimaplan zu erstellen. Dabei werden auch die in Finnland lebenden Sami in die Entscheidung einbezogen. Die Umsetzung der Klimaziele wird durch ein jährliches Monitoring des Umweltministeriums überprüft. Durch den Krieg Russlands gegen die Ukraine hat auch in Finnland die Energiewende durch verstärkte politische Maßnahmen einen deutlichen Antrieb erhalten.

Mehr Informationen zu nationalen Klimazielen und der Bewertung des Fortschritts bieten die folgenden Webseiten, die durch NGOs finanziert werden:

- https://climateactiontracker.org
- https://zerotracker.net

Abb. 13.5: Finnlands Klimastrategie setzt auf CO_2-Speicher.

13.3.1 Die Rolle von Nationalstaaten

Hyperglobalisierungsthese

Das Beispiel Finnlands illustriert die zentrale Rolle, die Nationalstaaten hinsichtlich Nachhaltigkeit und Klimapolitik einnehmen. Besonders in Bezug auf Globalisierungsprozesse wurde die Rolle von Nationalstaaten kontrovers diskutiert und auch hinterfragt. So argumentieren Verfechterinnen der **Hyperglobalisierungsthese,** dass Nationalstaaten durch transnationale Netzwerke der Produktion, des Handels und Finanzwirtschaft zunehmend umgangen werden und sie dadurch ihre Bedeutung als Entscheidungsträger und Regulatoren verlieren. Stattdessen treten internationale Organisationen, so zum Beispiel in Form der Welthandelsorganisation (WTO) und Regulierungsregime wie die EU, in den Vordergrund. Auch spielen multinationale Großunternehmen in der Weltwirtschaft eine zunehmende Rolle und bestimmen den globalen Handel. So attestieren Verfechterinnen der Hyperglobalisierungsthese eine fortschreitende Angleichung von Regionen und Standorten oder sogar das Ende der Geographie im Sinne standortspezifischer Charakteristika (O'Brien, 1992).

Globalisierung

Ein zentraler Kritikpunkt des Globalisierungsdiskurses liegt in der **dualistischen Ausrichtung** zwischen Globalisierung auf der einen und nationalstaatlicher Autarkie auf der anderen Seite. So ist die Umsetzung globaler Umweltbelange zwar stark durch neue Formen territorialer Organisation geprägt, jedoch sind die Veränderungen räumlicher Vernetzungen wesentlich komplexer und haben zu neuen Formen nationalstaatlicher Kontrolle geführt (u. a. auch in Form des Kohlenstoffemissionshandels) (Dalby, 2020). Es kommt also nicht nur zu einer Verlagerung von Entscheidungsprozessen auf die supranationale Ebene, sondern zu neuen und räumlich sehr unterschiedlichen Governance-Strukturen und Verflechtungen auf verschiedenen räumlichen Ebenen (s. Kapitel 13.2). Aus wirtschaftsgeographischer Perspektive spielen dabei räumliche Verlagerungen von Produktionsstandorten und wirtschaftlichen Beziehungen eine zentrale Rolle. So haben Globalisierungsprozesse dazu geführt, dass viele Regionen ihre Anziehungskraft bzw. Alleinstellungsmerkmale verlieren (**›Slippery Space‹**) und Unternehmen an andere Standorte abwandern, wohingegen andere, beständigere Standorte ihre Anziehungskraft behalten (**›Sticky Places‹**) und von den Einflüssen unberührt bleiben (Markusen, 1999).

Glokalisierung

Entsprechend gewinnen Regionen und auch Städte aus geographischer Perspektive an Bedeutung und stehen zunehmend miteinander in Wettbewerb um Investoren, Arbeitskräfte, aber auch Touristen und Bewohnerinnen. Geographische Arbeiten haben sich mit dieser **Aushöhlung von Nationalstaaten** durch die wachsende Bedeutung der regionalen und lokalen Ebene beschäftigt. Swyngedouw (2004) spricht auch von **Glokalisierung,** um die gleichzeitig zunehmende Bedeutung sowohl der supra- als auch der subnationalen Ebenen zu beschreiben. Glokalisierung umfasst zum einen Maßstabsveränderungen in der Zuständigkeit und der Rolle staatlicher Akteure und zum anderen auch materielle Auswirkungen, da Unternehmen auf lokale Standortbedingungen reagieren (Cox, 2009). Die nationalen, regionalen und lokalen Ebenen verlieren also in einer globalisierten Welt nicht an Bedeutung, sondern nehmen veränderte Rollen in neuen Governance-Prozessen ein (s. auch Kapitel 13.4). Brenner (2004) spricht in diesem Zusammenhang auch von neuen staatlichen Räumen **(New State Spaces)**, die geschaffen werden. Nationalstaaten sind dabei wichtige vermittelnde und ermöglichende Akteure (Barry & Eckersley, 2005).

Handlungsrahmen

Das Beispiel Finnlands deutet neben der Rolle von Nationalstaaten als wichtige Akteurinnen in der Klimapolitik auch auf unterschiedliche nationale **Handlungsrahmen** hinsichtlich der Herausforderungen und Maßnahmenkataloge hin. Hierbei spielen geographische Charakteristika wie Finnlands großer Waldanteil, aber auch bestehende Wirtschaftsstrukturen, Planungstraditionen und gesellschaftliche Normen eine große Rolle (Affolderbach & Schulz, in Druck). So haben Länder wie Island und Kanada, die dank Geothermie und Wasserkraft den Hauptanteil ihrer Energie aus erneuerbaren Quellen beziehen, andere Handlungsrahmen als Länder, denen diese Möglichkeiten fehlen (z. B. Polen). **Klimatische Gegebenheiten** (Wind, Sonneneinstrahlung) beeinflussen auch die Möglichkeiten, auf erneuerbare Energiegewinnung umzustellen. Zugleich zeigt das Beispiel der pionierhaften Windenergienutzung in Dänemark (s. Kapitel 8), dass nicht zwangsläufig alle Länder mit vergleichbarer Windhöffigkeit diese klimatischen Bedingungen gleichermaßen nutzen. In anderen Regionen ist die Solarenergienutzung trotz suboptimaler Bedingungen weiter fortgeschritten als in Regionen mit besseren Ausgangsbedingungen. Klimatische Gegebenheiten sind somit nur ein Faktor und werden oft überlagert von politischen und institutionellen Einflussgrößen. Dies trifft auch auf bestehende **Wirtschaftsstrukturen** zu, die sich stark hinsichtlich der Treibhausgasbilanz unterscheiden. So sehen sich Länder mit hohen Anteilen an Schwerindustrie und produzierendem Gewerbe größeren Herausforderungen gegenübergestellt als Länder, deren Wirtschaftsstruktur durch den tertiären Sektor bestimmt wird. Gesellschaftliche Normen und Planungsstandards, so in Bezug auf die durchschnittliche Wohnfläche oder Transportinfrastruktur und daran geknüpftes Mobilitätsverhalten resultieren ebenfalls in räumlichen Unterschieden.

13.3.2 Politische Positionierungen

Das wachsende Umweltbewusstsein in den 1960er und 1970er Jahren (s. Kapitel 2 und Kapitel 15.3) hat sich auch auf Regierungs- und Parteipolitik ausgewirkt und Nachhaltigkeit als Thema in politische Programme eingebracht. Seit den 1970er Jahren kam es zur Gründung neuer Parteien, die Umweltbelange als parteipolitisches Profil in den Mittelpunkt stellten.

Grüne Parteien

Die erste grüne Partei war die United Tasmania Group, die heutige **Tasmanian Greens**, die 1971 in Tasmanien zu den Wahlen antrat und sich aus der Widerstandsbewegung gegen die Umweltzerstörung in Tasmanien entwickelt hatte (s. Kapitel 15.3) (Sewell et al., 1989). Die erste grüne Partei Europas war die 1973 gegründete britische **PEOPLE** (anschließend in Ecological Party und dann Green Party umbenannt). In Westdeutschland beeinflusste besonders die Atomkraft- und Umweltbewegung die Gründung der Partei **Die Grünen** (1980), die erstmals 1983 in den Bundestag einzog. Auch wenn die meisten Umweltinitiativen ein westliches Phänomen darstellen, so ist Umweltpolitik inzwischen auf allen Kontinenten parteipolitisch verankert.

Heute gibt es in mehr als 100 Ländern grüne Parteien, die in der Regel neben dem ökologischen Verständnis die Zielsetzungen sozialer Gerechtigkeit, partizipativer Demokratie und Gewaltlosigkeit vertreten. Auch Ein-Parteien-Länder wie Kuba und China haben Umweltpolitik in ihre politischen Programme mit aufgenommen. Hinsichtlich der Regierungsbildung waren grüne Parteien bisher moderat erfolgreich, da sie selten die Mehrheit in Wahlen erhalten. Seit den 1990er Jahren sind sie aber durchaus durch Koalitionsbildung an Regierungen beteiligt.

Klimaskeptizismus

Umweltpolitische Positionierungen variieren stark. Grob lässt sich regierungspolitisch zwischen Umweltskeptizismus bzw. -verleugnung, Reformwillen und radikaleren Positionen unterscheiden, wobei letztere bisher kaum auf regierungspolitischer Ebene, sondern durch zivilgesellschaftliche Initiativen (z. B. Extinction Rebellion, Earth First!) vertreten werden (Doyle et al., 2015). **Umwelt- und Klimaskeptizismus** stellt infrage, dass Umweltprobleme und insbesondere der Klimawandel anthropogen bedingt sind bzw. besondere Maßnahmen erfordern. Entsprechend werden auch wissenschaftliche Studien, die dringenden Handlungsbedarf aufzeigen, kritisch betrachtet und Umweltbelange anderen Interessen (in der Regel wirtschaftlichen) untergeordnet.

Beispiel

Klimaskeptizismus in der Politik: Ein Beispiel hierfür stellt die Umweltpolitik der konservativen Partei in den USA dar, deren Politik während der letzten Jahrzehnte die Auseinandersetzung mit Umweltproblemen bewusst zurückstellte und diskreditierte. So schwächte Ronald Reagan in den 1980er Jahren Umweltschutzgesetze zugunsten der freien Marktwirtschaft – eine politische Linie, die auch als **Reaganismus** bezeichnet wurde.
In Großbritannien wurde eine entsprechende Politik der Neoliberalisierung von Margret Thatcher, dem sogenannten **Thatcherismus,** vertreten und mit zeitlicher Verzögerung in anderen Ländern übernommen.

George Bush Senior weigerte sich als US-amerikanischer Präsident in den 1990er Jahren, internationale Protokolle und Abkommen im Rahmen der Rio-Konferenz zu unterzeichnen und auch die Regierungen unter George Bush Junior und Donald Trump waren deutlich durch Klimaskeptizismus geprägt, während über 95 Prozent aller Wissenschaftlerinnen argumentieren, dass die gegenwärtige Erderwärmung auf anthropogenes Handeln zurückzuführen ist und dringendes Handeln erfordert.

Klima-Governance

Reformorientierte Politik verankert Umweltbelange in politischen Programmen und zielt auf Veränderungen zur Bekämpfung ökologischer Probleme ab. Viele Wissenschaftler argumentieren, dass nachhaltige Entwicklung – und in den letzten Jahren zunehmend der Klimawandel – die Politik dominieren (z. B. Long & Rice, 2019). While et al. (2010) sprechen von **Klima-Governance**, um die zentrale Rolle von Klimawandel als Treiber für politische Strategien zu verdeutlichen. Dabei tritt vor allem die Reduzierung und Kontrolle von Treibhausgasen (Carbon Control) in den Mittelpunkt und ist zu einer zentralen Strategie nachhaltiger Regulierungspolitik geworden (Keil, 2007).

In Deutschland ist grüne Politik in den Parteiprogrammen der größten Parteien (mit Ausnahme der AfD) verankert und somit Teil des Mainstreams geworden. So verwenden die größten deutschen Parteien Formulierungen wie »nachhaltiges Wachstum«, »klimagerechter Wohlstand« und »sozial-ökologische Transformation« in ihren Wahlprogrammen (s. Tab. 13.1). Eine Herausforderung der Umweltpolitik besteht darin, das Gleichgewicht zwischen wirtschaftlichen und Umweltinteressen sicherzustellen. Dies wird durch den diskursiven Sprachgebrauch deutlich, der beide Ziele zu vereinen sucht. Der Grüne Deal der EU spiegelt die Logik einer Green Economy wider (s. Kapitel 13.2), wie sie auch in der deutschen Energiewende zu finden ist. Die Energiewende strebt Wirtschaftswachstum durch Investitionen in grüne Energiebranchen und Wettbewerbsfähigkeit durch Innovationsfreudigkeit in Wachstumsbranchen an.

Partei	Leitbegriff	Ziele/Prinzipien
CDU/CSU	Nachhaltiges Wachstum	»Wir werden unsere Wirtschaft wieder in Schwung bringen und für sichere und zukunftsfähige Arbeitsplätze sorgen. Dabei verbinden wir nachhaltiges Wachstum, Klimaschutz und soziale Sicherheit miteinander.«
SPD	Sozialökologischer Umbau	»Den sozial-ökologischen Umbau der Wirtschaft meistern wir, wenn wir wirtschaftlichen Erfolg zukünftig nicht nur am Bruttoinlandsprodukt messen, sondern am Wohlergehen der gesamten Gesellschaft und der Natur.«
Die Grünen	Klimagerechter Wohlstand	»Der Weg in die Klimaneutralität bietet riesige Chancen auf mehr Lebensqualität [...]. Den wirtschaftlichen Aufbruch nach der Corona-Krise und die ökologische Modernisierung wollen wir zusammenbringen. Dazu braucht es eine sozial-ökologische Neubegründung unserer Marktwirtschaft. Wir wollen mit ehrgeizigen Vorgaben in Form von Grenzwerten, CO_2-Reduktionszielen und Produktstandards der deutschen und europäischen Wirtschaft Planungssicherheit geben und Impulse für neue Investitionen setzen.«
Die Linke	Sozialökologische Investitionsoffensive	»Statt einer Wirtschaft, die für Profite arbeitet, brauchen wir eine Wirtschaft, die klaren sozialen und ökologischen Zielen folgt, die mit den verbleibenden Ressourcen haushalten kann und die für die Bedürfnisse der Menschen arbeitet. [...] Mit sozialökologischen Investitionen wollen wir dafür sorgen, dass dieser Umbau nicht auf Kosten der Beschäftigten und der breiten Bevölkerung erfolgt.«
FDP	Umweltpolitik als Chance und Innovationsmotor	»Der Klimawandel ist eine der größten Herausforderungen unserer Zeit. [Er kann] aber auch zu einer unserer größten Chancen werden. [...] Neue Technologien führen dazu, Energie bezahlbar umwandeln und gleichzeitig das Klima schützen zu können. Auch bei der Lösung für komplexe Umweltprobleme setzen wir auf die Kreativität der Vielen und den Wettbewerb der besten Ideen.«

Tab. 13.1: Zielaussagen der deutschen Bundestagsparteien im Bereich des Klimawandels und nachhaltigen Wirtschaftens. Quelle: eigene Zusammenstellung aus den Wahlprogrammen zur Bundestagswahl 2021; CDU/CSU S. 33, SPD S. 4, Die Grünen S. 14, Die Linke S. 56/57, FDP S. 45.

Konsumpolitik

Auch die deutsche **Konsumpolitik** unterstützt das Ideal wirtschaftlichen Wohlstands und beschützt in erster Linie die Souveränität und Freiheit der Individuen. Sie zielt auf den Schutz der Konsumierenden ab, indem Gesundheits- und Sicherheitsstandards eingesetzt werden und sieht eine bessere **Informationspolitik** beispielsweise durch Ökolabels und Aufklärungsprogramme vor (s. Kapitel 15.2). Konsumpolitik, die auf das Verhalten von Individuen abzielt, ist in der Regel freiwillig.

Politische Instrumente, die die Konsumfreiheit einschränken sind hingegen selten und zielen meist auf bestimmte Situationen ab. So kam es aufgrund der Verknappung von Heizgas in Deutschland als Folge des Kriegs Russlands gegen die Ukraine im Winter 2022/2023 zu einer Limitierung der maximalen Raumtemperatur von 19 Grad Celsius in öffentlichen Gebäuden. Ähnliches gilt für die Wassernutzung während langer Trocken- und Hitzeperioden, die unter anderem das Wässern von Rasenflächen untersagt. Bei hohen Ozonwerten schränken manche Kommunen die Nutzung des Kraftverkehrs ein.

Policy Rollback

Eine große Herausforderung für die Klimapolitik besteht in dem Widerspruch zwischen den relativ kurzen Handlungsrahmen von amtierenden politischen Entscheidungsträgerinnen gegenüber den benötigten langfristigen Strategien, die zur Bekämpfung des Klimawandels aber auch anderer ökologischer und sozialer Herausforderungen benötigt werden. So betrachten Parteien in der Regel den Zeitraum eines Wahlzyklus bzw. einer Regierungsphase und damit verbundenen Interessen und Zielen, welche in vier oder auch fünf Jahren umsetzbar sind. Dies schließt oft langfristigere und damit auch tiefgreifendere Reformen aus. In manchen Fällen kommt es auch mit einem Regierungswechsel zu einer Rücknahme oder Annullierung von strikterer Umweltpolitik und Gesetzgebungen, wie in den letzten Jahrzehnten zum Beispiel in verschiedenen Bundesstaaten Australiens oder auch den USA der Fall war und auch als **Policy Rollback** bezeichnet wird (Affolderbach, 2008; Fastenrath & Braun, 2018a).

13.3.3 Beispiele nationaler Gestaltungsrahmen

Dass Nationalstaaten trotz wirtschaftlicher Globalisierung und der Einbindung in überstaatliche Verbünde (z. B. EU) über erhebliche **Gestaltungsspielräume** verfügen, zeigt nicht nur das bereits erwähnte Dänemark. Die Niederlande gelten als Vorreiter in Sachen Fahrradverkehr und multi-modale Verkehrspolitik. Norwegen schuf schon in den 1990er Jahren erste Anreize für Elektromobilität und war 2016 das erste Land in Europa, das ganz auf Elektromobilität setzte und deutlich vor der EU das Aus für Verbrenner-Motoren (bis 2025) beschloss (Künle & Minke, 2022). Und Frankreichs Politik zum ›Recht auf Reparatur‹ (z. B. für Elektrogeräte) erhöhte den Druck auf die EU, eine ähnliche Rechtsprechung länderübergreifend zu etablieren (siehe auch Kapitel 6.4).

13.3.4 »Raus ins Feld« mit Prof. Dr. Rüdiger Wurzel, Jean-Monnet-Lehrstuhlinhaber an der Universität Hull

Abb. 13.6: Rüdiger Wurzel. Foto: Universität Hull.

Rüdiger Wurzel ist Professor für vergleichende europäische Politik an der Universität Hull in Großbritannien. In seiner Forschung beschäftigt er sich vor allem mit Umweltpolitik in der EU, vergleichenden Studien, neuen Governance-Formen sowie Veränderungen in Bezug auf verschiedenen Entscheidungsebenen. Das Gespräch fand im April 2023 statt.

Warum ist es für Politikwissenschaftler interessant, gerade die Rolle der EU und ihrer Mitgliedsstaaten in der Klimapolitik zu untersuchen?
Besonders interessant ist es, dass die EU inzwischen sehr viele Kompetenzen im Klimabereich hat. Das ist ganz wichtig für alle Mitgliedstaaten. Die EU hat natürlich auch mehr Einfluss international als jeder einzelne ihrer 27 Mitgliedstaaten. Es gab diesbezüglich auch Konflikte auf internationaler Ebene. Die EU ist lange nicht von den USA und von Ländern im Globalen Süden als Akteurin anerkannt worden. Dabei ging es vor allem um die Frage, ob die EU stellvertretend für alle Mitgliedstaaten in internationalen Gremien abstimmen kann. Die EU steht mit ihrer Handlungsfähigkeit zwischen einem Staat und einer internationalen Organisation: Sie hat natürlich mehr Kompetenzen als ein Staatenbündnis wie die UN, aber weniger Kompetenzen als ein Staat. Und diesbezüglich gab es Konflikte und das ist für einen Politikwissenschaftler natürlich interessant.

Zudem treibt die EU oft die Klimapolitik in Mitgliedsstaaten voran. Das hat sich beispielsweise in Deutschland in Bereichen gezeigt, in denen man hinterherhinkte. Der Emissionshandel wäre mit Sicherheit damals nicht ohne die Rolle der EU eingeführt worden. Das hat den Vorteil, dass die EU die Mitgliedstaaten mitnimmt, die zögerlich sind, und dort einen Transformationsprozess einleitet. Vielleicht wäre Dänemark alleine schneller mit den Klimazielen vorangekommen, aber dafür wäre Polen wahrscheinlich noch weiter hinterher. In der Bilanz war die EU eindeutig hilfreich. Wichtig zur Erreichung der Emissionsziele ist insbesondere das sogenannte Burden Sharing, also die Lastenteilung der EU. Die Lastenteilung erlaubte der EU unter dem Kyoto Protokoll, mit damals recht hohen 15 Prozent Klimagasreduktionen, in die Verhandlungen zu gehen. Die EU akzeptierte dann 8 Prozent, weil die USA nur 7 Prozent zuließen. Die Lastenteilung macht es möglich, dass nicht jeder Mitgliedstaat gleich viele Emissionen reduzieren muss. Einige Staaten können sogar mehr emittieren, solange andere Mitgliedstaaten dies durch höhere Einsparungen kompensieren. Deutschland reduzierte damals um 21 Prozent, wodurch Länder in Südeuropa und neue Mitgliedsstaaten weniger reduzieren oder sogar mehr emittieren konnten. Das zeigt die Flexibilität der EU und ihrer Mitgliedsstaaten, die entsprechend international in der Klimapolitik auftreten können. Das sind also klare Vorteile der EU.

Inwiefern hat sich die Rolle bzw. der Einfluss von Nationalstaaten im Kontext des Klimawandels und den damit verbundenen Herausforderungen verändert?
Nationalstaaten müssen selbst etwas machen und sie nehmen auch eine wichtige Rolle als Vorreiterin und Vorbild ein. Aber es ist auch ganz klar, dass ein einzelner Staat, selbst der mächtigste Staat der Welt, alleine nicht den Klimawandel lösen kann. Macht, Ressourcen usw., die sonst in internationalen Beziehungen eine sehr große Rolle spielen, lösen diese Herausforderung nicht. Man kann selbst als Superpower andere Staaten nicht dazu zwingen, genug gegen den Klimawandel zu tun. Also muss man auf Kooperation setzen und das auch mit Staaten, mit denen man auf anderen Ebenen nicht kooperieren wollen würde. Das hat sich bisher auch darin gezeigt, wenn auch nicht immer mit großem Erfolg, dass fast alle Staaten das Kyoto-Protokoll und das Pariser Abkommen unterzeichnet und umgesetzt haben. Das zeigt eine gewisse Einsicht von diesen Staaten, dass der Klimawandel globales Handeln erfordert. Das ist ein wichtiges Zeichen, dass fast alle Staaten das anerkennen, auch wenn jeder Staat dann ein unterschiedliches Tempo in der Umsetzung wählt. Staaten müssen also selbst etwas auf nationaler Ebene tun, aber das reicht nicht. Es bedarf der Zusammenarbeit auf allen Ebenen.

Welche klimapolitischen Gestaltungsspielräume haben die einzelnen Staaten überhaupt? Gibt es Vorreiter-Staaten?
Man muss immer ein bisschen vorsichtig sein, wenn man einen Staat als besonders vorbildlich bezeichnet. Es gibt keinen Staat, der nicht irgendwelche Schwachstellen hat. Aber natürlich ist es besser, man ist ein Vorreiter und hat ein paar Schwachstellen, als dass man gar nichts macht. Ich denke, Dänemark steht insgesamt ganz gut dar, Schweden auch. Das hat verschiedene Gründe, unter anderem erneuerbare Energie. Die Dänen haben sehr früh auf Onshore- und Offshore-Wind gesetzt. Sie haben eigentlich Offshore erfunden. Das hat sich langsam ausgebreitet und ist jetzt ein großes Thema mit Russlands Invasion in der Ukraine. Kurzfristig ging es zunächst um Energiesicherheit und -versorgung, was nicht unbedingt gut für den Klimaschutz war, aber mittel- bis langfristig wird es den erneuerbaren Energieausbau einen unheimlichen Schub geben, dass europäische Staaten von ihrer Abhängigkeit von russischem Gas loskommen und dieses durch erneuerbare Energien ersetzen. In Deutschland geht es damit auch jetzt schon schneller voran, wenn man beispielswei-

se an die neuen, ambitionierteren Ausbauziele bei der Windenergie denkt. International steht auch Costa Rica sehr gut da, auch wenn es in Mittelamerika keine Nacheiferer in dem Sinne zu geben scheint. Für Dänemark gilt das vielleicht auch so in etwa. Die Dänen möchten ihre Klimaziele umsetzen und so progressiv sein, wie sie glauben zu können. Ob die anderen Länder nachfolgen, ist für Dänemark eher sekundär. In Deutschland möchte man hingegen oft eine Vorreiterinnenrolle einnehmen und Klimaziele umsetzen, auch aus wirtschaftspolitischen Gründen, aber die anderen Mitgliedsstaaten sollen mitziehen. Es gibt öfter mal Situationen, in denen man in Deutschland sagt, wir machen das, wenn die anderen das auch machen und in Dänemark sagt man öfter, wir machen das unabhängig davon, was andere Länder machen.

Gibt es auch nationalstaatliche Strategien, die klimapolitische Maßnahmen hinauszögern oder gar verwässern?
Bei einer solchen Frage gerät man schnell in ein Sündenbock-Denken. Man muss diesbezüglich vorsichtig sein, denn es gibt für fehlende oder zurückhaltende Klimapolitik verschiedene Gründe. Bei manchen Staaten liegt es an der Regierung, bei anderen ist es die Wirtschaftsstruktur oder andere Bedingungen, die dies erschwert. Klar ist, dass ein Land wie Polen, welches sehr stark von Kohle abhängig ist, nicht über Nacht erneuerbare Energien einführen kann. Vor allem nicht, wenn über der Grenze Krieg herrscht und die Energieversorgung ein Riesenproblem darstellt und eine hohe Zahl an ukrainischen Flüchtlingen ins Land kommen. Dann ist eine Energiewende natürlich schwierig. Da ist es umso wichtiger, dass der Grüne Deal der EU und die damit einhergehenden Bemühungen für eine gerechte Transformation helfen, Veränderungen zu beschleunigen.

Aber es gibt auch Regierungen in bestimmten Staaten, so in den USA, in denen das Thema des Klimaschutzes sehr ideologisiert wurde bzw. wird. Die Republikaner und Demokraten in den USA haben inzwischen diesbezüglich völlig verschiedene Weltsichten. Für die einen – die Republikaner – existiert Klimaschutz gar nicht, für die anderen – die Demokraten – ist es ein ganz wichtiges Mittel, auch um Industriepolitik zu betreiben. Das zeigt sich zum Beispiel durch die Einführung des sogenannten Inflation Reduction Act, den die USA unter anderem zur Bekämpfung des Klimawandels 2022 verabschiedet haben, und der beachtliche Subventionen für Firmen, die in den USA produzieren oder dort einen Sitz haben, in Aussicht stellt.[3] Nun zieht die EU nach, da sie Angst hat, dass innovative europäische Firmen in die

3 Der am 16. August 2022 in Kraft getretene Inflation Reduction Act fördert u.a. den Ausbau ›sauberer‹ Energien (inkl. Atomkraft) zur Sicherung der nationalen Energieversorgung, E-Mobilität, verbesserte Energieeffizienz von Gebäuden, Schutz von Wäldern und klimaresilienter Landwirtschaft.

USA abziehen. Die Klimapolitik der USA ist inzwischen vor allem ideologisch durch die Regierung getrieben und nicht durch den Staat, obwohl sich auf der föderalen Ebene in Amerika in einigen Bundesstaaten (z. B. Kalifornien) in Sachen Klimapolitik relativ viel tut. Entsprechend kann sich die Klimapolitik der USA als Staat (z. B. in den internationalen Klimaverhandlung) verändern, wenn die Regierung wechselt, so wie auch in Spanien vor einigen Jahren. In Polen im Gegensatz hätte man vielleicht mit einem Regierungswechsel eine etwas klimaprogressivere Politik, aber die Wirtschaftsstruktur ändert sich dadurch nicht kurzfristig und dies erschwert die Transformation.

13.4 Regionen und Gemeinden

Beispiel: Wirtschaftsförderung und Gemeinwohlbilanzierung

Im September 2022 erhielt die Stadt Bornheim im Rheinland (knapp 50.000 Einwohnerinnen) einen Sonderpreis für die **»Erste Gemeinwohlbilanzierte Wirtschaftsförderungs- und Entwicklungsgesellschaft in Deutschland«**, verliehen vom Forum deutsche Wirtschaftsförderung (https://www.hs-harz.de/wifoelab-tagung-2020). Die Wirtschaftsförderungsgesellschaft (WFH) der Stadt hatte ihre Aktivitäten nach Gemeinwohlkriterien (s. Kapitel 11) bewerten lassen, um eine fundierte Basis für die nachhaltige Ausrichtung ihrer Arbeit zu schaffen. Im Vordergrund standen dabei der Umgang mit Investitionsvorhaben sowie Praktiken der Gewerbeflächenvergabe. Die Erarbeitung des ersten Gemeinwohlberichts hat laut Kopatz (2021: 52ff.) sowohl zu einer Sensibilisierung für die Belange nicht wirtschaftlicher Stakeholder (Anwohner, Grundstückseigentümerinnen) geführt als auch zu einem erweiterten Verständnis des Nachhaltigkeitsbegriffs und insbesondere dessen sozialer Dimension (z. B. Qualität von Arbeitsplätzen, Werte und Leitbilder der lokalen Entwicklung).

In einem nächsten Schritt wurde ausgewählten Pilotunternehmen angeboten, sie in einer Gemeinwohlbilanzierung ihrer jeweiligen Geschäftspraktiken beratend und finanziell zu unterstützen und so eine systematische Reflektion über Nachhaltigkeitsfragen anzustoßen. Daneben hat die WFG gemeinsam mit der Alanus Hochschule und der Stiftung Gemeinwohl-Ökonomie Nordrhein-Westfalen die Veranstaltungsreihe **»Praxisforum Gemeinwohl-Ökonomie«** als offene Austauschplattform etabliert.

Weitere Informationen: https://www.wfg-bornheim.de/gemeinwohlbilanz

Abb. 13.7: Nachhaltige Gewerbeflächenpolitik.

Auch wenn Gemeinden und Regionen als kleinere Akteure gelten mögen (im Sinne hierarchisch strukturierter Verwaltungs- und Politiksysteme bzw. räumlicher Maßstabsebenen), heißt dies nicht, dass sie für Nachhaltigkeitsthemen und Wirtschaftsentwicklung weniger bedeutend wären. Im Gegenteil, oft treten einzelne Städte, Dörfer oder Regionen als Vorreiter der Nachhaltigkeitstransition auf. In vielen demokratischen Ländern verfügen Gemeinden über einen hohen formalen Grad an Selbstbestimmung und gewisse Gestaltungsspielräume etwa in der kommunalen Bauleitplanung, in der Wirtschaftsförderung, der Gewerbesteuerpolitik und ähnlichem. Regionen ihrerseits können formale Aufgaben der räumlichen Planung, der Wirtschafts- und Standortpolitik oder der Infrastrukturentwicklung innehaben. Gemeinden und Regionen sind nicht unbeeinflusst von höheren Politikebenen auf staatlicher und überstaatlicher Ebene (s. EU), können aber innerhalb ihrer formalen Handlungsrahmen bestimmte Politikfelder sehr unterschiedlich betreiben, wie die nachfolgenden Abschnitte anhand konkreter Beispiele illustrieren.

13.4.1 Städte und Gemeinden

Die Bedeutung von Städten und Gemeinden im Hinblick auf nachhaltige Wirtschaftsweisen lässt sich auf zwei Ebenen betrachten. Zum einen setzen die Gemeinden in vielen Politikbereichen Rahmenbedingungen, die einen Wandel der Wirtschaft fördern oder auch hemmen können. Zum anderen sind die Gemeinden selbst wirtschaftliche Akteurinnen.

Gemeinden als rahmende Institutionen

Die Rolle als **rahmengebende Institution** spielen Gemeinden sowohl über formale Regulierung als auch durch Anreizpolitik. In die erste Kategorie fallen die bereits erwähnte Bauleitplanung (z. B. die Ausweisung und Gestaltung von Gewerbegebieten), die Baugenehmigungspraxis, die Gestaltung und Nutzungsbedingungen kommunaler Verkehrswege. Daneben existieren eine Reihe von mehr oder weniger formalisierten Anreizinstrumenten. Diese reichen von Informations- und Sensibilisierungskampagnen (Energiesparen, Ernährung, Natur- und Artenschutz usw.) bis hin zu materieller Unterstützung (z. B. Bezuschussung sparsamer Elektrogeräte) und Infrastrukturmaßnahmen (z. B. solarbetriebene Ladestationen). Eine besondere Bedeutung kommt, wie oben gezeigt, der kommunalen Wirtschaftsförderung zu (Dewald & Fromhold-Eisebith, 2021).

Als **wirtschaftliche Akteurin,** die selbst nachhaltigkeitsorientierte Wege einschlagen kann, fungiert eine Gemeinde als wichtige Arbeitgeberin, als Immobilieneigentümerin, als Wirtschaftsunternehmen und als Auftraggeberin. Über die Vergabe öffentlicher Aufträge kann eine Gemeinde beispielsweise bei Neubauten dafür Sorge tragen, dass bestimmte Bauweisen oder Materialien Verwendung finden. Diese auch als **Green Public Procurement** bezeichnete Praxis ist auch in anderen Bereichen möglich, etwa beim Betrieb von Kantinen oder bei der Auswahl der Fahrzeuge des kommunalen Fuhrparks. Als Wirtschaftsunternehmen tritt sie zum Beispiel im Bereich der Energieerzeugung auf, sei es durch kommunale Eigenbetriebe (Stadtwerke) oder durch Beteiligungen (z. B. an Wind- oder Solarparks). Im Bereich der Gebäudewirtschaft besteht ein großes Potenzial in der energieeffizienten Ausstattung bzw. Nachrüstung von Schulen, Krankenhäusern oder Verwaltungsgebäuden, aber auch von in Gemeindebesitz befindlichen Sozialwohnungsbauten (s. Interview mit Martin Budd in Kapitel 7). Und schließlich hat die Gemeinde als nennenswerte Arbeitgeberin nicht nur eine **Vorbildfunktion** für ihre Mitarbeitenden, sondern kann diese auch für Nachhaltigkeitsthemen sensibilisieren, sei es durch gezielte Fortbildungen und Informationskampagnen, sei es durch den alltäglich praktizierten Umgang mit Ressourcen in ihren operativen Bereichen (Wiederverwertung von Materialien, Abfalltrennung, Energiesparen am Arbeitsplatz usw.).

Leitbild

Förderlich wenn nicht gar Voraussetzung dafür, dass beide vorgenannte Rollen transformativ im Sinne der Nachhaltigkeit interpretiert werden, ist die Verständigung auf ein entsprechendes **ambitioniertes Leitbild,** das von möglichst vielen Akteurinnen in der Gemeinde geteilt und verfolgt wird. So macht es einen Unterschied, ob sich eine Gemeinde lediglich an jeweils geltenden Umweltschutzvorgaben und Sozialstandards orientiert oder ob sie sich selbst Ziele setzt, die darüber hinausgehen und eine besondere Dynamik entfalten können. Als Beispiel können hier Städte dienen, die sich schon früh mit besonderen Ansprüchen im nachhaltigen Bauen hervorgetan haben (Freiburg i.Br., Vancouver) oder städtebaulich und verkehrspolitisch besonders progressiv waren (z. B. Kopenhagen) (Fastenrath & Braun, 2018b; Affolderbach & Schulz, 2018; Anderberg & Clark, 2013). Oder auch die 100 Städte, die für die EU-Mission für klimaneutrale und intelligente Städte bis 2030 (Net Zero Cities) ausgewählt wurden, können als besonders ambitioniert gelten (s. https://netzerocities.eu/).

Nicht selten gehen von solchen Pionieren gewisse **Katalysatoreffekte** aus, sei es dadurch, dass sie andere Gemeinden inspirieren und motivieren oder dass sich durch innovative Praktiken Standards verschieben oder Erlerntes weitergegeben werden kann. So wurden die in Freiburg entwickelten energetischen Baustandards später Vorbild für entsprechende Regelungen auf Bundesebene (Fastenrath, 2015). Vancouver oder Kopenhagen wurden zur globalen Anlaufstelle für Politikerinnen, Planer und Architektinnen, die von den dortigen Konzepten und Erfahrungen profitieren wollen. Der Andrang wurde so groß, dass Städte wie Freiburg und Vancouver inzwischen von professionellen Anbietern vermarktete Führungen anbieten. Stadtentwicklungsprojekte wie das Vauban-Viertel in Freiburg oder um das Olympic Village in Vancouver sind durchaus touristisch relevant geworden (s. Abb. 13.8).

Policy Mobility

Mit dem Konzept der **Policy Mobility** versuchen Stadt- und Wirtschaftsgeographinnen zu verstehen, auf welche Art und Weise Konzepte wie der ›Vancouverism‹ sich global verbreiten und welche Überprägungen oder selektiven Rezeptionen die Ansätze in anderen geographischen Kontexten finden (Peck & Theodore, 2010; McCann, 2011). In diesem Zusammenhang wird auch die einflussreiche Rolle internationaler Beratungsfirmen (›Consultocracy‹) deutlich, in deren Portfolios kommunalpolitische Ansätze einseitig verfremdet werden können (Temenos & McCann, 2013; Rapoport & Hult, 2017).

Abb. 13.8: Hinweisschild zur Möglichkeit der selbstgeführten Audio-Tour durch das Stadtentwicklungsgebiet Southeast False Creek in Vancouver. Foto: C. Schulz, 2013.

Kritik

So wichtig diese Pionierstädte für die Nachhaltigkeitspolitik auch sind, so birgt die Debatte auch gewisse Gefahren. Zum einen besteht die Tendenz, nicht zuletzt auch in der Wissenschaft, die immer gleichen Beispiele zu bemühen und – bei aller Rechtfertigung – (ungewollt) zu deren Überhöhung beizutragen. Dies geschieht vor allem dann, wenn einzelne **Leuchtturmprojekte** in diesen Städten ausführlich gewürdigt aber nicht notwendigerweise ins Verhältnis gesetzt werden zu den ›Durchschnittsprojekten‹ derselben Stadt. Zum anderen verstellt die Fokussierung auf diese bekannten Vorreiter den Blick auf andere, mindestens ähnlich pionierhafte Vorhaben in kleineren oder weniger für ihre Nachhaltigkeitsambitionen bekannten Städten. In der Geographie gibt es diesbezüglich bereits eine Debatte über ›überforschte‹ Städte bzw. **over-researched Places** (Button & Aiken, 2022). Auf globaler Ebene und besonders im Bereich der Stadtgeographie und Nachhaltigkeitsforschung kommt es auch zu einer Fokussierung auf Städte und Regionen im Globalen Norden, was zu einer Dominanz von westlichen Problemstellungen und Lösungsansätzen führt. So kritisiert Ananya Roy (2014), dass westliche Modelle und Verständnisse nicht ohne weiteres auf Städte und Regionen im Globalen Süden übertragen werden können. Stattdessen sprechen sich Wissenschaftlerinnen für eine Verweltlichung wissenschaftlicher Perspektiven, ein sogenanntes ›Worlding‹ aus (s. auch ›Dekolonisierung‹ in Kapitel 11), das die Vielfältigkeit verschiedener Räume berücksichtigt und mit dominierenden westlichen Stereotypen bricht (McCann et al., 2013).

Eine andere Gefahr im Zusammenhang mit Pionierstädten liegt im sogenannten **City Boosterism** (McCann, 2013), das heißt dem Streben nach Aufmerksamkeit und Sichtbarkeit im internationalen Kontext. So sind Städte wie Freiburg oder Kopenhagen – teilweise gewollt, teilweise ungewollt – zunehmend Gegenstand eines medialen und politischen Wettbewerbs um Green City-Prädikate, wie sie zum Beispiel im Kontext internationaler Städte-Rankings vergeben werden. Zum Teil bemühen sich strategische Abteilungen der Stadtverwaltung um die Außendarstellung und die gezielte Bedienung der für anstehende Evaluationen relevanten Kriterien, womit Marketingaspekte tendenziell über inhaltliche Fragen und Dringlichkeiten gestellt werden können (Andersson, 2016; Affolderbach & Schulz, 2017).

13.4.2 Interkommunale Verbände und Regionen

Wenngleich einige der vorgenannten Aspekte auch auf die regionale Maßstabsebene zutreffen, so kommt **regionalen Gebietskörperschaften** (Bundesländer, Kantone, Distrikte, Provinzen) oder **interkommunalen Zusammenschlüssen** (Planungsregionen, Wirtschaftsförderungs- und Entwicklungsagenturen) eine spezifische Bedeutung zu. Diese findet sich in regional konzipierten Raumentwicklungsprogrammen und -strategien (z. B. Landesentwicklungsprogramme, Regionalpläne) der formalen

Raumplanung ebenso wie in Initiativen zur Förderung der regionalen Wirtschaft, inklusive des Standortmarketings.

Cluster-Initiativen

Ein Beispiel mit stark wirtschaftsgeographischem Bezug sind die in vielen Regionen anzutreffenden **Cluster-Initiativen.** Diese sind insbesondere im Bereich neu aufkommender und als besonders zukunftsfähig eingestufter Wirtschaftszweige zu finden, etwa im Bereich der Biotechnologien, der Nano-Technologie, der Künstlichen Intelligenz (KI) oder auch der Weltraum-Exploration (Space Industries). Cluster meint hier also eher eine programmatische Zielvorstellung, denn einen empirischen Befund.

Begriffserklärung

Cluster: Der Begriff Cluster (Klumpen, Anhäufung) wird in der Wirtschaftsgeographie in unterschiedlicher Weise verwendet, erstens eher analytisch als wissenschaftliches Konzept zur Erklärung und Beforschung von Standortkonzentrationen, zweitens politisch-programmatisch als strategisches Instrument der regionalen Wirtschaftsförderung (s. Beispiele im Text).
Der **analytisch-konzeptionelle Cluster-**Begriff geht auf den Ökonomen Michael Porter zurück, der damit die räumliche Konzentration miteinander verflochtener Unternehmen und Institutionen eines bestimmten Wirtschaftszweigs bezeichnet. Der Begriff weist gewisse Parallelen auf zu anderen Konzepten der Wirtschaftsgeographie, die sich mit sogenannten lokalisierten Produktionssystemen befassen (z. B. Marshallian Districts früher Industrialisierungsphasen, New Industrial Districts des Dritten Italiens). Den Konzepten ist gemein, dass sie aus der räumlichen Nähe der Unternehmen vorteilhafte Kontextbedingungen nicht nur für die unmittelbare Kooperation zwischen Betrieben, sondern vor allem für die Entwicklung und Verbreitung spezifischer Wissensbestände (s. Tacit Knowledge in Kapitel 12) ableiten. Daraus ergibt sich die Annahme höherer Innovativität und Wettbewerbsfähigkeit. Auf dieser Hypothese fußen auch die strategisch-programmatischen **Cluster-Politiken** wie sie beispielhaft im Text illustriert werden. So versuchen viele Regionen entweder ansatzweise bestehende Standortballungen zu unterstützen und weiterzuentwickeln oder diese durch spezifische Investitionen neu aufzubauen. Dazu gehört insbesondere die Förderung des Austauschs zwischen Unternehmen einer Branche und zugehörigen Intermediären (Kammern, Verbände, Bildungseinrichtungen, Forschungsinstitute) sowie die Finanzierung von Forschungsaktivitäten, Marketingmaßnahmen, spezialisierten Gründerzentren usw.
Ausführlichere Informationen zum Cluster-Konzept s. Kiese (2023) sowie Braun & Schulz (2012, Kapitel 5)

Zahlreiche Cluster-Initiativen haben sich auch der Umweltschutzwirtschaft oder den Umwelttechnologien als besonders vielversprechendem Industriezweig verschrieben (s. auch das Interview mit Martin Budd in Kapitel 7), häufig gerahmt als **Umwelttechnologie-, GreenTech-** oder **CleanTech**-Cluster (s. auch https://internationalcleantechnetwork.com/). Oft werden die Cluster-Namen verknüpft mit dem Attribut ›Valley‹ als Referenz an das für viele Cluster-Initiativen als Vorbild geltende Silicon Valley. Die österreichischen Bundesländer Steiermark und Kärnten mit ihrem »Green Tech Valley Cluster« (vormals: »EcoWorld Styria«) gelten international als pionierhaftes und besonders erfolgreiches Beispiel für eine sektorspezifische Wirtschaftsförderungspolitik (https://www.greentech.at/). Vor allem in der altindustriell geprägten Region um Graz hat der Fokus auf Umwelttechnologien und zunehmend auf erneuerbare Energieerzeugung zu einer starken Konzentration von Firmen, Arbeitsplätzen und Forschungseinrichtungen geführt und einen neuen Entwicklungspfad begründet (Tödtling et al., 2020; Gibbs, 2018). Über die Branche hinaus hat diese Politik zudem auch imageprägende Effekte für eine sich ›nachhaltig‹ gebende Region.

Organisationsform, **Aktivitätsspektrum** und **Wirkmächtigkeit** solcher Cluster-Initiativen können sehr stark variieren. Die Bandbreite reicht von losen, eher lobbyorientierten Zusammenschlüssen einzelner Unternehmen hin zu stärker integrierten, öffentlich und privatwirtschaftlich finanzierten Plattformen mit professionellem Cluster-Management, eigenen Beratungs-, Austausch- und Bildungsformaten sowie Forschungsförderungsinstrumenten (Davies, 2013; Tvedt, 2019). Auch ist zu beobachten, dass in manchen von der Wirtschaft getragenen Cluster-Initiativen nicht unbedingt alle Mitgliedsfirmen der Umweltschutzwirtschaft im engeren Sinne zuzuordnen sind (z. B. konventionelle Energieerzeugerinnen, reine Abfalltransport- oder Logistikunternehmen).

13.4.3 »Raus ins Feld« mit Prof. Dr. Uwe Schneidewind, Oberbürgermeister der Stadt Wuppertal

Abb. 13.9: Prof. Dr. Uwe Schneidewind. Foto: vom Stein/Stadt Wuppertal.

Uwe Schneidewind ist Ökonom und war von 2010 bis 2020 Präsident und wissenschaftlicher Geschäftsführer des Wuppertal Instituts für Klima, Umwelt, Energie. Zudem hatte er eine Professur für Innovationsmanagement und Nachhaltigkeit an der Bergischen Universität Wuppertal inne. Seit November 2020 ist er Oberbürgermeister der Stadt Wuppertal. Wir sprachen mit ihm darüber, wie er als Transformationsforscher in seiner neuen Rolle auf besondere Herausforderungen stößt, und was er jungen Studierenden empfiehlt. Das Gespräch fand im März 2023 statt.

Was hat Sie als (ehemaliger) Transformationsforscher in Ihrem neuen Wirkungsfeld am meisten überrascht?

Man bekommt natürlich ganz andere Einblicke und das war auch eine Motivation für mich, diesen Schritt zu machen. Herausforderungen bestehen auf verschiedenen Ebenen. Da ist zunächst die Politik, die im Kern von Kritik getragen ist. Demokratie ist bewusst so angelegt. In Phasen der Transition, in denen man positive Veränderungsenergie braucht, ist das manchmal schwierig. In der Regel liegt Politik ›auf der Lauer‹, beobachtet und sucht Fehler. Das macht es herausfordernd, wenn man Veränderungsprozesse anstoßen will, die per se große Risiken haben, weil man kaum Erfahrungswerte hat. Es ist dann immer relativ leicht, Widerstand zu aktivieren. Komplexe Veränderungsprozesse gelingen nur durch das Zusammenspiel vieler Akteure. Die Erzählungen in der Politik leben dagegen von vereinfachten Kausalitätsmodellen, nach dem Motto »der Oberbürgermeister kann alles bewegen« oder »der macht alles falsch«. Das sind natürlich unterkomplexe Modelle, die den politischen Diskurs bestimmen und die Versuchung erhöhen, ein ›Blame Game‹ zu spielen, statt gemeinsam nach Lösungen zu suchen. Das macht es herausfordernd, Allianzen zusammenzubekommen, wo all die Akteure zusammenspielen, die es braucht, um etwas zu verändern.

In der Verwaltung ist die große Herausforderung das Prinzip »Zuständigkeit statt Verantwortung«. Das Denken in Zuständigkeitskategorien ist schwierig, wenn es um Themen geht, die über die verschiedenen Ressorts hinausgehen. Jeder erkennt das Problem, man analysiert es zusammen sehr sauber, und erklärt dann, »aber da sind wir ja nicht zuständig«. Man geht dann aus dem Raum raus, das Problem besteht weiter, aber keinen stört es wirklich. Und dies in eine Verantwortungskultur zu überführen, ist herausfordernd, weil nicht systemimmanent. Zudem steht die Verwaltung unter ständiger politischer Beobachtung, weshalb man keine Fehler machen möchte. Wenn ich also feststelle, dass ich nicht zuständig bin und das wegschieben kann, mache ich auch keine Fehler.

Und was mir noch deutlich geworden ist: Unsere Demokratie und unsere ganzen Institutionen sind ja bewusst auf Stabilität hin ausgerichtet, um zu verhindern, dass es wieder Umbrüche wie nach 1933 geben kann. Diese ›Checks and Balances‹ – etwa bei Schutzgütern wie dem Datenschutz, der Auftragsvergabe, im Minderheitenschutz usw. – sichern natürlich Demokratie. Gleichzeitig brauchen wir heute aber ganz andere Transformationsgeschwindigkeiten, und da ist ein System, das auf Stabilität ausgerichtet ist, eine systemische Herausforderung. Wie kann man das System weiterentwickeln, sodass es immer noch Demokratie schützt, aber gleichzeitig eine andere Beweglichkeit bietet? Die Bürokratie zum Beispiel im Vergaberecht oder im Denkmalschutz sichert wichtige Schutzgüter, ist aber ›anti-agil‹. Hier braucht es Weiterentwicklungen und mehr Experimentiermut.

Braucht es zusätzliches Transformationswissen in der Verwaltung, um diese komplexen Themen anzugehen?

Das Wissensthema würde ich gar nicht als Problem sehen, da war ich eher positiv überrascht. Gerade auch bei den Führungskräften haben wir viele Überzeugungstäterinnen. Sie müssen sehen, die Stadtplaner, Verkehrsplanerinnen usw., das sind Menschen, für die es immer ein tiefer Wunsch war, bei einer Stadt zu arbeiten und etwas konkret gestalten zu können. Auf der Fachebene sehe ich daher kein strukturelles Problem. Natürlich sind wir im Kampf um Talente im Kontext des demographischen Wandels und können nicht immer konkurrenzfähig bezahlen und die Aufstiegschancen sind nicht ganz so dynamisch wie in anderen Sektoren. Dafür bieten wir natürlich hohe Stabilität, Standortsicherheit, die Möglichkeit biographischer Pausen und des Wiedereinstiegs, was uns wiederum als Arbeitgeber wettbewerbsfähig macht.

Ich glaube, es geht tatsächlich weniger um Wissen als um Haltungsfragen. Wie bringe ich Menschen innerhalb dieser Verwaltungsstrukturen dazu, eine andere Agilität, eine andere Kooperationskultur auf den Weg zu bringen, um diese komplexeren Themen zu beherrschen?

Stoßen Sie als Stadt mit Ihren Vorhaben auch auf übergeordneten Politikebenen auf Widerstand?

Ein Riesenthema sind die fehlenden Autonomierechte im Bereich Mobilität. Da gibt es ja jetzt eine Initiative von über 500 Kommunen, zum Beispiel für Freiheit bei den Tempolimits, für eine freiere Gestaltung der Straßenverkehrsordnung. Denn das Straßenverkehrsgesetz, das hier die Grundlage ist, schreibt eine absolute Priorität des fließenden Automobilverkehrs vor. Und alles, was davon abweicht, braucht massive Ausnahmebegründungen. Auch wenn wir lokal längst auch parteiübergreifend Konsens haben für eine Tempo 30-Zone, die wir auf eine überregionale Straße ausweiten wollen, werden wir da komplett ausgebremst.

Was uns sonst hemmt ist natürlich dieser Bürokratieüberhang. Das Vergaberecht ist zu einer Monstranz geworden, die öffentliches Bauen kaum noch wettbewerbsfähig macht gegenüber privatem. Oder der Denkmalschutz im Zusammenhang mit Fotovoltaik. Denn seien wir ehrlich: Wer sich ein denkmalgeschütztes Haus hergerichtet hat, wird kein Interesse daran haben, sein Eigentum zu verschandeln. Die Technik wäre ja auch wieder abbaubar. Mit etwas mehr Grundvertrauen könnte man hier regulative Freiräume schaffen. Das könnte man in einzelnen Gemeinden ganz pragmatisch ausprobieren, dann voneinander lernen und so sehr viel mehr verändern.

Welche Rolle spielen die in Wuppertal sehr zahlreichen zivilgesellschaftlichen Initiativen?

Die Impulse dieser Initiativen sind absolut wichtig. Das sind ja Akteure, die mutiger sein können, die einen anderen Takt vorleben, und so der Stadtgesellschaft immer wieder zeigen, was eigentlich geht. Sie bauen damit ein produktives Spannungsfeld auf, vor dem sich Verwaltung und Politik dann rechtfertigen müssen. Unser Vorzeigeprojekt Nordbahntrasse – die Umwandlung einer ehemaligen Bahntrasse in eine Fahrradtrasse – wurde von der Verwaltung zunächst stark bekämpft. Durch die Power der Akteure kam dann Bewegung rein, und die Stadt schwang irgendwann ein. Heute ist das ein hochkooperatives Zusammenarbeiten all derer, die anhand dieser Trasse neue Perspektiven entwickeln. Gerade auch die künstlerische Intervention, die sich ja mehr Freiheiten rausnehmen kann, ist ein ganz wichtiger Katalysator. Und das ist eine Kulisse, auf die sich Verändererinnen in der Verwaltung auch beziehen. Diese Initiativen, diese Change Agents sind schon zentral für die Stadt.

Was würden Sie Studierenden raten, die sich für Nachhaltigkeitsthemen interessieren und bei einer Stadtverwaltung tätig werden wollen?
Wichtig ist eine Freude daran, das, was einen bewegt, in Strukturen umzusetzen. Wenn ich jetzt in die Verwaltung gehe, dann ist das keine Autobahn, auf der man das, was man an der Uni gelernt hat, einfach so umsetzen kann. Es geht darum zu lernen, wie man das, was man erreichen will, in solchen polit-administrativen Strukturen umsetzen kann. Diese Strukturen darf man nicht als Behinderung ansehen, sondern als Rahmen für eine eigene Professionalität. Dann begegnet man auch den Menschen, die zunächst mal mit Zuständigkeits- und Verwaltungsargumenten kommen, nicht so, also ob sie einen ausbremsen wollten. Sondern man versteht, warum es bestimmte Funktionslogiken braucht. Was kann ich von diesen Profis lernen, um mein Anliegen notwendig zu machen? Das muss die Leitfrage sein. Wer so in die Verwaltung reingeht, professionalisiert sich selbst, weil er nicht nur seinen fachlichen Kanon, sondern auch ein Transformationswerkzeug erlernt. Und das kann man auf kommunaler Ebene besonders gut erreichen, man ist nah an den Menschen dran, an den zivilgesellschaftlichen Initiativen usw. Wichtig ist meines Erachtens, sich schon im Studium dieser Realität auszusetzen, sei es durch ein Praktikum oder ein projektbezogenes Studium, um die zentralen Akteure in Politik und Verwaltung schon einmal kennenzulernen und zu sehen, ist das ein Umfeld, in dem ich arbeiten möchte. Ich muss auch sagen, die Geographie ist natürlich ein ideales Fach, gerade durch ihre Interdisziplinarität. Ich habe selbst ganz viel von Geographinnen profitiert während meiner wissenschaftlichen Sozialisation. Oft hatte ich das Gefühl: Geographen sind eigentlich die besseren Ökonomen.

Mehr zu Uwe Schneidewinds Zugang zur Nachhaltigkeitstransformation:

- Schneidewind, Uwe (2018): Die Große Transformation. Eine Einführung in die Kunst des gesellschaftlichen Wandels. Frankfurt a. M.: S. Fischer.

13.5 Zusammenfassung

Auch wenn die Gliederung dieses Kapitels aus didaktischen Gründen eine Trennung der verschiedenen Maßstabs- bzw. Politikebenen vorgenommen hat, so sind die wechselseitigen Bezüge bzw. Abhängigkeiten zwischen den Ebenen bereits angeklungen. Diese bestehen einerseits in formalen Kompetenzfragen und regulatorischen Zwängen, wenn beispielsweise eine **Gemeinde** bestimmte verkehrsberuhigende Maßnahmen aufgrund übergeordneter Normen und Vorgaben nicht umsetzen kann (s. Interview mit Uwe Schneidewind in Kapitel 13.4). Zugleich bedingen die verschiedenen Zuständigkeitsebenen in vielen Bereichen auch die Notwendigkeit zur Ebenen übergreifenden Kooperation, sei es in der gemeinsamen Finanzierung größerer Infrastrukturvorhaben (z. B. im ÖPNV), in die nicht selten europäische, nationale, regionale und lokale Gelder fließen, oder sei es in der gemeinsamen Konzeption einer Standortstrategie, etwa in einer vom Land und Kommunen getragenen Cluster-Initiative.

Zwischenstaatliche Organisationen prägen durch die Setzung internationaler Standards und Normen wichtige Rahmenbedingungen für wirtschaftliche Aktivitäten im globalen, regionalen und lokalen Kontext. Besonders augenfällig wird dies bei den stark institutionalisierten Aufgaben der EU und ihrer Regelwerke. Letztere sind dann besonders wirkmächtig, wenn sie hoheitliche Rechte der Mitgliedsstaaten begrenzen, wie zum Beispiel durch die Ausweisung von Schutzgebieten gemäß der Flora-Fauna-Habitat-Richtlinie (FFH), wenn sie unmittelbar Produkt- und Produktionsstandards betreffen (z. B. Verbot der Neuzulassung von Verbrennerfahrzeugen ab 2035) oder internationale Handelsbeziehungen beeinflussen (s. o. ›Green Wall‹). Sie schaffen so spezifische Kontexte für Innovationsgeschehen, für unternehmerische Anpassungsprozesse (s. Isomorphismus in Kapitel 14.3) und für die Begründung von Pfadabhängigkeiten.

Umgekehrt stellt die **EU** eine Politikebene dar, auf die Unternehmen und ihre Lobbyverbände selbst Einfluss nehmen. Dies geschieht zum Teil auch, um nationale Entscheidungsebenen zu umgehen oder über die europäische Ebene auf diese Einfluss zu nehmen – ein strategisches Verhalten, das Eric Swyngedouw auch als Politics of Scale bezeichnet (Swyngedouw, 2000).

Aus einer dynamischen Perspektive lässt sich das Mehrebenen-System auch als Rahmen für Governance-Prozesse verstehen, innerhalb dessen bestimmte Akteursgruppen bestimmte Ebenen strategisch zu bespielen wissen. Tobias Chilla (2007) zeigt am Beispiel der Erarbeitung und Umsetzung der Flora-Fauna-Habitat-Richtlinie der EU, wie politische Wechselspiele zwischen der europäischen und nationalen Ebene (Deutschland) Politiken inhaltlich beeinflussen und tatsächliche Verantwortlichkeiten verdecken können. Dies ist etwa dann der Fall, wenn ›Brüssel‹ einer bestimmten Fehlentwicklung bezichtigt wird, für die aber eigentlich gemeinsam von den Mitgliedsstaaten gefasste Beschlüsse ursächlich sind.

Hinsichtlich der Bedeutung der kommunalen Ebene zeigen aktuelle Debatten um einen **›neuen Munizipalismus‹**, dass Allianzen aus lokalen sozialen Bewegungen und Kommunalparlamenten und -verwaltungen zu einem Erstarken der Gemeinden und zum Einschlagen transformativer Pfade führen können (Sarnow, 2021). Ähnlich argumentieren Pike et al. (2019) in ihrer Annahme, dass dem lokalen Staat eine bedeutende Gestaltungsrolle zukommt, etwa in der Infrastrukturentwicklung oder im Wohnungswesen.

13.6 Zur Vertiefung

Test zu Kapitel 13
https://www.utb.de/do/10.36198/9783838561325-e12/disclaimer

Weiterführende Aufgaben

1. Wählen Sie einen Politikbereich mit Nachhaltigkeitsbezug und erkunden Sie, wie europäische und nationale Regelwerke ineinandergreifen oder ggf. voneinander abweichen.
2. Machen Sie sich mit den Positionen einer europaweit agierenden NGO vertraut und identifizieren Sie deren Forderungen an die EU-Politik.
3. Versuchen Sie am Beispiel einer Ihnen bekannten Gemeinde herauszufinden, ob sie in bestimmten Politikbereichen proaktiv über nationale und europäische Vorgaben hinausgeht und auf welche Herausforderungen sie stößt.

Literatur- und Webtipps

Chilla, Tobias, Kühne, Olaf & Neufeld, Markus (2016): *Regionalentwicklung.* Stuttgart: UTB-Ulmer.

» Einführendes Lehrbuch in die Regionalentwicklungspolitik und -planung. Zur Vertiefung dieses Kapitels empfehlen wir die Abschnitte, die sich mit der europäischen Ebene von rechtlichen Grundlagen, planerischen Instrumenten und politischen Ansätzen der Regionalentwicklung befassen.

BMIBH (Hrsg., 2020): Atlas für die Territoriale Agenda 2030. Karten zur Europäischen Raumentwicklung. Berlin: Bundesministerium des Innern, für Bau und Heimat.

» Access über: https://territorialagenda.eu/wp-content/uploads/Atlas-TA2030_DE.pdf. Vielfältige Zusammenstellung von Karten und Statistiken zu wirtschaftlichen, sozialen und ökologischen Entwicklungstrends in der EU. Der Atlas unterstützte die Beratungen zur Neuauflage der Territorialen Agenda.

Hulme, Mike (2014): Streitfall Klimawandel: Warum es für die größte Herausforderung keine einfachen Lösungen gibt. München: oekom.

» Das Buch diskutiert Klimawandel als kulturelle Herausforderung und rückt somit die Frage in den Vordergrund, warum erfolgreiches Handeln so schwerfällt.

Themenheft »Urbane Reallabore« der Zeitschrift Raumforschung und Raumordnung/ Spatial Research and Planning, Heft 79(4), 2021.

» Mehrere Beiträge zur Rolle urbaner Nachhaltigkeitsexperimente und Pioniervorhaben. Open Access über: https://rur.oekom.de/index.php/rur/issue/view/8

Bulkeley, Harriet, Castán Broto, Vanessa, Hodson, Mike, et al. (Hrsg., 2011): *Cities and Low Carbon Transitions*. London: Routledge.

» Internationales Referenzwerk zur Rolle von Städten in der Nachhaltigkeitstransition.

Kapitel 14

Unternehmen

Themen

Unternehmen, Unternehmensformen, Pioniere, Entrepreneure, Hybride Organisationen, Isomorphismus, Organisationales Lernen

Über diese Lerneinheit

Unternehmen gelten nicht nur als Schlüsselakteure des Wirtschaftsgeschehens, weshalb sie oft im Mittelpunkt wirtschaftsgeographischer Betrachtungen stehen. Als ›Agenten des Wandels‹ kommt ihnen auch eine besondere Rolle in der sozial-ökologischen Transition zu. Produktionsprozesse, Lieferketten und Produktstandards sind einem wachsenden Anpassungsdruck ausgesetzt, denen Unternehmen pionierhaft gestaltend oder eher reaktiv-nachholend begegnen. Ähnliches gilt für ganze Branchen, die mehr oder weniger beharrend Entwicklungspfade perpetuieren oder pro-aktiv neue Pfade einschlagen. Auch die Unternehmensform sowie Fragen der Unternehmensdemokratie haben Einfluss auf das transformative Potenzial eines Unternehmens.

Was Sie hier lernen

1. Die Rolle von Pionierunternehmen und die Motivlagen unternehmerischer Entscheidungen einordnen können.
2. Die Spielarten des institutionellen Isomorphismus im Wandel von Sektoren/Branchen erkennen können.
3. Die Bedeutung der Unternehmensform, -teilhaberschaft und -mitbestimmung reflektieren können.

14.1 Einführung

Unternehmen spielen eine wichtige Rolle in der Umsetzung einer nachhaltigen Wirtschaft und Gesellschaft. Dabei gilt es, unternehmerische Praktiken und Entscheidungsprozesse mit sozialen und ökologischen Bedürfnissen und Prioritäten in Einklang zu bringen. Unternehmen können darüber entscheiden, was, wie und wo sie produzieren und wie sie ihre Produkte verteilen und verkaufen. Dies sind wichtige Entscheidungen, nicht nur für die Unternehmen, sondern auch für die breite Gesellschaft, da sie **Schlüsselparameter** nachhaltigen Wirtschaftens betreffen, so zum Beispiel CO_2-Emissionen, Ressourceneffizienz und menschliches Wohlbefinden. Unternehmen spielen auch eine wichtige Rolle hinsichtlich der **Handlungsmöglichkeiten** anderer Akteure. So sind Konsumentinnen häufig von den Informationen zu Produkten abhängig, die von Unternehmen zur Verfügung gestellt werden, um bessere Entscheidungen treffen zu können.

Formalisierte Organisationen

Unternehmen werden oft als wichtiger Bestandteil nachhaltigen Wirtschaftens verstanden, dabei ist das Verständnis von Unternehmen zum Teil sehr unterschiedlich. Aus Sicht wirtschaftswissenschaftlicher und Technologie-fokussierter konzeptioneller Ansätze werden **Unternehmen** in der Regel als formalisierte Organisationen verstanden, die den Regeln des Marktes unterworfen sind und monetären Rentabilitätszielen folgen (s. Kapitel 12). Auch öffentliche Unternehmen (z. B. kommunale Versorgungsbetriebe) oder soziale bzw. solidarwirtschaftliche Unternehmen (z. B. Genossenschaften und gemeinnützige Organisationen) werden häufig aus dieser marktlogischen Perspektive betrachtet. Damit stehen auch immer die Fragen von **Gewinnen bzw. Kostenoptimierung, Wettbewerbsfähigkeit** und **Wachstumspotenzialen** im Mittelpunkt. Der Erfolg von Unternehmen wird entsprechend durch wirtschaftlichen Profit bemessen und damit zum Mehrwert für Aktionäre oder Eigentümerinnen, nicht zum Wohl der Allgemeinheit. Dieses Verständnis von Unternehmen reduziert die Rolle und auch die Verantwortung von Unternehmen. Sie lässt wenig Spielraum für hybride oder auch temporäre Akteurskonstellationen, gemeinwohlorientierte Initiativen und andere heterodoxere Organisationsformen alltäglichen Wirtschaftens, welchen zum Beispiel in der Postwachstumsdebatte (s. Kapitel 10) und diversen Ökonomien (s. Kapitel 9) eine besondere Bedeutung beigemessen werden. Nachhaltige Unternehmen entsprechen aber nicht zwangsläufig diesem Verständnis. Grundverständnisse von Unternehmenserfolg müssen erweitert bzw. revidiert werden. Dieses Kapitel stellt Unternehmen (14.2), Sektoren (14.3) und neue Organisationsformen (14.4) vor, die versuchen, über rein betriebswirtschaftliche

Ziele hinauszudenken und mit bestehenden Strukturen und Konventionen zu brechen.

14.2 Nachhaltiges Unternehmertum

Beispiel: Die Shift GmbH

Die Brüder Carsten und Samuel Waldeck aus Falkenberg in Hessen haben zusammen ein Unternehmen gegründet, um ihre Vision eines **nachhaltigen Smartphones** umzusetzen. Neben dem Hessischen Gründerpreis haben sie für ihr Produkt, das Shift 6, den Bundespreis Ecodesign gewonnen.

Um seine Produkte so nachhaltig wie möglich zu machen, setzt das Unternehmen an verschiedenen Stellen an. Zunächst geht es den Brüdern darum, die **Ressourcenintensität** so weit wie möglich zu reduzieren und die **Produktlebenszeit** aller Geräte zu verlängern (s. Kapitel 6 und 10). Alle Shift Smartphones sind modular aufgebaut und können von den Nutzern selbst repariert werden, wodurch kein Garantieverlust am Gerät entsteht. Alternativ können die Geräte beim Unternehmen zur Reparatur eingesandt werden. Ersatzteile und Anleitungen sind über das Unternehmen erhältlich. Zudem verwendet der Hersteller ein Gerätepfand, um Einzelteile rückgewinnen zu können und wieder in den Produktionsprozess einfließen zu lassen. Ein weiterer wichtiger Bereich bezieht sich auf **Lieferketten** und **Rohstoffe**, die mit Gold, Coltan und Zinn besonders konfliktbehaftete Materialien umfasst. Um Schaden zu reduzieren, beteiligte sich das Unternehmen an einem Forschungsvorhaben zur Untersuchung von kritischen Metallen in ihren Smartphones und ist um die Offenlegung von Informationen zu allen Zulieferbetrieben bemüht.

Neben der ökologischen ist den Brüdern die **soziale Nachhaltigkeit** sehr wichtig. Die Eigentümer entnehmen selbst keine persönlichen Gewinne. Stattdessen fließen die Gewinne in Sozial- und Nachhaltigkeitsprojekte. Das Budget für Werbung und Marketing gibt die Firma mit weniger als 0,1 % ihres Budgets an. Entsprechend versteht sich das Unternehmen als ›**Social Business**‹, das statt auf Profit-Maximierung auf die Steigerung sozialer Leistungen und Erfolge ausgerichtet ist. Dies spiegelt sich auch in den Löhnen wider, die neben Qualifikation auch Lebenshaltungskosten und die Lebenssituation der Mitarbeitenden berücksichtigt. Die Spanne zwischen der geringsten und höchsten Gehaltkategorie ist dabei bewusst geringgehalten und schließt auch die eigene Manufaktur in Hangzhou, China mit ein.

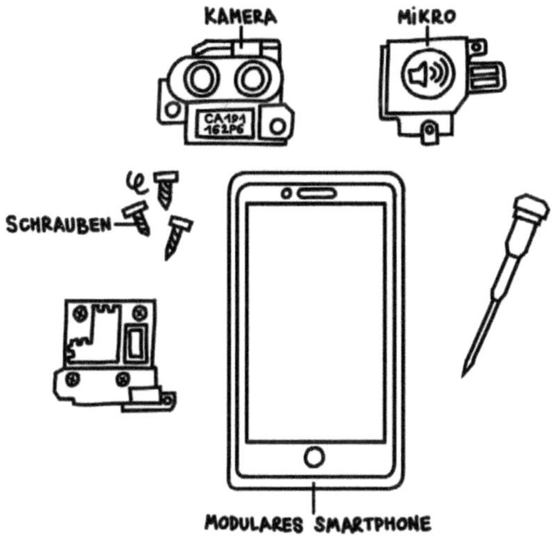

Abb. 14.1: Reparierbares Smartphone.

14.2.1 Grüne Gründerinnen und Unternehmen

Ob aus neoliberaler oder Postwachstumsperspektive, Unternehmen wird eine zentrale Rolle in der Transformation zu einer klimaneutralen Wirtschaft und Gesellschaft zugesprochen. Dabei haben grüne oder nachhaltige Gründerinnen (oder auch **Ökopreneure**) in den letzten Jahren immer mehr Interesse auf sich gezogen. Wissenschaftliche Arbeiten haben sich vor allem mit den Beweggründen beschäftigt – und somit auch mit dem Ausmaß, in dem sich Individuen Nachhaltigkeit verschreiben – sowie mit ihrer transformativen Wirkungskraft (Pastakia, 1998; Walley & Taylor, 2002; Wagner & Schaltegger, 2010). Aus wirtschaftsgeographischer Perspektive spielt hierbei der räumliche Kontext eine zentrale Rolle (O'Neill & Gibbs, 2016).

Entrepreneurs

Unter **Unternehmensgründerinnen** (Entrepreneurs) verstehen wir Individuen, die Ideen zu neuen Unternehmen entwickeln und umsetzen. Sie zeigen damit Risikobereitschaft und Innovationsfähigkeit, um Möglichkeiten, die sich auf dem Markt oder auch in der Gesellschaft abzeichnen, zu nutzen bzw. zu fördern. Dies umfasst in der Regel die Einführung neuer oder bereits bestehender, aber verbesserter, Dienstleistungen und Produkte oder auch die Art und Weise, wie Unternehmen geführt werden und Arbeits- und Produktionsprozesse ablaufen.

Grüne Unternehmen

Grüne Unternehmerinnen und Unternehmensgründer verpflichten sich nicht nur wirtschaftlichen und wachstumsorientierten Zielsetzungen, sondern streben auch ökologische (und soziale) Ziele an (Gibbs, 2006; Schaper, 2016). Damit setzen sie sich vom Mainstream ab, da sie versuchen, zu gesellschaftlichen Transformationen durch ökologische, soziale und ethische Zielsetzungen beizutragen und diese voranzutreiben. Dies umfasst neue Produkte, Prozesse oder Arbeitsweisen, die bestehende, konventionelle und nicht-nachhaltige Produkte, Methoden und Produktionsverfahren ablösen sollen. Innovationen können dabei von der Entwicklung und der Umsetzung sauberer Technologien, neuen Unternehmensmodellen (so z. B. Miteigentümerschaften, gemeinschaftlich betriebener Stromerzeugung, verbesserter Produktqualität, Dienstleistungsorientierung und Produktsupport, also einer Verschiebung im Sinne einer Kreislaufwirtschaft) bis hin zu veränderten Produktionsprozessen reichen. Häufig werden auch neue Formen der Unternehmensdemokratie inklusive der Beteiligung an strategischen Entscheidungen eingesetzt (s. Kapitel 14.4). Pastakia (1998) schließt neben marktwirtschaftlichen Modellen auch nicht-marktwirtschaftliche Wege ein, umweltfreundliche Ideen und Innovationen umzusetzen.

Der Fokus auf Ökopreneure rückt die Rolle von einzelnen Personen als **Agenten des Wandels** in den Mittelpunkt. Diese werden häufig auch in den Medien als charismatische Vorreiterinnen und einflussreiche Wegbereiter angesehen. Hierzu zählen unter anderem der Gründer des Outdoor-Unternehmens Patagonia Yvon Chouinard, die Gründerin des Body Shops Anita Roddick sowie Dale Vince, Gründer des erneuerbaren Energieunternehmens Ecotricity in Großbritannien, der von der Zeitung The Guardian als Großbritanniens »reichster grüner Energie-Unternehmer« betitelt wurde. Entsprechend argumentieren auch Wissenschaftlerinnen, dass **Ökopreneure** eine bedeute Rolle in einem Wandel hin zu einer nachhaltigen Gesellschaft spielen. So argumentieren North & Nurse (2014), dass Moral, Neugier, Enthusiasmus und Engagement, die über reine Profitorientierung hinausgehen, als wichtige Katalysatoren in der Geschäftswelt wirken und gesellschaftlichen Einfluss ausüben können. Andere Studien warnen vor einer Idealisierung einzelner Personen (Beveridge & Guy, 2005) und betonen aus geographischer Perspektive die Relevanz von Kontextbedingungen, die unternehmerisches Handeln beeinflussen. David Gibbs und Kirstie O'Neill (2014b; 2016) haben Unternehmensgründerinnen im nachhaltigen Bausektor in Großbritannien beforscht und gezeigt, wie wichtig dabei der räumliche Kontext durch unterstützende Rahmenbedingungen für Unternehmensgründungen sind. Hierzu zählen unter anderem staatliche Zuschüsse und steuerliche Vorteile aber auch spezifische Absätzmärkte auch im Sinne der Nischencharakteristika der Transitionsstudien (s. Kapitel 8).

14.2.2 Typologien grüner Unternehmen

Die Frage, wie Nachhaltigkeit in der Unternehmenswelt gemessen werden kann, ist eine vieldiskutierte Frage. Rankings zu den nachhaltigsten Unternehmen gibt es viele (u. a. durch die Stiftung Deutscher Nachhaltigkeitspreis, das Magazin Stern und Statista, News Aktuell und Faktenkontor), verwendete Indikatoren und Schwerpunkte variieren jedoch stark. Entsprechend kritisch müssen diese Rankings auch interpretiert und verwendete Indikatoren immer mitberücksichtigt werden. So basieren manche Bewertungen schlicht auf den Jahresberichten bzw. Nachhaltigkeitsberichten der Unternehmen selbst.

Greenwashing

Entsprechend ist der Begriff des **Greenwashings** weitverbreitet. Er verweist auf eine durch ein Unternehmen, eine Institution oder Person selbst proklamierte nachhaltige Praktik, die der positiven Imagebildung dienen soll. Diese basiert in der Regel auf irreführenden, überhöhten oder sogar falschen Informationen zu umweltfreundlichen und umweltbewussten Darstellungen von Produkten, Dienstleistungen oder Handlungsweisen (z. B. durch Hervorhebung von positiven Aspekten oder durch strategische Namensgebung). Umweltschädliche Aspekte werden dabei unterschlagen. Praktiken des Greenwashings zielen darauf ab, von einer wachsenden umweltfreundlichen Nachfrage zu profitieren. Besonders populär und zugleich umstritten ist in diesem Zusammenhang das ungeschützte Prädikat ›**klimaneutral**‹, beruht es doch häufig nur auf einer rechnerischen **Kompensation** durch käuflich erworbene Emissionszertifikate, während die tatsächliche Kompensation (z. B. durch Naturschutz- oder Aufforstungsmaßnahmen) nicht selten weit hinter den berechneten Effekten zurückbleibt.

Entsprechend wird in der Fachliteratur viel diskutiert, inwieweit die Motivation und Beweggründe von Ökopreneurinnen bzw. Unternehmen relevant sind, denn diese können von rein ethischen hin zu ausschließlich unternehmensstrategischen Gründen reichen. Wissenschaftliche Arbeiten hierzu haben sich vor allem mit **Motivlagen** hinsichtlich des Ausmaßes, zu dem sich Unternehmen Nachhaltigkeit verschreiben sowie der transformativen Wirkungskraft beschäftigt (Pastakia, 1998; Walley & Taylor, 2002; Wagner & Schaltegger, 2010).

Strukturelle Einflüsse und eigene Interessen

Walley & Taylor (2002) verwenden zwei Variablen, um Unternehmen zu unterscheiden: **Strukturelle Einflüsse** und **eigene Interessen**, wobei vor allem die erste Variable stark durch räumliche Unterschiede geprägt wird. Zunächst betrachten sie das externe Umfeld der Unternehmen, das durch strukturelle Einflüsse bestimmt wird. Diese definieren den **Handlungsrahmen** der grünen Unternehmerinnen und umfassen beispielsweise neue gesetzliche Rahmenbedingungen oder veränderte

Nachfragemuster, die von den Unternehmen nicht beeinflusst werden können. Weiche strukturelle Einflüsse sind hingegen nicht vorschreibend und deterministisch, sondern wirken auf Entscheidungsprozesse durch das soziale Umfeld ein. Dieses ist durch gesellschaftliche Erwartungen und Normen, aber auch persönliche Netzwerke, Freunde und Familie bestimmt, die Wertesysteme, Handlungsetiketten und Zugänge zu Absatzmärkten umfassen können. Die zweite Variable bewertet persönliche Interessen von Unternehmern entlang eines **Kontinuums**, das auf der einen Seite von rein wirtschaftlichen Interessen und auf der anderen Seite von reinen Nachhaltigkeitsinteressen bestimmt wird. Basierend auf diesem Schema unterscheiden Walley und Taylor (2002) zwischen vier Grundtypen (Abb. 14.2).

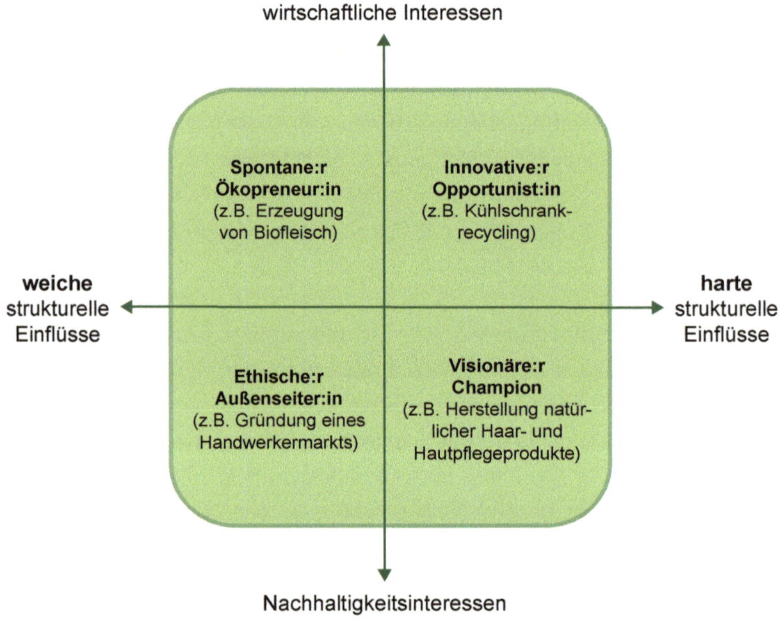

Abb. 14.2: Typisierung grüner Unternehmerinnen. Eigene Darstellung verändert nach Walley und Taylor (2002: 40).

Innovative Opportunisten

Die Gruppe der sogenannten **innovativen Opportunisten** besteht aus durch wirtschaftliche Interessen geleitete Individuen, die eine grüne Nische oder Geschäftsmöglichkeit aus strategischen Gründen nutzen. Ausschlaggebend sind vor allem harte strukturelle Einflüsse, so zum Beispiel Umweltgesetzgebung. Als Beispiel hierfür nennen Walley und Taylor (2002) ein Unternehmen, das Kühlschränke umweltfreundlich recycelt. Die Geschäftsidee wurde in erster Linie durch eine veränderte EU-Umweltgesetzgebung angetrieben, die vorschreibt, dass alle FCKWs aus den Geräten wiedergewonnen werden müssen. Dies wurde durch das Unternehmen als Marktlücke identifiziert. Das Unternehmen entspricht somit den Visionen einer Zirkularität der Stoffkreisläufe (s. Kapitel 6), jedoch ist es durch wirtschaftliche Interessen und harte Kontextfaktoren geprägt und durch diese motiviert.

Visionäre Champions

Visionäre Champions werden ebenfalls durch harte strukturelle Einflüsse bestimmt, agieren jedoch im Gegensatz zu den innovativen Opportunisten auch basierend auf Nachhaltigkeitsprinzipien. In diese Kategorien fallen die bereits genannten einflussreichen Gründer wie Anita Roddick, Yvon Chouinard, Ben & Jerry's aber auch Carsten und Samuel Waldeck mit der Shift GmbH.

Ad-Hoc-Enviropreneure

Als **Ad-Hoc-Enviropreneure** bezeichnen Walley und Taylor (2002) solche Unternehmen, bei denen die Hauptmotivation finanzieller Natur ist. Hier spielen jedoch persönliche Netzwerke, Familie und Freunde eine zentrale Rolle. Als Beispiel nennen die Autoren einen Schweinebauern, der den Familienbetrieb zur Einkommenssicherung auf biologische Produkte umstellt bzw. ausbaut. Entsprechend ist die Unternehmensidee durch den bestehenden Familienbetrieb bestimmt.

Ethische Außenseiter

Ethische Außenseiter werden ebenfalls stark durch persönliche Netzwerke und Lebenserfahrungen beeinflusst. Jedoch werden sie wie auch die visionären Champions, von der Idee angetrieben, die Welt zu verbessern. Dieser Typus wird häufig mit alternativer Unternehmenskultur in Verbindung gebracht und beschreibt meist Randphänomene, zum Beispiel in Form von veganen Cafés oder Unverpackt-Läden, die sich an bestimmte Zielgruppen mit entsprechenden Werteverständnissen bzw. ethischen Standards richten.

Andere Klassifizierungen nachhaltiger Unternehmen berücksichtigen zudem das Ausmaß, in dem Unternehmen den konventionellen Markt erobern und sich im sogenannten Mainstream etablieren können. Schaltegger (2002) spricht hierbei von der **Marktwirksamkeit**. So sind auf Nischenmärkte oder die alternative Szene ausgerichtete Initiativen durch andere Visionen geprägt als die oben genannten visionären Champions, die darauf abzielen, die Branche in einem großen Maßstab zu revolutionieren. Das Gespräch mit Markus Wörner von Einhorn (s. Raus ins Feld) illustriert den Anspruch, als nachhaltig und ethisches Unternehmen im Mainstream agieren zu können. Ein häufig diskutiertes Phänomen bezieht sich auf die Gefahr der Vernachlässigung von Nachhaltigkeitszielen und ethischen Prinzipien, die mit zunehmender Markterschließung und daran gebundenen wirtschaftlichen Erfolg verbunden sein kann.

14.2.3 Relevanz für die Wirtschaftsgeographie

Wie bereits angesprochen, haben Unternehmerinnen in der Wirtschaftsgeographie als Agenten des Wandels durch ihr Transformationspotenzial hin zu nachhaltigeren Produktionsprozessen und damit verbundenen Konsumverhalten, aber auch durch innovative Organisationsstrukturen großes Interesse geweckt (Affolderbach & Krueger, 2017). Der Begriff der **sozialen Unternehmensverantwortung** (Social Responsibility) beschreibt die gesellschaftliche Verantwortung von Unternehmen im Kontext nachhaltigen Wirtschaftens (Starmanns, 2010). Hierunter fallen neben unternehmensinternen Aspekten von ressourcenschonenden Produktionsverfahren, Arbeitsbedingungen und gemeinwohlorientierter Wertschöpfung auch unternehmensexterne Aspekte. Zu letzteren zählen die Verantwortung hinsichtlich zuliefernder Unternehmen entlang globaler Produktionsketten und deren Unternehmenspraktiken, Einflüsse von Unternehmensprozessen auf betroffene Regionen sowie von Produkten und Dienstleistungen auf Konsumierende.

Nachhaltigkeitsstandards

Um Ansprüche auf soziale Unternehmensverantwortung und Nachhaltigkeit geltend machen zu können, müssen Unternehmen in der Regel bestimmten Nachhaltigkeitsstandards entsprechen. Diese werden durch eine Vielzahl von anerkannten **Umweltsiegeln** und **Nachhaltigkeitszertifikaten** definiert und nachgewiesen. Siegel und Zertifikate helfen Außenstehenden (z. B. anderen Unternehmen und Verbrauchern) die Nachhaltigkeit von Unternehmen bzw. deren Produkte und Dienstleistungen zu evaluieren und verleihen den damit verbundenen Ansprüchen Nachweisbarkeit und Glaubwürdigkeit.

Grundsätzlich lässt sich zwischen zwei Zertifizierungsverfahren zur Überprüfung der Einhaltung von Standards unterscheiden. **Fremdzertifizierung** erfolgt durch unabhängige Instanzen, **Selbstzertifizierung** durch die Unternehmen selbst (Cashore et al., 2005). Erstere wird dabei aufgrund der Unabhängigkeit der überprüfenden Instanz als glaubwürdiger und somit stärker angesehen, ist aber mit zusätzlichen Kosten für Unternehmen verbunden, was vor allem für klein- und mittelständige Unternehmen ein Hindernis darstellt. Weitere Unterschiede bestehen darin, worauf der Nachhaltigkeitsanspruch sich bezieht.

Produktsiegel bieten Informationen zu produktspezifischen Nachhaltigkeitsleistungen oder die Art der Herstellung. Das EU-Energielabel, das auf elektrischen Geräten wie Kühl- und Gefriergeräten, Waschmaschinen und Fernsehern, aber auch Glühbirnen und Autoreifen zu finden ist, bewertet die Energieeffizienz des jeweiligen Produkts in Betrieb anhand sieben farblich unterschiedener Energieeffizienzklassen (von A = sehr sparsam bis G = extrem hoher Verbrauch). Andere Siegel, wie die FSC- und PEFC-Siegel für Holzprodukte, zertifizieren Standards im Produktionsprozess, hier die nachhaltige Waldbewirtschaftung. Das EU-Bio-Siegel zeichnet Erzeugnisse aus ökologischem Landbau gemäß den Mindeststandards der EU-Öko-Verordnung aus.

Begriffserklärung

Ausgewählte Produktsiegel

Der Blaue Engel ist mit seiner Einführung 1978 das erste Umweltzeichen weltweit und vor allem durch Recyclingpapier sowie Farben und Lacke bekannt. Der Schwerpunkt liegt hier auf Produkten und Dienstleistungen, die besonders umweltfreundlich und gesundheitsfördernd sind. Der Blaue Engel unterscheidet zwischen vier Schutzzielen: (1) Umwelt und Gesundheit, (2) Klima, (3) Ressourcen und (4) Wasser.

Bioland ist das Zertifikat des ökologischen Anbauverbands in Deutschland, das Produkte aus 100 % ökologischer Landwirtschaft als solche auszeichnet. Die Standards gehen dabei deutlich über die Mindeststandards der EU-Öko-Verordnung hinaus. So setzen die Betriebe die Prinzipien des Zirkulären Wirtschaftens (s. Kapitel 6) um und verwenden nur Futter, das sie selbst angebaut haben. Weitere Kriterien umfassen artgerechte Tierhaltung, den Bann von Gentechnik sowie chemischen und synthetischen Pflanzenschutzmitteln.

Fairtrade ist vor allem aus der Lebensmittelindustrie (Kakao, Kaffee, Bananen etc.) bekannt. Ein zentrales Anliegen ist eine gerechtere Wertschöpfung entlang der Produktionskette, bei der Fairtrade-Produzenten (z. B. Kaffee- und Kakaobauern) einen fairen Mindestlohn erhalten. Durch den gesetzten Mindestpreis sollen die Kosten einer nachhaltig(er)en Produktion gedeckt werden, die diverse Aspekte des Umweltschutzes umfassen. Zu den Fairtrade-Standards gehört auch das Verbot illegaler Kinder- und Sklavenarbeit.

Unternehmenszertifikate gehen über Produkte und Dienstleistungen hinaus und betrachten die Nachhaltigkeit gesamter Unternehmen. Gemeint ist hiermit eine Evaluierung unternehmensweiter Systeme und Strukturen hinsichtlich der Umsetzung von Nachhaltigkeitsprinzipien (z. B. durch die ISO-Norm 14001 oder das Eco Management and Audit Scheme [EMAS] der EU zur Umsetzung eines Umweltmanagementsystems). Inbegriffen sind auch Standards für die Nachhaltigkeitsberichterstattung, die auf erhöhte Vergleichbarkeit abzielen. Darüber hinaus gibt es Ansätze, die übergreifende Zusammenhänge einbeziehen und Nachhaltigkeitsmanagement, Nachhaltigkeitsleistung und Transparenz zusammenbringen. Hierbei geht es um die Ermittlung der **Nachhaltigkeitsbilanz** von Unternehmen. Diese bieten vor allem stark engagierten kleinen und mittelständischen Unternehmen Handlungsrahmen. Als Beispiele lassen sich die Gemeinwohlbilanz der Gemeinwohl-Ökonomie (s. Kapitel 11) oder auch das B Corp-Zertifikat anführen.

Begriffserklärung

Ausgewählte Unternehmenszertifikate

B Corp wurde 2006 gegründet und bietet ein umfassendes Testverfahren, das neben Unternehmensführung und Mitarbeiterrechten auch die Auswirkungen des Unternehmens auf die Umwelt, Gesellschaft und Kundinnen bemisst. Entsprechend versteht sich B Corp als holistischer Ansatz, der soziale und ökologische Zielsetzungen verbindet.

Purpose ist ein seit 2015 bestehender Standard, der auf neue Eigentumsformen abzielt, um Verantwortung und Sinnhaftigkeit von Unternehmen zu stärken. Zentral ist hier eine korrigierte Zielsetzung weg von Profitmaximierung hin zu Mehrwerten für die Gesellschaft. Dies wird zum Beispiel durch die Förderung alternativer Eigentums- und Finanzierungsmodelle, die Verantwortung auf alle Mitglieder im Unternehmen überträgt, umgesetzt.

Lokalisierung und (Re-)Regionalisierung

Verbunden mit Aspekten sozialer Unternehmensverantwortung sind Untersuchungen zu globalen Verflechtungen durch Produktions- und Lieferketten und den Auswirkungen von Nachhaltigkeitsstandards, die auch eine kritische Auseinandersetzung mit ethisch-normativen Auswirkungen dominanter Unternehmenssysteme einfordert (Ouma, 2020). Hierzu zählen auch Untersuchungen zu Auswirkungen auf globale Wertschöpfungsketten, etwa durch fairen Handel (Kister, 2020; Ouma, 2010; Bernzen, 2014b; Dannenberg, 2012). Von räumlicher Relevanz sind auch die mit neuen Formen nachhaltigen Unternehmertums verbundene **Lokalisierung und (Re-)Regionalisierung,** die unter anderem auf die Verkürzung von Lieferketten und Steigerung von Mehrwerten in der Region abzielt. Dies spiegelt sich in Kriterien der biologischen Landwirtschaft wider, umfasst aber auch Trends zu lokaler Produktion im Handwerk.

14.3.4 »Raus ins Feld« mit Markus Wörner von Einhorn

Abb. 14.3: Markus Wörner. Foto: Hella Wittenberg.

Das Berliner Unternehmen Einhorn wurde 2015 als Unternehmen für vegane Kondome und inzwischen auch nachhaltige Periodenprodukte von Waldemar Zeiler und Philip Siefer gegründet. Einhorn-Produkte sind im Sortiment von Drogeriemarktketten und Bioläden zu finden. Das Unternehmen ist ein sogenanntes Purpose-Unternehmen und bezeichnet sich als ›fairstainable‹. Wir haben Markus Wörner gefragt, was das heißt. Markus arbeitet seit 6 Jahren bei Einhorn und gehört zu den ersten Mitarbeitenden, die von dem Unternehmen eingestellt wurden. Er hat Kultur- und Politikwissenschaften sowie Nordamerikanistik studiert. Das Gespräch fand im Februar 2023 statt.

Kannst Du Deine Arbeit für Einhorn kurz vorstellen?
Ursprünglich wurde ich fürs Marketing eingestellt, inzwischen bin ich für den Bereich ›People und Culture‹ zuständig. In traditionellen Unternehmen würde dies der Personalabteilung entsprechen. Bei Einhorn ist dies eine Gruppe, die sich mit der Kultur Einhorns auseinandersetzt und sich fragt: »Wie gestalten wir unsere Arbeitsmodelle, aber auch welche innere Arbeit gehört dazu, um diese Modelle dann wirklich ausleben und Arbeit und andere Bereiche des Lebens miteinander verknüpfen zu können«?

Woher kam die Motivation ein solches Unternehmen zu gründen, das anders ist als andere?
Wir sind tatsächlich nicht damit gestartet, dass wir ein Kondomunternehmen gründen wollten. Die Grundidee bei Einhorn war wirklich, ein soziales Unternehmen zu gründen, das Wirtschaft anders denkt und den Beweis antritt, dass es möglich ist profitabel zu sein, wirtschaftlich erfolgreich zu sein und das aber in einem nachhaltigen und gesunden Rahmen – und damit auch einen Impakt auf die Gesellschaft zu haben. Und dann kam irgendwann mal das Produkt. Also das Kondom ist schon ein sehr gutes Produkt, um dies alles zu tun, aber das war nicht die grundsätzliche Motivation. Es ist auch keiner von uns bei Einhorn, weil wir schon immer mal mit Kondomen arbeiten wollten, sondern weil wir die Idee dahinter leben wollen. Viele von uns hier bei Einhorn haben vorher auch in, ich sage mal, alten Unternehmensformen gearbeitet. Das waren gute Jobs, aber trotzdem hatte immer etwas gefehlt. Es ging dann letztendlich immer darum, Profit zu machen und irgendwelche KPIs[1] zu erfüllen. Das hat mich nicht nachhaltig glücklich gemacht und so ging es auch vielen anderen bei uns im Unternehmen. Da ›clasht‹ dann einfach auch der eigene Wertehorizont mit dem, was die Firma macht. Das Unternehmen muss auch dafür da sein, die eigenen Ideale und Werte auszuleben.

Was sind für Dich die wichtigsten Unternehmensziele?
Also, wir haben ganz schwammig wirklich mal ein Unternehmensziel definiert: positiver gesellschaftlicher Wandel. Da kann man jetzt natürlich viel drunter verstehen. Das ist auch ein bisschen der Zauber, dass das jeder für sich selbst interpretieren kann. Gleichzeitig steckt da auch schon sehr viel drin. Das heißt, das Unternehmensziel ist es nicht, möglichst viel Umsatz zu machen und jedes Jahr möglichst stark zu wachsen, sondern möglichst viel Impakt zu haben auf die Gesellschaft und die Menschen. Und das kann jede Person ein bisschen für sich selbst leben. Wir haben Personen, die setzen sich für Feminismus ein, andere für Nachhaltigkeit in den

1 KPI steht kurz für Key Performance Indicators. Diese Leistungskennzahlen sind quantifizierbare Messgrößen, mit denen in der Betriebswirtschaft Fortschritt und Erfolg gemessen bzw. Ziele vorgegeben werden.

Lieferketten. Wir sind komplett frei von Investoren und Investorinnen, das heißt, wir brauchen einen gewissen Erfolg, um uns das leisten zu können. Aber ob am Ende des Jahres fünf oder null Prozent Wachstum stehen, ist uns eigentlich egal.

Für mich ist es wichtig die neue Arbeitswelt zu leben. Da sehen wir uns auch als Experimentierlabor um auszuprobieren, was überhaupt möglich ist. Konkret sieht das so aus, dass wir erstmal alle Regeln abgeschafft haben: keine festen Arbeitszeiten und -orte. Arbeite wo und wann du willst. Wir haben Organigramme und formale Hierarchien abgeschafft – soziale Hierarchien gibt es immer. Und das geht gut, wir sind ein profitables Unternehmen. Aber es wirft auch viele Fragen auf und man redet viel miteinander, damit das funktioniert und am Ende die Menschen glücklich macht.

Was sind die größten Herausforderungen bei der Umsetzung der Zielsetzungen?
Ich glaube da gibt es zwei Ebenen. Die eine ist im Unternehmen, weil natürlich so eine Arbeitsform erfordert, dass man sehr transparent ist, Emotionen zulässt, und das führt zu vielen Gesprächen, zu vielen Diskussionen und ist auch ein Stück weit anstrengend. Jeder bei Einhorn muss zur Kultur beitragen und Verantwortung tragen, was auch nicht leicht ist. Die andere Ebene liegt außerhalb des Unternehmens. Man kämpft gegen sehr viele Vorurteile und ist noch immer in einer Welt gefangen, die anders tickt. Ein kleines Beispiel: Wir haben letztes Jahr die 4-Tage-Woche eingeführt. Die Mitarbeitenden sind völlig frei, wie sie das gestalten wollen. Aber man ist natürlich noch mit vielen Partnern in einer Unternehmenswelt in Kontakt, die die 5-Tage-Woche leben und erwarten, dass wir immer verfügbar sind. In der Nachhaltigkeit ist es schon immer so, dass wir auf viele Hindernisse stoßen, beispielsweise Geschäftspartner, die nicht unseren Werten entsprechen.

Was ist ein Purpose-Unternehmen? Warum hat sich Einhorn dafür entschieden?
Ein Purpose-Unternehmen ist eine Unternehmensform. Wir wurden klassisch gegründet als GmbH mit zwei Geschäftsführern und haben aber irgendwann gemerkt, dass das gar nicht mit unseren Werten und Unternehmenszielen übereinstimmt. Purpose Business ist nicht nur ein Buzzword. Es heißt, man gibt ein Prozent an eine Stiftung ab. Die Stiftung erhält damit ein Vetorecht am Unternehmen. Das Unternehmen wird unverkäuflich und man kann keine Gewinne aus dem Unternehmen herausziehen. Diese müssen immer im Unternehmen bleiben und dort investiert werden. Damit können zum Beispiel Projekte angestoßen werden. Das Unternehmen kann auch nicht vererbt werden. Und ganz wichtig, es dürfen nur Personen, die sich im Unternehmen befinden, über das Unternehmen bestimmen. Es gibt kein Stimmrecht von außen. Und das macht natürlich schon sehr viel mit dem Gefüge und der Geldverteilung im Unternehmen und gibt den Mitarbeitenden eine starke Sicherheit. Es geht also nie um Profitmaximierung, sondern immer um einen höheren Zweck.

Inwieweit kann ein Unternehmen wie Einhorn zu gesellschaftlichem Umdenken beitragen?
Ich glaube, es gibt zwei große Punkte, die jede mitarbeitende Person bei uns fühlt. Das eine ist, so eine Art Leuchtturm zu sein und zu zeigen, dass man Wirtschaft anders denken kann, dass man ein Unternehmen gründen kann, das nicht nur Profit erwirtschaften will und dies auch tut.

Aber natürlich haben wir auch einen unmittelbaren Einfluss auf die Menschen, die bei uns in der Lieferkette arbeiten, auf unsere Mitarbeitenden und andere Beteiligte. Wir haben beispielsweise Projekte mit Flüchtlingen. Gehalt ist bei uns auch ein ganz großes Thema. Bei uns darf das höchste Gehalt nicht mehr als viermal so hoch sein wie das niedrigste Gehalt. Das ist eine Frage der Verteilungsgerechtigkeit und auch das sind Ansätze, die können wir aktiv leben.

Mehr zu Einhorn und Fairstainability: https://einhorn.my/fairstainability

14.3 Sektoren im Wandel

Beispiel: Einfach Bauen

Unter dem Leitbegriff **»Einfach Bauen«** beschäftigen sich Forscherinnen der TU München seit 2012 mit der Frage, wie unter Rückgriff auf lokal verfügbare Materialien und nachhaltigkeitsorientierte Bauweisen eine Alternative zu synthetischen Isoliermaterialien und eher technikbasierten Energiekonzepten etabliert werden kann (TUM, 2021). Am Beispiel dreier Forschungshäuser in Bad Aibling zeigt das Projektteam unter anderem, wie mit Dämmziegel-Mauerwerk, massiver Holzbauweise oder der Verwendung von Leichtbeton (ohne Stahl) durch einfache Bauweise und ausreichende Wandstärken auf weitere Baumaterialien verzichtet werden kann und dennoch hohe konstruktive und energetische Standards erreicht werden können.

Andere **traditionelle Baumaterialien**, die unter Nachhaltigkeitsgesichtspunkten eine gewisse Renaissance erfahren, sind Stroh-Lehm-Gemische, wie sie traditionell in vielen Ländern in der Fachwerkbauweise Verwendung fanden (s. auch Interview zum BENU Village in Kapitel 6). Und auch der vielerorts zu beobachtende Boom **moderner Holzbauten** sowohl im Wohnungsbau, im öffentlichen Bereich (z. B. Schulen) aber auch gewerblichen Sektor (z. B. Bürogebäude) ist im Kontext von Nachhaltigkeitsbemühungen zu sehen. Besonders dynamisch ist die Entwicklung in Schweden (Andersson, 2020), wo neben der Nutzung der heimischen Ressource Bauholz noch ein praktischer Aspekt hinzukommt. So können die Holzmodule auch größerer Bauvorhaben ganzjährig und wetterunabhängig in Hallen vorgefertigt werden, während massive Bauweisen mit Beton oder Ziegeln im skandinavischen Winter pausieren müssen oder nur mit erheblichem Aufwand betrieben werden können.

Die Rückorientierung auf traditionelle Baustoffe gilt als ressourceneffizient, erfordert aber gleichzeitig spezifische **handwerkliche Fertigkeiten** und **veränderte Bauprozesse**. Neben Ressourcen- und energetischen Aspekten sind auch baubiologische und raumklimatische Vorzüge der Baustoffe zu nennen. Zudem werden sie unter Aspekten der Verkürzung von Lieferketten (Verlässlichkeit, Reduktion transportbedingter Emissionen) und der regionalen Wertschöpfung diskutiert. In diesem Zusammenhang relevant ist auch das in der EU unterstützte Konzept der **Bioökonomie,** also der vermehrten Nutzung nachwachsender Rohstoffe und regenerativer Prozesse tierischen, pflanzlichen oder mikrobiellen Ursprungs. Neben Produkten aus Land- und Forstwirtschaft sowie Fischerei zählt hierzu auch die industrielle Biotechnologie (z. B. zur Genese von Fleischersatzstoffen).

Weitere Informationen zu den Projekten von »Einfach Bauen«:
- https://www.einfach-bauen.net/

Abb. 14.4: Einfach Bauen mit Holz.

14.3.1 Nachhaltiges Bauen

Ähnlich wie sich nachhaltigkeitsorientierte Unternehmen in ihrer Ausrichtung erheblich unterscheiden können, so bestehen auch wesentliche Unterschiede zwischen verschiedenen Sektoren und Branchen. Das im Einstieg zu diesem Unterkapitel genannte **Baugewerbe** kann – obwohl gemeinhin als eher konservativ und träge geltend – in zahlreichen Ländern zu jenen Wirtschaftszweigen gezählt werden, die einer besonders hohen Veränderungsdynamik unterliegen. Gemeint ist hier zunächst das Baugewerbe im engeren Sinne, nicht unbedingt andere Teile der Immobilienwirtschaft (z. B. private Entwicklungsgesellschaften).

Wandel des Baugewerbes

Der Wandel der Branche mag in der Tatsache begründet liegen, dass der Bausektor als mit Abstand CO_2-intensivste Branche gilt (ca. 40 % der globalen Treibhausgasemissionen entfallen auf die Herstellung von Baumaterialien sowie die Errichtung, den Betrieb, die Sanierung und den Abriss von Gebäuden) und deshalb im Mittelpunkt vieler energie- und klimapolitischer Maßnahmen steht. Wachsender regulatorischer Druck (z. B. verbindliche Energiestandards), finanzielle Anreize (z. B. Bezuschussung energetischer Sanierungsmaßnahmen) aber auch verändertes Nachfrageverhalten privater und gewerblicher Auftraggeber haben zu dynamischen Anpassungsprozessen geführt (Affolderbach & Schulz, 2018). Deren Folgen sind aus mehrfacher Hinsicht für die Wirtschaftsgeographie relevant: Neben der Entstehung neuer Märkte und Unternehmen verschieben sich etablierte Praktiken und räumlich-funktionelle Muster. Dies beginnt bei der **Auswahl und Herkunft der Baustoffe** (z. B. Umstellung auf Holzbauweise, regionales Sourcing zur Minderung von Transportemissionen), betrifft den Bereich der **Sanierung** und **Nachrüstung** (z. B. Solaranlagen und Wärmepumpen) und damit beschäftigte Hersteller und Installationsfirmen und reicht bis zu Fragen der **Wiederverwertung** von Abbruchmaterialien (z. B. vermittelt Materialdatenbanken wie madaster.ch oder madaster.at).

Anknüpfend an dieses Beispiel illustrieren wir im Folgenden weitere, **branchenspezifische Anpassungsprozesse**, bevor wir auf sektorenübergreifende Phänomene zu sprechen kommen. Schließlich gehen wir beispielhaft auf wirtschaftsgeographische Zugänge zu diesen Prozessen ein.

14.3.2 Branchenspezifische Anpassungsdynamiken

Das Beispiel des Bausektors mag in seiner Dynamik und Anschaulichkeit besonders sein; aber kaum ein Wirtschaftszweig unterliegt heute nicht ähnlichem Anpassungsdruck. Sei es der Ernährungssektor (s. nachhaltiger Konsum in Kapitel 15.2), der Tourismus, die Textilindustrie oder der Fahrzeugbau. In allen Fällen beruht der Wandel auf einem Wechselspiel politischer Regulation, Nachfrageveränderungen, sozialem oder technologischem Wandel und neuen Marktopportunitäten. Bevor wir auf branchenspezifische Besonderheiten zu sprechen kommen, sei zunächst das Konzept des **institutionellen Isomorphismus** eingeführt. Dahinter verbirgt sich ein der **Neuen Institutionenökonomie** (s. u.) zugeordneter Ansatz, der dazu dient, die Tendenz zu Anpassung und Gleichförmigkeit von Organisationen im Allgemeinen und Firmen im Besonderen zu erklären. Vor allem die Arbeiten der US-amerikanischen Soziologen Paul DiMaggio und Walter Powell begründeten den Ansatz (DiMaggio & Powell, 1983). Er besagt, dass das institutionelle Umfeld eines Unternehmens stärker wirken kann als allgemeine Marktkräfte und dass strategische Anpassungsreaktionen zu vereinheitlichenden Praktiken führen können (z. B. Schaffung von Umweltabteilungen, Einführung einer Nachhaltigkeitsberichterstattung, ökologische Produktlabels).

Begriffserklärung

Neue Institutionenökonomie: Die Prinzipien der Neuen Institutionenökonomie (NIÖ) unterscheiden sich wesentlich von den an anderer Stelle in diesem Buch verwendeten institutionentheoretischen Zugängen. Die NIÖ umfasst neoklassisch geprägte Theorieansätze, die rein zweckrationales Handeln von Entscheidungsträgerinnen in Unternehmen (›homo oeconomicus‹) unterstellen. Neben dem hier ausgeführten **Isomorphismus** wird insbesondere auch die **Transaktionskostentheorie** (Williamson, 1981) der NIÖ zugeordnet. Diese geht der Frage nach, wann es für ein Unternehmen kostengünstiger ist, Leistungen nach außen zu vergeben, statt sie selbst zu erbringen (Make-or-Buy-Decision), und zwar nicht nur auf der Grundlage des Marktpreises für ein Produkt oder eine Dienstleistung, sondern unter Abwägung sonstiger Kosten der Externalisierung. Darunter fallen etwa die **Transaktionskosten** für Informationsbeschaffung (z. B. zur Identifizierung eines geeigneten Anbieters), sogenannte Anbahnungskosten (zur inhaltlichen Abstimmung und Vorbereitung des zu vergebenden Auftrags) sowie Beherrschungs- und Überwachungskosten (z. B. zur Qualitätsprüfung und Kontrolle der Auftragsausführung).

Ursachen und Mechanismen der Annäherung

Die Autoren diskutieren unterschiedliche Ursachen und Mechanismen der Annäherung bzw. Gleichförmigkeit. Dabei differenzieren sie zwischen einem zwanghaften Isomorphismus (Coercive Isomorphism); die zum Beispiel durch gesetzliche Regelungen oder durch Vorgaben von Auftraggebern erzwungene Gleichförmigkeit; einem normativen Isomorphismus (Normative Isomorphism), der aus den Konventionen und Gepflogenheiten einer Branche herrührt (z. B. Anerkennung von qualifizierenden Abschlüssen oder Produktstandards) und einem mimetischen Isomorphismus (Mimetic Isomorphism), der auf nachahmenden Anpassungen basiert.

Nachahmung

Der mimetische Isomorphismus ist auch als kognitiver Isomorphismus (Cognitive Isomorphism) und unter dem Schlagwort **›Follow the Leader‹** bekannt, also der strategischen Nachahmung von innovativen Praktiken. Porter & van der Linde (1995) verweisen in diesem Zusammenhang auch auf Pioniervorteile **(›Early Mover Advantages‹)**, von denen jene Unternehmen profitieren können, die früher als andere Unternehmen der Branche bestimmte Umwelt- oder Sozialstandards respektieren (z. B. wachsende Nachfrage nach Bioprodukten, Zugang zu öffentlichen Aufträgen). Beim kognitiven Isomorphismus geht es nicht nur um das (opportunistische) Kopieren der in anderen Unternehmen entwickelten bzw. praktizierten Erfolgsmodellen, sondern in erster Linie um Risikominimierung. Hier ist zunächst einmal nachrangig, ob der eingeschlagene Weg tatsächlich der Beste ist. Solange eine ausreichende Zahl von Firmen sowie regulierende Akteure (Branchenverbände, Aufsichtsbehörden) denselben Pfad verfolgen, erlangen andere Unternehmen Legitimität, wenn sie auch diesen Pfad einschlagen. Dies verleiht den Unternehmen eine gewisse **Stabilität** und Planungssicherheit, die beispielsweise hinsichtlich größerer Investitionsentscheidungen wichtig ist. Auch kreditgebende Banken oder Anteilseigner sehen Isomorphismus-Strategien tendenziell positiv. Nachahmung bzw. Isomorphismus führen so zur Verfestigung von Entwicklungspfaden und mittelfristig zur Vereinheitlichung von Normen und Standards.

Institutioneller Isomorphismus

Das Konzept des institutionellen Isomorphismus findet sich auch in Teilen der Transitionsforschung (s. Kapitel 8). Ausgehend von der Kritik am Absolutheits- und Kausalitätsanspruch des Isomorphismus-Konzepts zeigen etwa Fuenfschilling & Binz (2018) am Beispiel Globaler Wertschöpfungsketten und Globaler Produktionsnetzwerke, dass es Tendenzen zur Gleichförmigkeit gibt, gleichzeitig aber auch geographische Heterogenität eine wichtige Rolle spielt. Eine **räumliche und kontextbezogene Sensibilität** ermöglicht demnach ein geographisch differenzierendes Verständnis von institutionellen Rahmenbedingungen und deren Wirkungen, wie wir auch an anderer Stelle zum ›Grünen‹ Bauen in Freiburg und Vancouver zeigen konnten (s. Kapitel 13.4) (Affolderbach & Schulz, 2018).

Neben der räumlichen Differenzierung ist ferner zu bedenken, dass sich Branchen auch strukturell erheblich unterscheiden können. Die eingangs genannte Baubranche kann hier als besonders heterogen gelten, da sich in ihr eine Vielzahl von Gewerken bzw. Teilbranchen versammeln, deren Aktivitätsfelder und deren Organisationsformen stark variieren. Letztere reichen vom Ein-Personen-Handwerksbetrieb bis zum multinationalen Generalunternehmen. So ist offensichtlich, dass **Wandel- und Anpassung** in verschiedenen Unternehmensformen auf unterschiedliche Herausforderungen treffen (finanzielle Spielräume, Personal, Trägheit der Organisation). Wandel kann hier in sehr verschiedenen Geschwindigkeiten ablaufen und zugleich mehr oder weniger starke Auswirkungen über das jeweilige Unternehmen hinaus haben. Dabei mögen kleinere Unternehmen als tendenziell flexibler und wandlungsfähiger gelten (s. Ökopreneure in Kapitel 14.2). Gleichzeitig fehlen ihnen aber oft die nötigen Finanzmittel oder Personalkapazitäten, um Wandel zu gestalten, oder aber sie unterliegen starken Abhängigkeiten (z. B. gegenüber einem großen Kundenunternehmen, das Produktionsweisen und Produktstandards vorgibt).

Großunternehmen in der Autoindustrie

Auf der anderen Seite gelten Großunternehmen meist als eher träge. Besonders hoch ist die Inertie in **oligopolistischen Branchen,** etwa in der Autoindustrie, die stark durch eine kleine Zahl multinationaler Großunternehmen geprägt ist. In Nachhaltigkeitsfragen verfolgte die Branche eine stark auf Beharrung ausgerichtete Lobbyarbeit (z. B. Versuche zur Verhinderung der Katalysatorenpflicht und regelmäßiger Widerstand gegen neue Abgasnormen, zögerliche Umorientierung zu alternativen Antriebssystemen – s. E-Mobilität in Kapitel 7). Diese Beharrung paust sich zu einem gewissen Grad auf alle Zulieferebenen durch. Kommt es jedoch zu einem fundamentalen Wandel wie etwa der Umstellung auf elektrische Antriebe, so hat dies weitreichende Folgen für alle beteiligten Unternehmen, ggf. auch über die eigene Branche hinaus.

14.3.3 Branchenübergreifende Effekte

Neben dem Wandel innerhalb einer Branche basierend auf teils erzwungenen, teils freiwilligen Anpassungsprozessen von Unternehmen und ihren Zulieferern, lassen sich auch **branchenübergreifende Effekte** beobachten. Dies ist zum Beispiel dann der Fall, wenn ein Zulieferbetrieb Kundenunternehmen in verschiedenen Branchen hat, und er erhöhte Produktionsstandards der einen Branche nicht nur für deren Produkte anwendet, sondern auch für die restliche Produktpalette. Neben diesem eher zufälligen Ausstrahlungseffekt kann es auch gezielt zu **branchenübergreifenden Anpassungsprozessen** kommen, häufig im Sinne des mimetischen Isomorphismus. So haben etwa zahlreiche Unternehmen der chemischen Industrie, die schon früh im Fokus öffentlicher Kritik standen, mit einer pro-aktiven Umweltberichterstattung begonnen und Modelle für Anwohnerinnendialoge etabliert – Praktiken, die später Eingang in andere Branchen gefunden haben.

Systematischer und formeller werden sektorenübergreifende Wandlungsprozesse, wenn Nachhaltigkeitsnormen branchenunabhängig ausgelegt werden. Dazu zählen international anerkannte und zertifizierte **Umweltmanagementsysteme** (z. B. EMAS, ISO 14001) ebenso wie **Nachhaltigkeitslabels** und **Produktstandards** (z. B. Fairtrade), die nicht nur unter Marketingaspekten bedeutend geworden sind, sondern auch handfeste Zugangsvoraussetzung zu bestimmten Märkten sein können, etwa in Vergabeverfahren für öffentliche Aufträge.

14.3.4 Relevanz für die Wirtschaftsgeographie

Viele wirtschaftsgeographische Arbeiten befassen sich mit unternehmensübergreifenden Aspekten, etwa in der Betrachtung von Wertschöpfungsketten einer Branche, in der Analyse lokaler Cluster oder regionaler Produktionssysteme oder im Zusammenhang mit Fragen von Innovationen und Wissenstransfer. Insbesondere die institutionentheoretisch orientierte Netzwerkforschung nimmt in der Wirtschaftsgeographie eine prominente Stellung ein (Bathelt & Glückler, 2018). Ihre **relationale Perspektive** ermöglicht es, standort- und branchenübergreifende Effekte auch jenseits funktionaler Verflechtungen und Lieferbeziehungen zu erfassen, etwa die Entstehung und Übertragung nicht-kodifizierten Wissens (**Tacit Knowledge,** s. Kapitel 12). Dazu gehören bestimmte, personengebundene Formen von Know-how, insbesondere praktisches Erfahrungswissen, wie es beispielsweise Handwerkerinnen über Jahre entwickeln und nicht einfach an andere Personen (z. B. Auszubildende) weitergeben können. Stattdessen erfolgt Wissensaustausch hier implizit durch gemeinsames Arbeiten und Beobachten sowie sukzessive Übernahme bestimmter Praktiken und Fertigkeiten.

Lernprozesse

Bezogen auf den Nachhaltigkeitsbereich sind in Unternehmen und ganzen Branchen Lernprozesse zu beobachten, die über die Aneignung von kodifiziertem Wissen aus Lehrgängen, Fachbüchern und Leitfäden hinausgeht. Vielmehr geht es auch hier nicht nur um das **Know-what,** sondern vor allem das **Know-how,** also um Erfahrungswissen, wie mit neuen und risikobehafteten Wandlungsprozessen umgegangen werden kann. So mag die erfolgreiche Investition eines Unternehmens in ein neues Herstellungsverfahren oder eine neue Produktsparte nicht nur zur Nachahmung einladen (s. o. Mimetic Isomorphism), sondern sie stellt andere Unternehmen auch vor die Herausforderung eines **organisationalen Lernens**. Das heißt, dass verschiedene Ebenen eines Unternehmens um- bzw. dazulernen müssen, damit genannte Veränderungen auch in ihrer Organisation funktionieren können. Ein praktisches Beispiel aus dem Kontext der erneuerbaren Energieerzeugung verdeutlicht dies:

Beispiel

Biogasanlagen: In den vergangenen Jahren haben viele Landwirtschaftsbetriebe die Verwertung von Biomasse für die Energieerzeugung als ergänzendes Standbein und zukunftsfähige Aktivität entdeckt. Insbesondere die Erzeugung von Biogas aus Gülle und anderen organischen Abfällen hat eine dynamische Entwicklung erfahren. Bei dieser Umstellung mussten sich Landwirtinnen nicht nur mit neuen Anlagen und Verfahrensdetails vertraut machen, die sie in der Regel nur mithilfe externer Beratungsfirmen oder des Kundenservice der Anlagenhersteller erschließen konnten. Zudem hatten sie es mit einer vergleichsweise neuen Technologie zu tun, deren Funktionieren zugleich von vielfältigen Parametern abhängig ist. Die auf den ersten Blick simpel erscheinende Vergärung organischer Abfälle und Erfassung der entstehenden Gase ist ein durchaus komplexer chemischer Prozess, der je nach Zusammensetzung des Ausgangssubstrats und der Produktionsbedingungen einer differenzierten Begleitung und Steuerung bedarf (Faller, 2016b). So kann beispielsweise das Zusetzen kleiner Mengen von Spurenelementen mit darüber entscheiden, ob der Gärprozess erfolgreich und kontrollierbar abläuft. Betreibende von Biogasanlagen befinden sich in einem fortwährenden Prozess der Optimierung der Verfahrenssteuerung – bei gleichzeitig hohem Fehlerrisiko, wie gelegentliche Zeitungsmeldungen von überquellenden oder gar explodierten Bioreaktoren bezeugen.

Diese **Lernprozesse** sind also weitaus komplexer als ein simpler Transfer expliziten Wissens von Unternehmen A nach Unternehmen B, ggf. unterstützt von einer beratenden Organisation. Und es lässt sich erahnen, dass das Biogasbeispiel trotz seiner Komplexität noch überschaubar ist gegenüber der Umstellung weitaus aufwändigerer Prozesse oder Verfahren zum Beispiel in der chemischen Industrie oder der Textilherstellung. Aus wirtschaftsgeographischer Sicht besonders interessant sind die räumlichen und zeitlichen Dynamiken dieser Lern- und Veränderungsprozesse. Dabei stechen zwei miteinander verflochtene Fragen besonders hervor:

1. Beeinflussen spezifische lokale/regionale Kontextbedingungen die Entstehung und die Diffusion von neuem Wissen zum nachhaltigen Wirtschaften?
2. Welche weiteren Akteure beeinflussen bzw. begünstigen diese Wandlungsprozesse?

Rahmenbedingungen

Mit Kontext sind hier die **institutionellen Rahmenbedingungen** zum Beispiel in einer Region gemeint, etwa spezifische regulatorische Rahmenbedingungen, die Rolle von intermediären Organisationen oder das vorherrschende politische Klima (s. auch Kapitel 12 und 13). Eine Region, die schon früh durch regulatorische Vorgaben (z. B. über die Bauleitplanung und Genehmigungspraxis) und finanzielle Anreize die Nutzung erneuerbarer Energien gefördert hat, schafft möglicherweise Kontextbedingungen, die Innovativität und Investitionsbereitschaft in ansässigen Unternehmen fördert. Sogenannte **intermediäre Organisationen** wie etwa Industrie- und Handelskammern, Branchenverbände, Clusterorganisationen oder Innovationsagenturen können die Rahmenbedingungen weiter begünstigen. Daneben zählen auch Beratungsunternehmen sowie charismatische Einzelpersonen (z. B. Ökopreneure, Kommunalpolitikerinnen) als wichtige **Agenten des Wandels,** deren Rolle in Transformationsprozessen von Wirtschaftsgeographinnen untersucht wird (u. a. Baedeker, 2012; Thimm, 2019; Schulz, 2005).

14.3.5 »Raus ins Feld« mit Christian Reinert, Architekt bei den Stadtwerken Trier

Abb. 14.5. Christian Reinert. Foto: Stadtwerke Trier.

Christian Reinert ist Architekt und seit mehreren Jahren als Stabsstellenleiter der Stadtwerke Trier für die Immobilienentwicklung des Unternehmens verantwortlich. Zu den Aufgabenbereichen zählen die eigene Quartiersentwicklung, so zum Beispiel der Energie- und Technikpark in Trier (s. Kapitel 7), und die Umsetzung von Hochbauprojekten für die Stadt Trier und regionale Körperschaften. Wir haben Christian Reinert gefragt, inwieweit sich ein Wandel im Bausektor hin zu Nachhaltigkeit erkennen lässt und welche Chancen und Herausforderungen er sieht. Das Gespräch fand im März 2023 statt.

In welchen Bereichen der Bauwirtschaft sehen Sie besondere Dynamiken in Richtung Nachhaltigkeit?

Die Thematik der Nachhaltigkeit ist in fast allen Bereichen der Bauwirtschaft angekommen. Wir merken, dass man bei dem Thema gerade im reinen Massenbau, also alles, was mit Wohnungsbau zu tun hat, und auch im Gewerbe, energieseitig schon sehr weit ist. Gerade das Thema der CO_2-neutralen Energieversorgung nimmt wirklich massiv Fahrt auf. Aber bei der Nachhaltigkeit von Materialien und dem ganzen Thema der Kreislaufwirtschaft sprechen wir immer noch von Leuchtturmprojekten, wohingegen das Thema in der Masse selbst noch gar nicht so angekommen ist. Ich sitze auch sehr oft im Rahmen von gemeinsamen Entwicklungskonzepten mit Vertretern aus der Wohnungswirtschaft zusammen und merke, dass das Verständnis für das Thema Nachhaltigkeit zwar da ist, aber in der Umsetzung aufgrund des wirtschaftlichen Drucks noch schwierig ist. Gerade in der jetzigen Zeit, in der die Baupreise weggaloppieren und die Zinsen für die Finanzierung steigen, bekommt das Thema Nachhaltigkeit eine andere Priorisierung und rutscht weiter nach hinten. Wir haben mit einigen Projekten in den letzten Jahren versucht dem entgegenzuwirken, vor allem im Bereich des Holzbaus. Der spielt immer noch eine untergeordnete Rolle. Wobei sich die Bauwirtschaft zumindest schon mal mit den Themen auseinandersetzt, aber in der Umsetzung sind es nach wie vor eine nur kleine Anzahl von Projekten.

Welche Rolle spielt die regionale Herkunft und der regionale Bezug von Baustoffen?
Die Themen spielen eine immer größere Rolle. Wir sind in Bezug auf regionale Ressourcen sehr begrenzt. Das Thema nachhaltiger Holzbau macht nur Sinn, wenn wir neben energietechnischen Aspekten die Hölzer auch regional beziehen können. Das haben wir beim Energie- und Technikpark gemacht, indem wir Holz beziehen konnten, welches direkt vor den Toren der Stadt geschlagen und bearbeitet wurde. Wir sprechen ja gerade im Holzbau von vielen vorgefertigten Elementen und Bauweisen. Und da haben wir weitergedacht und überlegt, wie wir vermehrt Schwachholz, das eine Art Abfallprodukt darstellt, integrieren können. Zusammen mit der Hochschule Trier haben wir ein tolles Projekt gemacht, in dem wir Schwachholz mit Beton in eine hybride Wandkonstruktion überführt haben, um den Betonanteil als energieintensiveren Baustoff zu verringern. Da spielte die regionale Möglichkeit der räumlich nahen Wälder eine große Rolle. Wenn wir von Bodenbelägen und Kautschuk sprechen, dann wird es für den regionalen Bezug natürlich schwierig. Und das gilt auch für andere Baustoffe. Man muss die Region quasi lesen, um zu schauen, welche Ressourcen man in der Region abdecken kann. Und je nach Rohstoff müssen wir ›Region‹ auch unterschiedlich definieren. Für uns als regional agierendes Unternehmen ist neben dem Thema der Nähe des Bezugs und der Logistik auch das Thema der Wertschöpfung vor Ort wichtig.

Gibt es zusätzlichen Wissens- oder Nachqualifizierungsbedarf bei den ausführenden Firmen?
Das ist sehr unterschiedlich. Im Heizungs-, Installations- und Sanitärgewerbe sind die Betriebe schon einen Schritt weiter. Die kennen neue Technologien. Auf der Ebene der Handwerkerbetriebe haben wir es mit vielen Gewerken zu tun, die jetzt mehr und mehr mit dem Change-Prozess starten. Da bringt die Holzindustrie aufgrund ihres eigenen Wertstoffs mehr Zukunftsfähigkeit mit. Beim Energie- und Technikpark haben wir gemerkt, dass bei vielen Betrieben noch einige Wissensarbeit notwendig ist, zum Beispiel hinsichtlich unserer Idee, Gebäude so zu bauen, dass sie auch komplett zurückgebaut und wiederverwertet werden können. Die Hochschulen und Universitäten sind in dem Bereich sehr weit vorne, auch in den Ausbildungen von Ingenieuren und Architektinnen. Die Handwerkskammer hat den Trend auch im Blick, aber wenn ich als Referent zum Thema nachhaltiges Bauen vortrage, merke ich, dass aus dem Auditorium immer noch eine gewisse Grundskepsis kommt. Da ist noch viel Arbeit notwendig, auch wenn schon einiges passiert. Und für Hochschulen ist es auch einfacher umzusetzen als für die Kammern, wo der Handwerksbetrieb vor allem auch ökonomischen Zwängen gegenübersteht.

Sehen Sie ein Potenzial zur Stärkung der regionalen Wirtschaft/des lokalen Handwerks?
Wir haben gerade mit dem Umweltministerium in Rheinland-Pfalz und dem Holzbaucluster Rheinland-Pfalz gesprochen, ob man basierend auf der Verfügbarkeit von Ressourcen und Know-how die Region Trier zu einem Schwerpunkt für das Thema nachhaltiger Holzbau entwickeln kann. Wir haben ein tolles Holzbauinstitut an der Hochschule, wir haben gute Betriebe und vor allem Holz. Diese Akteure und Ressourcen zusammenzubringen und daraus etwas zu machen, das wäre etwas! Aber das betrifft natürlich nur einen Bereich der Bauwirtschaft.

Welche Rolle spielt (künftig) die Wiedernutzung von Bauelementen bzw. das Recycling von Baumaterialien?
Wir versuchen Gebäude zu errichten, die man später zu 100 Prozent auseinanderbauen kann. Beim Energie- und Technikpark haben wir das auch geschafft. Bei Wänden mit Dämmung auf einer Beton- oder Mauerwerksfassade hat man normalerweise am Ende ungefähr 25 Schichten, die nicht mehr zu trennen sind. Das ist purer Bauschrott. Wir haben die Schichten wiederverwertbar gemacht, sodass sie zum Upcycling für andere Bauprojekte genutzt werden können. Und wenn wir so denken, haben wir einen ganz anderen Einsatz von Ressourcen der als Baustofflager dauerhaft immer wieder zu nutzen ist. Der Ressourcenverbrauch ist ja eins der größten Probleme im Bausektor. Es macht also Sinn in der Entwicklung den gesamten Lebenszyklus von Gebäuden zu betrachten und das Gebäude als Baustoff- bzw. Wertstoffquelle zu verstehen im Sinne des ›Urban Mining‹, welche später wieder verwertet werden kann. Wenn man beim Bau den ein oder anderen Euro mehr ausgibt, kann man dauerhaft sparen. Aber der Betrachtungswinkel ist gerade bei Projektentwicklern, Projektträgerinnen und Wohnungswirtschaften noch sehr schwierig.

Gibt es regulatorische Barrieren, die den Wandel zu nachhaltigem Bauen erschweren?
Das muss man immer vorsichtig ausdrücken, damit man nicht gleich das gesamte Regelwerk infrage stellt. Für den Holzbau ist zum Beispiel das Thema Brandschutz schwierig, auch wenn sich die Regularien in den letzten Jahren schon stark auf den Holzbau eingelassen haben. Trotzdem sind ein paar Dinge nicht umsetzbar bzw. bedürfen einer gewissen Materialität, um dem Brandschutz zu entsprechen, die in der Nachhaltigkeit nicht so sinnvoll sind. Oder umgekehrt, wenn man versucht, den kompletten Brandschutz nachhaltig abzubilden, ist es aus Kostengründen nicht realistisch. Das sind immer diese zwei Gegensätze. Der Gesetzgeber hat in den letzten Jahren versucht, dahingehend zu wirken, Nachhaltigkeit im Bausektor zu ermöglichen. Dadurch ist die Holzbaurichtlinie überhaupt entstanden. Aber die Prozesse brauchen zum Teil viel Zeit. Und vom Grundsatz her ist es immer noch sehr schwierig.

Wo sehen Sie aktuell oder in der nahen Zukunft besondere Herausforderungen/Engpässe?
Ich glaube, für die Nachhaltigkeit gibt es mehr Chancen als Herausforderungen. Aber natürlich haben wir das Problem, dass teilweise die Behörden sich noch nicht so tief in die Materie und entsprechende Prüfprozesse eingearbeitet haben. Wir haben auch das Problem, dass Lieferketten für nachhaltige Materialien extrem gestört sind. Auch beim Holz hatten wir in den letzten Jahren absolute Schwierigkeiten, obwohl die Ressource regional verfügbar ist. Da wurde das regionale Holz zu höheren Preisen nach China exportiert und war für uns nicht mehr erschwinglich. Und es gibt immer schärfere baurechtliche Verordnungen: Auf der einen Seite versucht der Gesetzgeber mehr zu ermöglichen, auf der anderen Seite werden Handlungsspielräume eingegrenzt. Der Trend auf Nachhaltigkeit wirkt sich auch auf die Marktsituation aus, sowohl auf das Thema der Lieferketten als auch auf die Baupreise. Steigende Baupreis gerade auch für nachhaltigere Bauelemente sind im Moment die größte Herausforderung.

14.4 Vielfalt der Organisationsformen

Beispiel: Regionalwert AGs

In zahlreichen Regionen Deutschlands haben sich in den letzten Jahren sogenannte Regionalwert AGs gegründet, aber auch in Krems/Österreich sowie in Luxemburg (Stand: Anfang 2023). Diese verstehen sich als **›Bürgeraktiengesellschaften‹**, die Kapital von privaten Anlegerinnen einsammeln, um damit regionale Betriebe und Initiativen zu fördern.

Die **Regionalwert AG Rheinland** mit Sitz in Köln hat sich beispielsweise der Agrarwende verschrieben und fördert biologisch wirtschaftende Betriebe in der Region. Bis Ende 2022 konnte von 976 Aktionären 3,2 Mio. Euro Grundkapital gesammelt werden. Die Regionalwert AG Rheinland ist bisher 16 Beteiligungen eingegangen. Zu den Projekten zählen Anschubfinanzierungen für die Umstellung oder die Nachfolge von Bio-Höfen ebenso wie Aktivitäten der Weiterverarbeitung landwirtschaftlicher Produkte (z. B. Bio-Käsereien), die Anschaffung von Gerätschaften und Anlagen (z. B. eine mobile Metzgerei für die Hofschlachtung) oder der Aufbau von Vertriebsstrukturen zur Direktvermarktung (z. B. ein Marktstand, der Produkte der Partner vertreibt). Die Beteiligungen bzw. Darlehen an die geförderten Betriebe schließen Finanzierungslücken oder machen ergänzende Bankenfinanzierungen erst möglich. Im Kontext der Regionalwert AG hat sich zudem ein Netzwerk von fast 50 Partnern etabliert, die sich gegenseitig unterstützen bzw. kooperieren.

Die Regionalwert AG ist nicht börsennotiert, ihre Aktien sind nicht handelbar und unterliegen keiner Wertsteigerung. Sollten Aktionärinnen ihre Anteile verkaufen wollen oder müssen, können die Aktien – mit Zustimmung des Vorstands und des Aufsichtsrats der AG – an Interessenten übertragen werden (Wartelisten liegen vor). Dividenden wurden bisher nicht ausgezahlt, könnten aber bei erwirtschaftetem Gewinn von der Hauptversammlung genehmigt werden. Die Aktionärinnen sehen ihre Einlagen in der Regel als langfristiges Engagement für die nachhaltige Landwirtschaft in der Region und verfolgen keine unmittelbaren Renditeerwartungen. In bisher sechs Zeichnungsrunden zur Kapitalerhöhung hat die Regionalwert AG regelmäßig weitere Einlagen gesammelt und ihr Aktivitätsspektrum stetig erweitert.

Weitere Informationen zur Regionalwert-Idee inkl. eines anschaulichen Erklärvideos: https://regionalwert-impuls.de/
Zur Regionalwert AG Rheinland siehe: https://www.regionalwert-rheinland.de/

Abb. 14.6: Investitionen über eine Regionalwert AG.

14.4.1 Spektrum der Organisationsformen

Wie schon in Kapitel 9 im Zusammenhang mit den Diverse Economies angesprochen, gibt es eine große Vielfalt an Organisationsformen. Hat sich die Wirtschaftsgeographie lange Zeit fast ausschließlich mit privatwirtschaftlich-gewinnorientierten Unternehmen befasst, so hat die Beschäftigung mit Nachhaltigkeitsthemen in jüngerer Zeit den Blick geöffnet für andere Unternehmensformen.

Traditionell unterscheidet das Wirtschaftsrecht (z. B. in Deutschland und in der EU) zwischen **Einzelunternehmen** und **Personengesellschaften** einerseits, und Kapitalgesellschaften andererseits. Zur ersten Gruppe gehören Einzelpersonen (z. B. Handwerkerinnen, Kleingewerbetreibende) und oder Gruppen von Personen, die ein Unternehmen ohne fremde Kapitalbeteiligung führen (z. B. Kommanditgesellschaften oder GbR – s. Tabelle 14.1). Bei den **Kapitalgesellschaften** handelt es sich demgegenüber um juristische Personen, bei denen die jeweilige Beteiligung der Anteilseigner maßgeblich ist. Auch müssen Teilhaberinnen nicht selbst im Unternehmen mitwirken.

Personengesellschaften			
Einzelunternehmen	**OHG Offene Handelsgesellschaft**	**KG Kommanditgesellschaft**	**GbR Gesellschaft bürgerlichen Rechts**
• entsteht automatisch bei Geschäftseröffnung • nur ein Betriebsinhaber (z. B. Handwerkerin, Kleingewerbetreibende, Dienstleisterinnen) • keine Konflikte mit Partnern • kein Mindestkapital • volle Haftung mit Privatvermögen	• für Handelsgeschäft mit Partner • nicht für Kleingewerbe • kein Mindestkapital • Gesellschafter haften mit Gesellschaftsvermögen und Privatvermögen	• für Unternehmerinnen, die zusätzliches Startkapital suchen, aber eigenverantwortlich bleiben wollen • Mannschaft: Komplementär (ein oder mehrere Unternehmer) und Kommanditisten (Teilhaber) • Komplementär führt Geschäfte allein • Kommanditisten sind finanziell am Unternehmen beteiligt • Unternehmerin haftet mit gesamten Privatvermögen, Kommanditisten nur mit Einlage	• für jede Geschäftspartnerschaft geeignet (Kleingewerbe, Freie Berufe, Arbeitsgemeinschaft) • großer Freiraum für Einzelnen möglich • keine Formalitäten, schriftlicher Vertrag aber sinnvoll • kein Mindestkapital • Teilhaberinnen haften mit Gesellschaftsvermögen und Privatvermögen
Kapitalgesellschaften			
AG Aktiengesellschaft	**GmbH Gesellschaft mit beschränkter Haftung**	**GmbH & Co. KG Gesellschaft mit beschränkter Haftung & Kommanditgesellschaft**	**eG Eingetragene Genossenschaft**
• für Unternehmerinnen, die sich Wege zu zusätzlichem Eigenkapital offenhalten wollen • Unternehmer können weitere Anlegerinnen durch die Ausgabe von Belegschaftsaktien für Mitarbeitende oder durch Hereinnahme von Kunden als Gesellschafterinnen beteiligen • Unternehmer kann alleinige Aktionärin und Vorstand sein • Entscheidungsbefugnis durch Aufsichtsrat beschränkt	• für Unternehmerinnen, die Haftung beschränken wollen • Gründungsformalitäten und Buchführung etwas aufwändiger • Geschäftsführer: Gesellschafterin oder ›Fremd‹-Geschäftsführer • die Gesellschaft haftet mit gesamten Gesellschaftsvermögen • die Haftung der Gesellschafterinnen bei Haftungsansprüchen an die Gesellschaft beschränkt sich auf ihre Kapitaleinlage (insgesamt mindestens 25.000 Euro) • bei Krediten haften Gesellschafter in der Regel mit zusätzlichen privaten Sicherheiten	• für Unternehmer, die ihre Haftung beschränken und die Flexibilität einer Personengesellschaft (im Unterschied z. B. zur GmbH) genießen wollen • KG mit GmbH (anstelle einer natürlichen Person) als persönlich haftende Gesellschafterin (Komplementär) • Kommanditisten (Teilhaber) sind die Gesellschafter der GmbH • Haftung wie bei einer GmbH • Entscheidungsbefugnis bei der Komplementärin	• Mitglieder (Unternehmerinnen) wollen gemeinschaftlich und solidarisch Geschäftsbetrieb fördern • mindestens 3 Gründer • Haftung in Höhe der Genossenschaftseinlage • Verbindliche Umsetzung der Ziele durch enge Bindung an Satzung

Tab. 14.1: Wichtigste Unternehmensformen nach deutschem Wirtschaftsrecht (2022). Auswahl nach BMWK (2022).

Die gewählte Unternehmensform kann historische und persönliche Gründe haben, und sich im Laufe der Zeit verändern, wenn etwa ein Einzelunternehmen sich entscheidet, zum Zwecke der Expansion und Kapitalbeschaffung eine Kapitalgesellschaft zu bilden. Dabei kann die gewählte Organisationsform auch von dem Unternehmenszweck bzw. Zielen und Werten der Organisation abhängen. Auch Fragen der Mitbestimmung im Unternehmen sind unterschiedlich geregelt. Beispielhaft wollen wir im Weiteren das Format der Genossenschaft näher beleuchten, da es gewisse Besonderheiten hinsichtlich Motive und Verwertungsinteressen aufweist. Anschließend kommen wir auf die zunehmend zu beobachtenden und häufig als transformativ geltenden hybriden Organisationen zu sprechen.

14.4.2 Genossenschaften

Aus dem Feld der Kapital- bzw. Publikumsgesellschaften seien hier die **Genossenschaften** als sehr lange etablierte Organisationsform vorgestellt. Historisch wird das Konzept gemeinhin zurückgeführt auf die Initiativen von Friedrich Wilhelm Raiffeisen (1818–1888), Hermann Schulze-Delitzsch (1808–1883) und anderer Sozialreformer, die Mitte des 19. Jahrhunderts genossenschaftliche Einkaufsgemeinschaften, Darlehenskassen (s. heutige Volks- und Raiffeisenbanken) und Konsumvereine gründeten und so die Grundlage für die Genossenschaft als Unternehmensform schufen.

Entstehung

Genossenschaftsähnliche Zusammenschlüsse gab es jedoch nachweislich bereits in der Antike (Brendel, 2011). In Deutschland gelten die bereits im Mittelalter entstandene Haubergswirtschaft bzw. die Gehöferschaften (s. Kapitel 6) oder auch die Handwerkszünfte und die Gilden der Kaufleute als Vorläufer neuzeitlicher Genossenschaften. Mit diesen haben sie gemein, dass es in erster Linie um Zusammenschlüsse zur **wirtschaftlichen Risikominimierung** und zur **solidarischen Absicherung** ihrer Mitglieder geht. Zugleich sind sie häufig aus einer Notlage heraus entstanden, so etwa die aus Arbeitervereinen hervorgegangenen Wohnungsbaugenossenschaften, die in der Hochphase der Industrialisierung halfen, den damals eklatanten Wohnungsmangel in den rasch wachsenden Städten abzumildern.

Kernprinzip

Das **Kernprinzip** der Genossenschaft besteht darin, dass sie von ihren Mitgliedern (Genossinnen) getragen werden, die über den Erwerb von Genossenschaftsanteilen beitreten. Auch juristische Personen (z. B. Gemeinden, Unternehmen, Vereine) können Mitglied werden. Die Einlagen der Mitglieder, ggf. ergänzt um individuelle Kredite, ermöglichen die Finanzierung der geplanten Vorhaben und laufenden Aktivitäten der Genossenschaft. Etwaige Gewinne bleiben in der Genossenschaft bzw. werden gemäß den Anteilen als Dividende an ihre Mitglieder ausgeschüttet. Dabei unterscheidet sich die Genossenschaft in zwei wesentlichen Punkten von anderen Kapitalgesellschaften, insbesondere von den meisten Aktiengesellschaften (AG): Zum einen bestimmen alle Mitglieder **gleichberechtigt** über die Aktivitäten und den Umgang mit Erträgen. Die jährliche Generalversammlung entscheidet hierüber demokratisch und jedes Mitglied verfügt nur über eine Stimme – unabhängig von der Zahl der im Besitz eines Mitglieds befindlichen Genossenschaftsanteile. Zum anderen sind die Genossenschaftsanteile nicht handelbar und vom Wertzuwachs ausgeschlossen, was **spekulative Beteiligungen unterbindet** (zur Funktionsweise siehe auch Interview mit der BürgerEnergieGenossenschaft Hochwald am Ende dieses Kapitels).

Schwerpunkte

Schwerpunkte des modernen Genossenschaftswesens liegen vor allem im Wohnungsbau (Siedlungsgenossenschaften), Landwirtschaft (Erzeugergenossenschaften) oder auch im Groß- und Einzelhandel (so sind z. B. der EDEKA-Verbund, die REWE-Gruppe oder die Schweizer MIGROS traditionell als genossenschaftliche Einkaufsgemeinschaften organisiert). In jüngerer Zeit hat die Organisationsform neuerlichen Zuspruch erfahren. Insbesondere in zwei Sektoren ist eine gewisse Renaissance der Genossenschaften zu beobachten.

Erstens werden viele kleinere und mittelgroße Vorhaben im Bereich der **erneuerbare Energieerzeugung** von Genossenschaften getragen (s. Abb. 14.2). Dezentrale Biomassekraftwerke, lokale Nahwärmesysteme, Solaranlagen oder Windparks werden häufig von transformativ ausgerichteten bzw. energiepolitisch motivierten Gruppen initiiert, die die Finanzierung der Projekte auf breite Beine stellen wollen und nicht zwangsläufig gewinnmaximierend ausgerichtet sind (Klagge et al., 2016; Thimm, 2019).

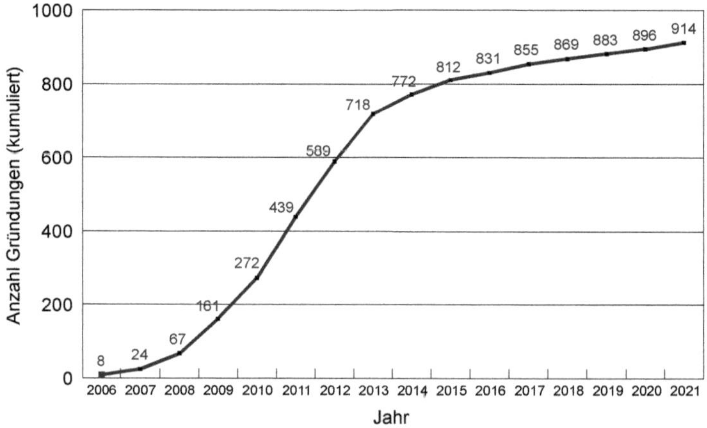

Abb. 14.7: Zahl der Gründungen von Energiegenossenschaften in Deutschland seit 2006 (kumuliert). Eigene Darstellung; Datengrundlage: DGRV (2022: 2).

Zweitens erfreuen sich die Genossenschaften großer Beliebtheit in Projekten zum kollektiven Bauen bzw. Wohnen. So wählen viele **Baugruppen** oder **Baugemeinschaften** bei der gemeinsamen Planung, Finanzierung und Realisierung ihrer Vorhaben den Rahmen der Genossenschaften aus Gründen der wirtschaftlichen Risikominimierung und der demokratischen Prozessgestaltung. Hinzu kommt das Ansinnen, durch diese Organisationsform unerwünschte Wertzuwächse bzw. spekulative Interessen auszuschließen. Ersteres gelingt dadurch, dass die Immobilie im Eigentum der Genossenschaft bleibt und zum Beispiel beim Wegzug und Austritt einer Partei lediglich deren Genossenschaftsanteile zum ursprünglichen Zeichnungswert an die Gemeinschaft zurückgehen bzw. zum selben Wert von neuen Mitgliedern übernommen werden können. Dadurch, und durch die Nichtaufnahme kommerzieller Investoren, kann auch spekulativen Renditeerwartungen Einhalt geboten werden.

14.4.3 Hybride Organisationen

Weniger auf formal-rechtlicher Ebene, denn im Hinblick auf beteiligte Akteure und Interessenslagen, ermöglicht das Konzept der hybriden Organisationen jene Formate zu fassen, die nicht den klassischen Kategorien staatlich, privatwirtschaftlich, oder zivilgesellschaftlich zugeordnet werden können, weshalb sie auch als ›Dritter Sektor‹ neben dem privaten und dem öffentlichen Sektor bezeichnet werden (Pestoff, 1992) (s. Abb. 14.8). Hybride Organisationen finden sich zum Beispiel im Bereich von **Fairtrade**-Ansätzen, wenn etwa eine Einkaufsgemeinschaft aus dem Globalen Norden mit lokalen NGOs zusammenarbeitet, um die Einhaltung sozialer (und ggf. ökologischer) Standards sowie eine faire Bezahlung von Kleinbäuerinnen im Globalen Süden zu gewährleisten. Auch die weiter oben genannten **Energiegenossenschaften** können hybrid strukturiert sein, wenn beispielsweise Gemeinden oder Stadtwerke Anteile an lokalen Genossenschaften besitzen. Im Fairtrade-Beispiel wäre die Hybridität eher entlang der Achse privatwirtschaftlich-zivilgesellschaftlich angesiedelt, während die Energiegenossenschaft an der Schnittstelle öffentlich-zivilgesellschaftlich agieren würde. Wäre auch noch ein Privatunternehmen an der Genossenschaft beteiligt, so wären alle drei Pole der in Abb. 14.8 gewählten Darstellung relevant.

Zahlreiche Autorinnen stufen Genossenschaften generell als hybrid ein, da sie trotz ihres meist zivilgesellschaftlichen Ursprungs nicht ausschließlich diesem Bereich zugeordnet werden können (Blome-Drees & Moldenhauer, 2021). Zimmer & Priller bezeichnen Genossenschaften auch als »Kombination von Verein und Wirtschaftsunternehmen« (2019: 280).

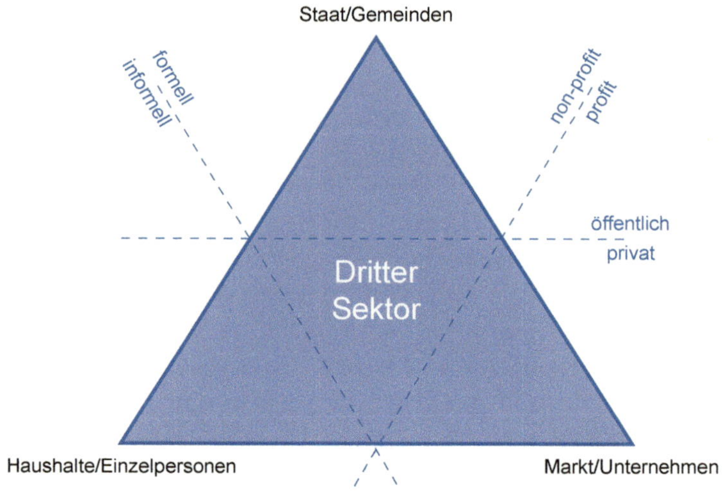

Abb. 14.8: Akteurskonstellationen und institutionelle Logiken hybrider Organisationen. Eigene Darstellung verändert nach Pestoff (2014: 1414).

Wechselseitiges Lernen

Die Arbeiten von Benjamin Huybrechts und Kollegen an der Handelshochschule Lüttich zeigten am Beispiel von Fairtrade-Organisationen und Energiegenossenschaften, wie dort verschiedene **institutionelle Logiken** aufeinandertreffen und sehr spezifische Dynamiken auslösen können. Dazu gehört das wechselseitige Lernen der unterschiedlichen Partner ebenso wie die Rolle von Machtasymmetrien (Nicholls & Huybrechts, 2014; Huybrechts & Mertens, 2014). Je nach Akteurskonstellation und Gegenstand der Kooperation können bestimmte Logiken und Motive stärker durchdringen als andere (z. B. Reputationsüberlegungen einer Fairtrade-Organisation oder materielle Interessen lokaler Produzentinnen). Zugleich kann Hybridität auch den Ausgleich zwischen konkurrierenden Interessenslagen fördern.

Beispiel

Regionale Nahrungsmittelversorgung: Martens et al. (2022) erläutern im Nachgang zur Corona-Pandemie und zu Debatten über die regionale Nahrungsmittelversorgung, dass hybride Organisationen eine tragende Rolle in der Transformation landwirtschaftlicher Produktionssysteme und beim Aufbau nahräumlicher Vertriebsstrukturen spielen können. Sie betonen unter anderem die Bedeutung lokaler Einbettung, wenn Koalitionen aus mindestens zwei unterschiedlichen Akteurstypen sowohl betriebswirtschaftliche als auch soziale Ziele miteinander kombinieren wollen.

14.4.4 Relevanz für die Wirtschaftsgeographie

Wie die genannten Beispiele zeigen, gewinnen Organisationsformen jenseits des rein marktwirtschaftlich strukturierten Unternehmens an Bedeutung. Gleichzeitig wird den gemeinwohlorientierten Organisationen ein besonderes transformatives Potenzial hinsichtlich sozialer und/oder ökologischer Aspekte bescheinigt. Für die wirtschaftsgeographische Forschung heißt dies nicht nur, dass ein **erweitertes Verständnis** des Begriffs ›Unternehmen‹ (s. auch Kapitel 9 und 10) nötig ist, um aktuelle Wandlungsprozesse zu verstehen.

Lern- und Innovationsprozesse

Mit den veränderten Akteurskonstellationen und den zahlreichen Spielarten hybrider Organisationsformen gehen auch veränderte Beziehungen und daraus resultierende **Lern-** und **Innovationsprozesse** einher. Mit letzteren sind Fragen des ›Empowerments‹ verbunden, nicht nur von bestimmten sozialen Gruppen, sondern möglicherweise auch von bestimmten Räumen. Dies ist zum Beispiel dann der Fall, wenn eine Gemeinde oder eine lokale Initiative autonom beschließt, im Bereich der erneuerbaren Energieproduktion alternative Wege zu beschreiten. Dies ist nicht nur demokratietheoretisch interessant, sondern kann auch eine Reihe **materieller** und **funktionsräumlicher Folgen** haben. Am offenkundigsten sind hier Fragen der regionalen Wertschöpfung, wenn Erträge aus der lokalen Energieproduktion in der Region verbleiben, dort reinvestiert werden oder die Kaufkraft der Bevölkerung erhöhen. Auch können andere Wirtschaftszweige unmittelbar profitieren, etwa örtliche Handwerksbetriebe, die mit der Errichtung und Wartung eines Solarparks betraut werden. Ähnliches gilt für regionale Lieferketten im Bereich der Landwirtschaft und Nahrungsmittelproduktion.

14.4.5 »Raus ins Feld« mit Jürgen Millen, BürgerEnergieGenossenschaft Hochwald eG

Abb. 14.9: Jürgen Millen. Foto: D. Ackermann.

Jürgen Millen, Dipl.-Finanzwirt und vor seiner Pensionierung als Großbetriebsprüfer tätig, war einer der Initiatoren der 2012 gegründeten BürgerEnergieGenossenschaft Hochwald eG (BEG) im Nordsaarland. Heute ist er ehrenamtlicher Vorsitzender des Aufsichtsrats der BEG. Wir haben mit ihm über die Entstehung der BEG und deren Organisationsform gesprochen. Das Gespräch fand im März 2023 statt.

Wie kam es zu der Gründung der BEG?

Im Spätsommer 2011 nahm ich an einer Demonstration gegen das Atomkraftwerk Cattenom im benachbarten Lothringen teil. Im Gespräch mit einem Mitstreiter stellten wir fest, dass uns beiden das Protestieren nicht reichte, und wir selbst auch aktiv an der Energiewende mitwirken wollten. Unsere ursprüngliche Idee war, auf Dachflächen in unserer Gemeinde Solarprojekte zu realisieren. Da wir möglichst viele Leute einbeziehen wollten, stellte sich schnell heraus, dass uns das Format der Genossenschaft den geeigneten Rahmen bieten würde. Diese Organisationsform erlaubt es, nach Bedarf zu wachsen und gleichzeitig unsere Entscheidungen demokratisch zu treffen. Im Januar 2012 fand dann die Gründungsversammlung statt. In der Gründungsphase erhielten wir Rat und wichtige Hilfestellung von der lokalen Volksbank – übrigens die älteste Genossenschaft im Saarland – sowie vom Genossenschaftsverband, den wir uns als Prüfungsverband auswählten. Nach positiver Gründungsprüfung konnten wir ins Genossenschaftsregister eingetragen werden.

Wie ging es dann weiter?

Unser Businessplan, den wir dem Genossenschaftsverband vorlegen mussten, sah für die ersten fünf Jahre ein jährliches Wachstum um 100 Mitglieder vor. Die Idee war, nach und nach einzelne Solardachprojekte zu finanzieren und so an Mitgliedern und Kapitalgrundlage zu wachsen. Wir hatten gerade unser erstes Projekt auf einem Gewerbedach umgesetzt und weitere ähnliche Vorhaben geplant, als uns die damalige Bundesregierung mit der Rücknahme der Einspeisevergütung einen Strich durch die Rechnung machte. Solarprojekte waren fortan für uns kaum noch lohnenswert, wenn nicht ein Förderprogramm der Saarländischen Landesregierung für Schulen genutzt werden konnte. Deshalb haben wir bald begonnen, uns mit Windkraftanlagen zu beschäftigen und sind 2014 in ein erstes Projekt eingestiegen. Inzwischen sind wir an sechs Windparks beteiligt, alle im Landkreis Merzig-Wadern.

Wie werden die Projekte finanziert?

Durch Erwerb eines Genossenschaftsanteils können private oder auch juristische Personen der Genossenschaft beitreten. Wenn wir neue Projekte planen, fragen wir bei allen Genossinnen ab, wie groß das Interesse ist, weitere Mitgliedsanteile zu erwerben und zugleich in das Projekt zu investieren. Daraus schnüren wir Beteiligungspakete, die so aussehen, dass jeder erworbene Anteil gekoppelt ist mit einem Nachrangdarlehen in gleicher Höhe. Das heißt, die Mitglieder erwerben Anteile und gewähren zugleich Kredite, die sie festverzinslich über zwölf Jahre wieder zurückerhalten. Zudem erhalten sie in der Regel eine Dividende für ihre Anteile.

Wer entscheidet über die Ausschüttung der Dividende?
Die jährliche Generalversammlung, an der zuletzt etwa 120 Mitglieder teilnahmen, befindet unter anderem darüber, wie der erwirtschaftete Gewinn verwendet wird. Neben der gesetzlich vorgeschriebenen Rücklage in Höhe von 5 % des Jahresgewinns ist die Generalversammlung frei in der Entscheidung, wieviel Geld in die freie Rücklage geht, die als Liquiditätsreserve dient oder als Dividende in ertragsschwachen Jahren ausgezahlt werden kann. Die Abstimmung erfolgt nach dem Prinzip ›1 Mitglied = 1 Stimme‹, das heißt, wer mehr Anteile besitzt, hat nicht mehr Einfluss als anderen Mitglieder. In den vergangenen Jahren hat die BEG etwas mehr als die Hälfte des Jahresgewinns als Dividende ausgeschüttet.

Wie geht es weiter? Welche Herausforderungen warten auf die BEG?
Inzwischen haben wir knapp 1.000 Mitglieder (Stand Anfang 2023). Alle Mitwirkenden unseres Vorstands und unseres Aufsichtsrats arbeiten ehrenamtlich und erhalten keinerlei Aufwandsentschädigung oder Unkostenerstattung. Da die Aufgaben enorm zugenommen haben, beschäftigen wir heute einen Büroleiter und eine Verwaltungskraft, beide in Teilzeit. Die Geschäftsführung wird immer (noch) von drei ehrenamtlichen Vorstandsmitgliedern wahrgenommen. Derzeit planen wir drei Solarparks (Kosten 17–18 Millionen Euro), einer ist bereits im Bau. Die wachsende Nachfrage nach erneuerbarer Energie sowie die jüngere Preisentwicklung haben dazu beigetragen, dass wir den erzeugten Strom aus den größeren Projekten im Wege der Direktvermarktung in den Handel bringen und das, seit der krisenbedingten Verteuerung der Energie, ohne die Einspeisevergütung in Anspruch zu nehmen. Mit der Energiewende und den Entwicklungen im Bereich E-Mobilität, ›grüner‹ Wasserstoff usw. ist zu erwarten, dass die Stromnachfrage weiter steigen wird. Gleichzeitig gibt es große Unsicherheiten bedingt durch die unsichere weltpolitische Lage, die schwankende Verfügbarkeit von Anlagenteilen und die Kapazitätsengpässe in Handwerk und Industrie. Hellsehen kann auch von uns niemand.

Weitere Informationen: https://beg-hochwald.de/

14.5 Zusammenfassung

Unternehmensgründerinnen, die sich gegen profitorientierte Unternehmensmaximen stellen und mit neuen Unternehmensmodellen, Strukturen und Bewertungsrahmen gesellschaftliche Mehrwerte erzielen möchten, sind während der letzten Jahre und Jahrzehnte immer mehr in den Blickpunkt geraten. Die Erfolgsbeispiele von Unternehmen wie Patagonia und Ben & Jerry's zeigen, wie Unternehmen nicht nur wirtschaftliche Gewinne erzielen, sondern auch gesellschaftliche Verantwortung übernehmen sowie soziale und ökologische Mehrwerte generieren können. Sie betonen die zentrale Stellung von Unternehmen und auch Branchen als **Katalysatoren des Wandels**.

Jedoch werden nicht alle Nachhaltigkeitsbestreben durch ethische Überzeugungen angetrieben. Studien zu **Ökopreneuren** zeigen deutliche Unterschiede, die von rein strategischem Wettbewerbsdenken oder Imageverbesserung hin zu wertegeleiteten Weltverbesserinnen reichen. Auch **Greenwashing-Strategien** sind allgegenwärtig. **Umweltsiegel** und **Nachhaltigkeitszertifikate** bieten eine gewisse Transparenz und helfen Außenstehenden, Nachhaltigkeitsansprüche einzuordnen. Die Wirtschaftsgeographie beschäftigt sich sowohl mit **globalen Verflechtungen** als auch mit **Lokalisierungs- und Regionalisierungsprozessen** und hat sich in Hinblick auf grüne Branchen stark mit Lernen und Wissensvermittlung in Transformationsprozessen auseinandergesetzt.

In Bezug auf **hybride Organisationen** ist abschließend zu betonen, dass die Organisationsform allein nicht zwingend etwas über Motivlagen hinsichtlich Gemeinwohls oder Nachhaltigkeit aussagt. Blome-Drees & Moldenhauer (2021) unterscheiden beispielsweise zwischen ›Wirtschaftsgenossenschaften‹, die rein marktlich-unternehmerische Interessen verfolgen (z. B. eine konventionelle Weinbaugenossenschaft oder ein großes Einzelhandelsunternehmen) und ›Sozialgenossenschaften‹, die eher auf Selbsthilfemotiven und Solidarprinzipien fußen und eine Gemeinwohlorientierung verkörpern. Auch können sich Motive und Ausrichtung einer Organisation im Laufe der Zeit ändern. Eine historisch als Arbeiterverein gegründet Wohnungsbaugenossenschaft kann heute durchaus markt- und renditeorientiert agieren und zu sozialen Spannungen auf dem Immobilienmarkt beitragen. Umgekehrt kann eine Einzelunternehmerin aus altruistischen Gründen sehr viel stärker nachhaltigkeitsorientiert sein als vorgenannte Genossenschaft. Für Gesellschaften mit beschränkter Haftung (GmbH), der nach den Einzelunternehmen häufigsten Unternehmensform in Deutschland, gibt es auch die Möglichkeit, bei entsprechenden Unternehmenszielen als gemeinnützig (gGmbH) anerkannt zu werden. So kann etwa ein Krankenhaus als gGmbH geführt werden und ist aufgrund seiner Gemeinnützigkeit von der Körperschafts- und Gewerbesteuer befreit.

14.6 Zur Vertiefung

Test zu Kapitel 14
https://www.utb.de/do/10.36198/9783838561325-e13/disclaimer

Weiterführende Aufgaben

1. Identifizieren Sie in Ihrer Region ein Unternehmen, das neue Wege in der Unternehmensdemokratie bzw. in der Eigentumsstruktur beschreitet. Durchsuchen Sie die Webseiten oder auch Stellenanzeigen des Unternehmens nach Hinweisen auf Gemeinwohlorientierung.
2. Suchen Sie in der Tagespresse nach Hinweisen auf spezifische Positionen einzelner Industriezweige hinsichtlich Nachhaltigkeitsbemühungen. Identifizieren Sie Gemeinsamkeiten und Unterschiede, etwa in der Reaktion auf EU-Regelungen oder geplante Gesetzesvorhaben.
3. Finden Sie in Ihrer Gemeinde öffentliche oder private Bauvorhaben, die sich an den Prinzipien der Circular Economy orientiert haben. Versuchen Sie herauszufinden, woher die wichtigsten Baumaterialien stammen und mit welchen Herausforderungen das Projekt konfrontiert war.

Literatur- und Webtipps

Institute B (2014): Not business as usual. Leitung: Lawrence Le Lam und Rik Klingle Watt.

» Der englischsprachige Dokumentarfilm zeigt die Schwierigkeiten kapitalistischen Unternehmertums und stellt vielzählige Beispiele lokaler Unternehmerinnen vor, die innovative und alternative Ansätze nachhaltigen und inklusiven Wirtschaftens gefunden haben. Der Film ist auf verschiedenen Online-Plattformen frei zugänglich.

Sozio-technische Transformationsprozesse für einen nachhaltigen Bausektor in der Bioökonomie: Regionale Leitmärkte und globale Innovationssysteme – TRABBI

» Webseite der BMBF-geförderten Nachwuchsgruppe um Sebastian Losacker an der Universität Gießen zum Thema Bioökonomie und nachhaltiges Bauen (2023–2028): https://www.trabbi-bioeconomy.de/

Zimmer, Annette & Priller, Eckhard (2019): Genossenschaften als Teil des Dritten Sektors. *Zeitschrift für öffentliche und gemeinwirtschaftliche Unternehmen* 42(3): 280–299.

» Kompakter Überblick über den Stand der sozialwissenschaftlichen Genossenschaftsforschung inklusive der Diskussion von Hybridität.

Klagge, Britta, Schmole, Hanna, Seidl, Irmi, et al. (2016): Zukunft der deutschen Energiegenossenschaften. *Raumforschung und Raumordnung* 74(3): 243–258.

» Empirische Einblicke in die Struktur, Ausrichtung und Entwicklungsdynamik der Energiegenossenschaften in Deutschland in der Hochphase des Gründungsgeschehens. Open Access verfügbar unter: https://rur.oekom.de/index.php/rur/article/view/533/837

Kapitel 15

Zivilgesellschaft

Themen

Nachhaltiger Konsum, Individualismus, Konsumkapitalismus, Lebensstile, Verantwortung, Umweltaktivismus, Widerstand, Protest, zivilgesellschaftliche Initiativen, Gemeinschaft

Über diese Lerneinheit

Die Zivilgesellschaft ist eine wichtige Akteursgruppe im Hinblick auf nachhaltigere Zukunftsmodelle und Praktiken. Hierbei geht es sowohl um individuelle als auch kollektive Perspektiven. Individuen und Haushalte spielen als Konsumenten eine zentrale Rolle. Während Fragen des nachhaltigen Konsums häufig die Aufmerksamkeit auf individuelle Entscheidungsprozesse, Lebensstile und -standards lenken, muss hier der gesellschaftliche Kontext mitgedacht werden. Gesellschaftlicher Wandel wird auch durch gemeinschaftliche Protestaktionen und andere Formen des Aktivismus zum Ausdruck gebracht. Neben Widerstand gegen Missstände stellen zivilgesellschaftliche Initiativen konkrete Lösungsansätze dar.

Was Sie hier lernen

1. Die Ausprägungen des Konsumkapitalismus benennen können.
2. Ansätze nachhaltiger(er) Konsumpraktiken und Lebensstile benennen und differenzieren können.
3. Verschiedene Formen von Widerstand und Aktivismus anhand von Beispielen erläutern können.
4. Zivilgesellschaftliche Initiativen hinsichtlich ihrer Ausprägungen und Mehrwerte beschreiben können.

15.1 Einführung

Unter **Zivilgesellschaft** versteht man die Gesamtheit engagierter Bürgerinnen eines Landes. Hierzu gehören Vereine, Verbände und andere Initiativen und Bewegungen. Sie umfasst somit Engagement und Aktivitäten, die nicht profitorientiert und nicht abhängig von parteipolitischen Interessen sind.

Die Wirtschaftsgeographie beschäftigt sich traditionell mit der Zivilgesellschaft vor allem mit Fokus auf die **Nachfrageseite**. Konsumprozesse und deren räumliche Muster und Auswirkungen haben sich während des letzten Jahrhunderts stark verändert und sind zunehmend multiskalar verwoben (Coe et al., 2019; Hayter & Patchell, 2016). Aber auch Kontext, Treiber und Formen des Konsums unterliegen einem stetigen Wandel. Studien zu nachhaltigem Konsum beschäftigen sich nicht allein mit Individuen als Verbraucher, sondern müssen auch immer im Kontext gesellschaftlicher Rahmenbedingungen, staatlicher Steuerung und bestehender Produktionsprozesse verstanden werden. Entscheidungsprozesse der Konsumentinnen werden häufig aus neoklassischer Sicht basierend auf Kostenberechnungen oder auch aus Marketingperspektive betrachtet. Zentral sind aber auch weitergefasste gesellschaftliche Kontexte (Hayter & Patchell, 2016) (s. Kapitel 15.2). Dabei ist ein Wandel hin zu **nachhaltigerem Konsum** vor allem in westlichen Industriegesellschaften ein »kulturelles Projekt« (Göpel, 2022: 51). Tiefgreifender Wandel, wie er unter anderem zur Bekämpfung des Klimawandels erforderlich ist, kann nicht durch staatliche Akteure (s. Kapitel 13) und Unternehmen (s. Kapitel 14) allein realisiert werden, sondern erfordert gesellschaftliches Umdenken. Neben Individuen als Konsumenten nimmt die Zivilgesellschaft diesbezüglich eine zentrale Rolle als Korrektiv ein, zum Beispiel hinsichtlich negativer ökologischer und sozialer Auswirkungen (s. Kapitel 15.3).

Umweltaktivismus und andere Formen des **Widerstands** werden seit den 1980er und 1990er Jahren von (Wirtschafts-)Geographinnen untersucht, so beispielsweise die Anti-Atomkraftbewegung (Oßenbrügge, 1993b; Oßenbrügge, 2021) und Konflikte um den Schutz von Wäldern (Soyez, 1996; Hayter, 2003; Affolderbach, 2011). Entsprechend findet die Zivilgesellschaft in einer breiten Reihe an Arbeiten zu Stakeholder-Konzepten, Umwelt-Governance sowie neuen bzw. wiederauflebenden Formen gemeinschaftlicher Initiativen (s. Kapitel 15.4) Berücksichtigung.

15.2 Nachhaltiger Konsum

Beispiel: Lebensmittel retten

Laut Bundesministerium für Ernährung und Landwirtschaft (BMEL) fallen in Deutschland ca. 11 Millionen Tonnen **Lebensmittelabfälle** pro Jahr an (BMEL,

2020). Das entspricht 78 kg Nahrungsmittel pro Person jährlich und mehr als 200 g täglich. Hauptgründe für die Entsorgung sind vor allem Haltbarkeitsprobleme (59 %) und falsche Mengenplanung beim Einkauf (13 %). Ein großer Anteil der Lebensmittelabfälle besteht aber aufgrund des **Überangebots** im Versorgungssystem aus noch essbaren Lebensmitteln. Wir sind es gewöhnt und erwarten zu jeder Jahreszeit aus einem breiten Angebot aussuchen zu können. Abfälle fallen in der Gastronomie, Kantinen und Betrieben an, wenn Produkte nicht mehr verkauft werden können. Aber auch Privathaushalte tragen durch ihr Konsumverhalten zur Problematik bei.

Verbraucher können Lebensmittelabfälle durch verändertes Kaufverhalten reduzieren, indem sie nur so viel einkaufen, wie tatsächlich im vorgesehenen Zeitraum benötigt wird. Wenn einmal Lebensmittel übrigbleiben, besteht die Möglichkeit, diese weiterzugeben bzw. mit anderen zu teilen. Das **›Lebensmittelretten‹** basiert genau auf der Idee, noch essbare Lebensmittel so zu nutzen, dass sie nicht weggeworfen werden müssen. Dadurch wird zum einen Abfall reduziert, zum anderen kann durch Rückkopplungseffekte aufgrund reduzierter Nachfrage an Nahrungsmitteln das System der Überproduktion korrigiert werden. Vor allem bei Tierprodukten kann dies zu erheblichen Einsparungen an CO_2-Emissionen führen. **Foodsharing** ist eine gemeinschaftliche Initiative, die 2012 in Berlin gegründet wurde, und sich genau für diese Ziele einsetzt: einen Wegwerfstopp von Nahrungsmitteln zu erreichen und ressourceneffizienter zu leben. Die Initiative besteht inzwischen aus mehr als 550.000 Mitgliedern in Deutschland, der Schweiz und Österreich, die sich über eine Online-Plattform registrieren und vernetzen können. In Zusammenarbeit mit an der Initiative teilnehmenden Betrieben holen sogenannte geschulte Foodsaver zusammen mit sogenannten Foodsharerinnen (Personen, die vor allem beim Tragen helfen), Lebensmittel direkt bei Betrieben ab, die diese sonst wegwerfen würden. Die gerettete Ware wird anschließend zwischen den Beteiligten, aber auch weiteren Personen (z. B. lokale Tafeln), aufgeteilt. Ausschlaggebend ist hier nicht, wer die Ware erhält, sondern dass die Lebensmittel noch verwendet werden. Lebensmittel können auch über sogenannte **›Fairteiler‹** weitergegeben werden. Dies sind Orte, oft bestehend aus öffentlich zugänglichen Kühlschränken und Lagerräumen, an denen nicht genutzte Lebensmittel bereitgestellt bzw. abgeholt werden können. Für die Nutzung der Fairteiler ist im Gegensatz zur Kollaboration mit Betrieben keine Anmeldung nötig. Mehr Informationen zur Initiative: https://foodsharing.de

Abb. 15.1: Sogenannte solidarische Kühlschränke oder Fairteiler ermöglichen das Teilen von Lebensmitteln.

15.2.1 Massenkonsum und Lebensstile

Unter **nachhaltigem Konsum** verstehen wir meist Güter und Dienstleistungen, die den Verbrauch von Ressourcen und giftigen Materialien sowie den Ausstoß von Emissionen und Schadstoffen über den gesamten Lebenszyklus minimieren. Die Vereinten Nationen definieren mit den Nachhaltigkeitszielen (s. Kapitel 2) darüber hinaus nachhaltigen Konsum (und nachhaltige Produktion) als Konsum, der ressourcen- und energieeffizient ist, nachhaltige Infrastruktur fördert, wie auch eine Grundversorgung, grüne und angemessene Arbeitsplätze sowie eine verbesserte Lebensqualität für alle sicherstellt (Vereinte Nationen, 2015). Die Definitionen verdeutlichen, dass nachhaltiger Konsum nicht von Produktionsprozessen und damit Unternehmen und staatlichen Akteuren getrennt werden kann, auch wenn wir im Folgenden in erster Linie die Rolle und Handlungsmöglichkeiten von Individuen als Konsumenten betrachten.

Große Beschleunigung

Wir leben in Zeiten des **Massenkonsums,** der weit von den Ansprüchen nachhaltigen Konsums entfernt ist. Wissenschaftlerinnen unter der Leitung von Will Steffen vom *Stockholm Resilience Center* haben in ihrer Forschung zum Anthropozän und dem Einfluss des Menschen auf die Umwelt (s. Kapitel 2) anhand verschiedener Faktoren einen enormen Anstieg seit den 1950er Jahren nachweisen können (Steffen et al., 2015a; Steffen et al., 2006). Dieser Anstieg verläuft für die verschiedenen Variablen vergleichbar exponentiell, wobei die 1950er Jahre den Zeitpunkt darstellen, ab dem es zu einem steilen Anstieg kommt (Abb. 15.2). Entsprechend wird für dieses Phänomen auch der Begriff der **großen Beschleunigung** (Great Accelleration) verwendet, das den rasant ansteigenden Ressourcenverbrauch und die negativen Umwelteinflüsse beschreibt. So ist das Gewicht von Rohstoffen, die die Weltwirtschaft antreiben, im 20. Jahrhundert allein um 800% angestiegen (Newton & Cantarello, 2014). Neben den in Abb. 15.2 aufgeführten Beispielen kann der steigende Verbrauch auch an der globalen jährlichen Fleischnachfrage nachvollzogen werden, der in den letzten Jahrzehnten von knapp 23 kg in 1961 auf knapp 43 kg pro Person in 2019 anstieg.

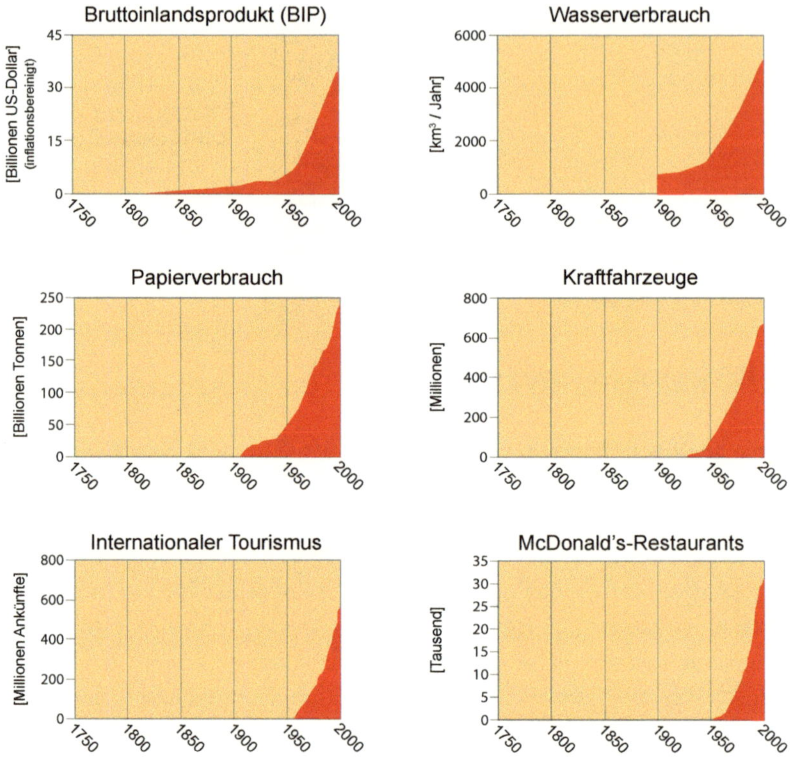

Abb. 15.2: Große Beschleunigung. Eigene Darstellung basierend auf Steffen et al. (2015a).

Bevölkerungswachstum

Eine gängige Erklärung hinsichtlich der Frage, warum unser Verbrauch von natürlichen Ressourcen so stark ansteigt, bezieht sich auf das Bevölkerungswachstum. Laut den Vereinten Nationen erreichte die globale Bevölkerung im November 2022 die Zahl von 8 Milliarden Menschen und wird voraussichtlich im Jahr 2059 die Zahl von 10 Milliarden Einwohnerinnen überschreiten und erst anschließend zurückgehen. Der Bevölkerungszuwachs ist an die zusätzliche Sicherstellung einer **Grundversorgung** gekoppelt und stellt neben Lebensmittel-, Energie- und Wasserversorgung, Wohnraum, Gesundheit und Bildung viele Sektoren und Regionen vor große Herausforderungen. Nicht nur aus religiösen und ethischen Gründen sind Ansätze, die steigenden Konsum und damit verbundene Rohstoffnachfrage ausschließlich durch das Bevölkerungswachstum begründen, reduktionistisch und problematisch. Denn die Rohstoff- bzw. Materialintensität pro Einwohner ist sehr ungleichmäßig verteilt: Reichtum resultiert in einem überproportionalen Anstieg von CO_2-Emissionen pro Kopf (Abb. 15.3) (s. hierzu auch Kapitel 4 und 5). Die jeweils rechte Säule in Abb. 15.3 gibt das Emissionsziel laut Pariser Abkommen an. Grüne Pfeile signalisieren, dass die anteiligen Pro-Kopf-Emissionen der Einkommensgruppen noch ansteigen können, rote Pfeile verdeutlichen die erforderliche Reduktion der Einkommensgruppe, um das Ziel des Pariser Abkommens zu erreichen. Lesebeispiel: In Frankreich müssten die unteren 50 % der Einkommensgruppen ihre Treibhausgasemissionen um 3 % reduzieren, während die reichsten 10 % der Bevölkerung ihre um 61 % senken müssten.

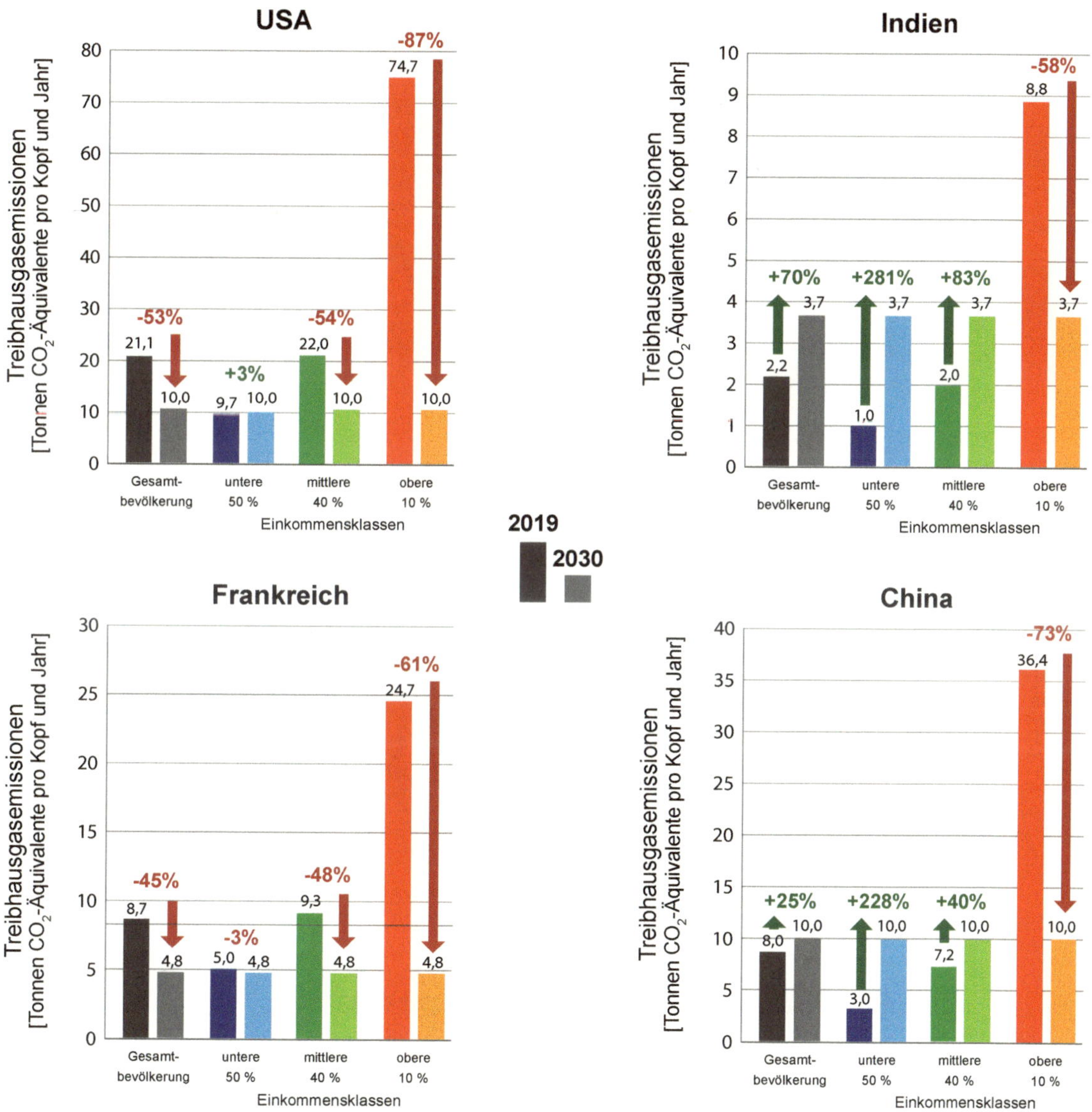

Abb. 15.3: Pro-Kopf-Treibhausgasemissionen nach Einkommensklassen im Jahr 2019 für USA, Indien, Frankreich und China. Eigene Darstellung basierend auf World Inequality Lab (2022).

Energie- und ressourcenintensiver Lebensstil

Reichere Länder, Bevölkerungsgruppen und Individuen verbrauchen also wesentlich mehr Ressourcen und sind anteilig für einen höheren Treibhausgasausstoß verantwortlich als ärmere. Dies ist vor allem mit energie- und ressourcenintensiveren **Lebensstilen** verbunden, zu denen zum Beispiel Wohn-, Mobilitäts- und Freizeitverhalten zählen (s. Kapitel 10, Abb. 10.4). So fliegen knapp 90 Prozent aller Deutschen. Von diesen geben über 80 Prozent an, Flugreisen für vorwiegend private Zwecke zu nutzen (Bundesverband der Deutschen Luftverkehrswirtschaft, 2018). Auch wächst der globale Flugtourismus deutlich stärker als andere Arten des Flugverkehrs (Fracht- und Geschäftsflüge). Zwischen 2003 und 2019 hat sich die Zahl der aus Deutschland kommenden Flugpassagiere pro Jahr verdoppelt (s. Abb. 15.4). Zwar kam es durch die Maßnahmen zur Bekämpfung der Corona-Pandemie in den Jahren 2020 und 2021 zu einem starken Rückgang der Passagierzahlen, 2022 stieg diese jedoch wieder deutlich an, auch wenn das Niveau vor der Corona-Pandemie bisher noch nicht erreicht wurde. Das Bevölkerungswachstum kann also nicht allein für den zunehmenden Ressourcenverbrauch verantwortlich gemacht werden. Entsprechend sind etablierte Lebensstile und Konsummuster wichtig.

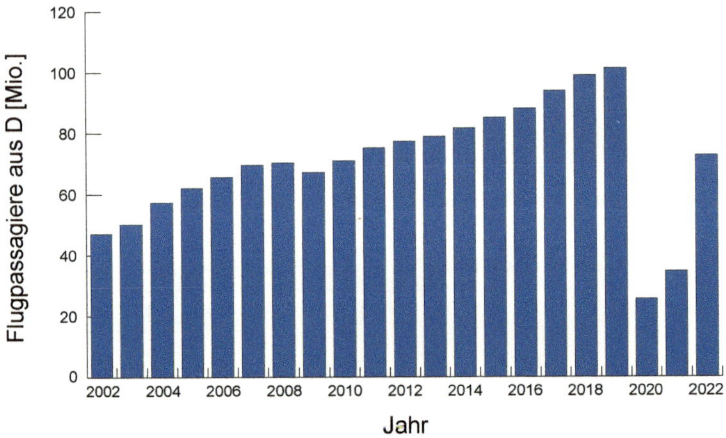

Abb. 15.4: Flugpassagieraufkommen aus Deutschland weltweit. Eigene Darstellung; Datengrundlage: DESTATIS (2023).

15.2.2 Bedürfnisbefriedigung und Konsumkapitalismus

Phasen des Massenkonsums

Wirtschaftswachstum in Form von steigenden Umsätzen durch den Verkauf von Produkten und Dienstleistungen und daran gekoppelter Wohlstand ist allgegenwärtig. Ein Ausdruck dieses Strebens ist unsere Konsumgesellschaft. Der französische Philosoph Gilles Lipovetsky spricht diesbezüglich von **Konsumkapitalismus** (Lipovetsky, 2006). Basierend auf historischen Entwicklungen unterscheidet er zwischen drei Phasen des Massenkonsums.

Die erste Phase (1880–1940) ist durch die **Massenproduktion** von standardisierten Produkten gekennzeichnet. Erfindungen und technologische Innovationen führten mit fortschreitender Industrialisierung zum Einsatz von Maschinen, welche die Fertigung von höheren Auflagezahlen erlaubten. Der Gründer der Ford Motor Company, Henry Ford, steht mit der Erfindung der Fließbandarbeit im Automobilbau stellvertretend für die Zeit, in der maschinengefertigte, standardisierte Güter für die breite Masse erschwinglich wurden. Jeder Haushalt sollte sich ein Auto leisten können.

Die Nachkriegsjahre als zweite Phase (1940–1970) waren durch einen **rasanten Anstieg der Zahl der Konsumgüter** charakterisiert. Die steigende Zahl der Haushaltsgeräte illustriert diese Entwicklung, die durch die ›moderne Hausfrau‹ verkörpert wurde, deren Aufgaben durch elektronische Geräte erleichtert wurden. Konsum wird jedoch auch mehr und mehr zu einer selbst-belebenden Kraft. Immer mehr Menschen arbeiten, um zu konsumieren. Unterscheiden lässt sich hierbei Konsum als **authentisches Bedürfnis** und **kommerzialisierter Konsum**. Letzterer umfasst Produkte und Dienstleistungen, die suggerierte, nicht reale Bedürfnisse befriedigen, wie sie unter anderem in der Werbung generiert werden.

Die dritte Phase (seit den 1970er Jahren) besteht in der **Individualisierung** von Produkten und Dienstleistungen, die auf verschiedene Lebensstile abzielen bzw. verschiedene Vorstellungen und Ideale erfüllen sollen. Im Unterschied zu den ersten beiden Phasen kommt es nicht nur zu einer breiten Verfügbarkeit standardisierter Produkte und Dienstleistungen, sondern zu einer Erfüllung individueller Wünsche der Verbraucherinnen etwa hinsichtlich Ausstattung und Farbe eines Produkts. Aus wirtschaftsgeographischer Perspektive sind hierbei die Entstehung und Verbreitung von neuen Produktionssystemen, wie **Just-in-Sequence-Konzepten** von Interesse. Das Just-in-Sequence-Prinzip ist eine Weiterentwicklung des Just-in-Time-Prinzips, bei dem Produkte in der richtigen Menge zum richtigen Zeitpunkt und am richtigen Ort zur Verarbeitung geliefert werden und somit keine Einlagerung benötigen (Kulke & Henschel, 2010; Schamp, 2000). Bei Just-in-Sequence erfolgt die Lieferung an die Fertigungsstraße (z. B. einer Autofabrik) zudem in der gewünschten Reihenfolge, sodass auch im Fließbandbetrieb flexibel unterschiedliche Produktvarianten gefertigt werden können.

Konsum bzw. Einkaufen erhält zunehmend eine selbstimmanente Bedeutung oder wird als Erlebnis wahrgenommen (Miller & Laketa, 2019). Somit wird Konsumieren selbst zum Zweck, der (suggerierte) Individualismus zum Antrieb. Konsum ist dabei stark durch gesellschaftlich konstruierte Ideale und Bedürfnisse geprägt, die durch die Marketingbranche und Werbung bestimmt werden. Konsumverhalten und Massenkonsum wird häufig mit den Arbeiten des US-amerikanischen Psychologen Abraham Maslow in Verbindung gesetzt, der sich mit verschiedenen Arten von menschlichen Bedürfnissen auseinandergesetzt hat (Maslow, 1943). Seine Klassifizierung von Bedürfnissen wird häufig als Maslowsche **Bedürfnispyramide** dargestellt (Abb. 15.5). Die Bedürfnisse selbst und wie diese erfüllt werden, hat sich im Kontext des Konsumkapitalismus mit der Zeit verändert. Maslow unterscheidet zwischen zwei verschiedenen Arten von Bedürfnissen: den sogenannten Defizitbedürfnissen und den Wachstumsbedürfnissen.

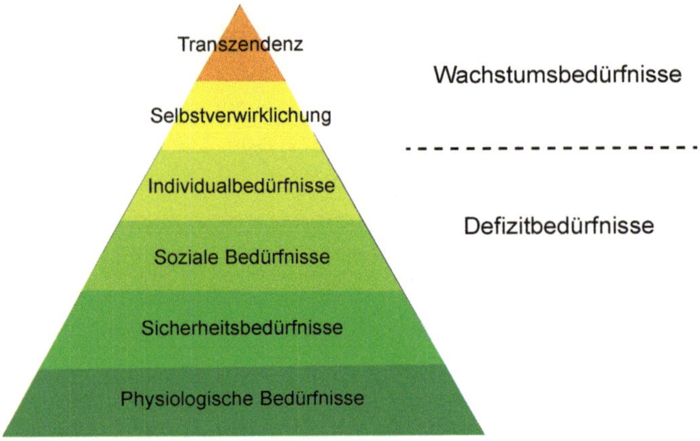

Abb. 15.5: Maslowsche Bedürfnispyramide. Eigene Darstellung nach Maslow (1943).

Defizitbedürfnisse

Defizitbedürfnisse entsprechen den Bedürfnissen, die wir erfüllen müssen, um unserem Organismus im Gleichgewicht zu halten. Hierzu zählen physiologische Grundbedürfnisse wie Hunger, Durst, Kleidung sowie Sicherheitsbedürfnisse, also Schutz durch eine Behausung oder vor Gewalt. Die Befriedigung dieser Grundbedürfnisse ist, wie das Beispiel von Lebensmittelabfällen illustriert (s. oben), nicht immer auf das eigentliche Bedürfnis selbst abgestimmt. Das Angebot und die Nachfrage nach Nahrungsmitteln übersteigen den physiologischen Bedarf.

Psychologische Bedürfnisse umfassen soziale Bedürfnisse, die Beziehungen und Zugehörigkeitsgefühl miteinschließen, so das Bedürfnis nach Liebe und Freundschaften, aber auch Individualbedürfnisse, so zum Beispiel Selbstwertgefühl, Ansehen, Erfolg, Unabhängigkeit und das Gefühl, etwas geleistet zu haben. Soziale Bedürfnisse sind nicht zwangsläufig an materiellen Konsum gekoppelt, auch wenn Zugehörigkeitsgefühl, das Verständnis von Erfolg und Ansehen stark von gesellschaftlichen Werten und Normen diktiert werden. Diese werden häufig mit dem Erwerb bestimmter Güter und Dienstleistungen, etwa als Statussymbole, gleichgestellt, die deshalb auch als **Positionsgüter** und **-dienstleistungen** bezeichnet werden

(Göpel, 2022). In reicheren Gesellschaften ist es der relative Lebensstandard verglichen zu Mitmenschen, nicht der absolute Lebensstandard, der das Wohlbefinden bestimmt. Zu den gesellschaftlichen Auswirkungen des Hyperkonsums zählen auch eine zunehmende soziale Entfremdung von Individuen, die mit steigendem materiellen (und digitalen) Konsum einhergeht (Neiberger et al., 2020).

Der boomende **Onlinehandel** hat sich in den letzten Jahren spürbar auf den stationären Handel ausgewirkt (Hilpert & Völkening, 2020) und ist auch aufgrund des zunehmenden Lieferverkehrs in Innenstadtbereichen aus verkehrsräumlicher Sicht in die Kritik geraten (Pez, 2020). Hinzu kommt die Retouren-Problematik eines hohen Anteils zurückgesandter Produkte, die neben Belastungen durch Verpackungen und Transport auch zu erhöhtem Abfallaufkommen durch die Entsorgung zurückgesandter Ware führt (Neiberger et al., 2020).

Als Folge der Digitalisierung nehmen vor allem in urbanen Räumen persönliche und gemeinschaftliche Beziehungen ab, die traditionell durch Gemeinschaftsorganisationen (z. B. Kirche, Nachbarschaft, Familienverbände) und damit verbundenen Zugehörigkeitsgefühlen, aber auch Gefühlen der eigenen Sinnfindung, gefördert wurden. Der Prozess der Abschottung wird auch als **Cocooning** bezeichnet. Gemeint ist hier der Rückzug von Individuen in ihren privaten Lebensraum (z. B. Haus, Wohnung), wobei persönliche Kontakte zunehmend durch virtuelle ersetzt werden. Maria Kaika (2018) argumentiert, dass immer mehr Menschen, vor allem in westlichen Industriegesellschaften, betroffen sind und damit den Bezug zu ihrer Umwelt verlieren. Dies schränkt neben zwischenmenschlichen Beziehungen auch das Verständnis der eigenen Verhaltens- und Konsummuster und deren soziale und ökologische Auswirkungen ein.

Wachstumsbedürfnisse

Wachstumsbedürfnisse zielen weniger auf einen erreichten Zustand als auf den Prozess der Erfüllung selbst ab. Bei der Selbstverwirklichung geht es darum, das eigene Potenzial auszuschöpfen. Die Erfüllung kann komplett vom materiellen Konsum von Gütern und Dienstleistungen losgelöst sein. Damit lässt sich auch illustrieren, dass Zufriedenheit und Glück ohne erhöhte Ansprüche an materiellem Konsum zu erreichen sind (s. Kapitel 10). Dies verdeutlichen auch die bereits besprochenen alternativen Wachstums- bzw. Wohlstandsindikatoren, die nicht auf dem BIP basieren, sondern andere Formen des Wohlstands erfassen (s. Kapitel 11).

Maslow argumentierte in seiner Arbeit nicht, dass zur Erreichung der oberen Ebenen, die darunterliegenden Bedürfnisse erfüllt sein müssen, auch wenn die Hierarchisierung in der Pyramide dies suggeriert. Grundsätzlich herrscht Übereinstimmung darüber, dass die Erfüllung von unterschiedlichen Bedürfnissen für das **individuelle Glücksempfinden** wichtig ist. Zwar ist für die Erfüllung der Grundbedürfnisse ein gewisser Ressourcenverbrauch notwendig, jedoch zeigen Studien zu alternativen Wohlstandsverständnissen auf, dass zunehmender wirtschaftlicher Wohlstand nicht zwangsläufig in größerem Wohlbefinden resultiert und Wohlstand und Wohlbefinden auch auf andere Weise erreicht werden kann (**Easterlin-Paradox**, s. Kapitel 10). Das Verständnis der Diversität unserer Bedürfnisse, die nicht zwangsläufig an materiellen Konsum gebunden sind, ist hier wichtig. Zentral zur Untersuchung von nachhaltigem Konsum ist somit die Frage, welche Bedürfnisse wie befriedigt werden können. In der Tat können die in der Pyramide in der Mitte und oben angeordneten Bedürfnisse losgelöst von materiellem Konsum erreicht werden. Auch ist die Zufriedenheit von anderen Menschen für die individuelle Lebenszufriedenheit wichtig.

15.2.3 Nachhaltiges Konsumverhalten

Viele Ansätze, die sich mit nachhaltigem Konsum beschäftigen, setzen auf der Ebene der Individuen bzw. Haushalte an. Dies wird am Beispiel des individuell gemessenen ökologischen Fußabdrucks deutlich, der die Verantwortung und auch Transformationsfähigkeit auf eben diese individuelle Ebene verlagert. Laut Umweltbundesamt (UBA, 2022) setzt sich der durchschnittliche **CO_2-Fußabdruck** pro Kopf in Deutschland zu 31 Prozent durch die Nachfrage nach Konsumgütern und 16 Prozent durch Ernährung zusammen, während jeweils 20 Prozent auf Mobilität und Wohnen entfallen (s. Abb. 15.6 und Kapitel 2). Statistiken und Ansätze wie diese vermitteln, dass Individuen durch verändertes Konsum- und Mobilitätsverhalten ihren negativen Einfluss auf die Umwelt (z. B. Treibhausgasemissionen, Ressourcenverbrauch) und auch Gesellschaft (z. B. durch Mindestlöhne und sichere Arbeitsbedingungen) reduzieren können und damit auch Verantwortung tragen.

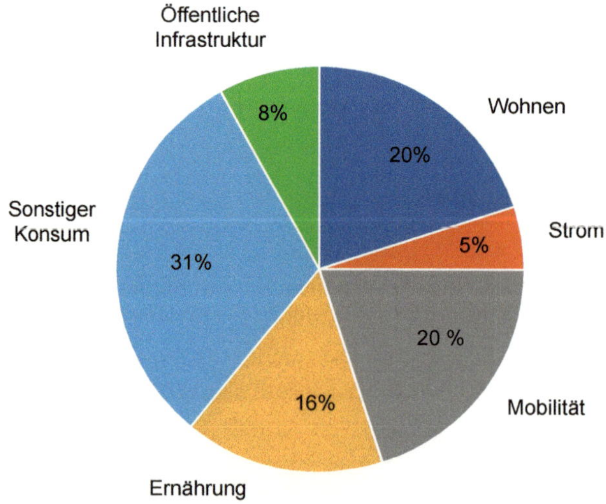

Abb. 15.6: Durchschnittlicher CO_2-Fussabdruck pro Kopf in Deutschland nach Sektor in tCO_2e. Eigene Darstellung auf der Grundlage von Umweltbundesamt (2022).

Intentions-Verhaltens-Lücke

Vielzählige Umfragen zeigen, dass der Mehrheit der Konsumentinnen Nachhaltigkeit wichtig ist und sie diese in Entscheidungen hinsichtlich ihres Konsumverhaltens berücksichtigen bzw. berücksichtigen wollen (Facit Group, 2023). Trotz des hohen Interesses an Nachhaltigkeit sind Verbraucher seltener bereit für Nachhaltigkeit einen Aufpreis zu bezahlen (Auger & Devinney, 2007). Obwohl Umfragen regelmäßig großes Umweltinteresse von Konsumentinnen attestieren, so zeigt die Realität, dass sich das Umweltbewusstsein selten im Kaufverhalten niederschlägt. Dieses Phänomen wird auch als **Intentions-Verhaltens-Lücke** oder **Einstellungs-Verhaltens-Diskrepanz** (Value-Action-Gap oder Attitude-Behaviour Gap) bezeichnet, das die Kluft zwischen unserer Einstellung bzw. unseren Wertevorstellungen und unserem Handeln beschreibt (s. auch das Interview mit Eva Walther am Ende des Kapitels). Diese Kluft wird auch als **kognitive Dissonanz** bezeichnet. In Bezug auf nachhaltigen Konsum heißt dies, dass Menschen mit starkem Nachhaltigkeitsbewusstsein sich nicht dementsprechend verhalten. So fahren Individuen zum Beispiel mit dem Auto, obwohl ihnen durchaus bewusst ist, dass es nicht gut für die Umwelt ist. Viele essen rotes Fleisch, obwohl ihnen die Auswirkungen des gesteigerten Fleischkonsums auf den Klimawandel bewusst sind.

Dieses dissonante Verhältnis zwischen Werten und Handeln stellt Individuen vor eine Herausforderung, die sie dadurch lösen, dass sie die eigenen Werte, nicht aber das Verhalten anpassen. Dies nimmt in der Regel die Form von Erklärungen und Ausreden an, mit denen das Verhalten gerechtfertigt wird, aber auch neue Formen diskursiver Strategien, die Entscheidungen als schon festgelegt, Wünsche als Notwendigkeiten und Privilegien als Glück oder Recht darstellen (Cass et al., 2023). Aber auch wenn das Konsumverhalten in bestimmten Aspekten des Lebens bewusst verändert wird, so führt dies nicht zwangsläufig zu einer Reduzierung des individuellen ökologischen Fußabdruckes. So zeigte eine Studie aus Großbritannien (Büchs et al., 2018), dass die Einführung und Nutzung von Smart Metern in Haushalten zu einer klaren Reduktion des Energieverbrauchs führte. Jedoch zeigte sich auch, dass viele Haushalte die durch reduzierten Energieverbrauch eingesparten Kosten für CO_2-intensive Aktivitäten nutzen – z. B. Fernflüge für Urlaubsreisen. Es kann entsprechend durch solche **Rebound-Effekte** (s. Kapitel 10) zu einer Verschiebung und auch Erhöhung negativer Umwelteinflüsse kommen.

Die Soziologin Elisabeth Shove (2010) hat die starke Betonung des Ansatzes der Intentions-Verhaltens-Lücke kritisiert, da sie den Entscheidungsprozess der Konsumenten in den Vordergrund rückt. Dies suggeriert, so Shove, dass es in erster Linie um die Verantwortung auf individueller Ebene geht, die richtige Entscheidung zu treffen.

Gesellschaftliche Prozesse

Um nachhaltigen Konsum fördern zu können werden Ansätze benötigt, die über individuelle Entscheidungen hinausgehen und berücksichtigen, in welchem Ausmaß bestehende Strukturen und Systeme individuelle Handlungsrahmen und Lebensweisen beeinflussen. Neben der Verfügbarkeit von nachhaltigeren Optionen gehören hierzu auch gesellschaftliche Prozesse, die Werte, Normen und damit verbundene Erwartungen beeinflussen (Hayter & Patchell, 2016). Hinsichtlich klimafreundlichem Verhalten können wir entsprechend auch über **envirogene** oder **umweltfreundliche Umwelten** (oder Räume) nachdenken, die nachhaltige Lebensformen verstärken (z. B. die Beschaffenheit von Arbeitsverhältnissen, Wohnvierteln etc.) (Shove, 2010). Die folgenden fünf Ansätze bzw. Trends werden auch aus geographischer Perspektive zunehmend diskutiert.

1. Substitution

Durch die **Substitution** von herkömmlichen Produkten und Dienstleistungen durch nachhaltigere Varianten kommt es nicht zwangsläufig zu Veränderungen im Lebensstil, aber Verbraucherinnen können damit ihren ökologischen Fußabdruck verringern. So können benzinbetriebene Pkws durch hybride oder elektrische Fahrzeuge ersetzt und dadurch Treibhausgasemissionen im Fahrbetrieb gesenkt werden. Diese beeinflussen und verändern bestehende räumliche Produktions- und Konsumverflechtungen, die vor allem aus wirtschaftsgeographischer Perspektive von Interesse sind. Jedoch kommt es nicht zwangsläufig zu veränderten Mobilitätsmustern, welche die Nutzung eines Pkws vielleicht erst veranlassen (s. Kapitel 7). Weitverbreitet sind Zertifizierungsprogramme, die Produkte und Dienstleistungen basierend auf ausgesuchten ökologischen und sozialen Kriterien überprüfen und für den Kunden entsprechend sichtbar und klar übersetzen (s. Kapitel 14.2). Verbraucher können entsprechend beim Einkauf ohne Vorkenntnisse Produkte mit Bio-, Öko- und Fairtrade-Labeln auswählen, die bestimmte Standards sicherstellen (Bernzen, 2014a). Geographische Arbeiten beschäftigen sich beispielsweise mit Wertschöpfungs- und Lieferketten und damit verbundenen globalen Verflechtungen (Greiner & Braun, 2020). Weitere Aspekte nachhaltigerer Produkte beziehen sich auf deren Langlebigkeit und Reparierbarkeit (z. B. Shift Phone) (Krebs et al., 2018).

2. (Re-)Lokalisierungs- und (Re-)Regionalisierungsprozesse

(Re-)Lokalisierungs- und (Re-)Regionalisierungsprozesse haben vor allem in der Geographie aufgrund veränderter räumlicher Beziehungen viel Aufmerksamkeit erhalten. Hierbei kommt es zu einer bewussten Umstellung auf lokal und regional angebaute bzw. hergestellte Produkte und Dienstleistungen, um regionale Ökonomien und damit verbundene Resilienz zu stärken. Diese wurden vor allem auch im Kontext der Covid-19-Pandemie deutlich (Neise et al., 2021; Aalbers et al., 2020). Zusätzlich kommt es durch verkürzte Transportwege zu einer Minderung transportgebundener Treibhausgasemissionen. Auch hier sind Fragen hinsichtlich veränderter Lieferketten, Produktionsstandorte und neuer Unternehmen und Unternehmensformen zentral. Beispiele hierfür reichen vom Einkauf und Konsum lokaler Produkte (Tuitjer et al., 2022) über die Unterstützung von Transition Town Initiativen (s. Kapitel 9) hin zu Regionalwährungen (s. Kapitel 10). Die sogenannte **Slow Food**-Bewegung, die in den 1980er Jahren in Italien entstand, setzt sich für den Erhalt lokaler Ernährungs- und traditioneller Kochtraditionen ein.

3. Reduzierung

Statt Substitution besteht eine weitere Strategie im **Verzicht** auf oder der **Reduzierung** von umweltschädlichen und unethischen Konsumpraktiken. Hierzu zählen vegane und vegetarische Ernährungsformen, die aus ethischen und/oder ökologischen Gründen bewusst auf bestimmte oder alle tierischen Lebensmittel und Produkte (z. B. Lederwaren) verzichten. Geographische Arbeiten hierzu sind auch mit Postwachstumsdiskussionen (s. Kapitel 10) und Arbeiten im Bereich der Diverse Economies (s. Kapitel 9) verbunden. Thematisch fokussieren sie sich unter anderem auf vegane Lebenspraktiken und damit verbundene neue Lebens- und Wahrnehmungsräume (Sexton et al., 2022; Oliver, 2023). Ein weiteres Beispiel besteht in dem zunehmenden Phänomen eines Flugreisen-freien Lebensstil oder in der Reduzierung des Wohnraums, z. B. durch Tiny Houses. Neben dem Verzicht auf bestimmte Produkte und Dienstleistungen entscheiden sich Individuen auch für eine Reduzierung des allgemeinen Konsums (Wilson, 2020). Unter Einfachem Leben oder **Minimalismus** sind in der Regel Ansätze der Selbstversorgung und Konsumverweigerung zusammengefasst. Konträr zu der im Konsumkapitalismus steigenden Arbeitstätigkeit, um mehr konsumieren zu können, geht es beim **Frugalismus** darum, Arbeitszeit zu reduzieren und damit mehr Zeit für Freizeit und immaterielle Dinge zu schaffen (s. Kapitel 10). Basierend auf Genügsamkeit (jedoch nicht Entbehrung) zielt er darauf ab, durch Sparen der Einkünfte finanzielle Freiheit zu erlangen, um frühzeitiger in Rente gehen zu können.

4. Effizienz und Einsparungen

Effizientere Nutzung und Einsparungen sind das Mantra der ökologischen Modernisierung (s. Kapitel 3) und Green Economy (s. Kapitel 7), das eine Fortführung bestehender Lebensstile und damit verbundene Konsumpraktiken erlauben soll. Diese sind aber nicht an technologische Fortschritte gebunden. So können einfache Anpassungen und veränderte Alltagspraktiken im Haushalt Strom und Wasser einsparen. Teilwirtschaftsmodelle von Car Sharing hin zu Kleiderzirkeln erlauben es, wenig oder nicht mehr genutzte Dinge zu teilen und zu tauschen (Helfrich et al., 2015; Baier et al., 2013). Die **Zero Waste**-Philosophie orientiert sich an zirkulären Handlungsmaximen und zielt darauf ab, keinen Müll zu generieren. Hierzu gehört die Vermeidung von Verpackungen, so das Einkaufen mit wiederverwendbaren Einkaufsnetzen oder Großpackungen aber auch Strategien des Upcyclings.

5. Kompensation

Kompensationsmechanismen wie bereits am Beispiel des Emissionshandel beschrieben (s. Kapitel 7) gibt es auch für Verbraucherinnen und private Haushalte. Diese sind besonders im Zusammenhang mit Flugreisen bekannt, bei denen durch ein sogenanntes **Offsetting**-Angebot Ausgleichszahlungen für die durch die Flugreise freigesetzten Emissionen getätigt werden können. Die Zahlungen fließen in Projekte, die die entstandenen CO_2-Emissionen ausgleichen sollen (z. B. durch Aufforstungsprojekte). Die Mechanismen an sich sowie spezifische Kompensationsprojekte sind jedoch, wie schon in Kapitel 7 diskutiert, nicht unproblematisch und werden von vielen Seiten unter anderem als moderner Ablasshandel kritisiert (Klagge & Reimer, 2016).

Abb. 15.7: Die Reduzierung der Pro-Kopf-Wohnfläche durch ein sogenanntes Tiny House ist durch die räumlichen Einschränkungen direkt mit einer Reduzierung materieller Besitztümer verbunden.

Begriffserklärung

Slow Food und andere Formen der Entschleunigung: Die **Slow Food**-Bewegung entstand 1986 in der Region Piemont in Italien als Gegenbewegung zum zunehmenden durch Globalisierung und Vereinheitlichung geprägten Fast Food-Phänomens (Ermann & Pütz, 2020). Die Bewegung bemüht sich um die Erhaltung regionaler Gerichte, Traditionen und Lebensmittel. »Langsam« steht dabei im Gegensatz zu »schnell« und soll Zeit und Raum für eine genussvolle und bewusste Auseinandersetzung mit dem Essen schaffen. Die Betonung liegt hierbei auf lokaler bzw. regionaler Produktion, traditioneller bzw. ursprünglicher Herstellungs- und Zubereitungsweisen, aber auch auf Fairness und Qualität. Hierzu zählen auch direkt Kontakte zwischen Produzentinnen, Verbrauchern und all denjenigen Gruppen, die mit dem Lebensmittelbereich assoziiert sind (z. B. Gastronomie, Wissenschaft). Die Bewe-

gung ist inzwischen international weit verbreitet und setzt sich für biologische und kulturelle Vielfalt in der Lebensmittelerzeugung und -angebot ein. In Deutschland gibt es einen eingetragenen Slow Food-Verein (www.slowfood.de).
In Italien wurde die Slow Food-Philosophie in Form der sogenannten **Cittàslow** auf urbane Lebenskontexte übertragen, ist aber inzwischen in Form des Slow Tourism oder Slow Travel auch auf den Bereich der Mobilität und Freizeit übertragen worden. **Slow Tourism** stellt sich neben einem veränderten Gastronomieverhalten im Sinne der Slow Food-Bewegung gegen eine Urlaubskultur, die häufig mit Flugreisen und Freizeitangeboten losgelöst von lokalen und regionalen Kontexten verbunden wird (Heitmann et al., 2011; Fullagar et al., 2012). Stattdessen betont langsamer Tourismus das bewusste und authentische Reiseerlebnis und die Sinnhaftigkeit der Erfahrung. Hierbei spielen Lokalisierungs- und Regionalisierungsprozesse durch die Wertschätzung lokaler und regionaler Urlaubsziele, Erlebnisse und Erfahrungen eine große Rolle und haben wirtschaftsgeographische Bedeutung hinsichtlich Entwicklungspotenziale, veränderter Angebots- und Nachfragestrukturen (Hall, 2006). Bei der verlangsamten Fortbewegungsweise in Form des **Slow Travels** (z. B. von Flug- oder Autoreise hin zu Bahn, Rad oder zu Fuß), das die Reise an sich in den Vordergrund rückt, geht es um eine bewusste Auseinandersetzung mit der Reise selbst. Diese Ausprägungen entsprechen dem Prinzip der **Entschleunigung,** das ein neues Verhältnis zu Zeit (individuell und kollektiv) herstellen möchte und sich gegen Profitmaximierung als Zielsetzung der kapitalistischen Gesellschaft stellt.

15.2.4 »Raus ins Feld« mit Prof. Dr. Eva Walther, Universität Trier

Abb. 15.8: Eva Walther. Foto: Universität Trier.

Eva Walther ist Professorin für Sozialpsychologie an der Universität Trier. Sie untersucht wie Einstellungen unter anderem in den Bereichen Politische Psychologie, Umwelt- und Gesundheitspsychologie entstehen, sich verändern und Verhalten beeinflussen. Wir haben sie zu nachhaltigem Konsumverhalten befragt. Das Gespräch fand im April 2023 statt.

Welche zentralen Faktoren beeinflussen uns als Individuen in unserem Konsumverhalten?
Man müsste vermutlich die Gegenfrage stellen, welche Faktoren beeinflussen *nicht* unser Konsumverhalten, das einen großen Teil unseres Gesamtverhaltens ausmacht. Unser Freizeitverhalten ist konsumorientiert, unsere Berufstätigkeit ebenso, zum Beispiel hinsichtlich der Frage, welche Medien wir in unserer Arbeit verwenden. Man kann sich dem Konsum quasi nicht entziehen. Von daher gibt es natürlich auch eine

Vielzahl von Faktoren, die Konsumverhalten beeinflussen. Wenn wir nachhaltigen Konsum betrachten, dann ist eine wichtige psychologische Variable die Intention, überhaupt über Nachhaltigkeit nachzudenken. Es ist nicht selbstverständlich, dass wir Konsum mit Nachhaltigkeit in Zusammenhang bringen. Grundsätzlich stellt sich die Frage, ob Konsum überhaupt nachhaltig sein kann, denn wenn die Konsumgüter nicht ideeller Natur sind, werden in der Herstellung Ressourcen verbraucht.

Wenn also konsumiert wird, wieso wählen Leute ein nachhaltigeres anstelle eines weniger nachhaltigen Produkts? Da steht zunächst immer die Intention im Fokus, ob man sich überhaupt umweltfreundlich verhalten will. Als nächstes steht die Frage, ob die Intention etwas mit der eigenen Identität zu tun hat. Will man eine Person sein, die sich mit der Frage des Klimawandels oder nachhaltigen Konsum befasst? Wenn die Leute die Intention haben, sich mit dem Thema zu befassen und sich auch nachhaltig zu verhalten, dann gibt es zwei wichtige Einflussquellen, welche die Intention selbst beeinflussen. Das eine ist das gesamte soziale Umfeld, in dem wir leben, die soziale Norm. Wenn man beispielsweise ein Mitglied der Fridays for Future oder Scientist for Future ist, sich mit den Anhängern umgibt und sich in der Freizeit mit deren Zielen und Normen befasst, dann beeinflusst das natürlich die eigene Intention. Fridays for Future wird zu einer relevanten Gruppe, von der man gemocht werden möchte und sich entsprechend verhält. Das klingt zunächst selbstverständlich, ist es aber nicht. Kurzgefasst, die soziale Norm oder Umgebungsnorm spielt eine große Rolle. Auf der anderen Seite sind es nicht nur die soziale Norm, sondern auch die eigenen Ziele und Einstellung, die die Intention beeinflussen. Was ist einem tatsächlich wichtig und wird priorisiert: die eigene Einstellung oder die der anderen? Idealerweise weichen diese nicht stark voneinander ab. Je mehr man sich mit einer Gruppe identifiziert, desto stärker decken sich die beiden. Wenn man aus diesen beiden Quellen die Intention gebildet hat, sich umweltfreundlich zu verhalten, ist die Chance für nachhaltiges Verhalten deutlich gestiegen.

Welche Rolle spielt dabei die Werbung?

Werbung spielt eine ganz große Rolle, weil Werbung uns eine Idee davon gibt, was normal ist. Werbung ist allgegenwärtig und setzt eine eigene Normalitätsnorm. Werbung suggeriert uns, dass es ganz normal ist, mit dem Auto zur Arbeit zu fahren oder mit dem Flugzeug in den Urlaub zu reisen. Das dient der eigenen Entlastung, weil man dann sagen kann, dass das alle anderen auch machen. Es kann so schlimm also nicht sein. Was für uns moralisch akzeptabel ist, ergibt sich immer aus dem Vergleich mit diesen Normen, also aus den Normen unserer eigenen Bezugsgruppe aber auch der gesellschaftlichen Norm. Werbung suggeriert oft Konsum als Lösung aller Dinge. Wir glauben das nicht wirklich, aber trotzdem dringt dies als Norm in uns ein, derer wir uns dann im Zweifel bedienen.

Wieso fällt es uns als Verbraucherinnen so schwer, uns nachhaltiger zu verhalten?
Verhaltensweisen werden häufig über lange Zeit eingeübt. Nicht jeder ist in das Thema Nachhaltigkeit hineingeboren. Deshalb haben Menschen viele Verhaltensweisen eingeübt, die nicht ökologisch sind. Und es ist nicht so leicht eingeübte Verhaltensweisen zu verändern.

Zudem leben wir oft im Widerspruch. Wir möchten etwas konsumieren, wissen aber auch, dass es eigentlich nicht in Ordnung ist. Wir wissen, dass es CO_2 verursacht, wenn wir Fleisch essen oder fliegen. Das erzeugt Widersprüche zum Nachhaltigkeitsstreben und Werbung versucht sehr geschickt durch das Angebot »nachhaltiger« Produkte diese Widersprüche, die für uns psychologisch schmerzhaft sind, leichter zu machen. Wir wissen, was die großen Sünden sind. Wir sind aber auch sehr gut darin, diese auch mithilfe der Werbung auszublenden oder mit bestimmten vermeintlich ökologischen Produktlösungen zu mildern.

Gibt es besondere Strategien oder Ansätze, die einen Beitrag leisten, nachhaltigere Konsumpraktiken zu fördern?
Das Beste, was man tun kann, ist sich selbst als jemanden zu definieren, dem Nachhaltigkeit wichtig ist. Wenn wir so unsere eigene Identität definieren, führt dies dazu, dass daran geknüpfte Ziele in der Priorität relativ weit nach oben rutschen. Wenn Umweltthemen keine Rolle spielen, steht man immer im Konflikt zwischen ökologischem Verhalten oder Gewohnheit oder Bequemlichkeit. Aber wenn man sich selbst als ökologisch identifiziert, dann werden diese Ziele höher priorisiert. Man fährt dann zum Beispiel automatisch mit der Bahn, man nimmt das Fahrrad, weil das zur eigenen Identität passt. Die Umbildung der Identität hilft ungemein in der Priorisierungshierarchie von Zielen. Man kann diesen Trick anwenden, um die ökologischen Ziele zu priorisieren. Neue Ziele führen auch dazu, dass früher automatisiertes Verhalten leichter wieder verlernt werden kann. Identitäten zu bilden und zu erhalten ist am leichtesten, wenn man sich einer Gruppe anschießt, die die gleichen Ziele vertritt, da dadurch die entsprechenden Normen stabilisiert werden.

Wie untersuchen Sie diese Phänomene empirisch?
Wir verwenden ganz viele verschiedene Techniken. Wir untersuchen nicht nur nachhaltiges Verhalten, sondern beschäftigen uns auch mit politischen und Gesundheitseinstellungen. Die einfachste Methode ist die Befragung. Wir fragen Menschen nach ihrer Einstellung und wie sie sich verhalten. Ein anderer Schwerpunkt ist, Ambivalenz zu erfassen, also Konflikte. Das machen wir zum Beispiel in dem wir einen Mouse-Tracker verwenden, mit dem Teilnehmende schnell auf ein Produkt fahren sollen. Anhand der Bewegung können wir messen, wie stark die Ambivalenz ausgeprägt ist. In experimentellen Studien präsentieren wir Menschen mit zum Beispiel Bildern und erfassen Millisekunden genau Reaktionen unter an-

derem auch physiologische Reaktionen wie EEG oder andere. Wir verwenden also eine breite Palette an Methoden, je nachdem, welche Fragestellung untersucht werden soll.

Gibt es räumliche Unterschiede bzw. Muster, was nachhaltigere Verhaltensweisen anbetrifft?
In den letzten Jahren hat sich die politische Psychologie als großes Thema mit dem Widerspruch zwischen dem ländlichen und städtischen Typ beschäftigt. Das Konzept kommt aus den USA, man kann das Phänomen aber auch in Deutschland beobachten. Wenn man sich zum Beispiel die politische Landkarte anschaut, wird in Städten eher grüner gewählt als auf dem Land. Nicht überall, aber tendenziell ist das so. Daraus könnte man schließen, dass das Umweltbewusstsein in der Stadt stärker ist, weil die Leute eine Partei mit ökologischer Agenda wählen, aber da muss man viele Faktoren bedenken. Umweltbewusstsein hat etwas mit Bildung, aber auch mit Einkommen zu tun. Eigentlich steigt das Umweltbewusstsein mit dem Bildungsgrad und damit auch mit dem Einkommen, aber gleichzeitig steigt mit dem Einkommen auch der ökologische Fußabdruck. Vom Wahlverhalten dürfen wir also nicht auf die CO_2-Bilanz der Leute schließen. Auch die Infrastruktur ist im städtischen Raum besser und es fällt leichter, sich nachhaltig zu verhalten, zum Beispiel durch ein besseres ÖPNV-Angebot. Es gibt also in verschiedenen Räumen ganz unterschiedliche Chancen, sich ökologisch zu verhalten. Am Ende muss man sich fragen, was eigentlich ökologisches Verhalten ist. Geht es darum, ein E-SUV zu fahren oder um die knallharte Messung von CO_2-Emissionen? Bei Letzteren haben Menschen auf dem Land häufig einen geringeren Fußabdruck. Und auch die Entwicklung mit der Zeit sollte man bedenken. Ich würde vor einfachen Stadt-Land-Zuschreibungen warnen.

Mehr zur Arbeit von Prof. Dr. Walther:

- https://www.uni-trier.de/universitaet/fachbereiche-faecher/fachbereich-i/faecher-und-institute/psychologie/professuren/sozialpsychologie/abteilungsteam/prof-dr-eva-walther

Weitere Webseiten:

- https://de.scientists4future.org
- https://www.umweltpsychologie.de/

15.3 Aktivismus und Widerstand

Beispiel: Der Kampf um Tasmaniens temperate Urwälder

Tasmanien ist Australiens kleinster und räumlich isoliertester Staat. Die Insel von der Größe Bayerns verfügt über einige der weltweit ältesten Bestände temperater Regen- und Eukalyptuswälder mit einzigartiger Flora und Fauna. Die Besiedlung europäischer Kolonisten im 19. Jahrhundert (zunächst als Gefangenenkolonie) resultierte in der Deportation der indigenen Bevölkerung sowie einer auf extraktiver Ressourcennutzung basierenden Wirtschaftsstruktur. Widerstand gegen die Ausbeutung und Rodung der Waldbestände regte sich schon zu Beginn des 20. Jahrhunderts, wurde aber vor allem in den späten 1960er Jahren durch die geplante Hydroindustrialisierung unter anderem des Pedder Sees angetrieben und der damit verbundenen Flutung großer Waldgebiete zur Energiegewinnung (Robson, 1983).

Aus dieser Bewegung entwickelte sich auch die erste grüne Partei der Welt, die **United Tasmanian Group** (später The Tasmanian Greens) (s. Kapitel 13). Während der folgenden Jahrzehnte folgte ein hitziger Kampf zwischen der durch die tasmanische Regierung geförderten Forstindustrie und Umweltorganisationen, der auch bis heute noch nicht vollständig erloschen ist. Zunächst wurden die Konflikte jeweils vor Ort in den einzelnen Rodungsgebieten selbst ausgefochten, wo Umweltaktivisten Hektar um Hektar durch Straßenblockaden und Baumbesetzungen gegen Rodungen ankämpften. Seit den 1990er Jahren entwickelten Umweltaktivistinnen zunehmend raffiniertere Strategien, die auch nationale und internationale Netzwerke nutzten und neue Verflechtungen und Abhängigkeitsverhältnisse etablierten. So bewirkten Umweltorganisationen vor allem durch gezielte **Öffentlichkeitskampagnen** und **direktes Lobbying von Politikern** im Kontext anstehender Wahlen auf nationaler Ebene deutliche Versprechen der Parteien. Diese resultierten in einer wachsenden Fläche geschützter Waldgebiete (inzwischen über 50 % der gesamten Waldfläche Tasmaniens). Darüber hinaus richteten sich Umweltorganisationen zunehmend an ausländische und internationale Zielgruppen in Europa und Asien. So berichtete Greenpeace Australien über die Situation in Tasmanien weltweit im Internet von einer Webcam auf einem 80 Meter hohen Baum im Styx Valley. Als weiterer ›Medien-Stunt‹ wurde der weltweit größte Weihnachtsbaum geschmückt und über digitale Medien verbreitet. Vor allem die europäische Öffentlichkeit förderte die Medienkampagnen und unterstützte so die Forderungen der Umweltorganisationen im weitentfernten Australien. Die japanische Papierindustrie, eine der Hauptabnehmerinnen tasmanischer Forstprodukte, wurde durch Boykottaufrufe von Konsumentinnen in Japan unter Druck gesetzt. Hier wurde gezielt mit Bildern medienwirksamer Fauna (v. a. Beuteltiere wie Wallabys und Wombats) gearbeitet, die in der japanischen Bevölkerung auf große Zuneigung stießen und den Druck auf die

Papierindustrie erhöhten. Über die Strategien und Handlungsräume der Umweltaktivisten von der lokalen bis zur internationalen Ebene hinaus veranschaulicht das Beispiel der Waldkonflikte Tasmaniens auch die räumlichen Auswirkungen solcher Verhandlungsprozesse. Die Konflikte resultierten in zusätzlichen geschützten Flächen und Regularien, die bestehende Nutzungs- und Zugangsrechte sowie Praktiken verändern.

Abb. 15.9: Protestlager auf einer Zugangsstraße im Weld Valley im Februar 2006 (links), temperater Regenwald im Styx Valley, Juni 2005 (rechts). Fotos: Julia Affolderbach.

15.3.1 Geographien des Widerstands

Zunehmend mehr Menschen sehen die Maßnahmen gegen den Klimawandel und andere ökologische und soziale Herausforderungen, die durch Politik und Wirtschaft vorgegeben und umgesetzt werden, als unzureichend an. Diese sind häufig durch technologische Innovationen und Effizienzdenken geprägt (s. Kapitel 3 und 7). Diese wachsende Sorge und Unzufriedenheit ist in den letzten Jahren auch durch die **Fridays for Future**-Bewegung sichtbar geworden. Immer mehr junge Leute kritisieren die gegenwärtige Klimapolitik als zukunftsgefährdend und sehen dabei nicht nur zukünftige, sondern auch die eigene Generation als Hauptleittragende der Auswirkungen des Handelns (bzw. des Nicht-Handelns) von Entscheidungsträgerinnen. Proteste und andere Formen des Widerstands werden durch Ressourcenverknappung, Umweltverschmutzung und zunehmende Ungleichheiten ausgelöst bzw. verschärft, wie an unzähligen Ressourcenkonflikten und -kriegen deutlich wird (Le Billon, 2014).

Neue Umweltbewegung

Seit den 1970er Jahren hat der Umweltaktivismus, unter anderem in Form der sogenannten neuen Umweltbewegung, an Bedeutung in wirtschaftlichen Prozessen gewonnen. Die **neue Umweltbewegung** ist Teil einer Welle von ›neuen‹ sozialen Bewegungen (Frauenbewegung, Arbeiterbewegung etc.), die bestehende Belange ursprünglicher Bewegungen aufgreifen, aber entsprechend veränderter Kontexte neue Schwerpunkte setzen (Doherty & Doyle, 2006; Doherty, 2005). Die ursprüngliche Umweltbewegung entstand im späten 19. Jahrhundert und befasst sich in erster Linie mit dem Schutz natürlicher Systeme. Die Etablierung der ersten Nationalparks in den USA kann hier als Beispiel dienen. Die neue Umweltbewegung entstand im Kontext zunehmender Umweltverschmutzung, Ressourcenverknappung und in Deutschland vor allem auch im Zuge der Atomenergie. Sie nimmt verschiedene Ausprägungen an: **Post-materielle Ziele** gehen über die eigene Sicherung der Lebensgrundlage hinaus (v. a. vertreten durch reich(er)e Schichten und Länder) (Doherty & Doyle, 2006). Post-industrielle Forderungen beschäftigen sich mit den negativen Auswirkungen industrieller Prozesse und sind in Europa stark vertreten. **Post-koloniale Perspektiven** sind vor allem auf Länder des Globalen Südens (aber nicht nur) und anhaltende Unterdrückung und Ausbeutung von Regionen und Gruppen gerichtet, so zum Beispiel in Bewegungen für zunehmende Lebensmittelsouveränität.

Umweltaktivismus

Umweltaktivismus wird häufig mit Protestaktionen und Demonstrationen in Verbindung gebracht, auch wenn ein großer Teil aktivistischer (Überzeugungs-)Arbeit weitaus weniger sichtbar in Form von Lobbying, wissenschaftlichen Studien, Kollaborationen und Allianzen sowie Gesprächen und Verhandlungen abläuft. Aus geographischer Sicht ist Aktivismus aufgrund seiner räumlichen Relevanz von großem Interesse (Miller & Nicholls, 2016; McFarlane, 2009; Leitner et al., 2008) (s. Kapitel 15.3.5). Zum einen findet Widerstand in bestimmten Räumen statt und zeigt räumliche Muster, zum anderen produziert und bewirkt er neue Räume und Raummuster sowie -beziehungen (Affolderbach et al., 2012) wie auch das Beispiel der Waldkonflikte in Tasmanien illustriert. Oft sind es ganz bestimmte bzw. spezifische Räume, die als Arenen für diese Aushandlungsprozesse gewählt werden (Miller & Nicholls, 2013). Dabei nimmt **Umweltaktivismus** verschiedene Formen an – von sozialen Bewegungen (s. Kapitel 15.3.2) über Kampagnen von Umweltorganisationen (s. Kapitel 15.3.3) bis hin zum lokalverorteten Widerstand von Nachbarschaftsgruppen und Kommunen gegen Entwicklungsprozesse im unmittelbaren Umfeld (s. Kapitel 15.3.4). Alle Ausprägungen des Aktivismus nehmen **direkt Einfluss** auf wirtschaftliche Produktions- und Konsumprozesse, so zum Beispiel durch veränderte Landnutzungsformen, Eigentumsrechte und Vorgaben hinsichtlich Produktionsprozesse, aber beeinflussen auch Wahrnehmungen und moralische Verantwortungen und damit verbundene Perspektiven auf gesellschaftliche Systeme (Bryant, 2005).

15.3.2 Soziale Bewegungen

Unter **sozialen Bewegungen** verstehen wir ein Kollektiv von Menschen, das gemeinsame Zielsetzungen teilt und diese einfordert. Soziale Bewegungen entstehen aus der Gesellschaft heraus aufgrund bestimmter wirtschaftlicher, politischer oder kultureller Bedingungen, die zu einem gemeinsamen Veränderungswillen führen. Oft geht es um die Einforderung von grundlegenden Rechten oder strukturellen Veränderungen in der Gesellschaft (Nicholls, 2007).

Arabischer Frühling

Soziale Bewegungen sind aufgrund bestehender Missstände und Unzufriedenheiten in der Lage, die breite Masse zu mobilisieren. Der Arabische Frühling, eine Serie von Massenprotesten in Nordafrika und auf der arabischen Halbinsel, illustriert diesen Prozess sehr gut. Der **Arabische Frühling** entwickelte sich aus einer über mehrere Jahrzehnte entstandenen Ohnmacht des Volks gegenüber den im gleichen Maße totalitären wie korrupten Systemen in mehreren Ländern der arabischen Welt. Aufgrund zunehmender Arbeitslosigkeit vor allem von jungen Menschen, Armut und fehlender demokratischer Freiheit wuchs der Wille innerhalb der Bevölkerung so stark an, dass die ersten Proteste im Dezember 2010 in nur kurzer Zeit zu Massenkundgebungen anwuchsen. Diese führten in einigen Ländern zu einer schnellen Machtübergabe (so in Tunesien, Ägypten und dem Jemen), während in anderen die Aufstände niedergeschlagen wurden (z. B. Algerien). Digitale Kommunikations- und Informationstechnologien waren zentral in der schnellen und starken Ausbreitung der Bewegung.

Black Lives Matter

Ein anderes Beispiel ist die **Black Lives Matter**-Bewegung, die sich gegen strukturelle Gewalt, Rassismus, Diskriminierung und Ungleichheiten gegenüber Schwarzer Menschen bzw. People of Color einsetzt. Ausschlaggebend für die Bewegung war 2013 ein Freispruch eines Mitglieds einer Nachbarschaftswache im US-amerikanischen Bundesstaat Florida, der einen unbewaffneten Afroamerikaner erschossen hatte. Unter dem Hashtag #BlackLivesMatter und über vielzählige Demonstrationen entwickelte sich eine nationale Bewegung. In den folgenden Jahren nahmen die Sichtbarkeit und Kraft der Bewegung ab, bis Anfang 2020 drei Todesfälle bzw. Tötungen afroamerikanischer Männer, darunter die Tötung von George Floyd durch Polizeikräfte, zu einer weltweiten Mobilisierung von Menschen führte.

Kritische Masse

Soziale Bewegungen zeichnen sich durch eine **kollektive Identität** aus und agieren zumindest zum Teil außerhalb formaler politischer Institutionen (Parteien, Parlament etc.) durch verschiedene Formen des Protests, um sich gegen bestehende dominante Machtstrukturen aufzulehnen (Doherty, 2005). Sie benötigen eine **kritische Masse**, um ihren Forderungen Gewicht zu verleihen und sind durch nicht institutionalisierte bzw. formalisierte Interaktionsformen charakterisiert. Dabei verändern sich die Organisationsfähigkeit und -form im Laufe der Zeit und bleiben meist vor der Schwelle formaler Organisationen stehen. Die damals 15-jährige Schwedin Greta Thunberg begann im Sommer 2018 mit ihrem wöchentlichen Streik vor dem schwedischen Parlament, um gegen die mangelnde Klimapolitik zu protestieren. Ihre Ängste wurden von Schülerinnen und Studierenden weltweit geteilt und aufgenommen, was 2019 zum ersten **internationalen Klimastreik** führte. Inzwischen organisiert sich die Fridays for Future-Bewegung durch nationale und lokale Gruppen, die dezentral Aktionen umsetzen.

15.3.3 Umweltorganisationen

Während der letzten Jahrzehnte haben Konflikte um die Nutzung und den Zugriff auf natürliche Ressourcen, Ökosysteme und sozioökologische Auswirkungen wirtschaftlicher Prozesse in Ausmaß und Intensität deutlich zugenommen. In der Aushandlung dieser Konflikte spielen Umweltorganisationen häufig eine zentrale Rolle (Affolderbach, 2011).

Organisationen

Unter **Umweltorganisationen** verstehen wir Vereinigungen, die durch eine rechtliche Form definiert sind. Dies umfasst internationale Organisationen wie Greenpeace sowie den World Wildlife Fund for Nature (WWF) und lokale gemeinnützigen Vereine. Sie bestehen aus Mitgliedern, die entweder als bezahlte Mitarbeitende oder als freiwillige Helferinnen die Ziele der Organisation umsetzen. Hinzu kommen in der Regel nicht direkt bzw. selbst aktivwerdende Mitglieder, die zum Beispiel durch Mitgliedsbeiträge, Spenden oder Unterschriften die Arbeit der Organisation unterstützen. Grob lässt sich zwischen thematischen Organisationen, die sich bestimmten Zielsetzungen verschreiben, sowie standortspezifischen Organisationen unterscheiden. Erstere beschäftigen sich beispielsweise mit dem Schutz bestimmter Ökosysteme oder Arten. So setzt sich die **Rainforest Alliance** gegen die Abholzung von tropischen Regenwäldern ein oder **PETA** für Tierrechte. Letztere sind vor allem mit dem Schutz und/oder der Verbesserung des lokalen Umfeldes oder einer bestimmten Region beschäftigt. Hierzu zählen Organisationen wie **Alternatives for Community and Environment** (ACE) in Bostons Stadtteil Roxbury, die sich für verbesserte Lebensbedingungen und Umwelten für benachteiligte Bevölkerungsgruppen einsetzt (Affolderbach & Krueger, 2017). Viele große und prominente Umweltorganisationen wie **Greenpeace** und **WWF** verfolgen wesentlich breitere Zielsetzungen. So definiert der WWF seine Tätigkeitsschwerpunkte durch vielfältige Ökosysteme (Wälder, Weltmeere und Küsten, Flüsse und Seen) sowie Naturschutz und Biodiversität im Allgemeinen, Klima und Energie, Landwirtschaft und Menschen (inkl. politische Aktivitäten). Zielsetzungen verändern sich mit der Zeit, da alte Konflikte ausgefochten sind und neue Herausforderungen entstehen.

Rollen

Umweltschutzorganisationen nehmen verschiedene Rollen ein, um sich **Gehör** zu verschaffen, Verhandlungsmacht aufzubauen und **Entscheidungsprozesse** zu beeinflussen, um ihre Interessen durchzusetzen. So können sie Widersacher bzw. Gegenspieler, Beraterin, Verhandlungspartner, Alliierte, Aufpasserin (im Englischen »Watchdogs«) oder Whistleblower sein und häufig eine Kombination dieser Rollen einnehmen. Je nach Rolle sind die jeweiligen Strategien durch unterschiedlich hohes Konfliktpotenzial, aber auch unterschiedlicher Verhandlungspositionen von Umweltinteressen in Entscheidungsprozessen gekennzeichnet (Abb. 15.3.2).

Abb. 15.10: Strategien, Konfliktpotenziale und Verhandlungspositionen von Umweltorganisationen. Eigene Darstellung verändert nach Affolderbach (2011: 185).

15.3.4 NIMBYismus

Michael Dear (1992) definiert **NIMBYismus** als protektionistische Einstellungen und oppositionelle Taktiken von Nachbarschaftsgruppen gegen unerwünschte Entwicklungen in ihrem unmittelbaren Umfeld. Der Begriff NIMBYismus stammt aus dem Englischen und ist die Abkürzung für ›Not in My Back Yard‹ (›nicht in meinem Hinterhof‹) (s. Kapitel 5.3). Diese Form des gemeinschaftlichen Aktivismus unterscheidet sich von den bereits angesprochenen Formen räumlich und inhaltlich. NIMBYismus richtet sich nicht zwangsläufig gegen systemische Missstände oder bestehende Strukturen, sondern der Widerstand bezieht sich in erster Linie auf die **räumliche Verortung**, also den Standort einer Entwicklung oder um negative Auswirkungen bestehender Funktionen oder Prozesse auf das eigene Umfeld (DeVerteuil, 2013).

Auslöser von NIMBYismus

Häufige Auslöser für solch protektionistische und oppositionelle Mobilisierung auf kleinräumlicher Ebene sind die Planung, Umsetzung oder Veränderung von öffentlichen Einrichtungen (z. B. Strafvollzugsanstalten, Pflegeheime), Infrastrukturprojekten (z. B. Stromleitungen, Bahntrassen, Mülldeponien) und privatwirtschaftlichen Entwicklungsvorhaben (z. B. Einkaufszentren, Industriestandorte, Rohstoffgewinnung) (Whittemore & BenDor, 2019). Dabei bezieht sich der Widerstand häufig auf die **Standortentscheidung** und nicht auf Strukturen, welche die Entwicklung antreiben. Dies lässt sich am Beispiel des Baus von Wind- und Solarkraftanlagen illustrieren. Personen, die sich gegen die Entwicklung solcher Anlagen in ihrer unmittelbaren Umgebung einsetzen, sind nicht grundsätzlich gegen erneuerbare Energiegewinnung. Im Gegenteil, sie unterstützen in der Regel den grundsätzlichen Ansatz, in diesem Fall die Energiewende. Es besteht also keine Kritik an der Strategie selbst, das Energiesystem weg von fossilen Brennstoffen hin zu erneuerbarer Energiegewinnung zu transformieren. Eine solche Wende benötigt neue Infrastruktur durch lokalisierte Energiegewinnung, zusätzliche Netzwerke und Speicheranlagen. Die Zivilgesellschaft, die eine solche Transition befürwortet, unterstützt deshalb aber nicht automatisch eine Entwicklung am eigenen Wohnort oder in direkter Umgebung. Dies entspricht im Kern den Differenzen, die im Rahmen des nachhaltigen Konsums mit der Einstellungs-Verhaltens-Diskrepanz bzw. kognitiven Dissonanz (s. Kapitel 15.2) erklärt werden.

Widerstand in Form von NIMBYismus basiert entsprechend auf den befürchteten negativen Auswirkungen auf das eigene Lebensumfeld, nicht auf einer systemischen Kritik an bestehenden Strukturen und Idealen. Entsprechend basiert NIMBYismus stark auf **Eigeninteressen**, Motivationen sind jedoch vielseitig und müssen differenziert werden (Dear, 1992; Hubbard, 2006). Zum Teil wird der Begriff NIMBYismus auch bewusst als abschätzige Bezeichnung für lokal initiierten Aktivismus verwendet, um den Widerstand zu diskreditieren und als egoistisch zu entkräften.

Beweggründe von Protestaktionen

Patrick Devine-Wright (2013; 2009) von der Universität Exeter hat sich mit den Beweggründen von lokalen Protestaktionen auseinandergesetzt. Dabei identifizierte er verschiedene Faktoren, welche die Fähigkeit einer Gemeinde, sich gegen Missstände aufzulehnen, bestimmen. Ein erster Faktor besteht in den **erwarteten Auswirkungen** von (geplanten) Entwicklungen, die ästhetischer, ökologischer, sozialer oder wirtschaftlicher Natur sein können. So können sich ästhetische Einschränkungen stark auf den Marktwert von Immobilien oder den Tourismus auswirken und wirtschaftliche Konsequenzen für die Gemeinde haben. Ein zweiter Faktor besteht im **öffentlichen Vertrauen** in die Organisationen, die mit der Entwicklung betraut sind. Je höher das Vertrauen und auch die Transparenz in die jeweiligen Institutionen, desto geringer der Widerstand. Dasselbe gilt für das Vertrauen bzw. die Wahrung von Verfahrensgerechtigkeit bzw. Mitspracherecht (s. Kapitel 5), die eine zentrale Basis für gerechte Prozesse darstellen. Fehlt das Vertrauen in die Organisation oder das Verfahren, ist mit stärkerem Widerstand zu rechnen. Als weiteren Punkt betont Devine-Wright (2013) die **räumliche Nähe** – je näher, desto umstrittener sind geplante Projekte in der Regel. Ein letzter wichtiger Punkt bezieht sich auf die emotionale Bindung und lokale Identität der Personen, die als **Ortsverbundenheit** (Place Attachment) bezeichnet werden kann. Diese ist nicht zwangsläufig durch die Länge des Aufenthalts geprägt, sondern kann durch andere Faktoren beeinflusst werden, so durch die Einbindung in soziale Netzwerke, Vereine und lokale Initiativen. Starke Raumgebundenheit muss nicht zwangsläufig zu (stärkerem) Widerstand führen, vor allem dann nicht, wenn Anwohnerinnen Mehrwerte identifizieren. So können Windkraftanlagen, wenn sie als gemeinschaftliches Projekt entwickelt werden, als Beitrag zur Stärkung lokaler Resilienz angesehen werden. Sie erhöhen die lokale Unabhängigkeit vom Stromnetz und externen Energiebetreibern, fördern lokales Einkommen und ermächtigen lokale Akteure. In Deutschland stellen Energieprojekte durch Gemeinden fast 50 % der erneuerbaren Energieversorgung dar.

15.3.5 Räumliche Dimensionen und Raumwirksamkeit

Aktivismus und Widerstand stehen für vielzählige räumliche und raumwirksame Prozesse und haben entsprechend viel Aufmerksamkeit innerhalb der Geographie erhalten (z. B. Nicholls, 2007; Miller & Nicholls, 2016). In den Medien sehen wir immer wieder Berichterstattungen zu **Orten des Geschehens**, an denen empfundene Ungerechtigkeiten oder andere umstrittene Handlungen stattfinden. Hierzu zählen beispielhaft der Hambacher Forst, der im Rahmen der Erweiterung des Braunkohle-Tagebaus gerodet werden sollte oder die Siedlung Lützerath, ebenfalls im Rheinischen Braunkohlerevier, die im Januar 2023 abgerissen wurde, um dem Tagebau zu weichen. Die Orte wurden durch Belagerungen und Besetzungen zu Arenen des strategischen Widerstands und für Aushandlungsprozesse, welche die Rodung bzw. den Abriss verhindern sollten und damit direkten Einfluss auf bestehende oder geplante Nutzungsformen und Wirtschaftsstrukturen nehmen (s. Abb. 15.10).

Raum für Protest

Räume dienen auch als **Schauplätze**, **Treffpunkte** und **Projektionsflächen**, an denen Unzufriedenheit und Protest ausgedrückt und auch inszeniert werden soll. Die Eignung der Räume ist von ihrem spezifischen Mikrokontext abhängig, der durch physische und gesellschaftliche Aspekte bestimmt wird. Vor allem **Städte** sind strategische Orte der Mobilisierung und des Widerstandes, so auch der Klimabewegung (Miller & Nicholls, 2013). Aufgrund ihrer Bevölkerungsgröße und -dichte bieten Städte sowohl die nötige kritische Masse zur Mobilisierung als auch die nötige Aufmerksamkeit.

Strategische Standorte

Eine weitere Kategorie von strategischen Räumen stellen solche dar, die ein größtmögliches Potenzial zur Störung oder Medienwirksamkeit haben (Wiktorin, 2023). Dieses Potenzial wird genutzt, um **Aufmerksamkeit** zu wecken oder **Druck** aufzubauen. Hierzu zählen Hauptverkehrsknotenpunkte oder logistische Engpässe wie Kreuzungen, Brücken und Flughäfen. Extinction Rebellion ist eine Protestgruppe, die auf solche strategischen Standorte setzt, ob es sich nun um zentrale **U-Bahnstationen** in London oder **High-Speed-Zugverbindungen** in anderen Regionen Englands handelt. Eine ähnliche Protestform verfolgen die Aktivistinnen der Initiative Letzte Generation mit ihren **Straßenblockaden** (›Klima-Kleber‹). Andere Räume werden aufgrund ihrer symbolischen Bedeutung und Medienwirksamkeit gewählt. So richtete sich eine Klimaprotestaktion in der Besucherkuppel im Reichstag in Berlin im März 2019 nicht an die Besuchenden (vornehmlich Schulklassen und ausländische Touristen), die den Schauplatz verlassen mussten, damit die an die Geländer geketteten Aktivistinnen durch eine Sicherheitseinheit entfernt werden konnten, sondern diente vor allem als medienwirksame Bühne für die Übertragung und Erstattung in sozialen Medien (Abb. 15.11). Wie kaum eine andere gesellschaftliche Kraft haben sich Aktivisten die technologischen Fortschritte in den Informations- und Kommunikationstechnologien zunutze gemacht und Protest in den virtuellen Raum ausgedehnt (Castells, 2013).

Räumliche Assoziationen

Protest und Widerstand führen auch zu neuen räumlichen Assoziationen und Verständnissen. So stehen Tschernobyl und Fukushima durch Reaktorunfälle für Umweltkatastrophen und Wall Street nun nicht mehr nur rein für wirtschaftlichen Erfolg, sondern auch für Systemkritik durch die Occupy-Bewegung. Letztendlich sind Räume auch durch **Zugehörigkeitsgefühl** und **Ortsgebundenheit** geprägt, die das Handeln von Akteurinnen beeinflussen. Das wurde am Beispiel des NIMBYismus deutlich, ist aber nicht auf diesen begrenzt.

Abb. 15.11: Protestaktion in der Kuppel des Reichstags in Berlin im März 2019. Foto: Julia Affolderbach.

Translokalität

Protestaktionen und Widerstand sind häufig multiskalar. Sie verbinden lokalisierte Aktionen mit anderen räumlichen Ebenen. So illustriert die rasant schnelle Ausbreitung von sozialen Bewegungen die internationale und globale Ebene von Widerstand. Widerstand ist sehr mobil, schwer zu begrenzen und vor allem **translokal**. Soziale Bewegungen sind translokal, da sie aus Phänomenen an verschiedenen Orten bestehen, sich schnell verändern, auftauchen und verschwinden, verharren und verflüchtigen und damit viele verschiedene Orte miteinander verbinden. Es sind diese manchmal festeren, manchmal stark vergänglichen Beziehungen, die die **Translokalität** ausmachen (McFarlane, 2009). Translokalität beschränkt sich nicht auf Personen, Orte und Objekte als Knotenpunkte in einem Beziehungsgefüge, sondern betont eben diese dynamischen Beziehungen zwischen den verschiedenen Komponenten. Dabei werden immer auch neue räumliche Beziehungen hergestellt, wie das Beispiel der Proteste gegen das Treffen der Welthandelsorganisation in Seattle 1999 illustriert. Die Proteste wurden damals bewusst auf den Straßen Seattles (**»Battle of Seattle«**) ausgeführt, um gegen den Ausschluss der Öffentlichkeit von den Verhandlungen hinter geschlossenen Türen zu demonstrieren. Aktivismus kann auch räumliche Strukturen verändern. So wirken sich rechtliche Vorgaben (z. B. Landnutzungs- und Zugangsrechte) durch die Etablierung oder Erweiterung von Naturschutzgebieten direkt auf die Wirtschaftsstruktur aus (Affolderbach et al., 2012).

15.3.6 »Raus ins Feld« mit Emily Bankert von Generation Climate Europe

Abb. 15.12: Emily Bankert. Foto: Sven Borghart.

Generation Climate Europe (GCE) ist ein 2019 gegründetes Netzwerk, das über 380 Organisationen aus 46 europäischen Ländern zusammenbringt. Es gilt als größte klimapolitische Initiative, die von Jugendlichen und jungen Erwachsenen getragen wird. Die Mitgliedsorganisationen zählen zusammen über 20 Millionen junge Menschen aus Europa. Wir haben Emily Bankert zu den Zielen und Aktivitäten von GCE befragt, aber auch zu ihrer eigenen Motivation als Klimaaktivistin. Ihren Masterabschluss in Environmental Sciences, Policy and Management hat sie in einem Erasmus-Mundus-Studiengang an den Standorten Wien, Lesbos, Lund und Manchester erworben und war in den letzten Jahren in zahlreichen NGOs aktiv. Bei GCE ist sie seit 2020 und koordiniert ehrenamtlich den Bereich Klimagerechtigkeit. Sie lebt in Brüssel und arbeitet hauptberuflich als Forscherin für die Denkfabrik *Building Performance Institute Europe* (BPIE), die sich mit der Dekarbonisierung des Gebäudesektors befasst. Das Gespräch fand im März 2023 statt.

Wann, wie und wo hast Du Dich zum ersten Mal für ökologische und/oder soziale Ziele engagiert?

Ich habe nach dem Abitur ein Jahr in Kanada als Freiwillige in einem Projekt mit Menschen mit Behinderung gearbeitet und das hat eine sehr starke Basis gelegt für mein Engagement für soziale Gerechtigkeit. Dann habe ich mich in meinem Studium über fünf Jahre mit Fragen der Umweltpolitik und den Zusammenhängen mit anderen Krisen beschäftigt. An allen Studienorten habe ich mich dann lokal engagiert, etwa in Schottland zum Thema Foodsharing. Ich habe mich in meinem Aktivismus immer mehr in der Rolle einer vermittelnden Person wiedergefunden und mich zunehmend auf politische Bildungsarbeit konzentriert, das heißt ich habe Klima-Konferenzen mitorganisiert, Workshops selbst entwickelt, Climate Science-

Kurse gegeben etc. Nach meiner Zeit bei Extinction Rebellion, und auch im Zusammenhang mit Corona, habe ich nach einem Rahmen gesucht, in dem ich stärker institutionell aktivistisch arbeiten kann.

GCE, an dessen Gründung ein Bekannter von mir beteiligt war, war dann die ultimative Möglichkeit, die Rolle der Vermittlerin auf EU-Ebene zu spielen. Dort geht es darum, junge Menschen mehr in die aktive Politik einzubringen, mit Entscheidungsträgerinnen zu verbinden und zu befähigen, ihre Perspektiven zu kommunizieren und sich untereinander zu vernetzen.

Welche Formen des Aktivismus siehst Du als Teil der Generation Climate Europe als besonders wirkmächtig an?

GCE hat sich mittlerweile so etabliert, dass wir relativ einfach EU-Kommissarinnen, Mitglieder des Europäischen Parlaments oder auch Vertreter aus nationalen Ministerien für unsere Online-Dialoge gewinnen können. Gleichzeitig werden wir auch immer öfter zu Podiumsdiskussionen oder Fachkonferenzen eingeladen, letzte Woche zum Beispiel zur European Circular Economy Stakeholder Platform, wo wir dann mit Entscheidungsträgerinnen ins Gespräch kommen. Dabei können wir in unserem Netzwerk und seinen Mitgliedsorganisationen auf einen großen Pool von engagierten jungen Erwachsenen (im Alter bis 30 Jahre) zugreifen, die am jeweiligen Thema mitwirken möchten. Zugleich initiieren unsere Mitgliedsorganisationen auch lokale Veranstaltungen zu verschiedensten Themen. Auch so kommen wir in Kontakt mit politisch interessierten Menschen, die wir dann zu unseren Aktivitäten einladen, um auf europäischer Ebene die »Stimme der Jugend« zu stärken.

Was heißt das konkret?

Da gibt es ganz verschiedene Formate. Wir hatten im Juni z. B. einen Dialog zum Thema Bildung für Nachhaltige Entwicklung (s. auch Kapitel 16). Dafür haben wir eine Vertreterin der Europäischen Kommission, die an der Empfehlung des Rats zu dem Thema mitgewirkt hat, eine Person aus der damaligen Ratspräsidentschaft (Tschechien) sowie eine Person vom Wirtschafts- und Sozialrat der EU mit jungen Menschen zusammengebracht. Diese drei »älteren Leute« trafen sodann auf Vertreterinnen von Fridays for Future Education, Climate Students Movement und weiteren, teils nationalen Organisationen. In solchen Panels, die als Fishbowls[1] organisiert sind, geht es dann darum, dass die jungen Erwachsenen Raum bekommen, ihre Erwartungen und Ideen zum Design oder der Umsetzung von Politikstrategien

1 Fishbowls sind hierarchiearme Diskussionsformate, in denen ein innerer Kreis von eingeladenen Panelteilnehmende ergänzt wird von Personen aus dem Publikum (äußere Ringe der kreisförmigen Sitzanordnung), die sich kurzzeitig im inneren Kreis niederlassen und mitdiskutieren.

zu kommunizieren. Oder sie können auch Forderungen stellen, wie sie in die politischen Prozesse eingebunden werden möchten. Diese Dialogformate werden online organisiert und sind öffentlich, das heißt es kann teilnehmen, wer möchte, und es gibt die Möglichkeit, mitzudiskutieren oder Fragen zu stellen.

Neben diesen Dialogen veröffentlichen wir Stellungnahmen zu bestimmten EU politischen Vorhaben und organisieren Informations- und Diskussionsformate (z. B. Workshops/Podcasts) für junge Menschen. Zusammen mit dem EESC und European Youth Forum haben wir auch ein Jugenddelegiertenprogramm zur UN-Klimakonferenz entwickelt und vernetzen uns aktiv mit anderen Jugendorganisationen in Europa, um die Stimme junger Menschen auf solchen Konferenzen zu stärken.

Wie funktioniert Euer Netzwerk?
Nicht alle unsere Mitgliedsorganisationen haben direkt mit Umweltthemen zu tun, zum Beispiel die European Students Union. Durch die Mitgliedschaft in GCE können sie das Thema Klimapolitik aber für sich erschließen. Gleichzeitig helfen wir ihnen durch Trainingsangebote und Beratung dabei, selbst nachhaltiger zu werden, beispielsweise in der Gestaltung ihrer Events. Wir arbeiten also nicht nur nach außen, sondern betreiben viel Binnenarbeit zum Aufbau von Kapazitäten und Wissen in unseren Mitgliedsorganisationen rund um Klimathemen. Und als drittes kommt der Bereich Advocacy, politische Einflussnahme dazu. Damit ist gemeint, dass wir frühestmöglich versuchen, Einfluss auf neue Gesetzgebungsverfahren zu nehmen, um intergenerationelle Gerechtigkeit, also Berücksichtigung der Interessen junger und noch nicht geborener Generationen, stärker in EU-Vorhaben zu verankern. So versuchen wir auch, gegen das in der EU verbreitete **Youthwashing** anzugehen, also die nur vordergründige Berücksichtigung der Bedürfnisse und Erwartungen junger Menschen, ohne, dass diese wirklich gehört wurden.

Welche Pläne habt Ihr für die Zukunft?
Jetzt war gerade das »European Year of Youth«, das uns sehr geholfen hat, gehört zu werden. Aktuell haben wir das »European Year of Skills«, das sich auch in unserer Arbeit widerspiegelt. Wir haben einen größeren Teil unseres Arbeitsplans dem Thema Bildung gewidmet und auch organisatorisch haben wir intern stark umstrukturiert, sodass sich eine Gruppe komplett mit Skills & Trainings beschäftigt, das Thema Kapazitätsbildung innerhalb des Netzwerks ist somit viel präsenter als vorher. Also auch die Frage, wo und wie wir unseren Mitgliedsorganisationen am besten helfen können. Thematisch haben wir das Thema Energie aus gegebenem Anlass expliziter aufgenommen, speziell Energiearmut.

Wie können sich junge Erwachsene in die Klimapolitik einbringen?
Wie man sich einbringen kann, hängt sehr stark von den eigenen Präferenzen ab. Man sollte sich zuerst fragen, welches Weltproblem will ich lösen? Und auf welcher Ebene: Bin ich lieber praktisch aktiv und will mich lokal einbringen, oder bin ich eher strategisch oder theoretisch unterwegs, bin gerne in Meetings etc.? Es ist übrigens sehr leicht, auf der Karriereleiter der Jugendorganisationen nach oben zu klettern. Du kommst sehr schnell in einen Raum, in dem Du viel Gehör findest, zum Beispiel in diesen internationalen Panels und Dialogformaten. Es gibt so unheimlich viel zu tun und es werden ständig Leute gebraucht, die Verantwortung übernehmen. Und sehr schnell kommt man so auch mit hochrangigen Personen in Kontakt, mit denen man sehr offen reden und Positionen verteidigen kann. Ich selbst bin ja sehr spät in diese Organisationen gekommen. Viele Mitstreiterinnen waren schon mit 17 oder 18 aktiv, und konnten unheimlich viele Fertigkeiten und Wissen erwerben. Eine Möglichkeit, da reinzuschnuppern, sind zum Beispiel die vielen Trainings, die im Rahmen von Erasmus+ oder European Solidarity Corps angeboten werden. Oder auch die zahlreichen »Green Opportunities«, die man auf unserer Webseite findet.

Weitere Informationen zu den Aktivitäten von Generation Climate Europe:
- https://gceurope.org

15.4 Gemeinschaftliche Initiativen

Beispiel: Marktschwärmerei

Marktschwärmereien sind eine neue Form der **Direktvermarktung regional erzeugter Lebensmittel**, die während des Corona-Lockdowns besonderen Auftrieb erfahren hat (Dannenberg et al., 2020). Über eine Online-Plattform (s. u.) vermittelt, gibt es inzwischen in vielen Städten die Möglichkeit, regionale Produkte direkt bei den Erzeugern zu bestellen. Die Marktschwärmerinnen sorgen dann dafür, dass die Waren gebündelt an einem festgelegten Abholtag und -ort in Empfang genommen werden können. Dies erspart Konsumenten den Weg zu Hofläden im Umland, bzw. die Erzeugerinnen müssen nicht selbst eine Verkaufsstelle in der Stadt betreiben. Ein Groß- bzw. Zwischenhandel, der Einfluss auf die Preisgestaltung nehmen könnte, entfällt. Die Marktschwärmer, die nicht selbst Erzeugerinnen sind und nicht an den Verkaufserlösen beteiligt sind, erhalten eine fixe Servicegebühr für das Einsammeln und Bereitstellen der bestellten Waren.

Bei der Marktschwärmerei Köln-Ehrenfeld kann man beispielsweise jede Woche bis Dienstagabend Milchprodukte, Obst, Gemüse, Eier, Brot, Wein, Honig und Fleisch von Betrieben aus der Region bestellen, wobei das Angebot von Woche zu Woche variiert und nicht alle Produkte jede Woche aber dennoch regelmäßig verfügbar sind. Die Produkte können dann jeweils donnerstagsabends in einem Ladenlokal in Ehrenfeld abgeholt werden.

Die Idee der Marktschwärmereien hat ihren Ursprung 2011 in Frankreich (›La Ruche Qui Dit Oui!‹ – wörtlich: der Bienenkorb, der ja sagt). Im Mai 2023 gab es über 1.000 Schwärmereien in sieben europäischen Ländern, davon über 140 in Deutschland mit 3.000 angeschlossenen Betrieben und mehr als 230.000 registrierten Nutzerinnen. Die durchschnittliche Entfernung zwischen Erzeuger und den Abholstellen beträgt ca. 40 km.

Weitere Informationen zum Netzwerk der Marktschwärmereien:

- in Deutschland: https://marktschwaermer.de/
- in der Schweiz: https://marktschwaermer.ch/de-CH

Abb. 15.13: Direktvermarktung regional erzeugter Lebensmittel.

15.4.1 Zivilgesellschaftliche Initiativen

Wie am Beispiel der Community Economies bereits ausgeführt (s. Kapitel 9), sind **zivilgesellschaftliche Initiativen** nicht selten Ausgangspunkt spezifischer Wirtschaftsformen. Auch die in Kapitel 15.2 angesprochenen Foodsaver sind ein gutes Beispiel, wie gemeinsame Motivationen und Interessenslagen zu **organisierten Initiativen** führen können, die – meist im Kleinen oder Lokalen – etablierte Wirtschaftsformen verändern bzw. neue Praktiken entstehen lassen. Die Beweggründe können sehr unterschiedlich gelagert sein. Sie reichen von Aspekten der Selbsthilfe und des Empowerments hin zu explizit transformativen Versuchen, alternative Praktiken zu erproben bzw. zu installieren. Zu der ersten Gruppe zählen beispielsweise **Quartiers- oder Nachbarschaftsinitiativen**, bei denen es insbesondere darum geht, fehlende Angebote, Infrastrukturen oder Sozialleistungen aufzufangen durch solidarisch organisierte Kooperation. Auch wenn hier bereits politische Motivlagen mitspielen mögen, sind diese deutlich expliziter bei der zweiten Gruppe von Initiativen. Diese machen ihren transformativen Anspruch geltend, in dem sie etwa bewusst eine Entkopplung von Geldkreisläufen anstreben, neue Wege in der Mitbestimmung in Unternehmen etablieren oder solidarische Prinzipien der Umverteilung von Erträgen anwenden. Nicht immer lassen sich diese Motive scharf voneinander trennen. Der im Interview am Ende dieses Kapitels vorgestellte Mitmachladen verknüpft beispielsweise politischen Veränderungsanspruch (ökologisch erzeugte Produkte aus der Region, partizipative Selbstverwaltung der Genossenschaft) mit sozialen Aspekten der Zugänglichkeit hochwertiger Lebensmittel.

Im Folgenden unterscheiden wir zwischen solchen Initiativen, die eher produktions- bzw. versorgungsorientiert sind, und jenen Initiativen, in denen es stärker um Hilfestellungen, Austausch und Beratung geht.

15.4.2 Produktions- und versorgungsorientierte Initiativen

Diese Kategorie umfasst eine große Bandbreite von Initiativen und Sektoren. Sie reicht von produzierenden Tätigkeiten in der solidarischen Landwirtschaft (SoLaWi) oder in kollaborativen Werkstätten (Makerspaces) hin zu Aspekten der Logistik und Verteilung über zum Beispiel Hofläden, Lieferdienste oder Marktschwärmereien (s. o.). Hinzu kommt der in Kapitel 10.3 ausführlicher angesprochene Bereich der Sharing Economy, genauer gesagt das als transformatives Teilen bezeichnete Segment, in dem es tatsächlich um ressourcensparendes Teilen und nicht um Pseudo-Sharing (z. B. kommerzielle E-Scooter-Verleiher) geht.

Zivilgesellschaftliches Engagement

Wie am Beispiel der SoLaWi in Kapitel 9 illustriert, haben diese Initiativen häufig ihren Ursprung im **zivilgesellschaftlichen Engagement** kleinerer Gruppen. Teilweise erfahren sie Unterstützung von öffentlichen Trägern (etwa durch die kostengünstige Bereitstellung von kommunalen Räumlichkeiten) oder Stiftungen (Anschubfinanzierungen, Projektförderung) (Taylor Aiken et al., 2020). Auch Mischformen in der Trägerschaft sind möglich, wenn zum Beispiel ein Makerspace von einem Verein gemanagt wird, die Räumlichkeiten aber von einer Gemeinde oder von einem privaten Immobilieneigentümer betrieben werden (s. Hybride Organisationen in Kapitel 14.4).

Organisation der Initiativen

Obschon die Initiativen meist kleinräumig auf lokaler oder Quartiersebene verankert sind, bedienen sie sich zunehmend auch digitaler Plattformen, beispielsweise um angebotene Teil- oder Tauschgüter an Interessenten zu vermitteln (Affolderbach & Médard de Chardon, 2021). Ähnlich wie bei den Foodsharing-Initiativen (s. Kapitel 15.2) nutzen auch andere Sharing-Initiativen **virtuelle Plattformen** für das Anbieten und Buchen zu teilender Gebrauchsgegenstände wie Werkzeuge, Sportgeräte, Kücheninstrumente, Campingausrüstung oder ähnliches. Manche Initiativen kombinieren die virtuelle Plattform mit einer **physischen Ausleihstelle**, andere sind komplett **dezentral organisiert**, das heißt zu entleihende Objekte werden in der Regel am privaten Wohnsitz der Anbietenden abgeholt. Letzteres Prinzip verfolgt das Schweizer Netzwerk Pumpipumpe, über das Privatpersonen Alltagsgegenstände zum Teilen anbieten können. Das Angebot ist sowohl über die digitale Karte des Netzwerks einsehbar (s. Abb. 15.14) als auch durch spezifische Sticker auf dem Briefkasten der Anbietenden angezeigt (z. B. Aufkleber mit Bohrmaschinensymbol, wenn ein solches Gerät verleihbar ist).

Abb. 15.14: Ausschnitt aus der Pumpipumpe-Karte von Zürich. Jedes Briefkastensymbol steht für einen anbietenden Haushalt. Registrierte Nutzerinnen können das jeweilige Angebot einsehen und ggf. direkt Kontakt aufnehmen. Screenshot von https://map.pumpipumpe.ch/, Situation am 23.03.2023.

Beispiel

Plattformen: Ein ähnliches, onlinebasiertes Modell bietet die Plattform depot.social in Leipzig an. Das belgische USITOO-Netzwerk in Brüssel kauft gebrauchte Gegenstände und bietet sie dann über seine Plattform zur Ausleihe an. Die Objekte werden entweder an Standorten des Netzwerks abgeholt oder gegen Gebühr angeliefert. Rein auf physische Präsenz setzen die ›Bibliotheken‹ für Sport- und Outdoorausrüstung der schwedischen Fritidsbanken.

15.4.3 Initiativen zur gegenseitigen Hilfe und Wissensvermittlung

Neben dem Produzieren, Vertreiben und Teilen materieller Güter beschäftigen sich zahlreiche Initiativen auch mit Fragen der beratenden Unterstützung, der Wissensvermittlung oder auch der Finanzierung. **Repair-Cafés**, wie sie in vielen Gemeinden mindestens periodisch angeboten werden, können als solche Orte der Selbsthilfe und Wissensvermittlung gelten.

Fahrradküchen

Eine spezifischere und deutlich stärker institutionalisierte Einrichtung sind die in fast allen schwedischen Großstädten zu findenden **›Fahrradküchen‹** (schwed. Cykelköket). Dies sind Orte, an denen sich Freiwillige zu festgelegten Zeiten treffen, um eigene Fahrräder zu reparieren, aus Alträdern neue Räder zu basteln sowie weniger reparaturkundige Fahrradbesitzer bei der Wartung oder Reparatur ihrer Räder zu beraten (Bradley, 2018). Das heißt, die Freiwilligen reparieren nicht die Räder anderer Besucherinnen, sondern leiten diese darin an, die nötigen Arbeiten und Handgriffe selbst zu erlernen. Die Größe der Fahrradküchen variiert stark und reicht von einem Kellerlokal in einem Mietshauskomplex bis zu größeren ungenutzten Industriegebäuden. Je nach Mitgliederzahl variieren auch die Öffnungszeiten. Die Küchen verfügen über ausreichendes Spezialwerkzeug und sammeln Ersatzteile etwa über Altrad-Spenden oder die Übernahme von verwaisten Fahrrädern, die städtische Ordnungsämter oder Verwalter größerer Mietshäuser ihnen überlassen. Den Fahrradküchen ist gemein, dass sie weit mehr als die praktische Infrastruktur für Reparaturen bieten. Sie sind vielerorts wichtige Quartierstreffpunkte, die über die niederschwelligen Möglichkeiten zum Mitmachen eine sozial-integrierende Funktion haben, gerade auch für neu zugezogene Einwohnerinnen eines Quartiers.

Konviviale Infrastrukturen

Ivan Illich, einer der Vordenker des Postwachstumsansatzes (s. Kapitel 10), bezeichnete solche Einrichtungen auch als **konviviale Instrumente** oder **konviviale Infrastrukturen,** die Gemeinsinn und soziale Kohäsion fördern können (Illich, 1973). Aufgrund ihrer anerkannten sozialen Funktion werden die Cykleköket vielerorts von den Städten unterstützt, etwa durch Zuschüsse oder die Bereitstellung von Immobilien. Ähnliche Einrichtungen gibt es auch außerhalb Schwedens. Im Deutschen werden sie etwas sperriger als Fahrradselbsthilfewerkstätten bezeichnet.

In Göteborg wurde uns bei Forschungsarbeiten berichtet, dass das Vorhandensein einer nahegelegenen Fahrradküche durchaus ein nachgefragter Standortfaktor ist, der sich in der Höhe der Wohnungsmieten niederschlagen kann. Ob Fahrradküchen dadurch auch als Gentrifizierungsfaktor gelten können, ist noch nicht absehbar. Sie können durchaus Eingang finden in die weitere Debatte um sogenannte ›Greenification‹, also die wertsteigernden und teilweise sozial exkludierenden Maßnahmen zur nachhaltigen Stadtgestaltung (Tretter, 2013).

Abb. 15.15: »Reparier Dein Rad hier!«. Foto: Cykelköket Malmö.

Zeitbanken

Eher immaterielle Tauschangebote bieten die sogenannten **Zeitbanken**. Dahinter verbergen sich Plattformen, die ihren Mitgliedern die Möglichkeit bieten, entsprechend ihren Fertigkeiten bestimmte Dienstleistungen für andere Menschen anzubieten, die diese Tätigkeiten nicht ausführen können (s. Abb. 15.16) (Glückler & Hoffmann, 2021; Seyfang, 2004). Das können Reparatur- und Gartenarbeiten sein, Nachhilfestunden, die Beaufsichtigung von Haustieren, die Hilfe bei Anfertigen einer Steuererklärung oder bei Computerproblemen. Die erbrachten Stunden werden auf einem Zeitkonto angespart und berechtigen im Gegenzug, in gleichem Umfang Hilfsleistungen anderer Mitglieder in Anspruch zu nehmen. Dieser **›Tausch‹** kann auch langfristig angelegt sein, das heißt jemand kann in einer bestimmten Lebensphase mehr Leistungen erbringen als beziehen, und kann dann, wenn man zum Beispiel altersbedingt eingeschränkter aktiv ist, stärker auf angebotene Leistungen zurückgreifen. Aus geographischer Sicht interessant ist auch, dass sich das Tauschangebot über räumliche Distanz hinweg umsetzen lässt. So wird dies im japanischen Kontext unter anderem zur Pflege bedürftiger Familienangehöriger genutzt, die aufgrund verschiedener Wohnorte nicht von der eigenen Familie versorgt werden können.

Abb. 15.16: In einer Zeitbank zählt die investierte Zeit.

Mietshäuser-Syndikat

Ein anderer Ausdruck gemeinschaftlicher Initiativen ist das **Mietshäuser-Syndikat.** Es fungiert als Dachnetzwerk und Beratungsinstanz für einzelne Hausprojekte ähnlichen Namens, deren Ziel es ist, durch den gemeinschaftlichen Erwerb leerstehender oder bereits von Mitgliedern bewohnter Immobilien sicherzustellen, sodass diese den Mechanismen und Zugriffsmöglichkeiten des Immobilienmarktes entzogen werden. Dies wird gewährleistet durch ein genossenschaftliches Selbstverwaltungsmodell, das langfristig Einspruchsmöglichkeiten der lokalen Anteilseignerinnen sowie des Syndikats als Dachstruktur zulässt und so etwaige Verkaufsabsichten eines der Partner unterbindet. Einen vergleichbaren Ansatz verfolgen die **Community Land Trusts** in den USA, die in gemeinschaftlichen Entscheidungsprozessen über die Konfiguration und Nutzung besiedelter Räume befindet (Schönig et al., 2017; Schulz, 2020a).

15.4.4 Räumliche Dimensionen und Raumwirksamkeit

Nicht nur die neuen Akteurskonstellationen, räumlichen Organisationsformen, Lieferbeziehungen und Materialflüsse der genannten Aktivitäten sind aus geographischer Sicht interessant. Mit den **gemeinschaftlichen Initiativen** und ihrer **wechselseitigen Vernetzung** entstehen komplexere Veränderungszusammenhänge, die neue Ansprüche an Raum stellen bzw. durch eine geeignete Wirtschaftsförderung und Planungspolitik begleitet werden können.

Stabilisierung städtischer Strukturen

So haben viele Städte und Gemeinden erkannt, dass gemeinschaftlich getragene Initiativen nicht nur eine wichtige soziale Funktion ausüben, sondern auch zur Stabilisierung städtischer Strukturen beitragen können. Eine besondere Chance besteht hier angesichts der teils fundamentalen Umbrüche in vielen Innenstadtlagen. Dort hat der nicht zuletzt im Kontext der Covid-19-Pandemie rasant wachsende Onlinehandel sowie andere strukturelle Probleme des innerstädtischen Einzelhandels (z. B. Filialisierung) zu längerfristigen Leerständen geführt, die vielerorts ein grundsätzliches Nachdenken über die Zukunft vormals einzelhandelsdominierter Straßenzüge und Fußgängerzonen ausgelöst haben (Winsky, 2022). Zunehmend werden nicht kommerziellen Initiativen vakante Ladenlokale angeboten, um vorübergehend durch – häufig als Pop-up-Stores bezeichnet – **Zwischennutzungen** den negativen Eindruck von Leerstand zu vermeiden und neue Aktivitäten in die Innenstädte zu bringen. Diese Möglichkeiten für Zwischennutzungen können aufgrund reduzierter Grundkosten neue Räume für Experimente und alternative Umsetzungsideen schaffen, aber auch die Einschränkungen neuer Nutzender aufzeigen (Madanipour, 2018).

Auch zeigen die obigen Beispiele, wie **Gemeinschaftsinitiativen** etwa im Wohnungsbau, in der Etablierung von Co-Working-Spaces oder auch im Bereich der urbanen Landwirtschaft selbst aktive Gestalter der Siedlungslandschaft sind. Dies gilt auch für das nachfolgende Beispiel eines Mitmachladens in der Schweiz.

15.4.5 »Raus ins Feld« mit Nora Komposch und Nicholas Pohl von Güter Bern

Abb. 15.17: Nora Komposch und Nicholas Pohl. Foto: Leonie Haller.

Güter in Bern ist ein genossenschaftlich organisierter Mitmachladen. Nach dem Vorbild urbaner Foodcoops in den USA helfen die Mitglieder nicht nur selbst im Laden mit, um die Betriebskosten zu reduzieren, sondern bestimmen auch selbst, welche Waren angeboten und woher sie bezogen werden. Wir sprachen mit zwei der Initiatoren von Güter, Nora Komposch und Nicholas Pohl. Nora ist Doktorandin am Geographischen Institut der Universität Bern, Nicholas wurde gerade von der Universität Lausanne mit einer politikwissenschaftlichen Arbeit zu sozialen Bewegungen promoviert. Das Gespräch fand im März 2023 statt.

Wie kamt Ihr auf die Idee, Güter zu gründen? Gab es Vorbilder?

Wir waren zunächst eine kleine Gruppe von fünf bis sechs Personen, Freundinnen und Freunde. Einige von uns hatten während eines Auslandsaufenthalts die Park Slope Foodcoop in New York kennengelernt, die mit 17.000 Mitglieder größte Foodcoop der USA. Andere hatten in verschiedenen Initiativen hier in Bern bereits Erfahrungen bezüglich Selbstverwaltung im Bereich Nahrungsmittelbeschaffung gesammelt. Und so kam die Idee auf, selbst eine Foodcoop zu gründen. Dann haben wir geschaut, was es schon gibt in Europa – in Paris, in Wien, aber auch in anderen Städten gibt es größere Foodcoops – aber auch in der Schweiz, vor allem im französischsprachigen Teil, gibt es in Genf und Neuenburg Vorbilder. Die haben wir dann auch besucht, um uns als Gruppe inspirieren zu lassen. Und dann haben wir relativ schnell entschieden, die Foodcoop zu gründen. Das war während des Corona-Lockdowns, der einiges schwieriger machte, von dem wir aber insofern profitiert haben, dass die Beteiligten mehr zeitliche Ressourcen in die Vorbereitung einbringen konnten. Und das Bedürfnis nach Gemeinschaft war zu der Zeit auch besonders groß. Eröffnet haben wir dann im Herbst 2022, nachdem wir endlich ein geeignetes Ladenlokal gefunden hatten.

War es schwierig, ausreichend Mitstreiterinnen in Bern zu finden? Wie seid Ihr vorgegangen?
Unsere Gruppe ist schnell auf 10–15 Leute angewachsen, die sehr motiviert waren, an so einem konkreten Projekt mitzuarbeiten, nicht an politischer Kampagnenarbeit, sondern etwas Handfestes zu machen. Wir haben uns dann schon recht schnell in kleineren Arbeitsgruppen organisiert, um nicht alles zu fünfzehnt im Plenum besprechen zu müssen. Dies hat eine weitere Dynamik ausgelöst, da alle Leute an konkreten Fragen oder Problemen arbeiten konnten. Wir sind dann relativ lange in diesem Größenbereich von 15–30 Leute geblieben. Erst als wir ein Lokal hatten und auch eine gewisse mediale Aufmerksamkeit erfahren haben – wir haben auch selbst Öffentlichkeitsarbeit gemacht, zum Beispiel über ein Solidaritätskonzert in einem Kulturlokal oder die Aufführung eines Films über die Park Slope Foodcoop in einem Kino – kam dann der größere Ansturm und wir sind innerhalb von vier Monaten auf über 200 Mitglieder gewachsen.

Welche Motive haben Eure Mitglieder?
Viele von uns teilen ein Unbehagen bezüglich des kapitalistischen Wirtschaftssystems, so wie es funktioniert, und wie es auch die Umwelt zerstört und soziale Ungerechtigkeiten fördert. Viele wollen etwas beitragen zu alternativen Wirtschaftskreisläufen. Auch wollen viele mit der Kooperative Zugänglichkeit schaffen, sodass sich auch Menschen mit wenigen finanziellen Mitteln nachhaltige, ökologische Qualitätsprodukte leisten können. Zusätzlich geht es auch darum, dass die Produkte unter gerechten Arbeitsbedingungen erzeugt wurden. Ein wichtiger Grund ist auch die Gemeinschaftlichkeit, in dem man im Laden mithilft. Man kennt die Leute, es ist meistens lustig und gesellig.

Was unterscheidet Euch von einem herkömmlichen Bioladen?
Die Vision ist einfach eine andere: Es geht bei uns nicht primär darum, einen Laden zu haben, Löhne zu zahlen und Gewinn damit zu machen, sondern wir sehen uns eigentlich schon als Teil einer Bewegung, um eine Veränderung zu bewirken. Eine Bewegung, die sich nicht auf die beschränken soll, die die finanziellen Mittel haben, um im Bioladen einzukaufen. Der wesentliche Unterschied ist, dass die bei uns Einkaufenden nicht nur Kundinnen sind, sondern auch Mitbesitzende und Mitmachende. Man hat einen Anteilsschein an der Genossenschaft, kann mitbestimmen, das Sortiment mitgestalten – man hat also sehr viel mehr Einflussmöglichkeiten als in einem herkömmlichen Laden. Die unentgeltliche Mitarbeit schafft einen Bezug zum Projekt und zu den Produkten. Durch die Mithilfe haben wir weniger Kosten – wir zahlen derzeit keinerlei Löhne – und versuchen so, die Verkaufspreise für die doch recht hochpreisigen Bioprodukte möglichst niedrig zu halten. Dass man bei uns immer als mitbesitzende, mitarbeitende und einkaufende Person beteiligt ist, das ist eigentlich das Besondere.

Welche besonderen Wege geht Ihr in der Selbstverwaltung?
Wir hatten ja während Corona über zwei Jahre Zeit, uns darüber Gedanken zu machen, wie wir funktionieren wollen. Wir organisieren uns auf vier Ebenen der Entscheidungsfindung. Zunächst haben wir die Arbeitsgruppen – aktuell fünf zu den Themen Finanzen, Raum, Produkte, Strukturen und Kommunikation. Das ist oft auch der erste Schritt, wie sich Leute bei uns verstärkter einbringen. Dann gibt es einmal im Monat die Koordinationssitzung, an der mindestens eine Person aus jeder Arbeitsgruppe teilnimmt, und wo die Aufgaben der Gruppen untereinander koordiniert werden. Alle zwei Monate haben wir eine Vollversammlung, die offen ist für alle Mitglieder und in der weitreichende Entscheidungen getroffen werden, wie zum Beispiel die Anpassung der Ladenöffnungszeiten oder die Schaffung neuer Gremien. Und jeder kann dort neue Ideen einbringen, das ergibt oft ganz spannende Diskussionen. Schließlich tagt einmal im Jahr die Generalversammlung, da geht es um grundsätzliche Fragen wie die Statuten, das Betriebsreglement, aber auch inhaltliche Grundsatzdiskussionen.

Die Entscheidungen selbst treffen wir nach dem Konsen<u>t</u>prinzip (mit »t«), da absoluter Konsens, auch wenn wir ihn anstreben, meist eine Utopie bleibt. Wir versuchen Entscheidungen zu treffen, gegen die es keinen starken Einwand gibt. Gibt es bei einem Vorhaben fundamentale Bedenken, dann vertagen wir die Entscheidung und gewinnen so Zeit, in Ruhe zu beraten und andere Lösungsoptionen zu überdenken. Wenn es dann beim nächsten Mal auch nicht klappt, greifen wir schließlich auf das Mehrheitsprinzip zurück, um Prozesse nicht zu blockieren. Aber das haben wir noch keinmal anwenden müssen. Bisher war es immer möglich, ohne Abstimmungen zu einer Lösung zu finden.

Wie geht es mit Güter weiter? Welche Herausforderungen seht Ihr?
Aktuell haben wir etwa 220 Mitglieder, aber noch nicht alle kommen zum Mitarbeiten oder regelmäßig zum Einkaufen. Wir müssen daran arbeiten, Bedürfnisse besser abzuholen. Vielleicht passt unser Modell auch nicht für alle. In puncto Umsatz liegen wir gerade bei einer rot-schwarzen Null, wir müssten also noch etwas mehr Umsatz generieren, damit das Projekt nachhaltig existieren kann. In den jetzigen Räumlichkeiten könnten wir etwa bis zu 1.000 Mitglieder versorgen.

Eine andere Herausforderung liegt im Bereich der Zugänglichkeit. Es ist ja eines unserer Hauptziele, dass das Projekt für alle offen ist. Das ist es in der Theorie auch, aber es gibt durchaus auch praktische Barrieren. Einerseits sind das sprachliche Barrieren: Der Großteil unserer Kommunikation läuft derzeit auf Deutsch, was zum Beispiel für Menschen mit Migrationserfahrung schwierig sein kann. Daher sind wir momentan daran, unsere schriftliche Kommunikation bereits auf weitere Sprachen zu übersetzen. Daneben sind wir bei den Preisen im Laden noch nicht bei allen Produkten auf dem angestrebt niedrigen Niveau. Eine Möglichkeit, wie wir auch hier Zugänglichkeit für alle schaffen, besteht über einen externen Solidaritätsverein. Wer bei uns einkauft und die finanziellen Möglichkeiten hat, kann bei jedem Einkauf an den Solidaritätsverein spenden. Menschen mit weniger Geld können bei diesem Verein einen Antrag stellen und bekommen dann monatlich ein Solidaritätsguthaben auf ihr Mitgliedskonto gutgeschrieben. An der Kasse fällt es dann gar nicht auf, ob jemand »bezuschusst« einkauft.

Um mehr Mitglieder zu gewinnen, wollen wir unser Projekt auch im Quartier noch bekannter machen und besser verankern. Durch die mediale Aufmerksamkeit hatten wir großen Zulauf aus vielen Stadtteilen, und haben das nahe Umfeld vielleicht ein bisschen vernachlässigt. Perspektivisch würden wir gerne in anderen Quartieren ähnliche Initiativen anregen und unterstützen, mit denen wir uns vernetzen können, um gemeinsam einen Zwischenhandel aufzubauen, damit wir über größere Abnahmemengen die Preise weiter senken können. Längerfristig könnte man so der ganzen Stadtbevölkerung Berns die Möglichkeit geben, die Versorgung selbst in die Hände zu nehmen.

Eine andere Idee, die wir gerade diskutieren, betrifft das Gemüse, das wir aus Projekten der Solidarischen Landwirtschaft beziehen. Hier wäre längerfristig denkbar, dass unsere Mitglieder nicht nur im Laden mitarbeiten, sondern auch auf dem Feld. Und so könnten wir uns über die unentgeltliche Mitarbeit bei unseren »Lieferantinnen«, deren Produkte wir im Gegenzug kostenfrei beziehen würden, immer mehr von Geldkreisläufen entkoppeln und damit weniger anfällig werden.

Weitere Informationen zu den Strukturen und Aktivitäten von Güter:
- https://gueter.be/

15.4.6 Herausforderungen

Die vorgenannten Beispiele zeigen, wie oft im Kleinen oder von wenigen engagierten Menschen getragen unterschiedlichste Aktivitäts- und Organisationsformen entstehen, die zum Teil erkennen lassen, wie Alternativen zu den vorherrschenden Wirtschaftspraktiken aussehen können. Die zentrale Rolle von solidarischer Selbsthilfe und ehrenamtlichem Engagement wird jedoch auch kritisch diskutiert. So sieht etwa die politische Soziologin Silke van Dyk (Universität Jena) in einem »Post-Lohn-Regime« die Gefahr einer zunehmenden Prekarisierung und zieht eine Parallele zu früherer feministischer Kritik am kapitalistischen Wirtschaftssystem, wonach dieses ohne unentgeltliche Arbeit (z. B. Sorgearbeit) nicht funktionieren würde (van Dyk, 2018).

Community Capitalism

Zusammen mit der privaten Sorgearbeit und dem traditionellen Ehrenamt in Sportvereinen, im Kultursektor, in Wohlfahrtsinitiativen oder in religiösen Vereinigungen bilden die oben beschriebenen Gemeinschaftsinitiativen einen gewissen **Community Capitalism**. Dies ist vor allem dann der Fall, wenn sich der Staat aus bestimmten Leistungen zurückzieht und die Privatwirtschaft keine äquivalenten Angebote macht. Wenn also in Ermangelung ausreichender Versorgung Dorfläden von Freiwilligen betrieben werden oder ehrenamtlich organisierte Fahrdienste den fehlenden ÖPNV zu ersetzen versuchen, sind dies zwar wohlmeinende und respektable Engagements, sie stützen aber letztlich das dominante Wirtschaftssystem, in dem sie gewisse Fehlstellen unentgeltlich schließen.

Community Economies

Etwas anders sieht es bei Initiativen aus, die explizit alternative Wirtschaftspraktiken ausprobieren bzw. etablieren wollen (s. Interview mit Güter in diesem Kapitel). Generell warnt van Dyk jedoch vor einer Romantisierung der **Community Economies,** weil deren zum Beispiel von Gibson-Graham (2008) geforderte Anerkennung als essenzieller Teil der Wirtschaft (s. Kapitel 9) den Blick darauf verstellen kann, inwieweit hier Freiwilligenarbeit zugunsten anderer kapitalistischer Wertschöpfungszusammenhänge ausgebeutet wird. Aktuelle Debatten um eine stärkere Anerkennung von Ehrenamt (z. B. Vergütung, Anrechnung als Beitragsjahre zur Rentenversicherung) – häufig verknüpft mit dem Modell des bedingungslosen Grundeinkommens – stellen einen Versuch dar, der Gefahr der Prekarisierung zu begegnen.

15.5 Zusammenfassung

Wie das Kapitel zeigt, tragen zivilgesellschaftliche Akteure als Verbraucherinnen, durch Protest und Aktivismus sowie Initiatoren nachhaltiger Projekte in unterschiedlicher Weise zu **Transformationsprozessen** bei. Ohne Konsumentinnen ist eine Transformation weg vom Konsumkapitalismus hin zu klimafreundlichen und gerechten Wirtschaftspraktiken schlecht vorstellbar.

In Debatten zu **nachhaltigem Konsum** wird häufig die individuelle Verantwortung betont. Jedoch können Konsumpraktiken nicht isoliert von breiteren gesellschaftlichen Strukturen und Prozessen verstanden werden. So können Mobilitätsmuster nur verändert werden, wenn notwendige alternative Strukturen geschaffen werden. Jedoch erlauben bestehende Strukturen schon jetzt viele nachhaltige Konsum- und Alltagspraktiken. Für die Wirtschaftsgeographie sind veränderte Konsummuster durchaus relevant, da sie sich auf Erklärungsansätze und Modelle unter anderem im Bereich der Liefer- und Wertschöpfungsketten auswirken. Re-Regionalisierungstendenzen in der Nahrungsmittelversorgung wie auch der Rückgriff auf andere Produkte regionaler Herkunft (wie z. B. Baustoffe) sind hier nur exemplarisch für besonders plakative Beispiele zu nennen.

Zivilgesellschaftlicher Widerstand und **Aktivismus** können verschiedene Formen einnehmen, die eine Vielfalt an Ausdrucksformen und Strategien umfassen. Auch wenn soziale Bewegungen, Umweltorganisationen und NIMBYismus hier getrennt vorgestellt wurden, so sind sie nicht sauber zu trennen. Im Gegensatz zu institutionalisierten Formen des Aktivismus in Form von Vereinigungen haben soziale Bewegungen häufig keine definierte Struktur, keine rechtliche Form und sind kurzlebiger bzw. zeitlich befristet. Im Gegensatz zu NIMBYismus zielen diese Ausprägungen des Aktivismus in der Regel auf systemische Veränderungen ab, was bei nachbarschaftlichem Widerstand nicht zwangsläufig gegeben ist. Aktivismus spielt eine große Rolle in Transformationsprozessen – als Katalysator, Korrektiv und Hemmnis – und hat große raumwirksame Bedeutung und damit große Relevanz für wirtschaftsgeographische Prozesse.

Zivilgesellschaftliche Initiativen nehmen ebenfalls ganz verschiedene Formen und Strukturen an und können als Korrektiv oder ergänzend zu bestehenden Systemen verstanden werden.

15.6 Zur Vertiefung

Test zu Kapitel 15
https://www.utb.de/do/10.36198/9783838561325-e14/disclaimer

Weiterführende Aufgaben

1. Dokumentieren Sie Ihr Konsumverhalten inkl. Arbeits- und Freizeitaktivitäten. Identifizieren Sie nachhaltigere Alternativen zu ausgesuchten Praktiken und erläutern Sie, welche Argumente für und gegen eine Veränderung sprechen.
2. Skizzieren Sie anhand eines gegenwärtigen Konflikts bzw. Protests verschiedene Strategien des Widerstands und deren räumliche Wirkmächtigkeit.
3. Identifizieren Sie eine zivilgesellschaftliche Initiative in Ihrem Umfeld und untersuchen Sie Ziele und Umsetzungsmechanismen.

Literatur- und Webtipps

Berners-Lee, Mike (2022): Wie schlimm sind Bananen? Der CO_2-Abdruck von Allem. Zürich: Midas.

» Das Buch stellt in sehr kurzweiliger Form Berechnungen zum CO_2-Abdruck verschiedener Produkte und Aktivitäten vor. Dabei berücksichtigt es nicht nur den Unterschied zwischen einer Auto-, Bus- oder Zugfahrt, sondern auch, ob die Busfahrt in einem vollen oder fast leeren Bus erfolgt, oder ob die Energie zum Fahrradfahren durch eingeflogenen grünen Spargel oder Bananen aufgenommen wurde.

Blum Center for Developing Economies (2013): Can we shop to stop poverty. *https://www.youtube.com/watch?v=mpuf-N66CGI University of California, Berkeley* [Video auf Englisch ohne deutsche Untertitel]

» Das Video des #GlobalPOV Projektes unter Ananya Roy an der Universität Kalifornien beschäftigt sich mit ethischem Konsum und Fairtrade, um globale Abhängigkeiten und Ohnmachtsverhältnisse sowie unsere Rolle als Verbraucherinnen zu hinterfragen. Der Beitrag erklärt wie Produkte im Kontext historischer Abhängigkeitsverhältnisse und deren Fortschreibung in die Gegenwart verstanden werden müssen.

Haunss, Sebastian & Sommer, Moritz (2020): *Fridays for Future – Die Jugend gegen den Klimawandel.* Bielefeld: transcript. [open access]

» Das im Open Access-Format erhältliche Buch bietet Einblicke in die Funktionsweise der Fridays for Future-Gruppe wie auch Perspektiven zum Klimawandel und Reaktionen auf die Bewegung aus der Gesellschaft.

Mörtenböck, Peter & Mooshammer, Helge (2014): *Occupy: Räume des Protests.* Bielefeld: transcript.

» Am Beispiel der Occupy-Bewegung diskutiert das Buch Schauplätze und Verflechtungen sozialen Widerstands auch im Hinblick auf die Beziehungen zwischen physischen und symbolischen Aspekten.

Madanipour, Ali (2018): Temporary use of space: Urban processes between flexibility, opportunity and precarity. *Urban Studies* 55(5): 1093–1110.

» Der Beitrag analysiert temporäre Zwischennutzungen von Immobilien, die in London infolge der Finanzkrise vakant geworden sind. Der Autor zeigt am Beispiel des Chesterfield House die verschiedenen Facetten des Phänomens, inklusive der Zwangslagen, Motive und Perspektiven der verschiedenen Nutzergruppen.

Kapitel 16

Bildung und Hochschulen als Katalysatoren des Wandels

Themen

Nachhaltigkeitsbildung, Bildung für nachhaltige Entwicklung (BNE), Hochschulen, Universitäten, Wissenschaft, Third Mission, Reallabor

Über diese Lerneinheit

Bildung spielt in der Umsetzung nachhaltiger Ansätze und Verhaltensweisen eine zentrale Rolle nicht nur in der Aufklärung von Konsumentinnen, sondern auch in der Ausbildung von zukünftigen Planern, Ingenieurinnen, Lehrenden und Praktikern in allen Bereichen. Ein zentraler Baustein ist hierbei die Bildung für nachhaltige Entwicklung, die auf zukunftsfähiges Handeln und Denken abzielt. Hochschulen kommt dabei eine zentrale Rolle zu. Zusätzlich zur Lehre können Hochschulen jedoch auch in Forschung und Entwicklung sowie im eigenen Betrieb einen großen Beitrag zu Nachhaltigkeit und Klimawandel leisten und als Katalysatoren oder auch Agentinnen des Wandels angesehen werden.

Was Sie hier lernen

1. Ziele und Anwendungsfelder der Bildung für nachhaltige Entwicklung (BNE) benennen können.
2. Die verschiedenen Handlungsbereiche von Hochschulen im Rahmen von Nachhaltigkeitstransitionen anhand von Beispielen erläutern können.

16.1 Einführung

Wissenschaftliche Erkenntnisse und Evidenzen bezüglich der Auswirkungen menschlichen Handelns sind die Grundsteine, um nachhaltigere Entwicklungsszenarien und Handlungsempfehlungen zu erarbeiten. Aber Wissen allein führt nicht zu dem geforderten fundamentalen Wandel (s. auch Kapitel 15.2) und bietet isoliert keine ausreichende Grundlage, um über Herausforderungen wie den Klimawandel zu sprechen (Hayhoe, 2018). Stattdessen spielen gesellschaftliche Normen, Werte und Gemeinschaftsgefühl eine wichtige Rolle, um Verantwortungsbewusstsein zu fördern. Dies rückt die Rolle von Bildung an Hochschulen, Schulen und in der Gesellschaft in den Mittelpunkt, die dazu beitragen, komplexe Herausforderungen, kritische Umweltverständnisse und alternative Ansätze für verschiedene Zielgruppen zu übersetzen und vermitteln.

Nachhaltigkeitsbildung

Umweltprobleme wie Klimawandel, Ressourcenverbrauch und Umweltverschmutzung sind zentrale Elemente in Bildungssystemen weltweit. Eine besondere Bedeutung kommt dabei der **Bildung für nachhaltige Entwicklung (BNE)** (Education for Sustainable Development) zu. BNE entspricht einer Bildung, »die Menschen zu zukunftsfähigem Denken und Handeln befähigt« (BMBF, 2023). Diese soll nicht nur Problemzusammenhänge vermitteln, sondern auch das Bewusstsein zur eigenen Rolle in Transformationsprozessen und den Auswirkungen des eigenen Handelns auf die Umwelt und andere Menschen stärken (s. Kapitel 16.2 und 15.2). Hochschulen wird hinsichtlich der Verantwortung für **gesellschaftliche Bildung** eine zentrale Funktion zugesprochen (Lozano et al., 2013; Chalkley, 2006). Hierzu zählt vor allem der Bereich der Nachhaltigkeitsbildung aufgrund der Stellung von Hochschulen in der Nachhaltigkeitsforschung (Sterling, 2010). Die Integration von Nachhaltigkeit in der Breite der Studiengänge ist bisher jedoch nur in Ansätzen erkennbar (Wals, 2014).

Aufgrund der hohen Komplexität von Nachhaltigkeitsthematiken wird die **Geographie** aufgrund ihres interdisziplinären Charakters und ihrem fachspezifischen Fokus auf Gesellschaft-Umwelt-Beziehungen als strategische Disziplin für die Umsetzung von Nachhaltigkeitsbildung angesehen (Bednarz, 2006; Gormally, 2019). Trotz des großen Potenzials und der Ansprüche spielt die Geographie jedoch nach wie vor noch eine zu geringe Rolle im Bereich der BNE (Bagoly-Simó, 2023). Über die Bildungsarbeit hinaus haben Hochschulen im Rahmen der sogenannten dritten Welle der Nachhaltigkeit zentrale Zielsetzungen über die Forschung hinaus identifiziert (Wals & Blewitt, 2010). Hierzu gehören vor allem die **Formulierung von Nachhaltigkeits- bzw. Klimazielen** für die Hochschule, die Forschungsschwerpunkte und Experimente auf dem Hochschulgelände miteinschließen (s. Kapitel 16.3).

16.2 (Hochschul-)Bildung für nachhaltige Entwicklung

Beispiel: Eine Plastikrecyclingwerkstatt als Lehr- und Lernlabor

Plastik und Plastikmüll kommt im Rahmen der Umwelt- und Abfallproblematik aufgrund ihrer Menge, langen Zersetzungszeit sowie der Ausbreitung von Mikroplastik eine besondere Bedeutung zu. Sie bieten somit einen idealen Einstieg, um verschiedene Umweltproblematiken und Zusammenhänge zu thematisieren und zu bearbeiten. Neben dem Thema Mikroplastik wird der Vermeidung, dem Recycling und Upcycling von Plastikmüll eine besondere Rolle zugesprochen (Walker, 2021).

Im Rahmen des durch die Nikolaus Koch Stiftung geförderten **Plast.Ed-Projektes** an der Universität Trier wurde auf dem Universitätscampus eine Plastikrecyclingwerkstatt als Lehr- und Lernlabor eingerichtet. Die Werkstatt basiert auf dem Open Source-Konzept Precious Plastic. Maschinen und Werkzeuge zum Recyceln von Plastikmaterialien erlauben es, den Plastikkreislauf aktiv zu erarbeiten und im Sinne einer **zirkulären Wirtschaft** zu schließen. Gesammelte Plastikwertstoffe werden dabei zunächst zerkleinert. Das Granulat wird anschließend in einem Injektionsverfahren in neue Nutzungsformen gebracht (Abb. 16.1). Das Projekt ist als angewandtes projekt- und problembasiertes Studienangebot in Studiengängen in der **Geographie** und **Biologie** verankert. Neben dem Recycling von Plastikmüll werden Schwerpunkte auf Mikro- und Makroplastik, Produktions- und Konsumprozesse und Gesundheitsaspekte gelegt. Studierende gestalten die Recyclingwerkstatt aktiv mit und entscheiden unter anderem auch, welche neuen Gegenstände produziert werden sollen. Unter Einbezug von Kooperationspartnern der BNE und Zirkulären Wirtschaft entwickeln und testen Studierende ausgesuchte Lehr-Lern-Konzepte, die sich an Schülerinnen, aber auch andere Zielgruppen richten. Zu den Kollaborationspartnern zählen das regionale Abfallwirtschaftsunternehmen, NGOs und Schulen. Im Zentrum der Projektarbeit steht die Stärkung von Kompetenzen im Umgang mit der Plastikproblematik in den Bereichen Erkennen, Bewerten und Handeln entlang der BNE-Dimensionen Ökologie, Ökonomie, Soziales und Gesundheit. Die durch die Studierenden entwickelten Lehr-Lern-Konzepte werden als **Open Educational Resources** digital zugänglich gemacht. Auch die Plastikrecyclingwerkstatt mit ihren Maschinen selbst soll neben der Verfügbarkeit als außerschulischer Lernort an der Universität mobilisiert werden, um den Zugang für weitere Gruppen zu ermöglichen. Das Studienangebot verbindet entsprechend sowohl fachspezifische als auch fachverbindende Vermittlungsansätze zum Thema Plastik und zielt auf die Befähigung von Nutzenden zu einer kritischen und handelnd-gestalterischen Auseinandersetzung mit Nachhaltigkeit ab.

Abb.16.1: Erklärvideo zur Plast.Ed Werkstatt: Der Precious Plastic Recyclingprozess im Lehr- und Lernlabor der Universität Trier.
https://www.youtube.com/watch?v=W88hzgchz3k

16.2.1 Bildung für Nachhaltige Entwicklung (BNE)

Nachhaltige Entwicklung umfasst die Sicherstellung des Wohlbefindens und der Lebensgrundlage aller Menschen im Rahmen planetarer Grenzen. Die Zielsetzung impliziert eine kritische Auseinandersetzung mit den Auswirkungen der eigenen Rolle in Transformationsprozessen und damit verbundenen lokalen, regionalen und nationalen Beziehungsgeflechten und Abhängigkeiten. Der Begriff der BNE wurde auf der Umweltkonferenz von Rio de Janeiro 1992 geprägt und beschreibt eine Bildung, die Fähigkeiten zur aktiven, eigenverantwortlichen und verantwortungsbewussten Teilhabe und Gestaltung im Kontext der Globalisierung fördert. Die im Rahmen der Agenda 2030 der Vereinten Nationen definierten **17 Nachhaltigkeitsziele** sehen Bildung als einen wichtigen Handlungsbereich (s. Kapitel 2.5). Das Bildungsziel 4 der UN-Nachhaltigkeitsziele betont die Bedeutung von Bildung zur Realisierung von Nachhaltigkeitszielen und fordert mit Teilziel 4.7 die Sicherstellung notwendiger »Kenntnisse und Qualifikationen zur Förderung nachhaltiger Entwicklung« für alle Lernenden unter anderem »durch Bildung für nachhaltige Entwicklung und nachhaltige Lebensweisen« (Vereinte Nationen, 2015).

Umsetzung der Nachhaltigkeitsziele

Zur Umsetzung der Nachhaltigkeitsziele führte die UNESCO unter anderem das **Weltaktionsprogramm BNE** (2015–2019) ein, das auf systemische Veränderungen von Bildungsprogrammen und -inhalten abzielte. Dabei ging es darum, BNE direkt in Bildungsstrukturen zu verankern und somit langfristig zu etablieren. Die Umsetzung basierte auf einer doppelten Strategie. Es galt, nachhaltige Entwicklung in die Bildung zu integrieren, aber auch umgekehrt Bildung stärker in die nachhaltige Entwicklung einzubringen. BNE betrifft alle Bildungsbereiche von frühkindlicher Bildung, Schulen und Hochschulen über berufliche Bildung hin zu non-formalem und informellem Lernen.

Das Nachfolgeprogramm »Bildung für nachhaltige Entwicklung: die globalen Nachhaltigkeitsziele verwirklichen **(BNE 2030)**« (2020–2030) zielt darauf ab, wie der Name sagt, bis 2030 die 17 UN-Nachhaltigkeitsziele zu erreichen (UNESCO, 2021). BNE 2030 betont die Bedeutung von Bildung als Kernelement für Nachhaltigkeitstransitionen und setzt dabei ganz besonders auf transformative Handlungen auf individueller Ebene, aber auch auf strukturelle Veränderungen, die sich mit den Spannungen zwischen Wirtschaftswachstum und Nachhaltigkeit auseinandersetzen sowie mit dem Bildungsbedarf hinsichtlich technologischen Fortschritts. Letzterer umfasst auch die Herausforderungen, die durch die Illusion, Technologien könnten die meisten Nachhaltigkeitsprobleme lösen, hervorgerufen werden. Solche Wahrnehmungen wie auch die Spannungen in Bezug auf ökonomische Wachstumsmaximen erschweren die Umsetzung einer BNE.

In Deutschland ist die Nationale Plattform BNE das Lenkungsgremium zur Umsetzung des UNESCO Programms, die Vertreterinnen aus Politik, Wissenschaft, Wirtschaft und Zivilgesellschaft zusammenbringt. Ein wichtiger Rahmen stellt der 2017 verabschiedete **Nationale Aktionsplan BNE** dar, der 130 Ziele und 349 konkrete Handlungsempfehlungen umfasst.

Globales Lernen

Umweltbildung als Bildungsansatz entstand in den 1970er Jahren und beschäftigt sich mit einem verbesserten Verständnis anthropogener Einflüsse auf den Naturhaushalt und damit verbundenen Problemen. Sie zielt in erster Linie auf einen verantwortungsvolleren Umgang mit natürlichen Ressourcen ab (Bahr, 2013). BNE geht über Umweltbildung hinaus und schließt das Konzept des globalen Lernens mit ein (Rost, 2002). Scheunpflug (2000: 1) bezeichnet **Globales Lernen** als »eine pädagogische Reaktion auf die Entwicklung zur Weltgesellschaft«, die sich in den 1990er Jahren im deutschsprachigen Raum verbreitete. Es umfasst ein pädagogisch-didaktisches Konzept, das sich damit beschäftigt, wie mit den Herausforderungen von Globalisierungsprozessen umgegangen werden kann (Scheunpflug, 2021). Hierzu zählen Themenbereiche wie Entwicklung, Migration, Geschlechterrollen und Frieden. Eine verbindende Dimension spielt dabei die soziale Gerechtigkeit. Aufgrund der lokal-globalen Beziehungsverflechtungen spielen räumliche Perspektiven und Raumkonzepte eine zentrale Rolle und betonen den Beitrag der Geographie als Disziplin in der Umsetzung Globalen Lernens.

16.2.2 Hochschulbildung für Nachhaltige Entwicklung

Hochschulen können eine wichtige Rolle in der Umsetzung von BNE spielen (Chalkley, 2006; Lozano et al., 2013). Die BNE-Roadmap der UNESCO (2021) erteilt den konkreten Auftrag an Hochschulen, BNE umzusetzen und Studierende entsprechend auszubilden. Dies betrifft zunächst alle Disziplinen und Studiengänge. Hinsichtlich der Schlüsselkompetenzen, über die Hochschulabsolventen verfügen sollten, besteht ein breiter Diskurs. Häufig betont werden die schon genannten Rollen als ›Problem Solvers‹, ›Change Agents‹ und ›Transition Managers‹ (Wiek et al., 2011). Studierende werden als zentrale **Agenten des Wandels** und somit strategische Katalysatoren angesehen, da sie in ihren zukünftigen Tätigkeitsfeldern zu wichtigen Entscheidungsträgerinnen werden und sich entsprechend aktiv für transformatives Handeln einsetzen können. Vor allem die **Lehramtsausbildung** wird hier als wichtiger Katalysator gesehen, da angehende Lehrkräfte zentral für die Umsetzung einer BNE an Schulen stehen. Die Ausbildung von Lehramtsstudierenden im BNE-Bereich wird aber nach wie vor noch als unzureichend bemängelt (Bedehäsing & Padberg, 2017:, s. auch das Interview mit Mandy Singer-Brodowski).

Kompetenzentwicklung

Schlüsselkompetenzen werden in der Literatur im Bereich Nachhaltigkeitsforschung und Problemlösung gesehen (Wiek et al., 2011). Diese beziehen sich auf die Fähigkeiten, Kompetenzen und das Wissen, bewusste Veränderungen in ökonomischem, ökologischem und sozialem Verhalten umzusetzen, die über rein reaktives Verhalten hinausgehen (de Haan, 2006). Hierzu zählen Kompetenzen zum systemischen Denken, wie sie auch in Ansätzen des Transitionsmanagements (s. Kapitel 8) enthalten sind und zum Antizipieren, welches die Fähigkeit beschreibt, Zukunftsbilder in Bezug auf Nachhaltigkeitsherausforderungen zu entwickeln. Normative Kompetenzen umfassen Fähigkeiten, die es erlauben Prinzipien und Ziele gemeinschaftlich zu entwickeln und zu verhandeln, während strategische Kompetenzen auf die Entwicklung und Umsetzung von Interventionen und Strategien abzielen. Interpersonelle Kompetenzen beziehen sich auf die Befähigung, andere Personen zu ermächtigen, zu motivieren und kollaborative und partizipative Prozesse zu ermöglichen.

Aktive Auseinandersetzung

Hinsichtlich der didaktischen Umsetzung werden vor allem **(inter-)aktive Ansätze** im Rahmen von Studiengängen propagiert, bei denen kritisches Denken durch aktive (Mit-)Arbeit oder angeleitete bzw. moderierte Eigenarbeit gefördert wird (Cotton et al., 2007; DuPuis & Ball, 2013). Aktive Lernformate können verschiedene Formen annehmen – von projekt- und problembasierten Ansätzen, Diskussions- und Austauschformaten und Schreibübungen über reflexive Elemente und Rollenspiele bis hin zu Geländearbeiten und Exkursionen. Vor allem problem- und projektbezogenes Lernen wird in Bezug auf Nachhaltigkeitsthematiken viel Potenzial zugesprochen, da es praktische und experimentelle Erfahrungen bietet (Brundiers et al., 2010).

16.2.3 Relevanz für und Handlungsbedarf in der (Wirtschafts-)Geographie

Nachhaltigkeitsproblematiken sind komplex und nur schwer zu lösen (s. Kapitel 12). Sie sind häufig durch widersprüchliche Argumente und unzureichendes Wissen bzw. Evidenzen charakterisiert und werden oft kontrovers aus verschiedenen Perspektiven und anhand unterschiedlicher Wertmaßstäbe beurteilt. Die **Geographie** wird häufig als strategische Disziplin für Nachhaltigkeitsthematiken angesehen, nicht nur aufgrund der thematischen Auseinandersetzung mit Mensch-Umwelt-Beziehungen, sondern auch aufgrund ihres inhärenten interdisziplinären Charakters (Bednarz, 2006). Hinzu kommt die explizite Auseinandersetzung mit räumlichen Prozessen, die in Bezug auf BNE unabdingbar sind, da sie sowohl räumlich spezifisches als auch vernetztes Denken voraussetzt. Aus wirtschaftsgeographischer Sicht lassen sich diese Dimensionen leicht anhand globaler Produktionsketten und -netzwerke illustrieren, die von der Gewinnung von Rohstoffen über die Verarbeitung, Vertrieb, Vermarktung und Verbrauch bis hin zur Entsorgung nicht selten vielzählige Akteure verbindet, oft überregional oder auch international. Sie begründen so weitreichende und interdependente Wechselwirkungen.

Zugänge zu Nachhaltigkeit

Die in Teil 1 des Buches aufgezeigte Dominanz der ökonomischen und ökologischen Dimension von Nachhaltigkeit auf Kosten sozial gerechter Zielsetzungen, die in technozentrischen und wachstumsorientierten Perspektiven der Green Economy zu finden ist, ist auch in der Hochschulbildung für nachhaltige Entwicklung erkennbar (Gormally, 2019). Die Breite an verschiedenen **Interpretationen von Nachhaltigkeit** von systemfestigenden bis hin zu radikal transformativen Ansätzen stellt auch in der **geographischen Hochschulausbildung** eine große Herausforderung dar (Sprenger & Nienaber, 2018). Begriffe wie Nachhaltigkeit, grünes Unternehmertum und klimafreundlich können schnell als sinnentleert angesehen werden oder werden von verschiedenen Personen ganz unterschiedlich ausgelegt. Sinnentleerungen und Reduktionen der Bedeutungen, wie sie auch in der Praxis zu finden sind, führen zu einer veränderten Problemwahrnehmung. Entsprechend werden bestimmte Dimensionen, Perspektiven oder auch Akteursgruppen nur marginal oder gar nicht beachtet (Bedehäsing & Padberg, 2017). Im Umkehrschluss bieten aber gerade die verschiedenen Zugänge und Perspektiven einen besonders geeigneten Zugang für BNE, solange sie kritisch diskutiert und verglichen werden, da sie dazu beitragen, verschiedene Herangehensweisen und Denkschemata zu verstehen (Affolderbach, 2022). Konzepte wie Postwachstum und Diverse Economies betonen die häufig vernachlässigten sozialen Dimensionen und stellen bestehende Grundannahmen über wirtschaftliche Prozesse und Zielsetzungen in Frage.

Geocapabilities

Hinsichtlich der Potenziale der Geographie als Katalysator in der Befähigung von Studierenden als Change Agents betonen Walkington et al. (2018) die Relevanz geographisch spezifischer Fähigkeiten, sogenannter **Geocapabilities**. Diese statten Studierende nicht nur mit wichtigen fachspezifischen, sondern auch wichtigen weltbürgerlichen Fähigkeiten aus. Die Betonung liegt hier nicht auf den üblichen kompetenz-basierten Leistungen, die in erster Linie das Können von Studierenden erfassen sollen, sondern auf dem Vermögen sich **weiterentwickeln** zu können. Diese schließen neben Bildung für die eigene berufliche Ausbildung explizit auch Aspekte ethischen Handelns und globalen Weltbürgertums mit ein, die ein zentrales Element der BNE darstellen. Die fachspezifischen Stärken der Geographie werden dabei in folgenden Bereichen gesehen:

- **Geographische Imagination** beschreibt ein relationales Verständnis, das die Beziehungen zwischen verschiedenen Räumen durch gesellschaftliche Konstrukte in Form von Repräsentationen und Diskursen sichtbar macht.
- **Ethisches Bewusstsein** bezieht sich auf ein kritisches Verständnis der eigenen Rolle und eigenen Erfahrungen in der Gesellschaft, wie sie beispielsweise durch geographische Exkursionen und Geländearbeit gefördert wird.
- **Integratives Denken** umfasst das Verständnis hinsichtlich der komplexen Beziehungen zwischen Gesellschaft und Umwelt.
- **Räumliches Denken** bezieht sich auf räumliche Unterschiede ökologischer und sozialer Herausforderungen.
- **Strukturierte Raumuntersuchungen** hingegen zielen auf ortsspezifische Charakteristika und Kontexte ab, aber auch auf Fragen der Übertragbarkeit und des Hochskalierens von z. B. Lösungsansätzen.

Trotz der fachlichen und interdisziplinären Stärken der Geographie haben Studien gezeigt, dass die Geographie und Umweltwissenschaften bisher keine stärkere Verantwortung hinsichtlich BNE als andere Disziplinen aufweisen (Cotton et al., 2007). Auch an deutschen Hochschulen ist das Angebot im Bereich der geographischen Ausbildung noch recht heterogen (Sprenger & Nienaber, 2018) und wird auch im Bereich der Lehramtsausbildung bemängelt (Bedehäsing & Padberg, 2017).

Problem- und projektbasierte Ansätze finden in der geographischen Hochschullehre bereits eine breite Anwendung. Gerade in der Wirtschaftsgeographie können problem- und projektbasierte Formate unter anderem durch Begleitstudien oder Evaluation von konkreten Projekten in der Praxis, aber auch durch Simulationen, Reflexionen oder Austauschformate zur Erarbeitung verschiedener Stakeholder-Perspektiven (z. B. entlang von globalen Wertschöpfungsketten, s. Interview mit Ndapewa Fenny Nakanyete in Kapitel 12) umgesetzt werden.

Beispiel

Projekt- und problembasiertes Lernen durch die Entwicklung von Unternehmens-Start-ups: Im Rahmen eines Vertiefungsmodul in der Wirtschaftsgeographie zum Thema nachhaltiges Wirtschaften wurden Studierende einer englischen Universität damit beauftragt, im Rahmen eines **simulierten Unternehmensgründungswettbewerbs** in Kleingruppen eine Idee für ein nachhaltiges Unternehmen zu entwickeln (Affolderbach, 2022). Studierende sollten mit ihrer Idee ein konkretes Nachhaltigkeitsproblem angehen. Schwerpunkte lagen dabei sowohl auf der Verknüpfung mit Konzepten (s. Teil 1 dieses Buches) als auch der Erarbeitung der konkreten Umsetzung (inkl. Zeitplan und Ressourcen). Der Rahmen orientierte sich an einem britischen Reality-TV-Format (Dragons' Den, in Deutschland »Die Höhle des Löwen«), in dem aspirierende Gründerinnen ihre Ideen in Kurzbeiträgen einer Jury von Investoren vortragen. Die besten Ideen werden durch Anlegerinnen mit einem Start-up-Guthaben gefördert. Studierenden wurde dementsprechend eine fiktive Summe in Aussicht gestellt, die sie als Startkapital zur Umsetzung ihrer Idee gewinnen konnten. Start-up-Ideen wurden im Rahmen des Moduls vor einer externen Jury, die nicht die Lehrenden selbst miteinschloss, vorgetragen, bewertet und ausgezeichnet. Das Modul bot damit die Möglichkeit, **konkrete Lösungsansätze** zu erarbeiten und zu testen. Hierzu zählten von den Studierenden durchgeführte Vorarbeiten wie Marktanalysen, Recherchen und Interviews, entwickelte Prototypen und Budgetierungen. Projektideen beschäftigten sich vor allem mit den Bereichen Abfall (u. a. essbares Cafeteria-Besteck, Apps für Studierende zum Teilen von Haushaltswaren und Lebensmitteln, kompostierbare Kaffeebecher), Lebensmitteln (z. B. lokale Gartenbauprojekte, hydroponischer Lebensmittelanbau, grüne Brauerei) und erneuerbarer Energien (z. B. Regenwasserturbine, Energiegewinnung durch »Smarte« Bodenbeläge, Ventilationssysteme zur Energierückgewinnung).

16.2.4 »Raus ins Feld« mit Dr. Mandy Singer-Brodowski, Freie Universität Berlin

Abb. 16.2: Mandy Singer-Brodowski. Foto: Wuppertal Institut.

Mandy Singer-Brodowski hat Erziehungswissenschaft studiert und schon während des Studiums ehrenamtlich im Bereich sozioökologischer Transformation im Hochschulbereich mitgewirkt. Ihre Promotion beschäftigte sich mit Hochschulbildung für nachhaltige Entwicklung mit Schwerpunkt selbstorganisiertes Lernen. An der Freien Universität Berlin koordiniert sie seit einigen Jahren eine Vielzahl an Projekten im Bereich der BNE und deren Monitoring unter anderem auch zur Kultur der Nachhaltigkeit an Hochschulen. Das Gespräch fand im März 2023 statt.

Warum ist BNE so wichtig?
Ich würde provokativ antworten, dass BNE im Kontext aktueller Klimaforschungsergebnisse überhaupt die wichtigste Grundlage für zukunftsorientierte Perspektiven ist. Denn die Nachhaltigkeitsfrage wird zunehmend zu einer Frage des sicheren Handlungsspielraums der Menschheit auf der Erde. Bildung wird häufig der Auftrag zugesprochen zu dieser Überlebensfrage einen Beitrag zu leisten. Das kann man kritisieren. Man kann viele Fragen stellen, ob nicht durch BNE politische Probleme pädagogisiert werden. In manchen Teilbereichen, wie Kohleausstieg, bekommt man Konflikte nicht gelöst, deshalb gibt man diesen Auftrag an die Schulen weiter. Oder zum Beispiel die Frage, warum überhaupt eine politische Programmatik, wie die der internationalen Nachhaltigkeitsagenda, an Schulen oder Bildungseinrichtungen allgemein herangetragen wird. Ich will diese teils berechtigten Fragen hier nicht erörtern. Aber, ich glaube, dass BNE einen ganz starken Impuls zur Weiterentwicklung des Bildungssystems bietet. BNE bietet nicht nur die spezifische Auseinandersetzung mit konkreten inhaltlichen Fragestellungen (z. B. Biodiversität, Klima, globale Geschlechtergerechtigkeit), sondern eben auch ganz entscheidende didaktische Impulse, wie problembasiertes und selbstorganisiertes Lernen und Perspektiven auf Partizipation in Lehr-Lern-Settings. All diese Fragen sind mit BNE eng verknüpft und werden auch in der Praxis sehr stark gefördert. Und insofern könnte man auch fragen: »Nicht: Warum ist BNE so wichtig, sondern warum ist BNE noch immer nicht wichtig genug, dass es einen entsprechenden Platz im Bildungssystem bekommt, obwohl es eine gute Bildung darstellt?«

Gibt es besondere Zielgruppen, die im Rahmen von BNE angesprochen werden sollten?
Was wir als übergreifenden Trend in deutschen, aber auch internationalen Bildungssystemen sehen ist, dass BNE in Dokumenten wie Lehrplänen, Prüfungsordnungen, Gesetzen etc. in den letzten Jahren an Fahrt gewonnen hat. Aber bei denjenigen, die BNE umsetzen sollen, also den Lehrkräften, hat BNE einen ganz schwierigen Stand. In unseren Studien geben 86 %[1] der befragten Lehrkräfte an, dass BNE ihnen nie oder selten in ihrem Studium begegnet sei. Es bestehen also große Anforderungen seitens der Bildungspolitik, BNE im Unterrichtsalltag zu adressieren, aber gleichzeitig werden Lehrkräfte bisher kaum darauf vorbereitet.

Ich würde noch eine andere Zielgruppe nennen, die aus meiner Sicht sehr relevant ist. Wir sprechen ganz viel über Schulbildung, berufliche Bildung, Hochschulbildung. Da bewegt sich auch Etwas. Aber wenn wir die Klimaforschung ernst nehmen, dann haben wir nur noch ein paar Jahre Zeit, um wirklich umzusteuern. Und das bedeutet umgedreht, dass eigentlich die Personen, die heute schon in Entschei-

---

1 https://www.ewi-psy.fu-berlin.de/einrichtungen/weitere/institut-futur/Projekte/Dateien/Formale-Bildung-in-Zeiten-von-Krisen_Grund-_-Brock_-2022.pdf.

dungspositionen sind, viel stärker in den Fokus rücken müssten mit ihren jeweiligen Nachhaltigkeitskompetenzen. Denn das sind diejenigen, die heute einen Unterschied machen können, aber bisher viel zu wenig berücksichtigt wurden. Wenn die heutigen Schülerinnen in 20 Jahren in diesen Entscheidungspositionen sitzen, ist es für gravierende Veränderungen zu spät.

Welche Anforderungen muss Hochschulbildung für nachhaltige Entwicklung erfüllen?
Wir haben in der Hochschulbildung für nachhaltige Entwicklung eine sehr starke Diskussion über fachübergreifende Schlüsselkompetenzen, die in der Hochschule gefördert werden. Das sind beispielsweise Fragen von zukunftsfähigem und systemischem Denken. Und interessanterweise wird in diesen überfachlichen Kompetenzmodellen die Disziplin immer ausgeblendet. Ich erlebe eine kleine Gegenbewegung, dass Kolleginnen aus bestimmten Disziplinen sagen, wir können nicht nur auf das Fachübergreifende schauen, sondern müssen das Spezialistentum der eigenen Disziplin mitdenken. Und ich glaube es braucht beides. Es braucht Personen, die gut in ihrer jeweiligen Fachdisziplin ausgebildet sind und dann braucht es übergreifende Schlüsselkompetenzen. Ich finde es total spannend, wenn die verschiedenen Disziplinen aus ihrer eigenen Logik heraus Antworten auf die Frage, was ihr Beitrag zu Nachhaltigkeit sein kann, finden können. Und ich glaube, dazu braucht es eine Auseinandersetzung innerhalb der jeweiligen Disziplinen. Die kann nicht durch eine fachübergreifende BNE in Form von Zertifikatsprogrammen oder BNE eingebettet in berufsvorbereitende Schlüsselkompetenz-Modulen erbracht werden. So ist BNE häufig an Hochschulen strukturiert, aber es sollte nicht dort stehen bleiben.

Gibt es ein konkretes Umsetzungsbeispiel, welches Du für besonders gelungen hältst?
Was mich gerade sehr begeistert ist ein Projekt vom Karlsruher Institut für Technologie, German Watch und netzwerk n zusammen. Das Projekt heißt Climate Challenge und es geht darum, den eigenen **ökologischen Fußabdruck** in Kombination mit dem eigenen **Handabdruck** zu bestimmen. In der BNE werden ja ganz häufig Inhalte auf Fragen der Konsum- und Lebensstiländerungen reduziert. Häufig wird dies in der Lehrpraxis so umgesetzt, dass man da anfängt, wo man selbst Einfluss nehmen kann, z. B. dem Einkauf von Biotomaten im Supermarkt oder die Kleidertauschbörse. Das ist auch ein guter Anfang, weil es Selbstwirksamkeitserfahrungen auch bei jungen Menschen stärkt. Gleichzeitig birgt diese Reduktion ein ganz großes Risiko der Entpolitisierung bzw. der Reduktion von Bildungsangeboten im Kontext von Nachhaltigkeit auf Konsum und Lebensstile. Und dann rette ich sozusagen mit meinem Einkauf an der Supermarktkasse die Welt. Und meine Rolle als Bürgerin, die sich auch im Stadtparlament engagieren kann oder sich im lokalen Repair-Café einsetzt oder im Sportverein dafür, dass nur faire Fußbälle verwendet werden, all das lasse ich außen vor. Und deswegen halte ich dieses Handabdruckkonzept, wel-

ches sich damit beschäftigt, wie wir unsere politische Wirksamkeit vergrößern können, für ein total wichtiges und gelungenes Beispiel von BNE. Was ich auch gut finde, sind aktivierende Methoden, forschungsorientiertes Lernen, kleine Forschungsprojekte, projektbasiertes Lernen mit Partnern: Projekte, die in besonderer Weise Studierende zum Selbermachen anregen und den Zielgruppen von BNE das Gefühl geben, einen Unterschied zu machen.

Wo siehst Du die größten Herausforderungen im Bereich der Hochschulbildung für nachhaltige Entwicklung?
Da kommt diese disziplinäre Frage wieder zum Tragen, wer und welche Disziplinen sich angesprochen fühlen. Es gibt zu wenig Materialien und Expertise, wie Nachhaltigkeitsfragen aus verschiedenen Disziplinen gedacht werden können. Da bräuchte es eigentlich eine gute Systematisierung über alle Studiengänge in Deutschland. Im Schulbereich gibt es diesen Orientierungsrahmen Globales Lernen, der dazu beigetragen hat, BNE und Globales Lernen in der Schule zu verankern, weil er diese Fachsprache spricht und diesen Bezug zum eigenen Fach, dieses Ausdifferenzieren schafft. So etwas bräuchten wir für den Hochschulbereich. Das ist natürlich utopisch, weil Wissenschaft anders funktioniert als Schule und viel komplexer und ausdifferenzierter ist. Aber zumindest in der Suchrichtung fände ich das spannend.

Was auch eine große Rolle spielt, ist der Umgang mit Kontroversität. Nachhaltigkeit ist immer komplex und immer voller Zielkonflikte. Und dafür sind in der Regel weder Lehrkräfte noch Hochschuldozierende ausgebildet und vorbereitet, es sei denn, sie kommen aus der politischen Bildung. Zum Beispiel könnte die Lehrkraft auch einmal eine Gegenposition zur dominanten Position einnehmen, um junge Leute zu ermutigen, Dinge von mehreren Positionen zu betrachten. Aber auch der Umgang mit einer vermeintlichen Neutralität der Wissenschaft. Da steht ein wissenschaftstheoretischer Diskurs dahinter, wie eigentlich Wissenschaft mit gesellschaftlichen Anforderungen umgeht, wie vermeintlich neutral sie sich verhalten und welche Rolle Werte spielen sollen. Das sind Fragen, die sind noch nicht systematisch geklärt. Nachhaltigkeit wird auch immer noch als Angriff auf die Freiheit von Forschung und Lehre angesehen, wenn es von außen an die Hochschulen herangetragen wird. Das sind große Baustellen, die wir da noch vor uns haben.

BNE Portal des Bundesministeriums für Bildung und Forschung:
- https://www.bne-portal.de/bne/

Mehr zur Climate Challenge:
- https://www.climatechallenge.cc/

Mehr zum Monitoring von BNE:
- https://www.ewi-psy.fu-berlin.de/einrichtungen/weitere/institut-futur/Projekte/ESD_for_2030/index.html

16.3 Hochschulen als Impulsgeber

Neben der Vermittlung von Nachhaltigkeitswissen an Studierende, die in ihrem Berufsleben wiederum selbst zu Multiplikatoren werden können (z. B. als Lehrerende, im Bereich der Organisationsentwicklung, des operativen Managements, in der Personalführung oder in der Weiterbildung), können Hochschulen in mindestens zwei weiteren Bereichen als wichtige Impulsgeber für nachhaltigkeitsorientierten Wandel auftreten: erstens im Bereich **nachhaltigkeitsorientierter Forschung und Entwicklung** (F&E) und zweitens als wichtiger regionaler Akteur sowohl hinsichtlich ihrer operationellen Verantwortung als **›Betrieb‹** als auch in ihrer Rolle als **regional eingebetteter Stakeholder**.

Beispiel: International Sustainable Campus Network

Das 2007 gegründete International Sustainable Campus Network (ISCN) gilt als frühe und wichtige Initiative zur **Integration von Nachhaltigkeitszielen** in die Arbeit von Hochschulen. Dem Netzwerk gehören heute über 100 Universitäten aus mehr als 30 Ländern an. Getragen wird die Arbeit von sechs sogenannten Co-Hosts, der Technical University of Denmark, der EPF Lausanne, der Leuphana-Universität Lüneburg, der National University of Singapore, der KTH Stockholm und der ETH Zürich. In der ISCN Sustainable Campus Charter 2018 werden Leitbilder definiert, in denen sich sowohl die UN-Nachhaltigkeitsziele (SDGs) als auch die Ziele des Pariser Klimaschutzabkommens niederschlagen. Unterzeichnende der Charter bekennen sich zu den fünf folgenden **›Calls for Action‹**:

1. Das Thema Nachhaltigkeit in allen Aktivitätsfeldern der Universität verankern (Governance, Betrieb, Lehre, Forschung, Universitätsgemeinschaft);
2. Ein Umfeld schaffen, das engagierte, resiliente und achtsame Studierende, Lehrende und Mitarbeitende fördert, die sich für das Wohlergehen der Menschen und des Lernorts einsetzen;
3. Mit externen Partnern in Politik, Wirtschaft und Zivilgesellschaft zusammenzuarbeiten, um gemeinwohlorientiertes Wissen und Best-Practices zu verbreiten;
4. Die Zusammenarbeit zwischen den Mitgliedern des Netzwerks zu vertiefen und auszubauen, um gemeinsame Aktivitäten zu ermöglichen;
5. Sicherzustellen, dass das Netzwerk internationale Debatten befruchtet und zur Erreichung der UN-Nachhaltigkeitsziele beiträgt.

Das ISCN veranstaltet jährlich an wechselnden Orten eine internationale Konferenz, in deren Rahmen auch die vom ISCN ausgeschriebenen Preise an besonders fortschrittliche Hochschulen verliehen werden.

Mehr über die Arbeit des ISCN gibt es hier:
- https://international-sustainable-campus-network.org/

Abb. 16.3: Hochschulen sind wichtige Katalysatoren zur Erlangung von Nachhaltigkeit.

16.3.1 Forschung und Entwicklung

Selbstredend sind Hochschulen Orte der Produktion neuen Wissens und in vielen Themenbereichen der Nachhaltigkeitsforschung spielen sie – neben reinen Forschungszentren, zivilgesellschaftlichen Denkfabriken und privatwirtschaftlichen Forschungsabteilungen – eine zentrale Rolle. Dies betrifft nicht nur den Bereich der sogenannten Grundlagenforschung, sondern ebenso die anwendungsnahe Forschung und damit verbunden die Politikberatung (s. u.).

Hochschule als Reallabor

Hochschulen können auch Orte der Erprobung neuer Prozesse, Technologien oder Materialien sein. Als **Reallabor** (Living Lab) konzipierte Universitätsgebäude, wie etwa das pionierhafte C. K. Choi-Gebäude auf dem Campus der University of British Columbia, dienen der realen Erprobung und Verbesserung neuer Bau- und Betriebstechniken (Affolderbach & Schulz, 2018). Der Campus der Leuphana-Universität in Lüneburg oder der Waldcampus der Hochschule für Nachhaltige Entwicklung Eberswalde gelten in Deutschland als besonders fortschrittlich in Sachen Nachhaltigkeitsfragen, in der Schweiz die ETH Zürich und die Universität Lausanne und in Österreich die Universität für Bodenkultur Wien. Die zahlreichen Solarmobilrennen, bei denen von Studierenden konzipierte Prototypen an den Start gehen, sind weit mehr als ein spielerisches Experiment. Diese Liste von Beispielen ließe sich beliebig fortsetzen.

Begriffserklärung

Reallabore: Das Konzept der Reallabore (Living Labs) überträgt die Idee von Experimenten in Laborsettings im Sinne eines Realexperiments auf das Lebensumfeld. Gross et al. (2005) beschreiben Realexperimente als **»ökologische Gestaltungsprozesse in der Wissensgesellschaft«**, die Wissenserzeugung und Wissensanwendung miteinander verbinden. Sie sind entsprechend eng mit der Nachhaltigkeitsforschung verknüpft (Schneidewind, 2014). Reallabore bieten den Kontext für Realexperimente und somit situationsspezifische Bedingungen (statt dem im Labor kontrollierten Setting). Sie erlauben es, gesellschaftliche Dynamiken und Prozesse besser zu verstehen.
Als Reallabor können beispielsweise konkrete Stadtviertel, Gebäude und Institutionen (z. B. Universitäten) dienen. Vor allem in der nachhaltigen Stadtentwicklung haben Reallabore zunehmend an Bedeutung gewonnen (Marquart & Gerhard, 2017). So können temporäre Verkehrsberuhigungen, kulturelle Angebote oder Zwischennutzungen in der tatsächlichen Umsetzung untersucht und ausgewertet werden. Zentral bei der Umsetzung sind unter anderem die **Koproduktion von Wissen** (s. hierzu auch Preller et al., 2014), das heißt die Einbindung von Zivilgesellschaft und Praxisakteuren, ein transdisziplinäres Verständnis und die wissenschaftliche Begleitung (Schneidewind, 2014). Ein Beispiel stellt die Stadt Aachen mit der Circular City-Strategie dar (Fromhold-Eisebith, 2023).

Interdisziplinäres Potenzial

An vielen Hochschulen haben Nachhaltigkeitsthemen Eingang gefunden in Strategie- und Entwicklungspläne und damit auch in die Profil- und Schwerpunktbildung der jeweiligen Forschungsprogramme (s. auch das Interview mit Pamela Kilian am Ende dieses Kapitels). Dabei steht oft das **interdisziplinäre** Potenzial der Nachhaltigkeitsforschung im Vordergrund. Nur wenige Forschungsthemen sind ebenso in den Natur- und Ingenieurwissenschaften, in den Sozial- und Humanwissenschaften, den Rechts- und Wirtschaftswissenschaften, den Erziehungswissenschaften sowie in der Psychologie und Gesundheitsforschung anzutreffen. Und die **Komplexität** vieler Nachhaltigkeitsfragestellungen erfordert nicht nur deren Beleuchtung aus verschiedenen disziplinären Perspektiven, sondern auch die gemeinsame interdisziplinäre Konzeption und Durchführung von Forschungsvorhaben. So ist etwa die Förderung von Nachwuchsgruppen der sozial-ökologischen Forschung seitens des Bundesministeriums für Bildung und Forschung (BMBF) sehr stark an trans- bzw. interdisziplinären Vorgaben ausgerichtet.

16.3.2 Hochschulen als regionaler Akteur (Third Mission)

Die dritte hier angesprochene Facette betrifft sowohl das Nachhaltigkeitsniveau des Hochschulbetriebs im operativen Sinne als auch die Kooperation mit regionalen Akteursgruppen und daraus resultierende Impulse für die **Regionalentwicklung**.

Hochschulbetrieb

Mit **Hochschulbetrieb** sind zum einen die materiellen Aspekte rund um Gebäudewirtschaft und Energieversorgung, die Konzeption von Neubau- oder Erweiterungsmaßnahmen, Ernährungsfragen (Mensa-Catering), Abfallvermeidung und -management sowie Mobilität gemeint. Letztere schließt Fragen der Parkraumbewirtschaftung, das Angebot von Job- bzw. Semestertickets, Car-Sharing und Plattformen zur Vermittlung von Mitfahrgelegenheiten ebenso ein wie spezielle Dienstreise-Vorschriften. Inspiriert von internationalen »Stay Grounded«-Debatten genehmigen einige Universitäten keine Kurzstreckenflüge mehr und halten Beschäftigte zum Reisen mit der Bahn an. Als Kurzstrecke gelten in der Regel 1000 km bzw. ein alternativer Reiseaufwand per Bahn unter einem bestimmten Schwellenwert (als vertretbar gelten z. B. sechs Stunden an der HTW Berlin oder zehn Stunden an der HNE Eberswalde). Individuell können sich Hochschulbeschäftigte freiwillig zu einer Reduktion ihrer Flugreisen verpflichten, etwa dem Aufruf der Scientists for Future »#unter 1000 mach ich's nicht!« folgend (https://www.unter1000.de/).

Über die Auftragsvergabe zum Beispiel an Caterer, Reinigungs- oder Baufirmen können Hochschulen **Einfluss nehmen** auf verwendete Produkte und Verfahren. Und je nach Organisationsform treten Hochschulen auch als finanzwirtschaftliche Akteure auf, wenn etwa Studiengebühren und Spenden in Investmentfonds angelegt oder Betriebsrenten über eigene Pensionsfonds vorgehalten werden. Dies hat an renommierten Hochschulen wie Harvard oder Princeton zu einschlägigen Divestment-Kampagnen geführt, das heißt die Anlagenmanager der Hochschule wurden von Studierenden und Belegschaft gedrängt, Anlagevermögen beispielsweise aus fossilen Energiefirmen und Technologien abzuziehen und in weniger klimaschädliche Aktivitäten zu investieren, wie an der Princeton University in den USA (Abb. 16.4).

Abb. 16.4: Logo der Initiative Divest Princeton. Quelle: www.divestprinceton.com.

Auf eher immaterieller Ebene haben Hochschulen zum anderen – wie auch Unternehmen und andere Organisationen – die Möglichkeit, ihre Mitglieder für **alltägliche Nachhaltigkeitsaspekte** zu sensibilisieren. Dies geschieht vielerorts durch

Informationskampagnen, Weiterbildungen und Leitfäden beispielsweise in den Themenfeldern Ernährung, Energiesparen, Mobilität.

Nachhaltigkeitsimpulse

Neben diesen operativen Aspekten ihres eigenen Betriebs gelten Hochschulen auch als regionale Akteure hinsichtlich ihrer **wirtschaftlichen Impulse**, vor allem aber auch hinsichtlich ihrer Interaktion mit anderen regionalen Stakeholdern. Während die regionalökonomische Wirkung von Hochschulen (z. B. auf Einzelhandel, Immobilienmärkte usw.) intensiver erforscht wurde (z. B. Bathelt & Schamp [2002] für Frankfurt a. M., Musil (2012) für Wien, Glückler et al. (2015) für Baden-Württemberg), steht die Erforschung von Nachhaltigkeitsimpulsen noch ganz am Anfang. Pionierarbeit in Deutschland hat hier der Arbeitskreis **»Hochschulen und nachhaltige Regionalentwicklung«** der ARL – Akademie für Raumentwicklung in der Leibniz-Gemeinschaft zwischen 2014 und 2017 geleistet (Postlep et al., 2020). An ihm haben auch Wirtschaftsgeographinnen mitgewirkt, unter anderem mit einem Beitrag zur Rolle von Hochschulen als **»Agenten des Wandels«** (Schiller et al., 2020). Dieser betrachtet Hochschulsysteme aus dem Blickwinkel der Transitionsforschung und wendet deren Multi-Level-Perspective (MLP, s. Kapitel 8) leicht adaptiert an. Als »Regime« im Sinne der MLP verstehen die Autoren »wie der Mainstream des Hochschulsystems aktuell funktioniert« (Schiller et al., 2020: 140), eingebettet in ein institutionelles Umfeld (»Landschaft«), das unter anderem auf Wissenschaftsfreiheit fußt. Es wird betont, dass das Regime des Hochschulsystems weit heterogener einzuschätzen ist als andere soziotechnische Systeme, da sowohl die Freiheitsgrade ganzer Hochschulen als auch die einzelner Institute oder Forschenden größer sind als etwa in einem bestimmten Wirtschaftszweig. Die »Nischen« sind dementsprechend vielfältig und können sowohl von Gruppen an einzelnen Hochschulstandorten als auch von hochschulübergreifenden Netzwerken geprägt werden. Hier finden sich oben genannte Living Labs ebenso wie zivilgesellschaftlich motivierte Initiativen zur Veränderung der Hochschulen.

Third Mission

Auch wenn die Unterscheidung zwischen Transition *von* Hochschulen und Transition *durch* Hochschulen schwierig erscheint (Radinger-Peer & Pflitsch, 2017), betrachten Schiller et al. (2020) gesondert auch die sogenannte **Third Mission**, also die kooperative Austauschbeziehung mit der Gesellschaft. Sie stufen diese als »Sub-Regime« des Hochschulsystems ein. Dieses kann – je nach nationalem hochschulpolitischem Kontext, Art der Hochschule und Selbstverständnis der Organisation sehr unterschiedlichen Kontextfaktoren ausgesetzt sein und beispielsweise stärker auf Technologietransfer und Kommerzialisierung von Forschungsergebnissen setzen oder stärker auf Fragen sozio-kultureller Wandels.

Mit der Vielfalt der Regimeausprägung und der daraus resultierenden Freiheit kommt den Hochschulen nicht nur ein besonderes Potenzial für die Gestaltung der Nachhaltigkeitstransition zu, sondern auch eine spezifische Verantwortung (zum Selbstverständnis der Hochschulen und zu ›transformativer Forschung‹ siehe ausführlicher Kapitel 17).

16.3.3 »Raus ins Feld« mit Dr. Pamela Kilian, Sustainability Officer der Universität zu Köln

Abb. 16.5: Pamela Kilian. Foto: Annette Etges.

Pamela Kilian ist promovierte Geographin und arbeitete seit 2015 in verschiedenen strategischen Funktionen für das Rektorat der Universität zu Köln. Seit Sommer 2022 koordiniert sie als Projektleiterin den Aufbau des Nachhaltigkeitsbüros der Universität. Das Gespräch fand im März 2023 statt.

Welche Rolle können Hochschulen in der Nachhaltigkeitstransition spielen?
Die Bereiche, zu denen wir beitragen können, sind sehr vielfältig. Grundsätzlich möchte ich unterscheiden zwischen der Universität als Institution mit ihrem Auftrag in Forschung und Lehre, einerseits, und der Universität als Organisation, andererseits. Als Organisation ist sie übrigens eine der größten Arbeitgeberinnen in der Region, wirkt also quasi wie ein (nicht-profitorientiertes) Unternehmen, das zum Beispiel durch seine baulichen Tätigkeiten aber auch durch seine Transferaktivitäten Effekte auf Umwelt, Wirtschaft und Gesellschaft hat.

Ihr kooperiert in Nachhaltigkeitsfragen also auch mit Akteuren außerhalb der Uni?
Ja, Transfer spielt eine große Rolle, und das gilt für beides – die Uni als Organisation und die Uni mit ihren Projekten in Forschung und Lehre. Als Beispiel für Ersteres könnte ich nennen, dass wir an der Uni seit 2019 das Thema Nachhaltigkeit und Klimaschutz verstärkt behandeln – vor allem von den Studierenden eingefordert und vorangetrieben, auch im Zusammenhang mit der Fridays for Future-Bewegung. Wir hatten damals eine historisch große Studierenden-Vollversammlung, in deren Folge ein Beschluss des Studierendenparlaments eine ganze Reihe von Forderungen an die Universität gestellt hat. Eine Folge war zum Beispiel, dass der Kanzler der Uni die von den Studierenden vorgebrachten Forderungen zur Verkehrswende aufgriff und

einen Termin mit dem Leiter des Nahverkehrsmanagement der Kölner Verkehrsbetriebe und der Dezernentin für Mobilität und Liegenschaften bei der Stadt Köln initiierte, bei dem gemeinsam mit den Studierenden und anderen Gruppen aus der Uni über Fragen der Erreichbarkeit mit öffentlichen Verkehrsmitteln und Verbesserungen des Fahrradverkehrs diskutiert wurden. Die Uni nutzt hier also, wie von den Studierenden gefordert, ihr gesellschaftliches Gewicht, um auf politischer Ebene Veränderungen zu erreichen.

Ein Transferbeispiel für den Bereich Forschung und Lehre wäre, dass der Beauftragte des Rektorats für Nachhaltigkeit gleichzeitig auch für den Bereich Innovation zuständig ist. Der Zusammenhang wird so beim Thema Start-ups mitgedacht. Oder auch im Bereich der Beratung von Politik und Wirtschaft, so beispielsweise unser 2022 gegründetes Institut für Nachhaltigkeit, Umweltrecht und Reporting (INUR), das nicht nur forscht, sondern auch den deutschen Mittelstand beraten kann, etwa im Zusammenhang mit der Umsetzung des EU-Green Deal.

Wie ist das Thema sonst in der Universität verankert?
Wieder zurückgehend auf die studentische Initiative von 2019 und einen Beschluss des Rektorats hat die Universität zu Köln heute einen Nachhaltigkeitsrat, der sich vor allem mit dem Bereich Forschung, Lehre, und Transfer befasst. Organisatorische und betriebliche Fragen (z. B. der Energieverbrauch der Uni) werden vom Rektorat behandelt. Der Nachhaltigkeitsrat trägt zur Entwicklung einer Nachhaltigkeitsstrategie der Uni bei. Er ist ein formal verfasstes Gremium aus Vertreterinnen aller Fakultäten und Statusgruppen und berät das Rektorat.

Wie können sich Studierende sonst aktiv einbringen?
Wir hatten im Februar 2023 unser erstes Nachhaltigkeitsforum, an dem 250 Mitglieder der Uni aus allen Bereichen (inkl. Uniklinik) teilgenommen haben, davon etwa ein Viertel aus der Studierendenschaft. Leider war der Raum begrenzt, die Anmeldezahlen waren noch höher. Aus diesem Forum haben sich thematische Gruppen etabliert, in denen Studierende zusammen mit Beschäftigten aus Forschung und Verwaltung bestimmte Nachhaltigkeitsaspekte weiter voranbringen wollen. Die Studierenden bleiben also nicht unter sich, sondern kollaborieren direkt mit den anderen Gruppen. Das Forum war ein großer Erfolg und wird mit seinen Themengruppen absehbar eine wichtige Plattform und Triebkraft für die Nachhaltigkeitsstrategie werden.

Gibt es Austausch mit Nachhaltigkeitsreferentinnen anderer Hochschulen?
Ich nehme zum Beispiel regelmäßig am ›Stammtisch‹ der Nachhaltigkeitsreferentinnen der nordrhein-westfälischen Hochschulen teil. Das ist ein informeller, aber sehr wichtiger Austausch. Ein formaler Rahmen ist Humboldt^{n}, der Zusammenschluss der NRW-Unis zum Thema Nachhaltigkeit, der auch als Interessengruppe gegenüber

der Landesregierung auftritt. Und dann gibt es noch die Deutsche Gesellschaft für Nachhaltigkeit an Hochschulen, der die Uni Köln vor kurzem beigetreten ist.

Kommt Dir Deine Ausbildung als Geographin bei Deiner Tätigkeit zugute?
Ja, auf jeden Fall. Einmal, weil ich als Geographin systemisches und vernetztes Denken früh als Schlüsselqualifikation gelernt habe. Hinzu kommt das einschlägige Fachwissen, etwa zum Klimawandel. Als Humangeographin habe ich auch physisch-geographische Grundlagen erworben und hatte zum Beispiel Bodenkunde als Nebenfach im Grundstudium. Daher kann ich auch gut fachübergreifend vermitteln, vor allem zwischen Sozial- und Naturwissenschaften. Dieser Hintergrund war mit ausschlaggebend dafür, dass ich meine heutige Rolle ausüben kann. Auch an anderen Hochschulen gibt es Geographen in dieser Position.

Weitere Informationen:
- Beschluss des Studierendenparlaments vom November 2019: https://www.stupa.uni-koeln.de/download/beschluss-versammlung-der-studierendenschaft-26-11-2019/
- Humboldt^n – Nachhaltigkeitsinitiative der Universitäten in NRW: https://humboldt-n.nrw/

16.4 Zusammenfassung

Neben der Wissensgenerierung durch Forschung kommt der Bildung eine zentrale Rolle in der Lösung von ökologischen und sozialen Herausforderungen zu. Bildung für nachhaltige Entwicklung ist in den **UN-Nachhaltigkeitszielen** als eine wichtige Säule für die Umsetzung von Nachhaltigkeit anerkannt und wird zunehmend von Hochschulen aufgegriffen. Gleichwohl wird Nachhaltigkeit in vielen Studiengängen und auch fachübergreifend bisher nur unzureichend thematisiert. Dies gilt auch für geographische Studiengänge und die Wirtschaftsgeographie als Unterdisziplin. Neben der Lehre und Forschung treten Hochschulen auch zunehmend als institutionelle Akteure auf, die Transitionsprozesse in Gang setzen oder fördern – sowohl auf dem Campus wie auch darüber hinaus in der Regionalentwicklung. Auf beiden Ebenen besteht vielerorts noch **erhebliches Ausbaupotenzial.**

16.5 Zur Vertiefung

Test zu Kapitel 16
https://www.utb.de/do/10.36198/9783838561325-e15/disclaimer

Weiterführende Aufgaben

1. Benennen Sie Ziele und Schlüsselkompetenzen einer Bildung für nachhaltige Entwicklung in Ihrer Fachdisziplin bzw. Anwendungsbereich.
2. Skizzieren Sie, inwieweit Ihre Hochschule oder eine weiterführende Bildungseinrichtung in Ihrer Nähe, in den Bereichen Nachhaltigkeitsbildung, Forschung und Entwicklung sowie Betrieb aktiv zu Nachhaltigkeit beiträgt.

Literatur- und Webtipps

Bedehäsing, Jutta & Padberg, Stefan (2017): Globale Krise, Große Transformation, Change Agents: Heiße Eisen für die Geographiedidaktik. *GW-Unterricht* 146(2): 19–31.

» Der Aufsatz setzt sich kritisch mit der Rolle der Geographiedidaktik und Geographiedidaktiker als Change Agents in der Bildung für nachhaltige Entwicklung auseinander.

Schneidewind, Uwe (2014): Urbane Reallabore – ein Blick in die aktuelle Forschungswerkstatt. *Pnd online* 3: 1–7.

» Der kurze Beitrag bietet einen guten Einblick in den Ansatz des Reallabors und dessen Anwendung in Deutschland.

Kapitel 17

Positionierung

Themen

Normativität, Referenzrahmen, Suffizienz, Gerechtigkeit, Transformative Forschung, Participatory Action Research (PAR)

Über diese Lerneinheit

Ziel des Buches ist es nicht nur, eine Bandbreite an Nachhaltigkeitskonzepten in der Wirtschaftsgeographie darzustellen, sondern auch eine kritische Stellungnahme und normative Positionierung für eine transformative und gerechtigkeitsorientierte Lehre, Forschung und Praxis anzuregen. Die Ansätze der Aktionsforschung (Participatory Action Research) und der transformativen Wissenschaften bieten zwei methodische Zugänge.

17.1 Einführung

Wir haben im Einstieg zu diesem Buch auf den pluralistischen Charakter der Wirtschaftsgeographie im Allgemeinen verwiesen. Dieser beruht sowohl auf der methodischen Vielfalt der Disziplin als auch auf der großen Bandbreite an Konzepten, die von der Wirtschaftsgeographie entwickelt oder für ihre Zwecke adaptiert wurden bzw. werden. Eine ähnliche Diversität besteht in der wirtschaftsgeographischen Beschäftigung mit Nachhaltigkeitsfragen bzw. in der umweltorientierten Wirtschaftsgeographie. Die im ersten Teil des Buches ausgeführten konzeptionellen Zugänge zeigen einen Querschnitt durch dieses breite Spektrum. Ebenso breitgefächert ist die thematische Vielfalt der empirischen Arbeiten, wie die sektoralen und regionalen Beispiele im zweiten Teil des Buchs illustrieren.

Wir waren in Teil 1 bemüht, die ausgewählten Konzepte zunächst in ihren Grundzügen zu erläutern, historisch zu kontextualisieren und ihre Bedeutung für die Wirtschaftsgeographie zu würdigen. Dabei ist es uns vermutlich nicht vollständig gelungen, eine erhöhte Sympathie für jene Ansätze zu verbergen, die ein ›Weiter-so‹ bisheriger kapitalistischer Logiken und Praktiken infrage stellen. Wir nehmen hier abschließend eine bewusst **normative Positionierung** vor, um für einen engagiert-kritischen Beitrag der wirtschaftsgeographischen Forschung und Lehre zu zentralen Zukunftsfragen zu plädieren. In der gegebenen Kürze dieses Schlusskapitels gehen wir in zwei Schritten vor. Zum einen werben wir für eine wirtschaftsgeographische Nachhaltigkeitsforschung, die sich einen suffizienz- und gerechtigkeitsorientierten Referenzrahmen gibt. Zum anderen diskutieren wir methodische Implikationen in einer kritischen Annäherung an das Konzept der Transformativen Forschung und argumentieren für eine gesellschaftlich engagierte Wirtschaftsgeographie. Das Kapitel schließt mit einem Ausblick hinsichtlich der Rolle der Wirtschaftsgeographie in inter- sowie transdisziplinären Zusammenhängen sowie mit einem Plädoyer für die stärkere Verankerung von Nachhaltigkeitsthemen und -konzepten in der wirtschaftsgeographischen Hochschullehre.

17.2 Für eine suffizienz- und gerechtigkeitsorientierte Wirtschaftsgeographie

Eine an gesellschafts- und umweltrelevanten Fragen interessierte Wirtschaftsgeographie sollte ihre Forschungsgegenstände auch normativ-kritisch hinterfragen. Dazu gehört, Motivlagen, Ziele und Wirkungen nachhaltigkeitsorientierter Wirtschaftspraktiken zu durchdringen und hinsichtlich ihrer Zweckdienlichkeit (›**Purpose**‹, s. Kapitel 14 sowie Mazzucato [2021]) zu überprüfen. Dies heißt nicht, dass sich die Wirtschaftsgeographie selektiv und ausschließlich mit tatsächlich transformativen Praktiken beschäftigen sollte. Im Gegenteil, es braucht gleichzeitig eine kritische Analyse und fundierte Einordnung jener beharrenden oder eher vordergründig nachhaltigen Konzepte inklusive des offensichtlichen Greenwashings (s. Kapitel 14 zur ›Klimaneutralität‹ von Organisationen, die durch Kompensationszahlungen rechnerisch erlangt wird). Zum Zwecke dieser Einordnung bedarf es eines wertebasierten **Referenzrahmens,** der selbstredend von normativen Grundannahmen geprägt ist. Es scheint uns aus forschungsethischen und epistemologischen Gründen geboten, solch normative Grundannahmen nicht implizit mitzuführen, sondern transparent offenzulegen.

Beispiel: Finanzwirtschaft

Das Beispiel eines aktuell sehr dynamischen Sektors soll illustrieren, was wir mit Referenzrahmen meinen. In der Finanzwirtschaft nimmt das Thema Nachhaltigkeit eine immer prominentere Stellung ein. Dies geschieht einerseits unter Aspekten des Risikomanagements angesichts klimawandel- bzw. umweltbedingter Gefährdungen von Anlagevermögen (Betriebsanlagen, Infrastrukturen, Immobilien). Zugleich nimmt die Nachfrage von privaten wie auch institutionellen Investorinnen nach ökologisch und/oder sozial sinnvollen Anlagemöglichkeiten zu (s. Kapitel 10 zu ESG). Auf diese Weise ist ein rasant wachsender Markt für grüne Anleihen, ökologisch oder sozial ausgerichtete Investmentfonds und andere ›grüne‹ Finanzprodukte entstanden (Dörry & Schulz, 2018). Zugleich wuchs der Bedarf an einschlägigen Weiterbildungen etwa zu Zertifizierungsverfahren oder zur Nachhaltigkeitsberichterstattung. Diese Dynamik verändert das Gefüge internationaler Finanzzentren, prägt ihre Arbeitsmärkte und zeigt im globalen Maßstab Konsequenzen angesichts großer reinvestierter Kapitalbestände (s. Divestment in Kapitel 16).

Referenzrahmen

Aus wirtschaftsgeographischer Sicht erscheint es naheliegend und vielversprechend, diese Prozesse und ihre räumlichen Implikationen zu analysieren, Innovationspfade zu studieren und den Wandel der Branche nachzuzeichnen. Referenzpunkte wären hier klassische Messgrößen wie Umsatzzahlen, Unternehmenserträge, Kapitalmobilität, Schaffung von Arbeitsplätzen, Akteursnetzwerke etc. Ein explizit an Nachhaltigkeitsfragen ausgerichteter Referenzrahmen würde über die Bewertung der Branchendynamik hinausblicken und der Frage nachgehen, ob und wie die als ›grün‹ titulierten Finanzaktivitäten tatsächlich Nachhaltigkeitsbestrebungen zuträglich sind. Dies könnte etwa damit beginnen, die Zusammensetzung der **Portfolios** grüner Investmentfonds kritisch zu analysieren und in die Bewertungskriterien aufzunehmen. Hier gibt es mangels verbindlicher Branchenstandards und aufgrund einer großzügigen Definition seitens der **EU-Taxonomie** für nachhaltige Anlageformen

(EU-Kommission, 2020c; Rodriguez-Rojas et al., 2022) eine sehr große Vielfalt an Angeboten. Manche von ihnen beruhen auf dem sogenannten **Best-in-class-Prinzip**. Das heißt, es werden nicht zwingend die Aktien von besonders nachhaltigkeitsorientierten Unternehmen aufgenommen, sondern es reicht als Aufnahmekriterium, wenn ein Unternehmen in seiner jeweiligen Branche als besonders umweltfreundlich gilt. Aufgenommen werden könnte also zum Beispiel auch ein Energieunternehmen, das Braunkohle verstromt, dies aber mit einer besseren Abgasreinigung oder einem geringfügig höheren Wirkungsgrad als seine Mitbewerber realisiert, was aber wenig an seiner Klimarelevanz ändert.

Investitionen

Weitergehen würde die – von der wirtschaftswissenschaftlichen Forschung zur grünen Finanzwirtschaft weitgehend ausgeblendete – Betrachtung von realen Folgen grüner Investitionen. Eine solche **Impakt-Perspektive** würde nicht nur ergründen, in welche Art von Aktivitäten (Portfolio) investiert wird, sondern auch, welche tatsächlichen sozialen oder ökologischen Auswirkungen die jeweilige Investition hat. Als plakatives, aber nicht seltenes Beispiel mag ein Investmentfonds dienen, der auf der Suche nach großen Anlagevolumina in ein als nachhaltig zertifiziertes Großprojekt zur Aufforstung im Globalen Süden investiert. Anleger erfahren in der Regel wenig oder nichts darüber, in welcher Qualität die Maßnahme tatsächlich umgesetzt wurde, ob es im Zusammenhang des Projekts zur Zerstörung kleinbäuerlicher Strukturen vor Ort, zur Verdrängung indigener Lebensgemeinschaften und zur Veränderung sozioökonomischer Gefüge im Zielland kommt. Auch scheint es fragwürdig, Forstflächen auf ihren Nutzen als CO_2-Senke zu reduzieren und andere ökologische Aspekte (z. B. Monokulturen, Artenschwund) auszublenden.

›Skillwashing‹

Damit zusammenhängend geht es nicht zuletzt auch um **Wissensbestände** und **Methodenkompetenz**. Wie oben bereits angesprochen, haben Nachhaltigkeitsbestrebungen in der Finanzwirtschaft einen neuen und ungeordneten Markt für Aus- und Weiterbildungen entstehen lassen, um den enormen Qualifizierungsbedarf einer im Wandel befindlichen Branche zu bewältigen. Bei den derzeitigen Angeboten geht es primär um das Erwerben einer formalen Qualifikation. Eine Unternehmensberatung möchte sich möglicherweise aus eher wettbewerbsstrategischen Gründen mit einem zertifizierten Nachhaltigkeitsconsultant schmücken, der sich aber vor allem mit prozeduralen Aspekten formaler **Regelkonformität** (Compliance) und **Sorgfaltspflicht** (Due Diligence) auskennt, ohne notwendigerweise inhaltlichen Zugang zur Nachhaltigkeitsthematik zu besitzen. Mangels geschützter Berufsbezeichnungen gibt es derzeit die Möglichkeit, mittels eines Crash-Kurses von nur wenigen Stunden, wohlklingende Zertifikate von führenden Unternehmensberatungen zu erwerben.

Schumacher (2022) spricht in seiner Analyse zu Qualifizierungsbedarf und -angeboten im Finanzsektor – in Anlehnung an das weiter oben erwähnte Greenwashing – auch von ›**Skillwashing**‹ im Nachhaltigkeitsbereich.

Orientierungsrahmen

Eine explizite Positionierung kann unseres Erachtens helfen, solche und andere Entwicklungen in Bezug auf einen wertebezogenen Referenzrahmen zu untersuchen. Gemeint ist hiermit ein Orientierungsrahmen, der an einem starken Verständnis von Nachhaltigkeit (s. Kapitel 2) ausgerichtet ist. Bezogen auf die ökologische Dimension von Nachhaltigkeit haben die Ausführungen in Teil 1 des Buchs gezeigt, dass auf Effizienz (Ökologische Modernisierung, Green Economy) und Konsistenz (Circular Economy) abzielende Strategien um **Suffizienz**-Aspekte ergänzt werden müssen, um eine absolute Minderung von Ressourcenverbräuchen zu erreichen (siehe Kapitel 10). Neben der Frage des »Wie« etwas produziert werden sollte (effizient, konsistent), geht es also auch um die zugegeben normativere Frage nach dem »Was«, also welche Art von Gütern produziert oder Dienstleistungen erbracht werden sollten. Das »Was« impliziert durchaus auch die Frage nach dem »Warum«, und nicht zuletzt auch nach dem »Für wen«.

Letzteres beinhaltet auch soziale Aspekte hinsichtlich der **Zugänglichkeit** und **Verteilungsgerechtigkeit** (s. Kapitel 5). Die betrifft sowohl die Situation innerhalb einer Gesellschaft (z. B. Zugang zu erschwinglichem Wohnraum) als auch Fragen der globalen Ressourcen- und Umweltgerechtigkeit (siehe etwa die Beispiele Lithium-Abbau und Landnahme in Kapitel 4). Suffizienzorientierung und soziale Gerechtigkeitsaspekte können als **moralischer Kompass** das Werteverständnis leiten, das einer transformativen Nachhaltigkeitsforschung zugrunde liegt. Diese ist somit bewusst normativ ausgerichtet (s. Kapitel 12).

17.3 Für eine gesellschaftlich engagierte Wirtschaftsgeographie

Eine derart wertebasierte Orientierung kann auch Implikationen methodischer Natur mit sich bringen. Wir stellen hier zwei Konzepte kritisch vor, die eine gesellschaftlich engagierte Wirtschaftsgeographie inspirieren können.

Participatory Action Research

Im englischsprachigen Raum gibt es seit zwei Jahrzehnten eine recht breite Debatte um das Konzept der **Participatory Action Research** (PAR), also einer beteiligungsorientierten **Aktionsforschung** (Kindon et al., 2007). Damit ist zweierlei gemeint: Erstens plädieren die Vertreterinnen des PAR-Ansatzes für eine kollaborative Forschungsmethodik, die Vertreter des ›beforschten‹ Milieus schon in die

Konzeption eines Forschungsdesigns einbeziehen, zusammen mit ihnen relevante Forschungsfragen identifizieren und eine gemeinsame Wissensgenerierung anstreben. Damit grenzt sich PAR von den vorherrschend ›extraktiven‹ Forschungspraktiken der Sozialwissenschaften ab, also der Haltung, beforschte Subjekte weitgehend auf ihre Rolle als Datenlieferantinnen (z. B. in Experten-Interviews) zu reduzieren und ihnen bestenfalls Forschungsergebnisse zugänglich zu machen. Neben diesen nicht zuletzt forschungsethischen Aspekten plädiert die PAR zweitens für einen normativen Veränderungsanspruch (Action), das heißt, partizipative Forschung solle sich auch für eine Sache einsetzen, sei es dadurch, dass den Belangen der beforschten Akteurinnen mehr Sichtbarkeit verschaffen wird (Publikationen, Veranstaltungen, Presse), sei es durch eine Stärkung jener Akteure durch die im gemeinsamen Forschungsprozess generierten Erkenntnisse. PAR stellt also auch ein Werkzeug dar, um selbst zu einem Wandel bzw. einer Lösung beitragen zu können. Dies kann unter anderem durch Mitwirkung an Protestaktionen oder Mitarbeit in Projekten erfolgen.

Transformative Wissenschaft

In eine ähnliche Richtung stoßen die Vorschläge für eine **Transformative Wissenschaft** (Schneidewind & Singer-Brodowski, 2014), die für transdisziplinäres Arbeiten und gesellschaftliche Wirkung argumentieren. Nur durch engen Austausch mit Praxisakteuren lasse sich nötiges Transformationswissen generieren und verbreiten (transformative Lehre, s. auch Bildung für Nachhaltigkeit in Kapitel 16). Besondere Bedeutung wird der Rolle von Reallaboren zur Erprobung von Lösungsansätzen und realen Bedingungen beigemessen (s. Kapitel 16).

Kritik an beiden Ansätzen bezieht sich insbesondere auf den normativen Anspruch und die enge Allianz mit den Forschungspartnerinnen, wodurch im Falle von **Interessenskonflikten** oder **ethischen Dilemma-Situationen** eine kritische Distanz erschwert bis verhindert werden kann. Auch wird bemängelt, dass eine Verengung wissenschaftlicher Fragestellungen auf unmittelbare Problemlösungsrelevanz (Solutionismus) eine unvoreingenommene und von wissenschaftlicher Neugier getriebene Wissenschaft zu sehr einschränken könnte (Grunwald, 2015; Singer-Brodowski et al., 2021).

Die Umsetzung der in diesem Buch dargestellten notwendigen Transformationsprozesse erfordern veränderte Perspektiven und Werteverständnisse. Eine solche Positionierung schließt jedoch nicht aus, kritische Distanz zu bewahren. Wie auch mit anderen Methoden muss die partizipative Forschung auch kritische und unbequeme Fragen zulassen, um Raum für wissenschaftliche Neugierde und Denkfreiheit sicherzustellen.

17.4 Ausblick

Der wachsende Widerhall, den Nachhaltigkeitsthemen in der Wirtschaftsgeographie erfahren, und hier vor allem auch das große studentische Interesse an diesen **Zukunftsfragen**, stimmen uns zuversichtlich, dass konzeptionelle und empirische Lücken zunehmend gefüllt werden können. Auch sind wir überzeugt, dass unser Fach in der sozial-ökologischen Transformation eine bedeutende Rolle spielen kann. Als Brückenfach zwischen den Sozial-, Wirtschafts- und Umweltwissenschaften, aber auch mit seinen transdisziplinären Bezügen zur Raumplanung, Wirtschaftsförderung und Regionalentwicklung, ist es in einer hervorragenden Position, **holistisches** und **vernetztes Denken** einzubringen.

Dies sollte sich auch in den spezifischen Lehrangeboten niederschlagen. Sei es in der Ausbildung von Wirtschaftsgeographinnen auf Bachelor- oder Master-Niveau, sei es in Lehrangeboten für Nachbardisziplinen (BWL/VWL, Raumplanung/Städtebau/Architektur, Umweltwissenschaften) oder in der beruflichen Weiterbildung, beispielsweise in den Themenfeldern Regionalentwicklung, Wirtschaftsförderung, Kommunalplanung, Quartiersentwicklung und anderen. Wir hoffen somit, dass unser Buch sowohl Lernenden als auch Lehrenden eine hilfreiche Grundlage liefert, und freuen uns auf Feedback unserer Lesenden.

17.5 Zur Vertiefung

Test zu Kapitel 17
https://www.utb.de/do/10.36198/9783838561325-e16/disclaimer

Literatur- und Webtipps

Schneidewind, Uwe & Singer-Brodowski, Mandy (2014): *Transformative Wissenschaft*. Marburg: Metropolis.

» Prägendes Werk für die deutschsprachige Debatte um transformative Forschung und ihre Implikationen.

Mazzucato, Mariana (2021): Mission Economy. A Moonshot Guide to Changing Capitalism. Dublin: Penguin.

» Ein engagiertes Plädoyer für gesellschaftliche Verantwortung in der Wirtschaftspolitik zur Förderung gemeinwohlorientierter Wirtschaftsweisen (Purpose Economy).

Danksagung

Viele Kolleginnen haben über die letzten Jahre und Jahrzehnte ihre Einblicke und Ideen zu Nachhaltigkeitsperspektiven in der Wirtschaftsgeographie mit uns geteilt, mit uns zusammengearbeitet und uns inspiriert. Besonders bedanken möchten wir uns bei Dietrich Soyez und Roger Hayter für die frühe und prägende Heranführung an Themen der nachhaltigkeitsorientierten Wirtschaftsgeographie.

Antje Bruns, Martina Hülz und unsere Studierenden haben uns wertvolles Feedback, Denkanstöße und Ergänzungen zu Erstfassungen der Kapitel geliefert. Ein besonderer Dank geht an unsere Gesprächspartner der Rubrik ›Raus ins Feld‹: Emily Bankert, Martin Budd, Ottavia Cima, Jörg Elbers, Agnes Feil, Michaela Gensheimer, David Gibbs, Michaela Hausdorf, Georges Kieffer, Pamela Kilian, Nora Komposch, Jürgen Millen, Ndapewa Fenny Nakanyete, Nicholas Pohl, Christian Reinert, Harald Rohracher, Benedikt Schmid, Mandy Singer-Brodowski, Uwe Schneidewind, Eva Walther, Markus Wörner und Rüdiger Wurzel, die sich die Zeit genommen haben, unsere Fragen zu beantworten und ihre Erfahrungen und Perspektiven mit uns zu teilen. Emma Tchung-Ming hat die Entstehung des Buches mit Impulsen für die von ihr entworfenen Zeichnungen begleitet und dem Buch damit einen besonderen Charakter verliehen. Cyrille Médard de Chardon hat uns durch die Erstellung der Karten unterstützt. Vielen Dank an Antonia Wind für das Lektorat sowie an Christian Keitel, Dennis Schmidt und das Team von transcript, das Ideen und Impulse geliefert und uns bei der Umsetzung des Buches professionell und verlässlich unterstützt hat.

Literatur

Aalbers, Manuel B., Beerepoot, Niels & Gerritsen, Martjin (2020): Editorial: The Geography of the COVID-19 Pandemic. *Tijdschrift Voor Economische En Sociale Geografie* 111(3): 201–204.

Achenbach, Hermann, Gaedeke, Heicke, Berg, Holger, et al. (2023): Interaktion digitaler und räumlicher Strukturen in der B2B-Kreislaufführung von Kunststoffen. *Standort* 47(1): 19–25.

Adams, William M. & Hutton, Jon (2007): People, parks and poverty: political ecology and biodiversity conservation. *Conservation and Society* 5(2): 147–183.

Addison, Tony, Jukka, Pirttiläm & Tarp, Finn (2019): Is global inequality rising or falling? Helsinki, Finland: Policy Brief 2019/2, UNU-WIDER.

Affolderbach, Julia & Schulz, Christian (in Druck): Construction and the green econonmy. In: Ström, Patrik & Jones, A. (Hrsg.): *Research Handbook of the Green Economy*. Cheltenham: Edgar Elgar.

Affolderbach, Julia (2022): Translating green economy concepts into practice: ideas pitches as learning tools for sustainability education. *Journal of Geography in Higher Education* 46(1): 43–60.

Affolderbach, Julia & Médard de Chardon, Cyrille (2021): Just transitions through digitally enabled sharing economies? *DIE ERDE* 152(4): 244–259.

Affolderbach, Julia & Schulz, Christian (2018): *Green Building Transitions – Regional Trajectories of Innovation in Europe, Canada and Australia*. Cham, Switzerland: Springer International.

Affolderbach, Julia & Krueger, Rob (2017): »Just« ecopreneurs: re-conceptualising green transitions and entrepreneurship. *Local Environment* 22(4): 410–423.

Affolderbach, Julia & Schulz, Christian (2017): Positioning Vancouver through urban sustainability strategies? The Greenest City 2020 Action Plan. *Journal of Cleaner Production* 164: 676–685.

Affolderbach, Julia, Clapp, Roger Alex & Hayter, Roger (2012): Environmental bargaining and boundary organizations: remapping British Columbia's Great Bear Rainforest. *Annals of the Association of American Geographers* 102(6): 1391–1408.

Affolderbach, Julia (2011): Environmental bargains: Power struggles and decision making over British Columbia's and Tasmania's old-growth forests. *Economic Geography* 87(2): 181–206.

Affolderbach, Julia (2008): *ENGOs and environmental bargains: A comparative analysis of forest conflicts in Tasmania and British Columbia (PhD Dissertation)*. Simon Fraser University, Burnaby.

AG Energiebilanzen des BMWK (2018): *Bruttostromerzeugung in Deutschland 2018*. Verfügbar unter: https://www.bmwk.de/Redaktion/DE/Infografiken/Energie/Energiedaten/Energietraeger/energiedaten-energietraeger-28.html (Letzter Zugriff 09.06.2023).

Agyeman, Julian (2013): *Introducing just sustainabilities: policy, planning and practice*. London: Zed Books.

Agyeman, Julian, Schlosberg, David, Craven, Luke, et al. (2016): Trends and directions in environmental justice: from inequity to everyday life, community, and just sustainabilities. *Annual Review of Environment and Resources* 41: 321–340.

AK (2021): AK-Wohlstandsbericht 2021. Analyse des gesellschaftlichen Fortschritts in Österreich 2017–2022. Report, Wien: Kammer für Arbeiter und Angestellte für Wien.

Alba, Rossella, Klepp, Silja & Bruns, Antje (2020): Environmental justice and the politics of climate change adaptation – the case of Venice. *Geographica Helvetica* 75(4): 363–368.

Alcott, Blake (2005): Jevons' paradox. *Ecological Economics* 54(1): 9–21.

Anderberg, Stefan & Clark, Eric (2013): Green and sustainable Øresund region: Eco-branding Copenhagen and Malmö. In: Vojnovic, Igor (Hrsg): *Urban Sustainability: A Global Perspective*. East Lansing: Michigan State University Press: 591–610.

Andersson, Ida (2016): ›Green cities‹ going greener? Local environmental policy-making and place branding in the ›Greenest City in Europe‹. *European Planning Studies* 24(6): 1197–1215.

Andersson, Ida (2020): Building the green city from wood?: Policies, practices, and institutional capabilities in Sweden. In: Chudoba, Minna, Hynynen, Ari, Rönn, Magnus & Toft, Anne Elisabeth (Hrsg.): *Built Environment and Architecture as a Resource*. o. O.: Nordic Academic Press of Architectural Research: 55–80.

Ang, Yuen Y. (2018): Domestic Flying Geese: Industrial Transfer and Delayed Policy Diffusion in China. *The China Quarterly* 234: 420–443.

Angel, David P. (2000): Environmental Innovation and Regulation. In: Clark, G. L., Feldmann, M. P. & Gertler, M. S. (Hrsg.): *The Oxford Handbook of Economic Geography*. Oxford: Oxford University Press: 607–622.

Angstmann, Marius, Wolf, Roman, Wolf, Veronika, et al. (2022): Symbiotisches Wirtschaften als Ansatz zur Weiterentwicklung von Bestandsgewerbegebieten. *Standort* 47: 40–45.

Auger, Pat & Devinney, Timothy M. (2007): Do what consumers say matter? The misalignment of preferences with unconstrained ethical intentions. *Journal of Business Ethics* 76: 361–383.

Augustin, Kersten (2022): Ökologischer Fußabdruck und Klimakrise: Wir haben uns verrechnet. *taz online*, 15.11.2022.

Ayres, Robert U. & Ayres, Leslie W. (1996): *Industrial Ecology. Towards Closing the Material Cycle.* Cheltenham: Edward Elgar.

Ayres, Robert U. & Simonis, Udo E. (1994): *Industrial Metabolism. Restructuring for Sustainable Development.* Tokyo: UN University Press.

Baedeker, Carolin (2012): *Regionale Netzwerke: gesellschaftliche Nachhaltigkeit gestalten; am Beispiel von Lernpartnerschaften zwischen Schulen und Unternehmen.* Wuppertal: Wuppertal Institut für Klima, Umwelt, Energie.

Bagoly-Simó, Péter (2023): Geography's unkept promises of education for sustainable development (ESD) on geography's wasted potential to educate for a more sustainable future. *International Research in Geographical and Environmental Education* 32(1): 53–68.

Bahr, Matthias (2013): Umweltbildung. *Potsdamer Geographische Praxis* (6): 71–78.

Baier, Andrea, Müller, Christa & Werner, Karin (2013): *Stadt der Commonisten: Neue urbane Räume des Do it yourself.* Bielefeld: transcript.

Bailey, Ian & Caprotti, Federico (2014): The green economy: functional domains and theoretical directions of enquiry. *Environment and Planning A* 46(8): 1797–1813.

Bailey, Ian, Gouldson, Andy & Newell, Peter (2011): Ecological Modernisation and the Governance of Carbon: A Critical Analysis. *Antipode* 43(3): 682–703.

Bailey, Ian & Wilson, Geoff A. (2009): Theorising transitional pathways in response to climate change: technocentrism, ecocentrism, and the carbon economy. *Environment and Planning A* 41(10): 2324–2341.

Bailey, Sinead & Bryant, Raymont (1997): *Third World Political Ecology.* London: Routledge.

Bakker, Karen J. & Bridge, Gavin (2006): Material worlds? Resource geographies and the ›matter of nature‹. *Progress in Human Geography* 30(1): 5–27.

Bakker, Karen J. (2000): Privatizing water, producing scarcity: The Yorkshire drought of 1995. *Economic Geography* 76(1): 4–27.

Bakker, Karen J. (2003): A political ecology of water privatization. *Studies in Political Economy* 70(1): 35–58.

Barnes, Trevor J. & Sheppard, Eric (2009): ›Nothing includes everything‹: towards engaged pluralism in Anglophone economic geography. *Progress in Human Geography* 34(2): 193–214.

Bärnthaler, Richard, Novy, Andreas & Plank, Leonhard (2021): The Foundational Economy as a Cornerstone for a Social-Ecological Transformation. *Sustainability* 13(18).

Barry, John & Eckersley, Robyn (Hrsg., 2005): The state and the global ecological crisis. Cambridge/MA: MIT Press.

Bartels, Lara Esther, Bruns, Antje & Simon, David (2020): Towards Situated Analyses of Uneven Peri-Urbanisation: An (Urban) Political Ecology Perspective. *Antipode* 52(5): 1237–1258.

Bathelt, Harald & Glückler, Johannes (2018): *Wirtschaftsgeographie. Ökonomische Beziehungen in räumlicher Perspektive.* Stuttgart: UTB-Ulmer.

Bathelt, Harald, Malmberg, Anders & Maskell, Peter (2004): Clusters and knowledge: local buzz, global pipelines and the process of knowledge creation. *Progress in Human Geography* 28(1): 31–56.

Bathelt, Harald & Schamp, Eike W. (2002): Die Universität in der Region. Ökonomische Wirkungen der Johann Wolfgang Goethe-Universität in der Rhein-Main-Region. *Frankfurter Wirtschafts-und Sozialgeographische Schriften* 71.

Bauer, Fredric, Hansen, Teis & Nilsson, Lars J. (2022): Assessing the feasibility of archetypal transition pathways towards carbon neutrality – A comparative analysis of European industries. *Resources, Conservation and Recycling* 177.

Bauriedl, Sybille (2016a): Formen lokaler Governance für eine dezentrale Energiewende. *Geographische Zeitschrift.* 72–91.

Bauriedl, Sybille (2016b): Politische Ökologie: nicht-deterministische, globale und materielle Dimensionen von Natur/Gesellschaft-Verhältnissen. *Geographica Helvetica* 71: 341–351.

Bauriedl, Sybille (2021): Politische Ökologie der Energieversorgung. In: Becker, Sören, Klagge, Britta & Naumann, Matthias (Hrsg.): *Energiegeographie: Konzepte und Herausforderungen.* 54–64.

Bauriedl, Sybille & Strüver, Anke (2017): Smarte Städte. Digitalisierte urbane Infrastrukturen und ihre Subjekte als Themenfeld kritischer Stadtforschung. *Sub\urban. Zeitschrift für kritische stadtforschung* 5(1/2): 87–104.

Bauriedl, Sybille & Strüver, Anke (2018): *Smart City – Kritische Perspektiven auf die Digitalisierung in Städten.* Bielefeld: transcript.

Baxter, Brian (2004): *A theory of ecological justice.* London: Routledge.

Bedehäsing, Jutta & Padberg, Stefan (2017): Globale Krise, Große Transformation, Change Agents: Heiße Eisen für die Geographiedidaktik. *GW-Unterricht* 146(2): 19–31.

Bednarz, Robert S. (2006): Environmental research and education in US Geography. *Journal of Geography in Higher Education* 30(2): 237–250.

Belk, Russell (2017): Sharing Versus Pseudo-Sharing in Web 2.0. *The Anthropologist* 18(1): 7–23.

Bergek, Anna & Jacobsson, Staffan (2003): The emergence of a growth industry: a comparative analysis of the German, Dutch and Swedish wind turbine industries. Heidelberg: Physica-Verlag: 197–227.

Bernzen, Amelie (2014a): Ist Bio drin, wo Bio drauf steht? Risiko- und Qualitätsmanagement bei Importen von Bio-Lebenbsmitteln nach Deutschland. *Standort* 38: 208–214.

Bernzen, Amelie (2014b): Reassessing supplier reputation in international trade coordination – a German and Australian perspective of global organic food networks. *DIE ERDE* 145(3): 162–174.

Beveridge, Ross & Guy, Simon (2005): The rise of the eco-preneur and the messy world of environmental innovation. *Local Environment* 10(6): 665–676.

Bickerstaff, Karen, Walker, Gordon & Bulkeley, Harriet (Hrsg., 2013): Energy justice in a changing climate: social equity and low-carbon energy. London: Bloomsbury Publishing.

Biesecker, Adelheid & Hofmeister, Sabine (2010): Focus: (Re)productivity: Sustainable relations both between society and nature and between the genders. *Ecological Economics* 69(8): 1703–1711.

Biesecker, Adelheid & Hofmeister, Sabine (2013): Zur Produktivität des »Reproduktiven«. Fürsorgliche Praxis als Element einer Ökonomie der Vorsorge. *Feministische Studien* 31(2): 240–252.

Biesecker, Adelheid, Michalitsch, Gabriele, Reiner, Sabine, et al. (2009): Antworten aus der feministischen Ökonomie auf die globale Wirtschafts- und Finanzkrise. Report, Bonn: Friedrich-Ebert-Stiftung.

Bina, Olivia (2013): The Green Economy and Sustainable Development: An Uneasy Balance? *Environment and Planning C: Government and Policy* 31(6): 1023–1047.

Birch, Kean & Tyfield, David (2015): Biowert, Biokapital – oder was sonst? Theoretische Überlegungen zur Bioökonomie. *PROKLA. Zeitschrift für kritische Sozialwissenschaft* 45(178): 11–32.

Bisky, Lothar & Scheele, Jürgen (2007): Die digitale Spaltung der Gesellschaft. *UTOPIE kreativ* 203: 816–825.

Blaikie, Piers (1985): The Political Economy of Soil Erosion in the Third World. London: Longman.

Blaikie, Piers & Brookfield, Harold (1987): *Land degradation and society.* London: Methuen.

Blome-Drees, Johannes & Moldenhauer, Joschka (2021): Die Genossenschaft als hybride Organisation – Eine morphologisch-typologische Analyse. *Zeitschrift für Gemeinwirtschaft und Gemeinwohl* 44(2): 259–279.

BMBF (2023): *Bildung für nachhaltige Entwicklung.* Verfügbar unter: https://www.bmbf.de/bmbf/de/bildung/bildung-fuer-nachhaltige-entwicklung/bildung-fuer-nachhaltige-entwicklung_node.html (Letzter Zugriff 15.06.2023).

BMEL (2020): *Lebensmittelverschwendung.* Verfügbar unter: https://www.bmel.de/DE/themen/ernaehrung/lebensmittelverschwendung/lebensmittelverschwendung_node.html (Letzter Zugriff 14.06.2023).

BMUV (2023): *Klimaanpassung*. Verfügbar unter: https://www.bmuv.de/themen/klimaschutz-anpassung/klimaanpassung (Letzter Zugriff 07.06.2023).

BMWK (2022): *Übersicht Rechtsformen*. Verfügbar unter: https://www.existenzgruender.de/SharedDocs/Downloads/DE/Checklisten-Uebersichten/Recht-Verhandlungsgespraeche/01_uebersicht-Rechtsformen.pdf?__blob=publicationFile (Letzter Zugriff 23.05.2023).

Böcker, Maike, Brüggemann, Henning, Christ, Michaela, et al. (2020): *Wie wird weniger genug? Suffizienz als Strategie für eine nachhaltige Stadtentwicklung*. München: oekom.

Boeckler, Marc & Berndt, Christian (2021): Mehr-als-ökonomische Geographien. Geschichten von Vermarktlichungen, Performativierungen und Laboratisierungen. In: Rainer, Gerhard, Schröder, Verena & Steiner, Christian (Hrsg.): *Mehr-alsmenschliche Geographien. Schlüsselkonzepte, Beziehungen und Methodiken*. Stuttgart: Steiner: 157–180.

Böhme, Christa & Bunzel, Arno (2014): Umweltgerechtigkeit im städtischen Raum. Expertise »Instrumente zur Erhaltung und Schaffung Umweltgerechtigkeit«. Report, Berlin.

Böhme, Christa, Preuß, Thomas, Bunzel, Arno, et al. (2014): Umweltgerechtigkeit im städtischen Raum – Entwicklung von praxistauglichen Strategien und Maßnahmen zur Minderung sozial ungleich verteilter Umweltbelastungen. Report, Berlin.

Bolis, Ivan, Morioka, Sandra N. & Sznelwar, Laerte I. (2014): When sustainable development risks losing its meaning. Delimiting the concept with a comprehensive literature review and a conceptual model. *Journal of Cleaner Production* 83: 7–20.

Born, Manfred & Kreuzer, Klaus (2002): *Nachhaltigkeit Lokal-Lokale Agenda 21 in Deutschland: Eine Zwischenbilanz 10 Jahre nach Rio*. Bonn: Forum Umwelt & Entwicklung.

Boschma, Ron A. & Martin, Ron L. (2010): *The Handbook of Evolutionary Economic Geography*. Cheltenham: Edward Elgar.

Bouzarovski, Stefan & Simcock, Neil (2017): Spatializing energy justice. *Energy Policy* 107: 640–648.

Bowen, Alex, Fankhauser, Samuel, Stern, Nicholas, et al. (2009): An outline of the case for a ›green‹ stimulus. Report: Grantham Research Institute on Climate Change and the Environment and Cnetre for Climate Change Economics and Policy.

Bradley, Karin (2018): Bike Kitchens – Spaces for convivial tools. *Journal of Cleaner Production* 197: 1676–1683.

Brand, Ulrich & Görg, Christoph (2022): Gesellschaftliche Naturverhältnisse. In: Gottschlich, Daniela, Hackfort, Sarah, Schmitt, Tobias & von Winterfeld, Uta (Hrsg.): *Handbuch politische Ökologie: Theorien, Konflikte, Begriffe, Methoden*. Bielefeld: transcript: 37–50.

Brand, Ulrich & Wissen, Markus (2022): Imperiale Lebensweisen. In: Gottschlich, Daniela, Hackfort, Sarah, Schmitt, Tobias & von Winterfeld, Uta (Hrsg.): *Handbuch politische Ökologie: Theorien, Konflikte, Begriffe, Methoden.* Bielefeld: transcript: 393–398.

Braun, Boris & Schulz, Christian (2012): *Wirtschaftsgeographie.* Stuttgart: UTB-Ulmer.

Braun, Boris & Schulz, Christian (2023): Umwelt. In: Suwala, Lech (Hrsg.): *Schlüsselbegriffe der Wirtschaftsgeographie.* Stuttgart: UTB-Ulmer: 322–350.

Braun, Boris, Schulz, Christian & Soyez, Dietrich (2003): Konzepte und Leitthemen einer ökologischen Modernisierung der Wirtschaftsgeographie. *Zeitschrift f. Wirtschaftsgeographie* 47(3-4): 231–248.

Braungart, Michael & McDonough, William (2009): *Cradle-to-cradle: Remaking the Way We Make Things.* London: Vintage Books.

Brendel, Marvin (2011): Genossenschaftsbewegung in Deutschland – Geschichte und Aktualität. In: Allgeier, Michaela (Hrsg.): *Solidarität, Flexibilität, Selbsthilfe: Zur Modernität der Genossenschaftsidee.* Wiesbaden: VS Verlag für Sozialwissenschaften: 1–36.

Brenner, Neil (2004): *New state spaces: Urban governance and the rescaling of statehood.* Oxford: Oxford University Press.

Bridge, Gavin, Barca, Stefania, Özkaynak, Begüm, et al. (2018): Towards a political ecology of EU energy policy. In: Foulds, C. & Robison, R. (Hrsg.): *Advancing Energy Policy: Lessons on the Integration of Social Sciences and Humanities.* Palgrave Pivot, Cham: 163–175.

Brokow-Loga, Anton & Eckardt, Frank (Hrsg., 2020): Postwachstumsstadt. Konturen einer solidarischen Stadtpolitik. München: oekom.

Brundiers, Katja, Wiek, Arnim & Redman, Charles L. (2010): Real-world learning opportunities in sustainability: from classroom into the real world. *International Journal of Sustainability in Higher Education* 11(4): 308–324.

Bruns, Antje, Meisch, Simon, Ahmed, Abubakari, et al. (2022): Nexus disrupted: Lived realities and the water-energy-food nexus from an infrastructure perspective. *Geoforum* 133: 79–88.

Bryant, Raymont (2005): *Nongovernmental Organizations in Environmental Struggles: Politics and the Making of Moral Capital in the Philippines.* London: Yale University Press.

Büchs, Milena, Bahaj, AbuBakr S., Blunden, Luke, et al. (2018): Promoting low carbon behaviours through personalised information? Long-term evaluation of a carbon calculator interview. *Energy Policy* 120: 284–293.

Buckingham, Susan, Reeves, Dory & Batchelor, Anna (2005): Wasting women: The environmental justice of including women in municipal waste management. *Local Environment* 10(4): 427–444.

Bulkeley, Harriet, Castán Broto, Vanessa, Hodson, Mike et al. (Hrsg., 2011): Cities and Low Carbon Transitions. London: Routledge.

Bullard, Robert D. (2008): *Dumping in Dixie: Race, class, and environmental quality.* New York: Avalon Publishing/Westview Press.

Bundesministerium für Umwelt Naturschutz Bau und Reaktorsicherheit (2016): Umweltgerechtigkeit in der Sozialen Stadt. Gute Praxis an der Schnittstelle von Umwelt, Gesundheit und sozialer Lage. Report, Berlin.

Bundesrat (2019): Lagebericht des Bundesrates zur Schweizer Volkswirtschaft. Report, Bern: Schweizer Bundesrat.

Bundesverband der Deutschen Luftverkehrswirtschaft (2018): *Verbraucherumfrage 2018*. Verfügbar unter: https://www.bdl.aero/de/publikation/verbraucherumfrage/ (Letzter Zugriff 14.06.2023).

Bünger, Arne & Schiller, Daniel (2022): Identification and characterization of potential change agents among agri-food producers: regime, niche and hybrid actors. *Sustainability Science* 17(6): 2187–2201.

Burnham, Morey, Radel, Claudia, Ma, Zhao et al. (2013a): Extending a geographic lens towards climate justice, part 1: climate change characterization and impacts. *Geography Compass* 7(3): 239–248.

Burnham, Morey, Radel, Claudia, Ma, Zhao, et al. (2013b): Extending a geographic lens towards climate justice, part 2: Climate action. *Geography Compass* 7(3): 228–238.

Busch, Hans-Christian & Wiemann, Judith (2023): Lokale Wertschöpfungsstrategien in global vernetzter Kreislaufwirtschaft – Eine Analyse des brasilianischen Elektroschrott-Recyclings. *Standort* 47(1): 26–32.

Buttel, Frederick H. (2000): Ecological modernization as social theory. *Geoforum* 31(1): 57–65.

Button, Cat & Aiken, Gerald T. (2022): *Over Researched Places: Towards a Critical and Reflexive Approach.* London: Taylor & Francis.

Cansier, Dieter (1996): *Umweltökonomie.* Stuttgart: G. Fischer.

Caprotti, Federico & Bailey, Ian (2014): MAKING SENSE OF THE GREEN ECONOMY. *Geografiska Annaler: Series B, Human Geography* 96(3): 195–200.

Carr, Constance & Hesse, Markus (2020): When Alphabet Inc. plans Toronto's Waterfront: New post-political modes of urban governance. *Urban Planning* 5(1): 69–83.

Carson, Rachel (1965): *Der stumme Frühling: Silent spring.* Frankfurt a. M.: Büchergilde Gutenberg.

Cashore, Benjamin, van Kooten, G. Cornelis, Vertinsky, Ilan, et al. (2005): Private or self-regulation? A comparative study of forest certification choices in Canada, the United States and Germany. *Forest Policy and Economics* 7(1): 53–69.

Cass, Noel, Büchs, Milena & Lucas, Karen (2023): How are high-carbon lifestyles justified? Exploring the discursive strategies of excess energy consumers in the United Kingdom. *Energy Research & Social Science* 97: 102951.
Castells, Manuel (2013): *Die Macht der Identität: Teil 2 der Trilogie Das Informationszeitalter.* Cham: Springer.
Castree, Noel (2007): Making first world political ecology. *Environment and Planning A* 39(8): 2030–2036.
Castree, Noel (2010): Neoliberalism and the biophysical environment 2: Theorising the neoliberalisation of nature. *Geography Compass* 4(12): 1734–1746.
Chalkley, Brian (2006): Education for Sustainable Development: Continuation. *Journal of Geography in Higher Education* 30(2): 235–236.
Chancel, Lucas (2021): Climate Change & the Global Inequality of Carbon Emissions (1990–2020). Report, Paris.
Chancel, Lucas, Piketty, Thomas & Saez, Emmanuel (2022): *World inequality report 2022.* Harvard University Press.
Chilla, Tobias (2007): Zur politischen Relevanz raumbezogener Diskurse Das Beispiel der Naturschutzpolitik in der Europäischen Union. *Erdkunde* 61(1): 13–25.
Chlebna, Camilla, Martin, Hanna & Mattes, Jannika (2022): Grasping transformative regional development – Exploring intersections between industrial paths and sustainability transitions. *Environment and Planning A: Economy and Space.* DOI: https://doi.org/10.1177/0308518x221137346.
Christoff, Peter (1996): Ecological modernisation, ecological modernities. *Environmental Politics* 5(3): 476–500.
Coe, Neil M., Kelly, Philip F. & Yeung, Henry W. C. (2019): *Economic geography: A contemporary introduction (3rd edition)* London: Wiley-Blackwell.
Coenen, Lars, Benneworth, Paul & Truffer, Bernhard (2012): Toward a spatial perspective on sustainability transitions. *Research Policy* 41(6): 968–979.
Community Economies Collective (2022): *Diverse Economies Iceberg.* Verfügbar unter: https://www.communityeconomies.org/resources/diverse-economies-iceberg (Letzter Zugriff 11.11.2022).
Costanza, Robert (2001): *Einführung in die ökologische Ökonomik.* Stuttgart: Lucius und Lucius.
Costanza, Robert, Cumberland, John, Daly, Herman E., et al. (1997): *An introduction into Ecological Economics.* Boca Raton: St. Lucie Press.
Costanza, Robert, De Groot, Rudolf, Braat, Leon, et al. (2017): Twenty years of ecosystem services: how far have we come and how far do we still need to go? *Ecosystem services* 28: 1–16.
Cotton, Debby R. E., Warren, Mark F., Maiboroda, Olga et al. (2007): Sustainable development, higher education and pedagogy: a study of lecturers' beliefs and attitudes. *Environmental Education Research* 13(5): 579–597.

Cox, Kevin R. (2009): ›Rescaling the state‹ in question. *Cambridge Journal of Regions, Economy and Society* 2(1): 107–121.

Cozzi, Laura, Chen, Olivia & Kim, Hyeji (2023): The world's top 1% of emitters produce over 1000 times more CO_2 than the bottom 1%. Paris: International Energy Agency.

Cresswell, Tim (2013): *Geographic thought: a critical introduction.* John Wiley & Sons.

Crutzen, Paul J. & Stoermer, Eugene F. (2013): The ›Anthropocene‹(2000). *The Future of Nature.* Yale University Press: 479–490.

Dalby, Simon (2020): Bordering sustainability in the Anthropocene. *Territory, Politics, Governance* 8(2): 144–160.

Daly, Herman E. & Cobbs, John B. (1989): *For the Common Good. Redirecting the economy toward community, the environment, and a sustainable future.* Boston: Beacon Press.

Dannenberg, Peter (2012): *Standards in internationalen Wertschöpfungsketten. Akteure, Ziele und Governance in der Obst-und Gemüse-Wertekette Kenia.* Münster: LIT.

Dannenberg, Peter, Fuchs, Martina, Riedler, Tim, et al. (2020): Digital Transition by COVID-19 Pandemic? The German Food Online Retail. *Tijdschrift voor economische en sociale geografie (TESG)* 111(3): 543–560.

Dauvergne, Peter (Hrsg., 2012): Handbook of Global Environmental Politics. Cheltenham: Edgar Elgar.

Davies, Anna R. (2013): Cleantech clusters: Transformational assemblages for a just, green economy or just business as usual? *Global Environmental Change* 23(5): 1285–1295.

Davies, Anna R., Edwards, Ferne, Marovelli, Brigida, et al. (2017): Creative construction: crafting, negotiating and performing urban food sharing landscapes. *Area* 49(4): 510–518.

de Haan, Gerhard (2006): The BLK ›21‹ programme in Germany: a ›Gestaltungskompetenz‹-based model for Education for Sustainable Development. *Environmental Education Research* 12(1): 19–32.

Dear, Michael (1992): Understanding and overcoming the NIMBY syndrome. *Journal of the American Planning Association* 58(3): 288–300.

Debbané, Anne-Marie & Keil, Roger (2004): Multiple disconnections: environmental justice and Urban water in Canada and South Africa. *Space and Polity* 8(2): 209–225.

Delgado, Mercedes, Porter, Michael E. & Stern, Scott (2010): Clusters and entrepreneurship. *Journal of Economic Geography* 10(4): 495–518.

Demaria, Federico, Kallis, Giorgos & Bakker, Karen (2019): Geographies of degrowth: Nowtopias, resurgences and the decolonization of imaginaries and places. *Environment and Planning E: Nature and Space* 2(3): 431–450.

Dempsey, Jessica & Robertson, Morgan M. (2012): Ecosystem services: Tensions, impurities, and points of engagement within neoliberalism. *Progress in Human Geography* 36(6): 758–779.

Deng, Bingni, Affolderbach, Julia & Deutz, Pauline (2020): Industrial Restructuring through Eco-Transformation: Green Industrial Transfer in Changsha-Zhuzhou-Xiangtan, Hunan Province. *Sustainability* 12(17): 6945.

Der Spiegel (1983): *Wir stehen vor einem ökologischen Hiroschima*. Verfügbar unter: https://www.spiegel.de/politik/wir-stehen-vor-einem-oekologischen-hiroschima-a-48e5683b-0002-0001-0000-000014021118?context=issue (Letzter Zugriff 31.03.2022).

DESTATIS (2022): *Verbleib der eingesammelten gebrauchten Verkaufsverpackungen privater Endverbraucher/-innen*. Verfügbar unter: https://www.destatis.de/DE/Themen/Gesellschaft-Umwelt/Umwelt/Abfallwirtschaft/Tabellen/liste-verpackung-privat-verbleib.html (Letzter Zugriff 10.03.2022).

DESTATIS (2023): *Beförderte Personen im Luftverkehr aus Deutschland nach Kontinenten*. Verfügbar unter: https://www.destatis.de/DE/Themen/Branchen-Unternehmen/Transport-Verkehr/Personenverkehr/Tabellen/flugpassagiere.html (Letzter Zugriff 14.06.2023).

Deutsches Institut für Urbanistik (2021): *Umweltgerechtigkeit, was ist das?* Verfügbar unter: https://toolbox-umweltgerechtigkeit.de/begriff (Letzter Zugriff 27.09.2022).

DeVerteuil, Geoffrey (2013): Where has NIMBY gone in urban social geography? *Social & Cultural Geography* 14(6): 599–603.

Devine-Wright, P. (2013): Explaining »NIMBY« objections to a power line: The role of personal, place attachment and project-related factors. *Environment and Behavior* 45(6): 761–781.

Devine-Wright, Patrick (2009): Rethinking NIMBYism: The role of place attachment and place identity in explaining place-protective action. *Journal of Community & Applied Social Psychology* 19(6): 426–441.

Dewald, Ulrich & Achternbosch, Matthias (2015): Why did more sustainable cements failed so far? Disruptive innovations and their barriers in a basic industry. *Environmental Innovation and Societal Transitions* 19: 15–30.

Dewald, Ulrich & Fromhold-Eisebith, Martina (2015): Trajectories of sustainability transitions in scale-transcending innovation systems: The case of photovoltaics. *Environmental Innovation and Societal Transitions* 17: 110–125.

Dewald, Ulrich & Fromhold-Eisebith, Martina (2021): Von territorialen Innovationsmodellen zu wachstumskritischen Ansätzen – das Verhältnis von Wirtschaftsgeographie und Wirtschaftsförderung im Wandel. In: Stember, Jürgen, Vogelsang, Matthias, Pongratz, Philipp, et al. (Hrsg.): *Handbuch Innovative Wirtschaftsförderung. Band 1: Theoretische Grundlagen und Aufgaben*. Wiesbaden: Springer Gabler: 469–491.

DGRV (2022): *Jahresumfrage Energiegenossenschaften 2022 des Deutschen Genossenschafts- und Raiffeisenverbands.* Verfügbar unter: https://www.dgrv.de/wp-content/uploads/2022/07/DGRV_Umfrage_Energiegenossenschaften_2022.pdf (Letzter Zugriff 15.03.2023).

Díaz, Sandra, Pascual, Unai, Stenseke, Marie, et al. (2018): Assessing nature's contributions to people. *Science* 359(6373): 270–272.

Dietsche, Christian (2011): *Umweltgovernance in globalen Wertschöpfungsketten: Umweltschutz und Qualitätssicherung im Handel mit tropischen Garnelen und Ledererzeugnissen.* Münster: Lit-Verlag.

DiMaggio, Paul J. & Powell, Walter W. (1983): The Iron Cage Revisited: Institutional Isomorphism and Collective Rationality in Organizational Fields. *American Sociological Review* 48(2): 147–160.

Doherty, Brian (2005): *Ideas and actions in the green movement.* London: Routledge.

Doherty, Brian & Doyle, Timothy (2006): Beyond borders: Transnational politics, social movements and modern environmentalisms. *Environmental Politics* 15(5): 697–712.

Dorn, Felix (2021): *Der Lithium-Rush. Sozial-ökologische Konflikte um einen strategischen Rohstoff in Argentinien.* München: oekom.

Dörre, Klaus, Rosa, Hartmut, Becker, Karina, et al. (Hrsg., 2019): Große Transformation? Zur Zukunft moderner Gesellschaften. Wiesbaden: Springer VS.

Dörry, Sabine & Schulz, Christian (2018): Green financing, interrupted. Potential directions for sustainable finance in Luxembourg. *Local Environment* 23(7): 717–733.

Dörry, Sabine & Schulz, Christian (2020): Postwachstum finanzieren? Grüne Finanzprodukte für veränderte Produktionslogiken. In: Lange, Bastian, Hülz, Martina, Schmid, Benedikt & Schulz, Christian (Hrsg.): *Postwachstumsgeographien. Raumbezüge diverser und alternativer Ökonomien.* Bielefeld: transcript: 257–278.

Doyle, Timothy, McEachern, Doug & MacGregor, Sherilyn (2015): *Environment and politics.* London: Routledge.

Dryzek, John S. (1997): *The politics of the earth: environmental discourses.* New York: Oxford University Press.

DuPuis, E. Melanie & Ball, Tamara (2013): How not what: Teaching sustainability as process. *Sustainability: Science, Practice and Policy* 9(1): 64–75.

Earle, Joe, Froud, Julie, Johal, Sukhdev, et al. (2018): Foundational economy and foundational politics. *Welsh Economic Review* 26: 38–45.

Easterlin, Richard A., McVey, Laura A., Switek, Malgorzata, et al. (2010): The happiness-income paradox revisited. *Proceedings of the National Academy of Sciences* 107(52): 22463–22468.

Eden, Sally (1996): *Environmental issues and business: implications of a changing agenda.* Chichester: John Wiley and Sons.

Eden, Sally (2000): Environmental issues: sustainable progress? *Progress in Human Geography* 24(1).

EEA (2016): *Transnational land acquisitions.* Verfügbar unter: https://www.eea.europa.eu/data-and-maps/figures/transnational-land-deals-1 (Letzter Zugriff 07.06.2023).

EEA (2022): *Textiles and the environment: the role of design in Europe's circular economy. European Environmental Agency Briefing.* Verfügbar unter: https://www.eea.europa.eu/publications/textiles-and-the-environment-the/textiles-and-the-environment-the (Letzter Zugriff 13.01.2023).

Elbers, Jörg (2002): *Agrarkolonisation im Alto Beni: Landschafts- und politisch-ökologische Entwicklungsforschung in einem Kolonisationsgebiet in den Tropen Boliviens (Dissertation).* Heinrich Heine Universität Düsseldorf, Düsseldorf.

Engels, Bettina & Dietz, Kristina (2011): Land Grabbing analysieren: Ansatzpunkte für eine politisch-ökologische Perspektive am Beispiel Äthiopiens. *Peripherie* 124(31): 399–420.

Engeman, Richard M., Shwiff, Stephanie A., Smith, Henry T., et al. (2004): Monetary valuation of rare species and imperiled habitats as a basis for economically evaluating conservation approaches. *USDA National Wildlife Research Center-Staff Publications* 121.

Ermann, Ulrich & Pütz, Robert (2020): Geographien des Konsums: ein Überblick. In: Neiberger, Cordula & Hahn, Barbara (Hrsg.): *Geographische Handelsforschung.* Springer: 63–73.

EU-Kommission (2000): *Umweltaktionsprogramm (EKGS, Euratom, EWG), 1973-1976.* Verfügbar unter: https://cordis.europa.eu/programme/id/ENV-ENVAP-1C/de (Letzter Zugriff 31.03.2022).

EU-Kommission (2019): Der europäische Grüne Deal. COM(2019) 640 final 11.12.2019.

EU-Kommission (2020a): Ein neuer Aktionsplan für die Kreislaufwirtschaft. Für ein saubereres und wettbewerbsfähigeres Europa. COM(2020) 98 final. Report.

EU-Kommission (2020b): Sozialunternehmen und ihre Ökosysteme in Europa. Zusammenfassung des Syntheseberichts. Autoren: Carlo Borzaga, Giulia Gelera, Barbara Franchini, Stefania Chiomento, Rocio Nogales und Chiara Carini. Report.

EU-Kommission (2020c): Verordnung (EU) 2020/852 des Europäischen Parlaments und des Rates vom 18. Juni 2020 über die Einrichtung eines Rahmens zur Erleichterung nachhaltiger Investitionen und zur Änderung der Verordnung (EU) 2019/2088.

EU-Kommission (2021): *Cohesion Policy eligibility 2021-2027* Verfügbar unter: https://ec.europa.eu/regional_policy/policy/how/is-my-region-covered_en (Letzter Zugriff 22.05.2023).

EU-Kommission (2022): EU-Strategie für nachhaltige und kreislauffähige Textilien. Brüssel.

European Commission (2009): GDP and beyond. Measuring progress in a changing world. COM (2009) 433 final, 20.8.2009.

Faber, Malte & Manstetten, Reiner (2019): *Was ist Wirtschaft? Von der politischen Ökonomie zur ökologischen Ökonomie.* Baden-Baden: Karl Alber.

Facit Group (2023): *Zukunftsfähig nachhaltig: Der Sustainability Image Score*. Verfügbar unter: https://www.facit-group.com/de/sustainability-image-score.html (Letzter Zugriff 20.02.2023).

Faller, Fabian (2016a): *Energetisches Regionalisieren.* Frankfurt a. M.: Peter Lang.

Faller, Fabian (2016b): Räumliche Praktiken der Energiewende am Beispiel der Biogaserzeugung in Rheinland-Pfalz. *Raumforschung und Raumordnung | Spatial Research and Planning* 74(3): 199–211.

Fastenrath, Sebastian (2015): »Grünes« Bauen – innovative Ansätze in Freibug im Breisgau. *Geographische Rundschau* 67(5): 16–23.

Fastenrath, Sebastian & Braun, Boris (2018a): Ambivalent urban sustainability transitions: Insights from Brisbane's building sector. *Journal of Cleaner Production* 176: 581–589.

Fastenrath, Sebastian & Braun, Boris (2018b): Sustainability transition pathways in the building sector: Energy-efficient building in Freiburg (Germany). *Applied Geography* 90: 339–349.

Fatheuer, Thomas, Fuhr, Lili & Unmüßig, Barbara (2015): *Kritik der Grünen Ökonomie.* München: oekom.

Felber, Christian (2018): *Gemeinwohl-Ökonomie.* München: Piper.

Feola, Giuseppe (2020): Capitalism in sustainability transitions research: Time for a critical turn? *Environmental Innovation and Societal Transitions* 35: 241–250.

FES (Hrsg., 2009): Antworten aus der feministischen Ökonomie auf die globale Wirtschafts und Finanzkrise. Bonn: Friedrich-Ebert-Stiftung.

Flitner, Michael (2018): Umweltgerechtigkeit. In: ARL Akademie für Raumforschung und Landesplanung (Hrsg.): *Handwörterbuch der Stadt- und Raumentwicklung.* Hannover: ARL: 2685–2689.

Florida, Richard (1996): Lean and green: The move to environmentally conscious manufacturing. *California Management Review* 39(1): 80–106.

Fornahl, Dirk, Hassink, Robert, Klaerding, Claudia, et al. (2012): From the Old Path of Shipbuilding onto the New Path of Offshore Wind Energy? The Case of Northern Germany. *European Planning Studies* 20(5): 835–855.

Foundational Economy Collective (2018): *Foundational Economy. The infrastructure of everyday life.* Manchester: Manchester University Press.

Frantzeskaki, Niki, Castán Broto, Vanesa, Coenen, Lars, et al. (Hrsg., 2017): *Urban Sustainability Transitions.* London: Routledge.

Freund, Elena & Bruns, Antje (2023): Water, patriarchy and the Tesla Gigafactory – perspectives from Feminist Political Ecology and Legal Geographies. In: *Interna-*

tional Conference of the Center for Transdisciplinary Gender Studies, Humboldt Universität zu Berlin.

Freytag, Tim, Gössling, Stefan & Mössner, Samuel (2014): Living the green city: Freiburg's Solarsiedlung between narratives and practices of sustainable urban development. *Local Environment* 19(6): 644–659.

Friedrich Ebert Stiftung (2022): *Blauer Himmel über der Ruhr*. Verfügbar unter: https://erinnerungsorte.fes.de/blauer-himmel-uber-der-ruhr/ (Letzter Zugriff 24.08.2022).

Fromhold-Eisebith, Martina (2023): Circular Economy trifft urban-regionale Resilienz – Synergiene für eine nachhaltig-anpassungsfähige Stadtentwicklung. *Standort* 47: 33–39.

Froud, Julie, Moran, Michael, Johal, Sukhdev, et al. (2019): *Die Ökonomie des Alltagslebens. Für eine neue Infrastrukturpolitik*. Berlin: Suhrkamp.

Fuenfschilling, Lea & Binz, Christian (2018): Global socio-technical regimes. *Research Policy* 47(4): 735–749.

Fullagar, Simone, Markwell, Kevin & Wilson, Erica (Hrsg., 2012): Slow tourism: Experiences and mobilities. Bristol, Buffalo, Toronto: Channel View Publications.

Gadgil, Madhav, Berkes, Fikret & Folke, Carl (1993): Indigenous knowledge for biodiversity conservation. *Ambio* 22(2/3): 151–156.

Galbraith, Lindsay (2014): Making space for reconciliation in the planning system. *Planning Theory & Practice* 15(4): 453–479.

Garud, Raghu & Karnoe, Peter (2003): Bricolage versus breakthrough: distributed and embedded agency in technology entrepreneurship. *Research Policy* 32: 277–300.

Garzón, Alberto (2022): *The limits to growth: eco-socialism or barbarism*. Verfügbar unter: https://la-u.org/the-limits-to-growth-eco-socialism-or-barbarism/ (Letzter Zugriff 09.01.2023).

Gebhardt, Hans, Glaser, Rüdiger, Radtke, Ulrich, et al. (2020): Biogeographie als Grundlage nachhaltiger Biosphärenpolitik. In: Gebhardt, Hans, Glaser, Rüdiger, Radtke, Ulrich, et al. (Hrsg.): *Geographie: Physische Geographie und Humangeographie*. Berlin: Springer: 571–576.

Geels, Frank W. (2002): Technological transitions as evolutionary reconfiguration processes: a multi-level perspective and a case-study. *Research Policy* 31: 1257–1274.

Georgescu-Roegen, Nicholas (1971): *The Entropy Law and the Economic Process*. Cambridge: Harvard University Press.

Gertler, Meric S. (2003): Tacit knowledge and the economic geography of context, or the undefinable tacitness of being (there). *Journal of Economic Geography* 3(1): 75–99.

Gibbs, David (2000): Ecological modernization, regional economic development and regional development agencies. *Geoforum* 31: 9–19.

Gibbs, David (2006): Sustainability entrepreneurs, ecopreneurs and the development of a sustainable economy. *Greener Management International* (55): 63–78.

Gibbs, David (2018): Sustainability transitions and green regional economies. *Regions e-zine* 1(1).

Gibbs, David (2020): Green economy. In: Morin, Jean-Frederic & Orsini, Amandine (Hrsg.): *Essential Concepts of Global Environmental Governance*. London: Routledge: 116–117.

Gibbs, David & Healey, Michael (1997): Industrial geography and the environment. *Applied Geography* 17(3): 193–201.

Gibbs, David, Krueger, Rob & MacLeod, Gordon (2013): Grappling with Smart City Politics in an Era of Market Triumphalism. *Urban Studies* 50(11): 2151–2157.

Gibbs, David & O'Neill, Kirstie (2014a): The Green Economy, Sustainability Transitions and Transition Regions: A Case Study of Boston. *Geografiska Annaler Series B: Human Geography* 96(3): 201–216.

Gibbs, David & O'Neill, Kirstie (2014b): Rethinking sociotechnical transitions and green entrepreneurship: the potential for transformative change in the green building sector. *Environment and Planning A* 46(5): 1088–1107.

Gibbs, David & O'Neill, Kirstie (2015): Building a green economy? Sustainability transitions in the UK building sector. *Geoforum* 59: 133–141.

Gibson-Graham, J. K. (2008): Diverse economies: performative practices for ›other worlds‹. *Progress in Human Geography* 32(5): 613–632.

Gibson-Graham, J. K. & Dombroski, Kelly (Hrsg., 2020): *The Handbook of Diverse Economies*. Cheltenham: Edward Elgar.

Gibson-Graham, J. K. (1996): *The end of capitalism (as we knew it): a feminist critique of political economy*. Oxford: Blackwell.

Glückler, Johannes (2001): Zur Bedeutung von Embeddedness in der Wirtschafstgeographie. *Geographische Zeitschrift* 89(4): 211–226.

Glückler, Johannes & Hoffmann, Jakob (2021): Time Banks as Transient Civic Organization? Exploring the Dynamics of Decline. In: Glückler, Johannes, Meyer, Heinz-Dieter & Suarsana, Laura (Hrsg.): *Knowledge and Civil Society*. Cham: Springer: 131–146.

Glückler, Johannes, Panitz, Robert & Wuttke, Christian (2015): Die wirtschaftliche Wirkung der Universitäten im Land Baden-Württemberg. *Raumforschung und Raumordnung| Spatial Research and Planning* 73(5): 327–342.

Goodman, David, Dupuis, E. Melanie & Goodman, Michael (2014): *Alternative Food Networks. Knowledge, Practice, and Politics*. London: Routledge.

Göpel, Maja (2022): *Wir können auch anders: Aufbruch in die Welt von morgen*. Berlin: Ullstein.

Gormally, Alexandra (2019): The role of sustainability in HE and the GEES disciplines; recommendations for future practice. *Journal of Geography in Higher Education* 43(4): 599–608.

Gottschlich, Daniela, Hackfort, Sarah, Schmitt, Tobias, et al. (Hrsg., 2022): *Handbuch politische Ökologie: Theorien, Konflikte, Begriffe, Methoden*. Bielefeld: transcript.

Gouldson, Andy & Murphy, James (1996): Ecological Modernization and the European Union. *Geoforum* 27(1): 11–21.

Grabher, Gernot (1993): *The embedded firm. On the socio-economics of interfirm relations.* London: Routledge.

Grafe, Regine (2020): Umweltgerechtigkeit. *Umweltgerechtigkeit.* Springer: 25–63.

Graham, Stephen & Marvin, Simon (2001): *Splintering Urbanism: Networked Infrastructures, Technological Mobilities, and the Urban Condition.* London: Routledge.

Granovetter, Mark (1985): Economic action and social structure: The problem of embeddedness. *American Journal of Sociology* 91(3): 481–510.

Greenfield, Patrick (2023): *Revealed: more than 90 % of rainforest carbon offsets by biggest certifier are worthless, analysis shows.* Verfügbar unter: https://www.theguardian.com/environment/2023/jan/18/revealed-forest-carbon-offsets-biggest-provider-worthless-verra-aoe (Letzter Zugriff 13.06.2023).

Greiner, Clemens & Braun, Boris (2020): Themenheft Fairer Handel. *Geographische Rundschau* 72.

Gross, Matthias, Hoffmann-Riem, Holger & Krohn, Wolfgang (2005): *Realexperimente. Ökologische Gestaltungsprozesse in der Wissensgesellschaft.* Bielefeld: transcript.

Grunwald, Armin (2015): Transformative Wissenschaft – eine neue Ordnung im Wissenschaftsbetrieb? *GAIA – Ecological Perspectives for Science and Society* 24(1): 17–20.

GWÖ (2022): *Gemeinwohl-Matrix*. Verfügbar unter: https://germany.ecogood.org/tools/gemeinwohl-matrix/ (Letzter Zugriff 24.01.2023).

Hajer, Maarten A. (1996): Ecological modernisation as cultural politics. In: Lash, S., Syerszynski, B. & Wynne, B. (Hrsg.): *Risk, Environment & Modernity: Towards a new ecology.* London: Sage: 246–268.

Hall, C. Michael (2006): Introduction: Culinary tourism and regional development: From slow food to slow tourism? *Tourism Review International* 9(4): 303–305.

Hansen, Alina (2023): *SoLaWi Köln.* Verfügbar unter: https://solawi.koeln/fotos/#jp-carousel-2954 (Letzter Zugriff 14.06.2023).

Hansen, Teis & Coenen, Lars (2015): The geography of sustainability transitions: Review, synthesis and reflections on an emergent research field. *Environmental Innovation and Societal Transitions* 17: 92–109.

Hargreaves, Tom (2011): Practice-ing behaviour change: Applying social practice theory to pro-environmental behaviour change. *Journal of Consumer Culture* 11(1): 79–99.

Hauff, Volker & Brundtland, Gro Harlem (1987): Unsere gemeinsame Zukunft. Report, Greven Eggenkamp: Weltkommission für Umwelt und Entwicklung.

Hayhoe, Katharine (2018): When facts are not enough. *Science* 360(6392): 943–943.

Hayter, Roger (2003): »The war in the woods«: Post-Fordist restructuring, globalization, and the contested remapping of British Columbia's forest economy. *Annals of the Association of American Geographers* 93(3): 706–729.

Hayter, Roger (2008): Environmental Economic Geography. *Geography Compass* 2(3): 831–850.

Hayter, Roger & Patchell, Jerry (2016): *Economic Geography: An Institutional Approach*. Don Mills: Oxford University Press.

Heitmann, Sine, Robinson, Peter & Povey, Ghislaine (2011): Slow food, slow cities and slow tourism. In: Robinson, P., Heitmann, Sine & Dieke, P. (Hrsg.): *Research Themes for Tourism*. CABI Wallingford UK: 114–127.

Helfrich, Silke, Bollier, David & Heinricht Böll Stiftung (2015): *Die Welt der Commons. Muster gemeinsamen Handelns*. Bielefeld: transcript.

Henseling, Karl O. (2008): *Ursprünge des industriellen Stoffwechsels zwischen Mensch und Natur*. Berlin: Institut für ökologische Wirtschaftsforschung.

Herrmann, Christoph (2010): Herausforderungen und neue Anforderungen an Unternehmen. In: Herrmann, Christoph (Hrsg.): *Ganzheitliches Life Cycle Management: Nachhaltigkeit und Lebenszyklusorientierung in Unternehmen*. Cham: Springer: 7–62.

Herrmann, Ulrike (2022): *Das Ende des Kapitalismus*. Köln: Kiepenheuer & Witsch.

Hertweck, Florian & Miessen, Markus (2022): Less is more – Zur Strategie der Suffizienz für eine nachhaltige Stadt-Land-Entwicklung. *Arch+* 250: 60–67.

Hess, Charlotte & Ostrom, Elinor (Hrsg., 2007): *Understanding Knowledge as a Commons*. Cambridge, MA: MIT Press.

Hesse, Markus (2018): In Grund und Boden. Wie die Finanzialisierung von Bodenmärkten und Flächennutzung Städte unter Druck setzt. *Arch+* 231: 78–83.

Heynen, Nik (2014): Urban political ecology I: The urban century. *Progress in Human Geography* 38(4): 598–604.

Hickel, Jason (2022): *Weniger ist mehr. Warum der Kapitalismus den Planeten zerstört und wir ohne Wachstum glücklicher sind*. München: oekom.

Hild, Paula & Schulz, Christian (2022): Das Versprechen der Zirkularität. *Standort*. DOI: https://doi.org/10.1007/s00548-022-00812-3.

Hill, Rosemary, Díaz, Sandra, Pascual, Unai, et al. (2021): Nature's contributions to people: Weaving plural perspectives. *One earth* 4(7): 910–915.

Hilpert, Markus & Völkening, Niklas (2020): Shoppen, Surfen, Socializen – Aktuelle Konsumtrends hybrider Konsumenten in der Innenstadt. *Zeitschrift Für Wirtschaftsgeographie* 64(1): 28–42.

Hjaltadóttir, Rannveig E. & Hild, Paula (2021): Circular Economy in the building industry. European policy and local practices. *European Planning Studies* 29(12): 2226–2251.

Hofmeister, Susanne, Warner, Barbara & Zott, Ora (Hrsg., 2021): *Nachhaltige Raumentwicklung für die große Transformation – Herausforderungen, Barrieren und Perspektiven für Raumwissenschaften und Raumplanung.* Hannover: ARL.

Holzinger, Katharina, Knill, Christoph & Sommerer, Thomas (2011): Is there convergence of national environmental policies? An analysis of policy outputs in 24 OECD countries. *Environmental Politics* 20(1): 20–41.

Hoogma, Remco (2002): *Experimenting for Sustainable Transport. The Approach of Strategic Niche Management.* London: Spon Press.

Hopkins, Rob (2008): *The Transition Handbook. From Oil Dependency to Local Resilience.* Foxhole: Green Books.

Horn, Eva (2020): *Zukunft als Katastrophe.* Frankfurt a. M.: S. Fischer.

Hubbard, Phil (2006): NIMBY by another name? A reply to Wolsink. *Transactions of the Institute of British Geographers* 31(1): 92–94.

Hubbert, M. King (1949): Energy from Fossil Fuels. *Science* 109(2823): 103–109.

Huber, Joseph (1985): *Die Regenbogengesellschaft.* Frankfurt a. M.: S. Fischer.

Hulme, Mike (2014): *Streitfall Klimawandel: Warum es für die größte Herausforderung keine einfache Lösungen gibt.* München: oekom.

Huybrechts, Benjamin & Mertens, Sybille (2014): The Relevance of the Cooperative Model in the Field of Renewable Energy. *Annals of Public and Cooperative Economics* 85(2): 193–212.

Ibert, Oliver & Schmidt, Suntje (2023): Wissen und Lernen. In: Suwala, Lech (Hrsg.): *Schlüsselbegriffe in der Wirtschaftsgeographie.* Stuttgart: UTB-Ulmer: 101–114.

Illich, Ivan (1973): *Tools for Conviviality.* San Francisco: Harper & Row.

Internationale Energieagentur (2018): The Future of Petrochemicals. Report, Paris: Internationale Energieagentur.

Jänicke, Martin (1985): Preventive environmental policy as ecological modernisation and structural policy. Report: Wissenschaftszentrum Berlin.

Jänicke, Martin (1993): Ökologische und politische Modernisierung in entwickelten Industriegesellschaften. In: von Prittwitz, Volker (Hrsg.): *Umweltpolitik als Modernisierungsprozeß: Politikwissenschaftliche Umweltforschung und -lehre in der BRD.* Opladen: VS Verlag für Sozialwissenschaften: 15–29.

Jarvis, Helen (2017): Sharing, togetherness and intentional degrowth. *Progress in Human Geography* 43(2): 256–275.

Jenkins, Kirsten, McCauley, Darren, Heffron, Raphael, et. al. (2016): Energy justice: A conceptual review. *Energy Research & Social Science* 11: 174–182.

Jerez, Bárbara, Garcés, Ingrid & Torres, Robinson (2021): Lithium extractivism and water injustices in the Salar de Atacama, Chile: The colonial shadow of green electromobility. *Political Geography* 87: 102382.

Jevons, Wiliam S. (1865): *The Coal Question.* New York: Augustus M. Kelley.

Johansen, Katinka (2021): Blowing in the wind: A brief history of wind energy and wind power technologies in Denmark. *Energy Policy* 152.

Jones, Andrew & Murphy, James T. (2010): Practice and economic geography. *Geography Compass* 4(4): 303–319.

Jones, Andrew, Ström, Patrik, Hermelin, Brita & Rustens, Grete (Hrsg., 2016): Services and the Green Economy. London: Palgrave Macmillan.

Jones, Van (2009): *The green collar economy: How one solution can fix our two biggest problems*. New York: Harper Collins.

Joss, Simon, Sengers, Frans, Schraven, Daan, et al. (2019): The Smart City as Global Discourse: Storylines and Critical Junctures across 27 Cities. *Journal of Urban Technology* 26(1): 3–34.

Kadykalo, Andrew N., López-Rodriguez, María D., Ainscough, Jacob, et al. (2019): Disentangling ›ecosystem services‹ and ›nature's contributions to people‹. *Ecosystems and People* 15(1): 269–287.

Kaika, Maria (2018): *Urban Political Ecology*. Verfügbar unter: https://www.youtube.com/watch?v=GxnT5EhivXc (Letzter Zugriff 15.05.2023).

Kallis, Giorgos (2018): *Degrowth*. Newcastle upon Tyne: Agenda.

Kama, Kärg (2014): On the borders of the market: EU emissions trading, energy security, and the technopolitics of ›carbon leakage‹. *Geoforum* 51: 202–212.

Keil, Roger (2005): Progress report—urban political ecology. *Urban Geography* 26(7): 640–651.

Keil, Roger (2007): Sustaining modernity, modernizing nature. In: Krueger, R. & Gibbs, D. (Hrsg.): *The sustainable development paradox: Urban political ecology in the US and Europe*. New York & London: Guilford Press: 41–65.

Kemp, René (1994): Technology and the transition to environmental sustainability: the problem of technological regime shifts. *Futures* 26(10): 1023–1046.

Kenis, Anneleen & Lievens, Matthias (2015): *The Limits of the Green Economy From reinventing capitalism to re-politicising the present*. London: Routledge.

Kiese, Matthias (2023): Cluster. In: Suwala, Lech (Hrsg.): *Schlüsselbegriffe der Wirtschaftsgeographie*. Stuttgart: UTB-Ulmer: 178–190.

Kindon, Sara, Pain, Rachel & Kesby, Mike (2007): *Participatory Action Research Approaches and Methods. Connecting people, participation and place*. London: Routledge.

Kister, Jutta (2020): Global Wertschöpfungsketten im Fairen Handel – Dynamiken und Entwicklung. *Geographische Rundschau* 1-2: 16–22.

Kitchin, Rob (2016a): The ethics of smart cities and urban science. *Philosophical Transactions of the Royal Society A: Mathematical, physical and engineering sciences* 374(2083): 20160115.

Kitchin, Rob (2016b): *Planning in an era of smart urbanism*. Verfügbar unter: https://www.slideshare.net/robkitchin/planning-in-an-era-of-smart-urbanism. (Letzter Zugriff 24.09.2023).

Klagge, Britta (2021): Finanzgeographische Perspektiven auf die erneuerbare Stromerzeugung. In: Becker, Sören, Klagge, Britta & Naumann, Matthias (Hrsg.): *Energiegeographie*. Stuttgart: UTB-Ulmer: 83–94.

Klagge, Britta & Meister, Thomas (2018): Energy cooperatives in Germany – an example of successful alternative economies? *Local Environment* 23(7): 697–716.

Klagge, Britta & Reimer, Sebastian (2016): Carbon Offsetting and Corporate Strategies: The Case of Large German Firms. In: Jones, Andrew, Ström, Patrik, Hermelin, Brita & Rusten, Grete (Hrsg.): *Services and the Green Economy*. London: Palgrave Macmillan UK: 175–197.

Klagge, Britta, Schmole, Hanna, Seidl, Irmi, et al. (2016): Zukunft der deutschen Energiegenossenschaften. *Raumforschung und Raumordnung* 74(3): 243–258.

Klein, Oliver, Nier, Stefan & Tamásy, Christine (2021): Towards a Circular Bioeconomy? Pathways and Spatialities of Agri-Food Waste Valorisation. *Tijdschrift Voor Economische En Sociale Geografie* 113(2): 194–210.

Klein, Oliver, Nier, Stefan & Tamásy, Christine (2023): Nebenströme der Agrar- und Ernährungswirtschaft – vom Abfallprodukt zur wertvollen Ressource!? *Standort* 47(1): 12–18.

Klein, Oliver & Tamásy, Christine (2018): Transition Management in Coastal Agriculture – Evidence from the German Dairy Industry. In: Heidkamp, C. Patrick & Morrissey, John (Hrsg.): *Towards Coastal Resilience and Sustainability*. Oxford: Taylor & Francis: 131–144.

Klüver, Heike (2013): *Lobbying in the European Union: Interest Groups, Lobbying Coalitions, and Policy Change*. Oxford University Press.

Knight, Eric R. W. (2010): The economic geography of European carbon market trading. *Journal of Economic Geography* 11(5): 817–841.

Köhler, Jonathan, Geels, Frank W., Kern, Florian, et al. (2019): An agenda for sustainability transitions research: State of the art and future directions. *Environmental Innovation and Societal Transitions* 31: 1–32.

Köhler, Jonathan, Turnheim, Bruno & Hodson, Mike (2020): Low carbon transitions pathways in mobility: Applying the MLP in a combined case study and simulation bridging analysis of passenger transport in the Netherlands. *Technological Forecasting and Social Change* 151: 119314.

Köhler, Jonathan, Whitmarsh, Lorraine, Nykvist, Björn, et al. (2009): A transitions model for sustainable mobility. *Ecological Economics* 68(12): 2985–2995.

Kohlhepp, Gerd & Coy, Martin (2010): Amazonien: Vernichtung durch Regionalentwicklung oder Schutz zur nachhaltigen Nutzung? In: Costa, S., Kohlhepp, Gerd, Nitschack, Horst & Sangmeister, Hartmut (Hrsg.): *Brasilien heute: Geographischer Raum, Politik, Wirtschaft, Kultur*. 2. Auflage, Frankfurt a. M.: Vervuert Verlag: 111–134.

Kopatz, Michael (2021): *Wirtschaft ist mehr!: Wachstumsstrategien für nachhaltige Geschäftsmodelle in der Region; das Buch zur« Wirtschaftsförderung 4.0«*. München: oekom.

Kozluk, Tomasz & Garsous, Gregoire (2016): How stringent are environmental policies? Report: OECD.

Krebs, Stefan, Schabacher, Gabriele & Weber, Heike (2018): *Kulturen des Reparierens: Dinge – Wissen – Praktiken*. Bielefeld: transcript.

Kubiszewski, Ida, Costanza, Robert, Franco, Carol, et al. (2013): Beyond GDP: Measuring and achieving global genuine progress. *Ecological Economics* 93: 57–68.

Kulke, Elmar (2017): *Wirtschaftsgeographie*. Stuttgart: UTB-Schöningh.

Kulke, Elmar & Henschel, Sven (2010): Veränderungen der Funktion und Organisation von Logistikdienstleistern in Warenketten. In: Lenz, Barbara, Kulke, Elmar, Nerlich, Mark, et al. (Hrsg.): *Produktion-Distribution-Konsum: Auswirkungen von Informations-und Kommunikationstechnologien (IKT) auf Wirtschafts-und Versorgungsverkehr*. Springer: 37–50.

Künle, Eglantine & Minke, Christine (2022): Macro-environmental comparative analysis of e-mobility adoption pathways in France, Germany and Norway. *Transport Policy* 124: 160–174.

Kushnir, Duncan, Hansen, Teis, Vogl, Valentin et al. (2020): Adopting hydrogen direct reduction for the Swedish steel industry: A technological innovation system (TIS) study. *Journal of Cleaner Production* 242: 118185.

Land Matrix (2023): *Land Matrix*. Verfügbar unter: https://landmatrix.org (Letzter Zugriff 23.01.2023).

Lange, Bastian (2015): Fablabs und Hackerspaces. *Ökologisches Wirtschaften* 30(1): 8–9.

Lange, Bastian & Bürkner, Hans-Joachim (2018): Open workshops as sites of innovative socio-economic practices: approaching urban post-growth by assemblage theory. *Local Environment* 23(7): 680–696.

Lange, Bastian, Hülz, Martina, Schmid, Benedikt et al. (Hrsg., 2020): *Postwachstumsgeographien. Raumbezüge diverser und alternativer Ökonomien*. Bielefeld: transcript.

Lange, Steffen & Santarius, Tilman (2018): *Smarte grüne Welt? Digitalisierung zwischen Überwachung, Konsum und Nachhaltigkeit*. München: oekom.

Lawhon, Mary & Murphy, James T. (2012): Socio-technical regimes and sustainability transitions: Insights from political ecology. *Progress in Human Geography* 36(3): 354–378.

Le Billon, Philippe (2014): *Wars of plunder: Conflicts, profits and the politics of resources*. Oxford: Oxford University Press.

Lee, Roger (2006): The Ordinary Economy: Tangled up in Values and Geography. *Transactions of the Institute of British Geographers* 31(4): 413–432.

Leitner, Helga, Sheppard, Eric & Sziarto & Kristin M. (2008): The spatialities of contentious politics. *Transactions of the Institute of British Geographers* 33(2): 157–172.

Levin, Kelly, Cashore, Benjamin, Bernstein, Steven et al. (2012): Overcoming the tragedy of super wicked problems: constraining our future selves to ameliorate global climate change. *Policy Sciences* 45(2): 123–152.

Liefner, Ingo & Losacker, Sebastian (2023): *Nachhaltige Wirtschaftsgeographie.* Paderborn: UTB.

Lipovetsky, Gilles (2006): *Le bonheur paradoxal: essai sur la société d'hyperconsommation.* Paris: Gallimard.

Löhle, Nora (2019): Revival eines Begriffs. Zur Entstehungsgeschichte des Green New Deal. *Politische Ökologie* 159: 18–23.

Long, Joshua & Rice, Jennifer L. (2019): From sustainable urbanism to climate urbanism. *Urban Studies* 56(5): 992–1008.

Longhurst, Noel (2013): The emergence of an alternative milieu: conceptualising the nature of alternative places. *Environment and Planning A* 45(9): 2100–2119.

Longhurst, Noel (2015): Towards an ›alternative‹ geography of innovation: Alternative milieu, socio-cognitive protection and sustainability experimentation. *Environmental Innovation and Societal Transitions* 17: 183–198.

Loorbach, Derk (2007): *Transition Management. New mode of governance for sustainable development.* Utrecht: International Books.

Loorbach, Derk (2010): Transition Management for Sustainable Development: A Prescriptive, Complexity-Based Governance Framework. *Governance* 23(1): 161–183.

Lozano, Rodrigo, Lozano, Francisco J., Mulder, Karel, et al. (2013): Advancing Higher Education for Sustainable Development: international insights and critical reflections. *Journal of Cleaner Production* 48: 3–9.

Madanipour, Ali (2018): Temporary use of space: Urban processes between flexibility, opportunity and precarity. *Urban Studies* 55(5): 1093–1110.

Mah, Alice (2022): *Plastic Unlimited: How Corporations Are Fuelling the Ecological Crisis and What We Can Do About It.* Cambridge et al.: Polity Press.

Malecki, Edward J. (2010): Everywhere? The geography of knowledge. *Journal of Regional Science* 50(1): 493–513.

Malthus, Thomas R. (1986): An essay on the principle of population (1798). *The Works of Thomas Robert Malthus, London, Pickering & Chatto Publishers* 1: 1–139.

Mann, Geoff (2013): *Disassembly Required: A field guide to actually existing capitalism.* Oakland: AK Press.

Mansfield, Becky (2010): »Modern« industrial fisheries and the crisis of overfishing. In: Peet, Richard, Robbins, Paul & Watts, Michael (Hrsg.): *Global Political Ecology.* Routledge: 98–113.

Markusen, Ann (1999): Sticky places in slippery space. In: Barnes, Trevor J. & Gertler, Meric S (Hrsg.): *New industrial geography: Regions, regulations and institutions.* London: Routledge: 98–124.

Marquart, Editha & Gerhard, Ulrike (2017): Reallabore als innovatives Forschungsformat zur Untersuchung nachhaltiger Stadtwentwicklung: Eine kritische Reflexion. *Berichte Geographie und Landeskunde* 91(1): 97–111.

Martens, Katrin, Rogga, Sebastian, Zscheischler, Jana, et al. (2022): Classifying New Hybrid Cooperation Models for Short Food-Supply Chains – Providing a Concept for Assessing Sustainability Transformation in the Urban-Rural Nexus. *Land* 11(582): 1–34.

Maslow, Abraham Harold (1943): A theory of human motivation. *Psychological Review* 50(4): 370–396.

Mattissek, Annika (2014): Waldpolitik in Thailand zwischen globaler Klimapolitik und lokaler Spezifik. Überlegungen zu einer konstruktivistischen Regionalforschung. *Geographische Zeitschrift* 102(1): 41–59.

Mattissek, Annika & Sakdapolrak, Patrick (2016): Gesellschaft und Umwelt. In: Freytag, Tim, Gebhardt, Hans, Gerhard, Ulrike et al. (Hrsg.): *Humangeographie kompakt*. Cham: Springer: 13–37.

Mazzucato, Mariana (2021): *Mission Economy. A Moonshot Guide to Changing Capitalism*. Dublin: Penguin.

McAfee, Kathleen (2016): Green economy and carbon markets for conservation and development: a critical view. *International Environmental Agreements: Politics, Law and Economics* 16(3): 333–353.

McCann, Eugene (2011): Urban Policy Mobilities and Global Circuits of Knowledge: Toward a Research Agenda. *Annals of the Association of American Geographers* 101(1): 107–130.

McCann, Eugene (2013): Policy Boosterism, Policy Mobilities, and the Extrospective City. *Urban Geography* 34(1): 5–29.

McCann, Eugene, Roy, Ananya & Ward, Kevin (2013): Assembling/worlding cities. *Urban Geography* 34(5): 581–589.

McCarthy, James (2002): First World political ecology: lessons from the Wise Use movement. *Environment and Planning A* 34(7): 1281–1302.

McCauley, Darren & Heffron, Raphael (2018): Just transition: Integrating climate, energy and environmental justice. *Energy Policy* 119: 1–7.

McFarlane, Colin (2009): Translocal assemblages: Space, power and social movements. *Geoforum* 40: 561–567.

McGurty, Eileen (1997): From NIMBY to civil rights: The origins of the environmental justice movement. *Environmental History* 2(3): 301–323.

McGurty, Eileen (2009): *Transforming environmentalism: Warren County, PCBs, and the origins of environmental justice*. New Brunswick/NJ: Rutgers University Press.

McLaren, Duncan & Agyeman, Julian (2015): *Sharing Cities. A Case for Truly Smart and Sustainable Cities*. Cambridge/MA: MIT Press.

Novotny, Patrick (2000): *Where we live, work, and play: the environmental justice movement and the struggle for a new environmentalism.* Greenwood Publishing Group.

O'Brien, Richard (1992): *Global financial integration: The end of geography.* New York: Council on Foreign Relations.

O'Neill, Kirstie & Gibbs, David (2016): Rethinking green entrepreneurship – Fluid narratives of the green economy. *Environment and Planning A: Economy and Space* 48(9): 1727–1749.

O'Riordan, Tim (1976): *Environmentalism.* London: Pion.

OECD (2020): *How's Life? 2020. Measuring Well-being.* Paris: OECD Publishing.

Oliver, Catherine (2023): Vegan world-making in meat-centric society: the embodied geographies of veganism. *Social & Cultural Geography* 24(5): 831–850.

Ollikainen, Markku, Weaver, Sally & Seppälä, Jyri (2019): An approach to nationally determined contributions consistent wit the Paris Climate Agreement and climate science: Application to Finland and the EU. Report: The Finnish Climate Change Panel.

Oßenbrügge, Jürgen (1993a): Risikowahrnehmung und umweltentlastende Handlungsmuster der Bevölkerung in Hamburg und im Unterelberaum. In: Oßenbrügge, Jürgen (Hrsg.): *Umweltrisiko und Raumentwicklung.* Berlin-Heidelberg: Springer: 109–230.

Oßenbrügge, Jürgen (1993b): *Umweltrisiko und Raumentwicklung: Wahrnehmung von Umweltgefahren und ihre Wirkung auf den regionalen Strukturwandel in Norddeutschland.* Berlin, Heidelberg: Springer.

Oßenbrügge, Jürgen (2021): Von der Anti-AKW-Bewegung bis Ende Gelände: soziale Bewegungen in der deutschen Energiepolitik. In: Becker, Sören, Klagge, Britta & Naumann, Matthias (Hrsg.): *Energiegeographie. Konzepte und Herausforderungen.* Stuttgart: UTB-Ulmer: 133–144.

Ott, Konrad (2015): Starke Nachhaltigkeit. In: Ott, Konrad, Dierks, Jan & Voget-Kleschin, Lieske (Hrsg.): *Handbuch Umweltethik.* Cham: Springer: 190–195.

Ott, Konrad (2020): Nachhaltigkeit. In: Heidbrink, Ludger, Lorch, Alexander & Rauen, Verena (Hrsg.): *Praktische Wirtschaftsphilosophie.* Cham: Springer: 1–16.

Ouma, Stefan (2010): Global Standards, Local Realities: Private Agrifood Governance and the Restructuring of the Kenyan Horticulture Industry. *Economic Geography* 86(2): 197–222.

Ouma, Stefan (2020): Waren, Wissen und »Raum«: Die Dunklen Seiten globaler Lieferketten im Lebensmittelhandel. In: Baur, Nina, Fülling, Julia, Hering, Linda, et al. (Hrsg.): *Waren – Wissen – Raum: Interdependenz von Produktion, Markt und Konsum in Lebensmittelwarenketten.* Wiesbaden: Springer Fachmedien: 487–516.

Paech, Niko (2009): Die Postwachstumsökonomie – ein Vademecum. *Zeitschrift für Sozialökonomie* 46(160–161): 28–31.

Paech, Niko (2010): Eine Alternative zum Entkopplungsmythos: Die Postwachstumsökonomie. *Humane Wirtschaft* 5: 12–14.

Paech, Niko (2012): *Befreiung vom Überfluss. Auf dem Weg in die Postwachstumsökonomie* München: oekom.

Paech, Niko (2014): Lob der Reduktion. *Politische Ökologie* (135): 16–22.

Pastakia, Astad (1998): Grassroots ecopreneurs: change agents for a sustainable society. *Journal of Organizational Change Management* 11(2): 1570173.

Pearce, David, Markandya, Anil & Barbier, Edward (1989): Blueprint for a green economy. Report, London: UK Department of the Environment.

Peck, Jamie & Theodore, Nik (2010): Mobilizing policy: Models, methods, and mutations. *Geoforum* 41(2): 169–174.

Peet, Richard, Robbins, Paul & Watts, Michael (2011): *Global political ecology*. London: Routledge.

Peet, Richard & Watts, Michael (Hrsg., 2004): Liberation Ecologies. London: Routledge.

Peluso, Nancy Lee (1988): *Rich forests, poor people, and development: Forest access control and resistance in Java*. Ithaka/NY: Cornell University.

Perreault, Thomas Albert, Bridge, Gavin & McCarthy, James (Hrsg., 2015): The Routledge handbook of political ecology. London: Routledge.

Pestoff, Victor (2014): Hybridity, Coproduction, and Third Sector Social Services in Europe. *American Behavioral Scientist* 58(11): 1412–1424.

Pestoff, Victor A. (1992): Third sector and co-operative services – An alternative to privatization. *Journal of Consumer Policy* 15(1): 21–45.

Pez, Peter (2020): Verkehrsplanung. In: Neiberger, Cordula & Hahn, Barbara (Hrsg.): *Geographische Handelsforschung*. Cham: Springer: 157–167.

Pike, Andy, O'Brien, Peter, Strickland, Tom, et al. (2019): *Financialising City Statecraft and Infrastructure*. Cheltenham: Edward Elgar.

Piovani, Chiara (2017): The »Greening« of China: Progress, Limitations, and Contradictions. *Journal of Contemporary Asia* 47(1): 93–115.

Plank, Christina (2022): Land Grabbing in der Ukraine. In: Gottschlich, Daniela, Hackfort, Sarah, Schmitt, Tobias, et al. (Hrsg.): *Handbuch Politische Ökologie*. Bielefeld: transcript: 205–214.

Polanyi, Michael (1966): The logic of tacit inference. *Philosophy* 41(155): 1–18.

Pollard, Jane, McEwan, Cheryl, Laurie, Nina, et al. (2009): Economic geography under postcolonial scrutiny. *Transactions of the Institute of British Geographers* 34(2): 137–142.

Porter, Michael E & Van der Linde, Claas (1991): Green competitiveness. *Scientific American* 264(4): 168.

Porter, Michael E. & van der Linde, Claas (1995): Toward a new conception of the environment-competitiveness relationship. *Journal of economic perspectives* 9(4): 97–118.

Postlep, Rolf-Dieter, Blume, Lorenz & Hülz, Martina (2020): *Hochschulen und ihr Beitrag für eine nachhaltige Regionalentwicklung*. Hannover: ARL.

Preller, Bérénice, Affolderbach, Julia, Schulz, Christian, et al. (2014): Interaktive Transitionsforschung und Wissensgenerierung im Bereich nachhaltiges Bauen. *Pnd online* 2: 1–14.

Prudham, W. Scott (2012): *Knock on wood: Nature as commodity in Douglas-fir country*. London: Routledge.

Pütz, Robert (2020): Die Vermarktlichung von Wildnis. Lebendige Waren, Companionability und Encounter Value beim Mustang Makeover Germany. *Zeitschrift Fur Wirtschaftsgeographie* 64(1): 1–13.

Radinger-Peer, Verena & Pflitsch, Gesa (2017): The role of higher education institutions in regional transition paths towards sustainability. *Jahrbuch für Regionalwissenschaft* 37(2): 161–187.

Randers, Jorgen (2014): *2052. Der neue Bericht an den Club of Rome. Eine globale Prognose für die nächsten 40 Jahre*. München: oekom.

Rapoport, Elizabeth & Hult, Anna (2017): The travelling business of sustainable urbanism: International consultants as norm-setters. *Environment and Planning A* 49(8): 1779–1796.

Raven, Rob & Geels, Frank (2010): Socio-cognitive evolution in niche development: Comparative analysis of biogas development in Denmark and the Netherlands (1973–2004). *Technovation* 30(2): 87–99.

Raven, Rob, Kern, Florian, Verhees, Bram, et al. (2016): Niche construction and empowerment through socio-political work. A meta-analysis of six low-carbon technology cases. *Environmental Innovation and Societal Transitions* 18: 164–180.

Raworth, Kate (2012): A safe and just space for humanity: can we live within the doughnut? Report, Oxford: Oxfam.

Raworth, Kate (2018): *Die Donut-Ökonomie. Endlich ein Wirtschaftsmodell, das den Planeten nicht zerstört*. München: Carl Hanser Verlag.

Reckwitz, Andreas (2003): Grundelemente einer Theorie sozialer Praktiken. *Zeitschrift für Soziologie* 32(4): 282.

Revilla Diez, Javier & Breul, Moritz (2023): Innovation. In: Suwala, Lech (Hrsg.): *Schlüsselbegriffe der Wirtschaftsgeographie*. Stuttgart: UTB-Ulmer: 115–128.

Rice, Jennifer L. (2014): An urban political ecology of climate change governance. *Geography Compass* 8(6): 381–394.

Richardson, Katherine, Steffen, Will, Lucht, Wolfgang, et al. (2023): Earth beyond six of nine planetary boundaries. *Science Advances* 9(37): eadh2458.

Ringel, Marc (2021): *Umweltökonomie*. Wiesbaden: Springer Gabler.

Robbins, Paul (2019): *Political Ecology: A Critical Introduction*. London: Wiley-Blackwell.

Robson, Leslie Lloyd (1983): *A History of Tasmania: Colony and State from 1856 to the 1980s*. Oxford: Oxford University Press.

Rocheleau, Dianne, Thomas-Slayter, Barbara & Wangari, Esther (Hrsg., 2013): Feminist political ecology: Global issues and local experience. London: Routledge.

Rockström, Johan, Steffen, Will, Noone, Kevin, et al. (2009): Planetary boundaries: exploring the safe operating space for humanity. *Ecology and Society* 14(2).

Rodriguez-Rojas, Maria del Pilar, Clemente-Almendros, José Antonio, El Zein, Samer Ajour, et al. (2022): Taxonomy and tendencies in sustainable finance: A comprehensive literature analysis. *Frontiers in Environmental Science* 10.

Roelfes, Michaela (2022): *Es geht um mehr als Klimaschutz*. Verfügbar unter: https://www.bpb.de/themen/klimawandel/dossier-klimawandel/517007/es-geht-um-mehr-als-klimaschutz/ (Letzter Zugriff 17.05.2023).

Rohracher, Harald (2021): Energiesysteme und Transitionen zur Nachhaltigkeit aus räumlicher Perspektive. In: Becker, Sören, Klagge, Britta & Naumann, Matthias (Hrsg.): *Energiegeographie: Konzepte und Herausforderungen*. Stuttgart: UTB: 45–53.

Rosol, Marit (2018): Alternative Ernährungsnetzwerke als Alternative Ökonomien. *Zeitschrift Für Wirtschaftsgeographie* 62(3-4): 174–186.

Rosol, Marit & Strüver, Anke (2018): (Wirtschafts-)Geographien des Essens: transformatives Wirtschaften und alternative Ernährungspraktiken. *Zeitschrift Für Wirtschaftsgeographie* 62(3-4): 169–173.

Rost, Jürgen (2002): Umweltbildung – Bildung für nachhaltige Entwicklung. Was macht den Unterschied? *ZEP: Zeitschrift für internationale Bildungsforschung und Entwicklungspädagogik* 25(1): 7–12.

Roy, Ananya (2014): Worlding the South: toward a post-colonial urban theory. In: Parnell, Susan & Oldfield, Sophie (Hrsg.): *The Routledge handbook on cities of the Global South*. London: Routledge: 31–42.

Rudolph, Lucas (2022): Green grabbing und die ursprüngliche Akkumulation. *Geographische Zeitschrift* 110(3): 151–173.

Russell, Bertie, Beel, David, Rees Jones, Ian, et al. (2022): Placing the Foundational Economy: An emerging discourse for post-neoliberal economic development. *Environment and Planning A: Economy and Space* 54(6): 1069–1085.

Ryssel, Maximilian & Delfs, Markus (2020): *China: Deutschlands Energiewende als Vorbild?* Verfügbar unter: https://www.energie-klimaschutz.de/china-deutschlands-energiewende-als-vorbild/ (Letzter Zugriff 07.06.2023).

Safri, Maliha & Madra, Yahya M. (2020): Framing essay: the diversity of finance. In: Gibson-Graham, J. K. & Dombroski, K. (Hrsg.): *The Handbook of Diverse Economies*. Cheltenham: Edward Elgar Publishing: 332–345.

Sarnow, Martin (2021): Demokratische Revolution oder im Treibsand der Institutionen? *Geographische Zeitschrift* 109(1): 23–43.

Savini, Federico (2021): Towards an urban degrowth: Habitability, finity and polycentric autonomism. *Environment and Planning A: Economy and Space* 53(5): 1076–1095.

Schäfer, Susann & Everts, Jonathan (Hrsg., 2019): Handbuch Praktiken und Raum: Humangeographie nach dem Practice Turn. Bielefeld: transcript.

Schaltegger, Stefan (2002): A framework for ecopreneurship: Leading bioneers and environmental managers to ecopreneurship. *Greener Management International* (38): 45–58.

Schamp, Eike W. (2000): *Vernetzte Produktion. Industriegeographie aus institutioneller Perspektive.* Darmstadt: Wissenschaftliche Buchgesellschaft.

Schamp, Eike W. (2011): Finanzkrise in der Weltwirtschaft – Theoriekrise in der Wirtschaftsgeographie. *Anmerkungen zur aktuellen wirtschaftsgeographischen Krisenforschung* 55(1-2): 103–114.

Schaper, Michael (2016): *Making ecopreneurs: Developing sustainable entrepreneurship.* CRC Press.

Scheunpflug, Annette (2000): *Die globale Perspektive einer Bildung für nachhaltige Entwicklung.* Verfügbar unter: https://www.sowi-online.de/sites/default/files/scheunpflug.pdf (Letzter Zugriff 14.06.2023).

Scheunpflug, Annette (2021): Global learning: Educational research in an emerging field. *European Educational Research Journal* 20(1): 3–13.

Scheuplein, Christoph (2023): Entscheidungsträger/Menschenbild. In: Suwala, Lech (Hrsg.): *Schlüsselbegriffe in der Wirtschaftsgeographie.* Stuttgart: UTB-Ulmer: 45–56.

Schiller, Daniel, Kanning, Helga, Pflitsch, Gesa, et al. (2020): Hochschulen als Agenten des Wandels für eine nachhaltige Regionalentwicklung? Hochschulen und nachhaltige Regionalentwicklung aus der Transition-Perspektive. In: Postlep, Rolf-Dieter, Blume, Lorenz & Hülz, Martina (Hrsg.): *Hochschulen und ihr Beitrag für eine nachhaltige Regionalentwicklung.* Hannover: ARL: 119–176.

Schiller, Daniel, Reid, Neil & Tamásy, Christine (2018): Sustainable Economies: Challenges, Transitions and Trajectories in Spatial Perspective. *Applied Geography* 90: 293–295.

Schlosberg, David (2007): *Defining environmental justice: Theories, movements, and nature.* OUP Oxford.

Schlosberg, David (2013): Theorising environmental justice: the expanding sphere of a discourse. *Environmental Politics* 22(1): 37–55.

Schmid, Benedikt (2020): *Making Transformative Geographies: Lessons from Stuttgart's Community Economy.* Bielefeld: transcript.

Schmid, Benedikt, Smith, Thomas S. J. & Taylor Aiken, Gerald (2021): Governing through community: Transformative geographies from the bottom up. *Environmental Policy and Governance* 31(3): 155–158.

Schmidt, Matthias (2005): Kirgistans Walnusswälder in der Transformation: Politische Ökologie einer Naturressource. *Europa Regional* 13(1): 27–37.

Schmidt, Matthias (2020): Politische Ökologie. *Natur und Landschaft* 95: 9–10.

Schmitt, Tobias (2022): Umkämpfte(s) Wasser. In: Gottschlich, Daniela, Hackfort, Sarah, Schmitt, Tobias, et al. (Hrsg.): *Handbuch Politische Ökologie: Theorien, Konflikte, Begriffe, Methoden.* Bielefeld: transcript: 287–297.

Schneidewind, Uwe (2014): Urbane Reallabore – ein Blick in die aktuelle Forschungswerkstatt. *Pnd online* 3: 1–7.

Schneidewind, Uwe & Singer-Brodowski, Mandy (2014): *Transformative Wissenschaft.* Marburg: Metropolis.

Schneidewind, Uwe & Zahrnt, Angelika (2013): *Damit gutes Leben einfacher wird. Perspektiven einer Suffizienzpolitik* München: oekom.

Scholz, Trebor (2016): *Plattform-Kooperativismus. Wie wir uns die Sharing Economy zurückholen können* Verfügbar unter: https://th.rosalux.de/publikation/id/8813/plattform-kooperativismus/ (Letzter Zugriff 04.11.2019).

Schönig, Barbara, Kadi, Justin & Schipper, Sebastian (2017): *Wohnraum für alle?! Perspektiven auf Planung, Politik und Architektur.* Bielefeld: transcript.

Schot, Johan & Kanger, Laur (2018): Deep transitions: Emergence, acceleration, stabilization and directionality. *Research Policy* 47(6): 1045–1059.

Schulz, Christian (2005): *Agenten des Wandels? Unternehmensbezogene Umweltdienstleister im industriellen Produktionssystem.* München: Ökom-Verlag.

Schulz, Christian (2019): Die ›Circular Economy‹ als Ausweg aus der Wachstumsfalle? In: Reckinger, Carole & Urbé, Robert (Hrsg.): *Sozialalmanach 2019. Schwéierpunkt: Qualitativen Wuesstem.* Luxembourg: Caritas: 235–242.

Schulz, Christian (2020a): Boden für Postwachstum. In: Hertweck, Florian (Hrsg.): *Architektur auf gemeinsamem Boden. Positionen und Modelle zur Bodenfrage.* Zürich: Lars Müller: 144–152.

Schulz, Christian (2020b): Zur Wachstumsfixiertheit der Europäischen Union. Ein Diskussionsbeitrag. In: Lange, Bastian, Hülz, Martina, Schmid, Benedikt & Schulz, Christian (Hrsg.): *Postwachstumsgeographien. Raumbezüge diverser und alternativer Ökonomien.* Bielefeld: transcript: 307–313.

Schulz, Christian & Affolderbach, Julia (2015): Grünes Wachstum und alternative Wirtschaftsformen. *Geographische Rundschau* 67(5): 4–9.

Schulz, Christian, Hjaltadóttir, Rannveig Edda & Hild, Paula (2019): Practising circles: Studying institutional change and circular economy practices. *Journal of Cleaner Production* 237: 117749-.

Schulz, Christian & Schmitt, Thomas (2021): Wirtschaft, Energie und Umwelt. In: Schneider-Sliwa, Rita, Braun, Boris, Helbrecht, Ilse, et al. (Hrsg.): *Humangeographie.* Braunschweig: Westermann: 431–440.

Schumacher, Kim (2022): Environmental, Social, and Governance (ESG) Factors and Green Productivity: The Impacts of Greenwashing and Competence Greenwashing on Sustainable Finance and ESG Investing. Report.

Schwanen, Tim (2021): Achieving just transitions to low-carbon urban mobility. *Nature Energy* 6(7): 685–687.

Secretary of Commerce (1934): National Income, 1929–32. Letter from the Acting Secretary of Commerce Transmitting In Response to Senate Resolution No. 220 (72d Cong.). Report.

Seidl, Irmi, Schelske, Oliver, Joshi, Jasmin, et al. (2003): Entrepreneurship in biodiversity conservation and regional development. *Entrepreneurship & Regional Development* 15(4): 333–350.

Seidl, Irmi & Zahrnt, Angelika (Hrsg., 2019): *Tätigsein in der Postwachstumsgesellschaft*. Marburg: Metropolis.

Senatsverwaltung für Mobilität, Verkehr, Klimaschutz und Umwelt Berlin (2023): *Umweltgerechtigkeit*. Verfügbar unter: https://www.berlin.de/sen/uvk/umwelt/nachhaltigkeit/umweltgerechtigkeit/ (Letzter Zugriff 17.05.2023).

Senatsverwaltung für Stadtentwicklung, Bauen und Wohnen Berlin (2023): *Umweltatlas Berlin: Integrierte Mehrfachbelastungskarte Umwelt- und soziale Benachteiligung*. Verfügbar unter: https://www.berlin.de/umweltatlas/ (Letzter Zugriff 20.05.2023).

Senatsverwaltung für Umwelt Verkehr und Klimaschutz Berlin (2019): Basisbericht Umweltgerechtigkeit: Grundlagen für die sozialräumliche Umweltpolitik. Report, Berlin: Senatsverwaltung für Umwelt Verkehr und Klimaschutz.

Sewell, W. R. Derrick, Dearden, Philip & Dumbrell, John (1989): Wilderness decisionmaking and the role of environmental interest groups: A comparison of the Franklin dam, Tasmania and South Moresby, British Columbia cases. *National Resources Journal* 29(1): 147–169.

Sexton, Alexandra E., Garnett, Tara & Lorimer, Jamie (2022): Vegan food geographies and the rise of Big Veganism. *Progress in Human Geography* 46(2): 605–628.

Seyfang, Gill (2001): Community Currencies: Small Change for a Green Economy. *Environment and Planning A* 33(6): 975–996.

Seyfang, Gill (2004): Time banks: rewarding community self-help in the inner city? *Community Development Journal* 39(1): 62–71.

Seyfang, Gill & Haxeltine, Alex (2012): Growing grassroots innovations: exploring the role of community-based initiatives in governing sustainable energy transitions. *Environment and Planning C: Government and Policy* 30(3): 381–400.

Shiftphone (2019): SHIFT Wirkungsbericht: 4 Jahre Shiftphone. Was haben wir erreicht? Report.

Shove, Elizabeth (2010): Beyond the ABC: climate change policy and theories of social change. *Environment and Planning A* 42(6): 1273–1285.

Shove, Elizabeth (2014): Putting practice into policy: reconfiguring questions of consumption and climate change. *Contemporary Social Science* 9(4): 415–429.

Shove, Elizabeth, Chappells, Heather & Van Vliet, Bas (2005): *Infrastructures of consumption: Environmental innovation in the utility industries.* London: Routledge.

Shove, Elizabeth & Walker, Gordon (2010): Governing transitions in the sustainability of everyday life. *Research Policy* 39(4): 471–476.

Simon, Nils & Dröge, Susanne (2011): Green Economy: Vision mit begrenzter Reichweite. *SWP-Aktuell* 19: 1–4.

Singer-Brodowski, Mandy, Holst, Jorrit & Goller, Antje (2021): Transformative Wissenschaft. In: Schmohl, Tobias & Philipp Thorsten (Hrsg.): *Handbuch Transdisziplinäre Didaktik*. Bielefeld: transcript: 347–357.

Soyez, Dietrich & Schulz, Christian (2008): Facets of an emerging environmental economic geography. *Geoforum* 39(1): 17–19.

Soyez, Dietrich (1996): Distant Dictates: Remote Impacts of Industrial Societies' Greening Strategies. Introduction to the Theme Issue. *Geographische Zeitschrift* 48(3/4): 125–129.

Späth, Philipp & Rohracher, Harald (2011): The ›eco-cities‹ in Freiburg and Graz: The social dynamics of pioneering urban energy and climate governance. In: Bulkeley, Harriet, Castán Broto, Vanesa, Hodson, Mike, et al. (Hrsg.): *Cities and Low Carbon Transition*. London: Routledge: 88–106.

Sprenger, Sandra & Nienaber, Birte (2018): (Education for) Sustainable Development in Geography Education: review and outlook from a perspective of Germany. *Journal of Geography in Higher Education* 42(2): 157–173.

Starmanns, Mark (2010): »Corporate Responsibility« in der globalen Modeindustrie. Soziale und ökologische Standards für einen fairen Handel. *Geographische Rundschau* 4: 26–33.

State of Green (2022): *Port of Esbjerg: World's largest base port for offshore wind activities.* Verfügbar unter: https://stateofgreen.com/en/news/port-of-esbjerg-worlds-largest-base-port-for-offshore-wind-activities/ (Letzter Zugriff 06.12.2022).

STATEC (2022): Rapport PIBien-être 2022. Report.

statista (2021): *Estimated global lithium-ion battery demand in electric vehicles (EVs) in 2019 with a forecast for 2020 through 2030, by region*. Verfügbar unter: https://www.statista.com/statistics/1103229/global-battery-demand-by-region-forecast/ (Letzter Zugriff 07.06.2023).

statista (2022): *Energiemehrkosten belasten geringe Einkommen stark*. Verfügbar unter: https://de.statista.com/infografik/27162/durchschnittlicher-einkommensanteil-privater-haushalte-fuer-energie/ (Letzter Zugriff 07.06.2023).

statista (2023): *Die Welt ist nicht genug*. Verfügbar unter: https://de.statista.com/infografik/10574/benoetigte-erden-je-lebensstil-ausgewaehlter-laender/ (Letzter Zugriff 07.06.2023).

Steffen, Will, Broadgate, Wendy, Deutsch, Lisa, et al. (2015a): The trajectory of the Anthropocene: the great acceleration. *The Anthropocene Review* 2(1): 81–98.

Steffen, Will, Crutzen, Paul J & McNeill, John R (2007): The Anthropocene: are humans now overwhelming the great forces of nature. *AMBIO: A Journal of the Human Environment* 36(8): 614–621.

Steffen, Will, Richardson, Katherine, Rockström, Johan, et al. (2015b): Planetary boundaries: Guiding human development on a changing planet. *Science* 347(6223): 1259855.

Steffen, Will, Sanderson, Regina Angelina, Tyson, Peter D., et al. (2006): *Global change and the earth system: a planet under pressure*. Berlin: Springer Science & Business Media.

Sterling, Stephen (2010): *Sustainability education: Perspectives and practice across higher education*. London: Taylor & Francis.

Stern, Nicholas (2007): *The Economics of Climate Change: The Stern Review*. Cambridge: Cambridge University Press.

Stiglitz, Joseph E., Sen, Amartya & Fitoussi, Jean-Paul (2009): Report by the Commission on the Measurement of Economic Performance and Social Progress. Report, Paris.

Stokes-Ramos, Hannah (2023): Rethinking Polanyi's double movement through participatory justice: Land use planning in Puerto Rico. *Environment and Planning A: Economy and Space*. DOI: https://doi.org/10.1177/0308518X231170190.

Strambach, Simone & Surmeier, Annika (2017): From standard takers to standard makers? The role of knowledge-intensive intermediaries in setting global sustainability standards. *Global Networks* 20.

Strauss, Mark (2012): *Looking Back on the Limits of Growth*. Verfügbar unter: https://www.smithsonianmag.com/science-nature/looking-back-on-the-limits-of-growth-125269840/ (Letzter Zugriff 07.06.2023).

Sturgeon, Janet C. (2004): Post-socialist Property Rights for Akha in China: What is at Stake? *Conservation and Society* 2(1): 137–161.

Sultana, Farhana (2022): Critical climate justice. *The Geographical Journal* 188(1): 118–124.

Suwala, Lech (Hrsg., 2023): Schlüsselbegriffe der Wirtschaftsgeographie. Stuttgart: UTB-Ulmer.

Swyngedouw, Erik (2000): Authoritarian governance, power, and the politics of rescaling. *Environment and Planning D: Society and Space* 18: 63–76.

Swyngedouw, Erik (2004): Globalisation or ›glocalisation‹? Networks, territories and rescaling. *Cambridge Review of International Affairs* 17(1): 25–48.

Swyngedouw, Erik (2007): Impossible »sustainability« and the post-political condition. In: Gibbs, D. & Krueger, R. (Hrsg.): *The sustainable development paradox*. New York: Guilford: 13–40.

Swyngedouw, Erik & Heynen, Nikolas C. (2003): Urban political ecology, justice and the politics of scale. *Antipode* 35(5): 898–918.

Szabó-Müller, Paul & Angstmann, Marius (2023): Editorial zum Themenheft Circular Economy. *Standort* 47(1): 1–2.

TA 2030 (2020): *Territoriale Agenda 2030. Eine Zukunft für alle Orte*. Verfügbar unter: https://territorialagenda.eu/wp-content/uploads/TA2030_jan2023_de.pdf (Letzter Zugriff 13.06.2023).

Taylor Aiken, Gerald, Schulz, Christian & Schmid, Benedikt (2020): The community economies of Esch-sur-Alzette: rereading the economy of Luxembourg. *Voluntary Sector Review* 11(2): 205–223.

Temenos, Cristina & McCann, Eugene (2013): Geographies of Policy Mobilities. *Geography Compass* 7(5): 344–357.

Temper, Leah & Del Bene, Daniela (2016): Transforming knowledge creation for environmental and epistemic justice. *Current Opinion in Environmental Sustainability* 20: 41–49.

Thimm, Insa (2019): Konzeption von Bürgerenergiegenossenschaften als Agenten des Wandels in der Energiewende. *Räumliche Transformation: Prozesse, Konzepte, Forschungsdesigns*. Hannover: ARL: 193–205.

Tödtling, Franz, Trippl, Michaela & Frangenheim, Alexandra (2020): Policy options for green regional development: Adopting a production and application perspective. *Science and Public Policy* 47(6): 865–875.

Tretter, Elliot (2013): Sustainability and Neoliberal Urban Development: The Environment, Crime and the Remaking of Austin's Downtown. *Urban Studies* 50(11): 2222–2237.

Tuitjer, Anne Leonie, Tuitjer, Gesine & Müller, Anna-Lisa (2022): Buycotting to save the neighbourhood? exploring the altered meaning of social infrastructures of consumption during the Covid-19 crisis in Linden, Hannover, Germany. *Social & Cultural Geography* 24(3-4): 1–21.

TUM (2021): *Einfach Bauen*. Verfügbar unter: https://www.einfach-bauen.net/ (Letzter Zugriff 13.07.2021).

Tvedt, Helge Lea (2019): The formation and structure of cleantech clusters: Insights from San Diego, Dublin, and Graz. *Norsk Geografisk Tidsskrift-Norwegian Journal of Geography* 73(1): 53–64.

Umweltbundesamt (2019): *Wie lang ist die Lebensdauer der E-Scooter?* Verfügbar unter: https://www.umweltbundesamt.de/service/uba-fragen/wie-lang-ist-die-lebensdauer-der-e-scooter (Letzter Zugriff 10.01.2023).

Umweltbundesamt (2022): *Umweltbundesamt. CO_2-Rechner*. Verfügbar unter: https://uba.co2-rechner.de/de_DE (Letzter Zugriff 20.12.2022).

Umweltbundesamt (2022): *Der Europäische Emissionshandel*. Verfügbar unter: https://www.umweltbundesamt.de/daten/klima/der-europaeische-emissionshandel#teilnehmer-prinzip-und-umsetzung-des-europaischen-emissionshandels (Letzter Zugriff 04.05.2023).

Umweltbundesamt (2023): *Emissionen des Verkehrs*. Verfügbar unter: https://www.umweltbundesamt.de/daten/verkehr/emissionen-des-verkehrs#verkehr-belastet-luft-und-klima-minderungsziele-der-bundesregierung (Letzter Zugriff 14.06.2023).

UN (2022): *Adaptation and resilience*. Verfügbar unter: https://unfccc.int/topics/adaptation-and-resilience/the-big-picture/introduction (Letzter Zugriff 07.06.2023).

UNEP (2011): Towards a green economy: Pathways to sustainable development and poverty eradication. Report, Nairobi: United Nations.

UNEP (2012): Rio+20 The future we want: outcome document. Report, New York: United Nations.

UNEP/IRP (2019): Natural Resource Use in the Group of 20. Status, Trends, and Solutions. Report, Paris: United Nations Environment Programme/International Resource Panel.

UNESCO (2021): *Bildung für nachhaltige Entwicklung: Eine Roadmap*. Bonn: UNESCO.

United Church of Christ (1987): *Toxic wastes and race in the United States: A national report on the racial and socio-economic characteristics of communities with hazardous waste sites*. United Church of Christ. Commission for Racial Justice.

UNRIC (2022): *Ziele für nachhaltige Entwicklung*. Verfügbar unter: https://unric.org/de/17ziele/ (Letzter Zugriff 07.06.2023).

Vallecillo, Sara, La Notte, Alessandra, Ferrini, Silvia, et al. (2019): How ecosystem services are changing: an accounting application at the EU level. *Ecosystem Services* 40: 101044.

van Dyk, Silke (2018): Post-wage politics and the rise of community capitalism. *Work, Employment and Society* 32(3): 528–545.

Vereinte Nationen (2015): *Sustainable Development Goals*. Verfügbar unter: https://sdgs.un.org/goals (Letzter Zugriff 13.06.2023).

von Weizsäcker, Ernst Ulrich, Lovins, Amory B. & Lovins, L. Hunter (1995): *Faktor vier*. München: Droemer Knaur.

Von Winterfeld, Uta (2022): Herrschaft und Macht. In: Gottschlich, Daniela, Hackfort, Sarah, Schmitt, Tobias, et al. (Hrsg.): *Handbuch politische Ökologie: Theorien, Konflikte, Begriffe, Methoden*. Bielefeld: transcript: 385–391.

Wackernagel, Mathis & Rees, William (2013): *Unser ökologischer Fussabdruck: wie der Mensch Einfluss auf die Umwelt nimmt*. Basel: Springer.

Wagner, Marcus & Schaltegger, Stefan (2010): Classifying Entrepreneurship for the Public Good: Empirical Analysis of a Conceptual Framework. *Journal of Small Business & Entrepreneurship* 23(3): 431–443.

Wagner, Philip L. (1960): *The human use of the earth*. Glencoe/IL: Free Press.

Wahlund, Madeleine & Hansen, Teis (2022): Exploring alternative economic pathways: a comparison of foundational economy and Doughnut economics. *Sustainability: Science, Practice and Policy* 18(1): 171–186.

Walker, Benedikt (2022): Governance der deutschen Wasserstoffwirtschaft. *Standort* 46(4): 265–270.

Walker, Gordon (2012): *Environmental justice: concepts, evidence and politics.* London: Routledge.

Walker, Tony R. (2021): (Micro)plastics and the UN Sustainable Development Goals. *Current Opinion in Green and Sustainable Chemistry* 30: 100497.

Walkington, Helen, Dyer, Sarah, Solem, Michael, et al. (2018): A capabilities approach to higher education: geocapabilities and implications for geography curricula. *Journal of Geography in Higher Education* 42(1): 7–24.

Walley, Elizabeth E. & Taylor, David W. (2002): Opportunists, champions, mavericks ...? A typology of green entrepreneurs. *Greener Management International* (38): 31–43.

Wals, Arjen E. J. (2014): Sustainability in higher education in the context of the UN DESD: a review of learning and institutionalization processes. *Journal of Cleaner Production* 62: 8–15.

Wals, Arjen E. J. & Blewitt, J. (2010): Third-wave sustainability in higher education. In: Jones, P., Selby, D. & Sterling, S. (Hrsg.): *Sustainability education: Perspetives and practice across higher education.* London: Taylor & Francis: 55–74.

WBGU (2011): *Welt im Wandel. Gesellschaftsvertrag für eine große Transformation. Hauptgutachten des Wissenschaftlichen Beirats der Bundesregierung Globale Umweltveränderungen.* Berlin: WBGU.

Weale, Albert (1992): *The new politics of pollution.* Manchester University Press.

WEAll (2021): How happy is the planet? Report: Wellbeing Economy Alliance.

Weck, Sabine & Ritzinger, Anne (2021): Co-producing just and sustainable localities: emphasising the role of local authorities in current practices in Germany. *DIE ERDE* 152(4): 232–243.

Wekerle, Gerda R. & Classens, Michael (2015): Food production in the city: (re)negotiating land, food and property. *Local Environment* 20(10): 1175–1193.

West, Paige (2016): *Dispossession and the Environment: Rhetoric and Inequality in Papua New Guinea.* New York: Columbia University Press.

Westman, Walter E. (1977): How Much Are Nature's Services Worth? Measuring the social benefits of ecosystem functioning is both controversial and illuminating. *Science* 197(4307): 960–964.

While, Aidan, Jonas, Andrew E. G. & Gibbs, David (2010): From sustainable development to carbon control: eco-state restructuring and the politics of urban and regional development. *Transactions of the Institute of British Geographers* 35(1): 76–93.

Whittemore, Andrew H. & BenDor, Todd K. (2019): Reassessing NIMBY: The demographics, politics, and geography of opposition to high-density residential infill. *Journal of Urban Affairs* 41(4): 423–442.

Wiegleb, Viviana & Bruns, Antje (2022): Working the boundary: science–policy interactions and uneven knowledge politics in IPBES. *Sustainability Science*. DOI: https://doi.org/10.1007/s11625-022-01238-4.

Wiek, Arnim, Withycombe, Lauren & Redman, Charles L. (2011): Key competencies in sustainability: a reference framework for academic program development. *Sustainability Science* 6(2): 203–218.

Wikimedia Commons (2007): *Hubbert US high*. Verfügbar unter: https://commons.wikimedia.org/wiki/File:Hubbert_US_high.svg (Letzter Zugriff 07.06.2023).

Wikimedia Commons (2022): *Planetare Belastungsgrenzen*. Verfügbar unter: https://commons.wikimedia.org/w/index.php?curid=115417347 (Letzter Zugriff 07.06.2023).

Wiktorin, Dorothea (2023): Bewegen oder blockieren? Protestbewegungen in der räumlichen Planung. *Geographische Rundschau* 4: 40–41.

Williamson, Oliver E. (1981): The Economics of Organization: The Transaction Cost Approach. *American Journal of Sociology* 87(3): 548–577.

Wilson, Alice Elizabeth (2020): Tiny houses: why more people are living in miniature. *The Conversation*.

Wind Denmark (2020): Branchestatistik for vindmøllebranchen 2019. Report, Kopenhagen.

Winsky, Nora (2022): Die Zukunft der Innenstadt. *Berichte Geographie und Landeskunde*, 95.

Wood Mackenzie (2021): Global Wind Turbine OEMs 2020 Market Report Report, Edinburgh.

World Inequality Lab (2022): *World Inequality Report 2022. Chapter 6 – Global carbon inequality*. Verfügbar unter: https://wir2022.wid.world/chapter-6/ (Letzter Zugriff 14.06.2023).

WU Wien (2022): *Trends of material flows per country/region, 1970-2019. Visualisation based upon the UN IRP Global Material Flows Database*. Verfügbar unter: https://materialflows.net/visualisation-centre (Letzter Zugriff 17.01.2023).

Yeung, Henry Wai-Chung & Coe, Neil (2015): Toward a Dynamic Theory of Global Production Networks. *Economic Geography* 91(1): 29–58.

Zademach, Hans-Martin (2014): *Finanzgeographie*. Darmstadt: Wissenschaftliche Buchgesellschaft.

Zademach, Hans-Martin & Dichtl, Johanna (2016): Greening Finance and Financing the Green: Considerations and observations on the role of finance in energy transitions. In: Jones, Andrew, Ström, Patrik, Hermelin, Brita, et al. (Hrsg.): *Services and the Green Economy*. London: Palgrave Macmillan: 153–174.

Zademach, Hans-Martin & Hillebrand, Sebastian (2013): *Alternative Economies and Spaces. New Perspectives for a Sustainable Economy*. Bielefeld: transcript.

Zademach, Hans-Martin & Musch, Annika-Kathrin (2018): Bicycle-sharing systems in an alternative/diverse economy perspective: a sympathetic critique. *Local Environment*. DOI: 10.1080/13549839.2018.1434494. 1–13.

Zademach, Hans-Martin & Schulz, Christian (2015): Wirtschaft und Entwicklung. In: Freytag, Tim, Gebhardt, Hans, Gerhard, Ulrike, et al. (Hrsg.): *Humangeographie kompakt*. Heidelberg-Berlin: Springer Spektrum: 141–162.

Zalasiewicz, Jan, Williams, Mark, Haywood, Alan, et al. (2011): The Anthropocene: a new epoch of geological time? *Philosophical Transactions* of the Royal Society 369(1938): 835–841.

Zhang, Lei, Mol, Arthur P. J. & Sonnenfeld, David A. (2017): The interpretation of ecological modernisation in China. *Environmental Politics* 16(4): 659–668.

Zimmer, Annette & Priller, Eckhard (2019): Genossenschaften als Teil des Dritten Sektors. *Zeitschrift für öffentliche und gemeinwirtschaftliche Unternehmen* 42(3): 280–299.

Zimmerman, Erich W. (1933): *World resources and industries: A functional appraisal of the availability of agricultural and industrial resources*. New York: Harper.

Index

E

F

N

O

P